운흘雲屹의
중국中國 이야기

운흘의 중국 이야기

발행일   2025년 9월 26일

지은이   운흘雲屹 신명철申明澈
펴낸이   손형국
펴낸곳   (주)북랩

출판등록   2004. 12. 1(제2012-000051호)
주소   서울특별시 금천구 가산디지털 1로 168, 우림라이온스밸리 B동 B111호, B113~115호
홈페이지   www.book.co.kr
전화번호   (02)2026-5777   팩스   (02)3159-9637

ISBN   979-11-7224-864-2 03910 (종이책)   979-11-7224-865-9 05910 (전자책)

잘못된 책은 구입한 곳에서 교환해드립니다.
이 책은 저작권법에 따라 보호받는 저작물이므로 무단 전재와 복제를 금합니다.
이 책은 (주)북랩이 보유한 리코 장비로 인쇄되었습니다.

작가 연락처 문의 ▶ ask.book.co.kr
작가 연락처는 개인정보이므로 북랩에서 알려드릴 수 없습니다.

(주)북랩 성공출판의 파트너

북랩 홈페이지와 SNS에서 다양한 출판 솔루션을 만나 보세요!

홈페이지 book.co.kr   •   블로그 blog.naver.com/essaybook   •   출판문의 text@book.co.kr
카톡채널 북랩

운흘雲屹 신명철申明澈 지음

운흘雲屹의
중국中國 이야기

중국 전문가의 눈으로 보고 느낀
중국의 전반과 대륙 각지의 참모습

북랩

머리말

　우리 한반도(韓半島)와 중국대륙(中國大陸)은, 지리적으로 접경을 이루고 있어 변화하는 역사의 흐름 속에서 상호 우호적이거나 때로는 대립적이었을지언정 고금(古今)에 이르기까지 어떠한 형태로든 관계를 이어오고 있고, 미래에도 끊임없이 관계가 유지될 수밖에 없는 숙명적(宿命的)인 관계에 있는 이웃이라는 것을 우리는 잘 알고 있다.
　지금은 우리 한반도가 분단되어 있어 불완전(不完全)하고, 불안정(不安定)된 상태에서 우리와 중국과의 관계를 이어가고 있지만, 현실이 그럴 수밖에 없을지라도, 우리가 중국과 더 나은 관계를 유지시켜나가기 위해서는 상호 이익이 되는 방향으로 균형을 이루며 교류와 협력을 증대시켜나가야 한다고 보는데, 우리가 중국을 바르게 알아야 할 이유가 바로 여기에 있지 않은가 한다.
　근현대의 우리 한반도와 중국 간 관계를 들여다보면, 일제강점기에 우리의 임시정부 요인들이 중국국민당의 지원을 받아 독립운동을 벌여오던 중 우리 한반도가 외세에 의해 일본 식민통치로부터 해방은 되지만, 불행하게도 그 외세에 의해 남과 북으로 분단이 된다. 그 이후 우리와 우호적인 관계에 있던 중국국민당 장제스(蔣介石) 정권이 국공내전에서 패하여 대만(臺灣)으로 물러나게 되고, 중국공산당 마오쩌둥(毛澤東) 정권이 들어서면서 중국은 북한과의 관계만을 유지했는바, 한반도의 남쪽에 위치해 있는 우리와 중국과의 관계는 단절이 된다.

우리와의 관계가 단절된 상태에서 폐쇄 정책을 추진해온 중국의 지도자 마오쩌둥(毛澤東)이 사망한 이후 새로운 지도자 덩샤오핑(鄧小平)이 등장하여 개혁개방 정책을 추진하면서, 30여 년간 굳게 닫혀 있던 문호(門戶)를 열어놓고 그들이 필요한 자본과 기술을 끌어들이기 위해 우리에게도 손을 내밀게 되는데, 그 무렵 통상과 산업을 담당하는 중앙부처인 상공부에서 근무하고 있던 필자는 중국어 공부를 시작하면서 중국에 대해 관심을 가진다. 당시 중국어 공부를 하는 사람들이 늘어나고 중국과의 교류가 늘어나면서 중국과 관련된 서적들이 우후죽순처럼 발간되어 나왔는데, 중국 전반을 쉽게 이해할 수 있는 책자들은 별로 보이지 않았었는바, 한 권으로 중국이라는 큰 숲을 볼 수 있는 책자가 있으면 좋겠다는 아쉬움이 있었다. 그런 관점을 염두에 두기도 하면서, 이『운흘의 중국 이야기』를 저술하였다.

필자 나름대로 대만 타이베이(臺北)에서 유학하면서 배우고, 대만 타이베이(臺北)와 중국대륙의 베이징(北京), 상하이(上海)에서 근무하고 생활하면서 지득하고, 중국대륙의 각지를 돌아다니면서 들여다보고, 중국과 관련된 업무를 수행하면서 보고 듣고 느낀 내용들을 바탕으로 하여, 필자의 견해를 피력하기도 하면서, 기억을 더듬어가며, 다이어리를 넘겨보기도 하고, 떠오르는 대로 추억도 하며, 우리의 것들과 곁들여가면서, 중국의 각급 정부 등에서 공개하고 있는 자료들을 참고도 하면서, 붓 가는 대로 두서없이 본서를 정리하였다. 당초 생각으로는『운흘의 중국 이야기』와 『운홀의 대만 이야기』를 한 권의 책으로 출간하고자 했는데, 그 분량이 많아 부득이 나누어 출간하다 보니 두 책의 내용 중 다소 중복되는 부분이 있음을 이해하여주기 바란다.

본서를 마무리하면서, 필자가 인생을 살아오는 과정에서 나름대로 지득(知得)하고, 상상(想像)한 바를 생각나는 대로 정리한 「인생여정(人生旅程)」이라는 시구(詩句)를 게재하여 맺음말로 갈음하였다.

화사첨족(畵蛇添足)이지만, 필자 일상의 한 부분은 어머니처럼 부드러운 내음이 나는 아코디언(Accordion)을 메고, 눈을 지그시 감고 앉아서 연주하는 일이다. 벨로즈(Bellows)를 열고 닫으며 버튼을 눌러 내는 베이스 반주에 맞춰 건반을 타고 다니며, 우리의 동요 '고향의 봄'을 연주하면서 동심의 세계로 젖어들다가 다시금 눈을 감고, 아일랜드의 슬픈 민요 '아 목동아(Danny Boy)'를 연주하면서 인생의 무상함을 느끼기도 하고, 눈 내리는 밤 연인을 기다리는 애타는 마음을 담은 샹송(Chanson) '눈이 내리네(Tombe La Neige)', 대만 유학 시절 필자가 살던 아파트 옆에 있는 청년공원(靑年公園)의 우거진 숲을 가끔 산책하면서 용수(榕樹: 롱수)나무 그늘 아래의 야외무대에서 구성지게 흘러나오는 노랫소리에 발걸음을 멈추며 듣곤 했던 일본인들의 애창 가요 '북국(北國)의 봄'의 원곡에다 대만 말로 용수(榕樹)나무아래서 나누었던 사랑을 그리워하는 내용의 가사를 붙여 대만 사람들이 즐겨 부르던 흉중을 파고드는 애절한 사랑 노래 '롱수샤(榕樹下: 용수나무 아래서)', 경쾌하면서도 애조를 띤 남미(南美) 페루의 민요 '철새는 날아가고(El Condol Pasa)', 우리의 민요 '아리랑', '어메이징 그레이스(Amazing Grace)', 스페인 민요 '고향 생각(Free as a Bard)' 등 발라드풍 곡조들의 연주에 빠져드는 일인데, 아코디언을 배우며 소모한 시간들이 있고, 게으름을 피우기도 하는 바람에 천천히 저술하기로 한 필자의 숙제였던 졸저 『운흘의 중국 이야기』의 출간이 늦어지게 되었음을 첨언하고자 한다.

　혹여 본서 속에 군맹평상(群盲評象)과 같은 내용들이 있을 수도 있고 독자들의 의견과 일치하지 않는 내용들이 있을 수도 있을 것인바, 이는 필자의 개인적인 판단과 견해일 뿐이며 필자의 부족함과 실수일 수도 있으니 넓은 아량으로 양해하여주시기 바란다.

　덧붙여 필자가 중국대륙에 발을 디딜 수 있도록 도와주시고 그리고 중국 관련 업무를 하는 과정에서 도움을 주신, 필자의 머릿속에 새겨져 있는 많은 분들에게 본서를 출간하면서 마음속으로나마 깊은 감사 인사를 드리는 바이다.

　끝으로 졸저 『운흘의 중국 이야기』를 출판하는 데 도와주신 출판사 임직원분들에게 감사드린다.

2025년 9월
운흘(雲屹) 신명철(申明澈)

차례

머리말　4

1. 중국대륙(中國大陸)에 첫발을 딛다　15
2. 톈안먼(天安門)광장을 지키고 있는 마오쩌둥(毛澤東) 이야기　24
3. 중국 인민을 구원한 덩샤오핑(鄧小平) 이야기　34
4. 중국을 융성, 발전시킨 장쩌민(江澤民) 이야기　42

　　덩샤오핑(鄧小平)을 떠나보내면서 천하의 권력을 거머쥐다

　　열광의 도가니 속에서 홍콩을 돌려받다

5. 충실한 통치를 한 후진타오(胡錦濤) 이야기　52
6. 탄탄대로를 걸어서 정상에 오른 시진핑(習近平) 이야기　58
7. 시진핑(習近平)은 강한 통치를 펼쳐가다　64
8. 중국의 당면 과제를 알아보고, 미래를 내다보다　74
9. 중국의 패권 전략이 한반도에 미치는 영향　82

　　중국의 대(對)한반도 전략과 북한 핵무기 개발에 대하여

　　중국을 비롯한 주변 강국들에 둘러싸여 있는 한반도의 이야기

　　중국의 패권 전략과 더불어 본 우리의 대응 방안

10. 베이징(北京)에서 근무할 때의 이야기들　98

　　중국의 개혁개방 현장에서 보고 느낀 이야기들

　　삼성 이건희 회장님의 베이징 충언(忠言) '정치력은 4류급' 발언 이야기

　　삼성이 참여하려다 무산된 중형 항공기 개발 사업 등 한·중 산업 협력 관련 이야기

11. 중국에서의 북한과 관련한 이야기　115

황장엽 망명사건의 현장에서 보고 느꼈던 북한인들의 모습

김일성 배지와 관련하여 시비를 거는 북한인들의 모습

중국에서 보고, 듣고, 느낀 북한과 관련한 이야기들

12. 중국대륙의 지리(地理)와 중국역사(中國歷史)의 흐름 이야기　　131

중국대륙의 지리(地理)

중국역사(中國歷史)의 흐름

13. 천년고도(千年古都) 베이징(北京)을 들여다보다　　135

중국대륙의 각 지역들에 대한 이야기로 들어가면서

베이징(北京)에 대하여

베이징(北京)의 고궁(故宮)들을 둘러보다

베이징(北京)의 역사적인 고적들을 둘러보다

14. 빠다링(八達嶺)장성과 그 주변 지역의 이야기　　163

빠다링(八達嶺)장성과 그 주변 지역을 둘러보다

창핑(昌平)의 정릉(定陵)과 황제들의 능묘(陵墓)에 대하여

15. 톈진(天津)과 허베이성(河北省)을 들여다보다　　179

톈진(天津) 이야기

바오딩(保定)과 만청한무(滿城漢墓)

친황다오(秦皇島)의 산하이관(山海關)과 베이다이허(北戴河)

대지진이 발생했던 탕산(唐山)

16. 청더(承德)의 피서산장(避暑山莊)을 둘러보다　　196

17. 조선족자치주(朝鮮族自治州) 옌볜(延邊)을 들여다보다　　207

18. 백두산(白頭山)과 천지(天池)에 오르다　　216

19. 창춘(長春)과 하얼빈(哈爾濱)을 둘러보다　　224

만주(滿洲) 벌판의 한복판 창춘(長春)

헤이룽장성(黑龍江省) 하얼빈(哈爾濱)

20. 선양(瀋陽)과 번시(本溪)를 들여다보고, 동북공정(東北工程)을 알아보다　233

청(淸)나라 개국 성지 선양(瀋陽)

고구려의 발상지 번시(本溪)

중국의 '동북공정(東北工程)'에 대하여

21. 단둥(丹東)과 다롄(大連)을 들여다보다   242

북·중 관문(關門) 단둥(丹東)

랴오둥반도(遼東半島)의 남단 다롄(大連)

22. 산둥성(山東省)을 둘러보다   252

공자(孔子)의 고향 취푸(曲阜)

천하제일산(天下第一山) 동악(東嶽) 타이산(泰山)

중화 문명을 발원시킨 황허(黃河)

중국대륙의 동단(東端) 웨이하이(威海)

23. 중원(中原)의 정저우(鄭州)와 카이펑(開封)을 둘러보다   269

정저우(鄭州)와 소림사(少林寺)

소림무술(少林武術)에 대하여

황허(黃河)의 현하(懸河) 구간을 관찰하다

카이펑(開封)의 포공사(包公祠)와 철탑(鐵塔)

24. 천년고도(千年古都) 뤄양(洛陽)을 둘러보다   283

룽먼석굴(龍門石窟)과 무측천(武則天) 이야기

베이망산(北邙山)과 당삼채(唐三彩)에 대하여

샹산사(香山寺) 장쑹별장(蔣宋別莊)과 관림(關林)

뤄양(洛陽)에 남아 있는 우리의 흔적들

25. 관중평원(關中平原)의 시안(西安)을 둘러보다   296

진시황릉(秦始皇陵)과 병마용갱(兵馬俑坑)

화청지(華淸池)와 오간청(五間廳)

시안(西安)비행기공장 시찰

26. 중국의 서역(西域) 신장(新疆)을 들여다보다   312

실크로드(Silk road)에 대하여

우루무치(烏魯木齊)와 천산천지(天山天池)

투루판(吐魯番)분지와 칸얼징(坎兒井)

포도구(葡萄溝)와 교하고성(交河故城) 유적지

화염산(火焰山)과 투루판(吐魯番)의 추억

27. 둔황(敦煌)을 들여다보다 337

둔황(敦煌)의 막고굴(莫高窟)에 대하여

명사산(鳴沙山)과 월아천(月牙泉)

중국의 사막(沙漠)과 황사(黃沙)에 대하여

28. 상하이(上海)를 들여다보다 350

황푸장(黃浦江)과 와이탄(外灘)

창장(長江) 하구(河口)의 삼각주(三角洲) 충밍다오(崇明島)

29. 상하이(上海)에서 머물며 지냈던 이야기 363

상하이(上海)에서 근무했던 이야기

상하이(上海)에서 지냈던 여가(餘暇) 이야기

상하이(上海)의 식당들과 상하이(上海)요리 이야기

30. 난징(南京)을 들여다보다 375

남경황궁(南京皇宮)과 명(明) 효릉(孝陵)

중산릉(中山陵)과 난징(南京)대학살기념관

난징(南京)에 남아 있는 우리의 흔적들

고운(孤雲) 최치원(崔致遠) 선생의 발자취

31. 쑤저우(蘇州)를 들여다보다 387

후추산(虎丘山)과 쑤저우(蘇州)의 원림(園林)

한산사(寒山寺)와 명시(名詩) 「풍교야박(楓橋夜泊)」 이야기

쑤저우(蘇州)와 그 주변 지역들을 드나들었던 이야기

32. 항저우(杭州)를 들여다보다 401

아름다운 호수 시후(西湖)

영은사(靈隱寺)와 영(靈)적인 기(氣)를 느끼게 하는 비래봉(飛來峰)

중국의 명차(名茶) 용정차(龍井茶)

첸탕장(錢塘江) 파도와 징항대운하(京杭大運河)

33. 자싱(嘉興)과 닝보(寧波)를 들여다보다 427

자싱(嘉興)의 김구(金九) 선생 발자취와 한국타이어공장 이야기

친산(秦山) 핵(核)발전소와 우리의 원전 정책에 대하여

국화차(菊花茶)와 사오싱주(紹興酒) 이야기

고려사관(高麗使館)이 있었던 닝보(寧波)

34. 장제스(蔣介石)의 고향 시커우(溪口) 마을 이야기 446

평화(奉化) 시커우(溪口) 마을을 둘러보다

장제스(蔣介石)의 별장 문창각(文昌閣)과 장쉐량(張學良) 이야기

시커우(溪口) 마을의 빵 천층병(千層餠) 이야기

장제스(蔣介石) 죽마고우의 주택 주순방(周順房) 이야기

35. 둥양(東陽), 이우(義烏), 원저우(溫州)를 둘러보다 462

전통 목조예술(木雕藝術)의 고장 둥양(東陽)

소상품(小商品) 도매시장의 도시 이우(義烏)

동방(東方) 유대인의 고장 원저우(溫州)

36. 황산(黃山)과 첸다오후(千島湖)를 유람하다 469

천하의 명산 황산(黃山)

그림 같은 섬들의 호수 첸다오후(千島湖)

37. 충칭(重慶)을 들여다보고, 창장싼샤(長江三峽)를 유람하다 478

창장싼샤(長江三峽)의 유람 길에 오르다

취탕샤(瞿塘峽)와 샤오싼샤(小三峽)

우샤(巫峽), 시링샤(西陵峽)와 싼샤(三峽)댐

38. 후베이성(湖北省) 우한(武漢)을 둘러보다 494

강호(江湖)의 도시 우한(武漢)과 둥후(東湖)

황허러우(黃鶴樓)와 후베이성(湖北省)박물관

39. 후난성(湖南省) 창사(長沙)와 LG전자의 이야기 502

후난성(湖南省)과 창사(長沙)에 대하여

LG전자 창사(長沙)공장의 이야기

40. 쓰촨성(四川省) 청두(成都)를 들여다보다 510

쓰촨성(四川省)과 청두(成都)에 대하여

두장옌(都江堰)과 삼성퇴(三星堆)박물관

쓰촨(四川)요리와 찻잔에 찻물을 따르는 묘기 이야기

41. 윈난성(雲南省) 쿤밍(昆明)과 오삼계(吳三桂) 이야기　　　521

　　윈난성(雲南省)과 쿤밍(昆明)에 대하여

　　남명(南明)의 영력제(永曆帝)와 오삼계(吳三桂) 이야기

42. 화남(華南)의 광저우(廣州)와 선전(深圳)을 들여다보다　　　532

　　광저우(廣州)와 그 주변 지역 이야기

　　중국 개혁개방의 창구(窓口) 선전(深圳)경제특구

　　광둥(廣東)요리와 광둥(廣東) 지방의 방언(方言)에 대하여

43. 푸젠성(福建省) 샤먼(廈門)과 진먼다오(金門島) 이야기　　　542

　　푸젠성(福建省) 샤먼(廈門)을 둘러보다

　　장제스(蔣介石)와 마오쩌둥(毛澤東)에 얽혀 있는 진먼다오(金門島) 이야기

44. 구이린(桂林)과 대우(大宇) 이야기　　　551

　　구이린(桂林)의 리장(漓江)

　　중국에서의 대우(大宇)에 대하여

45. 하이난다오(海南島) 싼야(三亞)를 둘러보다　　　559

46. 중국으로 돌아온 홍콩을 들여다보다　　　566

맺음말 - 인생여정(人生旅程)의 이야기　　　572

부록: 중국역사(中國歷史)의 흐름 이야기　　　593

　　　중국 역대 왕조(歷代王朝)의 흐름 이야기

　　　중국 근현대사(近現代史)의 흐름 이야기

1. 중국대륙(中國大陸)에 첫발을 딛다

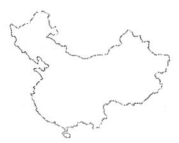

　필자는 대만(臺灣)의 타이베이(臺北)에 소재해 있는 '주타이베이(臺北)한국대표부'에서 근무하던 중, '주중화인민공화국 대한민국대사관' 근무 명령을 받고 1994년 8월 16일부터 중국대륙의 베이징(北京)에서 근무를 시작하게 된다. 당시에는 서울에서 베이징으로 들어가는 직항노선이 없었는바 톈진(天津)공항을 경유해서 베이징으로 들어가야 했다. 지금 생각해보면 여간 불편한 일이 아니었는데 그때는 당연하게 받아들였고, 그 뒤로도 한동안 우리는 톈진(天津)을 중국대륙으로 들어가는 관문(關門)으로 여기고 베이징공항을 옆에 두고도 그렇게 톈진공항을 통해서 베이징을 오갔다. 1994년 8월 16일 오전 11시쯤 톈진공항에 도착했는데, 그때 난생처음 중국대륙(中國大陸)의 땅에 발을 딛게 된다.

　마중 나온 동료의 안내를 받으며 톈진공항청사를 나와 베이징을 향해 출발했는데, 베이징-톈진 간 고속도로인 '징진고속공로(京津高速公路)'로 진입하기 전에 지나는 톈진 시가지 구간의 도로 옆으로는 차도(車道)로부터 분리된 자전거길이 있었다. 자전거가 다니는 길에는 마차(馬車)들도 다니고 있었는데, 마차들마다 집채만큼의 짐을 쌓아 싣고 건장하게 생긴 세 마리 또는 네 마리의 말들이 한 대씩의 4륜 마차를 끄는 모습이 눈에 들어온다. 필자의 뇌리(腦裏)에 그 이색적인 모습이 중국대륙에 대한 첫 인상으로 각인되어져 지워지지 않는 잔상(殘像)으로 남아 있다. 당시의 시대에 걸맞지 않은 모습으로 그 얼마 이후로는 더 이상 볼 수 없는 옛 모습이 되었지만, 중국다운 중국대륙의 모습이 아니었는가 하는 생각이 든다.

'징진고속공로(京津高速公路)'에 진입하여, 작은 산 하나도 보이지 않고 끝없이 펼쳐지는 드넓은 '화베이평원(華北平原)'을 가로질러 약 140km를 달려 베이징에 도착했는바, 그때부터 1997년 8월 20일 베이징을 떠나올 때까지 약 3년간의 베이징 생활을 시작하게 된다.

필자가 베이징에 처음 도착했을 때는 덩샤오핑(鄧小平)이 개혁개방(改革開放) 정책(政策)을 추진하기 시작한 지 이미 15년이 흐른 시기였지만, 베이징 시내의 싼환루(三環路) 대로변의 자전거 길에도 톈진의 도로변에서 봤던 모습 그대로 한두 마리 내지는 두세 마리씩의 말들이 끄는 마차들이 짐을 싣고 오갔고, 그 사이로 베이징 시민들이 타고 다니는 자전거의 대열이 이어졌다. 베이징 시내의 지형이 평평하여 오르막과 내리막 길이 거의 없어 자전거를 타기에 안성맞춤이다. 출퇴근 시간에는 수많은 사람들이 자전거를 타고 대열을 이루며 지나가는데, 앞서가려고 하는 사람은 보지 못했다. 이상한 느낌이 들 정도로 그 속도가 아주 일정했다. 여성들도 남성들과 똑같이 사회 활동을 하는바 남성들과 마찬가지로 자전거를 타고 다니는 사람들이 많았는데, 치마를 입고 자전거를 타고 가는 여성들은 치마가 바퀴에 끼이거나 바람에 날리지 않도록 치마의 끝을 핸들 밑 부분에 묶고 다니는 재미있는 모습도 보였다. 자전거를 타고 가거나 걸어가는 사람들이 입은 옷들은 거의 모두가 우중충한 색상들이었으며, 선입견이었는지는 모르지만 얼굴의 표정들이 거의 모두가 무표정하게 보였다.

필자가 근무했던 사무실이 있었던 국제무역센터(國際貿易中心)빌딩에는 외국 기업들이 들어와 있어 그 부근 지역은 비교적 수준이 높은 지역이었지만 그 주변의 이면도로변은 낙후되어 있었는데, 점심시간에 그 이면도로변을 지나다 보면 조그만 식당들 앞에서 많은 사람들이 식기를 들고 서서 식사하는 모습들을 볼 수 있었다. 막일을 하는 작업복 차림의 사람들도 있었지만 외자 기업들에서 근무하는 현지 고용 남녀 직원들로 보이는, 깔끔하게 차려입은 사람들도 섞여 있었는데 반찬을 나누어 담을 수 있는 식판이 아니고 대접처럼 생긴 식기를 들고 서서들 먹는다. 서서 먹는 모습이 불편해 보이기는 했지만, 어떤 식당 앞에서는 쌀밥에 양념을 한 고기가 수북이 얹어진 식기를 들고 서서 먹는 사람들도 있었는데 영양이 풍부한 덮밥이라는 생각이 들었다. 조그만 식당 중 하나에서는, 식당 앞의 도로변에다 솥을 내걸고 석탄으로 불을 피워 다오몐(刀麵: 칼로 깎아 만든 면)을 끓여 팔고 있었는데, 웃통을 벗어버린 젊은 청년이 솥 옆으로 2미터 정도 떨어져 서서, 길쭉한 밀가루 반죽 덩어리를 왼쪽 팔뚝에 올려 잡고 오른손으로 칼을 들고 칼로 그 밀가루 반죽 덩어리를 탁탁 스쳐서 길쭉길쭉한 면발을 깎아내면서 날려, 끓는 국물이 있는 뚜껑이 열린 솥으로 정확하게 톡톡 떨어뜨리는 묘기를 부리는 재미있는 모습이 보이기도 했었다. 당시 런민비(人民幣) 1~2위안(元)이면 한 끼의 점심을 넉넉하게 먹을 수 있다고 했다.

좀 추저분한 얘기기는 하지만, 당시 베이징 시내에는 냄새는 나지만 깨끗하게 청소되어 있는, 여러 사람들이 동시에 이용할 수 있는 어둑한 공중화장실들이 있었다. 대개 남자들이 소변보는 곳은 칸막이 없이 일렬횡대로 서서 볼일을 보도록 되어 있었고, 대변을 보는 곳은 소변을 보는 곳에서 등 뒤쪽으로 약간 높여 만든, 서너 명이 각각 쪼그리고 앉아서 용변(用便)을 하도록 되어 있는 우리의 옛날식 구조나 다름이 없었는데, 문제는 대변을 보는 곳이 오픈되어 있어 처음 보는 순간 '어찌 이럴 수가 있나?' 하는 느낌이 들었다. 왕푸징(王府井) 등 도심에 있는 공중화장실들의 대변을 보는 곳은 그나마 무릎 정도 높이의 칸막이가 있기는 했지만, 변두리에 있는 화장실들은 아예 나지막한 칸막이조차도 없이 구멍만 뻥뻥 뚫려 있는 곳도 있었는데, 용변을 하는 사람들끼리 서로 다 보이니 민망스러울 것 같다는 생각이 들었었다. 다행히 남녀의 화장실은 분리되어 있었다. 물론 베이징 시내에서의 그러한 공중화장실의 모습들은 그 얼마 이후부터는 더 이상 볼 수 없는 모습들이다. 명분은 용변을 하는 일은 인간 누구나의 생리적인 작용이니 부끄러울 것이 없다고 내세웠을는지는 모르겠지만, 모든 인민들이 감시의 눈을 피하지 못하도록 그랬을 것으로 짐작이 되었었는데, 민망스러워서 왜 그랬는지의 구체적인 연유를 알아보지는 않았다.

2004년 9월부터는 2.8㎢나 되는 대형 공원으로 조성되어 개방되고 있지만, 당시에는 주민들이 거주하고 있는 민가들도 들어서 있었던, 베이징시 중심의 동북쪽에 위치해 있는 차오양공원(朝陽公園) 구역을 지나다가 특이한 모습이 보여 발걸음을 멈춘 적이 있다. 당시 잘 가꾸어져 있지 않은 썰렁한 공원 내에서, 연세가 들어 보이는 20~30명의 인원들이 모여 우리의 풍물놀이 복장처럼 생긴 중국 전통 복장을 동일하게 입고, 대열을 이루어 양손에 접이식 부채와 손수건같이 생긴 울긋불긋한 것들을 들고 흔들며 태평소(太平簫)와 꽹과리, 징과 북 등의 요란한 소리에 장단을 맞춰 1보 후퇴, 2보 전진을 하면서 행진하는 모습이 보였는데 단체로 운동을 하는 것이 아닌가 하는 생각이 들었다. 율동을 하는 사람들은 흥이 있어 보였는데, 구경하는 사람도 없었지만 보는 사람의 입장으로서는 발을 맞춰 일사불란하게 움직이니 자연스럽지는 않아 보였다. 중국 전통 무용인 '양거(秧歌)'의 일종이라고 하는데, 한국전쟁 중 1·4 후퇴 때 중공군들이 꽹과리와 북을 치며 인해전술로 밀고 내려오는 모습의 영화 장면을 연상시키게 하여 뒷맛이 개운하지 않은 느낌이 들기도 했다.

당시 베이징 시내의 모습을 좀 더 들여다보면, 주요 대로변에는 호텔 등 대형 빌딩들이 들어서 있거나 그 건설이 한창 진행되고 있었지만, 그 이면도로의 주변은 황량하고도 지저분했다. 톈안먼(天安門) 앞을 동서로 관통하는 창안제(長安街) 대로변의 양옆으로는 막 지어진 빌딩들이 들어서 있었는데, 그 대로변의 이면도로에서 골목 안으로 몇 발짝만 들어서면 삭막한 빈민가의 모습이나 다름없었다. 그런 황량한 골목의 허름한 주택들에 어떻게 사람들이 살고 있는지 의심이 들어 들여다보면 분명히 사람들이 살고 있었다. 당시 그런 모습들은 베이징 도심의 쯔진청(紫禁城) 주변을 포함한 베이징 시내의 모든 주택가 골목들이 다 마찬가지였다. 정부 기관을 비롯한 각 단위들이 지어 소속 직원들이 살고 있는 고층의 아파트들도 있었지만 방치되어 비어있는 것 같은 느낌이 들었다. 중국이 개혁개방 정책을 추진한 지가 이미 15년이 지난 시점의 수도 베이징의 한복판에 있는 주택가의 모습이 그럴진대, 당시 전 중국 대륙의 실상이 어떠했을지는 쉽게 추측할 수 있으리라 본다.

당시 중국 정부의 고위 관리와 식사를 하는 모임이 있었는데, 그 고위 관리도 베이징에는 두 얼굴이 존재하고 있다고 하면서 서슴없이 베이징 중심 대로변 안쪽의 낙후된 모습의 실상을 토로하며, 투자와 교역 증대의 필요성을 강조하여 의아하게 생각했다. 다른 모임에서 중국 정부의 다른 고위 관리는 낙후된 중서부 내륙 지역에서 살고 있는 수천만 명의 어린이들이 신고 다닐 신발이 없어 맨발로 걸어 다니고 있는 것으로 조사되어 중앙부처의 고위급 간부들이 그들에게 신발 보내기 운동을 벌이고 있다고 하면서 자신도 동참하고 있음을 소개하기도 했는데, 중국 인민들이 대약진운동의 실패에 겹친 대기근과 문화대혁명을 겪어오면서 얼마나 어렵게 살아왔는지를 짐작할 수 있게 했다.

필자가 베이징 근무를 시작할 때 베이징 시내에서 외국인들이 거주할 만한 곳은 외교 단지와 국제무역센터, 양마허센터(羊馬河中心), 아시안게임선수촌(亞運村) 등에 있는 아파트와 그 외의 몇 개 지역에 한두 동씩 지어져 있는 아파트들이 전부였다. 그들 외의 지역은 외국인들이 거주할 수 있는 환경을 갖추고 있지도 않았지만, 중국 당국이 외국인들의 거주를 허용하지도 않았다. 당시 외국인들이 거주하는 지역들에는 수입 상품들도 파는 쇼핑센터들이 있어 편리하게 이용할 수 있었다. 그런데 베이징의 중심인 왕푸징(王府井)에도 백화점처럼 생긴 상점들이 있었지만 조잡하고 허술한 상품들만 진열되어 있었고, 휴일에도 상점들 안에는 종업원들만 보일 뿐 찾는 사람들이 거의 없어 썰렁했다.

밀물처럼 들어오는 외자(外資)에 의해 베이징 시내의 개발이 급속도로 진행되면서 열악한 환경들은 하루가 다르게 개선되어 외국인들이 거주할 수 있는 공간도 늘어나게 되고, 불과 몇 년 사이에 초대형 빌딩들과 특급 호텔들, 호화 아파트들과 고급 빌라들이 즐비하게 들어섰는바 그야말로 발전된 모습으로 상전벽해(桑田碧海)의 변화를 이루게 된다. 당시 급속하게 발전되고 있는 베이징의 모습들을 보면서 하드웨어는 갖춰지고 있는데, 소프트웨어는 아직 멀었다고들 얘기했었다. 일반 베이징 시민들의 의식 수준이나 생활수준이 외관적으로 발전되어가고 있는 속도에 맞게 따라주지를 못했기 때문이다.

덩샤오핑(鄧小平)이 실권을 장악하고, 개혁개방 정책을 막 시작할 때인 1979년 무렵의 중국대륙은 말 그대로 황폐화되어 있었다고 한다. 그 당시 중국대륙의 수도인 베이징 시내에서 외국인들이 머무를 수 있는 호텔이라고는 겨우 댜오위타이(釣魚臺)국빈관, 베이징반점(北京飯店), 민주반점(民族飯店) 등 몇 군데 정도밖에 없었다고 하는데, 그마저도 내부 시설들은 열악했다고 한다. 사정이 그렇다 보니 개혁개방 정책을 추진하면서 가장 시급한 것이 외국인들이 머물 수 있는 호텔과 아파트를 건설하는 일이었다. 중국 정부는 그러한 사업들에 투자하는 외자 기업들에게 특별히 우대하는 정책을 추진했는바, 홍콩의 화교 자본을 비롯한 서방 국가들의 자본이 밀물처럼 베이징으로 밀려들어 와 고급 호텔들과 아파트들을 건설하게 되면서 점점 외국인들이 숙식하며 머무르는 데는 어려움이 없어지게 되지만 문제는 비싼 비용으로, 100㎡ 정도 되는 아파트의 월 임대료가 5,000달러에 육박했다.

중국 정부는 개방 초기에 외국인들이 사용할 수 있는 화폐인 '와이비(外幣)'를 별도로 만들어, 외국인들에게는 '일반 런민비(人民幣)'를 사용하지 못하도록 하면서 물건 값이나 고궁박물원 관람료, 공원의 입장료 등의 이용료들을 현지인들보다 외국인들에게 훨씬 더 비싸게 부담시켰다. 물론 중국이 사회주의국가이니 중국 인민들이 소비하는 물건 값이나 시설 유지관리 비용 등의 상당 부분을 국가가 부담하고 있기 때문이라는 데는 공감이 되기는 했지만 어딘가 어색하다는 생각을 했었는데, 그 제도는 얼마 못 가서 폐지되었다. 아무튼 중국 정부는 개혁개방 정책을 추진하면서 짧은 기간 동안에 이래저래 많은 달러를 축적하게 된다.

덩샤오핑(鄧小平)이 개혁개방 정책을 추진하기 이전 중국 인민들의 삶의 질은 형언하기가 어려울 정도로 바닥에 떨어져 있었다고 한다. 그 광활한 중국대륙의 어느 곳이나 어떤 신분을 가진 사람을 막론하고, 좀 덜 어려웠던 사람은 있었을지언정 어렵지 않은 사람이 한 사람도 없었다고 해도 과언이 아니었다고 하니, 덩샤오핑은 그와 같은 기막힌 상황을 잘 알고 있었는바 실권을 잡자마자 이를 해결하기 위한 묘책으로 경제특구를 시작으로 하여 환경이 우세한 동남 연해 지역부터 개방하여 홍콩을 비롯한 서방세계의 자본과 기술을 끌어들여 개발해나가는 개혁개방 정책을 추진했던 것이다. 덩샤오핑은 이른바 '흑묘백묘론(黑猫白猫論)'과 '선부론(先富論)'을 주장하면서 개혁개방 정책을 강력하게 추진해나간 것이다. 검은색 고양이든 하얀색 고양이든 쥐만 잘 잡으면 좋은 고양이라는 흑묘백묘론은 덩샤오핑의 지론(持論)인데, 그 말이 서방세계에 알려지게 된 것은, 그가 개혁개방 정책을 막 추진할 때인 1979년 미국 방문 중에 서방 자본을 끌어들이기 위해 '중국이 사회주의국가지만, 경제적으로는 자본주의 시장경제 체제를 도입하겠다'라는 강한 의지를 호소하며, 그 흑묘백묘론을 인용하면서부터였다. 선부론(先富論)은, '일부 인민들을 먼저 부유하게 만들고, 그들로 하여금 가난한 인민들을 돕도록 하면 된다'라는 덩샤오핑의 이론이다. 그 이론은 사회주의 이론과는 배치되는 이론이지만 덩샤오핑이 설계한 개혁개방 정책은 선부론(先富論)을 품고 있으며, 개혁개방 초기에 투자 환경이 우세한 동남 연해 지역부터 먼저 개방을 추진하여 개발시키고 나서 점진적으로 중서부 내륙 지역으로 확대시켜나가도록 설계한 덩샤오핑의 개혁개방 정책 그 자체가 덩샤오핑이 주장한 선부론(先富論)에 기초를 두고 있다. 그와 같은 덩샤오핑이 설계한 개혁개방 정책의 추진은 홍콩, 마카오와 인접한 광둥성(廣東省)의 선전(深圳)과 주하이(珠海), 대만과 마주하고 있는 푸젠성(福建省)의 샤먼(廈門) 등 경제특구를 시작으로 하여 상하이(上海), 톈진(天津), 옌타이(烟臺), 다롄(大連) 등 연해 지역과 점진적으로 내륙 지역까지 그 개방 지역을 확대시켜나갔는바, 중국 인민들의 고용이 증대되어 소득수준이 향상되면서 중국 인민들은 가난으로부터 서서히 벗어날 수 있게 된다.

베이징(北京)에 대한 이야기는 「13. 천년고도(千年古都) 베이징(北京)을 들여다보다」에서 좀 더 하기로 하고, 먼저 1949년 중화인민공화국 건국 이후의 마오쩌둥(毛澤東) 주석에 대한 이야기부터 시작하여 '중국 이야기'를 이어가고자 한다.

2.
톈안먼(天安門)광장을 지키고 있는 마오쩌둥(毛澤東) 이야기

　중국의 수도 베이징(北京)의 한복판에는, 쯔진청(紫禁城: 자금성)의 궁성(宮城)을 둘러싸고 있는 황성(皇城)의 정문(正門)이었으며 명나라 때는 '승천문(承天門)'이라 불렀다고 하는, 중국의 전통 궁전식(宮殿式)으로 건축된 웅장한 '톈안먼(天安門: 천안문)'이 500여 년을 버티고 앉아 있다. 그 톈안먼(天安門)의 정면인 남쪽으로, 베이징 중심을 동서(東西)로 관통하는 간선(幹線)도로인 창안졔(長安街)를 사이에 두고 폭이 동서로 500m, 길이가 남북으로 880m나 되는 440,000㎡ 면적의 광활한 '톈안먼(天安門)광장'이 펼쳐져 있다. 중국공산당 마오쩌둥(毛澤東) 주석은, 1949년 10월 1일 그 톈안먼(天安門)의 성루(城樓)에 서서 톈안먼광장에 운집해 있는 중국 인민들을 내려다보면서 '중화인민공화국(中華人民共和國)의 건국'을 선포한다. 그때부터 톈안먼(天安門)이 중화인민공화국의 상징이 되면서, '중화인민공화국의 국장(國章: 국가 휘장)'에도 톈안먼(天安門)의 성루(城樓)가 도안되게 되고, 마오쩌둥(毛澤東) 주석의 초상화가 그 톈안먼(天安門)에 걸리게 된다. 톈안먼(天安門)의 중앙 통로인 정중먼(正中門: 정중문) 상면(上面)에 톈안먼광장을 바라보고 있는 마오쩌둥(毛澤東) 주석의 초상화가 걸려 있는데, 국민당 정부 통치 시대에는 똑같은 그 위치에 장제스(蔣介石) 중화민국(中華民國) 총통(總統)의 초상화가 걸려 있었다고 한다.

톈안먼(天安門)광장의 북쪽 톈안먼(天安門) 안쪽으로는 청(淸)나라의 마지막 황제 선통제(宣統帝) 부의(溥儀)가 1912년 2월 폐위된 이후로도 1924년까지 머물고 있었던, 1925년부터는 그 이름을 '고궁박물원(故宮博物院)'으로 바꾸어 부르고 있는 거대한 궁궐 '쯔진청(紫禁城)'이 있다. 톈안먼광장의 동쪽으로는 '중국국가박물관(中國國家博物館)'이 있고, 그 맞은편인 서쪽으로는 거대한 인민대회당(人民大會堂)이 있다. 톈안먼광장의 남단(南端)에는 베이징 내성(內城)의 정문으로 쳰먼(前門: 전문)이라고도 하며 성루(城樓)와 전루(箭樓)가 있는 웅대한 정양먼(正陽門: 정양문)이 앉아 있고, 톈안먼광장의 중앙에는 '인민영웅기념비(人民英雄紀念碑)'가 세워져 있다. 톈안먼(天安門)광장의 남쪽에는 거대한 2층 건물로 지어진 '마오주석기념당(毛主席紀念堂)'이 있는데 그 1층에 사후의 용모(容貌)를 드러낸 채 누워 있는, 방부 처리된 마오쩌둥(毛澤東) 주석의 유체(遺體)가 안치되어 있다.

마오쩌둥(毛澤東) 주석은 1949년 중화인민공화국을 건국한 이후 사상개조운동을 벌이고 토지개혁을 추진하는 등 개혁적인 통치를 시작한다. 1950년 10월에는 김일성의 남침에 의해 발발한 한국전쟁에 중공군을 참전시켜, 1953년 7월 한반도를 다시 분단시켜놓는다. 마오쩌둥은 1954년 9월에는 헌법을 제정하여 국가주석에 취임하고, 1956년 4월에는 '사상의 유연함을 허용하고, 공산당에 대한 자유로운 비판을 허용한다'라는 방침을 내어놓는다. 이에 따라 중국의 지식인들은 그 이듬해인 1957년 5월부터 본격적인 정치운동을 벌이기 시작하는데, 이를 '쌍백(雙百)운동' 또는 '백화제방(百花齊放) 백화쟁명(百家爭鳴)운동'이라고 한다. 그 운동이 본격적으로 시작되자마자 많은 지식인들이 그 운동에 참여하여 중국공산당에 대해 비판을 하는데, 그 수위가 높아지자 마오쩌둥은 1957년 6월 '반우파(反右派) 투쟁'을 선언하고, 당내의 간부를 비롯하여 비판을 한 수많은 지식인들을 '사회주의 건설을 반대하는 인민의 적'으로 몰아붙여 숙청하는 등 탄압을 한다. 마오쩌둥 주석은 그 위기를 잠재우려는 듯, 1958년 8월 베이다이허(北戴河)에서 중앙정치국확대회의를 개최하여 '대약진인민공사화운동(大躍進人民公社化運動)의 주요 계획을 확정'하고, '진먼다오를 포격(金門島砲擊)한다'는 결정(決定)을 내린다. 마오쩌둥과 장제스의 이익이 맞물려 있던 진먼다오(金門島)에 대한 이야기는 「43. 푸젠성(福建省) 샤먼(廈門)과 진먼다오(金門島) 이야기」에서 좀 더 이어가고자 한다.

  마오쩌둥은 1958년 8월 장제스(蔣介石)가 점령하고 있는 진먼다오(金門島)를 대대적으로 폭격하면서 군과 공산당의 기강을 잡아 권력을 다시 확고히 장악하지만 그때부터 위대한 지도자로서 마오쩌둥의 정치적 기반이 흔들리기 시작하는데, 마오쩌둥은 진먼다오(金門島) 포격을 개시하면서 경제 부흥을 내세우며 현실에 부합하지 않는 '대약진인민공사화운동(大躍進人民公社化運動)'을 본격적으로 추진한다. 마오쩌둥(毛澤東)의 지시에 의해 중국 전역에 2만 6천여 개 집단 소유 형태의 '인민공사(人民公社)'를 조직하게 되는데, 가정(家庭)생활을 무너뜨리고 공동으로 생활하면서 공동으로 생산하는 방식으로 운영되는 '대약진인민공사화운동(大躍進人民公社化運動)'은 농업 생산을 현저히 저하시키게 되어 실패로 돌아가고 만다. 설상가상으로 가뭄과 홍수 등의 자연재해까지 겹치게 되면서 흉년이 들어 대기근이 발생하여 공식적인 집계만으로도 2천만여 명에 이르는 인민들이 굶어 죽는 불행한 사태가 발생한다. 대약진운동(大躍進運動)의 실패로 인해 마오쩌둥은 1959년 4월 국가주석을 사임하고 2

선으로 물러서게 되는데, 그 이후 국가주석을 이어받은 류사오치(劉少奇)와 저우언라이(周恩來) 총리, 덩샤오핑(鄧小平) 부총리 등의 통치에 의해 식량 자급자족이 이루어지는 등 사회가 어느 정도의 안정을 되찾게 되고 경제가 회복되기 시작한다. 그 무렵인 1964년 6월 마오쩌둥은 자신이 임명한 린뱌오(林彪) 국방부장(部長: 장관) 등의 지지를 받으며 류사오치 등 실권파를 '주자파(走資派: 자본주의의 노선을 걷는 당권파)'로 몰아 비판하면서 재기를 시도하지만 성공하지 못하고 다시 밀려나 있게 된다.

마오쩌둥은 1966년 5월에는 권력을 되찾기 위한 준비를 하면서 '중앙문화혁명소조(中央文化革命小組)'를 조직한다. 조장에는 천보다(陳伯達) 중앙정치국상무위원, 고문에는 캉성(康生)을 임명하고, 부조장에는 자신의 부인인 장칭(江靑)과 장춘차오(張春橋)를 임명하여 '문화대혁명(文化大革命)'을 주도하도록 한다. 중앙문화혁명소조를 중국공산당 중앙위원회 속에 두도록 하여 최고의 권력을 행사할 수 있도록 하였는바, 이때부터 마오쩌둥은 다시 실권을 장악하기 시작한다. 실권을 장악하기 시작한 마오쩌둥은 천보다(陳伯達), 린뱌오(林彪) 등으로 하여금 숙청 작업을 전개하도록 하면서 '홍위병(紅衛兵)'을 조직하여 류사오치(劉少奇) 국가주석을 비롯한 '반(反) 마오쩌둥 실권파'를 제거시키는 일을 벌인다.

마오쩌둥(毛澤東)은 모든 영역에서 사회주의국가로 탈바꿈을 해야 한다는 명분을 내세우면서, '구(舊)사상', '구(舊)문화', '구(舊)풍속', '구(舊)관습' 등 '4구(舊)'를 자본주의와 봉건주의의 유물로 규정하고 공산당 청년운동에 가담한 고등학생과 대학생들로 조직한 홍위병(紅衛兵)들을 동원하여 '4구타파(四舊打破)운동'을 벌이도록 선동한다. 홍위병들은 마오쩌둥을 지지하면서 주로 교사, 교수 등 지식인들과 예술인, 지주(地主) 출신들을 공격 대상으로 하여 '4구타파(四舊打破)운동'을 벌여나간다. 하지만 마오쩌둥이 바라는 바는 '당내의 반(反) 마오쩌둥 실권파'를 제거시키는 일이다. 마오쩌둥은 이를 실현시키기 위해 1966년 8월에는 공산당 중앙위원회회의를 개최하여 '문혁16조'를 제정하여 발표한다. 16개 조문으로 되어 있지만 주요 내용은 '문화대혁명(文化大革命)을 통해 자본주의 노선을 걷는 당내 모든 실권파를 정리'해낸다는 것이다. 이에 따라 기존의 홍위병과는 다른 '조반파(造反派) 홍위병'이 탄생하게 되는데, 조반파 홍위병들은 마오쩌둥을 신격화(神格化)하면서 '당내의 반(反) 마오쩌둥 실권파의 타도'를 포함한 '4구타파(四舊打破)운동'을 전개해나가게 된다. 조반파 홍위병은 톈안먼광장에서 전국 규모의 대규모 집회인 '무산계급문화대혁명군중대회(無産階級文化大革命群衆大會)'를 개최하게 되는데, 이때 마오쩌둥, 저우언라이(周恩來), 린뱌오(林彪) 등이 참석하여 선동을 하는바 이에 고무된 조반파 홍위병들은 광란의 질주를 시작하게 된다. 마오쩌둥은 그 뒤로도 1966년 11월까지 8차례에 걸쳐서 각 지방의 홍위병들을 베이징으로 불러들여 톈안먼광장에서 집회를 하도록 하고, 집회에 참석하여 선동을 하는바 전(全) 중국이 홍위병들의 무차별적이고 폭력적인 공격에 휩싸여 파괴되기 시작한다.

마오쩌둥과 중앙문화혁명소조의 지지를 받은 조반파 홍위병들은 1967년 1월 중앙문화혁명소조(中央文化革命小組)에 의해 반(反) 마오쩌둥 실권파의 수령으로 지목된 국가주석인 류사오치(劉少奇)와 부총리 덩샤오핑(鄧小平) 등을 습격하여 축출시키고, 당내 실권파들과 군의 수뇌부들을 체포하여 폭행과 수모를 가하는가 하면, 각 지역의 당 지도자들과 교사, 교수, 학자, 예술인, 종교 지도자, 과거의 지주 등 수십만 명의 기득권층과 지식인들을 닥치는 대로 끌어다가 고문하고 처형하는 등 박해를 가하였고, 유서 깊은 전통문화 유적과 종교 시설을 파괴하고, 역대 왕조들의 능묘 등 수많은 묘지들을 파헤쳤고, 유교 경전 등 모든 고서적들과 문화예술품, 문화재들을 불태워버렸다. 마오쩌둥은 군을 향해 이들 홍위병들의 행동을 방해하지 말라고 지시를 하는 등 호응을 하였고, 인민일보(人民日報)의 보도를 통해서도 홍위병들이 훌륭한 일을 하고 있다고 옹호를 하는바, 홍위병들은 미친 듯이 날뛰며 기존 체제를 완전히 전복시켜버렸고, 권위와 위계질서와 전통 미풍양속 등 중국의 사회 전체를 무너트려버렸다. 중앙문화혁명소조는 홍위병들을 이용해 류사오치, 덩샤오핑 등 당내의 실권파들과 각 지방의 당 지도 세력들을 모두 제거시킨 이후 홍위병의 해산을 위해 노력을 하는데, 홍위병들은 전국의 모든 공산당 체제를 장악하고 서로 세력 다툼을 하며 세력화의 조짐을 보이기 시작한다. 마오쩌둥은 기다렸다는 듯 1968년 7월 정치 세력화하려는 홍위병들을 향해 해산을 명령하고 군을 투입하여 홍위병을 해산시켜버린다. 그리고 그 홍위병들을 '상산하향(上山下鄕)운동'에 참여하도록 하여 농촌으로 하방(下放: 추방)시키는바, 그들은 문화대혁명이 끝날 때까지 산간 오지에서 갖은 고생을 하게 된다. 마오쩌둥은 홍위병을 이용해서 자신을 반대하는 세력들을 모두 평정하게 되었는바, 모든 권력을 완전히 장악하게 된다. 홍위병은 해산이 되었지만 그 이후로도 문화대혁명은 계속해서 진행이 된다.

　　마오쩌둥은 모든 권력을 장악하자마자 1968년 9월 혁명위원회를 수립하고, 1969년 4월에는 린뱌오(林彪)를 2인자로 지명하고 그다음 서열에는 천보다(陣伯達), 저우언라이(周恩來), 캉성(康生)의 순으로 임명하는 등 문화대혁명을 일으킨 주도 세력들을 권력의 전면에 배치하는 새로운 권력을 조직하여 절대적인 권위를 확립한다. 그리고 1970년에는 헌법을 개정하여 1인 체제를 확립하고 중국 최고 지도자로 군림하기 시작한다. 하지만 문화대혁명 이후 재탄생된 마오쩌둥의 권력은 중국 인민들의 마음속으로부터 우러러 추앙되어온 중화인민공화국 수립 당시의 영웅 마오쩌둥의 권력이 아닌, 무소불위 권력의 두려움으로 인한 중국 인민들의 맹종(盲從)으로 신격화(神格化)된 절대적인 권력으로 변하여, 언제든지 중국 인민들의 마음으로부터 떠날 수 있는 권력이 아니었나 한다.

마오쩌둥이 린뱌오(林彪)를 2인자로 지명한 이후부터 권력 내부에서는 권력투쟁이 일기 시작한다. 권력투쟁의 과정에서 린뱌오는 확고한 후계자가 되기 위해 국가부주석의 자리를 부활시키고자 하지만 마오쩌둥의 비판을 받게 되고, 그 일로 1970년 8월 천보다(陣伯達)는 해임을 당하게 된다. 위기에 처하게 된 린뱌오는 마오쩌둥을 암살하려는 계획을 세우고 1971년 9월 무장 쿠데타를 시행하려다 실패를 하자, 린뱌오는 그의 가족들과 함께 비행기를 타고 소련으로 탈출하던 중 몽골 상공에서 추락하여 사망하고 만다. 그 이후 린뱌오 세력들이 숙청을 당하면서, 문화대혁명의 주도 세력인 마오쩌둥의 부인 장칭(江靑)을 필두로 야오원위안(姚文元), 왕훙원(王洪文), 장춘차오(張春橋) 등 4인방(四人幫)이 급부상하게 되는데 이들은 저우언라이(周恩來)와 대립의 각을 세운다. 그즈음인 1972년 8월 실각을 당하고 하방(下放: 추방)되어 장시성(江西省) 신젠현(新建縣)에 소재해 있는 농기계 공장에서 노동일을 하고 있던 덩샤오핑(鄧小平)이 '남은 여생 당과 국가를 위해 일하고 싶다'라는 서신을 마오쩌둥에게 보내는바, 저우언라이의 설득에 의해 마오쩌둥이 이를 받아들여 1973년 3월 덩샤오핑을 부총리로 복귀시킨다. 그 후 저우언라이는 지병이 악화되어 1976년 1월 사망하게 되는데, 저우언라이가 사망하자 마오쩌둥은 1976년 2월, 4인방의 실세가 아닌 의외의 부총리 겸 공안부장 화궈펑(華國鋒)을 2인자로 지명하여 총리의 자리에 앉힌다.

저우언라이(周恩來) 총리는 1949년 중화인민공화국이 수립되면서부터 마오쩌둥을 보좌하기 시작하여 1976년 1월 사망할 때까지 평생 국무총리직을 수행해오면서 중국 인민들로부터 존경을 받아온 지도자다. 저우언라이 총리가 죽은 이후 베이징 시민과 학생들 사이에서 저우언라이 총리를 추모하는 움직임이 일기 시작한다. 이에 마오쩌둥의 권력을 둘러싸고 있는 4인방이 불안하게 여기고 추모 집회를 방해하였는바, 베이징 시민과 학생들은 저항을 하면서 그간에 쌓인 불만을 표출하기 시작한다. 홍위병(紅衛兵)을 앞세워 일으킨 문화대혁명은 상상하기조차도 어려운 엄청난 희생을 불러일으켰는바, 권력 내부에서는 물론 중국 인민들 사이에서도 불만이 쌓여 있었던 것이다. 1976년 4월 5일에는 4인방의 제지에도 불구하고 베이징 시민과 학생들은 저우언라이 총리를 추모하기 위한 청명절(淸明節) 집회를 강행했고, 그 집회는 덩샤오핑을 지지하고 4인방을 반대하는 대규모의 시위로 번졌는바, 이를 '4·5 톈안먼사건(天安門事件)'이라고 한다. 그 사건으로 덩샤오핑은 4인방에 의해 실각을 당하게 되고, 마오쩌둥 주석은 다시 고립되었으며, 마오쩌둥은 고립된 상태에서 그해 9월에 파란만장한 생을 마감하게 된다. 그리고 그의 시신은 톈안먼광장에 안치되었는바, 그대로 지금에 이르고 있다.

중국 인민들이 운집하여 위대한 지도자 마오쩌둥을 연호하며 받들어 올렸던 그 톈안먼광장의 함성은 그 역할을 다한 영웅 마오쩌둥을 끌어내리려는 중국 인민들의 함성으로 변해 울려 퍼졌는바, 아이러니한 일이 벌어진 것이다. 그러나 중국 인민들이 그 톈안먼광장에서 외친 그 함성은, 신(新) 중국을 창시한 마오쩌둥의 업적을 끌어내리려는 함성이 아니라 시대의 변화와 흐름에 부응한 새로운 지도자를 부르는 함성이었는 바, 비록 그가 행한 과오를 들어 그를 끌어내리려 하였을지언정 그가 쌓아 올린 업적까지 끌어내리지는 않았다. 중국공산당은 마오쩌둥 사후에 '문화대혁명은 당과 국가와 인민에게 심한 좌절과 손실을 가져다준 마오쩌둥의 극좌적인 오류이며, 그에게 책임이 있는 내란'이라고 규정하였다. 하지만 덩샤오핑은 그를 '공7과3(功七過三)'으로 절묘하게 평가하여, 그의 공적을 높게 인정하였다. 덩샤오핑이 현명한 판단을 내린 것이다. 만약 마오쩌둥의 부정적인 면만을 평가했다거나 사실 여부를 떠나서 부정적인 면에 비중을 두어 평가를 했다면, 중국공산당과 중화인민공화국을 부정하게 되는 모순에 빠져들게 되어 정국이 혼란스러웠을 수도 있었을 것이라는 생각이 든다.

　필자가 베이징에 근무하면서 중국 정부의 간부들을 만나는 자리에서 자연스럽게 마오쩌둥(毛澤東)과 문화대혁명에 대해서 말을 꺼내는 경우가 있었는데, 마오쩌둥에 대한 덩샤오핑의 긍정 비중 평가에 영향을 받아서 그런지 마오쩌둥에 대해서 부정적으로 얘기하는 사람은 보지 못했다. 문화대혁명에 대해서는 부정적으로 얘기들을 하면서도 말끝을 흐리거나 화두를 바꾸는 경우도 있었는바, 민망스러울 때도 있었다. 필자가 베이징에서 근무할 때의 시기에는, 마오쩌둥의 흉상(胸像) 사진이 들어 있는 메달이나 청동으로 양각(陽刻)된 마오쩌둥의 흉상 메달 등을 어디서든 흔하게 볼 수 있었다. 택시를 타면 운전석 앞부분에 마오쩌둥의 메달이 걸려 있기도 했다. 택시 기사에게 왜 마오쩌둥의 흉상 메달을 달고 다니느냐고 물어보면 그냥 습관적으로 걸고 다닌다고 대답한다. 다른 중국인들에게 물어봐도 '마오주시(毛主席: 마오쩌둥)의 메달을 지니고 다니면 나쁜 일들을 막아준다'라고들 얘기하는 등 얼버무린다. 일종의 '부적 (符籍)'과도 같은 셈이다. 이는 4반세기(四半世紀) 넘게 중국을 통치한 마오쩌둥을 추앙하고 있기 때문이기도 하겠지만, 문화대혁명 당시 반동분자로 몰리는 것을 막아 자신을 보호하기 위한 방편으로도 지니고 다니거나 걸어놓고 지냈을 것인바, 순박한 중국인들의 뇌리(腦裏)에 박혀 그냥 습관화된 것이 아니겠는가 하는 생각이 들었었다. 그 이후로는 그러한 마오쩌둥의 흉상 메달들은 점점 사라져 골동품 가게에서나 볼 수 있게 된다. 하지만 마오쩌둥(毛澤東) 주석이 중국 인민들의 곁을 멀리 떠나간 것은 아니다. 마오쩌둥(毛澤東) 주석은 여전히 베이징(北京)의 한복판 톈안먼(天安門)광장에서 중화인민공화국을 지키고 있다.

1949년 이후의 마오쩌둥(毛澤東)에 대한 이야기부터 시작하다 보니, 중화인민공화국 건국 이전의 중국 역대 정권들에 대한 이야기는 건너뛸 수밖에 없었다. 이를 보완하여 중국 전반에 대한 이해를 돕기 위해 중국 고대 춘추전국(春秋戰國)시대로부터 1949년 탄생된 중화인민공화국 건국에 이르기까지의 「중국역사(中國歷史)의 흐름 이야기」를 간략하게 정리하여 본 책자의 말미에 부록으로 첨부하였는바, 도움이 되기를 바란다.

3.
중국 인민을 구원한
덩샤오핑(鄧小平) 이야기

　1976년 9월 마오쩌둥 주석이 이 세상을 떠나면서 화궈펑(華國鋒) 총리가 그 직을 이어받게 된다. 권력을 이어받은 화궈펑 총리는 마오쩌둥을 둘러싸고 있던 권력의 실세인 장칭(江靑) 등 4인방의 위협에 직면하게 되는데, 권력을 이어받자마자 1976년 10월 예젠잉(葉劍英) 국방부장 등의 도움을 받아 기습 작전을 펼쳐 장칭(江靑), 야오원위안(姚文元), 왕훙원(王洪文), 장춘차오(張春橋) 등 4인방(四人幇)을 체포한다. 4인방이 축출되면서 마오쩌둥 세력에 의한 통치 시대는 그 막을 내리게 되며 화궈펑(華國鋒)이 실권을 장악하게 되는데, 그 무렵에 덩샤오핑(鄧小平)이 새로이 등장하게 된다.

　덩샤오핑(鄧小平)은 1966년 문화대혁명의 소용돌이 속에서 맡고 있던 부총리직에서 실각되고 추방되었다가 1973년 3월 다시 부총리로 복귀되는데, 복귀된 지 약 3년 만에 문화대혁명의 주도 세력인 4인방에 의해 1976년 4월 또다시 실각을 당하게 된다. 그 후 1976년 10월 4인방이 축출되면서, 덩샤오핑은 실각된 지 약 1년 만인 1977년 7월 화궈펑(華國鋒)과 예젠잉(葉劍英)에 의해 다시 부총리로 복귀하게 된다. 그리고 약 1년이 지난 1978년 12월 덩샤오핑은 권력 기반이 약한 화궈펑(華國鋒) 국가 주석을 축출하고, 전면적인 실권을 장악하면서 덩샤오핑(鄧小平) 통치 시대의 막이 오르게 된 것이다.

실용주의자 덩샤오핑(鄧小平)은 실권을 장악하자마자 도탄에 빠져 있는 중국 인민을 살려내기 위해 실사구시(實事求是)를 내세우며 개혁개방(改革開放) 정책(政策)을 추진하여, 시장경제 체제를 도입하는 모험을 감행한다. 당시 그 개혁개방 정책의 핵심은 경제특구에 있었다. 1980년 홍콩과 인접해 있는 선전(深圳), 마카오와 인접해 있는 주하이(珠海)에 이어 대만과 마주하고 있는 샤먼(廈門), 산토우(汕頭) 등의 지역을 경제특구로 지정하여 홍콩을 포함한 서방 국가들의 자본과 기술을 도입하기 시작한다. 경제특구에 대한 이야기는 화남(華南) 지역을 들여다보면서 좀 더 이어가고자 한다.

덩샤오핑은 개혁개방 정책을 추진시키고 나서 1981년 6월 중국공산당 제11기 제6차 중앙위원회전체회의에서 당 중앙군사위원회 주석에 선출되는데, 중국공산당은 그때 결정된 주요 내용을 발표한다. 그 내용 중에는, '문화대혁명은 당과 국가와 인민에게 심한 좌절과 손실을 가져다준 마오쩌둥의 극좌적인 오류이며, 그에게 책임이 있는 내란이라고 규정하였다'라는 내용이 포함되어 있다. 앞에서도 언급했지만 덩샤오핑은 마오쩌둥을 '공7과3(功七過三)'으로 평가하여 그의 공적을 높게 인정하였다. 그러한 마오쩌둥에 대한 덩샤오핑의 평가에는, 경제는 대외에 개방하는 시장경제 체제로 개혁시켜 나가되 정치는 마오쩌둥이 세운 중국공산당의 사회주의 체제를 그대로 유지시켜 이어나간다는 강한 의지가 포함되어 있었다고도 본다. 그 이후 덩샤오핑은 정치 개혁은 뒤로한 채,

집단생산 체제인 '인민공사(人民公社)'를 해체하고 개별 농가와 '개체호(個體戶)'라는 자영업 개념을 도입하면서 서방세계의 자본과 기술을 유치하는 개방 정책을 적극적으로 추진해나간다.

개방 지역을 점(點)의 경제특구에서 시작하여, 선(線)으로 동남 연해 지역을 연결하고, 내륙 지역의 면(面)으로 확대시켜나갔다. 이와 같은 적극적인 개혁개방 정책의 추진으로 중국 경제는 고도의 성장을 이어갔는바, 중국 인민들의 소득을 빠른 속도로 증대시키는 성과를 올릴 수 있게 된다. 그런데 중국 인민들의 소득수준이 늘어나면서 상대적인 빈곤층이 발생하게 되고, 공산당 내에는 부정부패가 만연하였는바 인민들의 불만이 쌓이게 되는 등의 문제가 드러나기도 했다. 더구나 서구 문물이 들어오고 경제 수준이 향상되면서 대학생들은 물론이고 일반 인민들뿐만 아니라 심지어 공산당 내의 일부 정치권력들까지도 '정치도 개혁해야 한다'라는 주장을 제기하기 시작한다. 이러한 주장은 중국공산당 내의 보수파들과는 정반대되는 주장이며, 덩샤오핑의 의지와도 정면으로 배치되는 주장이다.

당시 권력의 전면에 나서 있던 정치 지도자로는 1981년 6월 덩샤오핑에 의해 후계자로 선정된 후야오방(胡耀邦) 총서기와 자오쯔양(趙紫陽) 총리가 있었지만, 모든 실권은 덩샤오핑에게 있었다. 후야오방(胡耀邦) 총서기와 자오쯔양(趙紫陽) 총리는 덩샤오핑의 개혁개방 정책을 일관되게 지지해온 덩샤오핑의 심복들이다. 그런데 덩샤오핑에 의해 권좌에 올라 있던 후야오방(胡耀邦) 총서기는 덩샤오핑이 설계한 개혁개방 정책을 추진해나가면서 '경제뿐만이 아니라 정치와 사회 분야에서도 점진적으로 개혁을 추진시켜나가야 한다'라는 주장을 펴며 그와 관련된 정책들을 추진하려 하는바, 당시 정치 개혁의 의지가 없는 덩샤오핑의 심기를 불편하게 했을 뿐만 아니라 공산당 내의 보수 세력들의 반발을 불러일으킨다. 더구나 1980년대 후반기에 들어 학생들의 소요사태가 발생하기 시작하는데, 후야오방은 이를 진압하는데도 소극적이었는바, 공산당 내 보수파들로부터 비판을 받기 시작한다. 결국 덩샤오핑은 자신에게 반기를 든 후야오방을 1987년 1월 실각시킨다. 후야오방이 덩샤오핑에 의해 실각을 당하게 되는바, 그에 의한 정치·사회 분야의 개혁 추진은 좌초되고 만다. 실권자 덩샤오핑은 1987년 1월 후야오방(胡耀邦)의 후임으로 자오쯔양(趙紫陽) 총리를 총서기 권좌에 올려놓는다. 그 이후로도 학생들의 시위는 계속 진행되고 있었다.

후야오방(胡耀邦)은 실각은 당했지만 공산당정치국 위원의 직위는 유지되고 있었는바 회의 참석 등 당내 활동은 계속할 수 있었다. 그렇게 당내 활동을 하던 후야오방이 1989년 4월 공산당 중앙정치국회의에 참석하여 발언을 마치고 나서 심장마비를 일으켜 쓰러지게 된다. 그리고 1주일 만에 사망하는데, 그 후 그를 추모하는 시위가 시작되어 전국적으로 번져나간다. 인민대회당에서 후야오방의 추도식이 열릴 때는 톈안먼광장에 20만여 명의 군중이 운집하여 시위를 벌였다. 1976년 4월 저우언라이(周恩來) 총리의 추모식 때 발생한 4·5 톈안먼사건과 비슷한 양상을 보이면서 톈안먼항쟁이 시작된 것이다. 그러나 자오쯔양(趙紫陽) 총서기는, 당시 학생들의 시위 상황에 대해 우려할 만한 혼란 가능성은 없는 것으로 판단하고 있었다. 이에 대해 당내의 원로 보수파 세력들은 1989년 5월 17일 정치국확대회의를 통해 자오쯔양(趙紫陽) 총서기를 공식적으로 비판하기 시작한다. 당내의 보수파 세력들은 강제 진압을 촉구했지만 자오쯔양(趙紫陽) 총서기는 평화적인 해결을 주장하였다. 이를 우려한 덩샤오핑은 자오쯔양에게 톈안먼광장의 시위대를 해산시킬 것을 설득한다. 그러나 자오쯔양은 평화적인 해결을 주장하며 이를 받아들이지 않았다.

덩샤오핑은 자신의 설득에도 불구하고 톈안먼광장의 시위대를 해산시키지 않는 자신의 심복 자오쯔양(趙紫陽)도 더 이상은 믿을 수가 없게 된 것이다. 하지만 자오쯔양(趙紫陽)마저 실각시키게 되면 당내의 개혁세력들이 설 자리를 잃게 될 위기에 처해 있었는바, 그간 추진해온 개혁개방 정책에 차질이 생길 수도 있는 우려가 생긴 것이다. 이에 덩샤오핑은 당시 해산 조짐을 보이지 않는 톈안먼광장의 시위대를 무력으로 진압시키기로 결심하면서, 평소의 검증에 의해 자신의 의지대로 자신이 설계한 개혁개방 정책을 지속적으로 추진시켜나갈 수 있고 당내 보수파의 반발을 막아낼 수도 있는 중도파의 장쩌민(江澤民) 상하이시(上海市)서기의 발탁을 준비한다. 그런 와중에 평양에서 김일성과 회담을 마치고 돌아온 자오쯔양(趙紫陽) 총서기는 강경 보수파들에 의해 사태가 심각하게 돌아가자, 1989년 5월 직접 톈안먼광장으로 나가서 학생들을 설득하며 단식 농성을 풀고 해산할 것을 간곡하게 호소했지만 학생들은 이를 거절하였는바, 자오쯔양은 해결을 할 수가 없었다. 이에 덩샤오핑은 희생을 각오하며 중대 결단을 내린다. 계엄령을 선포하고 1989년 6월 4일 군사를 동원하여 톈안먼광장에 장갑차를 진입시켜, 시위를 벌이고 있는 군중들을 강제로 해산시킨다. 그 과정에서 상당수의 시민들과 학생들의 희생이 있었는바 덩샤오핑은 큰 오점을 남기게 됐고, 그의 사후(死後)에도 여전히 불씨로 남아 있기는 했지만, 아직까지는 6·4 톈안먼사태에 대해 중국공산당이 공식적으로 어떠한 평가를 하거나 발표한 내용은 없다. 덩샤오핑이 자신이 집권하면서 사후의 마오쩌둥을 대약진운동의 실패와 문화대혁명의 과오를 들어 공7과3(功七過三)으로 평가했듯이 먼 훗날 덩샤오핑의 6·4 톈안먼 무력 진압을 들어 어떤 평가를 내릴지는 알 수는 없지만, 도탄에 빠져 있는 중국 인민들을 구출하여 잘살게 만든 큰 공로가 덩샤오핑에게 있다는 사실만은 어느 누구도 부정(否定)할 수 없을 것이라고 본다. 1976년 4월에 발생한 4·5 톈안먼시위사태는 중국 인민들에게 심한 피해를 입힌 문화대혁명을 거부하고 문화대혁명을 일으킨 마오쩌둥과 4인방을 반대하는 운동이었는바, 마오쩌둥 주석이 사망하고 4인방이 축출되면서 해결되었지만 1989년 6월에 발생한 6·4 톈안먼시위사태는 '정치 자유화와 부패 근절과 언론 자유화'를 요구하는 시위였는바 정치 체제를 안정적으로 유지시켜야 하는 중국공산당의 입장에서는 근원적으로 '부패 근절' 이외에는 그 해결이 쉽지 않은 과제였으며 미래에도 해결하기가 쉽지 않은 과제로, 현행의 정치 체제하에서 중국공산당이 덩샤오핑의 '6·4 톈안먼시위 유혈 진압사태'에 대한 평가를 내리기는 쉽지 않을 것이라는 생각이 든다.

덩샤오핑은 1989년 6월 톈안먼광장 시위대를 무력으로 진압하고 난 후, 자오쯔양(趙紫陽) 총서기에 대해 '톈안먼광장에서 시위하는 시민과 학생들에게 동정적인 태도를 취했다'라는 이유를 내세워 1989년 6월 23일부로 총서기직은 물론 당 중앙군사위원회부주석과 정치국상무위원직까지 모든 직위에서 해임시킨다. 그리고 장쩌민(江澤民)을 지명하여 6월 말에 총서기로 선출시킨다. 덩샤오핑은 후일에 발생할 수도 있는 무력 진압의 문제로부터 자유로울 수 있는 장쩌민을 발탁했고, 그 무력 진압의 핵심에 있었던 리펑(李鵬)과 묶어서 권력을 이어갈 수 있도록 했는바, 덩샤오핑의 또 하나의 섬세한 지략을 엿볼 수 있는 대목이라고 본다. 톈안먼사태의 주역인 리펑(李鵬)은 그 이후로 계속해서 국무원총리, 전국인민대표대회 상무위원장 등을 역임하는 등 권세를 누렸고 2019년 7월 베이징에서 생을 마감했다.

권좌에서 밀려난 자오쯔양(趙紫陽)은 공산당으로부터 추방은 당하지 않았는바 공산당원 자격은 유지하면서 베이징시 소재의 주택을 배정받아서 거주하였고, 연금을 받으며 가택연금 상태에서 생을 유지하다가 2005년 1월 17일 사망한다. 필자가 베이징에서 근무할 당시의 어느 날, 베이징 인근에 중국 정부가 건설한 '향촌(鄕村) 골프장'에서 동료들과 함께 골프를 치던 중 우리 바로 옆의 홀에서 캐디 한 사람의 도움을 받으며 한 사람만이 골프를 치고 골프를 치지 않는 한 사람과 3명이 함께 움직이는 모습이 보이기는 했지만 별 관심이 없었는데, 필자를 도와주던 캐디가 우리 옆 홀에서 골프를 치고 있는 사람이 자오쯔양(趙紫陽)이라고 알려주면서 자오쯔양(趙紫陽)이 그 골프장에 자주 나와서 골프를 친다는 얘기도 해줘, '아, 그분이 그렇게 소일(消日)을 하고 있구나' 하고 생각했었던 기억이 난다.

덩샤오핑(鄧小平)은 실권을 장악한 이후로도 당 총서기나 국가주석 등의 직책은 가지지 않았고, 당 중앙군사위원회 주석직만 가지고 있으면서 군은 장악하고 있었는바, '총구에서 권력이 나온다'라는 마오쩌둥의 말을 그대로 따른 것이 아니었는가 하는 생각이 든다. 덩샤오핑은 1989년 11월부터는 당 중앙군사위원회 주석직을 내려놓고도 쌓아놓은 인맥들에 의해 군을 장악하면서 당내의 원로들을 이끌고 상당 기간 동안 막후에서 장쩌민이 안정적인 통치 기반을 마련하도록 도와 개혁개방 정책을 안정적으로 추진시켜나갈 수 있도록 장애 요인들을 제거시켜내는 등의 영향력을 행사하기도 하면서 은퇴 생활을 하다가 1997년 2월 19일 베이징에서 향년 93세의 나이로 생을 마친다. 덩샤오핑의 화장된 유골은 덩샤오핑의 유언에 따라 한 줌도 남김없이 비행기에 실려 그의 부인 쥐린(卓琳) 여사 등 유가족들에 의해 생화와 버무려져 중국에서 홍콩으로 이어진 바다 위의 상공에서 바다에 뿌려지면서, 덩샤오핑 시대는 그 막을 내리게 된다. 덩샤오핑은 한 줌의 재도 남기지 않고 떠나갔고, 중국대륙에는 그의 행적과 위대한 업적만 남아 있을 뿐이다.

4.
중국을 융성,
발전시킨 장쩌민(江澤民) 이야기

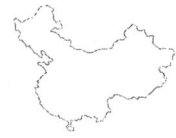

　덩샤오핑(鄧小平)에 의해 권좌에 오른 장쩌민(江澤民) 총서기는 덩샤오핑을 의지하며 자신의 권력 기반을 다지면서, 덩샤오핑이 총설계한 개혁개방 정책을 충실하게 이행해나가기 시작한다. 덩샤오핑은 안심하게 되고, 1989년 11월에는 당 중앙군사위원회 주석직을 장쩌민에게 넘겨준다. 당시 양상쿤(楊尙昆) 국가주석이 있었지만 상징적인 존재일 뿐 실질적인 권한은 없었던바, 모든 권력은 장쩌민에게 실려 이동이 된다. 그런데 6·4 톈안먼사태 이후 당 내부적으로는 덩샤오핑의 개혁개방 정책을 반대해온 천윈(陳雲) 등 보수 강경파들의 저항에 부딪치게 되고, 대외적으로는 6.4 톈안먼사태로 인한 개혁개방 정책의 회의론이 대두되면서 서방세계의 자본과 기술의 진입이 멈추게 되는바, 개혁개방 정책 추진에 차질이 발생하게 된다. 장쩌민 총서기의 힘으로는 해결하기 어려운 난관에 부딪치게 된 것이다. 이때 은퇴한 실권자 덩샤오핑(鄧小平)이 직접 나서서, 1992년 1월과 2월 사이에 개혁개방 정책의 핵심 기지인 선전(深圳)과 주하이(珠海)의 경제특구와 우창(武昌), 상하이(上海) 등지를 방문하면서 '개혁개방 정책은 어느 누구도 거역할 수 없는 이미 확정된, 오류가 없는 정책'임을 천명한다. 이를 '남순강화(南巡講話)'라고 하는데, 덩샤오핑은 남순강화를 통해 대내적으로는 개혁개방 정책의 추진에 대해 더 이상 반대의 목소리를 내지 못하도록 강한 명령을 내리면서 대외적으로는 중국이 개혁개방 정책을 변함없이 계속해서 확대하여 추진시켜나갈 것이니 안심하고 투자하라고 호소를 한 것이다. 중국은 덩샤오핑(鄧小平)의 남순강화(南巡講話) 이후 멈췄던 해외 자본의 유입이 늘어나기 시작하면서 고도의 경제성장을 이룰 수 있게 되는데, 장쩌민 총서기는 더욱 박차를 가해 외국 자금과 기술의 투자 유치를 확대하는 정책을 추진해나간다.

덩샤오핑(鄧小平)의 남순강화(南巡講話) 이후 그간 물밑 접촉으로 추진해왔던 한중수교를 위한 협상이 본격적으로 진행되는데, 중국의 입장으로서는 우리의 자금과 기술을 끌어들이기 위해 우리와의 협력이 절실히 필요한 상황하에서 '선(先)관계설정, 후(後)수교'라는 수순을 정해놓고 협상에 임했다고 하는바, 한중수교 협정 체결의 성사는 결국은 시간을 단축시키는 성과에 불과했을진대, 우리가 '북방외교'를 마무리해야 한다는 명분으로 너무 성급하게 서두르는 바람에 난제인 대만 문제를 해결하는 과정에서 졸속을 드러내는 오점을 남기지 않았나 하는 아쉬움이 있다. 1992년 8월 24일 한중수교 협정이 체결되면서 대만과는 단교가 되는데, 대만은 선제적으로 단교를 선언하면서 자국의 손실을 감수하며 우리나라에 대해 상상을 초월하는 보복 조치를 단행했다. 한·대만 단교와 관련한 이야기는 필자의 저서 『운흘의 대만 이야기』에 좀 더 상세히 수록되어 있다.

덩샤오핑(鄧小平)을 떠나보내면서 천하의 권력을 거머쥐다

장쩌민 총서기의 적극적인 외자 유치 정책 추진으로 중국 경제는 고도성장을 이어가게 되고 정치적으로도 안정되어가고 있었는바, 장쩌민 총서기를 후원하고 있던 덩샤오핑은 안심하고 점점 권력 밖으로 벗어나서 은퇴 생활을 즐길 수 있게 된다. 그리고 건강 이상설이 나돌던 1996년 이후로는, 덩샤오핑은 매년 하절기에 현역 공산당 간부와 원로들 간의 주요 정책을 사전에 조율하는 모임인 '베이다이허(北戴河)회의'에도 참석하지 않았는바, 장쩌민 총서기는 그때부터 실권 통치를 실시하기 시작했다고 본다. 그럼에도 불구하고 당시 세간에는 1997년 2월 19일 사망하기 전까지 덩샤오핑이 실권자로서 실력을 행사하고 있는 것으로 알려져 있었고, 우리의 중국 전문가들도 장쩌민 총서기가 실권자 덩샤오핑에 의해 권좌에 오른 이후 덩샤오핑의 후원으로 권력을 유지해가고 있고, 6·4 톈안먼사태의 불씨가 남아 있어 덩샤오핑 사후의 중국을 우려하는 목소리들을 내고 있었다. 하지만 덩샤오핑이 사망할 즈음에는 덩샤오핑은 이미 권력 밖으로 벗어나 있었는바, 그와 같은 주장들은 기우(杞憂)에 지나지 않았다. 또한 당시 많은 중국 전문가들은 덩샤오핑이 사망하게 되면 한동안 발표를 보류했다가 특단의 조치를 취하고 나서 그 사실을 발표할 것이라는 주장도 했었지만, 그러한 예상과는 달리 중국공산당은 덩샤오핑이 사망하자마자 바로 사망 사실을 발표했다. 그 당시 톈안먼광장 주변의 경계는 평소보다 강화되었을지언정 베이징 시민들의 동요나 중국 권부가 내린 어떤 특단의 조치도 없었고 그저 평온할 따름이었다. 중국공산당은 덩샤오핑의 사망 사실을 발표하고 나서, 덩샤오핑이 사망한 지 일주일 만인 1997년 2월 25일에 7일장으로 덩샤오핑의 추도식(追悼會: 장례식)을 치른다고 발표했다. 추도식은 일반인들의 톈안먼광장 출입이 통제된 상태에서 톈안먼광장을 마주보고 있는 인민대회당에서 거행됐다. 당시 추도식은 리펑(李鵬) 총리의 사회로 진행됐으며, 참석자들이 기립을 한 상태에서 장쩌민 총서기가 추도사를 낭독했다. 모든 참석자들이 기립을 했지만 예외가 있었는데, 문화대혁명 당시 장애인이 된 덩샤오핑의 장남 덩푸팡(鄧朴方)은 휠체어에 의존하고 앉아 있었다. 덩샤오핑의 부인 쥐린(卓琳) 여사도 앉아 있었지만 장쩌민 총서기가 추도사를 낭독하는 동안은 일어섰다. 장쩌민 총서기의 추도사는 1시간을 넘어갔지만, 은퇴한 고령의 원로 간부들도 곧은 자세로 스스로 서 있거나 부축을 받은 상태에서 흐트러짐 없이 서 있는 모습을 보며 모든 힘이 장쩌민 총서기에게 실리고 있음을 실감할 수 있었다. 장쩌민 주석은 울면서 덩샤오핑의 뜻을 받들어 대외 개방 정책을 이어가자고 호소했으며, 자신이 내세운 4대 현대화 계획을 계속해서 추진해나가자고 강조하는 등 추도사를 읽어 내려가는 장쩌민의 모습은 시종일관 슬픔 속에서 엄숙하고도 강력했다는 생각이 들었었다. 마지막 길을 떠나는 자신의 후원자 덩샤오핑의 유골함 앞에 서서 그리고 공산당의 원로 간부와 실권자 덩샤오핑을 둘러싸고 있었던 세력들 앞에 서서 당당하게 자신이 그 권력을 물려받았음을 천명(闡明)하고, 자신을 따를 것을 명령하는 듯 느꼈었다. 그 장면을 TV 앞에서 지켜보고 있을 전 중국 인민들과 전 세계를 향해서 자신이 중국의 모든 실권을 장악하였음을 공표하고 있는 것 같다는 생각이 들기도 했었다. 장쩌민(江澤民)은 덩샤오핑(鄧小平)이 떠나면서 명실상부한 천하의 권력을 거머쥐게 된다.

열광의 도가니 속에서 홍콩을 돌려받다

덩샤오핑은 경제특구를 통한 시험적인 개방 정책을 성공시키고 개방 지역을 확대해나가면서 다른 한편으로는 홍콩을 통치하고 있는 영국, 마카오를 통치하고 있는 포르투갈과 접촉하여 반환과 관련한 협상을 추진하는 등 반환을 받아낼 준비 절차를 진행한다. 당사국 간 협상을 진행하여 협정이 조인되었는바 홍콩은 조차기간이 만료되는 1997년 6월 30일이 지난 그다음 날인 1997년 7월 1일에 반환받기로 하고, 마카오는 조차기한은 없었지만 1999년 12월 20일을 기해 반환을 받기로 한다. 홍콩과 마카오를 돌려받을 수 있게 만든 중국 개혁개방의 총설계사 덩샤오핑은 그 땅들을 돌려받아서 생전에 밟아보는 것이 소원이라고 했다는데, 안타깝게도 홍콩을 반환받기로 한 그날을 6개월도 남기지 않은 채 세상을 떠나게 되었는바 그는 그 소원을 이루지는 못하고 만다. 하지만 홍콩과 마카오는 정해진 일정대로 반환을 받아내게 되었고, 그의 유해는 그의 유언대로 홍콩 인근의 바다에 뿌려졌는바 그의 꿈과 소원을 모두 이루어낸 것이나 다름이 없었다고 본다.

장쩌민 총서기는 1997년 6월 30일 밤, '중영홍콩인계인수의식(中英香港交接儀式)'이 진행되는 홍콩 현지의 행사장에 도착하여 영국의 토니 블레어 총리와 마거릿 대처 전 수상이 지켜보는 가운데 1997년 7월 1일 0시를 기해 영국의 찰스 황태자로부터 영국령 홍콩(British Hong Kong)을 중국 홍콩(Hong Kong, China)으로 156년 만에 돌려받게 된다. 필자는 그 무렵에 베이징에서 근무하고 있었는바 홍콩 반환 의식 실황을 생중계하는 TV를 지켜보고 있었다. 홍콩 현지에서 비가 내리는 가운데 진행된 의식은 장엄했지만 홍콩인들의 마음을 대변하기라도 하는 듯 그날 밤

자정 무렵의 반환 순간에는 빗줄기가 더욱 굵어져 주룩주룩 내리고 있었다. 같은 시각 베이징의 톈안먼광장에는 수많은 인파가 몰려 그 실황을 지켜보고 있었는데, 자정이 가까워지자 군중들은 톈안먼광장에 세워진 홍콩 반환 시계탑을 향해 바라보며 우렁찬 함성으로 카운트다운을 하다가 그 시계가 0을 가리키는 순간 크게 환호했다. 환호 소리와 동시에 터지는 폭죽 소리, 솟아오르는 불꽃은 장관을 이뤘다. 톈안먼광장에서 외쳐대는 군중들의 함성과 폭죽이 터지는 소리와 그 불꽃이 필자가 살고 있는 곳, 톈안먼광장에서 직선거리로 약 10㎞ 멀리 떨어져 있는 아시아선수촌아파트 21층의 창밖에까지 들리고, 보였다. 그 순간 베이징 톈안먼광장에 운집해 있는 군중들뿐만 아니라, 전 중국대륙 각 지역들의 광장들마다에 운집해 있는 군중들이 "홍콩이 조국으로 돌아왔다!(香港回歸祖國!)"라고 외치며 환호하는 모습을 TV 생중계를 통해 볼 수 있었는데, 그야말로 전 중국대륙의 인민들이 열광의 도가니 속에 빠져 들어가 있는 듯했다. 오천 년 중국의 역사상 중국이 태평성대를 누리던 시대도 있었지만, 그 현장을 느껴보지는 못했던바 비교할 수는 없었지만, 바로 그 홍콩 반환의 모습이야말로 중국이 태평성대를 향해 융성, 발전해 나가는 모습이 아닌가 하는 생각이 들었었다. 중국이 반환받은 홍콩과 마카오는 반환받는 시점으로부터 50년간 현행 체제를 유지하면서 외교와 국방을 제외한 모든 자치권을 행사하도록 하였는바, 사회주의 체제인 중국은 사상 유래가 없는 '일국양제(一國兩制)' 제도의 통치 시대를 열어가게 된다.

홍콩이야말로 중국 개혁개방 정책 설계의 핵심적인 요소였는바, 개혁개방의 시험 단계에서부터 홍콩을 디딤돌로 삼았고 그를 바탕으로 하여 개혁개방을 확대시켜나갔는바, 만약 발전된 홍콩과 그 홍콩에 축적되어 있는 화교 자본이 없었다면 중국 개혁개방 정책 설계의 기본 방향이 다를 수밖에 없었을 것이다. 아니, 발전된 홍콩이 없었다면 중국 개혁개방 정책을 설계하기도 성공시키기도 쉽지 않았을 것이라는 생각이 든다. 그런 의미에서 보면 150여 년 전에 쇠약한 청나라가 어쩔 수 없이 중국 대륙의 남단에 위치한 조그만 섬 홍콩을 대영제국에 내어줬지만, 미리 예측이라도 한 듯 중국이 어려울 때 도울 수 있는 큰 섬이 되어 돌아온 것이다. 전국(戰國)시대에 만들어진 성어(成語) '새옹실마(塞翁失馬: 새옹지마)'의 한 대목을 떠올리게 한다. 또한, 중국이 공산당의 사회주의가 되면서 중국대륙을 떠난 국민당 정부 시절의 재력가들이 그 홍콩으로 들어가 중국이 필요로 하는 화교 자본을 축적할 수 있었는바, 그들로 하여금 먼 훗날의 중국 발전에 필요한 밑천을 마련해놓도록 임무를 부여해둔 셈이 됐다. 그 휘황찬란했던 영국령 홍콩은 중국의 개혁개방 정책의 디딤돌 역할을 충분히 수행하고 중국 홍콩으로 돌아왔지만 그 미래는 불확실하다. 하지만 현명한 중국의 지도자들이 그 휘황찬란한 빛이 꺼지지 않도록 보호하리라고 본다. 홍콩에 대한 이야기는 「46. 중국으로 돌아온 홍콩을 들여다보다」에서 이어가고자 한다.

덩샤오핑 사후 장쩌민 총서기는 지속적인 개방 정책의 추진으로 외자 유치를 확대하여 경제를 고도로 성장시켜나갔고, 정치적으로도 안정적인 권력 기반을 마련해나갔다. 1995년에는 자신의 경쟁자이며 자신의 권력에 순응하지 않는 천시퉁(陳希同) 베이징시서기를 부패 혐의로 축출한 데 이어 1997년에는 자신의 권력에 도전하는 차오스(喬石) 전인대상무위원장을 가까스로 퇴출시키고, 주룽지(朱鎔基)를 총리로 지명하는 등 상하이방(上海幇)을 중심으로 하여 권력을 굳건하게 장악한다. 그리고 장쩌민 총서기는 덩샤오핑에 의해 장쩌민 이후의 지도자로 지명된 후진타오(胡錦濤)를 차기 지도자로 수면 위로 드러내, 더 이상 자신의 권력에 도전하는 세력들이 움직이지 못하도록 차단하여 권력을 안정시켜 나갔다. 안정적인 권력을 확보하고 지속적인 고도의 경제성장을 이룩해 낸 장쩌민은 2000년 봄에는 노동자, 농민, 자본가와 지식인의 근본 이익을 중국공산당이 대표해야 한다는 '3개 대표 사상의 이론'을 발표하며, 노동자와 농민뿐만 아니라 자본가와 지식인도 포용을 해야 한다는 주장을 내세워 민간 기업인의 공산당 입당을 허용하는 획기적인 조치를 취한다. 장쩌민의 3개 대표 사상은 중국공산당의 당장(黨章: 당헌)의 전문(總綱)에도 삽입을 하게 된다.

앞에서도 언급했지만 중국은 중국공산당이 통치하는 나라이며, 그 정점에 막강한 권력을 가진 최고 통치권자인 총서기가 존재하고 있다. 마오쩌둥 주석의 통치 시대에는 영구적인 집권을 유지할 수 있는 1인 독재 체제로 절대 권력에 의한 강권 통치를 했지만, 실권자 덩샤오핑의 통치 시대에는 자신의 뒤를 이끌어갈 지도자를 지명하여 전면에 내세워 통치를 하도록 하고 그 뒤에서 막강한 권력을 행사하면서 후원하는 특이한 방식의 통치를 했다. 실권자 덩샤오핑은 그러한 방식으로 장쩌민의 권력을 탄생시켰고, 장쩌민 이후의 지도자로 후진타오(胡錦濤)를 미리 지정하여 정치적인 안정을 유지시켜나가도록 하였다. 또한 덩샤오핑은 경제적으로는 개혁개방을 하면서도 정치적으로는 강력한 공산당 체제를 유지시켜나가도록 했다. 공산당의 최상층부에는 당 중앙정치국상무위원회를 두어 그 구성원인 상무위원들로 하여금 권력이 분산되도록 하는 집단지도 체제를 도입했으며, 매 5년마다 전국공산당대회를 개최하여 총서기를 비롯한 정치국상무위원들을 재신임하거나 새로 선출하도록 했다. 국가주석의 자리는 사실상 실질적인 권한이 없는 상징적인 자리이기는 하지만 헌법에 국가주석의 임기제를 도입하여 장기 집권에 의한 전횡을 막아내도록 했다. 조문으로 규정화하지는 않았지만 차차기의 지도자를 미리 지정하도록 하는 '격대지정(隔代指定)'을 관례화하도록 하여 정치적인 안정을 유지시켜나가도록 했다. 장쩌민 총서기는 이를 충실하게 이행했다고 본다. 후반부 5년의 임기를 시작하면서 후계자 후진타오(胡錦濤)에게 가시적인 상태에서 후계 수업을 받도록 했으며, 후진타오 이후의 지도자로 시진핑(習近平)을 사실상 내정시켜놓았는바 격대지정(隔代指定)의 관례도 지켜낸 셈이다. 그 이후 장쩌민 총서기는 부드러운 이미지를 보이면서도 강한 통치력을 행사하면서, 개혁개방 정책의 추진에 박차를 가하여 중국을 융성, 발전시켜 경제 대국으로 이끌어가게 된다.

임기를 마친 장쩌민(江澤民) 총서기는 2002년 11월에 후진타오(胡錦濤)에게 총서기직을 넘겨주었고, 그로부터 2년간 당 중앙군사위원회 주석의 자리를 유지하며 실권을 행사하다가 자신의 권력 주변이 안정이 된 상태에서 후진타오에게 당 중앙군사위원회 주석을 물려주고 은퇴하였지만 상당 기간 동안은 막후에서 영향력을 행사했다. 장쩌민은 자신이 가지고 있던 모든 권좌를 후진타오에게 넘겨주면서도 분산된 권력의 핵심적인 요직들의 자리에는 자신의 심복들을 앉혀놓았는바 후진타오의 권력은 한정적일 수밖에 없었고, 장쩌민은 막후에서 실권을 행사할 수가 있었다. 어떻게 보면 당 중앙군사위원회 주석직을 내려놓고도 막후에서 실권을 행사했던 덩샤오핑의 관례를 그대로 따른 것이 아닌가 한다. 아무튼 후진타오(胡錦濤)는 전례에 없는 9명이나 되는 중앙정치국상무위원으로 구성된 권력이 분파를 이루어 분산되어 있는 상태에서 권좌를 물려받게 된다. 장쩌민(江澤民)은 권좌에서 물러난 후 시진핑(習近平)이 집권하는 과정에서 자신의 권력 기반이었던 상하이방(上海帮) 세력들이 몰락하는 과정을 지켜만 볼 수밖에 없었고, 2022년 11월 30일 향년 96세의 나이로 상하이에서 생을 마감하게 된다.

5.
충실한 통치를 한
후진타오(胡錦濤) 이야기

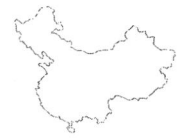

장쩌민(江澤民) 총서기로부터 2002년 11월 공산당 총서기의 권좌를 물려받은 후진타오(胡錦濤) 총서기는, 원자바오(溫家寶) 총리와 전후반 임기 10년 동안 호흡을 맞추며 통치를 이어가게 된다. 장쩌민 통치 시기에 적극적인 개혁개방 정책의 추진으로 이룩한 경제성장의 탄력을 이어받은 후진타오 통치 시기에도 고도의 경제성장을 이어갈 수 있게 되었는바, 중국 인민들의 생활수준은 날이 갈수록 향상되었다. 하지만 경제가 발전되고 인민들의 소득수준이 향상되면서 지역 간, 소득 계층 간의 격차가 점점 더 벌어지게 되었는바 이로 인한 갈등이 발생하여 사회적인 문제로 부각되면서 그 우려가 제기되기 시작한다. 이에 후진타오 총서기는 임기 중에 소득 격차를 줄여나가기 위해 2004년도부터 '과학발전관(科學發展觀)과 조화로운 사회(和諧社會)'라는 기치를 내걸고 양적인 성장보다는 질적인 성장을 추구하고, 균형적인 발전을 도모하고자 노력한다. 후진타오가 추진하게 되는 '조화로운 사회의 건설'은 '균부론(均富論)'을 근간으로 한 이론으로, 덩샤오핑이 설계하여 그간 추진해온 성장 위주의 '선부론(先富論)'과는 배치되는 이론이다. 하지만 후진타오 통치 시기의 경제발전 상황이나 중국 인민들의 소득과 의식 수준은 덩샤오핑 통치 시기의 어려웠던 경제 상황과는 많은 차이가 있었는바, 흐르는 시대의 실정에 맞게 전환한 이론이 아녔는가 한다.

그런데 장쩌민이 후원하고 있던 상하이방의 핵심인 천량위(陳良宇) 상하이시서기가 성장(成長)이 우선이라는 주장을 하며, 부(富)의 균형 분배를 추진하고자 하는 후진타오 총서기의 '조화로운 사회 건설 정책'에 반기를 드는 등 후진타오의 권력에 순응하지 않았는바 걸림돌이 되었다. 이에 후진타오는 전반부 임기가 끝나갈 무렵인 2006년 9월에 천량위(陳良宇) 상하이시서기를 부패 혐의로 제거하게 되는데, 이를 계기로 하여 그 이후로는 실권을 장악한 상태에서 통치를 이어가는 듯했다. 하지만 2007년 10월에 재편된 후반부 임기의 권력 구조도 여전히 9명의 중앙정치국상무위원으로 분파된 상태에서 장쩌민의 영향력이 작용할 수 있는 구조로 구성되면서 그 권력이 분산되었는바, 후진타오는 완전한 실권자로서의 강한 통치력을 행사해나가기에는 한계가 있었다. 9명의 중앙정치국상무위원 중 장쩌민계의 사람들이 5명이나 되고, 태자당이라고 불리는 시진핑도 장쩌민이 후계자로 지명을 해준 사람이니 후진타오계의 사람으로 구분을 할 수 있는 사람은 원자바오(溫家寶) 총리와 후진타오와 같은 '중국공산주의청년단(中國共産主義青年團: 공청단)'서기 출신인 리커창(李克强)뿐이었다. 시진핑을 포함한다 해도 후진타오 자신을 포함한 4명밖에 되지 않는바 과반을 넘지 못했다. 그러한 불안정한 권력 구조의 상황 속에서 덩샤오핑이 세워놓은 통치 방식이나 관례들이 변화해나가는 양상을 보이기 시작한다. 덩샤오핑이 세운 격대지정(隔代指定)의 관례에 따르면 후진타오는 자신의 임기 후반부에 시진핑(習近平) 이후의 지도자를 지정해놓았어야 하는데, 그 지정이 가시적이지 않았다. 그 구체적인 사유를 알 수는 없지만, 후진타오가 당시 분파되어 있는 9명의 중앙정치국상무위원들을 장악할 수 없어, 자신의 뜻대로 그 권한을 행사하기가 어려웠기 때문이 아니었나 한다.

후진타오(胡錦濤) 시대의 후계 권력들의 경쟁 상황을 들여다보면, 시진핑(習近平)은 2002년에 이어 2007년에도 중앙정치국상무위원에 선출되어 후계자의 길을 걷고 있는 데 비해 그의 경쟁자며 상무부(商務部) 부장(部長: 장관)으로 있던 보시라이(薄熙來)는 2007년에도 중앙당으로 들어가지 못하고 충칭시(重慶市)서기로 밀려나게 된다. 충칭시로 내려간 보시라이는 '창홍타흑운동(唱紅打黑運動: 마오쩌둥식의 공산주의를 홍보하고, 범죄와 부패를 척결하는 운동)'을 벌이면서 부(富)를 분배시켜나가겠다는 독자적인 '충칭(重慶) 모델'을 만들어 농민공들의 호응을 얻으며 공산당의 핵심을 향해 도전을 하는바, 후진타오와 시진핑을 당혹스럽게 만든다. 당시 보시라이에게는 장쩌민과 닿아 있는 무소불위의 권력 저우용캉(周永康) 중앙정법위서기와 연결되어 있었고, 이들은 무장경찰과 일부의 군부도 장악하고 있어 섣불리 대응할 수 있는 만만한 상대가 아녔는바 긴장할 수밖에 없었을 것이다. 같은 시기에 보시라이의 전임 충칭시서기로 있다가 중앙당으로 올라가지 못하고 2007년 광둥성(廣東省)서기로 자리를 옮겨 가게 된 왕양(汪洋)은, '등롱환조(騰籠換鳥: 새장을 비우고 새로운 새를 넣다)'를 내세우며, 노동집약산업을 자본집약적 고부가가치 첨단산업으로 전환하여 광둥을 발전시켜 부(富)를 키워나가겠다는 시장 주도형 자본주의 정책인 '광둥(廣東) 모델'을 만들어 중앙당의 걱정을 불러일으킨다. 왕양은 2008년 11월에 현지를 찾아간 원자바오(溫家寶) 총리가 '분배로부터 성장을 찾아가자'라고 호소하며 설득하는데도 굴복하지 않았는데,

그 이후 닥친 글로벌 금융 위기를 돌파해나가는 성과를 올린다.

그러한 상황하에서 충칭(重慶)에서는 2012년 2월 보시라이(薄熙來)의 심복이며 전 충칭시공안국장이었던 왕리쥔(王立軍) 충칭시부시장이 충칭시 인근의 쓰촨성(四川省) 청두(成都)에 있는 미국총영사관으로 들어가 망명을 요청하는 사건이 발생하게 되는바, 보시라이는 치명적인 타격을 입게 된다. 그 사건으로 인해 보시라이는 2012년 가을에 개최되는 제18차 당대회를 눈앞에 두고 중앙당으로 진입하려는 꿈이 좌절되면서 실각을 당하게 되고, 모든 당직을 박탈당하고 부패 혐의로 감옥에 갇히는 비운을 맞이하게 된다. 원자바오(溫家寶) 총리는 공식적으로 보시라이의 '창홍타흑(唱紅打黑)' 충칭 모델에 대해 '중국공산당 체계를 망가뜨리는, 문화대혁명과 같은 극좌적인 오류의 행위'라고 비판했다. 이에 비해, 광둥성서기 왕양(汪洋)의 '등롱환조(騰籠換鳥)' 광둥 모델 정책은 아시아 금융위기 이후 도산 위기에 처한 수많은 노동집약적 기업들을 구조 개혁을 통해 첨단기술 기업으로 전환시켜내는 성과를 올리게 되는데, 그 모델은 후진타오나 시진핑의 코드와도 일맥상통하였는바 결국은 호응을 받게 되었고, 왕양은 2012년 11월 개최된 제18차 당대회를 통해 성공적으로 중앙정치국 위원으로 재진입하여 그 이듬해인 2013년 3월 국무원산업담당 부총리직을 수행하게 되고, 그 이후 2017년 11월 개최된 제19차 당대회를 통해서 중앙정치국상무위원으로 선임되어 중국공산당 권력서열 제4위의 전국인민정치협상회의 주석의 자리를 차지하게 된다.

필자가 베이징에서 근무하고 있을 당시에는 중국의 개방된 지역 지방정부들의 투자 유치 열기가 한창이었는바, 지방정부 관리들이 외자 기업의 투자 유치를 위해 우리 대사관을 찾아와서 협조를 요청하기도 하고,

투자에 관심이 있는 기업인 등을 모아놓고 호텔 등지에서 투자 설명회를 개최하는 등 적극적인 투자 유치 활동을 전개하면서 대사관 관리들을 초청하기도 했었는데, 1996년 11월 6일 랴오닝성(遼寧省) 다롄시정부(大連市政府) 부시장이 다롄시의 투자 유치 홍보를 위해 우리 대사관을 방문해 오찬을 함께한 적이 있었다. 그 인연으로 그해 말경에 베이징인민대회당에서 '다롄복장절(大連服裝節)' 행사의 일환으로 다롄시정부가 주최하는 호화찬란한 대규모의 패션쇼에 초청을 받아, 필자의 동료인 농무관과 함께 참석하여 패션쇼를 관람하기 전 주빈 만찬 자리에서 당시 다롄(大連)시장이었던 보시라이(薄熙來)를 만난 적이 있었다. 필자가 앉아 있는 식탁에 보시라이(薄熙來) 시장의 자리가 마련되어 있었지만 그가 바빠 움직이느라 이석을 하기는 했는데, 당시 필자가 느낀 그분 보시라이(薄熙來) 다롄시장은, 훤칠한 외모에 성격은 아주 활달하였고 외자 기업의 투자를 적극적으로 유치하여 다롄(大連)시를 발전시키고자 하는 열정과 의지가 넘치는 분이라는 인상과 기억이 남아 있다. 그 이후 그분이 랴오닝성(遼寧省)성장과 상무부(商務部)부장(部長)을 거쳐서 충칭시(重慶市)서기 등 중책을 맡기도 하여, '승승장구를 하고 있구나!' 하고 느끼고 있었는데, 마오쩌둥 시대에 부총리 등을 역임한 보이보(薄一波)의 아들이기도 한, 잘 나가던 그분이 실각을 당했다는 보도를 보며 안타깝다는 생각을 했다.

후진타오(胡錦濤)로부터 시진핑(習近平)으로 넘어가는 권력 이동 상황을 들여다보면, 당시 후진타오의 입장에서는 자신이 집권하는 10년 동안 걸림돌이 되어온 장쩌민의 권력이 계속 존재하고 있었고, 그러한 권력 구조하에서 보시라이(薄熙來)를 제거하는 과정에서 당내의 핵심 권력이 분열되어 있는 상태 그대로 남아 있었는바, 자신이 이를 해결하지 못하고 후임자 시진핑에게 물려주어야 하는 큰 부담을 안고 있었다. 권력을 물려받게 되는 시진핑의 입장에서도 이를 정리하지 않은 상태에서 당시의 권력 구조를 그대로 떠안게 된다면, 자신이 집권을 한다 해도 그 정리가 불가능하게 되는바 고민이 깊어질 수밖에 없는 처지에 놓여 있었다고 본다. 후진타오는 그와 같은 당내의 권력 파벌을 위기의 상황으로 인식하고, 파국으로 가는 당의 분열을 막아내기 위해 시진핑을 중심으로 하여 당의 통합을 이루어낼 수 있도록 당내 권력 구조를 개편시켜낸 것이 아닌가 한다. 당시 중국공산당 권력 내부의 상황은 아주 복잡했던 것으로 짐작되며, 분명하지는 않지만 당시 분파되어 있는 핵심의 권력들이 다툼을 벌였을 것이라는 추측은 누구나 할 수 있었을 것이라고 본다. 중국공산당 권력의 내부에서 일어나는 일들은 그 속의 핵심권력들 외에는 알 수도 없고 예측하기도 어려울지니 그저 겉으로 드러난 실상만을 알 수 있을 뿐인데, 당시 보도된 내용들을 보면 2012년 11월 개최된 제18차 당대회에서 중국공산당 권력의 핵심인 중앙정치국상무위원의 수를 9명에서 7명으로 줄여, 당내의 파벌을 막아낼 수 있도록 시진핑(習近平)에게 힘을 실어주는 인선이 이루어진 것이다. 사실적으로도 충실한 통치를 이루어온 후진타오(胡錦濤)는, 전임 권력들처럼 임기 이후 공산당 중앙군사위원회 주석의 지위를 일정 기간 동안 보유하고 있다가 넘겨주었던 관례에 의한 자신의 권력을 포기하면서 권력 구조를 개편시켜냈고, 자신의 모든 권력을 내려놓는 결단을 하며 후임자 시진핑(習近平)이 곧바로 강력한 통치력을 발휘하여 분열 위기에 처해있는 당의 통합을 이루어 안정적인 통치를 이어갈 수 있는 길을 열어주고 물러난 것이다. 하지만 후과가 없어야 할진대 예단하기가 그리 쉽지는 않을 것 같다는 생각이 든다.

6.
탄탄대로를 걸어서 정상에 오른
시진핑(習近平) 이야기

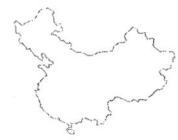

먼저 시진핑(習近平)의 부친 시중쉰(習仲勳)에 대해서 알아보고, 시진핑에 대한 이야기로 들어가고자 한다. 시중쉰(習仲勳)은 1913년 10월 산시성(陝西省) 관중(關中) 지역에 위치해 있는 푸핑현(富平縣)에서 농민의 아들로 태어난다. 시중쉰은 제1차 국공합작(國共合作)으로 한창 북벌(北伐)을 벌이고 있을 때인 1926년 소년 시절 '공산주의청년단'에 가입하여 활동하게 되는데, 국공합작이 결렬되어 중국공산당이 무장투쟁을 나설 때인 1928년, 황투(黃土)고원의 산간 오지인 산시성(陝西省) 산베이(陝北) 지역에서 유격대 활동을 하고 있던 류즈단(劉志丹)을 만나게 되면서 그때 류즈단의 도움으로 시중쉰(習仲勳)이 산베이(陝北) 지역에 발을 딛게 된다. 시중쉰은 류즈단과 함께 세력을 확장하여, 산시성과 간쑤성(甘肅省)의 변계 지역에 '산간변(陝甘邊) 혁명 기지 소비에트'를 설립하는데, 시중쉰이 주석을 맡게 되고 류즈단은 군사위원회 주석을 맡는다. 그런데 1935년 9월, 유랑 장정(長征)을 하던 마오쩌둥(毛澤東)의 중앙 홍군(紅軍)이 류즈단과 시중쉰이 창설한 산간변(陝甘邊) 소비에트로 들이닥쳐 점령을 한다. 마오쩌둥의 홍군은 1935년 10월에는 류즈단과 시중쉰의 근거지인 산베이(陝北) 바오안현(保安縣)에서 대장정(大長征)의 중단을 선언하고, 그곳에서 정착을 시작한다. 시중쉰(習仲勳)은 이를 계기로 하여 그 공로를 인정받아, 그 이후 중국공산당의 중앙인 '서북국(西北局)'의 서기로 임명되는 등 중국공산당 중앙의 고위 당직들을 맡게 된다. 그런데 대약진운동의 실패 이후 공산당 내의 권력투쟁 과정에서 1962년 9월 '소설 류즈단(劉志丹) 필화사건'이 발생하는데, 당시 국무원 부총리로 있던 시중쉰(習仲勳)도 그에 연루되어 누명을 쓰게 되고 '펑더화이(彭德懷)의 반당 집단'으로 몰려 실각을 당하게 된다. 소설 류즈단(劉志丹) 필화사건은, 『류즈단(劉志丹)』이라는 소설 중에 '쿠데타 미수로 자살한 인물이 영웅으로 묘사'되어 있다는 내용을 적발하여, 그를 구실 삼아 그 소설과 관련이 있는 사람들을 색출하여 희생시킨 사건을 말한다. 그 후 조사 과정을 거쳐 시중쉰(習仲勳)은 1965년 뤄양(洛陽)으로 하방(下放: 추방)되어 노동을 하게 되는데, 문화대혁명 시기인 1967년 조반파(造反派) 홍위병(紅衛兵)들에 의해 '시안(西安)비판투쟁대회'에 끌려가는 등 수모를 당한다. 시중쉰은 1968년에는 시안에서 베이징으로 올라와 재심사를 받고 6년간 수감생활을 하게 되는데, 1974년 마오쩌둥의 석방 지시로 풀려나게 되면서 다시 뤄양으로 돌아가 노동을 하다가, 1976년 10월 문화대혁명이 종결되면서 그 후 복권된다.

시중쉰(習仲勳)은 화궈펑(華國鋒), 예젠잉(葉劍英), 덩샤오핑(鄧小平) 등에 의해 1978년 2월부터 정계에 복귀하게 되는데, 1978년 4월 광둥성(廣東省)제2서기에 임명된다. 1978년 12월에는 화궈펑을 축출하고 실권을 장악한 덩샤오핑에 의해 광둥성제1서기로 승진되고, 1979년에는 광둥성 성장에 임명되면서 개혁개방 정책의 총설계사 덩샤오핑의 선봉에 서서 개혁개방 정책의 핵심인 선전(深圳)과 주하이(珠海)의 경제특구를 설계하여 설치하고 1980년 11월에는 베이징의 중앙 무대로 올라온다. 시중쉰은 그 이후 중공 중앙서기처 서기, 전국인민대표대회 상무위원회 부위원장 등의 중책을 맡다가 1993년 은퇴한 후, 2002년 5월 89세의 나이로 세상을 떠나게 된다.

시진핑(習近平)은 1953년 6월 당시 중국공산당 중앙선전부 부장인 시중쉰(習仲勳)의 귀공자로 태어난다. 그 후 1962년 부친 시중쉰이 숙청되면서 시진핑(習近平)은 부친과 떨어져 성장하게 되는데, 문화대혁명 초기 조반파(造反派) 홍위병들이 맹위를 떨칠 때(1966년 8월에서 1968년 7월)는 중학생의 어린 나이에 부친이 반당 집단이라는 이유로 조반파 홍위병들에 의해 시달림을 당하기도 했다고 한다. 조반파 홍위병들이 중국 전역을 휩쓸고, 세력화하여 권력에 도전할 무렵인 1968년 7월, 마오쩌둥은 '홍위병운동 정지 명령'을 내리고, 1969년에는 그 홍위병들을 포함한 도시의 지식 청년들을 농촌과 변방 지역으로 하방(下放: 추방)시켜 사상을 개조하는 '상산하향(上山下鄉)운동'을 전개하도록 하는데, 그때 시진핑(習近平)도 16세의 나이로 부친의 고향인 산시성 푸핑(富平)으로 하방되었다가 황투(黃土)고원에 위치한 산시성 옌촨현(延川縣)의 척박한 산간 오지 마을 양자허(梁家河)촌으로 이동하여 노동을 하다가 적응하지 못하고 3개월 만에 탈출하여 베이징으로 도망쳐 나왔다고 한다. 하지만 베이징도 노동이 힘들기는 마찬가지였고, 붙잡히면 처벌받아야 하는 위험에 처해 있었는바, 주변의 권유로 불안한 베이징을 떠나 다시 권력의 관심 밖 지역인 옌촨(延川) 양자허(梁家河)촌으로 돌아가는데 그 후 시진핑은 완전히 다른 사람이 되어 촌민들과 격의 없이 지내며 자신의 꿈을 키워나갔다고 한다. 시진핑은 열악한 환경 속에서도 열심히 봉사활동을 하여 양자허(梁家河)촌 공산당 간부들의 인정을 받게 되면서, 1971년에는 우여곡절 끝에 '중국공산주의청소년연맹'의 단원이 되었다고 한다. 시진핑은 그에 그치지 않고 공산당에 입당하기 위해 입당지원서를 제출했지만 부친이 반당 집단으로 몰려 있어 10차례나 번번이 부결되었다고 하는데, 시진핑은 좌절하거나 포기하지 않고 부친을 비판하는 고통을 감내하면서 1974년 1월 가까스로 중국공산당에 가입할 수 있게 되었다고 한다.

시진핑(習近平)은 공산당에 입당을 하고 나서 그 이듬해인 1975년 10월에는 공산당옌촨현(延川縣)위원회의 추천을 받아 22살의 나이로 청화대학(清華大學) 화학공정과에 지원하여 입학 허락을 받게 되는바, 7년 만에 옌촨(延川)을 떠나 베이징으로 돌아오게 된다. 문화대혁명 초기에는 정규교육이 중단되어, 중고등학교는 물론 모든 대학에서도 정규교육을 실시하지 못했었다. 문화대혁명 중기에 접어들면서 각 대학들은 '소속 단위의 추천에 의해 입학생을 선발'하는 입시 제도를 시행해오다가, 1978년도부터 통일된 전국 대학의 입시 제도를 부활하였고, 1980년부터 학위제도를 시행하게 된다. 시진핑도 중학교를 졸업하고 고등학교 수업을 받지 못한 상태에서 하방당했는바, 수학 능력을 제대로 갖추지 못하고 단위의 추천에 의해 대학에 입학하게 된 것이다. 문화대혁명 초기에 조반파 홍위병들에 의해 대학교수를 포함한 거의 모든 학자들과 전문가들이 무차별적으로 희생되었는바, 그 이후 한동안 제대로 된 학교교육이 어려웠다고 본다. 당시의 교육 환경이나 제도가 어찌되었든 시진핑은 1979년 청화대학을 졸업하게 되는데, 졸업한 이후 국무원 판공청 근무를 시작으로 하여 중앙군사위원회 판공청 등 중앙의 핵심 요직에서 근무하게 된다.

물론 시진핑(習近平)이 그러한 자리들에 근무하게 된 것은 시진핑 자신의 적극적인 의지와 욕망에 의해 이루어진 것이겠지만, 마오쩌둥의 세력에 의해 실각을 당했다가 문화대혁명 이후 권력자로 복귀한 부친 시중쉰(習仲勳)의 영향력이 작용하고 덩샤오핑(鄧小平)의 동의에 의해 이루어졌을 것이라고 본다. 덩샤오핑이 시진핑을 가까이에서 지켜보고, 긴 안목으로 시진핑을 미래 세대 지도자의 한 사람으로 점지하여 학습을 시킨 것이 아니었는가 하는 생각이 든다. 시진핑의 중앙 핵심 요직의 근무 기간은 비록 3년의 짧은 기간이었지만, 시진핑은 중앙정부 조직의 관리(管理)와 군(軍)의 운영(運營)에 관한 경험을 축적할 수 있었을 것이고, 군의 인맥을 형성해놓는 계기가 되었을 것이다. 1982년에는 시진핑에게 공산당의 기층 조직인 허베이성(河北省) 정딩현(正定縣)으로 내려가서 근무하도록 하였는바, 지방 조직을 직접 운영하는 경험을 쌓게 된다. 1985년도에는 푸젠성(福建省) 샤먼(廈門)의 상무부시장 자리로 내려보내는데, 샤먼은 경제특구가 설치되어 있는 특수 지역이다. 경제특구는 덩샤오핑이 추진하는 개혁개방 정책의 핵심이며, 그중 샤먼(廈門)경제특구는 대만의 자본과 기술을 끌어들이기 위해 설치한 아주 중요한 경제특구다. 푸젠성은 중국의 입장에서는 미래의 통일이라는 큰 과제를 안고 있는, 대만과 마주보고 있는 지역이기도 하다. 시진핑을 샤먼으로 바로 내려보내지 않고 허베이성 정딩현(正定縣)에서 경험을 쌓도록 하고 나서 샤먼으로 내려보낸 것이다. 당시 경제특구의 설치는 보수 세력들의 반대를 무릅쓰고 덩샤오핑이 모험을 감행하여 덩샤오핑이 지대한 관심을 가지고 있는 특별한 지역인바, 덩샤오핑의 허락 없이는 샤먼(廈門)시장이나 부시장으로 임명하기는 어려웠을 것이다.

시진핑(習近平)은 샤먼(廈門)경제특구가 안정적인 궤도에 진입하게 되면서, 샤먼 인근의 닝더(寧德)지구의 서기를 거쳐서 푸젠성(福建省)의 성도(省都)인 푸저우(福州)시서기와 푸젠성(福建省)성장 등 푸젠성에서 17년 간을 근무하고 2002년 11월에는 저장성(浙江省)서기로, 2007년 3월에는 상하이시(上海市)서기로 발탁되는 등 준비된 지도자로서 탄탄대로의 길을 충실하고 순탄하게 걸어왔다고 본다. 2007년 10월에는 경쟁자 리커창(李克强)을 물리치고 리커창보다 서열이 앞선 상태에서 당 중앙정치국 상무위원에 진입하게 된다. 2008년 봄에는 수순에 의해 국가부주석에 선출되어 차세대 지도자로 발판을 굳히게 되고, 2012년 11월에는 중국공산당 총서기와 중국공산당 중앙군사위원회 주석까지 차지하며, 전 중국을 통치하는 지도자 시진핑(習近平) 시대를 열어가게 된다.

7. 시진핑(習近平)은 강한 통치를 펼쳐가다

시진핑(習近平)은 2012년 11월 8일부터 11월 14일까지 개최된 제18차 당대회를 통해 후진타오로부터 권력을 넘겨받자마자 10여일 후, 미리 기획한 듯 리커창(李克强) 등 신임 공산당 중앙정치국상무위원 6명 전원을 대동하고 톈안먼광장 동편에 있는 국가박물관에서 개최하는 '부흥의 길(復興之路)'이라는 전시회를 참관한다. 그 자리에서 시진핑은, '중화민족의 위대한 부흥을 실현하는 것이 중화민족의 가장 위대한 꿈'이라고 주장하며, 바로 그 '중국의 꿈(中國夢)'인 '중화민족의 위대한 부흥'을 실현시켜나가겠다는 포부를 밝힌다. 신임 권력들인 당 중앙정치국상무위원들을 옆에 세워놓고, 중국 인민들을 향해 강한 통치를 이끌어가겠다는 결연(決然)한 의지를 공표한 것이다. 시진핑은 집권하자마자 자신의 확고한 통치 사상을 정립한데 이어 2013년 초부터 엄한 반부패운동을 전개하는데, 자신의 최측근인 영향력 있는 왕치산(王岐山) 공산당기율검사위원회 서기를 앞세워, 장쩌민(江澤民) 권력의 핵심이며 보시라이(薄熙來)를 후원했던, 살아 있는 권력 저우용캉(周永康)을 연금시키는 등 그 주변의 권력들을 포함하여 부패에 연루된 권력들을 권좌에서 물러나도록 하면서 당정군(黨政軍)의 모든 권력의 요직 자리에 '시자쥔(習家軍: 습가군)'이라고 호칭하는 자신의 친위 세력을 포진시켜 점점 실권을 장악할 수 있게 되는바 강력한 통치를 이어가기 시작한다. 연금된 상태에 있던 저우융캉(周永康)은 그 이후 체포되어 무기징역형을 선고받게 되는데, 이는 당 중앙정치국상무위원은 처벌하지 않는다는 그간의 관례를 깬 첫 번째 사례로 기록된다.

시진핑(習近平)은 2013년 9월에는 '일대일로(一帶一路)'의 '신(新)실크로드 전략 구상'을 제안한다. '일대(一帶)'는 중앙아시아와 유럽을 잇는 육상 실크로드를 말하고, '일로(一路)'는 동남아시아와 유럽, 아프리카를 연결하는 해상 실크로드를 일컫는다. 그 전략은 국가 간 상호 소통하고, 지역 간 협력의 기초를 다져나간다는 구상이라고는 하지만 경제 영토를 확장해나가기 위한 전략인바, 미국과 주도권 경쟁으로 이어지게 되어 미국과의 대립을 불러일으키게 된다. 이와 같은 시진핑의 대외 전략은 덩샤오핑(鄧小平)의 대외관계 지침 중 서방 국가의 자본과 기술을 끌어들여 부강해질 때까지는 서방 국가들과 맞서지 말라는 '도광양회(韜光養晦: 노출시키지 말고 조용하게 힘을 기르라)'와 '결부당두(決不當頭: 절대 앞서나가지 말라)'를 벗어나고 있는 것이다. 시진핑은 그간 전임 권력자들이 도광양회(韜光養晦)하고 '선우장졸(善于藏拙: 약점을 감추어 보이지 않게 하라)'하며 쌓아 올린, 거대해진 경제력과 막강한 군사력을 바탕으로 하여 '결부당두(決不當頭)'를 딛고 서서, 덩샤오핑의 대외관계 지침의 마지막 단계인 '유소작위(有所作爲: 성과를 내라. 즉 필요한 일은 하라)'를 거침없이 발휘하고 있는 것이 아닌가 한다. 유소작위(有所作爲)보다는 아직은 좀 더 '결부당두(決不當頭)'를 해야 할 때가 아닌가 하는 생각도 드는데 말이다.

시진핑은 2014년 5월에는 '신상태(新常態: 신창타이 - New normal)'를 내세우며 중국 경제를 새로운 정상의 상태로 전환시켜 안정적이고 지속 가능한 성장을 이루어나가겠다는 주장을 하는데, 그 이후 중국 정부는 경제구조를 초고속성장에서 중고속성장으로 전환시키고, 산업구조도 고도화하여 질적인 성장 체제로 전환시키는 정책을 추진시켜나간다. 이와 같이 시진핑은 '중국몽(中國夢)', '일대일로(一帶一路)', '신상태(新常態)' 등 신조어(新造語)를 만들어내면서 새로운 정책을 추진시켜나가게 되는데, 2015년 3월에는 전국인민대표대회를 통해서 이를 실현시켜나가기 위한 통치 이념을 확정하여 공식화한다. 이를 '4개전면(四個全面)'이라고 하는데, '전면적인 소강사회(小康社會: 먹고 살 만한 중류 생활수준의 사회)의 건설', '전면적인 심화개혁(深化改革: 더욱 깊은 단계의 개혁)의 추진', '전면적인 의법치국(依法治國: 법치주의)의 시행', '전면적인 종엄치당(從嚴治黨: 당을 엄하게 다스림)의 시행'을 말하며, 이를 실현시켜 '중국특색사회주의(中國特色 社會主義)'를 건설해나간다는 것이다. 시진핑은 이러한 새로운 정책들의 추진과 적극적인 반부패운동의 전개로 중국 인민들의 호응을 얻게 되면서, 당내 권력을 확고히 다져 강력한 통치를 이어나간다.

전반기 5년의 임기를 마친 시진핑은 2017년 10월에 개최된 제19차 당대회를 통해 확고한 권력 기반을 굳혀나간다. 당헌총강에는 '시진핑의 신시대 중국특색사회주의 사상'을 삽입하였는바, '마르크스레닌주의', '마오쩌둥 사상', '덩샤오핑 이론', 장쩌민의 '3개 대표 중요 사상', 후진타오의 '과학발전관'에 이은 '시진핑 사상'으로 마오쩌둥, 덩샤오핑에 이어 당헌총강에 실명을 등재한 3번째 중국의 절대 권력자의 반열에 오르게 된 것이다. 당 중앙정치국상임위원 7명 중 자신과 리커창(李克强)을 제외한 나머지 5명도 교체했는데, 대부분 시진핑의 측근들로 구성되었는바 명실상부한 실권을 장악하게 된 것이다. 후진타오 통치 시기에 격대지정(隔代指定)이 이루어지지 않았지만, 그간의 관례대로라면 2017년 10월 개최된 제19차 당대회를 통해서 시진핑의 뒤를 이어갈 후임 지도자를 정해서 중앙정치국상임위원으로 선임했어야 했는데 가시적이지 않았다. 그와 연관이 있는 조치의 일환이 아닌가 하는데, 2018년 3월 개최한 전국인민대표대회(우리나라의 국회에 해당)에서 중국헌법 제79조의 '국가주석과 부주석의 임기는 전국인민대표의 임기와 동일하고, 연속임직 2회를 초과할 수 없다'라는 조문 중 '연속임직 2회를 초과할 수 없다'라는 내용의 문구를 삭제해, 시진핑이 장기 집권할 수 있는 길을 열어놓는다. 그 조치의 발의는 중국사회과학원의 한 연구위원이 건의하는 형식으로 추진되었다고 하는데 당내 권력들의 공감대가 형성되어야 하는 등의 절차가 필요했을 것인바, 그 준비를 단기간 내에 이루어낼 수 있는 일은 아니었을 것이다. 집권 초기부터 누군가에 의해 그 준비가 시작되었을 것으로 본다. 2018년 3월에 개최하는 전국인민대표대회에서 국가주석 연임 제한 조항을 삭제하는 개헌안을 통과시키기 위해서는 2017년 10월에 개최하는 제19차 당대회 이전에는 당내 절차를 마쳐야 했을진대, 그 시기에 한중간 '사드(THAAD) 갈등'이 한창 진행되고 있었는바, 잠시 들여다보고 넘어가고자 한다.

2016년 9월 9일 북한이 실시한 제5차 핵실험 이후, 우리의 사드 배치 논의가 본격화되면서 그때부터 중국이 우리나라에 대해 압력을 가하기 시작한다. 우리의 박근혜 대통령이 탄핵을 당하여 파면된 2017년 3월부터는 전 세계가 보라는 듯, 중국 인민들이 보라는 듯 요란하고도 심한 보복 조치를 했는바, 그 보복의 정도가 지나치다는 생각이 들었었다. 당시 중국 국내의 정치 상황으로는, 2017년 10월에 개최하는 제19차 당대회에서 결정해야 할, 국가주석 연임 제한 조항 삭제를 위한 개헌, 중앙정치국상무위원 등 새로운 권력들의 인선 등 중요한 현안들을 심의하는 과정에서 당내의 권력투쟁이 이루어지고 있었을 것으로 짐작되는데, 당내의 권력투쟁을 잠재우기 위해서 그랬는지는 몰라도 중국 인민들이 불편을 당하게 되어 있고 그 파급효과가 큰, 중국의 각 지역에 진출해서 대형 마트를 운영하고 있는 우리의 유통기업을 집중적으로 공격하는 등 우리 기업들에게 지나친 보복 조치를 감행한 것이다. 당시 중국 권력이 취한 우리 기업들에 대한 지나친 보복 조치나 중국 정부가 행한 우리 권력에 대한 홀대와 특히 우리 권력이 중국 권력에게 보인 저자세들에 대해 안타깝다는 생각이 들었었다.

강한 중국을 내세우며 미국과 패권 경쟁을 벌이고 있는 중국으로서는, 미국이 중국의 미사일 공격을 탐지할 수도 있는 레이다를 탑재한 사드를 배치하는 것이 못마땅할 수는 있었을 것이다. 하지만 북한이 국제규약을 어기고 핵무기를 개발하여 우리를 위협하고 있어, 북한 핵무기를 방어해야 하는 절박한 상황에 처해 있음이 명약관화(明若觀火)하고, 사드를 배치하는 곳도 우리의 내륙 깊숙한 곳에 위치해 있어 중국에게 위협이 되지 않는다는 것도 잘 알고 있었을 텐데, 우리 정부가 예상되는 중국의 반발에 대한 사전 대비는 고사하고 보복에 따른 대응도 제대로 못 하고 저자세를 보이며 만만하게 당하고 만 것이다. 당시 우리의 국내 정치적으로는 비정상적인 정권 교체 시기로 어수선했고, 사드 배치에 반대하는 국내 여론에 부딪혀 어려움에 직면해 있기는 했지만, 미래를 위해서라도 평가는 해두어야 한다고 본다. 사드 보복 얘기는 여기서는 그만하고, 시진핑 주석에 대한 이야기를 이어가고자 한다.

　　중국은 1949년 10월 중화인민공화국 건국 이후 마오쩌둥(毛澤東) 통치 시기에는 '국가주석'의 권력으로 통치가 이루어졌었는데, 덩샤오핑 시대 이후부터는 중국공산당 중앙위원회 총서기 내지는 중국공산당 중앙군사위원회 주석의 권력에 의해 통치가 이루어져왔고, 중국국가주석의 직위는 상징적인 자리에 불과했었다. 그러면서도 1982년도에 개정한 중국국가헌법에는 중국국가주석의 연임을 제한하는 규정을 두고 있었지만, 중국공산당 당헌에는 중국공산당 중앙위원회 총서기에 대한 연임을 제한하는 규정은 없었다. 덩샤오핑이 이를 모를 리가 없었을 것이지만, 덩샤오핑은 권력을 분산시켜 전횡을 막아내기 위해 집단지도 체제를 도입하면서 중국공산당 중앙위원회 총서기에 대해서도 중국국가헌법에 의한 국가주석의 연임 제한 규정을 준용하여 5년 임기를 마치고 나서 재신임을 받아 5년 임기만을 더 할 수 있도록 하고, 최고 권력자의 장기 집권을 막기 위해 격대지정(隔代指定)의 관례를 정립해놓았는데, 후진타오 시대부터 격대지정을 이루지 못하고 집단지도 체제가 흔들리기 시작한다. 시진핑이 집권한 이후는 중국국가헌법에 규정되어 있는 국가주석의 연임 제한 조문마저 삭제되면서, 덩샤오핑이 정립해놓은 절대 권력의 견제 제도들이 무너져버리고 장기 집권 체제가 새로이 태동하게 된다.

　　2018년 3월 개헌 이후 시진핑은 새로운 규정에 따라 국가주석에 선출되어, 인민대회당에 집결해 있는 전국인민대표들 앞에서 '헌법준수선서'를 하게 되는데, 그간의 관례에 의하면 중국공산당 중앙정치국상무위원의 권력 서열 순서에 의한 권력 서열 1위인 시진핑(習近平) 주석에 이어 다음 서열인 리커창(李克强) 국무원총리의 순으로 선서를 해야 했지만, 시진핑 다음 순서로 중국공산당 권력 서열 2위 리커창이 아닌, 공산당 권력 서열 8위 이하인 국가부주석으로 선출된 왕치산(王岐山)이 선서를 했다. 그간의 관례를 깬 획기적인 새로운 방식의 의전 사례가 아닌가 한다. 국가주석의 연임 제한 규정을 삭제하는 개헌을 하면서, 공산당 총서기로서 외교 무대에 나서는 것이 그 격이 맞지 않다는 명분으로 국가주석과 국가부주석의 지위를 격상시켜 위상을 높였다고는 하는데, 유소작위(有所作爲)의 패권 확보 전략을 추진하면서 대외적인 정상 외교 활동을 적극적으로 전개해나가고 있는 시진핑(習近平) 주석다운 발상이 아닌가 한다. 중국국가주석의 자리는 장쩌민 통치 시기 이후부터는 공산당 총서기가 맡아왔으며, 국가부주석의 자리는 후진타오와 시진핑도 그랬듯이 차기 지도자로 지정된 자가 총서기가 되기 직전 5년간 맡아왔고, 그 앞의 5년간은 총서기의 핵심들이 차지해왔다. 전례대로라면 2018년 3월 개최하는 전국인민대표대회에서 시진핑의 후임자를 부주석으로 선출했어야 했지만 지정된 후계자가 없었는바, 시진핑은 자신의 후임자가 아닌 자신의 집권 5년 동안 당정군(黨政軍)의 거의 모든 권력들을 자신의 측근들로 포진시켜 자신의 권력을 확고히 하는 역할을 수행해낸 1등 공신 왕치산(王岐山)을 국가부주석의 자리에 앉혀 자신의 권력을 더욱 강화시킨다. 이왕 왕치산의 얘기가 나왔으니 잠시 짚고 넘어가고자 한다.

왕치산(王岐山)은 1948년 7월생으로 2017년 10월에 개최된 제19차 당대회에서 '68세 이상은 은퇴'한다는 '7상8하(七上八下)'의 관례를 따르는 듯, 중앙정치국상무위원에서 물러나오면서 같은 연배의 중앙정치국상무위원 4명을 모두 끌어안고 나왔는바, 시진핑의 걸림돌들을 제거시키는 역할을 한 것이다. 그리고 왕치산은 이듬해인 2018년 3월 전국인민대표대회를 통해 국가서열 2위인 국가부주석으로 선출된다. 왕치산의 국가부주석 기용은 '7상8하'의 관례를 깬 새로운 선례인바, 3연임의 문을 열어놓고 차기 국가주석으로 연임을 하려고 하는 시진핑에게는 차기에 자신에게 적용할 수 있는 새로운 관례가 생기게 된 것이다. '7상8하'의 장애물을 제거시켜놓는 묘수를 찾아서 미리 준비해 만들어놓은 것이나 다름없게 된 셈이다. 또한 국가부주석이 된 왕치산은 중국국가서열 2위의 권력을 차지하게 됨으로써 시진핑과 경쟁 관계에 있는 중국공산당서열 2위인 리커창(李克強) 국무원총리를 견제하거나 제압할 수도 있게 된다. 왕치산은 시진핑의 권력에 걸림돌이 될 수 있는 세력들을 제거시켜 시진핑의 장기 집권 기틀을 마련해놓고, 제20차 공산당대회 이후 2023년 3월 국가부주석에서 물러나면서 정계에서 은퇴한다.

다시 시진핑의 이야기로 돌아가면, 시진핑은 2018년 3월의 개헌으로 새로이 규정한 헌법에 근거하여 설립한, 막강한 거대 권력 기관인 '국가감찰위원회'를 통하여 모든 공산당원들을 포함한 모든 공직자들의 부정부패와 위법행위를 조사하고 감찰을 할 수 있도록 하였는바, 그의 권력은 빈틈없이 굳건해져 강력한 통치를 이어갈 수 있게 된다. 시진핑의 권력은 모든 공산당원들을 대상으로 시진핑의 '신시대 중국특색의 사회주의 사상'을 주입시키고, 전(全) 인민을 대상으로 '학습강국(學習強國)'이라는 모바일 앱을 통해 강한 중국을 내세우고 있는 '시진핑(習近平) 사상과 정책'을 집중적으로 홍보하는 등 사상교육을 강화해나간다. 또한 시진핑은 '인터넷안보 없이는 국가안보도 없다'라고 주장하면서 인터넷을 통제하는 등 사회 전반에 대한 엄한 통제를 실시하여, 장기 집권 체제의 확립에 장애가 되는 요인들을 제거시켜나간다. 그러한 시진핑(習近平) 사상이나 이념과 정책, 강력한 통제 등의 아이디어들은 탁월한 능력과 명석한 판단력을 가진 시진핑의 측근들로부터 나온다고 보는데, 그중 한 사람이 왕치산(王岐山) 부주석과 더불어 시진핑의 가장 지근거리에서 시진핑을 보좌하고 있는 왕후닝(王滬寧)이라는 사람으로 알려져 있다. 시진핑은 왕후닝을 제19차 공산당대회를 통해 공산당 권력 서열 5위의 중앙정치국상무위원으로 선임하여 권력의 전면에 부상시켰고, 2022년 10월에 열린 제20차 공산당대회에서는 공산당 권력 서열 4위로 올렸다. 왕후닝(王滬寧)은 장쩌민 시대의 '3개 대표론'부터 후진타오 시대의 '과학발전관'에 이어 시진핑 시대의 '신시대 중국특색사회주의 사상' 등 3대에 걸쳐서 중국의 통치 이념을 설계해온 책사(策士)로 알려져 있다.

   그의 발탁 배경은 그가 상하이(上海) 푸단대학(復旦大學) 교수로 재직하면서 1995년 1월 출간한 『정치의 인생(政治的人生)』이라는 저서와 연관이 있다고 한다. 그 저서에는 '중국의 전통에서 답을 찾고, 여기에 서양의 사상을 접목시켜서, 강한 국가와 강한 당을 만들어내고, 새로운 권위의 정치 체제를 만들어나가야 한다'라는 주장 등 현실 정치의 지침이 될 수 있는 논리들이 수록되어 있다고 하는데, 그 논리들이 중국 최고 지도자들의 관심을 불러일으켰다고 한다. 그런데 장쩌민과 후진타오 시대에는 주로 당시 처해 있는 대내적인 상황에 맞추어 국정 이념을 설계했는바, 대내적으로는 안정적인 통치를 이루면서 대외적으로도 큰 마찰을 빚지 않고 우호적인 외교관계를 유지하면서 강한 중국을 만들어나갔다고 본다. 하지만 시진핑이 집권하면서부터는 장쩌민과 후진타오 시대의 통치와는 다른 양상을 보이고 있다. 시진핑은 강한 중국을 내세우며 대내적으로는 권위주의적인 통치를 하고 있고, 대외적으로는 패권 확보를 위한 외교 정책을 추진하면서 미국과 경쟁을 벌이는 등 충돌을 야기하고 있다. 이처럼 스케일이 큰 시진핑의 정책들은 장쩌민과 후진타오 시대보다도 그 위상이 높아져 통이 커진 왕후닝에 의해 정립되었을 것인바, 커진 그의 권력만큼이나 강해진 정책들이 아닌가 하는 생각이 든다.

시진핑(習近平)은 왕후닝(王滬寧)이 주장하는 '부패는 당과 국가를 약화시키게 되고, 특히 고위층의 부패는 치국(治國)에 치명적인 해악을 끼치게 된다'라는 논리를 받아들여 집권 초기부터 엄하게 부패를 척결하는 운동을 벌이면서 걸림돌이 되는 권력들을 제거시켜냈는바, 권력은 굳건해지게 되고 인민들로부터는 지지를 받는 일석이조의 성과를 올리게 되었다고 본다. 그러나 왕후닝이 정립한 '중국의 꿈(中國夢)', 즉 '중화민족의 위대한 부흥'을 이루어내기 위해 추진하게 된 '일대일로(一帶一路) 정책'은 미국과의 주도권 경쟁으로 이어지게 되어 미·중 무역 전쟁을 일으켰고, 일국양제 홍콩 통치에 대한 과도한 관여로 홍콩 소요사태를 불러오는 등 그에 의해 강경하게 추진된 대내외 정책들로 마찰을 빚어왔는바 시험대에 오르게 되었는데, 2022년 10월에 열린 제20차 공산당대회 이후로도 그가 건재하면서 시진핑은 그(왕후닝)에 의지하며 계속해서 강권 통치를 이어갈 것으로 보인다.

8.
중국의 당면 과제를 알아보고, 미래를 내다보다

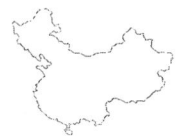

　중국은 1949년 중화인민공화국이 건국되면서부터 사회주의 체제하에서의 중국공산당 일당 독재에 의한 통치를 이어오다가, 1979년 덩샤오핑에 의해 개혁개방 정책이 추진되면서 정치는 그대로 일당독재 체제를 유지해오고 있고 경제는 시장경제 체제로 전환이 되어 발전을 이룩하게 된다. 중국이 고도의 경제성장을 일으켜오면서 군비(軍備)도 확장시켜왔고, 세계 최대의 외화 보유국이 되었고, 2010년부터는 GDP도 일본을 제치고 미국 다음의 경제 대국으로 우뚝 서게 되었는바 자신감이 넘쳐 있을 만은 하다. 하지만 경제성장의 과정에서 대외의존도가 높을 수밖에 없었고, 선부론(先富論) 정책의 추진으로 인해 낙후된 지역 인민들의 생활수준은 여전히 열등하여 소강(小康)상태로 진입하지 못하고 있을 뿐만 아니라, 지역 간, 계층 간 소득 격차도 심화되어 있고, 티베트(西藏)장족이나 신장(新疆)위구르족 등 소수민족들과의 갈등 문제도 여전히 불씨로 남아 있다. 중국이 국내에 이처럼 어려운 문제들을 안고 있는 상태에서 시진핑(習近平)이 집권한 이후부터는 '강한 중국'을 내세우고 있어, 설상가상으로 대외적인 새로운 문제들이 발생하여 어려움에 처하게 된다.

미국과는 패권 경쟁을 벌이면서 무역 전쟁을 일으키기도 하고, 일국양제의 홍콩 정치에 관여하여 마찰을 빚기도 하면서 대만에 대해 무력시위를 벌이기도 하는바, 중국 경제에 부정적인 영향이 미치게 되어 경제적인 어려움에 직면하게 되는데, 시진핑이 강한 중국의 정책을 견지하면서 강한 통치를 이어가는 한 대내외적으로 새로운 문제들이 끊임없이 발생할 수도 있을 것이라고 본다. 시진핑이 자존심 대결의 차원에서 미국과의 패권 경쟁을 계속해서 밀고 나가려 하거나 홍콩을 더욱 강하게 통제하려 든다면 미·중 간의 무역 전쟁이 장기화되고 홍콩의 시위사태가 재점화될 가능성이 있다고 보는데, 그럴 경우 대외의존도가 높은 중국으로서는 실리적으로는 도움이 되지 않을 것이라는 생각이 든다.

중국이 그간 대미(對美) 수출입 의존도를 줄여나가기 위해 '수출입선다원화정책'을 추진해왔고, 경기 침체에 대비하여 대규모의 시험적인 개발 사업을 통해 '내수확대정책'을 추진해왔다고는 하지만, 중국을 '세계의 공장'이라고 부를 정도로 제조업 위주의 '수출 주도'로 성장시켜온 경제구조를 단기간 내에 개혁하여 기술을 혁신시키고 내수를 진작시켜 시행착오 없이 '소비 주도'로 경제를 성장시켜나간다는 것은 그리 쉬운 일이 아니라고 본다. 만약 그러저러한 영향으로 중국 경제의 성장이 멈추게 되어 중국 경제가 어려워지게 된다면 중국의 꿈(中國夢)도, 개혁도, 신상태(新常態)도, 소강사회(小康社會)의 건설도 물거품이 되어 대내 정치적으로도 어려워질 수밖에 없을 것이다. 어쨌든 중국은 중국 인민들의 자존심이 손상되지 않는 선에서 명분과 실리를 저울질하면서 그때그때마다 원만하게 타협을 이루어나갈 것이라고는 본다. 하지만 중국이 패권 확보 전략을 쉽게 포기하지는 않을 것인바, 미국은 앞으로도 중국이 개방을 미루고 있는 금융시장 등의 개방을 요구하는 등 경제 무역 분야에서 끊임없는 압력을 행사할 가능성이 있으며, 홍콩은 그간 중국의 간섭을 거절하는 시위를 벌여왔지만 향후로는 일국양제 홍콩 자치 기간의 연장을 요구하는 등 해결하기 쉽지 않은 새로운 문제들을 들고나올 가능성이 있다.

양안(兩岸: 중국·대만)관계에 있어서도 외교, 군사적으로 수시로 충돌의 양상을 보이기도 하는데, 미국의 전략적인 이익과 맞물려 있고, 한반도를 비롯한 일본 등 주변국들과의 이해관계도 얽혀 있어 중국의 의지대로 밀고 나가기는 쉽지 않을 것이다. 중국의 권력자들이 자신들의 권력 유지를 위해서나 국내적인 불안 요인을 잠재우기 위한 수단으로, 위협이 전혀 존재하지도 않는 평화롭고도 자유로운 대만에 대해 선을 넘어 무력을 행사하려 든다면 문화대혁명보다도 훨씬 더 나쁜, 상상을 초월하는 결과를 낳을 수도 있다고 보는데, 중국의 권력자들이 이를 잘 알고 있을지니 그 선을 넘지는 않을 것이라고는 보지만, '하나의 중국'을 내세우고 있는 시진핑의 입장에서는 '통일'을 이루어내야 한다는 명분의 과제는 안고 있다고 본다. 양안관계에 대한 이야기는 필자의 저서『운흘의 대만 이야기』에 좀 더 상세히 수록되어 있다.

중국 국내 정치적인 문제에 있어서도 시진핑은 나름대로의 권력 내부적인 합의를 이루어 임기를 5년간씩 연장하여 장기 집권을 할 수 있는 제도적인 장치를 마련해놓고 이미 3연임을 하고는 있지만, 후계자를 선정해야 하는 과제를 안고 있다고 본다. 4연임의 가능성에 대해서는 2027년 10월에 개최되는 제21차 당대회를 지켜보는 수밖에는 없다고 보는데, 제21차 당대회 이전에 가시권 내에 들어오는 시진핑의 후계자가 보이지 않는다면 그 이상의 집권 가능성도 있다고 본다. 그럴 경우 시진핑은 자신이 내세운 '2035년도까지의 사회주의현대화 목표 달성'과 '2050년도까지의 사회주의현대화 강국 건설 목표 달성'의 기틀을 마련한다는 기치를 내걸고 장기 집권을 하면서 강권 통치를 이어갈 가능성이 있다고 본다. 그러나 당내에는 원로 권력들과 젊은 엘리트 당원들이 있고, 경쟁 관계에 있는 권력들도 있을 것이고, 차기 집권을 기다리는 권력들도 있을 것인바 그들과의 공감대가 형성되어야만 가능하다고 본다. 그들의 반대를 무릅쓰고 영구 집권을 강행하려 들 경우 불행한 결과를 맞이할 수도 있다는 것을 시진핑은 과거의 사례들을 통해 잘 알고 있을 것인바, 시진핑은 현명하게 판단하여 결정해나갈 것으로 본다. 만약 시진핑이 당내의 반대를 무릅쓰고 무리를 하면서 장기 집권을 이어가게 된다면 그 권력을 유지시키고 있는 측근 권력들의 부패를 막아내기가 쉽지 않을 것인바, 그 권력들의 부패가 만연되어 자기모순에 빠져들 수도 있다고 보는데, 그럴 경우 당내 권력들의 지지를 받기가 어렵게 될 것이고 공산당원들을 비롯한 일반인민들의 저항에 부딪치게 되면서 6·4 톈안먼사태와 같이 통제가 어려운 혼란스러운 상황에 직면할 수도 있을 것이다. 시진핑은 이를 예방해야 하는 어려운 과제를 안고 있다고 보는데, 설령 시진핑의 장기 집권으로 인한 모순이 발생하여 혼란스럽고 어려운 상황으로 빠져들더라도, 시진핑과 그 측근 권력들의 문제로 귀착되어 그들이 불행해질지언정, 결국은 공산당 내에서의 권력투쟁에 의한 새로운 권력의 탄생으로 해결될 것으로 본다.

중국공산당 통치 체제가 유지되는 한, 그 이후로도 중국공산당 권력 내에서의 권력투쟁은 끊임없이 벌어질 것이며, 집권하고 있는 중국공산당 권력 내에서의 모순으로 인해 정치·사회적으로 혼란한 사태가 발생한다 해도 앞에서 들여다본 마오쩌둥 이후 시진핑에 이르는 동안의 권력 이동에서처럼 중국공산당의 권력 내에서 해결해나갈 것인바 중국공산당이 분열되거나 중국공산당 체제가 무너지지는 않을 것이라고 보는데, 그러한 필자의 견해를 뒷받침하고 있는, 필자 나름대로 알고 있으며 일반적으로도 알고 있을 수도 있는, 중국공산당의 실상(實狀)을 들여다보고 넘어가고자 한다.

앞에서도 언급했지만 중국은 1949년 이후 중국공산당 일당 독재의 권력에 의해 통치되어오고 있는 나라다. 중국공산당 내에서의 권력이 이동되면서 권력 구조가 변화되어오고는 있지만, 장쩌민(江澤民) 시대 이후부터의 중국 최고 권력은 중국공산당 중앙위원회의 총서기를 정점으로 하는 중앙정치국상무위원회가 쥐고 있으며, 군권(軍權)은 공산당 중앙군사위원회의 주석이 장악하고 있다. 시진핑이 집권한 이후, 경쟁자 리커창(李克强)을 견제하면서 장기 집권 체제로 전환시키는 과정에서 권력 구조가 변화되는 듯했는데, 시진핑의 3연임 이후 위인설관(爲人設官)식의 권력 왕치산(王岐山)이 물러나면서 시진핑계의 권력들로 구성되기는 했지만 중국의 권력이 중국공산당 중앙정치국상무위원회로 복귀되지 않았나 한다. 중국공산당의 조직은 방대하면서도 체계를 잘 갖추고 있다. 중국공산당 중앙위원회 아래의 성(省), 직할시(直轄市), 자치구(自治區)를 비롯하여 시(市), 구(區), 현(縣)급 지역에 이르는 각급 지방에 당위원회가 조직되어 있고, 현(縣)급 아래의 향(鄕), 진(鎭), 촌(村) 등 기층(基層) 조직의 당위원회를 포함한 중앙정부와 각급 지방정부 기관, 학교, 연구원, 인민해방군, 중국의 모든 기업들 등 기층단위들에도 517만 6천여 개나 되는 기층(基層) 당기구가 조직되어 있다. 공산당원은 아무나 가입 신청만 하면 되는 것이 아니다. 만 18세 이상의 중국 인민이면 공산당원이 될 수 있다고는 하는데, 공산당원이 되려면 소정의 절차를 밟아 가입 신청을 하고 나서 엄격한 검증 과정을 거쳐 심사를 받아 통과되어야 하는데, 한번 공산당원이 되면 그냥 평생 그대로 유지되는 것도 아니다. 각급 공산당의 조직들이 공산당원들의 평소 행실을 파악하고 있는바 해당 (害黨) 행위가 적발되면 당원 자격이 박탈될 수도 있다. 2023년 말 기준으로 중국 내에는 9,918만 5천여 명이나 되는 공산당원이 있다. 20세 이상 중국의 성인 인구 11명 중 1명이 공산당원인 셈이다. 중국공산당이 전 중국을 장악하고 있다고 해도 과언이 아니다. 중국은 광활한 국토 면적을 가지고 있는 나라지만, 공산당 권력의 반대편에 있는 정치 세력들이 안심하고 머물 수 있는 곳이 없으며, 설령 반대편에 있는 정치 세력들이 있다 해도 그들이 어디에도 호소할 곳이 없다. 중국 인민들의 교육 수준도 날로 높아지고 있어, 대다수의 인민들이 자신이 처해 있는 환경 속에서 스스로 어떻게 처신해야 할지를 잘 알고 있을 것인바, 중국공산당의 권력이 중국 인민들의 입장에 서서 중국 인민들을 위한 통치를 하는 한 중국공산당의 세력이 아닌 그 반대편에 있는 세력의 도전에 의해 중국공산당이 분열되거나 붕괴될 가능성은 거의 없을 것이라고 본다.

필자가 1994년부터 1997년까지 베이징에서 근무를 하고 있었을 때는 중국 정부가 정부 조직을 개편하기 이전이었는바, 당시 필자가 담당하는 업무를 주관하는 중국 중앙부처가 10여 개나 있었는데, 업무 추진 과정에서 그들 중앙부처의 관리들을 수시로 만났다. 국가경제무역위원회, 대외무역경제합작부(상무부), 기계공업부, 전자공업부, 전력공업부, 화학공업부, 국내무역부, 매탄공업부, 지질광산부, 야금공업부, 공상행정관리국 등 중앙부처의 관리들뿐만 아니라 항공공업총공사, 핵공업총공사, 유색금속총공사, 석유천연가스총공사 등 국영기업들의 간부들도 수시로 만났다. 통상 무역 관련 회담이나 산업협력위원회와 그 분과위원회를 정기적으로나 수시로도 개최했는바, 관련 부처 관리들과는 평상시의 만찬은 물론 회의를 준비할 때나 회의를 진행할 때 상호 초청에 의한 공식적인 오찬이나 만찬도 했었고, 그 외의 부처들이나 당시로서는 정부 기관과 유사한 국영 총공사들의 간부들과도 수시로 만찬을 했었는데, 만찬 중에도 주로 업무적인 얘기들을 했지만 업무 외의 여러 얘기들도 자연스럽게 나누기도 했었다. 그때 중국의 정치제도와 관련하여 그분들로부터 들은 얘기들을 종합해보면, '중국은 미국이나 한국 등과는 그 환경이 다르다', '10억이 넘는 중국 인민들을 안정적으로 잘살 수 있도록 이끌어갈 수 있는 통치 방법은 현 체제의 방법 외에는 없다'라는 것이다. 그렇게 단호하게 얘기하면서 '중국 인민들이 안정적으로 잘살 수 있는, 더 좋은 통치 방법이 있으면 제안을 해보라'라고 하는 관리도 있었는바 말문이 막히기도 했다. 중국 인민들의 다양한 갈등의 문제들에 대해서는, '자연환경이 다른 광활한 면적을 가지고 있어 불가피하게 나타나는 현상들'이라고 하면서, '쉽게 해결하기가 어려운 난제(難題)들이지만, 단계적으로 점진적으로 좁혀나가게 될 것'이라고들 얘기한다. 하지만 우리의 중국 전문가들 중에는 '중국의 체제가 사회주의시장경제 체제로 모순이 있고, 소득수준이 상승되면서 민주화 욕구가 또다시 분출될 수 있으며 빈부 간, 지역 간, 도농 간, 계층 간, 민족 간의 갈등이 있어 문제가 발생하여, 머지않은 장래에 중국대륙이 분열될 가능성이 있다'라고 주장하는 사람들도 있었다. 당시 필자는 그와 같은 부정적인 주장들에 대해 동의하지 않았는바, 그러한 주제의 내용에 대한 대화 과정에서 논쟁이 벌어지곤 했었다. 그분들의 주장대로라면 중국대륙은 이미 분열되었어야 하고, 중국공산당 일당 독재 체제도 무너졌어야 했다. 그러한 문제점들은 지속해서 존재하고 있을 것이지만, 관건은 이를 간과 하느냐 그렇지 않느냐에 달려 있다고 본다. 앞에서 언급한 대로 필자가 그간 접촉했던 중국 중앙정부의 관리들이 중국 사회 전반에 대한 문제점들을 잘 알고 있는 것으로 미뤄볼 때, 중국공산당 권력의 핵심에서 이를 모를 리가 없을 것인바, 알고 있다면 해결하기 위한 노력을 하면서 대처해나갈 것이라고 본다.

중국은 개혁개방 정책을 추진하면서 투자 여건이 우세한 동남 연해 지역과 그 인근 지역부터 먼저 개방하여 개발을 시작했지만, 투자 환경이 열악한 중서부 내륙 지역의 개발을 지속적으로 확대시켜나가고 있고, 갈등이 존재하고 있는 티베트(西藏)장족이나 신장(新疆)위구르족 등의 소수민족들에 대해서는 통제도 하고 있지만 소수민족들에 대한 지원을 강화하는 등 갈등 해소를 위한 우대 정책도 병행하여 추진하면서 어려운 가운데서도 불씨를 제거하며 안정을 유지시켜나가고 있다. 설령 다양한 갈등들로 인해 사회적으로 혼란이 발생한다 해도, 엄한 공안(公安: 인민경찰)이 있고 공산당 중앙군사위원회 주석의 통제하에 있는 인민해방군이 있어, 제도화되어 있는 법령에 의해 사회질서를 유지시켜나갈 것이라고 보며, 정치적으로나 공산당 권력 내의 모순으로 인해 중대한 사태가 발생한다 해도, 그간 해결해온 방식대로 냉혹할지언정 공산당 권력 내부에서 자체적으로 해결해나갈 수 있을 것이라고 본다.

9.
중국의 패권 전략이
한반도에 미치는 영향

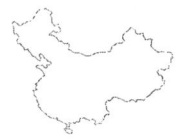

중국의 대(對)한반도 전략과 북한 핵무기 개발에 대하여

중국의 시진핑(習近平) 주석은 전임 지도자들이 개혁개방 정책을 추진하면서 쌓아 올린 거대해진 경제력과 막강한 군사력을 바탕으로 하여 '위대한 중화민족의 부흥'을 내세우며, 대내적으로는 강한 통치를 하고 대외적으로는 패권 확보 전략을 펼쳐나간다. 그가 자신감에 넘쳐 거침없이 추진하고 있는 그 패권 확보의 대상이 미국이 유지하고 있는 패권의 영역에 닿아 있는바 미국과 충돌이 되고, 미국의 패권 전략과 밀접한 관계에 놓여 있는 한반도에도 그 영향이 미친다. 장쩌민과 후진타오의 시대와 시진핑의 집권 초기까지만 해도 중국과 우리와는 호혜주의를 원칙으로 하여 우호적인 관계를 유지해왔다. 그러나 시진핑이 패권 확보를 위한 '일대일로(一帶一路) 정책'을 본격적으로 추진하면서부터 미국과 중국 간의 충돌이 발생하게 되는데, 그때부터 중국이 우리를 향해 사드 보복을 하기도 하고, 북한에 대해서는 적극적이며 호의적인 태도를 보이는 등 대(對)한반도 정책의 속내를 그대로 드러낸다.

냉전 시대에는 미국과 소련이 양극을 이루면서 지구촌의 질서를 유지해왔지만, 소련 붕괴 이후의 러시아는 패권 경쟁에서 한발 물러서게 되는바, 그 이후로는 미국의 주도하에 지구촌의 질서가 유지되어오고 있는 가운데 중국이 거대한 경제력과 막강한 군사력을 갖추고 부상하면서 미국이 유지하고 있는 패권을 확보하려 드는바 충돌이 되고 있는 것이다. 중국은 아직 경제력으로나 군사력으로도 미국과는 그 거리가 멀리 떨어져 있고, 미래에도 그 간격을 가깝게 좁혀나가기가 쉽지는 않을 것이지만, 그래도 중국은 미국과 경쟁을 벌이면서 패권 확보 전략을 끊임없이 추진해나갈 것인바, 그 과정에서 앞으로도 미국과의 충돌이 빚어질 가능성이 있다고 본다. 그 충돌이 미·중 양국 간의 경계를 넘어 한반도에까지 직접적인 영향을 미치게 하여 우리를 어렵게 만들고 있다.

우리가 북한의 핵무기를 방어하기 위해 어쩔 수 없이 내륙의 깊숙한 곳에 배치하는 사드에 대해, 사드의 장비가 미국의 것이라고 하면서 그 사드가 중국에 영향을 미친다는 납득하기 어려운 주장을 하며 중국이 우리에게 지나친 보복을 가한 것이다. 설령 아무리 그렇다 해도, 우리 국내의 일에 대한 부당한 간섭이며, 지나친 보복이라고 생각한다. 북한이 도발하지 않는 한, 한반도의 휴전선은 그대로 그 자리에서 미국과 중국, 러시아의 전략적인 이익의 균형점을 이루며 머물러 있을 것인바, 중국이 굳이 우리에게 사드 보복을 가하는 등 우리를 물고 늘어질 것이 아니라 국제규약을 어기고 핵무기를 개발하여 그 휴전선을 위협하고 있는 북한을 향해서 위험한 핵무기 개발을 포기하도록 압박을 가하여 동북아의 평화를 유지하도록 하는 것이 우선이라고 본다.

중국의 시진핑 주석은, 미국이 북한과 북한 핵무기 문제와 관련하여 북·미 협상을 추진하고 있는 와중에 북한의 김정은을 중국으로 초청한다. 북한의 김정은은 시진핑의 초청에 의해 2018년 3월 25일부터 3박 4일간 중국을 방문하게 되는데, 그러고 나서 두 달도 채 안 되어 북한 핵문제와 관련하여 2018년 6월 12일 싱가포르에서 개최하기로 한 북·미 정상회담 전인 2018년 5월 7일부터 1박 2일간 중국을 방문한 데 이어 김정은은 트럼프와의 북·미 정상회담을 마친 직후인 2018년 6월 19일부터 1박 2일간 또다시 중국을 방문하여 북·미 회담 결과를 보고라도 하는 것처럼 시진핑과 회담을 개최한다. 참으로 이례적이며 부끄러운 사례가 아닌가 하는데, 겉으로 드러난 모습 이외에는 발표를 하지 않으니 회담 내용은 알 수가 없었지만 미루어 짐작건대 북한의 김정은은 중국을 의지하면서 중국의 도움을 받고자 했을 것이며 중국의 시진핑은 북한을 도우면서 미국과의 사이에서 한반도를 둘러싼 자신들의 전략적인 이익을 챙기고자 했을 것이라고 본다.

시진핑 주석의 초청에 의해 2018년 3월 중국을 방문한 김정은은 3박 4일간의 중국 방문 기간 동안 중국으로부터 극진한 예우를 받는다. 시진핑 집권 초기인 2013년 6월과 2015년 9월, 두 차례에 걸쳐 중국을 방문한 박근혜 대통령에 대해서는 중국 정부가 격에 맞는 국빈 대우를 제대로 했다고 본다. 하지만 김정은 방중에 앞서 2017년 12월 중국을 방문한 문재인 대통령이 받은 대접은 그 이후 3개월여 만에 중국을 방문한 김정은이 받은 예우와는 극명한 대조를 이뤘다. 시진핑이 '강한 중국'을 내세우며 본격 추진하고 있는 패권 전략에 의한 한반도 정책을 그대로 드러내어 보인 것이 아닌가 하는 생각이 들었다.

2018년 3월 김정은의 방중 모습을 좀 더 들여다보면, 앞에서도 잠깐 소개한바 있는 시진핑의 '강한 중국' 정책 등 시진핑의 통치 이념을 설계한 시진핑의 책사이며 시진핑의 최측근인 당시 중국공산당 권력 서열 5위인 왕후닝(王滬寧)이 전용 열차를 타고 중국을 방문한 김정은을 베이징잔(北京站: 베이징역)에서 영접하며, 자신보다도 29살이나 아래인 1984년생 김정은을 향해 90도로 숙여 인사를 한다. 우리로서는 흔히 볼 수 있는 인사법이기는 하지만 중국에서는 좀처럼 볼 수 없는, 일반적이지 않은 인사법이라고 본다.

김정은의 영접을 나간 시진핑의 책사 왕후닝이 김정은에게 90도 인사를 한 의미는 그만이 알 수 있는 일이지만, 중국의 대(對)한반도 정책을 엿볼 수 있는 한 단면이 아닌가 하는 생각이 든다. 그에 의해 시진핑의 '일대일로(一帶一路) 정책' 등 '중화민족의 위대한 부흥을 위한 패권 전략'이 설계되어 추진되고 있다는 것은 다 알려진 사실이다. 중국은 북한의 김정은이 국제규약을 어기고 계속해서 핵무기를 개발하고 있다는 것도, 북한이 핵무기를 개발하면서부터 유엔의 제재를 받아오고 있다는 것도, 북한이 미국과 대립각을 세우고 있다는 것도 잘 알고 있다. 더구나 중국은 유엔안보리상임이사국이다. 그럼에도 불구하고 중국의 시진핑은 북한 핵 문제와 관련하여 미국과 북한이 협상을 추진하거나 진행하고 있는 가운데 2018년 3월부터 4개월 동안 3차례나 김정은을 중국으로 초청하여 핵무기를 개발하고 있는 북한의 김정은에 대해 파격적인 예우를 하면서 깊은 우의를 다지며 김정은을 돕는 모습을 보인 것이다.

북한의 핵무기 개발은 국제규약을 위반하는 행위로, 반드시 해결해야 할 문제로 부각되어 있다. 그런데 미국의 반대편에서 전략적인 이익 확보를 위해 북한을 필요로 하고 있는 중국과 러시아의 입장으로서는 북한의 핵무기 개발로 인한 위협이 존재하지 않을지니, 자기들 편에 서 있는 북한을 보호하며 지원하고 있는 듯하다. 하지만 미국의 입장에서는 중국과 러시아의 반대편에서 자국의 전략적인 이익을 위해 한반도를 분단시켜 균형을 유지하고 있는데, 북한의 핵무기 개발로 인해 그 균형이 깨질 위험에 처하게 되었을 뿐만 아니라 지구촌의 질서와 평화를 유지시켜나가는데도 심각한 위협이 되고 있어, 북한의 핵무기 문제를 필연적으로 해결해내야 하는 어려운 과제를 안게 되었다. 북한으로서도 설령 핵무기를 보유한다 해도, 주변국들을 불안하게만 할 뿐 그 사용은 자멸로 이어질 것인바 무용지물일 수밖에는 없다고 본다. 그럼에도 불구하고 북한의 김정은이 중국의 패권 전략에 협조하고 러시아의 우크라이나 전쟁에 참전했다는 대가로 중국과 러시아와 밀착 관계를 유지하며 그들을 의지하여 무리하게 계속해서 핵무기를 개발하고 그 핵무기의 보유를 고집할지는 모르겠는데, 북한의 핵무기 개발이 국제규약을 어기고 있어 중국과 러시아가 드러내놓고 북한의 핵무기 개발을 옹호하기는 어려울 것이며, 미국으로서는 그냥 넘어가지는 않을 것이라고 본다.

만약 북한이 미국과의 타협을 거절하고 핵무기를 계속해서 개발하거나 핵무기 보유를 포기하지 않는다면 중국과 러시아로서도 깊은 속내는 북한의 핵 보유를 원치 않을 것인바 중국과 러시아의 묵인하에 미국의 공격으로 북한의 핵시설을 파괴시키는 선에서 북한의 핵무기 문제가 불행하게 해결될 가능성도 있다고 본다. 최악의 경우는 미국이 중국과 러시아의 반대를 무릅쓰고 북한의 핵시설들을 공격하여 파괴시키고 북한의 체제를 붕괴시킬 가능성도 있다고 보는데 미국의 그러한 조치들로 인해 중국과 러시아가 개입하게 되어 확전된다면 심각한 상황으로 치달을 수도 있어 우리는 또다시 비극을 맞이하게 될 수도 있을 것이지만, 중국과 러시아가 북한의 체제가 붕괴되거나 핵전쟁으로 확전되는 것을 원치 않을 것인바 미국이 북한을 공격하는 사태가 발생하기 이전에 여러 어려움들은 있겠지만 중국과 러시아의 협조에 의해 북한의 핵무기 문제가 평화적으로 해결될 수도 있을 것으로 본다. 북한의 핵무기 문제가 그렇게 평화적으로 해결되어 북한의 체제가 안정적으로 유지되면서, 국제사회와의 협력으로 북한 경제가 개발되어 북한이 부흥할 수 있기를 간절히 희망한다.

중국을 비롯한 주변 강국들에 둘러싸여 있는 한반도의 이야기

우리 모두가 다 아는 사실이지만, 이해를 도우면서 이야기를 이어가기 위해 조선왕조 말기 이후로부터 지금까지의 한반도를 둘러싼 주변 강국들의 주도권 다툼과 관련한 상황들과 우리의 현실을 필자 나름대로 간략하게 정리하였는바, 잠시 짚어보고 다음 이야기로 넘어가고자 한다. 19세기 말로 거슬러 올라가보면 제국주의 일본이 힘을 기르고, 중국 대륙의 점령을 준비하면서 그 발판으로 삼을 우리 영토의 침략을 노리고 있을 때, 우리의 왕실과 그 주변의 권력들은 무기력에 빠져 있는 나라와 백성들을 뒤로하고 침략의 기회를 노리고 있는 그 일본을 비롯한 청나라와 러시아 등의 주변 강국들을 끼고 권력다툼만을 벌이고 있었는바, 그 주변 강국들은 각기 우리의 권력들을 등에 업고 한반도의 주도권을 노리며 각축을 벌이게 된다. 그런 가운데 일본은 우리 영토 한반도에 대한 주도권을 확보하기 위해 1894년 6월부터 1895년 4월까지 청나라와 전쟁을 벌여 승리를 하게 되는바, 시모노세키조약(下關條約)을 체결하여 중국의 야오둥(遼東)반도와 대만(臺灣) 섬을 할양받으면서 한반도에 대한 주도권을 확보한다. 일본은 그 10년 뒤인 1904년 2월에는 만주(滿

洲)와 우리 영토에 대한 지배권을 확립하기 위해 러일전쟁을 일으켜, 그 승리를 계기로 하여 우리 영토에 대한 침략을 강행하는바 아무런 힘이 없는 우리는 속수무책으로 일본에게 나라를 빼앗기는 치욕을 당할 수밖에 없었다. 힘이 없어 어쩔 수 없이 일제(日帝)의 식민 지배를 받게 된 우리 국민은 갖은 수모를 당하며 그 침략자 일제의 수탈과 강권에 시달리며 살아가야만 했다. 일제의 침략자들에게 속수무책으로 지배를 당하게 된 우리는, 우리 자체적으로 그 강한 침략자 일제를 물리칠 수 있는 아무런 힘도, 수단도 없었고 그 힘을 기를 수도 없었는바 그 강한 침략자 일제에게 당하는 식민 지배 통치의 끝은 보이지 않았다.

그러나 사필귀정이라고 하지 않았는가! 일제는 우리 영토를 발판으로 삼아 1931년 9월에는 만주전쟁을 일으켜 만주를 점령하고, 1937년 7월에는 중국대륙을 침범하여 중일전쟁을 일으키고, 그 여세를 몰아 1941년도에는 동남아시아로 점령을 확대시켜나가기 위해 태평양전쟁을 일으키며 진주만을 폭격하는 등 광란의 질주를 하다가 결국은 미국을 비롯한 연합국의 공세에 의해 1945년 8월 15일 항복을 선언하고 패망하고 마는바, 우리는 외세의 힘에 의해 일제 식민지로부터 해방을 맞이하게 된다.

하지만 해방을 맞이한 기쁨은 잠시일 뿐이었다. 그 외세들에 의해 해방은 되었지만, 아무런 힘도 없고 아무런 준비도 되어 있지 않은 우리는 그 열강들에 의해 그어진 38도선에 따라 나라가 남과 북으로 분단된 상태에서 미국과 소련의 점령에 의한 신탁통치를 받는 처지가 된다. 나라가 남북으로 분단되면서 혼란에 빠져 있는 우리 국민들은, 경험해보지도 못해 알 수도 없는 상태에서 남쪽의 자유 자본주의 또는 북쪽의 공산 사회주의를 선택할 수도 없었는바 자신의 삶의 터전인 그 자리에서 숙명적으로 그대로 받아들이며 살아갈 수밖에 없는 운명에 처하게 된다. 미국과 소련은 각각 자국의 전략대로 한반도를 남과 북으로 나누어 각각 주도권을 쥐고 각각 자기들이 선호하는, 즉 남쪽은 이승만, 북쪽은 김일성으로 하여금 각각 '대한민국'과 '조선민주주의인민공화국'의 정권이 수립되도록 하여 권력을 이양하고 철군(撤軍)하였는바, 남과 북은 각각 그 상태에서 그 지도자들에 의해 안정되어가고 있는 듯했다.

그런데 당시 나라가 왜 남과 북으로 분단되었는지는 삼척동자도 다 알고 있었을 당시의 국제 정세 상황을 제대로 판단하지 못한 북쪽 지도자 김일성은 감성에 젖어 미국을 얕보고, 미군이 한반도를 떠나간 틈을 타서 소련의 스탈린을 설득하여 묵시적인 승인을 얻고 중국 마오쩌둥의 옹호하에 1950년 6월 25일 무모한 남침전쟁을 일으키는바, 그 독재자 김일성에 의해 우리 민족은 상상하기조차도 어려운 엄청난 피해를 당하게 된다. 스탈린은 북쪽의 김일성에 의한 한반도 통일을 미국이 용인하지 않을 것이라는 것을 명백하게 알고 있으면서도, 스탈린은 은근히 김일성을 그 시험대에 올려놓은 것이나 다름이 없었다고 본다. 미국이 가만히 있을 리가 만무하다. 미국은 북한의 김일성이 남침을 하자마자 참전을 선포하고, 유엔안보리를 소집하여 연합국의 한국전쟁 참전을 결의하는데, 소련은 유엔안보리의 '북한 침략에 대한 연합국 참전 결의'에 반대하지도 못한다. 미군이 연합국의 군대와 함께 들어와 낙동강까지 밀려 있던 전세를 공격으로 돌려, 1950년 9월 15일에는 맥아더 사령관의 작전 지휘 아래 인천상륙작전을 펼쳐 9월 28일 서울을 탈환하고 10월 1일 38선을 넘어 북진하자 다급해진 소련의 스탈린은 김일성으로 하여금 중국의 마오쩌둥(毛澤東)에게 중공군의 참전을 요청하도록 한다. 마오쩌둥은 10월 8일 '미국에 대항하여 북한을 도와(抗美援朝: 항미원조), 국가를 보위(保家衛國: 보가위국)'한다는 결책(決策)을 하고 김일성에게 통보한다. 중공군은 10월 16일 선발대를 압록강으로 보내고 10월 19일에는 중공군 본대를 압록강을 도하시키는데, 10월 25일 평안북도 동부의 운산에서 제1차 교전 공세를 벌이면서부터 인해전술작전(人海戰術作戰)을 펼쳐 나간다. 다급하면서 미국이 두려운 스탈린은 극비리에 자국의 전투기를 출동시켜 반격에 참여하는데, 미국도 이를 알고 있었지만 더 이상의 확전을 막기 위해 묵인을 했다고 알려져 있다. 다시 서울이 함락되기도 하는 등 밀고 밀리는 전투를 벌이다가, 서로 약속이나 한 듯 미국과 소련이 남과 북으로 분단시켜놓았던 그 38도선의 부근에서 소강상태를 보이면서, 그 상태에서 전쟁이 시작된 지 약 1년 만인 1951년 7월 10일부터 휴전회담을 진행한다. 중국도 협상에 참여한다. 미국과 중국은 물론 소련의 목표도 전쟁 전에 분단된 38도선을 기준으로 하여 다시 분단시키는 데 있었는바, 서로 유리한 고지를 차지하고자 하는 전투만을 벌이면서 1951년 11월 27일 군사분계선 획정에 합의를 하지만 포로 송환 문제로 첨예한 대립을 하면서 20개월간 38도선 부근에서 더 전투를 벌이다가 협상을 시작한 지 약 2년 만인 1953년 7월 27일 유엔군 총사령관 마크 웨인 클라크(Mark Wayne Clark), 조선인민군 총사령관 김일성, 중국인민지원군사령관 펑더화이(彭德懷)가 참여한 가운데 지금의 휴전선 상태로의 '휴전(정전)협정'이 체결되어 남북은 다시 분단되어 고착화된다. 한국전쟁 관련 일부 내용은 필자가 김·장법률사무소에서 근무하고 있었을 때 사무소로부터 전해 받아 소중하게 보관해오고 있는, 훌륭하신 부영그룹 이중근 회장님이 편저하신 귀중한 역작 『6·25 전쟁 1129일』을 참고하였다. 김일성은 자신이 일으킨 그 엄청난 동족상잔의 비극에 대한 책임을 회피하고 합리화하려는 듯 자기모순에 빠져들면서 휴전협정의 체결에 참여한다. 하지만 이승만 대통령은 휴전협정의 체결을 끝까지 반대하며 '북진통일(北進統一)'을 주장했다. 그러나 미국의 목표와는 동떨어져 있어 미국이 이를 외면하였는바 구호에 그치고 만다. 그 후로 70년이 넘는 세월이 흘렀지만 미국도, 중국과 러시아도, 아니 일본까지도 한반도를 향한 그들의 전략목표이자 그들의 이익 균형점은 현 상태대로 분단된 한반도의 '휴전선'에 있다. 한반도의 통일 문제가 남북 당사자 간의 문제만이 아닌 이유가 바로 여기에 있다. 그들이 패권을 포기하지 않는 한, 아니 패권을 포기한다 해도 그들의 전략목표는 남과 북으로 분단된 현 상태의 한반도 그대로일 것인바, 미래에도 그 변화를 기대하기란 어렵다고 본다. '우리 민족끼리의 통일'을 주장하기도 하는데, 설령 우리의 통일 문제가 남북 당사자 간의 문제라고 해도 가장 큰 걸림돌이 될 체제상의 문제, 경제적인 격차의 문제, 이질적인 문화의 문제 등 남북 간의 문제들뿐만 아니라 북쪽은 그만두고라도 남쪽 내의 여러 갈등 문제 등 어려운 과제들이 산적해 있어 그 해결의 끝은 보이지 않는다. 하지만 우리는 우리 민족의 염원인 통일을 포기할 수는 없을지니 끊임없이 통일을 준비는 해나가되, 서두른다고 될 일은 아닌바 주변 강국들과도 협조(協調)를 이루면서 인내를 가지고 남북 간 교류와 협력을 증대시켜나가다 보면, 지금까지처럼 굴곡들은 계속해서 이어지겠지만 그래도 그 차이가 점점 좁혀지면서 우리 후대의 언젠가는 통일이나 다름없는 단계에 이를 것이라고 본다. 그렇게 미래를 향해 준비해나가는 과정에서 불가항력적인 상황이 발생하거나 국제 정세에 중대한 변화가 생기면서 절호의 기회가 나타날 수도 있을 것인바, 그때 자연스럽게 통일을 이룰 수도 있으리라는 기대를 해본다.

한국전쟁 이후 우리는 굶주린 배를 움켜쥐고 전쟁의 상처로 폐허가 된 삶의 터전을 복구하고, 가난의 서러움과 고통을 참고 견디며 국토를 개발하고, 산업시설을 건설하여 경제를 발전시켜오면서도, 독재에 시달리기도 하고, 불행한 5·18 광주 민주화항쟁이 발생하기도 하는 등 여러 어려움과 난관들이 있었지만 슬기롭게 극복하여 소득과 생활수준을 향상시켜왔는바, 2021년 7월 2일부터는 우리나라가 '유엔무역개발회의(UNCTAD)'에 의해 개발도상국 그룹에서 선진국 그룹으로 변경되면서 선진국 진입의 문턱을 넘을 수 있게 되었다. 하지만 우리 국토는 남북으로 분단되어 대치하고 있고, 우리는 강대국이 될 수 있는 영토 면적이나 인구의 조건을 구비하지 못하고 있을 뿐만 아니라 부존자원도 부족하고, 대외의존도도 높아 대내외적으로 취약한 환경에 놓여 있다.

우리는 위와 같은 사실들을 잊지 말아야 할 것이며, 특히 우리의 위정자들은 근시안적인 정쟁에만 몰두하지 말고 현실을 직시하면서, 미래지향적으로 나라를 발전시켜나가기 위한 노력을 끊임없이 기울여나가야 한다고 본다. 졸견일지어만, 중국의 패권 전략과 더불어 본 우리의 대응 방안을 좀 더 들여다보고자 한다.

중국의 패권 전략과 더불어 본 우리의 대응 방안

중국은 중일전쟁과 국공내전을 거쳐 한국전쟁에도 참전하면서 중국 대륙 전역이 피폐해진 가운데, 현실에 부합하지 않음에도 무모(無謀)하게 추진한 대약진운동의 실패와 그와 연관된 자연재해까지 겹쳐 대기근의 사태가 발생하였고, 설상가상으로 문화대혁명의 피해까지 입으면서 중국은 최악의 쇠약한 상태로 추락하게 된다. 그때 덩샤오핑이 등장하여 개혁개방 정책을 추진하여 중국 경제를 발전시키기 시작하는데, 중국은 그 이후의 지도자들에 의해서도 개혁개방 정책을 지속적으로 추진시켜나가게 되는바 사회간접자본을 확충할 수 있게 되고 엄청난 외화를 축적하는 등 거대한 경제력과 막강한 군사력을 확보하게 된다. 중국 정부가 적극 추진한 개혁개방 정책에 따라 우리의 많은 기업들이 중국에 투자를 했고 우리는 중국과 다방면에서의 교류와 협력을 추진하였는바, 누가 뭐라고 해도 우리가 중국의 경제발전에 상당한 기여를 했다고 본다. 필자는 중국이 개혁개방 정책을 한창 적극적으로 추진하고 있을 당시 중국의 현장에서 우리 기업들의 대중국 투자와 관련된 업무를 수행했었는바 그 상황들을 보아왔다. 물론 그 투자와 그 투자에 의한 중국 경제발전에의 기여는 우리의 이익 내지는 상호 이익에 기인한 것이기는 하지만 말이다. 아무리 그렇다 해도 그때를 돌이켜 생각해본다면, 중국이 우리 기업들에게 취한 과도한 사드 보복 조치나 우리 지도자들에 대한 중국 정부의 홀대는 지나쳤다고 본다.

    국제 관계는 때로는 냉혹하다. 바로 힘의 논리다. 그 힘의 논리는 예나 지금이나 미래에도 변하지 않을 것이라고 본다. 그 힘은 경제력과 군사력인바, 그 힘을 가지고 있는 강대국들에 의해 지구촌의 균형이 이루어져 질서가 유지되고 있을지니, 그 균형이 깨어져 질서가 유지되지 않는다면 언제든지 전쟁이 일어날 수도 있다고 본다. 균형과 질서가 유지되고 있는 가운데에서도 막대한 군사력과 경제력을 가지고 있는 그 강대국들이 자국의 이익 확대를 위한 새로운 균형을 만들기 위해 패권을 경쟁하고 있는바, 충돌이 일어나면서 전쟁의 불안을 유발시키고 있다. 그 전쟁은 무력에 의한 전쟁일 수도 있지만 무력에 의한 전쟁은 그 피해가 엄청날 것인바 억제되고 있고, 그 대신 경제력을 바탕으로 한 무역(貿

易) 전쟁이 벌어지고 있는 것이다. 그러한 대외적인 환경 속에서 우리가 선진국 지위를 유지하면서 안정적으로 나라를 발전시켜나가기 위해서는 상호 이익을 기준으로 하여 균형에 맞는 우호적인 대외 협력 관계를 유지시켜나가야 한다고 본다. 균형에 맞는 우호적인 대외 협력 관계를 유지시켜나가기 위해서는 신뢰를 기본 바탕으로 한 외교 활동을 전개해야 할진대, 그중에는 정상(頂上) 간의 상호 방문을 통해 이루어지는 정상회담 등 정상 외교 활동이 가장 큰 효과를 거둘 수 있다고 본다. 그런데 상대국으로부터 초청을 받아 국빈 대우를 받으면서 정상 외교 활동을 벌였던 그 지도자가 탄핵을 당하여 파면되고 구속 수감되었다고 한다면 그 상대국도 알게 되기 마련일 것인바, 국빈 대우를 해주었던 그 상대국들이 실망하게 되어 우리에 대한 불신으로 이어져 상대국과 추진해온 협력에 손상을 당할 수도 있다고 본다. 우리는 대내적으로 발생되는 불행한 사태가 대외적으로 우리에 대한 불신으로 이어져, 우리가 그간 구축해놓은 신뢰 관계가 손상되어 우리 국가와 국민과 기업들에게 손실을 준다는 것을 잊지 말아야 할 것이다. 좀 더 구체적인 한 예를 들여다보면, 중국이 우리 대통령에게 각별한 국빈 대우를 하며 정상회담을 통해 전략적 동반자 관계를 이어가기로 하고 여러 분야에서 협력하기로 합의를 했는데, 얼마 안 되어 그 합의를 한 우리의 대통령이 탄핵을 당하고 구속 수감을 당하게 되었으니, 그들의 정서로는 우리를 칸부치(看不起: 경멸)할 수밖에 없었을 것이라고 본다. 그들만이 알 수 있는 일이지만, 만약 그들이 우리 지도자들에 대해 실망을 하고 불신을 하게 되었다고 한다면, 중국이 우리에게 행한 지나친 사드 보복이나 우리 지도자에 대해 홀대를 한 연유 속에 그들의 국내 정치 상황이나 패권 전략에 더해 포함되어 영향이 미쳤을 수도 있다고 보며, 최소한 그 보복이나 홀대의 폭을 키우는 작용은 했을 수도 있다고 본다. 우리는 선진국 대열에 진입하기는 했지만, 우리의 정치 수준은 그에 미치지를 못하고 있다. 대통령에게 선거 중립을 위반했다며 무리하게 탄핵소추를 가결시켜 기각될 때까지 국정을 마비시키기도 하고, 대통령에게 사인의 국정 개입을 허용했다는 이유와 권한을 남용했다는 등의 이유를 들어 탄핵소추를 가결시켜 파면을 당하도록도 하고, 다수 야당이 자신들만의 판단과 결정으로 밀어붙여, 보라는 듯 연속해서 장관들 등 고위공직자들에 대해 탄핵소추를 가결시켜 그 고위공직자들이 각각 기각될 때까지 업무에서 배제를 당하도록 하여 국가적인 손실을 끼치기도 하고, 대통령이 뜬금없이 황당한 계엄을 선포하여 나라를 혼돈 상태로 빠트리는 우(愚)를 범하여 파면을 당하기도 하고, 파면된 대통령의 권한을 대행하고 있는 국무총리까지도 탄핵소추를 가결시켜 기각될 때까지 업무에서 배제시키는 등 부끄럽고도 혼란스러운 정치를 이어가고 있다. 나라의 정치가 혼란스러우면 대외적으로도 신뢰를 잃게 되어 국제사회로부터 고립될 수도 있다고 보는바, 통합을 이루어야 하며 파멸로 가는 분열만은 막아내야 한다고 본다. 또한 나라의 정치가 불안정하고 포퓰리즘(대중영합주의)에 빠지게 되면 투자가 위축되고 국가 재정도 어려워져, 그간 우리가 이룩해온 경제력을 지켜나가기도 어려울 것이다. 불안정한 정국 속에서 포퓰리즘에 발목이 잡혀 나라 경제를 파탄시킨 중남미 국가들의 사례들을 볼 수 있지 않은가! 무너지는 것은 한순간이다. 국내 정치가 혼란스러운 가운데 포퓰리즘에 의한 불합리한 선심 정책을 추진하게 되면 나라의 재정이 어려워지기 마련이고, 나라 재정이 어려워지면 나라 경제가 어려워지게 되어, 포퓰리즘에 편승해 있던 어려운 국민들이 더 어려워질 수밖에 없을 것인바, 우리 위정자들은 중남미 국가들의 사례들을 거울삼아 불합리한 선심 정책들의 추진을 지양하고, 아픈 과거의 감정을 부추기거나 갈등을 조장시켜 정치적인 이익을 추구하려는 등의 구태에서 벗어나 우리의 정치 수준을 높여, 대결이 아닌 건전한 경쟁을 하면서 균형을 바로잡아 사회질서를 유지시켜나가야 한다고 본다. 나아가서 우리는 바른 정치로 나라를 안정시켜, 대외적으로는 신뢰를 얻을 수 있는 분위기를 조성하여 외자 기업들의 투자 유치를 확대시키고, 대내적으로는 국내 기업들에게도 투자를 유도하여 투자와 생산 과정에서 고용과 수출이 증대되면서 늘어난 건전한 소득으로 소비가 촉진되도록 하여 경제를 성장시키는 선순환의 정책을 추진해서 나라를 발전시켜나가야 할 것이다.

하지만 앞에서도 언급을 했지만, 우리는 부존자원도 부족하고 대외의존도도 높을 뿐만 아니라 북한이 우리와 대치하고 있으면서 핵무기까지 개발하여 우리를 위협하고 있고, 중국이 미국과 패권 경쟁을 벌이면서 우리를 불안하게 하는 등 대내외적으로 취약한 환경에 놓여 있다. 이러한 우리의 현실을 직시하고, 우리를 지켜준, 우리를 필요로 하며 앞으로도 우리를 지켜줄 수 있는 우리의 우방인 미국과, 한국전쟁 휴전협정 이후 1953년 10월 1일 체결하여 1954년 11월 18일부터 발효되고 있는 '한미상호방위조약'에 의한 '한미동맹' 관계를 일관되게 굳건히 유지하면서, 우리 스스로도 강한 군사력을 길러 나라를 보위하면서 우리의 평화를 지켜나가야 한다고 본다. 북한도 중국과 혈맹관계를 유지하고 있고, 북한은 러시아와도 굳건한 군사적 동맹관계를 유지하고 있으며, 그 관계는 앞으로도 북한만이 필요해서라기보다는 전략적인 이익을 확보하려 드는 중국과 러시아의 필요에 의해 유지될 수밖에 없다는 것을 우리는 알아야 한다. 한 번 더 언급하면, 중국은 앞으로도 패권 확보 전략을 펼쳐나가는 과정에서 미국과 충돌을 일으킬 가능성이 있다고 보는바,

우리는 냉엄한 자세로 그에 말려들지 않으면서, 중국도 우리의 입장을 잘 알고 있을지니 한미동맹을 기본 바탕으로 하여 중국과도 호혜 평등을 원칙으로 하는 우호적인 협력 관계를 유지시켜나가야 한다고 본다.

10.
베이징(北京)에서
근무할 때의 이야기들

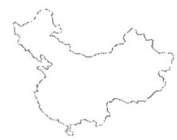

필자가 1994년 8월 16일부터 1997년 8월 20일까지 중국 베이징에서 머물며 근무했던 당시의 주중한국대사관의 사무실은, 베이징 중심에서 동쪽에 위치해 있는 중국국제무역중심의 국제무역센터빌딩 3~4층을 사용하고 있었다. 당시만 해도 그 주변은 개혁개방 이후 지어진 국제무역센터빌딩을 비롯하여, 외국인 전용 아파트 2개 동, 중국대반점(中國大飯店) 등 호텔들 말고는 낙후된 민가들이 들어서 있었다. 필자가 거주했던 곳은 베이징의 북사환로(北四環路) 밖에 있는, 베이징아시안게임선수촌 내의 회원공우(滙園公寓: 후이위안공위)라고 하는 아파트다. 1990년 9월 22일부터 10월 7일까지 개최한 베이징아시안게임에 참가하는 각국의 선수들이 머물 수 있도록 지어진 아파트인데, 그 아파트 단지의 북쪽으로는 당시만 해도 평지를 이루고 있는 농토들이 끝이 보이지 않을 정도로 넓게 펼쳐져 있었다. 아파트 단지 내에는 규모가 있는 공원이 조성되어 있었고, 아파트 주변에는 호텔들과 식당들, 대형 마트 등 상점들이 들어서 있어 비교적 편리했는데, 필자는 그 구역 내의 아파트 G동 12층에서 1년, 같은 동 21층에서 2년 동안 거주했다. 북사환로(北四環路) 밖에 있는 아파트에서 동삼환로(東三環路) 안쪽 입구에 위치해 있는 사무실까지의 거리는 당시의 주행거리로 약 12㎞ 정도 되었다. 출퇴근 거리가 멀기는 했지만 당시에는 도로가 비교적 한산했고, 운전기사를 두고 있어서 큰 불편은 없었다. 당시 필자가 맡았던 일은 한·중 양국 정부 간 개최하는 산업 협력, 통상 협력 등 협상과 관련한 업무를 비롯하여 필자 담당 업무 소관의 중국 중앙정부부처들 및 지방정부들과도 협조하면서, 중국에 진출해 있거나 진출하고자 하는 필자 소관의 우리 기업들을 지원하는 업무를 담당했다.

당시 중국 중앙정부부처들은 각각 독립된 청사를 사용하고 있으면서 베이징(北京)시내 중심 지역의 각처에 분산되어 있었는데, 필자가 업무 관련 일이 있어 방문하게 될 경우에는 관련 부서의 실무 직원이 정문에서 기다렸다가 맞이하여, 접견실이나 회의실로 안내되어 관련 간부들과 면담 협의를 진행하곤 했다. 그때 필자가 보고 느낀 중국 중앙정부부처들의 사무실을 들여다보고 넘어가고자 한다. 접견실이나 회의실에는 탁자, 의자 등 집기들이 말끔하게 정리되어져 있었고, 관리들이 근무하고 있는 안쪽의 사무실들과는 분리되어 있어 잘 보이지 않았고 볼 수도 없었지만, 카운터 파트너의 관리들과 친구가 되면서 안쪽으로도 들어가볼 수 있었는데 접견실과 회의실의 분위기와는 상당한 차이가 있었다. 작은 창고와도 같은 조그만 사무실들에서 사용하고 있는 탁자들과 의자들 등 집기들은 투박했고, 고관들도 별도의 방을 사용하지 않았는데 같은 부서 사람들끼리 모여 가족들처럼 근무하고 있다는 느낌이 들었었다. 필자 업무의 소관 부처였던 국가경제무역위원회(그 이후 해체되어 주류는 국유자산감독관리위원회가 되고, 일부 기능은 상무부, 공업정보화부 등으로 이관)를 비롯한 중앙정부부처들뿐만 아니라, 업무적으로 관련이 있어서 가끔씩 방문했던 막강한 부처 국가발전계획위원회(그 이후 부처 명칭이 국가발전개혁위원회로 변경)의 접견실이나 사무실도 거의 비슷했었다. 당시 대외적인 통상 협상 관련 업무를 하는 대외무역경제합작부(그 이후 상무부로 명칭 변경)의 경우는 개방을 하고 있는 사무실 안으로도 들어가 담당관들의 자리에서 직접 면담하기도 했었는데 비교적 말끔했다.

  당시의 상황으로는 우리 기업들이 밀물처럼 중국으로 들어오고 있었고, 우리 정부부처 관리들과 중국 정부부처 관리들 간의 정기적인 회담이나 수시 접촉이 빈번하게 이루어졌었는바, 그와 관련하여 생기는 업무들로 바쁘게 지냈다. 당시 바쁜 중에도 한가한 시간들도 있었는데, 당시 중국의 '춘절(春節: 춘제)'이라고 하는 설 명절이 돌아오면 그 전후로 해서 거의 한 달여간은 업무가 마비되어 여유가 생기기도 했지만, 내부적인 일들이 있어 쉴 수는 없었다. 중국은 공산당 정권이 들어선 이후 4대 명절 중 춘절만을 지내왔었다. 지금은 청명절, 단오절, 중추절 등도 다 부활되었지만 당시는 유일하게 춘절만 쇠었는데, 춘절의 공식적인 휴무일은 3일이었지만 고향이 멀리 떨어져 있는 중앙부처의 일부 관리들도 그렇게 한 달 가까이씩 쉬게 되니 업무가 정상적으로 이루어지지 않은 것이다. 당시 춘절 말고도 5월 1일 노동절과 중화인민공화국 건국기념일인 10월 1일 국경절도 공식적인 휴무일은 3일씩이었지만 일주일 이상씩 업무가 제대로 이루어지지를 않았다. 1994년 3월 1일부터 토요일 격주 휴무 제도를 실시해오다가 1995년 5월 1일부터는 토요 휴무 제도를 실시했는바, 시간이 날 때는 여유롭게 주로 동료들과 함께 베이징 인근에 있는 '명13릉(明十三陵) 골프장'과 '향촌(鄕村) 골프장'에서 골프를 치기도 했고, 가족과 함께 베이징과 그 주변에 있는 명승지들을 구경하기도 했다. 또한 때로는 업무적으로 중국의 각 지역들을 출장하기도 했고, 필자 개인적으로도 아내와 함께 중국 각 지역들의 명승지들을 둘러보기도 했었는바, 베이징을 비롯한 각 지역들에 대한 이야기는 각각 절을 달리하여 이어가기로 하고, 먼저 중국의 개혁개방 현장에서 업무적으로 보고 느낀 이야기들부터 이어가고자 한다.

중국의 개혁개방 현장에서 보고 느낀 이야기들

장쩌민(江澤民) 총서기 집권 시절의 중국 정부는 박차를 가하여 개혁개방 정책을 추진했다. 중앙정부의 지침에 따라 개방된 중국의 각 지역들마다에는 '개발구(開發區: 산업단지)'들이 설치되는데, 개발구가 소재해 있는 각급 지방정부들이 외자 기업들의 투자 유치를 위한 경쟁을 벌였는바 그 열기가 후끈 달아올라 있었다. 이에 부응(副應)하여 우리의 수많은 기업들이 우후죽순처럼 개방된 중국의 각 지역으로 파고들어 갔다. 우리의 경제단체들이나 우리의 시도 지방자치단체들은 소속 회원사나 소관 지역 기업들로 구성된 대표단들을 이끌고 베이징을 비롯한 중국의 개방된 각급 지방 도시들을 방문하여 지방정부의 영접을 받기도 하면서 개발구들을 시찰하며 우리 기업들의 중국 진출을 도왔다. 우리의 대기업들이나 중견기업들은 그러한 대표단에 참여하는 것 외에도, 기업들 스스로도 정보나 자료들을 입수하여 직접 중국 현지를 방문하여 지방정부 관리들을 접촉하면서 투자 진출을 추진했다. 당시 우리 기업들은 산둥성(山東省)의 옌타이(煙臺), 웨이하이(威海), 광둥성(廣東省)의 선전(深圳) 등 연해 지역을 비롯하여 베이징, 톈진, 상하이 등 대도시 지역과 그 주변 지역들뿐만 아니라 개방된 지역이라면 주거시설 등 생활환경이 열악한 지역들까지도 진출을 추진했다. 당시 중국 문화에 익숙하지 않고 중국어의 소통에도 어려움이 있었던 우리 기업들이 중국에 쉽게 진출할 수 있었던 것은, 지린성(吉林省)의 옌볜(延邊)이나 헤이룽장성(黑龍江省)의 무단장(牡丹江) 등 중국의 각 지역에서 거주하고 있던 우리 조선족 동포들의 도움이 있었기에 가능했다. 당시 만주(滿洲) 지역인 중국의 동북3성(東北三省)에는 200만여 명의 조선족 동포가 거주하고 있었다. 당시 중국에 진출한 우리 한국 기업 중 그분들에게 의지하지 않은 기업이 거의 없을 정도로, 그분들 덕에 많은 우리 기업들이 중국에 순조롭게 진출할 수 있었던 것이다. 그러니까 우리 조선족 동포들이 중국에 진출한 우리 기업들에게 크게 도움을 주었을 뿐만 아니라, 외자 기업들을 적극적으로 유치하려는 중국 정부에게도 크게 기여를 하게 된 셈이다.

당시 중국에는 미국이나 일본, 유럽 지역 국가들의 기업들도 적잖게 진출해 있었지만, 중국의 깊숙한 지역들까지 들어가는 데는 한계가 있었다. 당시 생활환경이 열악한 중국의 낙후된 깊숙한 지역까지 진출할 수 있었던 외자 기업들은 중국의 문화나 언어의 장벽을 뛰어넘을 수 있는 대만이나 홍콩 기업들을 비롯한 화교 기업들 말고는 조선족 동포에 의존할 수 있었던 한국 기업들밖에는 없었다. 다양한 업종의 우리 기업들이, 개방은 되었지만 주거시설 등 생활환경이 열악한 중국의 깊숙한 지역들까지도 진출했는바, 중국의 낙후된 지역 인민들의 소득을 증대시키고 생활수준을 향상시키는 데 기여를 하게 된다. 설령 우리 기업들이 이익을 찾아 중국에 들어갔다 해도, 중국의 각 지방정부들의 적극적인 투자 유치 정책에 의해 생활환경이 열악한 중국의 깊숙한 지역까지 들어가서 지역 주민들의 생활수준을 향상시키는 데 기여를 했는바, 중국

정부는 이러한 사실들을 잊어서는 안 된다는 생각이 든다.

우리 기업들이 가지고 들어간 달러는 중국 밖으로부터 들여 오는 자본재의 구입 비용을 제외하고는 위안화로 환전해서 토지의 사용권을 사고 공장을 건설하는 등의 비용으로 중국 내에서 사용되었는바, 위안화로 환전해준 달러는 중국 정부에 쌓이게 되고, 그 환전된 위안화의 사용으로 인해 중국과 그 지역의 경제를 발전시키는 데 기여를 한 것이다. 공장 건설이 완료되면 중국인들을 고용하여 소득을 올리도록 하면서 제품을 생산하게 되는데, 생산된 제품은 중국 내수나 수출로 돈을 벌어들이게 되지만, 벌어들인 돈을 재투자하도록 하는 등 중국 내에서 쓰도록 유도하기 위해 달러를 쉽게 가지고 나가지 못하도록 까다로운 제도를 운영했는바, 우리 기업들은 더 많은 돈을 중국에서 사용하면서 중국 경제발전에 더 많은 기여를 하기도 했다.

우리 기업들이 중국 진출의 붐을 일으키고 있었을 때, 우리 기업들은 계약이 체결되거나 공장 건설을 기공한다거나 준공을 하는 경우 중국 정부의 관리들을 포함하여 기업과 관련이 있는 인사들을 대거 초청하여 대규모의 연회를 베풀기도 하는데, 그때 초청되는 인원은 많게는 수백 명에 이른다. 필자도 초청을 받아 참석하곤 했었는데, 그 연회 개최의 장소로는 주로 호텔을 이용하지만 '댜오위타이(釣魚臺)국빈관(國賓館)'이나 '인민대회당(人民大會堂)복건청(福建廳)'을 이용하기도 했다. 당시 댜오위타이나 인민대회당에서 개최하는 1인당의 만찬 비용은 그 비싼 술값은 별도로 하고도 300달러가 넘는다고 했었으니 당시 중국의 물가나 인건비를 감안하면 아주 비싼 가격이었다. 당시 대기업들이 개최하는, 규모가 있는 만찬 연회 때 술값을 포함하여 한 사람당 한 끼의 식사 비용은 중국 대학 졸업자들의 한 달 보수와 맞먹는 금액이라고 했었다. 우리 기업들은 달러를 가지고 들어와 위안화로 환전하여, 그러한 연회뿐만이 아니라 호텔에 투숙하면서 협력 파트너들을 만나는 등의 업무를 추진하면서도 적지 않은 비용을 중국 내에서 소비하였다고 보는바, 당시 중국 경제의 활성화에 일조를 한 것이다. 특히 우리의 대기업들은 방대한 중국 시장을 내다보고 지방정부들의 협조를 받기도 하면서, 대규모 프로젝트에의 투자를 적극적으로 추진하기도 했다. 대규모 투자 항목의 경우, 중국 중앙정부(중국국가발전계획위원회)의 비준을 받도록 규정하고 있었고, 일부 투자 항목들은 중국 중앙정부의 산업 정책에 의해 진출 제한을 받기도 했는바, 대규모 프로젝트의 중국 진출을 추진하는 과정에서 우리 대기업들의 총수들이 중국을 방문하여 중앙의 공산당 총서기와 국무원총리 등 고위층들을 만나 협조를 당부하는 등의 적극적인 활동을 전개하기도 했다. 그렇게 하여 우리 대기업들이 중국의 각 지역들에 투자한 대규모 프로젝트들이 적지 않았다. 물론 중국에 진출한 우리 기업들로 인해 우리의 수출이 늘어나는 등 우리 경제발전에 긍정적으로 미치는 영향도 있었을 것이지만, 당시 우리의 대기업들을 비롯하여 수많은 우리의 중소기업들이 중국 정부의 투자 유치 정책에 부응하여 중국 진출의 붐을 일으키면서 중국의 경제발전에 기여를 했다. 우리 기업들의 중국 진출과 관련한 이야기들은, 중국의 각 지역들에 대한 이야기를 하면서도 그때그때 이어가고자 한다.

    중국 정부의 투자 유치 열기가 한창일 때, 우리의 대기업인 삼성(三星)도 베이징에 '삼성(三星) 중국총괄본부'를 설치하고 그룹 차원에서 대(對) 중국 사업 추진에 노력을 기울였다. 그 무렵 삼성의 이건희 회장님이 직접 베이징을 방문하여 대중국 사업을 지휘하면서 중국의 지도자들을 만나는 등 대중국 비즈니스 활동을 전개했다. 그때 베이징 방문 활동 과정에서 이건희 회장님이 베이징 주재 우리 기자들과의 오찬 간담회를 개최하면서 '정치력은 4류급'이라는 사소한 소신 소신 발언을 한 데 대해, 당시 우리 언론이 대서특필로 보도를 하고 우리 정치권력이 과도한 반응을 하는 등 기상천외한 사건이 벌어졌었다. 당시 필자가 역량이 있는 위치에 있지는 않았었지만, 사건이 확대되는 것을 보면서 그 발언 배경의 중심에 있었던 것이 아닌가 하는 의구심이 들어 죄책감에 자책을 하기도 했었는데, 당시의 상황을 들여다보고 넘어가고자 한다.

삼성 이건희 회장님의 베이징 충언(忠言) '정치력은 4류급' 발언 이야기

필자가 베이징에서 근무하던 초기에는 중국 정부가 개혁개방 정책 추진에 박차를 가하고 있던 시기였었다. 당시 중국 정부가 외자 기업들의 투자를 적극적으로 유치하면서도 일정 금액을 초과하는 투자 항목의 경우 중앙정부의 비준을 받도록 하였고, 주요 산업에 대한 과잉 투자를 방지하여 자국 산업을 보호하기 위해 일부 업종에 대하여는 외자 기업의 진입을 금지하거나 제한하는 산업 정책을 시행하였는바 자동차, 철강, 석유화학 등 규제 업종에 진출하려는 우리 기업들은 많은 공력(功力)을 들여야 했었다. 당시 그러한 상황 속에서 우리 대기업 총수들이 베이징 방문 러시를 이루고 있었고, 대기업 총수들이 중국을 방문할 때는 중국 고위층들을 면담하는 등의 활동을 하기도 했었는데, 기업 총수들이 중국 고위층들을 면담하고자 할 때 굳이 우리 정부(대사관 등)의 도움 없이도 협력 파트너의 주선으로 이루어지기도 하고, 중국공산당이 만들어놓은 루트를 통해 대기업들이 스스로 주선을 하는 것으로도 알려져 있었다. 중국 정부의 투자 유치 열기가 한창이던 1995년 4월, 삼성의 이건희 회장님도 중국 베이징을 방문하여 무슨 목적으로 어떤 루트를 통해 주선을 했는지는 알 수 없었지만 장쩌민(江澤民) 총서기와 리펑(李鵬) 총리를 면담하는 등 기업 자체적인 비즈니스 활동을 전개했다.

그 시기에 우리 기업 총수들이 베이징을 방문하게 되면 대개는 대사(大使)를 면담하는 것으로 알려져 있었는데, 필자가 근무하고 있던 대사관 상무관실로 대사 면담을 요청해 오면 비서실을 통해서 주선해주었고, 직접 또는 다른 루트를 통해서 대사관을 방문하여 대사를 면담하거나 대사와 조찬을 하는 경우에는 그 기업의 지사장이 대개는 상무관실로 알려주어 알고 있었을 뿐 면담을 하거나 하지 않는 것은 기업이 알아서 할 일이었다. 당시 삼성으로서는 중국에 기 투자를 했거나 투자를 하려는 항목들이 주로 중국 정부가 장려하는 첨단산업 업종들로 장쩌민(江澤民) 총서기와 리펑(李鵬) 총리를 비롯한 중국 중앙정부 관리들이 오히려 삼성에게 투자를 권유해야 할 처지에 놓여 있었는바, 삼성의 입장에서는 대중국 투자 진출과 관련하여 특별히 걸림돌이 될 만한 애로 사항은 없었을 것이니 당시 삼성의 임직원들이 베이징을 방문 중인 이건희 회장님을 통해서 대사관에 도움을 요청할 만한 일도 없었을 것이라고 본다. 부연하면 당시 대사관 상무관실에서는 베이징에 들어와 있는 우리 기업의 지사장들과 유대관계를 유지하며 수시로 소통하고 기업들의 애로 사항을 파악하여 해결을 위한 협조를 하면서 공통적인 정보를 교류하기는 했지만, 기업 총수들의 베이징 방문 활동과 관련해서는 지사장들이 알려주는 범위 내에서만 동향을 공유했을 뿐 더 이상 알려 들면 기업들의 입장에서 보면 간섭이 될 수 있다고 여기고 관여를 하지 않았었으니, 당시 삼성 이건희 회장님의 베이징 방문 활동 과정에서 대사를 면담하거나 하지 않거나 하는 등의 일정과 관련한 사항은 삼성이 알아서 할 일이었지 대사관 상무관실과는 무관한 일이나 다름없었다.

당시 그러한 상황 속에서 1995년 4월 12일 수요일 퇴근 시간이 다 되어 필자는 대사 비서실의 비서관으로부터 걸려 온 전화를 받게 되는데, 요지는 베이징을 방문하여 활동 중인 삼성 이건희 회장님이 대사님을 면담하도록 역으로 주선해달라는 요청이다. 당시의 분위기로서는 베이징을 방문 중인 기업 총수로서 대사와의 면담 일정이 잡혀 있지 않았다는 것이 이례적이기는 했지만, 당시 삼성의 입장에서 이건희 회장님의 대사 면담이 필요하지 않다고 판단했기 때문일 것일진대, 참으로 난감한 일이 생긴 것이다. 동료 직원과 '이를 어찌하나' 하는 고민 끝에 상사협의회 회원인 삼성의 베이징 지사장을 통해 도움을 요청해보기로 하고, 아주 성실하고도 마음씨 곱고 우호적인 삼성 베이징 지사장께 전화를 걸어 상의를 하니 위에 보고하여 그 결과를 알려주겠다고 했다. 연락이 왔는데, 이미 모든 일정이 정해져 있어서 변경하기가 어렵다는 것이다. 이를 비서관에게 알렸지만 비서관은 고충을 토로하면서 걱정을 한다. 다시 삼성 베이징 지사장께 전화를 걸어 입장이 난처함을 얘기하니 재차 건의해보겠다고 했고, 동료와 함께 저녁 식사를 하며 그 결과를 기다리고 있는 필자에게 진행 상황을 알려주기도 했다. 그리고 밤 10시가 다 되어, 삼성 베이징 지사장으로부터 내일 오후 시간에 이건희 회장님께서 대사관을 방문하기로 했다는 연락을 받았고, 이를 바로 비서관에게 통보해줬다. 당시 삼성의 입장으로서는, 당시의 주중대사가 '김영삼 대통령 당선'의 모태가 된 '3당 합당'의 과정에서 핵심적인 역할을 했다고 해서 세간에 '킹메이커'라는 별명이 붙어 있는 정치권력의 실세라는 정도는 알고 있었을 것임에도 불구하고 이건희 회장님의 대사 면담 일정을 잡지 못했던 것은 충분한 사정이 있었을 것이라고 본다. 필자의 동료와 필자로서는 걱정이 해결되어 다행스러웠지만 씁쓸했고, 삼성의 베이징 지사장뿐만 아니라 이건희 회장님을 비롯하여 일정 진행에 차질이 생기게 됐을 삼성의 수행 임직원들에 대해서 미안한 마음이었다.

    그런데 그다음 날인 1995년 4월 13일 문제가 발생하게 된다. 당초에는 삼성 이건희 회장님의 초청으로 그날 오전에 댜오위타이(釣魚臺)국빈관에서 베이징 특파원들과 다과회 형식의 간담회를 진행하기로 되어 있다고 하는데, 예정에 없었던 오후의 대사 면담 일정 때문에 오찬 등 오후의 다른 비즈니스 활동 일정에 차질이 생겨서 그랬을 것으로 짐작되지만, 베이징 특파원들과의 다과 간담회를 취소하고 그날의 오찬 간담회로 변경하여 그 댜오위타이(釣魚臺)국빈관에서 오찬 간담회를 진행했다. 그 자리에서 삼성 이건희 회장님께서 '국가 경쟁력을 높이려면 국민, 정부, 기업이 3위 일체가 되어, 열심히 노력해야 한다', '국가 경영도 새로운 변화를 받아들일 수 있도록 틀을 새롭게 마련해야 한다'라는 건설적인 견해를 피력하면서, '우리의 행정력은 3류급, 정치력은 4류급, 기업 경쟁력은 2류급'이라고 발언을 한 데 대해 특파원들이 '정치력은 4류급'이라는 말을 기사화하여 본사에 타전한 것이다. 당시 보도에 의하면, 그 기사를 접한 관계 기관이 진위 파악에 나서는 등 그야말로 야단법석이 난 것이다. 언뜻 기사의 제목만을 보거나 거두절미하면 정치권력에 대해 도전적인 주장이라고 볼 수도 있겠지만, 발언 내용을 들여다보면 국제금융이 비정상적으로 흐르는 등 국제경제 정세가 불안정한 당시의 상황하에서 '국가 경쟁력을 높이려면 국가 경영도 틀을 새롭게 마련하여 변화를 받아들여야 한다'라는 충정(忠情)어린 소신 발언이었다. 돌이

켜봐도 이건희 회장님의 당시 그 발언은 우리의 정치 세력이 새겨들어야 했을 충언(忠言)이었다고 본다.

당시 이건희 회장님의 입장에서 보면, 일정 변경과 무관하게 베이징 특파원들과의 간담회가 예정되어 있어 '국가 경쟁력을 향상시켜나가야 한다'라는 주제의 발언을 미리 준비하고 있었을진대, 공교롭게도 당시 주중대사관의 관리가 주제와 배치(背馳)되는 행태를 보이고 있었으니, 주제 발언을 하는 과정에서 꾸짖을 만한 충분한 이유가 있었다고 본다. 하지만 당시 관계 권력 기관들이 그 발언의 진의나 발언 배경을 제대로 확인이나 했는지 어땠는지는 알 수 없으되, 삼성의 이건희 회장님만 한동안 곤욕을 치르게 된다. 당시 세간에 회자되고 있던 무소불위의 정치권력들이 마치 기다리기라도 한 듯, 대기업 총수를 길들이기 위해 그랬는지 본때를 보이며 때리는 적반하장의 뭇매를 이건희 회장님이 속수무책으로 맞은 것이다. 일례를 들면, 부끄러운 정치권력의 행태라서 소개하기가 민망스럽기는 하지만, 당시의 4류급 정치권력들이 그해 7월 미국을 방문하는 대통령을 수행하게 될 경제사절단의 대기업 총수 명단에서 유독(惟獨) 국내 최대 글로벌 대기업인 삼성의 이건희 회장님만을 제외시켜 수모를 겪도록 하면서 삼성에게 불이익을 당하도록 한 것이다.

당시 안목이 있는 기업가들이라면, 우리의 어려운 경제 사정과 비정상적인 국제금융의 흐름 등 당시의 불안정한 국제경제 정세를 감지하고 있었을 것이니, 이를 모를 리 없었을 이건희 회장님이 당시의 우리 정치권력을 향해 국가 경쟁력을 높여야 한다는 충언(忠言)을 하였을진대, 당시의 우리 정치권력이 코앞에 닥쳐오고 있는 국가 부도의 위기를 제대로 파악하지도 못하고 글로벌 대기업이 국내 정치권력으로부터 불신임을 당하게 되면서 대외적으로 타격을 입게 되어 기업 경쟁력의 약화로 이어지면서 국가 경쟁력에도 부정적인 영향을 미치게 된다는 것도 아랑곳하지 않고 그까짓 말꼬리를 잡아 우물 안 개구리식의 힘자랑을 하며 기업 경쟁력 강화를 위해 열심히 노력하는 글로벌 대기업을 감정적으로 압박하는 한심한 작태를 보인 것이다. 그 이후 지금까지의 우리 정치의 행태를 보더라도, 이건희 회장님의 '정치력은 4류급'이라는 발언은 우리의 위정자들이 귀담아들어야 할 명언(名言)이 아닌가 한다.

그분 회장님이 와병 중이실 때는 마음속으로나마 쾌유를 기원하기도 했지만, 세상을 뜨셨다는 보도를 접했을 때는 삼가 깊은 마음으로 명복을 빌기도 했다. 반도체산업을 일으켜 국가의 위상을 크게 높이신 그분 회장님은 생전에 미술계의 발전에 기여하시면서 모으시고 애지중지 소장하셨던 귀중한 미술품들을 세상을 떠나신 후에 국가에 모두 기증하셨을 뿐만 아니라, 거액의 기부금을 국가에 헌납하셔서 코로나사태 이후 긴요해진 감염 전문 병원을 지을 수 있도록 하시는 등 국가 발전에 크게 기여하신 큰 별이 아니셨는가 한다. 필자의 생각과 판단이 착각이라 해도, 필자의 양심은 아직도 미안한 마음이다.

삼성이 참여하려다 무산된 중형 항공기 개발 사업 등
한·중 산업 협력 관련 이야기

중국 정부가 개혁개방 정책 추진에 박차를 가하고 있는 가운데, 장쩌민(江澤民) 총서기가 김영삼 대통령의 초청에 의해 1995년 11월 13일부터 4박 5일간 중국 최고 지도자로서는 처음으로 한국을 방문하게 되는데, 한국 방문 기간 동안 한국 경제의 발전된 모습을 보고 감탄하고 돌아온 장쩌민 총서기가 '한국의 경제발전에서 교훈을 얻어야 한다'라며 '중국국무원'에 '한국을 배우라(學習韓國)!'라고 지시를 하면서부터 양국 정부 간 한층 더 높아진 우호적인 산업 협력 관계의 온기를 느낄 수 있었다. 장쩌민 총서기의 지시를 받은 중국 정부의 유관 부처 관리들이 베이징 현지에 있는 우리 대사관을 찾아오기도 했었는데 친절하게 면담에 응해주었고, 한국 방문을 희망하기도 했는바 본국 정부(통상산업부)와 협의하여 한국 방문을 주선해주기도 했다. 장쩌민 총서기가 한국을 배우라고 지시를 한 이후, 당시 이미 협력 관계를 유지하며 가깝게 지내고 있던 중국국가경제무역위원회, 대외무역경제합작부(상무부), 기계공업부, 전자공업부, 화학공업부, 전력공업부, 국내무역부, 매탄공업부 등 카운터 파트너 관계에 있는 중앙부처 관리들로부터 만찬에 초대되는 등의 대접을 받기도 하면서 더욱 가까운 친구가 되어 지냈다.

한중수교 이후 중국 정부는 우리 기업들의 자금과 기술을 끌어들이기 위해, 그리고 우리 정부는 중국에 진출하려는 기업들과 기 진출한 기업들을 돕기 위해, 양국 정부의 산업부처 장관급을 위원장으로 하는 '한중산업협력위원회'를 설립하여 운영했다. 한중산업협력위원회는 장쩌민(江澤民) 총서기가 한국을 방문하고 돌아온 이후 절정을 이루며 한동안 그 운영이 활성화되었다. 한중산업협력위원회 아래에 자동차, HD(고화질)TV, 석유화학, 중형 항공기 등 4개 분야의 분과위원회를 두고 있었는데, 초창기에는 유관 부처 관리들이 참석한 가운데 회의 운영과 관련한 일반적인 사항들에 대해서 협의하였는바 합의에 걸림돌이 없었으니, 우호적인 분위기 속에서 회의를 진행했다. 하지만 관련 기업들이 참석하여 구체적인 협력 추진 방안을 협의하는 단계에 이르면서부터는 문제점들이 드러나기 시작했다. 당시 자동차분과위원회는, 우리 기업들이 중국에 진출하고자 하는 완성차의 경우 중국 정부의 산업 정책과 충돌되어, 중국이 소극적인 가운데 자동차부품분과위원회로 명칭이 바뀌게 되면서, 우리의 목표인 완성승용차기업의 진출과 관련한 협력 추진이 어렵게 되었다. 또 HD(고화질)TV분과위원회는 우리가 중국에 기술을 이전시켜야 하는 부담이 있어 우리 기업들이 소극적이었으며, 석유화학분과위원회도 중국 정부의 산업 정책과 맞물려 있으면서 장치산업으로 우리 기업들이 비교적 소극적이었으니, 4개 분야의 분과위원회 중 양국 간 공동 사업으로 추진하기로 한 중형 항공기 공동개발 사업에 대한 협의를 진행하는 항공기분과위원회 말고는 분과위원회의 운영이 점점 흐지부지되었다.

당시 한·중 양국 간 공동 사업으로 추진하기로 했던 중형 항공기 공동개발 사업은 한·중 양국 정부가 관심을 가지고 있었던 한중산업협력위원회의 핵심적인 사업이었다. 양국 기업이 개발 자금의 50%씩을 투자하여 기금을 조성하기로 한 대규모 프로젝트로, 우리는 우리 기업이 부담하기로 한 50% 자금 중 50%를 정부가 예산으로 지원하기로 했었는바, 우리 관련 기업들이 컨소시엄(Consortium)을 구성하여 삼성을 주관 기업으로 선정하였고, 삼성은 그 중형 항공기 공동개발 사업을 추진하기 위해 '삼성항공산업주식회사'를 설립하여 항공기분과위원회에 참여하면서 중국의 주관 기업인 중국 국영의 '중국항공공업총공사(中國航空工業總公司)'와 수시로 회의를 개최하여 구체적인 합작 사업의 추진 방안에 대한 실무 협상을 순조롭게 진행해왔다. 당시의 상황을 좀 더 들여다보면, 삼성 이건희 회장님의 1995년 4월 13일 '정치력은 4류급' 발언 전후로, 최종 조립 라인을 어디에 두느냐 하는 문제만 남겨놓고 대부분의 사항들에 대한 실무적인 협상이 마무리된 상태에서, 1995년 6월 베이징에서 개최한 장관급 한중산업협력위원회본회의에 이어 1995년 12월 베이징에서 개최한 차관급회담을 개최하기는 했지만 예상 밖으로 불투명해졌다. 그 이후 답보 상태로 있다가 1996년 6월 협상이 결렬되어 한·중 양국이 공동으로 추진하기로 했던 중형 항공기 공동개발 사업 계획이 안타깝게도 무산되고 만다. 동 협력 사업을 추진하기 위해서는 정치권력에 물려 있는 정부 예산으로 자금을 지원받아야 하는데, 정부가 주도하는 협상이 결렬되었으니 우리 관련 기업들의 컨소시엄도 해체되게 되고, 동 사업의 추진을 위해 삼성이 설립한 삼성항공산업주식회사도 어쩔 수 없이 해산할 수밖에 없게 된다. 당시 협상에 참여했던 중국 정부의 실무 대표들과는 우호적으로 가깝게 지내면서, 공동개발로 생산된 첫 번째 항공기에 함께 탑승하여 한국의 상공과 중국의 상공을 날아다니면서 성공의 보람을 만끽하면서 축배의 잔을 들자고 얘기하곤 했는데 아쉬움이 남아 있다.

그 이후로도 1995년 6월 베이징에서 개최한 한중산업협력위원회본회의에서 합의한 바에 따라 1996년 8월 서울에서 한중산업협력위원회본회의를 개최하기는 했지만, 그 열기가 식어 한동안 한중산업협력위원회는 유명무실해졌다. 그런 가운데서도 중국 정부는 계속해서 적극적으로 외자를 유치하는 정책을 추진했지만, 우리 기업들은 외환위기(IMF사태)를 맞으면서 된서리를 맞게 되는바, 중국에 진출해 있던 우리 기업들도 어려움을 겪게 된다.

투자 열기가 한창일 때 '상유정책 하유대책(上有政策 下有對策: 중앙정부의 규제 정책이 나오면, 지방정부들이 대응책을 만든다는 뜻)'이라는 말이 유행할 정도로, 지방정부들이 외자 기업들의 투자를 경쟁적으로 유치시키면서 중앙정부의 까다로운 비준 절차를 피하도록 편법을 동원하기도 했는데, 지방정부의 편법에 의해 중국에 진출한 일부 우리 기업들이 후일에 문제가 되어 심한 후유증들을 앓기도 했다. 중국 경제가 발전되면서 소득 수준이 향상되고, 물가와 인건비가 올라가면서 생산 비용이 상승되어 채산성은 떨어지고, 환경 관련 규정 등 새로운 법규들도 제정하여 엄하게 집행하는바 중국에 진출해 있는 우리 기업들은 점점 더 어려움을 겪게 되고, 설상가상으로 중국 정부의 지나친 사드 보복으로 우리 기업들의 기업 환경이 더욱 악화되어 중국을 떠나는 기업들이 늘어났는바 격세지감이 들기도 했다. 중국 정부는 그들이 적극적인 외자 유치 정책을 추진할 때 우리 정부와의 협상 과정에서 늘 주장했던 '호혜의 원칙'을 되새겨도 보고, 중국 정부가 투자를 유치하면서 외자 기업들에게 우대를 했던 과거를 돌아도 보면서, 자국 경제에도 기여를 하고 있는, 중국에 진출해 있는 우리 기업들을 자국 기업처럼 잘 보호해주었으면 한다.

11.
중국에서의 북한과 관련한 이야기

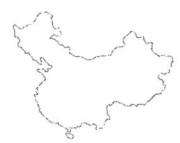

황장엽 망명사건의 현장에서 보고 느꼈던 북한인들의 모습

　필자가 베이징에서 근무하고 있었을 때인 1997년 2월 12일에 황장엽의 탈북사건이 벌어졌다. 북한최고인민회의상임위원장 황장엽이 백주에 베이징 외교 단지 내에 있는 우리 대사관의 별관인 영사관으로 들어와 망명을 요청해온 것이다. 우리로서는 당황스러운 일이 생겼고, 중국 정부로서도 악재가 발생한 것이다. 황장엽은 1997년 3월 18일 베이징을 떠나기 전까지 약 한 달간 우리 영사관에 그대로 머물러 있었는데, 황장엽이 우리 영사관으로 들어온 날부터 북한 요원들은 황장엽을 체포하겠다고 하며 영사관으로의 진입을 시도하면서 시위를 벌였고, 중국 정부는 무장경찰을 배치하여 삼엄한 경비를 했다. 우리는 만약의 사태에 대비하여 처음 며칠간은 조를 편성하여 교대로 그 영사관 내에서 특별당직근무를 했는데, 그때 증강 배치된 북한 특수요원들이 민족의 반역자 황장엽을 체포하겠다며 함성을 지르면서 영사관 진입을 시도하였는바 중국의 무장경찰이 이를 저지시키며 대치하였다. 특히 야간에 그들이 지르는 요란한 함성 소리는 긴장을 고조시켰다. 황장엽이 우리 영사관으로 진입한 지 5일째 되는 1997년 2월 16일 일요일 아침에 있었던 일인데, 필자는 2월 13일 밤에 이어 2월 15일 밤에 황장엽으로 인한 두 번째 특별당직근무를 마치고 귀가하기 위해 2월 16일 일요일 아침 동료 직원 5~6명과 함께 영사관 내에서 대기하고 있던 우리 대사관 번호판(196에서 이어지는 번호판)을 달고 있는 미니버스에 탑승했다. 영사관을 출발하여 영사관을 겹겹이 둘러싸고 있는 삼엄한 무장경찰의 경비구역을 벗어나자 노변에 북한대사관 번호판(133에서 이어지는 번호판)을 달고 있는, 우리를 감시하고 있는 것 같은 승용차량 몇 대가 보였다. 그중 한 대가 우리가 타고 나가는 차량의 뒤를 쫓아오다가 갑자기 속도를 높여 추월하며, 우리가 타고 있는 차량의 차선 앞으로 들어와 속도를 줄이니 우리가 탄 차의 기사가 당황하여 브레이크를 끼익 밟으며 차선을 바꾸어 달리는데, 또다시 속도를 내어 우리가 타고 가는 차의 앞으로 들어와 속도를 줄이고, 그렇게 몇 번을 반복을 하니 우리가 탄 차를 운전하던 중국인 기사가 화를 내며 차를 세우고 다투려고 한다. 우리가 차를 세우지 못하도록 하고, 그리고 가까운 순서대로 각자 아파트를 경유하면서 하차하기로 했던 것도 포기하고 대사관 사무실이 있는 국제무역센터 정문으로 향하도록 했다. 그날은 일요일 아침이라 도로에는 통행하는 차량이 별로 없었는바 그들은 도로를 요란하게 휘저으며 우리를 추격하면서 위협을 했는데, 우리는 당시 우리를 보호하기 위해 중국의 무장경찰이 경비하고 있는 대사관 사무실이 있는 무역센터 정문을 통해, 그들을 따돌리고 대사관 사무실로 들어갔는바 그들과의 충돌을 피할 수 있었다. 당시 그들의 정체에 대해서는 황장엽을 체포하거나 황장엽의 이동을 감시하는 임무를 수행하는 특수요원이 아니었나 하는 짐작 이외에는 알 수가 없었다. 정상적인 상식으로는 좀처럼 이해할 수 없는 야만적인 행동을 남의 나라 수도 한복판에서 백주에 공공연하게 자행한 것이다. 우리가 피하지 않았다면 큰 사고로 이어질 수도 있는 사건이었다. 정말 대단히 공격적인 사람들이라는 것을 느끼게 했다.

당시 북한 특수요원들에 의한 긴장 상태는 한동안 지속되었는데, 황장엽의 망명 문제와 관련하여 중국 정부와 본격적으로 협상이 진행되면서부터는 그들의 공격적인 행동은 소강상태로 들어간다. 협상이 진행되는 가운데 1997년 2월 19일 덩샤오핑이 사망하기도 했지만 한 달여간의 치열한 외교전 끝에 중국 정부가 북한의 요구를 거절하고 3월 18일 황장엽에게 제3국으로의 출국을 허용하면서, 중국에서의 황장엽 탈북 망명사건은 그 막을 내리게 됐다. 국제법규와 국제적인 관례에 따른 조치이기는 하지만, 당시 중국은 개혁개방 정책 추진에 박차를 가하고 있던 시기로 우리의 자본과 기술이 절실히 필요했는바 우리와는 적극적인 협력 관계를 유지하고 있었고, 북한과는 한발 물러서서 거리를 두며 소원(疏遠)한 관계를 유지하고 있었는바 북한이 아무리 강경한 주장을 했다 해도 당시 중국의 입장에서는 어쩔 수 없이 우리의 손을 들어줄 수밖에 없었다고 본다.

당시의 시류를 포함한 여러 요인들이 있었겠지만 결과만을 놓고 본다면 김일성으로부터 세습을 받은 김정일이 권력을 장악하는 과정에서 걸림돌이 되어 해침을 당할 수도 있음을 알아차리고 위험천만한 김정일의 곁을 무사히 탈출하여 성공적으로 망명을 이루어낸 김일성의 측근이자 김일성의 조카사위 황장엽은, 김정일로부터 세습을 받아 권력을 장악하던 김정은의 권력에 의해 공식 석상에서 끌려 나가 처형을 당한 김정일의 측근이자 김정일의 매제(妹弟)인 장성택에 비해, 북한 군주 독재 정권의 실상을 제대로 알고 있으며 선견지명이 있는 현명한 선각자가 아니었는가 하는 생각이 든다.

김일성 배지와 관련하여 시비를 거는 북한인들의 모습

필자가 베이징에 있었을 때 북한인들과 스치며 생겼던 다음 이야기로 넘어가고자 한다. 중국 정부는 무역 증대와 투자 유치의 활성화를 위해, 지금도 마찬가지지만 베이징을 비롯한 대도시에서 당시에도 규모가 큰 종합전시회 또는 업종별 전시회를 수시로 개최했다. 1997년 5월 8일 베이징(北京)중국국제전람중심에서 중국야금(冶金)공업부가 주관하는 국제야금공업전시회가 개막되었는데, 그날 개막식 행사에 초청을 받고 동료인 경제공사와 함께 참관을 했다. 전시장 내의 주요 위치에 규모 있게 차려진 우리 포항제철 전시관을 둘러보고 나서 약속된 오찬 장소로 이동하려고 전시장 옆에서 대기하고 있던 차량을 향해 걸어가는데, 우리의 앞쪽에서 양복의 깃에 김일성 배지를 달고 있는 두 사람이 걸어오고 있었다. 그냥 지나쳐 지나갔으면 아무 일이 없었을 텐데, 필자와 함께 가고 있던 동료가 그들에게 반갑다고 인사를 건네며 어디서 왔느냐고 하니 그들은 평양에서 왔다고 대답을 했고, 동료가 우리 포항제철의 전시관도 둘러봤느냐고 물으니 잘 봤다고 대답을 한다. 거기까지 얘기하고 그냥 지나갔으면 좋았을 텐데, 옆에 있던 동료가 그들이 가슴에 달고 있는 김일성 배지를 가리키며 '촌스럽게 배지는 왜 달고 다니느냐?' 하니 무춤무춤하다가 그중 젊은 한 사람이 "방금 뭐라 했쇼!" "그 말 취소하라요!" 하면서 동료의 멱살을 움켜쥐어 흔들면서 "민족의 반역자! 분단의 책임!" 운운하며 뭐라고 따발총을 쏘는데, 잘 알아듣지는 못하겠고, 동료의 질식은 막아야 하니 "이게 무슨 짓이오!" 하며 그를 떼어내기 위해 그의 팔을 끌어 잡아당겼는데 떼어낼 수가 없었다. 평소 무슨 단련을 그리 했는지, 팔뚝이 돌덩어리처럼 단단했다. 이때 차를 대기시키고 우리를 기다리다가 이 광경을 보고 있던, 힘센 젊은 우리 대사관의 중국인 기사가 순식간에 뛰어 달려들어 그 팔을 내리쳐 떼어냈는바 질식은 모면하게 됐지만, 그 동료의 꼴이 말이 아니었다. 그 기사가 그들을 막아섰는바 우리는 그 자리를 피할 수 있었고, 우리는 도망치듯 우리 포항제철 전시관으로 다시 들어가, 우리 포항제철 베이징 지사장의 도움을 받아서 그 지사장이 마련해준 다른 차량을 이용해 무사히 오찬 장소로 이동을 했다. 그런데 전시장을 빠져나오면서 보니, 어디서 몰려들었는지 북한 사람들로 보이는 여러 사람들이 우리를 태우려고 세워두었던 그 자동차를 에워싸고 고래고래 소리를 지르고 있었고, 그 주변에는 많은 구경꾼들이 몰려 있었는바 난감한 일이 생긴 것이다. 당시 우리를 안내했던 우리 포항제철 지사장이 중국야금공업부 관리를 통해 수습을 할 테니 걱정 말라고 하여 빠져나오기는 했지만, 베테랑 외교관인 그 동료는 아주 혼쭐이 났고 필자는 아주 씁쓸한 뒷맛을 느꼈었다. 동료의 사려 깊지 못한 경솔함이 없었다고 보기는 어렵지만, 동료가 웃으면서 농담으로 한 얘기였는데 그 농담을 과잉으로 받아들이는 그 북한인들의 행위도 우리의 정서로는 쉽게 이해가 되지는 않았었다. 그 후에 우리 포항제철 지사장으로부터 들은 얘기로는, 목을 움켜쥔 그 북한 사람은 베이징에 있는 주중북한대사관의 외교관(상무관)이며, 또 한 사람은 북한의 철강공업성 차관이라고 했다. 그 일이 있은 후 북한 전문가의 의견을 들어봤었는데, 김일성 배지를 가리키며 '촌스럽게 배지는 왜 달고 다니느냐'라는 정도의 얘기를 했다면 '최고의 존엄에 대한 모독'으로 받아들일 수 있고, 그 얘기를 듣고도 그냥 넘어가면 당 간부인 그 차관의 고발에 의해 그 북한 외교관은 소환을 당하게 되고 처벌을 받게 될 수도 있으니, 그 북한 외교관의 입장에서는 당연한 대응이었을 것이라고 하여 긍정하기는 어려웠지만 인간적으로는 이해할 수 있었다.

이왕 김일성 배지와 관련한 얘기가 나왔으니 일화 하나를 더 더듬어 보고자 한다. 필자가 1996년 7월 30일 옌볜(延邊)조선족자치주 옌지(延吉)를 방문한 일이 있었는데, 그날 저녁에 옌볜(延邊)한국상회 임원들과 함께 옌지 시내에 있는 북한 식당에서 저녁 식사를 한 적이 있었다. 그 저녁 식사 자리에서 동석했던 일행 중 한 사람이 가슴에 김일성 배지를 달고 있는 여자 종업원에게 농담을 걸며 '배지는 왜 달고 다니느냐?' 하니까, 그 종업원은 반사적으로 벌컥 화를 내며 "배지는 무슨 배지라요! 배지가 아닙네다!" "원수님의 휘장이라요!" "그 말, 당장 취소하라요!" 하며 떠들썩하게 대드는데, 배지나 휘장이나 같은 말이라고 해도 막무가내였는바, 필자를 비롯하여 동석했던 우리 일행들이 아주 혼쭐이 난 일이 있었다. 잘못하다가는 큰 싸움이 벌어질 수 있는 그런 분위기에서 식사를 하는 둥 마는 둥 마치고 식당을 나온 일이 있었다.

중국에서 보고, 듣고, 느낀 북한과 관련한 이야기들

필자가 중국에서 근무하고 있었을 당시, 중국에 진출해 있는 우리의 많은 기업들이 다양한 업종의 사업을 영위하고 있는데 비해, 중국에 들어온 북한 기업은 소수에 불과했고 업종도 국영의 무역업이나 요식업 정도였다. 북한 당국에 의해 중국에 문을 연 그 요식업들을 찾는 고객 중에는 중국인들도 있었지만, 당시 중국 현지에 진출해 있는 우리 기업 임직원들을 포함한 중국에 머물고 있는 한국인들이 주요 고객이었다. 필자도 호기심으로 북한 식당을 찾아가서 식사를 한 적은 더러 있었지만, 혼자서 밥 먹을 일이 별로 없었고 두려움도 있어 혼자서 들어가본 적은 없고 동료나 지인들과 함께 어울려서 들어갔었다. 당시 필자가 들어가본 중국 내의 북한 식당들은 베이징의 국제무역센터에 있었던, 지금은 없어진 금강산식당, 아시아선수촌에 있었던 유경식당과 베이징, 상하이, 광저우, 옌지, 단둥, 하얼빈 등지에 있었던 '평양관' 등의 이름이 붙어 있는 식당들이었다. 이들 북한 식당의 주요 음식은 불판에 송이버섯 등과 곁들여 구워 먹는 소고기 등심 구이, 냉면, 전골 등이며 반찬은 길게 늘어트려 잘라놓은 하얀 배추김치나 붉은 배추김치, 녹두전 등으로 그 메뉴와 맛은 체인점처럼 어느 식당이나 거의 모두 비슷비슷했고, 베이징, 광저우, 단둥, 하얼빈 등 일부 식당들에서는 저녁 식사 시간에 미녀들이 한복을 곱게 차려입고 나와서 장구를 치고 춤추고 노래 부르기도 하고 그리고 그 미녀들이 한 바퀴 돌아다니면서 북한 술인 들쭉술, 맥주 등 손님들이 마시고 있는 술병을 들어 마시고 있는 술잔에 술을 따라주기도 했었다. 그런데 언뜻 보면 종업원들이 자연스러워 보이기도 했지만, 관심을 가지고 보면 누군가의 감시에 의해 흐트러짐 없이 일사불란하게 움직이고 있다는 것을 느낄 수가 있었다.

당시 베이징의 차오양공원(朝陽公園) 내에는 주민들이 거주하고 있는 민가들 외에도 식당들과 가라오케, 골프연습장 등 다양한 업소들이 있었고 북한 상품들을 파는 상점도 있었는데, 필자는 아내와 함께 그 북한 상점을 둘러본 적이 있었다. 그 북한 상점은 그리 크지는 않았었는데,

상점 내에는 북한에서 생산된 들쭉술, 맥주 등 술과 개성 인삼 제품, 공예품들 등 북한 상품들이 진열되어 있었다. 필자가 방문했을 당시 매장 내에 손님은 한 사람도 없었고, 북한 요원으로 보이는 몇 명의 종업원들만 보였었다. 필자가 구경을 하고 돌아 나오려고 하는데, 종업원 중 젊어 보이는 한 사람이 진열대 앞 한쪽 구석에서 음향기기를 틀어놓고 마이크를 잡고 쪼그리고 앉아서 우리의 동요 '고향의 봄'을 부르기 시작하여, 다 부를 때까지 서서 감상하고 박수를 치고 나서 멋쩍어 좀 더 서성이다가 나왔었다. 우리 어린이들이 부르는 것과 같은 부드러움을 느끼지는 못했지만, 높은 음으로 곱고도 애절하게 불러 필자의 마음을 찡하게 하는 감동을 느끼게 했었는데, 그 종업원이 불편한 자세로 앉아서 왜 노래를 불렀는지는 잘 이해가 되지를 않았다.

황장엽이 베이징을 떠나고 나서 한 달하고 약 10일 만인 1997년 4월 30일 북한의 '피바다가극단'이 '베이징전람관극장'에서 공연한 '봉선화'라는 무용극을 가족과 함께 관람한 적이 있었다. 4월 28일 개막하여 마지막 공연을 하는 날이었는데, 당시 북한과의 관계가 어색한 시기여서 좀 찜찜하기는 했지만 쉽게 보기 어려운 공연이라는 생각에 호기심으로 관람을 했었다. 중국인들의 사이에 끼어 극장 안으로 들어가 정해진 자리를 찾아 들어갔는데, 우리가 앉아 있는 좌석 주변에 북한 사람들로 보이는 사람들이 앉아 있어 가족들이 불안하게 여겨 숨을 죽이고 관람을 했다. '피바다'라는 가극단의 이름과는 달리 '혁명'을 주제로 한 가극이 아니고, '권선징악'을 주제로 한 무용극이었는데 변화하는 호화로운 무대에서 70여 명의 극단 단원들이 열연을 했지만 심금을 울리는 감동을 느끼지는 못했다. 그 호화로운 무대 위에서 연기를 펼치는 극단 단원들의 모습을 보면서, 당시 필자가 보고 들은 바 있는 북한인들의 삶의 모습과는 동떨어진 모순을 드러내고 있어서 뒷맛이 씁쓸했다.

　필자가 1995년 9월 30일부터 2박 3일간 동료와 함께 당시 중국의 베이양자문집단(北洋諮詢集團)의 안내에 의해 선양(瀋陽)공항을 통해 번시(本溪)를 경유하여 북한과 경계를 이루고 있는 중국의 변경 지역인 단둥(丹東)을 방문한 일이 있었는데, 다음 날 단둥의 압록강(鴨綠江)변(邊)에서 보트를 타고 압록강으로 들어가서 신의주 쪽 강변의 모습을 바라볼 수가 있었다. 압록강은 중국과 북한이 공유하고 있어 북한의 선박들도 떠 있다고 하여 긴장을 했다. 우리를 태운 보트가 신의주 쪽의 연안으로 다가가니 북한 소속의 감시 선박에 타고 있던 북한의 단속요원들이 소리를 지르며 접근을 못 하도록 하여 더 이상 가까이 가지는 못했는데, 신의주 쪽의 을씨년스러운 풍경과 신의주 쪽 연안의 콘크리트 강둑에 하릴없이 옆으로 쭉 늘어서서 걸터앉아 있는 남루한 옷차림의 북한인들 모습을 볼 수 있었다. 그날 오후에는 자동차로 압록강의 상류에 있는 창허다오(長河島)로 이동하여 썰렁한 창허다오(長河島) 선착장에서 우리 일행을 위해 대기하고 있던 조그만 철선을 타고 압록강의 강변을 따라 수풍발전소가 있는 수풍댐 방향으로 올라갔다가 돌아왔다. 압록강에 있는 대부분의 섬들은 북한이 영유하고 있지만 창허다오(長河島)는 중국이 영유하고 있는 섬으로, 당시 설명에 의하면 그 창허다오(長河島) 부근 압록강의 선상에서 북·중 간 물물교환 형식으로 비밀리에 교역이 이루어진다고 했고, 교역이 있는 날은 허허벌판의 창허다오가 중국 상인들의 장마당이 되어 창허다오(長河島)를 통해 교역 물품들이 이동한다고 하여 의아하다는 생각이 들었다. 그 창허다오(長河島)의 선착장을 출발하여 압록강의 수풍댐 방향으로 북한 쪽 가까이의 연안을 따라 올라갔는데, 선상에서 바라보이는 북한 쪽의 도로에 달구지 같은 차량이 먼지를 일으키며 지나가기도 했다. 그 무개차량의 짐칸에는 단체로 일을 하고 돌아가는 것 같은 사람들이 빼곡하게 타고 있는 모습이 보였고, 그 도로에 무엇인가를 머리에 이고 또는 등에 짊어지고 걸어가는 사람들의 모습도 보였다. 모두가 남루한 차림들이었다. 좀 더 올라가면서는 어린아이를 등에 업고 밭일을 하는 아낙네의 모습도 보였다. 먹고살기가 힘들어 보이는 척박한 시골 농촌의 모습일 뿐일진대, 선입관에 사로잡혀서 그랬는지는 모르겠는데 가을인 그곳들의 풍경도 역시 을씨년스럽다는 느낌이 들었다. 바라보이는 경치들이 아름답다는 생각이 들지도 않았지만 날은 저물어가는데 지나다니는 선박들도 없어 불안한 생각이 들어, 수풍댐에 이르기 전에 뱃머리를 돌리도록 하여 창허다오(長河島) 선착장으로 돌아왔다. 단둥 시내로 이동하여 북한 식당에서 북한 종업원들이 노래 부르고 춤추며 노는 모습을 보며 저녁 식사를 마치고 호텔로 들어왔는데, 당시에는 대부분 중국 사람들의 삶도 어려웠지만 북한 사람들이 훨씬 더 어렵게 살아가고 있다는 생각이 들었다.

　필자가 1996년 7월 30일부터 2박 3일간 옌볜(延邊)을 방문했을 때도 룽징(龍井)을 지나 허룽(和龍)의 두만강(豆滿江) 상류 지역을 들여다본 적이 있었는데, 허룽(和龍)에 위치한 두만강 상류는 강이라기보다는 개울과도 같았다. 안내에 따라 어느 개울의 언덕에 올라서니 나이가 들어 보이는 북한의 경비병 한 사람이 제복을 입고 모자를 쓴 채로 바지를 걷어붙이고 그 개울물 속에서 한가롭게 다슬기를 줍는 모습이 보였다. 허리를 굽혀 다슬기를 줍다가 사진을 찍고 있는 우리 일행을 향해, 우리가 중국 사람들인 줄 알았는지 서툰 중국말로 "부 야오 자오샹 아!(不要照相 阿!: 사진 찍지 마세요!)"라고 귀찮다는 듯 짜증스럽게 소리를 지르면서도 별로 관심이 없다는 듯 개울물을 쳐다보며 자기 할 일을 하고 있었는데, 그때를 생각하며 이 글을 쓰면서 떠올린 그때의 모습이 선명하기도 했지만, 그 소리가 귓전에 들리는 것 같기도 했다. 당시 필자를 안내해 주신 옌볜(延邊)한국상회 임원의 얘기에 의하면 더 상류로 올라가면 개울이 더 좁아진다고 했고 당시 그 개울들이 굶주린 북한 사람들이 중국으로 탈출해 들어오는 통로들이라고 했는데, 그런 통로들을 통해 어렵게 탈출해 나와서 옌볜(延邊) 지역에서 비참하게 도피 생활을 하는 탈북자들의 실상과, 탈출했다가 붙들려 잔인하게 쇠줄에 묶여 북한으로 끌려 들어가는 장면 등 목격담을 옌볜(延邊)한국상회 임원으로부터 들으면서 잔혹하여 인정하기가 어려웠다. 북한의 권력자들이 크게 득죄를 하고 있다는 생각이 들었다.

황장엽이 베이징의 영사관에 머물고 있던 시기에 필자가 어깨 결림 증상이 있어서 진찰을 받기 위해 베이징 시내 차오양구(朝陽區)의 왕징(望京)에 있는 '베이징침구골상학원부속의원(北京針灸骨傷學院附屬醫院)'의 외빈진료실(外賓診療室)을 찾아간 일이 있었다. 그 병원에서 우연히 북한 화교(華僑) 출신의 의사로부터 치료를 받았는데, 그분은 김일성종합대학을 졸업하고 북한의 청진(淸津)에서 살면서 한의사 생활을 했던 분이라는 것을 알게 됐고, 그 후 그분이 퇴근 후에 필자의 거주지를 몇 차례 방문하여 친절하게 필자에게 부항, 뜸 등의 치료를 해준 일이 있었다. 한중수교 이후 북한이 중국과의 사이가 안 좋을 때 어렵게 북한을 탈출해 나왔다는 그분은 아주 특이한 침술을 보유하고 있었다. 당시 필자에게는 소화가 잘 안되는 증상도 있었는데, 그분이 필자에게 대침(大針)을 한 번 맞아보라고 권유한바 두려움은 있었지만 시도해본 일이 있었다. 배꼽 아래의 단전(丹田)에 대침으로 약 10㎝를 꽂아 자극을 주는 침술로 별로 통증은 없었고, 말로 표현하기가 어려운 아주 야릇한 느낌이 있었는데 긴장이 되었는바 딱 한 번만 맞아봤다. 효과가 있었는지는 알 수 없었지만, 그 침술로 특히 부인병 등 여러 병들을 치료할 수 있다고 하면서 아주 어려운 침술이라고 했던 그분의 얘기가 생각난다. 당시 필자의 거주지였던 베이징 아시아선수촌아파트에서는 위성 수신으로 한국 KBS TV 방송을 시청할 수 있었는데, 당시 필자의 거주지에 방문해 있던 북한 화교 출신의 그 한의사분이 우연히 KBS TV에서 방송하는 북한 최고인민회의상임위원장 황장엽의 망명과 관련한 보도를 보게 되면서, 화면에 나오는 황장엽을 보고 깜짝 놀라며 김일성종합대학의 총장이었고 조선노동당 비서였고 김일성의 조카사위로 김일성의 신임을 받았던 북한의 중요한 인물인데 북한을 탈출했다는 것이 믿기지 않는다고 하면서, 북한의 권력 내부에 문제가 발생한 것 같다는 얘기를 해줬는바 황장엽이 실세의 인물이었음을 새삼스럽게 알 수가 있었다. 베이징침구골상학원(北京針灸骨傷學院)의 교수인 그 의사의 얘기에 의하면, 당시 평양을 제외한 북한의 전역이 '수용소군도'와 같다고 했고, 북한인들은 아무런 자유가 없다고도 했다. 당국의 허가 없이는 열차나 자동차를 타고 이동할 수도 없고, 관리들은 부패하고, 감시는 심하고, 가난하여 북한 사람들은 고통스러운 삶을 살아가고 있다고도 했다. 그와 같은 북한인들의 어려운 삶의 모습을 간접적으로나마 그분으로부터 들어 알 수가 있었는데, 당시 북한을 탈출한 남루한 차림의 북한 주민들이, 심지어는 아이를 등에 업거나 데리고 우리 대사관의 출입문 앞으로 찾아와서 도움을 요청하는 모습들을 보며 마음이 아팠다.

　당시 북한을 출장 방문하고 돌아온 중국국가경제무역위원회의 고위 관리로부터도, 평양에 있는 최고급의 고층 호텔에서 엘리베이터를 타고 올라가다가 정전되는 바람에 엘리베이터 안에 갇히기도 하고, 정전이 된 호텔 내에서 촛불을 켜고 지내기도 했다는 등 북한의 열악한 전력 사정과 북한의 어려운 실상들에 대한 얘기를 들을 수 있었는바 북한의 어려운 경제 사정을 짐작할 수 있었다. 북한이 그렇게 어려운 상황에 처해 있으면서도 핵무기 개발에만 사활을 걸어오다가, 김정은 시대에 들어서서도 국제사회의 반대를 무릅쓰고 무용지물의 핵무기를 개발하면서 북한 주민들을 통제하는 등 체제 유지에만 급급한 통치 행태를 보이고 있는데, 설령 북한 정권이 통제에 의해 당분간은 정치적인 안정을 이룬다 해도 미국을 비롯한 국제사회의 압력에 의해 북한 경제는 더욱 어려워지게 되어 있어 체제를 유지하기조차 어려워질 수도 있을진대 안타까울 따름이다. 김정은이 하루빨리 깨우쳐 국제사회와의 교류와 협력에 장애가 되고 있는, 사용하는 순간 자신부터 최후가 될 수밖에 없는 무용지물의 애물단지인 그 핵무기를 버리고 중국의 덩샤오핑처럼 개혁개방 정책을 추진하여 북한 주민들이 가난으로부터 벗어날 수 있도록 선정(善政)을 베풀기를 간절히 소망한다.

필자가 베이징에서 근무하고 있었을 때 북한과의 관계에 의해 생겼던 지엽적인 일화 하나를 더 소개하고 넘어가고자 한다. 북한이 1995년 발생한 수해로 식량난을 겪게 되면서, 북한의 지원 요청으로 베이징에서 남북 당국 간 비공식 협상을 진행하여 우리 쌀 15만 톤을 원조해주기로 합의한 바에 따라 첫 선적분 2,000톤을 보내기 위한 비정부 간의 계약 체결을 위해 베이징에 들어온 코트라(KOTRA) 사장을 필자가 지원해준 일이 있었다. 당시 우리의 권력자들이 1995년 6월 27일에 실시하는 지방선거와 연관된 정략적인 이익을 취하기 위해서 그리 급했는지는 모르겠는데, 오히려 느긋한 북한 쪽과는 달리 당시 코트라 사장은 하루 한 편밖에 없는 베이징발 김포행 1995년 6월 25일(일요일)자 대한항공 비행기 탑승권을 소지하고 자신의 숙소인 중국대반점(中國大飯店: China World Hotel)에 도착하면서부터 북한 대표의 숙소인 베이징반점(北京飯店: Beijing Hotel)에서 북한 대표와 계약 체결을 위한 실무 협상을 진행하는 코트라 북한 실장으로부터의 협상 타결 소식을 기다린다. 코트라 사장은 출발 시간이 다가온 6월 25일에는 다급해지자 아침 일찍 호텔 체크아웃을 하고 북한 대표의 숙소인 베이징반점으로 들어가 비행기 출발 시간을 북쪽에 재차 알려주며 독촉을 했다는데도, 고약하게도 비행기 출발 시간이 다 된 낮 12시쯤에서야 서명된 계약서를 받아들게 된다.

톈안먼(天安門)광장의 인근에 있는 베이징반점에서 베이징수도공항까지는 평소 교통 상황이 정상적일 때 도심으로부터 고속도로를 이용하여 승용차로 약 1시간을 달려야 하는 거리다. 당시 코트라로서는 공항의 귀빈실 사용 신청이 어려웠는바 외교관 신분인 필자가 미리 베이징공항의 귀빈실로 나가서 VIP 탑승 수속을 마치도록 지원하고 대한항공 공항 지점장과 소통하며 코트라 사장을 초조하게 기다렸는데, 그날따라 베이징발 김포행 항공기는 정시 출발 절차가 진행되었다. 승객들의 탑승을 완료시키고 나서 출발 시간이 다 되니, 공항 지점장은 문제가 발생할 수 있다고 하며 걱정하기 시작한다. 출발 시간이 점점 더 지나가자 공항 지점장이 바짝 긴장하며 그냥 출발시켜야 할 것 같다고 독촉을 하는데도 어쩔 수 없이 1시간 가까이 기다리게 할 수밖에 없었다. 북한 대표가 서명한 계약서를 받아들고 코트라 베이징 무역관 실무자의 안내에 의해 베이징반점에서부터 위험천만한 곡예 운전을 하도록 하면서 혼비백산하여 베이징공항 귀빈실에 도착한 코트라 사장과 대한항공 직원, 동료

상무관과 함께 귀빈실로부터 탑승구까지 100m에 육박하는 거리를 육상경기하듯 뛰어서 탑승시켜 보낸 적이 있었다. 있어서는 안 될, 위험하고도 부끄러운 일들을 벌였던 것이다.

    당시 코트라 베이징 무역관장은 대사를 단장으로 하여 구성한 중국 서부 지역 시찰단에 합류하여 출장 중이었었는바 코트라 베이징 무역관 실무 직원이 코트라 사장을 도맡아 수행했었는데, 용감한 그 실무 직원이 운전기사를 지휘하여 코트라 사장을 베이징공항 귀빈실까지 무사히 도착시킨 것이다. 그 이후 그 코트라 직원은 승진을 이어가 다행으로 여겼지만, 당시의 대한항공 베이징 지점장과 탑승객들에 대한 미안한 마음은 지금도 가시지를 않고 있다. 코트라 사장이 북한 대표가 서명한 계약서를 들고 김포공항에 도착하자마자, 국무총리 및 유관 부처 장관들은 허둥지둥 헬리콥터를 타고 원산지 표시도 하지 못한 쌀 2,000톤의 선적을 완료하고 출항을 기다리는 남성해운 소속의 씨아펙스호가 정박해 있는 동해항으로 날아가 1995년 6월 25일 저녁 무렵에 '우리 쌀 북한 수송 출항 행사'를 거행하고, 북쪽으로부터 정식으로 도착항의 통보도 받지 못한 채 북으로 출발시켰다고 한다. 당시의 권력들이 어떤 이익을 얻었는지는 모르겠는데, 있어서는 안 될 일들을 벌인 것이다. 북한에 대한 인도적인 원조는 동포애의 정신으로 통일이 이루어질 때까지 중단 없이 이루어져야 하겠지만, 원조를 하는 과정에서 원조를 받으면서도 어디서 원조를 받았는지를 감추려 하는 북한 권력자들의 장단에 맞춰 정정당당하지 못하고 불투명한 비선을 통해 협상을 추진한다거나 원산지 표시도 못 하고 원조 물품을 보내는 일은 지양해야 할 것이며, 우리 권력자들이 정략적인 이익을 취할 목적으로 보여주기식의 원조를 하는 것도 더 이상은 없어야 할 것이라고 본다.

하나 더 덧붙인다면, 인도적인 차원에서 북한 주민들이 먹을 식량, 식량 생산에 필요한 비료, 농업용 기자재, 의약품, 의료자재, 교육자재를 비롯한 필수 생활용품 등을 현물로 원조를 하거나 그 물품들의 현지 생산을 지원하는 협력 사업을 추진하는 것은 바람직하다고 보는데, 북한이 핵무기 개발을 중단하지 않는 한 우리는 개성공단이나 금강산 개발의 실패를 교훈으로 삼아 북한의 권력자들이 인류에게 치명적인 핵무기나 미사일과 같은 무기를 개발하는 데 사용할 현금이 흘러들어 갈 수도 있는 협력 사업의 추진에는 신중을 기해야 할 것이며, 특히 우리의 권력자들이나 기업인들이 그간의 사례들처럼 회담을 내세워 북한을 방문하거나 또는 협력 사업을 추진하는 대가로 거액의 현금을 지원하는 것은 지양해야 한다고 본다.

12.
중국대륙의 지리(地理)와
중국역사(中國歷史)의 흐름 이야기

중국대륙의 각 지역들에 대한 이야기로 들어가기 전에, 중국 전반에 대한 이해를 돕기 위해 먼저 중국대륙의 지리(地理)에 대한 이야기와 중국역사(中國歷史)의 흐름에 대한 이야기를 하고 넘어가고자 한다.

중국대륙의 지리(地理)

중국은 9,600,000㎢나 되는 광활한 대륙의 땅과 2024년 말 기준으로 14억이 넘는 인구를 보유하고 있는 대국이다. 한족(漢族)이 인구의 91%를 차지하고 있지만, 55개의 소수민족이 9% 가까이 차지하고 있는 다민족 국가이기도 하다. 중국대륙의 영토는 러시아나 캐나다와 미국보다는 작지만, 남북 간 길이가 약 5,500㎞나 되고, 동서 간 길이도 약 5,200㎞나 되는 거대한 대륙국가다. 중국대륙에는 세계의 최고봉인 해발 8,850m의 에베레스트산이 있는 히말라야산맥과 약 1,700㎞나 되는 신장톈산산맥(新疆天山山脈), 약 2,500㎞나 뻗어있는 쿤룬산맥(崑崙山脈), 겹겹이 약 1,500㎞나 이어진 친링산맥(秦嶺山脈) 등 수많은 산맥들과 중국 대륙을 가로질러 굽이굽이 약 6,300㎞나 흐르는 창장(長江)과 약 5,400㎞나 흐르는 황허(黃河), 약 2,200㎞를 흐르는 주장(珠江) 등 수많은 강들과 한반도 면적의 약 5배나 되며 끝없이 펼쳐져 있는 1,000,000㎢가 넘는 평원(平原)을 보유하고 있는 나라다. 중국의 기후는 북쪽 지역에서부터 냉온대기후, 온대기후로 이어져 내려오다가 창장(長江) 이남 지역으로 내려오면 아열대기후로 변하고, 중국대륙 남단의 해안과 가까운 지역으로는 열대기후를 이루고 있다.

중국대륙은 서쪽은 높고 동쪽은 낮은 3계단 형세(形勢)의 서고동저(西高東低) 지형을 이루고 있다. 제1계단은 세계의 지붕이라 불리는 티베트고원을 비롯한 평균 해발고도 4,000m가 넘는 서쪽의 고원지대들을 말한다. 칭장고원(靑藏高原)이라고도 하는 티베트고원은 세계 최대최고(最大最高)의 고원지대로, 중국대륙 전체 면적의 25%를 차지하고 있다. 제2계단은 평균 해발고도 1,000~2,000m의 고원지대로, 서쪽의 카자흐스탄에서 시작하여 우즈베키스탄을 거쳐서 키르기스스탄의 국경을 넘어 중국의 신장(新疆)으로 뻗어 들어온 신장톈산(新疆天山)과 친링산맥(秦嶺山脈)의 사이에 펼쳐진 타림분지(塔里木盆地), 준가얼분지(準噶爾盆地), 투루판분지(吐魯蕃盆地)를 비롯하여 북부의 네이멍구고원(內蒙古高原)과 중부의 황투고원(黃土高原), 서남부의 윈구이고원(雲貴高原) 등의 지역들로 끝없이 펼쳐져 있는 사막과 초원, 카르스트지형 등 온갖 유형의 다양한 형태의 지형을 이루고 있는 지대를 말한다. 제2계단에는 중국대륙의 4대 평원인 36,000㎢ 면적의 관중평원(關中平原)과 260,000㎢ 면적의 쓰촨분지(四川盆地) 내에 있는 18,000㎢ 면적의 청두평원(成都平原)과 같은 비옥한 평원들도 있다. 제3계단은 동부에 위치해 있는 해발 500m 이하의 지역으로 북에서 남으로 이어져 있는 평야 지역을 말한다. 농사를 지을 수도 있고, 공장도 세울 수 있는 쓸모 있는 땅들의 대부분이 제3계단의 지역들에 있다. 제3계단의 북쪽으로는 만주(滿洲) 지역인 둥베이평원(東北平原)이 있는데, 관둥평원(關東平原)이라고도 하는 둥베이평원(東北平原)은 중국의 평원 중 가장 넓은 평원으로 그 면적이 350,000㎢나 되는 비옥한 평원이지만 북쪽으로는 겨울이 길고 추워서 상대적으로 쓸모가 부족한 평야 지역이다. 남쪽 방향으로 내려오면서 중국 고대 문명의 요람이요, 고대 중국의 중심지인 중원평원(中原平原)이 포함되어 있는 300,000㎢ 면적의 광활한 화베이평원(華北平原)이 펼쳐져 있고, 창장싼샤(長江三峽)의 동쪽으로는 양쯔평원(揚子平原)이라고도 하는 200,000㎢ 면적의 창장중하유평원(長江中下游平原)이 펼쳐져 있다. 남부 지역으로 더 내려오면 동서로 겹겹이 약 1,000㎞나 뻗어 있는 난링산맥(南嶺山脈) 등의 산들이 펼쳐져 산지 고원을 이루고 있어 평야지의 면적이 비교적 작은 편이기는 하지만 11,000㎢ 면적의 주장삼각주평원(珠江三角洲平原) 등의 평원들이 펼쳐져 있다.

중국역사(中國歷史)의 흐름

중국역사상 최초의 왕조(王朝)인 하(夏)나라를 비롯하여, 그 뒤를 이어온 상(商)나라와 주(周)나라의 근거지도 평원이 펼쳐져 있는 중원(中原)과 관중(關中), 산둥(山東) 등 살기 좋은 땅들이 있는 지역들이었다. 중국의 역대 왕조들은 중국대륙의 그 쓸모 있는 땅들을 차지하고 주변 국가들과 각축을 벌이면서 세력을 확대하여 흥성하기도 하고, 주변 국가들의 침입을 당하거나 내부적인 반란으로 멸망하기도 하는 등 흥망성쇠(興亡

盛衰)를 거듭하면서 역사를 이어왔다. 중국이 이어온, 중국 고대의 춘추 전국(春秋戰國)시대로부터 청(淸)나라에 이르기까지의 '중국 역대 왕조(歷代王朝)의 흐름 이야기'와 1912년 청나라 멸망 이후 1949년 중화인민공화국(中華人民共和國) 건국에 이르기까지의 '중국 근현대사(近現代史)의 흐름 이야기'를 필자 나름대로 간략하게 정리하였는데, 그 분량이 그리 많지는 않지만 이야기가 좀 길어져 부득이 본서의 말미에 부록으로 첨부하였는바, 중국역사에 대한 이야기는 부록의「중국역사(中國歷史)의 흐름 이야기」에서 이어가기로 하고, 넘어가고자 한다.

13.
천년고도(千年古都) 베이징(北京)을 들여다보다

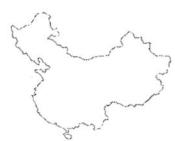

중국대륙의 각 지역들에 대한 이야기로 들어가면서

　베이징(北京)을 비롯한 중국대륙의 각 지역들의 이야기로 들어가기 전에, 먼저 우리 한반도와 중국과의 관계를 간략하게 들여다보고자 한다. 머리말에서도 언급을 했지만, 우리 한반도는 중국대륙의 땅과 경계를 이루고 있어 중국역사의 흐름 속에서 자고이래로 중국과 끊임없이 관계를 유지해오고 있다. 우리 한반도와 이어져온 중국과의 관계를 좀 더 들여다보면, 우리의 삼국시대에 융성 발전한 고구려(高句麗)는 만주(滿洲) 지역을 통치하면서 중국의 한(漢)나라, 수(隋)나라, 당(唐)나라와 다툼을 벌이기도 하고 동맹관계를 유지하기도 하면서 관계를 유지했고, 신라(新羅)는 당(唐)나라와 연합하여 백제(百濟)와 고구려(高句麗)를 멸망시켜 통일을 이루고 당나라와 다툼을 벌이기도 했지만, 당나라와 밀접한 동맹관계를 유지했다. 고려(高麗)시대에는 중국대륙의 북부 지역을 차지하고 있던 금(金)나라, 원(元)나라와 다툼을 벌이거나 간섭을 받기도 하면서도 관계를 유지했고, 카이펑(開封)에 도읍을 두고 있던 송나라(北宋)와도 우호적인 관계를 유지했다. 조선왕조(朝鮮王朝)시대에는 명(明)나라 베이징 천도(遷都) 이후 대부분의 기간 동안 명(明)나라와는 우호적인 긴밀한 관계를 유지했다. 청(淸)나라와는 성경(盛京: 선양) 도읍 시절에 침입을 받아 삼전도(三田渡)에서 치욕적인 굴복을 당하기도 했지만 그 이후로도 계속해서 관계를 유지했으며, 명나라가 멸망하면서 베이징(北京)으로 입성한 이후의 청나라와도 우리의 입장에서는 그리 우호적이지는 않았지만 계속해서 밀접한 관계를 유지했다. 우리 한반도의 일제강점기에는 우리의 임시정부와 중화민국이 우호적인 관계를 유지했고, 우리 한반도가 분단되면서부터는 북한과 중화인민공화국과의 관계만 유지되어오다가 중국이 개혁개방 정책을 추진하면서부터는 우리와도 관계를 맺어 이어가고 있는데, 미래에도 우리 한반도와 중국대륙과는 끊임없이 관계를 이어갈 수밖에 없다고 본다.

    필자가 중국대륙과 인연을 맺을 수 있게 된 것도 우리가 중국과 협력관계를 유지하고 있었기에 가능했다고 본다. 우리가 중국과의 관계를 이어오는 과정에서 우리의 선조들이 중국대륙에 머물기도 하고 드나들었던 것처럼 필자도 중국대륙에 머물기도 하면서 기회 있을 때마다 중국대륙의 각 지역들을 드나들었는바, 중국의 수도 베이징(北京)과 그 주변 지역들부터 시작하여 톈진(天津)과 허베이성(河北省), 조선족 동포들의 고장인 동북3성(東北三省)을 비롯하여 산둥성(山東省), 중원(中原) 지역인 허난성(河南省), 관중평원(關中平原)의 시안(西安), 실크로드가 있는 중국대륙의 서역(西域)들, 상하이(上海), 장쑤성(江蘇省)의 난징(南京)과 쑤저우(蘇州), 항저우(杭州)를 비롯한 저장성(浙江省) 지역들, 안후이성(安徽省)의 황산(黃山), 충칭(重慶)과 창장싼샤(長江三峽), 우한(武漢), 창사(長沙), 청두(成都), 쿤밍(昆明) 등 중서부내륙(中西部內陸) 지역들, 광둥성(廣東省)의 광저우(廣州), 선전(深圳) 등 화남(華南) 지역들, 중국의 최남단 싼야(三亞)와 홍콩 등의 순으로 들여다보면서 현지의 개황, 현지에서 일어났던 역사적인 사건들, 현지의 문화, 명승고적, 자연환경들에 대한 이야기들, 필자가 현지에서 활동하면서 보고 느꼈던 이야기들, 우리와 관련이 있는 것들에 대한 이야기들 등이 있으면 있는 대로 엮어서 중국대륙의 각 지역들에 대한 이야기를 이어가고자 한다.

베이징(北京)에 대하여

베이징(北京)은 주(周)나라의 제후국(諸侯國)인 연(燕: BC 1044~222년)나라의 도성(都城)으로부터 시작하여, 요(遼)나라 때는 '남경(南京)'이라고도 하고 '연경(燕京)'이라고도 하는 이름으로 도읍(都邑)이 되기도 했었고, 금(金)나라 때는 '중도(中都)'라는 이름으로 도성이 되었다가, 원(元)나라 때는 '대도(大都)'라는 이름으로 처음으로 전(全) 중국의 수도가 된다. 그 이후 주원장(朱元璋)이 '난징(南京)'에 수도를 두고 명(明)나라를 건국하면서 대도(大都)가 '북평(北平)'이라는 이름으로 바뀌게 되는데, 1421년 명(明)나라 영락제(永樂帝) 주체(朱棣)에 의해 북평(北平)으로 천도(遷都)되면서부터 '베이징(北京)'이라는 이름으로 바뀌어 수도가 된다. 명(明)나라가 멸망하고 나서 선양(瀋陽)에 도읍을 두고 있던 청(淸)나라가 베이징(北京)으로 들어오면서 청(淸)나라에 의해 베이징(北京)이 다시금 전(全) 중국의 수도가 된다. 1912년 청(淸)나라가 멸망하면서 군벌시대에는 '중화민국 베이양(北洋) 정부'가 베이징(北京)에 수도를 두고 있었고, 군벌들을 평정한 '중화민국 국민당 정부'가 1928년 '난징(南京)'에 수도를 두면서 베이징(北京)이

다시 '북평(北平)'이라는 이름으로 바뀌었는데, 1949년 중화인민공화국이 북평(北平)에 수도를 두고 건국하면서부터 '베이징(北京)'이라는 이름으로 바뀌어 중국대륙의 수도가 되어 지금에 이르고 있다.

  베이징(北京)시의 면적은 약 16,410㎢이고, 2024년 말 기준으로 상주인구는 약 2,183만 명이다. 우리나라 수도권(首都圈) 면적(약 11,875㎢)보다는 훨씬 더 넓고, 우리나라 수도권 인구(2025년 7월 기준 2,608만 명)보다는 적은 편이다. 번화한 베이징(北京) 도심의 시가지 면적(735㎢)도 서울시의 면적(605㎢)보다 넓으면서 거의 평지로 이루어져 있다. 하지만 도심의 시가지를 벗어나면 남서쪽과 북동쪽의 방향으로는 험준한 산들로 둘러싸여 병풍처럼 펼쳐져 있는데, 멀리 떨어져 있어서 도심에서는 잘 보이지 않는다. 베이징(北京) 중심의 위도는 북위 39°56′으로 한반도의 신의주와 비슷한데, 필자가 베이징에서 3년간 머물고 그 후로도 베이징을 드나들면서 느낀 베이징의 기후는 서울의 4계절과 거의 비슷했다. 봄은 비교적 일찍 찾아오는데, 3월이 시작되면서부터 우리나라의 개나리꽃과 비슷한 노란 영춘화(迎春花)와 짙은 분홍색의 벚꽃 등 봄꽃들이 도시 곳곳에서 피기 시작했다. 봄은 비교적 짧아 5월이 되면 더워지기 시작하는데 7~8월에는 더위가 기승을 부리기도 했다. 10월부터는 서늘해지기 시작하여 가을로 들어서는 듯하다가 겨울이 찾아오는데 한겨울은 혹한이 이어졌다. 겨울로 들어서는 10월 하순쯤부터 12월 초순경까지는 안개가 자주 끼었는데, 메탄의 사용, 낡은 자동차의 운행 등으로 발생하는 오염된 연기와 결합된 스모그현상이 나타나면서 스모그가 쌓이기 시작하여 공기의 질이 나빠져 고통을 느끼기도 했다. 어떤 때는 2~3주, 길게는 한 달간 베이징시 전역이 오염된 스모그로 가득 덮여 있어 대낮에도 가시거리가 몇십 미터 정도로 시야를 가리고, 매캐한 냄새 때문에 차창은 물론 아파트의 창문을 열 수 없을 정도일 때도 있었다. 다행히 이따금씩 야밤에 돌풍이 불어닥치는 경우가 있어, 그때 쌓여 있던 스모그를 싹 쓸어가버리는데 아침에 일어나면 언제 스모그가 있었냐는 듯 상쾌한 맑은 하늘을 드러내기도 한다. 돌풍으로 쓸어간 베이징 상공의 그 스모그는 널리 퍼져서 강도는 약해지기는 하겠지만, 편서풍을 타고 한반도 상공으로 날아갈 수도 있겠구나 하는 생각을 했다.

봄이 되면 가을과 겨울에 비해 바람이 자주 부는 편인데, 어떤 때는 베이징에서 생긴 스모그가 아닌 중국 서역의 고비사막에서 날아온 황사(黃沙)가 베이징 상공을 뒤덮고 지나가면서 베이징 전역의 먼지까지 휩쓸고 날아간다. 그 황사 먼지도 역시 편서풍을 타고 날아가는바 한반도에 영향을 미치게 된다는 것을 하루나 이틀 뒤 서울의 기상 보도를 통해 한반도 상공의 황사 발생 소식을 들어 알기도 했다. 지금도 그러한 현상은 반복되고 있고, 미래에도 변화가 없을 것이라고 본다. 황사(黃沙)에 대해서는 중국 서역의 둔황(敦煌)을 들여다볼 때 좀 더 알아보기로 하고, 베이징(北京)의 명승지들을 들여다보고자 한다.

베이징(北京)의 고궁(故宮)들을 둘러보다

- 쯔진청(紫禁城)

베이징(北京)의 중심에는 명(明)나라의 영락제(永樂帝)부터 청(淸)나라의 마지막 황제 선통제(宣統帝)에 이르기까지 490여 년간 24명의 황제가 거주하며 중국대륙을 통치했던 황궁인 쯔진청(紫禁城: 자금성)이 있다. 1912

년 2월 청나라가 멸망한 후로도 쯔진청(紫禁城)에 머물고 있던 마지막 황제 선통제(宣統帝) 부의(溥儀)가 1924년 11월 쫓겨나면서, 1925년 10월부터 그 쯔진청(紫禁城)을 '고궁박물원(故宮博物院)'이라는 이름으로 개명하여 개방해오고 있다. 쯔진청(紫禁城)은 북평(北平: 베이징)의 연왕(燕王)으로 나가 있던 명(明)나라 태조(太祖) 주원장(朱元璋)의 넷째 아들 주체(朱棣)가 1402년 정란(靖難)을 일으켜 조카인 건문제(建文帝)를 물리치고 제위(帝位)에 올라 베이징 천도(遷都)를 결정한 후, 1406년부터 1420년까지 14년간이나 건설하여 1421년부터 사용하기 시작한 황궁이다. 쯔진청(紫禁城)의 궁전(宮殿) 배치는 춘추전국시대의 '주례, 고공기(周禮, 考工記)'와 '난징황궁(南京皇宮)의 예(例)'를 따랐다고 하며, 북극성(北極星) 5개의 별 중 중천(中天)에 있는 '자미성(紫微星)'의 '자미원(紫微垣: 자미궁)'에서 천제(天帝: 하느님)가 거주하고 있다는 주장과 '천인합일(天人合一)' 사상에 근거하여 그 '자미궁(紫微宮)'이 천제(天帝)를 대신해서 천하를 다스리는 '천자(天子)'인 황제(皇帝)의 거소(居所)를 상징한다고 여기고, '자미궁(紫微宮)'의 '자(紫)' 자를 넣어 '쯔진청(紫禁城: 자금성)'이라는 이름을 지었다고 한다. 수당(隋唐)시대에도 뤄양(洛陽)에 같은 의미로 지어진 이름인 '자미성(紫微城)'이라는 황궁이 있었다고 하고, 명나라 초기의 '난징황성(南京皇城)'에도 '자금성(紫禁城)'이라는 황제거소(皇帝居所)가 있었다고 한다. '금(禁)'이라는 글자에는 '금하다, 금지하다'라는 뜻이 있지만, 중국에서는 일반인들은 진입할 수 없다는 의미로 궁궐(宮闕)이나 궁전(宮殿)이라는 뜻으로도 쓰고 있다.

쯔진청(紫禁城)은 폭이 동서로 753m, 길이가 남북으로 961m, 부지 면적이 720,000㎡나 되는 거대한 장방형(長方形)의 황궁으로, 성벽(城壁)의 높이가 10m나 되는 3.4km 길이의 '궁성(宮城)'으로 둘러싸여 있다. 쯔진청(紫禁城)의 울타리인 궁성(宮城)은 성곽(城郭)의 외벽에서부터 폭 52m,

깊이 6m로 흐르는 호성하(護城河)로 둘러싸여 있다. 쯔진청(紫禁城) 내에는 크고 작은 70여 채의 궁전들이 들어서 있고, 그 건축물들의 면적이 150,000㎡나 된다고 하며, 그 건물들에 9,999칸 반(半)이나 되는 방(房)들이 있다고 전해져 내려왔었다고 하는데, 1973년 전문가의 실측에 의해 8,707칸의 방(房)들이 있는 것으로 확인되었다고 한다. 쯔진청(紫禁城)의 중축선상(中軸線上)에는 황제가 정사(政事)를 돌보던 외조(外朝)인 3대전(三大殿)과 황제와 황후가 거주하던 내정(內廷)의 정궁(正宮)인 후3궁(後三宮), 황제와 황후가 휴식을 취할 수 있는 어화원(御花園)이 배치되어 있다.

쯔진청(紫禁城)의 정문(正門)인 오문(午門: 우먼)을 들어서서 중축선상(中軸線上)을 따라 내금수교(內金水橋)를 건너 태화문(太和門)을 지나면 웅장하고도 호화롭고 위엄(威嚴)이 있는 태화전(太和殿)이 나온다. 태화전은 동서로 64m, 남북으로 37m, 높이가 35m나 되는 목조건물로 쯔진청에서 가장 큰 궁전이다. 황제의 즉위식을 비롯하여, 황제가 직접 주관하는 국가적인 중요 행사나 의식(儀式)을 그곳에서 거행했다고 한다. 우리 조선시대의 사신(使臣)들이 공식적으로 황제를 알현했던 곳도 그 태화전(太和殿)이다. 태화전은 명나라시대에는 '봉천전(奉天殿)'이라고 불렀었다고 하며, 쯔진청의 문(門)과 궁전(宮殿)의 이름들은 대부분 청나라시대에 바꾸어 지은 이름들이라고 한다. 태화전을 지나면 황제가 휴식을 취하거나 의복을 갈아입기도 하고, 조정의 대신들로부터 보고받기도 하며 정사를 돌보던 중화전(中和殿)과 보화전(保和殿)이 나오는데 거기까지가 외조(外朝)다. 외조(外朝)의 3대전(三大殿) 좌우 양측으로는 문화전(文華殿), 무화전(武華殿) 등 여러 궁전들이 들어서 있다. 그 구간의 동쪽에 '진보관(珍寶館)'이라고 하는 박물관을 꾸며놓고 황궁에서 사용했던 물품 등 고대 문물들을 전시하고 있었는데, 진귀한 보물들을 대만으로 옮겨 가서 그런지 필자가 수차례 관람했을 당시에는 금은(金銀)으로 된 그릇들, 도자기들, 각종의 시계들 등이 전시되어 있었는데 진귀함을 느낄 수 있는 문물들은 별로 보이지 않았었다. 지금은 그 이후 새로이 발굴된 진귀한 문물들이 진열되어 있으리라고 본다.

외조(外朝) 3대전(三大殿)을 지나 건청문(乾淸門)에 들어서면, 황제와 황후가 일상생활을 했던 건청궁(乾淸宮)과 교태전(交泰殿), 곤녕궁(坤寧宮) 등 내정(內廷)의 후3궁(後三宮)이 있고, 내정(內廷)의 후3궁(後三宮) 좌우 양측으로는 후비(后妃)들의 거주지인 동서6궁(東西六宮) 등 궁전들이 들어서 있다. 내정(內廷)을 지나 곤녕문(坤寧門)을 나서면 황제와 황후가 휴식을 취했던 아름다운 정원인 어화원(御花園)이 나온다. 어화원(御花園)은 다양한 화초들과 기암괴석들, 정자와 누각, 고백수(古柏樹: 늙은 측백나무) 등 고수명목들이 어우러져 있는, 동서로 135m, 남북으로 89m나 되는 쯔진청 내의 유일한 정원이다. 어화원(御花園)의 순정문(順貞門)을 나서면 쯔진청(紫禁城) 밖으로 나갈 수 있는 쯔진청의 북문인 궁성(宮城)의 북쪽에 나 있는 신무문(神武門: 선우먼)에 다다르게 된다.

쯔진청(紫禁城)의 정문(正門)인 오문(午門) 밖의 남쪽 정면으로는 쯔진청(紫禁城)의 궁성(宮城)을 둘러싸고 있는 황성(皇城)의 정문인 톈안먼(天安門)과 톈안먼(天安門)광장이 펼쳐져 있다. 오문(午門) 밖의 좌측인 동남쪽으로는 '태묘(太廟)'가 있고, 우측인 서남쪽으로는 '사직단(社稷壇)'이 있다. 궁성(宮城)의 북쪽으로 나 있는 후문인 신무문(神武門) 밖의 정면으로는 '징산(景山: 경산)'공원이 있다. 쯔진청(紫禁城) 궁성(宮城) 밖의 서쪽과 서남쪽으로는 중국의 권부가 사용하고 있는 '중난하이(中南海)'가 있고, 서북쪽으로는 '베이하이(北海)'공원이 있다. 먼저 쯔진청(紫禁城)에 부속되어 있는 궁성(宮城) 밖의 황성(皇城) 내에 있는 태묘(太廟)와 사직단(社稷壇), 중난하이(中南海)와 베이하이(北海), 징산(景山) 등의 고적들부터 들여다보고, 황성(皇城) 밖의 원명원(圓明園), 이화원(頤和園), 톈탄(天壇) 등의 고적들과 댜오위타이(釣魚臺), 유리창(琉璃廠), 노구교(蘆溝橋) 등의 순으로 베이징을 둘러보고자 한다.

- **태묘(太廟)와 사직단(社稷壇)**

쯔진청(紫禁城) 궁성(宮城)의 남쪽 정문(正門)인 오문(午門) 밖의 좌측인 동남쪽의 위치에는, 영락제(永樂帝)가 쯔진청을 지을 때 '좌조우사(左祖右社)의 원칙'과 '난징황궁(南京皇宮)의 예'에 따라 오문(午門) 밖의 우측인 서남쪽의 위치에 있는 '사직단(社稷壇)'과 함께 나란히 지은 웅대한 '태묘(太廟)'가 자리를 잡고 앉아 있다. 태묘(太廟)는 명청양대(明淸兩代)의 황제들이 황제의 조상들에게 제사를 지내온 곳으로, 우리나라의 종묘(宗廟) 같은 곳이다. 태묘(太廟)는 1924년 '허핑공원(和平公園)'이라는 이름으로 개방되기 시작했다고 하는데, 그 이후 중화인민공화국정부가 수립되면서 노동자들이 문화 오락 등의 활동을 할 수 있는 공간으로 개조되어 1950년부터 '베이징(北京)시 노동인민문화궁(勞動人民文化宮)'이라는 이름으로 바뀌어 개방되어오고 있다. 필자가 베이징에서 근무하고 있었을 때 그 노동인민문화궁에서 경극 등을 관람하기도 하면서 몇 차례 방문한 적이 있었는데, 광활한 그 태묘(太廟)에도 우거진 고백수(古柏樹)들이 숲을 이루고 있었다.

쯔진청(紫禁城) 궁성(宮城)의 정문(正門)인 오문(午門) 밖의 우측인 서남쪽의 위치에는 '사직단(社稷壇)'이 자리 잡고 있다. 사직단(社稷壇)은 황제들이 국태민안(國泰民安)을 기원하는 제사를 지내는 곳이다. 사직단(社稷壇)은, 중화민국 베이양(北洋) 정부에 의해 1914년부터 '중앙공원(中央公園)'이라는 이름으로 개명되어 개방되어오다가 중산(中山) 쑨원(孫文) 선생이 서거한 이후 1928년부터는 쑨원(孫文) 선생을 기린다는 명분으로 '중산공원(中山公園)'이라는 이름으로 바뀌어 개방되어오고 있다. 중산공원(中山公園)에도 금(金)나라, 원(元)나라 때부터 심어져 내려왔다고 하는, 수령(樹齡) 천 년이 넘는 고백수(古柏樹) 여러 그루를 비롯하여 우거진 고백수(古柏樹)들이 숲을 이루고 있었다. 그 중산공원(中山公園) 안에 '내금우헌(來今雨軒)'이라고 하는 중국 전통 요리를 하는 고풍스러운 식당이 있었다. 1915년부터 문을 열었다고 하는데, 필자가 베이징에서 근무하고 있었을 당시 중국 정부의 고위 관리들이 이용하는 식당 중의 하나라고 했었다. 필자가 베이징에 부임한 초에 중국 정부(국가경제무역위원회) 관리로부터 필자를 환영하는 오찬 초청을 받고 동료와 함께 그 식당에서 식사한 적이 있었는데, 식사했던 자리는 화초들이 잘 가꾸어져 있는 아름다운 정원이 내려다보이는 아늑한 2층의 방이었다. 보통의 고급 식당들에서는 음식이 나오는 순서대로 종업원이 손님의 접시에 음식을 분배해주는데, 그 식당은 음식이 나오는 대로 테이블 위에 올려놓고 공용의 수저와 젓가락으로 스스로 자기 접시에 덜어서 먹는 식당이었다. 종업원이 음식을 들고 들어와 회전식 원탁 테이블위에 올려놓고 그 음식에 대해 장황하게 설명하고 나면, 중국 정부 관리가 매번 처음 한 번씩은 필자의 접시에 덜어주었다.

그런 큰 접시의 음식들 말고도 테이블 위에는 작은 접시의 샤오차이(小菜: 소채) 음식들이 놓여 있었다. 초청을 한 중국 정부 관리 중 한 사람이 작은 접시에 올려져 있는 한 음식을 가리키며 무엇인지 아느냐고 묻는데 필자가 알 리가 없었다. 그는 그 음식이 전갈(全蠍)을 튀겨놓은 것이라고 하면서 특별한 맛이 있는데 한번 먹어보라고 권유를 한다. 보기에도 약간 혐오스럽기도 하고 독이 있는 곤충으로 알고 있어 엄두가 나지 않았지만 용기를 내어 먹었던 기억이 난다. 얼떨결에 먹어본 맛은 고소했는데, 그 후로도 베이징에서 생활하는 동안 중국 정부 관리의 초청을 받는 등 몇 번 더 가본 그 내금우헌(來今雨軒) 식당을 비롯하여, 다른 식당들에서도 전갈 튀김 요리를 만났었지만 먹지는 않았다.

내금우헌(來今雨軒)에서 먹어본 음식 중 기억에 남아 있는 음식이 하나 더 있다. 좀 큰 감귤만 한 둥차이바오쯔(冬菜包子)라고 하는 찐빵처럼 생긴 하얀 만두인데, 그 하얀 만두 속에는 말려 불린 시래기와 익혀 말려 잘게 찢은 보송보송한 러우쑹(肉松: 육송)이 들어 있어 담백하고 아주 부드러우면서 특유의 향과 약간 달콤한 맛이 나는, 언제라도 먹어보고 싶은 추억이 있는 음식이다. 그 식당이 지금은 찻집(茶館)으로 변했다고 하니 아쉬움이 있다.

- **중난하이(中南海)와 베이하이(北海)**

쯔진청(紫禁城) 궁성(宮城) 밖의 서쪽과 서남쪽 위치에는 지금은 중국의 권부가 사용하고 있는 '중난하이(中南海)'가 있고, 서북쪽으로는 '베이하이(北海)'공원이 있다. 중난하이(中南海)와 베이하이(北海)에는 금(金)나라부터 원(元)나라, 명(明)나라, 청(淸)나라에 이르기까지 황제들이 거주할 수 있는 황실의 별궁이 있었거나, 황제들이 산책했던 원림(園林)과 황성의 어원(御苑)이 있었다고 한다. 중하이(中海)와 난하이(南海)로 이루어져 있는 중난하이(中南海)는 두 호수 사이의 근정전(勤政殿) 등 고건물들과 숲이 어우러져 있는 광활한 공간이다. 베이하이(北海)는 1925년 쯔진청(紫禁城)을 개방하면서 '베이하이(北海)공원'이라는 이름으로 개방하기 시작했고, 중하이(中海)는 신해혁명(辛亥革命) 이후 청나라가 붕괴되면서 '중화민국 베이양(北洋) 정부'가 사용했었는데, '중화민국 국민당난징(南京) 정부' 수립 이후에는 공원으로 개방했었다고 한다.

하지만 1949년 '중화인민공화국 정부'가 수립된 이후부터는 중국공산당 중앙위원회, 중국국무원 등 중국의 최고 권력 기관과 중국의 당, 정, 군의 최고 지도자들의 집무실과 거주지로 사용되어오고 있어 중난하이(中南海)는 중국의 심장과도 같은 중국 권력의 핵심 권부가 되었다. 1949년 이후 진입이 통제되어 있던 중국 권력의 핵심 권부인 중난하이(中南海) 중, 중하이(中海)의 북구(北區) 쪽 일부 지역을 문화대혁명 때인 1966년 6월 잠시 개방하여 홍위병들에게 진입을 허용했었다고 하는데, 당시 중난하이(中南海)에 거주하고 있던 류사오치(劉少奇)와 덩샤오핑(鄧小平) 등 실권파들이 홍위병들의 공격을 받고 있던 때다. 그 이후 마오쩌둥이 사망하고 4인방이 체포되면서 문화대혁명이 끝나게 되는데, 그 이후인 1977년부터 1989년까지 중난하이(中南海)의 일부 경관 지역을 시간과 인원을 제한하여 개방하기도 했었다고 한다. 1989년 이후로는 부분적으로도 중난하이(中南海)는 개방하지 않고 있고, 베이하이(北海)는 계속해서 공원으로 개방해오고 있다.

- 징산(景山)

쯔진청(紫禁城) 궁성(宮城)의 북쪽으로 나 있는 후문인 신무문(神武門)을 나서면, 북쪽으로 맞은편에 동서로 병풍처럼 가로누워 북풍을 막으며 쯔진청을 보호하고 있는 '징산(景山: 경산)'이 있다. 원(元)나라와 명(明)나라, 청(淸)나라의 '어원(御苑)' 또는 '금원(禁苑)'이라고도 했던 징산(景山)의 자리는, 요(遼)나라시대에는 소산구(小山丘: 언덕)였었다고 한다. 금(金)나라와 원(元)나라 때는 그 소산구의 남쪽 자락에 황궁이 있었는데, 그 소산구는 황궁의 후원(後苑)이었다고 하며 원나라 때는 그곳의 일부에 황제의 경전(耕田)이 있었다고 한다.

주원장(朱元璋)이 원(元)나라를 물리치고 명나라를 건국하면서 원나라 수도였던 대도(大都: 베이징)라는 이름을 북평(北平)으로 바꾸고, 그 언덕의 남쪽 자락에서부터 쯔진청의 북쪽 부분까지에 이르러 있던 원나라의 황궁도 모두 철거했다고 한다. 그 후 영락제가 원나라 황궁 터의 남쪽으로부터 남쪽 방향으로 크게 확대하여 황궁인 쯔진청(紫禁城)을 건설하면서, 쯔진청의 호성하(護城河)에서 파낸 진흙과 난하이(南海)의 태액지(太液池)에서 파낸 진흙을 그 소산구(小山丘)에 퍼 올려 쌓아 산을 만들어 '만세산(萬歲山)'이라 불렀다고 하는데, 그곳은 연료로 사용할 석탄을 쌓아놓기도 했던 곳으로 '매산(煤山)'이라고 부르기도 했다고 하고, 풍수지리상 병장(屛障: 가려서 막아 지키는)의 역할을 해야 한다고 하여 '진산(鎭山)'이라고 부르기도 했다고 한다. 또한 쯔진청의 사방(四方)을 지키고 있는 하늘의 네(四) 신령(神靈)인 창룡(蒼龍), 백호(白虎), 주작(朱雀), 현무(玄武: 거북의 형상) 중, 현무의 자리가 쯔진청의 북쪽인지라 현무에게 필요한 진흙을 파 올려 만세산(萬歲山)을 만들었다고 한다. 중난하이(中南海) 안에 있는 난하이(南海)의 호수는 그때 조성된 것이라고 한다.

청(淸)나라 순치제(順治帝) 때인 1655년에 만세산(萬歲山)이라는 이름을 징산(景山: 경산)으로 바꿨다고 한다. 그 징산(景山)에 오르면 웅장한 쯔진청의 수많은 황금색 지붕들이 한눈에 내려다보이는데, 주변의 경관과 어우러져 장관(壯觀)을 이룬다. 명나라의 마지막 황제인 숭정제(崇禎帝)가 이자성(李自成)의 군(軍)이 베이징으로 진격해 들어오자, 세 황자(皇子)를 도피시키고 주(周)황후를 자진(自盡)하도록 한 후, 총애하던 5살 된 공주(公主)와 비빈(妃嬪)들을 손수 검으로 살해하고, 1644년 4월 25일(음력 3월 19일) 청풍명월(淸風明月)의 새벽녘에 태감(太監) 왕승은(王承恩)과 함께 처량하게 쯔진청을 빠져나와 지금의 징산(景山)인 그 만세산(萬歲山)에 올라가 동록(東麓: 동쪽 기슭)에 있는 왜발자(歪脖子: 목이 구부러진) 노괴수(老槐樹: 늙은 회화나무)에 목을 매 자결을 한다. 명(明)나라는 그렇게 멸망을 하게 되는데, 명나라가 멸망하자마자 이자성(李自成)을 밀어내고 베이징으로 입성한 청(淸)나라 순치제(順治帝)는 숭정제(崇禎帝)가 목을 맨 그 '노괴수(老槐樹)'를 '죄괴(罪槐)'라고 이름을 지어 쇠사슬로 묶어 민심을 달랬다고 하며, 청나라 황족들이 그 앞을 지날 때는 말에서 내려 경건한 마음으로 경의를 표하도록 주지시켰다고 한다. 청나라가 멸망한 이후로도 보호되어 온 그 노괴수는 문화대혁명 때인 1966년 홍위병(紅衛兵)들에 의해 수피(樹皮: 나무껍질)가 벗겨지고, 나뭇가지가 꺾이면서 그 후로 고사(枯死)되었다고 한다. 1971년 2월 베이하이(北海)공원과 징산(景山)공원을 폐쇄시켜 장칭(江靑) 등 문화대혁명 4인방의 전용(專用) 유락장(游樂場: 유원지)으로 만들면서, 그 노괴수 '죄괴(罪槐)'가 고사(枯死)한 사실을 장칭(江靑)과 저우언라이(周恩來) 총리에게 알렸고, 저우언라이 총리의 동의에 의해 고사된 그 노괴수 '죄괴(罪槐)'를 잘라냈다고 한다. 그 후 1981년에 징산(景山)의 남록(南麓)에 있던 소괴수(小槐樹)를 그 노괴수가 있던 자리에 옮겨 심었었다고 하는데, 1996년도에는 베이징 시내 젠궈먼(建國門: 건국문)의 문전(門前)에 있던 약 150년 된 노괴수를 옮겨 그 자리에 바꾸어 심어 징산(景山)을 방문하는 사람들에게 기념하도록 하고 있다고 한다. 징산(景山)

은 1928년 장제스 국민당 정부가 베이징을 점령하면서 공원으로 개방한 이후 개방과 봉쇄를 반복하다가 장칭(江靑) 등 4인방이 체포되어 문화대혁명이 끝난 이후인 1978년부터 개방되고 있는, 베이징 중심에 있는 유일한 산(山)으로 그 높이가 43m밖에 되지 않고 그 둘레도 1km 정도 밖에 되지 않지만 쯔진청(紫禁城)과 베이하이(北海)공원의 호수, 측백나무 등 우거진 나무숲과 수황전(壽皇殿), 오방불정(五方佛亭) 등 여러 고(古)건축물들이 어우러져 고풍스러운 아름다움을 자아내고 있는 공원이다.

- **원명원(圓明園)**

베이징(北京) 중심에서 서쪽에 위치한 이화원(頤和園: 이허위안)으로 가는 길목인 서북쪽의 위치에 '원명원(圓明園: 위안밍위안)'이라고 하는 궁원(宮苑)이었던 방대한 터가 있다. 그 궁원은 청나라 강희제(康熙帝) 때인 1707년 강희제(康熙帝)가 처음 건설하여 자신의 넷째 아들 윤진(胤禛: 옹정제)에게 하사(下賜)했다고 하는데, 강희제가 윤진(胤禛)의 법호(法號)인 '원명(圓明)'이라는 이름을 따서 그 원림(園林)에 '원명원(圓明園)'이라는 편액(扁額)을 걸었다고 한다. 옹정제(雍正帝) 윤진(胤禛)은 1722년 즉위한 이후 그 원명원에 정대광명전(正大光明殿), 근정전(勤政殿) 등을 지어 하절기에 집무하는 하궁(夏宮)으로 사용했다고 하는데, 그 이후 건륭황제 때인 1747년부터 1759년까지 원명원(圓明園)에 추가하여 수많은 예술적인 건축물들을 지어 장춘원(長春園)과 만춘원(萬春園)을 조성했다고 한다. 그 때 약 3,500,000㎡에 이르는 방대한 부지 위에 '원명3원(圓明三園)'의 기본적인 건설을 마쳤다고 한다. 그때의 원명3원(圓明三園) 건축면적은 약 160,000㎡에 달했다고 한다.

장춘원(長春園)의 일부분은 르네상스 이후의 건축양식인 바로크풍으로 설계한 10여 개소의 서양식 건축과 정원으로 꾸미기도 했다고 한다. 그 이후 가경제(嘉慶帝) 때는 만춘원(萬春園)을 개조하여 기춘원(綺春園)이라고 이름을 바꾸어 거소(居所)로 사용했다고 하는데, 도광제(道光帝) 이후로는 국력이 쇠퇴해져 청의원(淸漪園: 이화원)과 열하(熱河: 청더)의 피서산장(避暑山莊) 등도 거의 방치됐다고 하며, 재정이 곤란하여 목란위장(木蘭圍場)의 사냥 행차마저도 중단했지만 원명원(圓明園)만은 개조하고 장식을 하는 등 관리를 했었다고 한다. 그런데 함풍제(咸豊帝) 때인 1860년 10월 영국과 프랑스 연합군의 침입을 받으면서 원명원에 소장되어 있던 예술품 등 귀중품들은 거의 모두 도난당하고, 대부분의 건물들은 방화에 의해 화마(火魔)로 사라져 폐허로 변해버렸다고 한다. 그 이후 광서제(光緒帝) 때인 1884년 자희태후(慈禧太后: 서태후)가 자신의 거소(居所)로 사용하기 위해 그 원명원과 청의원(淸漪園: 이화원)의 보수를 시작했지만, 공사를 시작한 지 10개월 만에 재원이 고갈되어 원명원의 보수 공사는 중단하고 청의원(淸漪園)만을 보수하게 된다. 그 이후 1900년 8개국 연합군의 베이징 침입 때 원명원은 완전히 파괴되고, 청나라가 붕괴된 이후에는 보수하다 남겨진 자재들과 파괴되어 남아 있던 시설들마저도 북양(北洋: 베이양) 정부의 권력자들에 의해 운반, 사용되어져 폐허로 변해버린다. 필자가 베이징에 거주하면서 방문했을 당시에도 공원이라고 보기도 어려울 정도로 폐허로 변한 상태에서 방치되어 있었고, 석조건축물들의 일부 뼈대와 생긴 대로 우거진 숲과 관리되지 않은 호수들만이 남아 있었는데 중국 정부는 그 이후로 그 원명원을 점진적으로 복원시키고 있다고 한다.

- 옹화궁(雍和宮)

쯔진청(紫禁城)의 동북쪽 방향의 외곽 지역에 면적이 약 66,000㎡에 이르는 옹화궁(雍和宮: 융허궁)이라고 하는 거대한 불교 사원이 있다. 명나라 시대에는 태감(太監)의 관방(官房)이 있었던 곳이라고 하는데, 그곳에 청나라시대인 1694년 강희제(康熙帝)가 넷째 아들 옹친왕(雍親王) 윤진(胤禛)을 위해 옹친왕부(雍親王府)를 건설했다고 한다. 그곳에서 옹친왕(雍親王) 윤진(胤禛)에 의해 1711년 건륭제(乾隆帝)가 태어났다고 하며, 옹친왕(雍親王) 윤진(胤禛)이 1722년 옹정제(雍正帝)의 보위에 오른 후 옹화궁(雍和宮)이라는 이름을 지어 1725년부터 행궁으로 사용했고, 1735년 옹정제(雍正帝)가 그곳 옹화궁(雍和宮)에서 운명한다. 옹정제(雍正帝)시대에도 그 옹화궁(雍和宮) 내에 소수민족들을 달래기 위한 불교 사원을 두고 있었다고는 하는데, 건륭황제(乾隆皇帝)는 선대의 뜻을 받들어 소수민족들과 융합하여 나라를 보위하기 위해 1744년 그 옹화궁(雍和宮)을 '라마묘(喇嘛廟)'라는 정식 불교 사원으로 개조하였고, 그 이후 보수되어져 지금에 이르고 있다. 필자가 방문했을 때는 규모는 웅장했지만 제대로 관리되지 않아서 그랬는지 썰렁했었다.

- 이화원(頤和園)

베이징 중심에서 서쪽으로 15㎞ 정도 떨어져 있는 교외(郊外)에 '이화원(頤和園: 이허위안)'이라고 하는, 그 면적이 호수를 포함해서 약 2,900,000㎡나 되는 방대한 황가의 원림(園林)이 있다. 원림 내의 남쪽인 앞쪽으로는 약 2,200,000㎡나 되는 곤명호(昆明湖: 쿤밍후)라고 하는 호수가 있고, 북쪽인 뒤쪽으로는 만수산(萬壽山: 완서우산)이라고 하는 58m 높이의 나지막한 산이 있다. 금(金)나라시대에는 그곳에 '금산(金山)'이라고 하는 행궁이 있었다고 하고, 원(元)나라시대에는 궁정용수(宮廷用水)를 공급하는 저수지였었다고 하며, 명(明)나라시대에는 '호산원(好山園)'이라고 하는 황실의 행궁이 있었다고 한다. 청나라 건륭황제 때인 1750년부터 1764년까지 15년간 현재의 모습보다도 더 웅장한 많은 건축물들이 들어서 있는 대규모의 원림(園林)을 조성하여 '청의원(淸漪園)'이라 이름 짓고, '옹산(瓮山)'이라고 불렀던 뒷산의 이름은 '만수산(萬壽山)'으로 바꾸고, '서호(西湖: 시후)'라고 했던 호수의 이름은 '곤명호(昆明湖: 쿤밍후)'라고 바꿨다고 한다. 건륭황제는 그 청의원(淸漪園)에서 잠을 자며 머무르지는 않았고, 유람 후 당일 황궁으로 돌아가곤 했었다고 한다. 청의원(淸漪園)은 도광제(道光帝) 이후 방치되어 황폐해지기 시작했고, 함풍제(咸豊帝) 때인 1860년 영국과 프랑스의 연합군에 의해 파괴되었다는데, 광서제(光緖帝) 때인 1884년부터 1888년까지 자희태후(慈禧太后: 서태후)에 의해 기본적으로는 원래의 청의원(淸漪園)의 구조로 보수하였지만 건륭황제 때 조성한 청의원(淸漪園)보다는 못했다고 한다. 자희태후는 청의원(淸漪園)을 보수하여 '이화원(頤和園)'이라는 이름으로 개명하고 이화원(頤和園)에서 거주했다고 한다.

그 이후 1900년 8개국 연합군의 베이징 침공 때 시안(西安)으로 피신해 있던 자희태후가 돌아와서도 일부 파괴된 부분을 보수하여 1902년부터 1908년 11월 세상을 떠날 때까지 그 이화원(頤和園)에서 거주했다고 한다. 이화원(頤和園)에는 자희태후(慈禧太后)가 거주했었다고 하는 배운전(排雲殿), 함풍제(咸豊帝)와 광서제(光緖帝)가 집무했었다는 인수전(仁壽殿), 문창각(文昌閣), 불향각(佛香閣) 등 전각(殿閣)들이 있고, 방량(枋梁: 들보)

에 수준 높은 호화로운 산수풍경화(山水風景畵), 화조어충화(花鳥魚蟲畵), 고전저명인물화(古典著名人物畵) 등의 채색도화(彩色圖畵)가 14,000여 폭이나 그려져 있다고 하는 728m의 거대한 장랑(長廊), 돌로 조각되어 각기 다른 형상을 하고 있으며 500여 마리나 된다고 하는 크고 작은 사자상(獅子像)들이 다리의 양 난간에 늘어서 있는 호수 안의 남호도(南湖島: 난후다오)와 연결된 17개의 아치형 교각으로 이루어진 약 150m 길이의 아름다운 돌다리인 17공교(十七孔橋), 석방(石舫) 등 수많은 건축물들이 들어서 있다. 이화원(頤和園)은 나지막한 산과 언덕, 호반 등의 적소에 건축된 고(古)건축물들이 고백수(古柏樹) 등 고수명목들에 안겨 주변의 자연경관과 어우러져 고풍스러운 경치를 이루고 있는, 중국고전 산수화(山水畵)같은 느낌이 들게 하는 명승고적이 아닌가 한다.

베이징(北京)의 역사적인 고적들을 둘러보다

- **톈탄(天壇)공원**

톈안먼(天安門)광장 남단에서 남쪽으로 약 3.5km 떨어진 동쪽의 위치에, 명나라와 청나라의 황제들이 제사를 지내고 풍년을 기원하는 등 하늘과 소통하는 제천의식(祭天儀式)을 행사했던 제단(祭壇)이 있는 '톈탄(天壇: 천단)'이라는 거대한 공원이 있다. 중국역사상 황제들의 제천의식은, 전설의 시기인 삼황오제(三皇五帝) 때부터 청나라 말기에 이르기까지 황실의 중요한 행사 중의 하나였다고 한다. 톈탄(天壇)은 명나라의 영락제(永樂帝)에 의해 1406년 쯔진청(紫禁城)을 축성하면서부터 건설을 시작하여 1420년 쯔진청과 함께 완성했다고 한다. 영락제가 처음 톈탄(天壇)을 건설했을 당시에는 '기년전(祈年殿)'이 있는 '기곡단(祈穀壇)' 구역만 있었다고 하는데, 이를 '천지단(天地壇)'이라 했다고 한다. 그 이후 가정제(嘉靖帝)시대인 1530년에 천지단(天地壇) 구역 내의 남쪽에 '환구단(圜丘壇)'의 제단(祭壇)을 추가로 건설하면서부터 그 전체의 이름을 '톈탄(天壇)'으로 불러오고 있다. 가정제(嘉靖帝)는 환구단(圜丘壇)을 건설하면서 쯔진청을 중심으로 하여 북쪽에는 땅을 상징하는 '지단(地壇: 디탄)'을, 동쪽에는 해를 상징하는 '일단(日壇: 르탄)'을, 서쪽에는 달을 상징하는 '월단(月壇: 웨탄)'을 건설하여 그곳들에서도 제사를 지냈다고 하는데, 그곳들에도 공원이 조성되어 개방되고 있다.

톈탄(天壇)은 1918년부터 '톈탄(天壇)공원'이라는 이름으로 바뀌어 불러오고 있는데, 그 면적이 2,730,000㎡나 된다고 하며, 톈탄(天壇)공원 내에 있는 웅장하고도 아름다운 '기년전(祈年殿)'은 '톈안먼(天安門)', '쯔진청(紫禁城)'과 더불어 베이징(北京)을 상징하는 역사적인 흔적이 있는 대표적인 건물로 꼽힌다고 한다. 명나라와 청나라의 황제들이 톈탄(天壇)의 기년전(祈年殿)에서 매년 맹춘(孟春: 음력 정월) 시기에 '오곡풍등(五穀豊登: 오곡이 풍성하게 무르익기)'을 기원하는 제사를 지냈고, 환구단(圜丘壇)에서는 매년 동지(冬至)에 하늘에 제사를 지냈다고 한다. 톈탄(天壇)은 수차례에 걸쳐 보수를 하거나 추가로 건축을 하여 지금에 이르고 있다는데, 톈탄(天壇)을 구성하고 있는 건축물들은 문화적, 예술적인 가치가 있는 명청(明淸)시대 최고의 건축물들이다. 하늘을 상징하는 원형의 건축물로 구성되어 있는 그 바닥과 계단의 대리석, 난간석과 그 조각, 벽과 기둥, 지붕과 지붕의 기와, 추녀와 처마, 내부 장식과 천장, 담장 등 하나하나마다 담겨져 있지 않은 의미가 없으며, 견고(堅固)하게 정교(精巧)하고, 호화로우면서 다채롭고, 아름답고도 화려함이 어우러진 독특한 품격이 있는, 모두가 고풍스러운 예술 작품들이다. 톈탄(天壇)은 과거 베이징을 방문하는 우리 사신들과 선비들의 필수 견학 코스였다고 하는데, 관찰을 하면서 감탄했으리라는 상상을 해본다. 톈탄(天壇)에도 수령이 500년이나 되는 '구룡백(九龍柏)'이라는 고백수(古柏樹: 늙은 측백나무)를 비롯하여 600여 그루의 고백수 숲이 우거져 있어 톈탄(天壇)의 위엄과 고풍스러움을 더해주고 있다.

　중국에서는 예로부터 강한 생명력으로 수명이 길고, 사철 푸르며 싱싱하고, 향이 있는 측백나무를 신선(神仙)이 되는 나무로 여겨 황가(皇家)의 원림(園林)이나 단묘(壇廟)와 능침(陵寢), 사찰(寺刹) 등에 많이 심어왔다고 한다. 베이징에는 사직단(社稷壇)과 태묘(太廟), 톈탄(天壇), 디탄(地壇), 르탄(日壇), 베이하이(北海), 징산(景山), 중난하이(中南海), 공묘(孔廟), 명13릉(明十三陵), 이화원(頤和園), 쯔진청의 후원인 어화원(御花園) 등에 금(金)나라와 원(元)나라, 명(明)나라로 이어지면서 심어져 내려온 500년 이상 된 고백수(古柏樹) 5,000여 그루가 보존되어져 있다고 한다. 베이징의 고(古)건축물들이 그들 고백수(古柏樹)들과 어우러져 한층 더 고풍스러움을 느끼게 하고 있다. 베이징시는 1986년부터 측백나무를 베이징시의 나무로 선정하여 그들 고백수(古柏樹)들을 보호해오고 있다고 한다. 중국 내에는 수령 천 년이 넘는 고백수(古柏樹)들이 베이징 말고도 여러 곳에 많이 있는 것으로 알려져 있다. 그들 중 유명한 고백수는 시짱(西藏: 티베트) 린즈(林芝)에 있는 2,600년 된 '백수왕(柏樹王)', 산시성(山西省) 타이위안(太原)에 있는 3,000년이 넘은 '용백(龍柏)', 허난성(河南省) 정저우(鄭州)에 있는 4,500년 된 '장군백(將軍柏)' 등 고백수들이 있다고 하며, 산시성(陝西省) 뤄난(洛南)의 바이안촌(栢安村)에는 높이가 23m, 둘레가 7.7m나 되며 수령 5,000년이 넘은 생기발발(生氣勃勃)하고 신기(神奇)한 '서하백(栖霞栢)'이라는 '대고백(大古栢)'이 있다고 한다. 산시성(陝西省) 황링(黃陵)에는 8만여 그루의 거대한 고백림(古柏林) 숲이 있다고 하는데, 그중 3천여 그루 이상이 수령 천 년이 넘는다고 하며, 그중 7.8m 둘레에 20m 높이로 곧게 솟아 싱싱하고 무성하게 자란 짙푸른 '헌원백(軒轅栢)'이라고 하는 고백수(古柏樹)도 수령이 5,000년이 넘는다고 한다. 대단한 고수명목(古樹名木)의 대고백(大古栢)들이다. '베이징의 고백수(古柏樹)들은, 그들의 대고백(大古栢)들에 비하면 젊은 고백수(古柏樹)들에 속한다'라는 말이 이해가 된다. 중국대륙을 돌아다니며 보고 느낀 고수명목(古樹名木)들에 대한 이야기는 그때그때 이어가고자 한다.

- **댜오위타이(釣魚臺)국빈관(國賓館)**

베이징 중심에서 서쪽 방향의 교외 북쪽 위치에, 고풍스러운 고대 황실의 궁전과 별장식 현대 건물이 어우러진 '댜오위타이(釣魚臺: 조어대)'라고 하는 국빈관(國賓館)이 있다. 댜오위타이(釣魚臺)라는 이름은 금(金)나라 장종(章宗: 1189~1208년 재위)황제가 낚시를 하던 곳이라는 데서 유래되었다고 한다. 원(元)나라시대에는 그곳에 황제의 별장이 있었고, 명(明)나라시대에는 황실의 친족과 태감(太監)의 별장이 있었다고 하며, 청(淸)나라 건륭황제(乾隆皇帝) 때는 그곳에 양원재(養源齋), 어원(御苑) 등의 행궁을 조성하였다고 한다. 그때(1774년) 지어진 정전(正殿)인 양원재(養源齋)라는 궁전은 신해혁명(辛亥革命) 이후에 선통제 부의(溥儀)가 그의 스승인 진보침(陳寶琛)에게 하사(下賜)하여 별장으로 사용하도록 했고, 1949년 이후에는 국민당 장제스 수하의 장군이었다가 마오쩌둥 공산군의 무혈(無血)

베이징 입성을 도운 푸쭤이(傅作義: 부작의) 장군이 별장으로 사용하기도 했다는데, 중국이 공산화된 1950년대 초 이후에는 양원재(養源齋) 이외의 댜오위타이(釣魚臺)는 황량(荒涼)하기 그지없었다고 한다.

그 이후 중국 정부는 중화인민공화국 건국 10주년 기념행사를 준비하면서 초청할 우방국들의 지도자와 외교사절들이 묵을 빈관(賓館)을 마련하기 위해, 1958년 약 50,000㎡의 고(古) 댜오위타이(釣魚臺)의 풍경구(風景區)에 별장식 현대건물 16개 동(棟)을 건축하고, 양원재(養源齋)와 어원(御苑)을 보수하여 1959년 국경절부터 '댜오위타이국빈관(釣魚臺國賓館)'이라는 이름으로 외빈들을 맞이하기 시작했다고 한다. 댜오위타이국빈관은 호수와 나무숲이 우거져 어우러진 고풍스러운 원림이나 다름이 없다. 대부분 3층의 서양식 구조로 된 각기 다른 모양의 별장식 현대 건물을 띄엄띄엄 독립시켜 지어 쾌적하게 배치하였다. 16개 동의 건물 중 1호루(號樓)와 13호루는 존재하지 않고, 4호루는 팔방원(八方苑), 17호루는 방비원(芳菲苑)이라고 부르는데, 평등(平等)을 존중하는 중국의 전통으로 1호루는 두지 않았다고 하며, 서양의 관습을 따라 13호루도 두지 않았다고 한다. 하지만 1호루를 대신한 18호루는 중국 전통의 황제 궁전처럼 고전풍으로 내부 장식을 호화롭게 하여 외국의 원수들을 맞이하고 있다. 한중수교 이후 베이징을 방문했던 역대 우리나라 대통령들도 그 18호루를 사용했다. 중국의 최고 지도자들은 중국을 방문하는 외국의 국가지도자들과 우의를 다지기 위해 중국 전통의 궁전인 양원재(養源齋)나 어원(御苑)에서 비공식적인 조찬이나 오찬을 하거나 산책을 하기도 한다. 한중수교를 위해 1992년 우리 대표단들이 베이징에서 머물며 협상을 벌인 곳도 그곳 댜오위타이국빈관 14호루이며, 한중수교 협정문에 서명을 하고 발표를 한 곳도 댜오위타이국빈관 17호루 방비원(芳菲苑)이다. 2003년 8월부터 한반도 비핵화를 위한 6자회담을 개최한 곳도 바로 그 댜오위타이국빈관 17호루 방비원(芳菲苑)이다.

문화대혁명을 주도한 당시 중국의 최고 권부 '중앙문화혁명소조'의 사무실을 두었던 곳도 바로 그 댜오위타이국빈관의 14호루와 16호루였다고 한다. 막강한 권력을 장악한 장칭(江靑)은 당시 18호루를 차지하고 있었다고 하며, 캉성(康生)은 8호루, 천보다(陳伯達)는 15호루, 왕홍원(王洪文)은 16호루, 장춘차오(張春橋)와 야오원위안(姚文元)은 9호루를 차지하였었고 1969년 4월에 개최한 제9차 공산당대회 이후 댜오위타이국빈관은 4인방의 거주지로 변했었다고 한다. 장칭(江靑)은 18호루에서 11호루로 옮겨 거주하다가 1976년 마오쩌둥이 사망한 이후에는 중난하이(中南海)로 이사했다고 한다. 그 이후 장칭(江靑)을 비롯한 4인방 세력이 체포되고 문화대혁명이 끝나면서 개혁개방 정책을 추진하게 되는데, 1980년부터 댜오위타이국빈관도 개방이 되어 영업을 시작하게 된다. 그 이후로 댜오위타이국빈관은 국빈들도 이용했지만 외자 기업의 총수들이나 개인들까지도 비용만 지불하면 숙박을 하거나 식사를 할 수 있었다. 필자도 베이징에서 근무하는 동안 중국 정부의 초청을 받거나 우리 기업들의 행사에 초청을 받아 댜오위타이국빈관을 수차례 방문하여 오찬이나 만찬 자리에 참석한 적이 있다. 필자가 초청을 받고 먹었던 식사 메뉴는 매번 중국의 전통 음식들이었는데 음식들이 기름지면서도 담백하였고, 가격에 따라 달랐을 테니 매번 똑같은 탕은 아니었지만 오골계, 자라, 해삼 등에 서양 인삼과 구기자 등을 넣어 끓인 깊고 개운한 맛이 있는 탕(湯)이 기억에 남아 있다. 중국에는 산둥(山東) 요리인 루차이(魯菜), 광둥(廣東) 요리인 웨차이(粤菜), 쓰촨(四川) 요리인 촨차이(川菜), 장쑤(江蘇)

요리인 화이양차이(淮揚菜) 등 4대 요리가 있는데, 그에 댜오위타이 요리인 댜오위타이차이(釣魚臺菜)를 더하여 5대 요리라고 할 정도로 댜오위타이 요리가 특색이 있는 것으로 알려져 있다.

- 중국 전통문화의 거리 유리창(琉璃廠)

톈안먼(天安門)광장 남쪽에 있는 첸먼(前門)에서 서남쪽 방향의 위치에 유리창(琉璃廠: 류리창)이라는 곳이 있는데, 그곳의 골목골목들에는 고서적과 고서화, 지필묵(紙筆墨), 벼루 등 문방사우(文房四友), 골동품, 각종 생활용품 등을 파는 중국 전통의 옛날 모습을 하고 있는 건물들이 들어서 있다. 그곳은 명나라 초기 쯔진청(紫禁城)을 건설할 때 기왓장이나 벽돌 등의 자재를 만들던 곳이었다고 한다. 쯔진청의 건설을 완료한 이후 그곳은 갖가지 생활용품과 식자재 등을 사고파는 저잣거리로 변했었다고 하는데, 중국 내에서 생산되는 각종 생활용품과 서양에서 들어온 물품 등 없는 것이 거의 없는, 다양한 물건들을 파는 가게들로 꽉 들어차 있었다고 한다. 특히 명나라 말기부터 청나라 시기에는 중국 전역에서 발간된 각종 도서와 고서적은 물론, 지필묵, 벼루 등 문방사우와 고서화, 골동품 등을 사고파는 가게들이 들어차 있어 중국 각지에서 모여든 호족(豪族)들이나 선비들이 끊임없이 드나드는 곳이었다고 한다. 그 시기는 우리의 조선시대와 맞물려 있는 시기인데, 우리의 사신(使臣)들이나 선비들이 베이징을 방문하여 머물고 있을 때 반드시 들러서 서적과 문방사우 등 필요한 물품들이나 선물들을 구입했던 곳이 바로 그 유리창(琉璃廠)이다. 베이징을 방문한 우리의 선비들이 그곳 유리창의 주변에 머물면서, 중국의 각지에서 모여든 중국의 지식인들과 필담으로 교류하며 친분을 쌓기도 했던 곳이며, 우리의 사신과 그 일행들을 통해 선진의 문화와 문물을 우리나라에 전래시켜주는 역할을 한 곳이기도 했는바 감회가 깊은 곳이다. 그곳은 일부나마 중국의 고전적인 전통 가옥이 그대로 보존되어 있는데, 오밀조밀하고 아기자기한 그런 건물들이 아니고 우뚝우뚝하고 불긋불긋한 중국대륙의 맛과 냄새가 나는 전통적인 옛 모습을 하고 있는바, 조선시대 우리 선비들이 관복이나 의관을 갖추어 입고 그 골목을 누비고 돌아다니는 모습을 상상으로나마 떠올려보기도 했다.

- **아름다운 돌다리 노구교(蘆溝橋)**

베이징 중심에서 서남 방향으로 약 15㎞ 떨어진 위치의 베이징시계(北京市界)에 노구교(蘆溝橋: 루거우차오)라고 하는 거대한 아치형 돌다리가 있다. 화베이(華北)평원의 남쪽에서 요지(要地)인 베이징을 오가는 길을 막아서고 있는 노구하(蘆溝河: 루거우허)라고 불렀던 강을 편리하게 건너다닐 수 있도록 세워놓은, 아주 중요한 다리다. 산시성(山西省) 닝우현(寧武縣)으로부터 베이징의 서쪽을 거쳐 흘러내려 오는 그 강은 지금은 융딩허(永定河)라고 부르고 있지만, 청나라 강희제시대 때인 1698년 이전에는 노구하(蘆溝河)라고 불렀는바 노구교(蘆溝橋)라는 이름이 지어졌다고 한다. 그 노구교(蘆溝橋)는 부근에 1971년 새로운 현대식 교량이 건설되면서 1985년부터는 퇴역(退役)되었고, 1991년부터는 사람 외에는 자전거도 통행을 못 하도록 했다고 하는데, 장구한 세월을 견뎌온 그 돌다리는 우리나라의 고려 중엽인 1192년 금(金)나라 장종(章宗)시대에 건설된 이후 원(元), 명(明), 청(淸)으로 이어지는 동안뿐 아니라 중화민국과 현대에 이르기까지 홍수 피해 등의 요인으로 수없이 크고 작은 보수를 해오면서 지금에 이르고 있다고 한다.

부연하면, 금(金)나라가 노구교(蘆溝橋)를 건설할 1192년 당시는 금(金)나라가 카이펑(開封)에 수도를 둔 송(宋: 북송)나라를 창장(長江) 이남으로 물리치고 베이징을 포함한 중국의 북부 지역을 점령하고 있었을 때다. 그때 금(金)나라는 중도(中都: 베이징)에 수도를 두고 있었고, 중국 정통(正統)의 송(宋: 남송)나라는 지금의 임안(臨安: 항저우)에 도읍을 두고 있을 때였다.

노구교(蘆溝橋)는 바닥에 자갈을 깔고, 그 위에 단단한 석영사암(石英砂巖)을 받쳐 영사암(英砂巖)과 대리석(大理石)을 아치형으로 쌓아 올린 11개의 교각 위에 화강암(花崗巖)을 펼쳐 연결시켜 만든 견고한 천연석 돌다리다. 천연석 돌다리 노구교(蘆溝橋)는 7.5m의 폭으로 길이가 무려 약 260m나 되는데, 그 긴 다리의 양옆 난간에는 아름다운 조각을 한 280여 개의 석주(石柱: 돌기둥)가 세워져 있다. 그 280여 개의 석주 위에는 각기 다른 모습으로 조각된 예술 작품과도 같은 사자상(獅子像)이 올려져 있는데, 석(石)사자상의 모습 하나하나 모두가 마치 살아 있는 듯 생동감을 느끼게 한다. 하나의 석주에 몇 마리씩의 사자상이 있는 것들도 있고, 인간의 희로애락(喜怒哀樂)을 연상할 수 있도록 사자들의 표정을 의인화하여 묘사해놓은 것들도 있어 흥미로웠다. 멀리 바라보이는 둥글둥글 연결된 그 돌다리의 천연석 교각들이 마치 강바닥과 흐르는 강물을 딛고 길게 엮어 떠 있는 듯했고, 그 위에 얹혀 이어진 난간석과 석주들이 조화를 이루며 돌다리 아래로 흐르는 강과 주변의 자연경관이 어우러져 마치 한 폭의 아름다운 고전 산수화를 바라보는 듯했다.

노구교(蘆溝橋)가 세워진 이후, 그러니까 후반기 고려시대부터 조선시대에 이르는 기간 동안 그 노구교(蘆溝橋)도 베이징을 방문하는 우리의 사신(使臣)과 그 일행들의 필수 견학 코스였다고 한다. 그런데 그 돌다리는 높은 명성을 지니고 있는 만큼이나 중국인들에게는 지워지지 않는 아픈 상처의 역사를 가지고 있다. 만주(滿洲)를 점령하고 중국에 들어온 일본군이 베이징 인근까지 침입하여 그곳 노구교(蘆溝橋)의 남단에 진을 치고 훈련을 하다가, 대치하고 있던 중국군에게 시비를 걸어 발포하는 사건이 벌어진다. 1937년 7월 7일 노구교(蘆溝橋)에서 벌어진 그 사건을 '노구교(蘆溝橋)사건'이라고도 하고 '7·7 사변'이라고도 하는데, 그 사건을 계기로 중일전쟁이 발발하여 8년간의 긴 전쟁을 치르면서 중국은 일본군에 의한 난징대학살 등 수많은 피해를 당하게 된다. 아름다운 그 돌다리는 장구한 세월이 흐르고 또 다시 흘러도 중국인들의 아픈 상처를 머금은 채, 아름다운 그 모습으로 펼쳐져 있으리라 본다.

14.
빠다링(八達嶺)장성과 그 주변 지역의 이야기

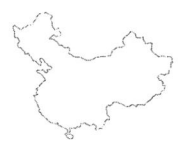

빠다링(八達嶺)장성과 그 주변 지역을 둘러보다

　베이징(北京) 중심은 화베이평원(華北平原)의 북쪽 끝자락에 위치해 있어 평지를 이루고 있지만, 남서쪽에서 북동쪽으로 이어지는 베이징시의 시계(市界) 지역들에는 해발 1,000m를 오르내리는 험준한 산들이 병풍처럼 둘러싸고 있다. 그 산등성이에 산성(山城)이 축성되어 있었는데, 세월이 흘러 황폐화되어 있었던 그 고성(古城)의 일부 구간들을 복원시켜 개방하고 있다. 그 고성(古城)은 중국 서부 지역의 간쑤성(甘肅省) 사막지대의 실크로드에 있는 자위관(嘉峪關: 가욕관)에서부터 시작하여, 굽이굽이 산등성이를 따라 오르내리며 이어져 베이징의 서북쪽을 감싸고 지나서 허베이성(河北省)의 동북쪽 끝자락에 위치한 보하이만(渤海灣: 발해만) 북쪽에 있는 산하이관(山海關: 산해관)까지 이어져 있었는데 그 산성의 길이가 만(萬) 리가 넘는다고 하여 '만리장성(萬里長城)'이라 부른다. 중국의 산성(山城)은 춘추전국시대부터 국가 간 서로 방위를 위해 축성(築城)하기 시작했다고 하는데, 춘추전국시대를 마감하고 최초로 중국을 통일시킨 진(秦)나라의 시황(始皇)은 나라를 보위하기 위해 그 산성(山城)들을 연결시켜 만리(萬里)가 넘는 장성(長城)을 수축(修築)했다고 한다. 그 이후로 한(漢)나라와 위진남북조(魏晉南北朝)시대에 이어 중원(中原) 지역을 차지하고 통치했던 수(隋), 당(唐), 송(宋), 금(金), 원(元), 명(明), 청(淸)나라시대에 이르기까지 중원(中原) 밖 서북쪽의 유목민족들을 방위하기 위해 수축(修築)한 장성(長城)들이 무려 약 10,000㎞에 달했다고 하는데, 특히 한족(漢族)이 통치한 시대에 더 많은 장성을 축성하고 수축했다고 한다. 그 중 명나라 홍무제(洪武帝: 주원장) 때인 1368년부터 시작하여 홍치제(弘治帝)를 거쳐 1566년 가정제(嘉靖帝) 말기에서 만력제(萬曆帝)에 이르기까지 축성하고 수축한 장성들이 약 8,800㎞에 이른다고 한다. 청나라가 베이징에 입성한 초기인 강희제(康熙帝)시대부터는 장성의 축성과 수축을 중지했다고 하며, 지금 남아있는 대부분의 장성(長城)들은 명나라 때 축성(築城)했거나 수축(修築)한 것들이라고 한다. 그러니까 베이징의 서북쪽을 감싸고 있는 장성들도 대부분 명나라 때 수축한 장성들로 청나라 시기에는 거의 방치되어 있었으니 황폐화되어 있을 수밖에 없었는데, 그 황폐화된 장성 중 접근이 용이하고 시야가 넓게 트여 있거나 경치가 수려한 일부 구간들을 중화인민공화국이 들어선 이후 복원, 수축하여 개방해오고 있는 것이다. 베이징 인근에 개방을 하고 있는 장성(長城)은 마오쩌둥 주석에 의해 복원, 수축되어 1952년부터 개방하고 있는 빠다링(八達嶺: 팔달령)장성과 그 이후 복원하여 개방한 쥐용관(居庸關: 거용관)장성, 무톈위(慕田峪: 모전욕)장성, 쓰마타이(司馬臺: 사마대)장성, 진산링(金山嶺: 금산령)장성 등이 있는데 그중에서 중국 동쪽의 화베이평원(華北平原)과 서쪽의 황투고원(黃土高原)을 가르는 험준한 타이항산맥(太行山脈: 태행산맥)의 끝자락 3.7㎞ 산등성이에 장엄하게 펼쳐져 있으며 베이징 중심에서 서북쪽으로 약 60㎞ 떨어진 위치에 있는, 마오쩌둥 주석에 의해 복원되면서 수축된 빠다링(八達嶺)장성이 중국을 상징하는 만리장성(萬里長城)에서도 중국 내외에 대표적으로 알려진 장성(長城)이다.

마오쩌둥(毛澤東) 주석은 중국의 젊은이들이 대장정(大長征)의 상징적인 목적지였던 장성(長城)에 오를 수 있도록 1949년 중화인민공화국정부를 수립하자마자 그 어려운 시기에 험준한 빠다링(八達嶺)장성을 수축, 복원하여 1952년부터 개방시킨다. 그 배경을 들여다보면, 국민당 장제스(蔣介石)에 쫓겨 유랑(流浪) 장정에 나선 마오쩌둥(毛澤東) 일행이 황투고원 산간변(陝甘邊)을 장악하고 있던 구세주 류즈단(劉志丹)과 시중쉰(習仲勳)을 만나게 되면서 고난의 대장정을 마칠 수 있게 되는데, 대장정의 종착지인 산베이(陝北)에 도착하기 직전에 닝샤(寧夏) 서남부이며 간쑤(甘肅) 동부의 산간(陝甘)에 위치해 있는 해발 2,942m의 류판산(六盤山: 육반산)에 이르렀을 때인 1935년 10월 7일 마오쩌둥(毛澤東)이 지었다는 「청평악·육반산(淸平樂·六盤山)」이라는 시사(詩詞)를 국공내전에서 공산당이 승기를 잡은 시기인 1948년 8월 '해방일보(解放日報)'에 발표하자, 그 시사(詩詞)에 들어있는 '부도장성비호한(不到長城非好漢: 만리장성에 이르지 못하면 사내가 아니다)'이라는 시구(詩句)가 세간에 알려지게 되면서부터 중국의 젊은이들이 '혁명주의 정신과 만리장성(萬里長城) 등정'이라는 낭만주의에 사로잡혀 있었다고 한다. 「청평악·육반산(淸平樂·六盤山)」이라는 그 시사(詩詞)에는, '만리장정(萬里長征: 대장정)의 승리를 회고하고, 결속을 다지는 의지'가 담겨져 있고, '일본 침략자와 장제스 국민당을 물리치지 않는다면 결코 영웅이 될 수 없다는 의지'의 의미를 담고 있으며, '장정(長征)의 최종 목표를 중국 통일로 여기고, 장성(長城: 만리장성)을 중국 통일의 상징적인 목적지'로 삼고 있다. 그런데 중국의 젊은이들이 「장성요(長城謠)」라고 이름 지어진 그 「청평악·육반산(淸平樂·六盤山)」이라는 마오쩌둥(毛澤東)이 지은 시사(詩詞)를 읊으며, 만리장성(萬里長城)에 올라가 마오쩌둥(毛澤東) 사상으로 무장한 것이다. 그 이후 만리장성(萬里長城)이 확고하게 '중화민족의 상징'이 되어 자리를 잡게 된 것이 아닌가 한다.

베이징 중심에서 빠다링(八達嶺)장성에 가려면, 베이징-빠다링 간 고속도로가 1996년 11월 15일 개통되기 전까지는 국도를 이용했었다. 국도를 따라가다가 시가지를 벗어나 한참을 지나다 보면 도로변에 논과 밭도 있었지만 과수원들도 있었다. 배나무밭과 감나무밭도 있었고, 명13릉 가까이에는 포도밭이 펼쳐져 있었다. 그 길을 따라 빠다링(八達嶺) 장성과 명13릉 골프장 등을 드나들며 지나다니다 보면 길거리에 포도 등 과일들을 수북이 쌓아놓고 파는데, 지나가는 자동차를 향해 위험을 무릅쓰고 가까이 달려들어 호객을 한다. 그 호객에 호응하여 가끔 차를 세우도록 하고 한 무더기씩의 과일을 사기도 했는데, 값도 저렴했지만 막 수확한 과일들이라 아주 신선했고 맛도 있었다. 빠다링장성으로 올라가려면 명13릉으로 가는 길을 따라가다가 갈라지는 길에서 좌측으로 올라가는데, 국도를 이용해서 빠다링으로 올라가는 길은 구불구불하고도 험했지만 차창 밖으로 가까이나 멀리 바라보이는 산에는 나무들이 별로 보이지 않았다. 빠다링으로 올라가는 길뿐만 아니라 명13릉의 뒷산을 넘어가는 길에서 바라보이는 산에도 마찬가지로 나무들이 별로 보이지 않았다. 물론 그 이유는 지질적인 영향도 있었겠지만, 1958년도에 마오쩌둥이 벌인 '대약진인민공사화(大躍進人民公社化)운동' 시기에 벌인 '철 생산 증대운동' 때문이라고도 한다. 중국 전역에서 벌였던 '철 생산 증대운동' 기간 동안에는 용광로의 불이 꺼지지 않도록 철의 원료와 가용 연료를 총동원하였다고 하니 '아, 그럴 수밖에 없었겠구나' 하는 생각이 들었다. 대약진운동 기간에는 전 중국의 모든 가정이 해체되어 하루 세 끼 모두를 공동배식에 의존하도록 하고 공동생산을 했다고 하니, 집집마다 있는 솥 등 취사도구와 농기구 등 모든 쇠붙이는 필요가 없어져 용광로로 들어갔고, 산과 들에 있는 나무들은 닥치는 대로 베어 연료로 사용했다고 하는데 베이징도 예외가 아니었다고 하니, 공원 내의 수목이나 보호수를 제외하고 산이나 들에 자생하고 있는 나무들이 남아 있을 리가 없다. 산이나 들에서 자생하고 있는 아름드리나무들을 볼 수 없는 그런 현상들은 필자가 당시 중국을 돌아다니면서 들여다본 지역들도 거의 마찬가지였다. 무모(無謀)하게 벌인 대약진운동이 실패로 돌아가면서 농업 생산이 크게 줄어든 가운데, 설상가상으로 자연재해까지 겹쳐 수천만 명의 아사자(餓死者)를 내고 그야말로 전 중국이 황폐화되어버린 것이다. 베이징을 비롯한 중국 전역의 산이나 들에서 볼 수 있는, 어느 정도 커져 있는 나무들이나 나무숲은 대부분 대약진운동 이후에 자연적으로 자란 나무들이거나, 개혁개방 이후에 식재하여 가꾸어놓은 나무들일 것이다. 이유야 어떠하든 빠다링(八達嶺)은 벌거벗은 듯 산에는 나무들이 별로 없었고, 산세는 험준했다.

 명(明)나라가 그 험준한 빠다링(八達嶺)에 수축한 산성(山城)은, 베이징에서 서북쪽 지역으로 통하는 가장 높은 곳에 위치한 사통팔달(四通八達)의 통로인 베이커우(北口)가 있는 전략적으로 중요한 요새(要塞)였다고 한다. 빠다링과 이어진 산들로 이루어진 대협곡에 있는 관문인 쥐용관(居庸關)으로 통하는 전초기지인 빠다링장성은 해발 1,000m가 넘는 산등성을 오르내리며 해발 약 800m까지 뻗어 있다. 높고 넓고 견고하고 정교하게 축성된 그 산성의 등성이를 따라 올라가다 보면 멀리 펼쳐져 있는 장성이 내려다보이거나 올려다보이는데, 웅장하게 드러나 있는 그 위용이 장관(壯觀)이다. 베이징에서 만리장성 밖의 서북쪽 지역으로 통하는 중요한 요새(要塞)지는 빠다링의 베이커우(北口) 말고도 진산링(金山嶺)의 구베이커우(古北口)가 있다. 그들 통로를 통해 만리장성을 넘어서면 산시(山西), 네이멍구, 랴오닝(遼寧) 등으로 이어지는 유목 기마민족들이 활보했던 초원지대가 펼쳐진다. 필자가 베이징에 있었을 때 가족이나 동료들과 함께 수차례에 걸쳐 빠다링(八達嶺)장성을 비롯한 쥐용관(居庸關)장성, 무톈위(慕田峪)장성이나 장성 밖의 초원지대나 협곡 등을 돌아본 적이 있는데, 일화를 소개하고 넘어가고자 한다.

1997년 1월 1일 새해 첫날 만리장성에 올라 경관을 감상하면서 새해를 맞이한다는 생각으로, 가족들과 함께 빠다링(八達嶺) 너머에 있는 곤돌라를 타고 빠다링장성에 올라간 적이 있다. 곤돌라에서 내리자마자 추위를 느낄 수 있었는데, 빠다링의 한겨울 추위를 얕보고 산성을 따라 올라가다가 몇십 발짝도 못 올라가서 매서운 추위에 아이들이 힘들어해 만리장성의 경관이고 뭐고 포기를 하고 돌아 내려왔다. 추위에 대비해 방한복을 갖추어 입었지만 그렇게 매서운 추위는 처음 느껴봤다. 그때 멋모르고 필자 말을 듣고 따라갔다가 추위에 혼쭐나면서 찍은 움츠린 모습의 가족들 사진을 보면 미안한 웃음이 난다. 그런데 그 혹한의 추위에도 장성의 아래에서부터 걸어 올라와 정상을 향해 오르는 대단한 사람들도 있기는 했다.

한번은 베이징-빠다링 고속도로가 개통된 직후인 1996년 11월 17일 필자가 직접 차를 몰고 가족과 함께 빠다링장성을 넘어 정해진 목적지 없이 만리장성 밖으로 펼쳐진 고원지대의 평원인 캉시초원(康西草原)의 길을 따라 주변의 경치를 들여다본 적이 있었다. 한참을 달려 지나가는데, 유락장(遊樂場)이라는 안내판이 보여 잠깐 둘러보고 가려고 안내 표시의 방향대로 좌측의 평원을 가로질러 길을 따라 들어가다 보니 전면에 마을이 보이는데 특별한 시설은 보이지 않았고, 주변의 들판에는 사람들이 타고 있는 수십여 마리의 말들이 움직이고 있는 모습이 눈에 들어왔다. 어디에도 승마장이라는 표시는 없었다. 그런데 마을 어귀에 들어서려는 순간 갑자기 부연 먼지를 일으키며 말을 탄 무리들이 벌떼들처럼 달려들어 정차하지도 않은 우리가 타고 가는 승용차를 막아서며 에워싸고 무어라고 소리를 지르는데, 아무런 영문도 모르는 필자와 가족들은 그야말로 놀라 혼비백산이 되었다. 정신을 차리고 주변을 살펴보니 우리 자동차를 가운데 두고 수십여 마리의 말들이 겹겹이 에워싸고 있었다. 직접 당해보지 않고는 실감이 나지 않을 것이지만, 유목민족들의 터전인 외진 허허벌판에서 무슨 봉변이라도 당하지나 않을까 하는 겁을 먹은 터라, 차창을 조금 내리고 그들이 알아듣지도 못하는 한국말로 "야! 이놈들아! 저리 비켜라!"라고 소리를 질러대니, 그들의 입장에서는 도움이 되지 않는다고 판단했는지 하나둘씩 흩어져버렸고, 필자는 허탈하게 쓴웃음을 지으며 차를 돌려 나왔는데, 가장으로서 체면이 말이 아니었다. 그들은 승마를 즐기러 오는 사람들을 서로 차지하기 위해 그런 방식으로 호객을 했던 것 같은데, 아무리 그렇다 해도 그 외진 동네에서 좀 지나쳤다는 생각이 든다. 유목민족들의 후예들이라서 그랬는지 삽시간에 엄청난 속도로 부연 먼지를 일으키며 공격적으로 몰고 온 말을 우리 자동차와도, 자기들끼리도 부딪치지 않으면서 바짝바짝 착착 세우는 솜씨들이 대단했다.

필자가 그 이후, 몽골 울란바토르에서 개최하는 한·몽골 정상회담

(1999년 5월 31일)을 계기로 하여, 그곳에서 자원개발 협력과 관련한 몽골과의 장관급 회담을 개최하기로 한 데 따른 준비를 위해 1999년 5월 26일부터 일주일간 몽골의 울란바토르에 출장을 다녀온 일이 있었는데, 그때 당시 몽골에서 하나밖에 없는 골프장이라고 하는, 울란바토르의 외곽에 위치한 광활한 초원을 걸어본 적이 있었다. 필자가 골프를 치기 위해 그 초원에 들어간 것은 아니었고, 망중한으로 울란바토르의 주변을 시찰하면서 그 옆을 지나다가 필자가 그 초원에 대해 관심을 갖자 필자를 안내하던 몽골의 농공상부(農工商部) 관리가 차를 세우고 그 골프장을 보여주겠다고 하여 들어가봤는데, 가꾸어놓은 골프장이 아니고 관리하는 사람도 없는 천연의 초원이었다. 당시 골프를 치는 몽골 주민은 아예 없다고 했고, 울란바토르 주재의 외교관들 일부가 그 초원에서 골프를 친다고 했다. 필자가 들렀을 때는 이른 아침이었는데 골프를 치는 사람은 한 사람도 없었다. 그런데 열 살도 안 되어 보이는 어린아이가 혼자서 큰 호말을 타고 나와 그 초원에서 달리기 시작한다. 그 조그만 아이가 그 큰 말을 타고 손바닥으로 말의 궁둥이를 찰싹찰싹 치기도 하면서 달리는데 속도가 대단했다. 자유자재로 말과 하나가 되어 몸을 숙였다 세웠다 엉덩이를 들썩들썩 율동을 하며 달리는 그 모습이 지금도 눈에 선하게 보이는 것 같다. 아무런 안전 장비도 없이 그 어린 나이에 어떻게 그렇게 위험천만한 스릴을 즐길 수 있는지 쉽게 이해가 되지 않았고 눈을 떼기가 아쉬웠다. 하지만 당시 필자를 안내하던 몽골 정부의 관리는 위험천만하게 말을 타는 그 어린아이의 모습을 보고도 별로 대수롭지 않다는 듯 '몽골 사람들은 거의 모두가 어려서부터 기본적으로 말타기를 배우고, 어려서부터 말을 탈 줄 안다'라고 하여, '아, 필자가 잠시, 몽골인들이 유목 기마민족이라는 사실을 망각했구나!' 하고 생각했던 기억이 난

다. 북방의 초원지대에서 있었던 위의 두 유목 기마민족다운 모습의 예를 들어 그들의 공격성을 얘기하는 것이 타당할지는 모르겠는데, 그 옛날 한족(漢族)들이 유목 기마민족들을 두려워했던 이유를 조금이나마 이해를 할 수 있을 것 같았다. 중원(中原)을 중심으로 통치했던 나라들이 공격적인 그 유목 기마민족들의 침입을 막아내기 위해 많은 비용을 들이고 희생을 감수하면서도 견고한 산성(山城)을 끊임없이 축성하고 또 수축하여, 긴 세월 동안 만 리가 넘는 장성을 축성한 것이 아닌가 한다.

베이징시계(市界)의 남서쪽에서 북동쪽 방향으로 구불구불 뻗어 있는 험준한 산등성이를 따라 이어져 있는 만리장성의 안팎으로 겹겹의 산들이 협곡을 이루고 있는 곳들에 아름다운 경관을 이루고 있는 명승지들이 있어 들여다보고 넘어가고자 한다. 빠다링(八達嶺)장성의 북쪽 방향으로 베이징시 중심에서 약 85㎞의 위치에 옛 이름 '고성구곡(古城九曲)'이라 했던 '룽칭샤(龍慶峽: 용경협)'라는 협곡이 있다. 협곡이 시작되는 입구인 구청허커우(古城河口: 고성하구)에 수직으로 솟아 있는 45m 간격의 두 산(山)사이에 1973년부터 8년간에 걸쳐서 72m 높이의 댐을 쌓아 '구청(古城: 고성)저수지'를 건설했다고 하는데, 구불구불 저수지를 따라 이어진 협곡의 길이가 7㎞나 된다. 에스컬레이터를 타고 댐 위로 올라가서 300m의 백화동굴(百花洞窟)을 통과하여 선착장에서 유람선에 승선하여 저수지를 따라 들어가면 가파르게 솟아 있는 험준하고, 웅기(雄奇)하고, 기이(奇異)한 바위산들과 그 산봉우리들이 어우러진 아름다운 경치가 움직이는 화면처럼 변화를 이루면서 펼쳐지는데 선경(仙境)이 따로 없다. 겨울철이 되면 매년 구청허커우(古城河口)댐 아래의 얼어붙은 하천 위에서 하얼빈(哈爾濱)의 얼음 조각 축제인 '하얼빈 빙설절(氷雪節)'의 축소판과 같은 '룽칭샤(龍慶峽) 빙등절(氷燈節)' 축제를 벌이는데, 댐에서 흘러내리는 거대한 폭포의 얼음 기둥과 그 얼음 기둥과 어우러진 얼음꽃, 얼음 조각으로 만든 다양한 모형들이 장관을 이룬다. 야간에는 형형색색의 조명을 비추어 휘황찬란한 아름다움을 자아낸다. 동절기 룽칭샤(龍慶峽)의 기온은 베이징 시내의 기온보다 섭씨 5~8℃가 낮다고 하는데, 필자가 음력 정월대보름쯤에 가족과 함께 갔었을 때도 춥기는 추웠다. 필자의 느낌은, 얼어붙은 추운 겨울이지만 인위적으로 만든 얼음 조각의 예술 작품들보다는 오히려 룽칭샤 주변의 자연적인 겨울 풍경들이 더 아름다웠다.

빠다링(八達嶺)장성까지 이어진 타이항산(太行山)산맥의 여맥(餘脈)인 북쪽 끝자락에는 겹겹의 험준한 산들이 뻗어 내려와 있는데, 베이징 중심에서 서남쪽 방향 55km 위치에 있는 팡산(房山)구의 타이항산(太行山) 자락에는 '스화동(石花洞: 석화동)'이라고 하는 방대한 석회암 동굴이 있다. 명나라시대인 1446년에 발견되었다고 하는, 7층 구조로 이루어진 석회암 동굴로, 지하 1~2층은 물이 흐르고 있고 1~2층 전부와 3~4층 일부분 등 1.9km를 개방하고 있는데 크고 작은 동청(洞廳)과 동실(洞室) 내에는 화학 침식작용에 의해 생성된 종유석, 석순, 석기둥, 석탑, 석등(石燈), 석폭포 등 천자백태(千姿百態)의 다양한 석화(石花)들이 장관을 이룬다. 스화동(石花洞) 인근의 산자락에는 '베이징원인(北京猿人: 북경원인)'의 고향이라고 하는 구석기시대의 유물들이 출토된 '저우커우뎬(周口店: 주구점)' 유적지가 있다. 저우커우뎬과 스화동을 뒤로하고 타이항산(太行山) 여맥의 해발 약 1,200m 산자락의 산등성이를 구불구불 넘어 동남쪽 방향으로 내려가다 보면 협곡 사이의 도로가 이어지는데, 숨이 막힐 것 같은 느낌이 드는 아주 좁은 대협곡이 이어지는 구간도 있다. 협곡을 따라 지나가다가 깎아지른 것 같은 남쪽 절벽에 한 쌍의 새까만 산양이 달라붙어 위험천만하게 움직이는 모습을 보면서, 필자가 위태로움에 처해 있는 것 같은 착각을 하기도 했다. 협곡을 따라 내려가면 협곡 사이로 흐르는 맑은 물과 카르스트(Karst)지형의 기이한 바위산들이 어우러져 아름다운 경치를 이루고 있는 '스두(十渡: 십도)'라는 명승지가 나온다. 협곡을 따라 흘러내려 온 쥐마허(拒馬河: 거마하)라는 하천을 건너야 할 자리마다에 지금은 다리가 놓여 있지만 옛날에는 좁지 않은 그 하천을 건너다닐 수 있는 다리가 없었으니, 두커우(渡口: 나루터)를 통해 나룻배를 타고 건너다녔다고 하는데 다칭허(大淸河)의 지류인 그 쥐마허(拒馬河)에 10여 개의 두커우(渡口)가 있었다고 해서 스두(十渡)라는 이름이 유래되었다고 한다. 겹겹으로 둘러싸인 험준한 산자락의 협곡을 지나 내려와 산자수명(山紫水明)한 베이징시계(市界)의 스두(十渡)를 벗어나면 화베이평원(華北平原)의 드넓은 평야지대가 펼쳐진다.

창핑(昌平)의 정릉(定陵)과 황제들의 능묘(陵墓)에 대하여

베이징 톈안먼에서 북쪽으로 약 50㎞ 떨어진 창핑(昌平)의 천수산(天壽山) 기슭에 펼쳐진 약 120㎢의 토지 위에 명나라 제3대 황제 영락제(永樂帝)부터 13명의 명나라 황제들이 묻혀 있는 '명13능(明十三陵)'이라고 하는 능원이 있다. 영락제는 병풍을 둘러친 것 같은 배산임수(背山臨水)의 양지바른 황토의 명당자리인 그곳 일대에 거주하는 주민들을 이주시키고, 황토산(黃土山)이라는 이름을 '천수산(天壽山)'으로 바꾸어 자신의 능인 장릉(長陵)을 조성하면서, 그 이후부터 그 일대에 명나라 황실의 능원을 조성하도록 하였다고 한다. 천수산(天壽山)에서 이어져 내려온 여러 산들의 하록(下麓)에 자리를 잡고 있는 능원들 중에 '정릉(定陵)'이라고 하는 명나라 제13대 황제 만력제(萬曆帝)의 능이 있다. 정릉(定陵)은 영락제가 묻혀 있는 장릉(長陵) 다음으로 규모가 큰 능인데, 중국 정부가 역사고고학자들의 발굴 건의를 받아들여 1956년 5월 그 정릉을 발굴하도록 공식적으로 비준을 한다. 정릉(定陵)을 선정하여 발굴하게 된 이유는 묘지의 지면에 있는 건축물들이 완전하게 보존되어 있어 발굴과 복구가 비교적 용이할 것으로 보았고, 명나라 황제들 중 통치 기간이 가장 길어 사료(史料)들이 많이 부장되어 있을 것으로 판단했기 때문이었다고 한다. 당시 역사학자인 우한(吳晗) 베이징시부시장(副市長) 등 발굴단은 약 1년에 걸쳐서 가까스로 27m 깊이에 있는, 그 길이가 67m나 되는 총면적 1,200㎡의 호화 지하 궁전인 정릉(定陵)을 여는 데 성공하여 만력제(萬曆帝)와 두 황후의 유골을 비롯하여 부장되어 있던 황제의 금관(金冠), 황후의 봉관(鳳冠), 금기(金器), 은기(銀器), 옥기(玉器), 주보(珠寶), 황제의 용포(龍袍), 독특한 기술로 직조되어 오늘날도 그 재현이 불가능한 69필(四)의 포(布) 등 3,000여 건의 문물들을 발굴해냈다고 한다. 하지만 발굴 경험과 기술도 부족했고, 제대로 보존할 수 있는 능력도 부재하여 귀중한 사료들이 신속하게 풍화되어 퇴색 또는 변색되어버리는 등의 문제들이 드러남을 깨달은 중국 정부는 더 이상의 명13능 발굴은 중단하기로 했다고 한다. 정릉(定陵)의 발굴 당시 만력제의 시신은 호화로운 목관인 '금사남목 홍칠관곽(金絲楠木 紅漆棺槨)' 속에서 탈골이 된 상태로 유골이 모두 완전하게 남아 있었고 모발도 부드럽고 광택이 있는 상태로 남아 있었다고 하는데, 특이한 것은 발굴 당시 만력제의 유골의 형태가 반듯하게 누워 있는 앙와(仰臥)의 자세가 아닌, 우측 옆으로 누워 두 다리를 약간 구부리고 수면을 취하는 자세를 하고 있었다고 한다. 여러 추측들 중 그간 알지 못했던 황실의 '북두칠성(北斗七星) 장식(葬式)'의 장례 문화를 뒷받침하는 새로운 발견이었다는 주장도 있고, 비슷한 추측이기는 하지만 생전에 고도의 비만으로 알려진 만력제(萬曆帝)의 취침 자세와 관련이 있을 수 있다는 주장도 있다.

중국 정부는 정릉(定陵)에서 출토된 유물들을 전시할 정릉박물관을 그 능원에 지어 1959년 10월부터 개방해오고 있는데, 문화대혁명 때 그 정릉박물관 광장에서 비극의 한 단막이 연출됐다고 한다. 만력제(萬曆帝)는 48년 동안이나 재위한 명나라의 최장수 황제였지만, 30여 년간 태정(怠政)을 하여 명나라를 멸망에 이르게 한 황제로 평가되고 있는 인물이기는 하다. 하지만 아무리 그렇다 해도 홍위병들이 1966년 8월 정릉(定陵)의 지하 궁전에 안치되어 있는 만력제(萬曆帝)의 유골이 든 목관과 두 황후의 유골이 든 목관을 정릉박물관 광장으로 들고나와 '우귀사신(牛鬼蛇神: 잡귀신이라는 의미로 반혁명적 지식분자를 이름) 비판투쟁(批判鬪爭)'을 하고, 그 목관 속의 유골들을 훼손시켜 출토된 화상(畫像) 등 귀중한 사료(史料)들과 함께 불태워 없애버렸다고 하니, 지나침이 없지 않았나 하는 생각이 든다.

중국대륙의 곳곳에는 많은 능묘들이 있다. 그중 아직 온전하게 남아 있는 능묘들도 있지만 많은 능묘들이 도굴을 당했다고 하는데, 문화대혁명 때 홍위병들에 의해 그 도굴당한 능묘들을 포함한 수많은 능묘들이 훼손당했다고 한다. 필자가 베이징에 거주할 당시 몇 기의 명13능 능묘들을 둘러봤었는데, 능묘의 일부 건축 석물들은 넘어져 있었고, 붉은 페인트로 구호들이 쓰여 있기도 하여 흉물스러운 느낌이 들었었다. 그 이후 대부분 복원되었다고는 한다.

청나라의 황제들은 베이징 중심에서 서남 방향 98㎞ 위치의 바오딩

(保定) 행정구역에 있는 청서릉(清西陵)과 베이징 중심에서 동북쪽으로 120km 떨어진 탕산(唐山) 행정구역에 있는 청동릉(清東陵)으로 나뉘어져 묻혀 있다고 하는데, 둘러보지는 못했지만 청나라 황제와 황후들의 능묘 중 도굴이 안 된 능묘는 청동릉(清東陵)에 있는 순치제(順治帝)의 효릉(孝陵)뿐이라고 한다. 건륭황제(乾隆皇帝)나 자희태후(慈禧太后: 서태후)도 영원히 그 권세와 부귀영화를 누릴 것처럼 호화로운 지하 궁전을 지어 많은 보물들과 함께 자신들의 유체를 지하 궁전에 안치하도록 했지만, 한 줌의 흙이 되어버리기도 전에 그 지하 궁전을 보호해줄 수 있는 후대의 권력마저도 없어져버렸으니 자신들의 영역 밖의 새로운 권력이나 도굴꾼들에 의해 어쩔 수 없이 열리게 되고, 남아 있던 유체마저도 홍위병들에 의해 처참하게 훼손당하고 만 것이다.

순치제(順治帝)는 재위 기간 동안 능원의 터만 잡아놓고 나라의 사정이 어려워 조성을 미루어오던 중 젊은 나이에 죽음을 맞이하게 되어 그의 아들 강희제(康熙帝)에 의해 그 터에 능침이 조성되었다고 하는데, 효릉(孝陵)의 지하 궁전에는 순치제의 유언에 의해 화장을 한 순치제의 유골(遺骨)이 들어 있는 단지와 두 황후의 유골이 들어 있는 2개의 단지 등 3개의 단지 이외에 부장된 금옥보물(金玉寶物)은 없을 것이라고 한다. 순치제(順治帝)가 생전에 사용하던 신변의 보물 등 물품들은 시신과 함께 태워버렸고, 두 황후가 지니고 있던 보물 등 물품들도 순치제와 같은 방법으로 유체와 함께 태워버렸다고 하는데, 도굴꾼들도 이를 다 알고 있었을 터이니 도굴을 할 리가 없었을 것이라고 한다. 또 다른 이유는 효릉의 지하 궁전과 지면의 건축물 등 능원을 건설할 당시 청나라의 재정이 빈약하여 석재 등 고급 재료를 사용하지 못하고 진흙과 시멘트 등 일반 재료들을 사용하여 건설하였기 때문에 지하 궁전이 견고하게 밀봉되어 도굴이 불가능했다고도 한다. 어찌 됐든 효능(孝陵)의 지하 궁전은 도굴꾼들에 의해 파헤쳐지지도 않았고, 문화대혁명 때 홍위병들에 의해 유골이 훼손되는 피해도 당하지 않았다고 한다. 순치제의 장례와 관련해서는 중국역사상 유일하게 시신을 화장(火葬)하여 안장(安葬)한 황제라는 긍정적인 평가를 한다고 하는데, 하지만 순치제의 뜻이 아니었을지 언정 스물 꽃다운 나이의 후비(后妃)를 순장(殉葬)하는 비극을 유발시킨 황제라는 부정적인 평가를 받기도 한다고 한다. 강희제는 순장을 당한 그 순치제의 후비를 정비(貞妃)로 추봉(追封)하고 그 후 순장을 금지시켰다고 하는바 중국 황실의 순장 제도는 역사 속으로 사라지게 된다.

중국대륙에는 지금까지 발굴된 역대 제왕들의 지하 궁전들보다도 그 규모가 클 것으로 추측하고 있는, 아직 발굴되지 않은 진(秦)나라의 시(始)황제의 거대한 능묘가 있다. 야산과도 같은 그 거대한 능묘 속에 지어진 그 지하 궁전이 어떻게 생겼는지는 추측만 할 뿐 알 수가 없지만, 우연히 발견된 그 지하 궁전을 지키고 있는 병마용(兵馬俑) 갱(坑)을 발굴하여 개방을 하고 있는데 발굴하여 개방하고 있는 그 병마용 갱이 일부일 것으로 보고 있음에도 그 규모가 방대한 것으로 보아 그 지하 궁전은 대단히 웅장할 것으로 보고 있다. 진시황제(秦始皇帝)는 기원전 210년 지방 순시 중 사망을 했는데, 그의 죽음을 숨기느라 방부 처리를 하지 못해 부패하기 시작하여 악취가 풍기는 그 유체를 황궁으로 옮긴 후에서야 그의 죽음을 공표하고 장례 절차를 밟아 그의 유체를 그 거대한 능묘의 지하 궁전에 안장(安葬)했을진대, 아무리 웅장하고 금은보화로 가득한 호화로운 지하 궁전인들 아무도 알 수 없는 세계로 떠나버린 영혼에게 무슨 소용이 있겠는가 하는 생각이 든다.

피지배자인 백성들이 흘린 땀이 흠뻑 배어 있는 그와 같은 거대한 능묘는 중국 말고도, 이집트의 카이로 인근에 있는 고대 이집트 제왕들의 능묘인 피라미드들이 있다. 현존하는 이집트의 파라미드 중 가장 큰 것은 카이로에 있는 쿠푸왕의 대 피라미드인데, 무게가 2톤씩이 넘는 수백만 개의 돌덩어리들을 기하학적 각도에 맞춰 146m나 되는 높이의 정사각뿔 모양으로 쌓아 올려 만든 불가사의(不可思議)한 건축물이다. 기원전 2566년 사망한 쿠푸왕은 그 거대한 피라미드의 깊숙한 곳에 지하 궁전을 만들어놓고 드러누워 생전에 누렸던 권세를 영원히 누리고자 했지만 허망하게도 그 지하 궁전은 도굴꾼들에 의해 열리고 말았다. 바로 그 옆에는 쿠푸왕의 피라미드보다 3m 낮은 높이의 카프레왕의 피라미드가 있는데, 그 곁에 세워져 있는 거대한 스핑크스조각상이 지키고 있었지만 역시 도굴꾼들의 침입을 막아내지는 못했다. 그 거대한 돌무덤인 피라미드 속 깊숙한 곳에 있는 쿠푸왕의 지하 궁전을 관광 안내원의 안내에 따라 들어가본 적이 있었는데, 어차피 한 줌의 흙이 될진대 지나침이 없지 않았나 하는 생각이 들기도 했고, 상상조차 하기 어려운 그 무거운 돌 더미에 눌려 벌을 받고 있는 것이 아닌가 하는 생각이 들기도 해 씁쓸한 뒷맛을 남기고 돌아 나왔다. 룩소르의 나일강 건너편 사막의 벌거벗은 산속에도 발굴하여 개방해놓은 고대 이집트의 여러 제왕들의 능묘들이 있었는데, 그 웅장하고도 호화로운 묘실과 발굴하여 전시해놓은 유물들을 보면서 열악한 사막에서 이루어낸 고대 이집트의 찬란한 문명과 문화에 감탄이 나오기도 했지만, 절대 권력자들이 자신들의 욕망을 채우기 위해 부린 욕심이 한이 없었구나 하는 생각이 들기도 했었다. 중국대륙의 각 지역들을 들여다보면서 진시황릉(秦始皇陵)을 비롯한 특이한 능묘들에 대해서는 그때그때 이야기를 이어가고자 한다.

15.
톈진(天津)과 허베이성(河北省)을 들여다보다

톈진(天津) 이야기

톈진(天津)은 보하이만(渤海灣: 발해만) 연안의 항구도시로 허베이성(河北省)의 전신인 직예성(直隸省)의 성도(省都)이기도 했었는데, 허베이성(河北省)의 성도(省都)가 바오딩(保定)에 소재해 있었을 때는 허베이성(河北省)에 소속되기도 했다가 1967년 1월 톈진(天津)직할시로 분리된 대도시다. 수(隋)나라 때 건설한 '징항대운하(京杭大運河)'의 부두가 있는 톈진은 해안을 통해 베이징(北京)으로 들어가는 관문 역할을 했었고, 개화기에는 서방 국가들이 각축을 벌였던 곳이기도 하다. 톈진(天津) 연안의 중심 지역에는 1860년부터 영국을 비롯하여 프랑스, 미국, 독일, 이탈리아, 러시아, 일본 등 열강들이 밀고 들어와 길게는 1945년도까지 점유했던 조계(租界)가 있었는데, 당시 조차국(租借國)들이 각자 자기들의 양식대로 지은 건물들이 그대로 보존되어 있다. 톈진시정부는 그 건물들을 보수하고 그 나라의 상징적인 시설물들을 건축하기도 하면서 관광 거리로 조성했다. 톈진은 베이징에서 동남쪽 방향으로 약 140km 떨어져 있는 가까운 거리에 위치해 있고 톈진경제기술개발구 내에 많은 한국 기업들이 입주하고 있어, 필자가 베이징에서 근무하고 있었을 당시 수시로 드나들었던 곳인데도 필자가 중국에 들어갈 때 첫발을 디딘 것 외에는 별다르게 남아 있는 인상(印象)은 없다. 베이징에서 톈진의 거리는 서울에서 대전을 가는 거리와 같으니 실은 가까운 거리는 아니다. 서울에서 대전을 가는 길은 차창 너머로 변화하는 산수의 풍경들을 바라볼 수도 있지만 베이징에서 톈진을 오가는 길은 광활한 화베이(華北)평원의 논밭과 지평선만이 바라보일 뿐이었다. 한중수교 초창기에는 베이징으로 들어가는 관문이었던 톈진공항을 수시로 드나들었고, 또한 톈진경제기술개발구에 입주해 있는 우리 기업들을 방문해야 할 일들이 수시로 생기니 멀다 않고 톈진을 드나들었었다. 톈진경제기술개발구에는 삼성이나 LG와 같은 우리의 대기업들이 투자한 공장들이 들어서 있기도 했지만, 피아노를 생산하는 영창악기를 비롯하여 신발, 봉제, 가발, 면봉 등 다양한 제품들을 생산하는 우리 기업들이 많이 입주해 있었다. 가끔 톈진에 하나밖에 없었던 톈진빈해 골프장에서의 모임이 있어 새벽길을 달려야 했고, 때로는 만찬 행사에도 참석해야 하니 그럴 때는 야간에 어두운 밤길을 달려 돌아와야 했다. 아찔했던 그때의 일화 하나를 소개하고 넘어가고자 한다.

  1996년 11월 26일 동료인 경제공사와 함께 우리의 공기업이 투자하는 '톈진인천대하(天津仁川大廈: 천진인천빌딩)' 합자기업 설립 계약을 체결하면서, 톈진의 '톈진우의(天津友誼)호텔'에서 개최하는 만찬 행사에 참석한 일이 있었다. 만찬 행사 참석을 마치고 행사장을 출발하여 베이징으로 돌아오는 길에 고속도로에 진입하기 전, 주변에 건물들이 별로 보이지 않는 비교적 어두운 외곽 도로를 지나가고 있는데, 좌측 자리에 앉아 있던 필자의 시선에 지대가 약간 높은 좌측의 내리막 도로에서 시커먼 트럭이 네거리를 향해 달려 내려오는 모습이 보였다. 그런데 그 네거리를 향해 우리를 태우고 달리고 있는 기사가 그 트럭을 보지 못했는지 브레이크를 밟지 않는 것이다. 네거리에 진입하려는 순간, 필자가 "팅처(停車: 정지하라)!"라고 소리를 질러서야, "끼이익!" 급브레이크를 밟고 우리 차가 멈추게 되는데, 순간 집채만 한 대형 트럭이 엄청난 속도로 네거리 교차로를 지나간다. 그야말로 아찔한 순간이었다. 혼비백산하여 고개를 처박고 덜덜 떨며 말을 못 하는, 나이가 지긋한 그 기사를 달래어 무사히 베이징으로 돌아오기는 했지만 그 기사는 물론이고 동료와 필자도 그 이후 새로운 세상을 사는 거나 다름이 없다.

중국에서는 홍콩의 딤섬과 같은 간단한 간식거리의 음식을 '샤오츠(小吃)'라고 하는데, 각 지역마다 나름대로의 특색이 있는 전통의 샤오츠(小吃) 음식들이 있다. 텐진에도 '텐진3절(天津三絶) 식품'이라고 정해놓은 전통 샤오츠(小吃) 음식이 있는데, '스빠제(十八街) 마화(麻花)'라고 하는 꽈배기 과자와 '얼두어옌(耳朶眼) 자가오(炸糕)'라고 하는 튀겨낸 경단, '거우부리(狗不理) 바오쯔(包子)'라고 하는 만두를 일컫는다. 그중에서 '거우부리(狗不理) 바오쯔(包子)'를 만들어 파는 '거우부리(狗不理)'라는 식당에서는 '바오쯔(包子: 만두)' 등 여러 간식거리 음식들을 파는데, '톈진에 와서 거우부리(狗不理)에 들르지 않으면, 만리장성에 올라가보지 못한 것과 같다' 할 정도로 명성이 있는 음식점이다. 필자가 업무적으로 톈진을 방문했을 때 안내를 받아 두어 차례 거우부리(狗不理) 식당에 들렀고, 일부러 가족과 함께도 그 거우부리(狗不理) 식당에 들러 식사를 한 적이 있었는데, 다양한 종류의 음식들이 있었지만 기대했던 만큼의 특별한 맛을 느끼지는 못했다. 그저 규모가 큰 특색이 있는 중국다운 대중의 음식점이라는 기억밖에는 없다. 지금은 그 분점들도 생겼다고 하는데, '톈진 거우부리 바오쯔(天津 狗不理 包子)'가 직영하는 것으로 알려져 문전성시를 이루고 있던 베이징 중심의 번화가 왕푸징(王府井)에 있는 '거우부리 바오쯔 왕푸징(王府井)점'에 대해, 거우부리그룹이 2020년 9월 '거우부리 바오쯔 왕푸징점'은 직영점이 아니고, 그간 가맹점의 합작 관계에 있었다고 하면서, 그 합작 관계를 해제한다고 공고하였는바 의아하다는 생각이 들었다. '거우부리 바오쯔'에 대한 얘기를 좀 더 이어가기 전에, 중국의 음식 문화를 잠깐 들여다보고 넘어가고자 한다.

중국은 어느 지역을 가나 전통적인 음식들이 있다. 그 전통적인 음식들은 거의가 대를 이어 가업으로 보존해왔던 것들이다. 중국은 나라가 망하고 새로운 나라가 들어서기를 수도 없이 반복되어오면서도 음식 문화의 전통을 이어왔다. 청나라가 무너지고 중화민국이 들어섰지만 그 중화민국이 대만으로 쫓겨나기 전까지는 중국 각 지방의 전통 음식들이 그대로 유지되어왔고, 공산당 정권이 들어서서 대약진인민공사화운동이 벌어지기 전까지만 해도 그런대로 유지되어왔다고 한다. 그런데 대약진인민공사화운동 실시 이후 휘청대다가 문화대혁명이 일어나면서부터 오천 년 이어 내려온 중국 문화가 거의 송두리째 무너져버리면서, 각 지역에서 가업으로 이어온 중국의 전통 음식 문화들도 거의 사라져버렸었다. 사라져버린 그 음식 문화는 개혁개방 이후 홍콩과 대만을 비롯한 동남아와 서방 국가들의 화교들에 의해 다시 중국으로 들어오기 시작하면서부터 전수되어지거나 우수한 기량을 지닌 중국인들이 문헌에 의해 대부분 복원시켜냈다. '톈진3절(天津三絶) 식품'과 그 안에 있는 '거우부리(狗不理) 바오쯔(包子)'도 마찬가지다.

'거우부리(狗不理) 바오쯔(包子)'는 1831년 출생한 고귀우(高貴友)라는 사람이 1858년 지금의 톈진 우칭(武淸)에 '덕취호(德聚號)'라는 점포를 열어 만두를 만들어 팔면서 그 전통이 시작된다. '거우부리(狗不理) 바오쯔(包子)'라는 이름은 고귀우의 부친이 40세가 되어 득남을 하면서 개(狗)처럼 잘 자라라는 기망(期望)을 하며 '거우쯔(狗子: 개똥이)'라는 아명(兒名)을 지어 부른 데서 유래되었다고 한다. 개똥이 고귀우가 성장을 하면서 만두 만드는 방법을 배우고 성장을 한 후 점포를 내어 특유의 맛과 솜씨 있는 다양한 만두를 만들어 팔게 되는데, 소문이 퍼져 날이 갈수록 널리 알려지면서 찾아오는 손님들이 많으니 바빠져 종전처럼 찾아오는 손님들과 얘기할 시간이 없게 되자 주변 사람들이 농담으로 '개똥이가 만두를 팔면서, 사람을 무시한다(狗子賣包子, 不理人: 狗不理)'라는 장난스런 말을 하면서부터 '개똥이(狗子) 고귀우가 만들어 파는 만두(包子)'를 '거우부리(狗不理) 바오쯔(包子)'로 부르게 되었다고 한다. 1916년에는 그의 아들 가오진밍(高金銘)이 승계하여 점포를 확장한 데 이어 1947년에는 그의 손자 가오환원(高煥文)이 승계하였다고 하는데, 중국이 공산화되면서 1952년에 문을 닫게 되고 사유재산들을 몰수하면서 '덕취호(德聚號)'도 1956년에 국유화되었다고 한다. 그 이후 대약진인민공사화운동을 하면서 중국 전역의 각 지역마다에서 공동으로 음식을 만들어 공동으로 취식을 하게 되는데, 덕취호(德聚號)가 소재해 있었던 톈진의 우칭(武淸) 지역에서는 유명했던 덕취호(德聚號)에서 만들어 팔았던 '거우부리(狗不理) 바오쯔(包子)'를 만들어서 배식하기도 했던 모양이다. 과거 '덕취호(德聚號)'가 만들어 팔았던 '거우부리(狗不理) 바오쯔(包子)'였겠느냐만, '톈진 거우부리 바오쯔'가 맛있다는 소문을 전해 들은 마오쩌둥(毛澤東) 주석이 1973년 생활관리인(生活管理人)을 통해 구해서 먹고 찬탄(贊嘆)했다고 한다. 개혁개방 이후에는 '거우부리(狗不理)'라는 간판을 내건 국영 식당을 개업하여 고기, 생선, 야채 등 다양한 재료로 만두(包子: 바오쯔) 등 여러 음식들을 만들어 팔아오기 시작했고, 그 이후 확장을 거듭하여 지금은 '거우부리(狗不理)그룹'이 되어 무려 100여 개에 육박하는 음식들을 만들어 팔고 있다고 한다. 개똥이(狗子) 고귀우(高貴友)가 일구어낸 덕취호(德聚號)의 '거우부리(狗不理) 바오쯔(包子)'의 덕을 톡톡히 보고 있는 것이다.

바오딩(保定)과 만청한무(滿城漢墓)

베이징(北京)에서 남서쪽 방향으로 화베이(華北)평원을 따라 약 140km 내려가면 바오딩(保定)시 중심이 나온다. 허베이성(河北省)의 성도(省都)이기도 했던 바오딩(保定)은, 타이항산(太行山) 동록(東麓)에 위치한 허베이성(河北省)의 중심지대로 수도 베이징(北京)을 보위하는 역할을 하는 '수도(首都) 남대문(南大門)'으로 '경기중지(京畿重地)'였다고 한다. 바오딩(保定)의 중심 지역은 평지로 이루어져 있는데, 서쪽 방향으로는 타이항산(太行山)의 산자락들이 뻗어 있다. 필자가 베이징에서 근무할 때 동료와 함께 그곳 바오딩(保定)을 방문하여 바오딩시정부 관리의 안내를 받아 바오딩 시내를 둘러본 적이 있다. 바오딩 시내에는 구 총독사무소 건물인 '직예(直隸: 허베이성의 옛 이름)총독부'라는 옛 건물이 보존되어 있고, 규모가 있는 정원들도 있었다. 유비와 관우, 장비를 모시고 있는 사당(祠堂)과 사찰(寺刹)들도 있어 안내를 받아 시찰했다. 물론 문화대혁명 이후 보수하여 관리하고 있는 것들이다. 그곳 바오딩(保定)은 1882년 6월 9일 발생한 임오군란 직후 흥선대원군(興宣大院君) 이하응(李昰應)이 청나라에 의해 납치되어 3년간 감금을 당했던 유배지로, 우리에게는 부끄러움이 있는 곳이기도 하다. 우리를 안내하는 바오딩시정부 관리로부터는 흥선대원군이 유배된 장소에 대한 안내는 받지 못했다. 중국의 입장에서 그곳을 잘 보존하여 우리에게 떳떳하게 보여줄 수 있는 그런 곳이 아니라는 생각이 든다. 그곳에는 당시 흥선대원군이 유배되어 있던 곳으로 추정되는 중국 전통 사합원(四合院)의 주택인 '청하도서(淸河道署)'라는 곳이 있다고 하는데, 보수되거나 관리되지 않은 상태로 방치되어 있는 것으로 알려져 있다. 우리의 입장에서는 마음이 아프지만, 교훈이 될 수 있는 곳일 수는 있다. 하지만 그들의 입장에서는 조선 국왕 고종의 아버지를 납치하여 '흥선대원군(凶鮮大院君)'이라고 비아냥대며 감금시켰던 그곳을 우리에게 보여주기가 어려웠을 것이라고 본다. 자신들에게도 도움이 되지 않는다고 판단한다면 앞으로도 보존을 할런지는 모르겠는데, 그곳을 공식적으로 개방하지는 않을 것이라는 생각이 든다.

바오딩(保定) 시내의 시찰을 마치고, 시 중심에서 서북쪽 방향으로 20㎞ 떨어진 곳에 위치해 있는 만청(滿城)현이라는 곳으로 안내를 받아 이동했는데, 그곳에는 높이가 약 200m 되는 석회암으로 된 링산(陵山)이라고 하는 산등성이가 있다. 그 산등성이에는 링산(陵山)이라는 이름의 유래를 알 수 있게 하는, '만청한무(滿城漢墓: 만성한묘)'라고 하는 기원전 100년 이전에 조성되었다고 하는 두 기(基)의 특이한 능묘(陵墓)가 있었는데, 약 100m 사이를 두고 있는 두 묘지의 주인공은 한(漢)나라시대의 제후국인 중산국(中山國)의 초대 왕(王)이었던 중산정왕(中山靖王) 유승(劉勝)과 그의 아내 두관(竇綰) 부부로 추정된다고 한다. 촉한(蜀漢)의 유비(劉備)가 중산정왕의 후손이라고 지칭한 바로 그 중산정왕 유승(劉勝)을 말한다. 규모나 내부 구조가 비슷한 그 두 묘지는 도굴되지 않은 상태에서 1968년

5월 발견되었다고 하는데, 발굴 당시 부장된 문물이 그대로 보존되어 있었다고 한다. 어떻게 그 옛날 암산(巖山)의 절벽에 길이가 50m나 되고 넓이가 3,000㎡나 되는 웅장한 굴을 뚫어 호화로운 묘지를 조성할 수 있었는지 쉽게 이해가 되지를 않았다. 횡혈식(橫穴式) 십자형 동굴로 된 묘실을 따라 들어가면 양옆으로는 수레와 마용(馬俑)이 들어 있는 거마방(車馬房)과 단지 등 살림살이가 들어있는 고방(庫房)이 있고, 여러 묘실 내부에는 묘지에 부장되어 있던 금, 은, 옥석 등으로 만든 공예품과 청동기, 도기 등 수많은 부장품들이 전시되어 있었는데, 두 묘지에서 발견된 4,000여 점이나 되는 진귀한 부장물품 등 만여 점의 부장문물들은 당시의 문물을 이해하는 데 크게 도움을 주고 있다고 한다. 묘지의 안쪽 가장 깊숙한 곳에 시신이 안치되어 있는 후실이 있는데, 묘지의 주인공은 시신의 부패를 막아 보존시켜준다는 옥편(玉片)을 황금(黃金)의 실로 엮어 만든 갑옷같이 생긴 '금루옥의(金縷玉衣)'를 입고 누워 있었다. 하지만 발굴 당시 그 '금루옥의(金縷玉衣)' 속에는 몇 조각의 뼈와 몇 개의 치아만 남아 있었을 뿐 나머지 시신은 이미 부식이 되어 한 줌의 흙으로 변해 있었다고 한다. 그렇게 웅장하고 호화로운 지하 궁전을 조성할 수 있었던 것은 재위 기간이 길었기 때문일 것이라고 하는데, 그 지하 궁전의 주인공인 중산정왕(中山靖王) 유승(劉勝)은 42년간이나 옥좌에 앉아 있었다고 한다. 규모가 있고 호화로운 묘지의 조성은 사후에 남아 있는 권력이나 후세에 의해 조성되기도 하지만, 중국의 제왕(帝王)들 대부분은 옥좌에 앉으면서부터 은밀하게 자신이 죽어 들어갈 묘지를 조성하기 시작했다고 한다. 묘지의 조성이 완료되면 묘지 조성에 관여한 사람들이 죽임을 당하거나 아주 먼 곳으로 떠나서 살도록 하기도 했다니, 안타까운 일이 아닐 수 없다는 생각이 든다.

친황다오(秦皇島)의 산하이관(山海關)과 베이다이허(北戴河)

　허베이성(河北省)은 베이징과 톈진을 둘러싸고 있는 지역으로, 그 성도(省都)는 베이징에서 남서쪽 방향으로 약 280km 떨어져 있는 허베이성(河北省)의 서남부 지역에 위치한 스자좡(石家庄)에 소재해 있다. 1968년 이전까지의 허베이성(河北省)의 성도(省都)는 베이징에서 남서쪽 방향으로 약 140km 떨어져 있는 바오딩(保定)에 소재해 있었다고 한다. 문화대혁명이 한창일 때인 1968년 허베이성(河北省)의 성도(省都)를 바오딩(保定)에서 남서쪽 방향으로 약 140km 더 내려간 위치에 있는 스자좡(石家庄)으로 이전했다고 하는데, 당시 바오딩(保定) 시민들의 반발이 있었지만 저우언라이(周恩來) 총리가 직접 바오딩을 찾아가서 설득하여 해결했다고 한다. 필자가 그 스자좡(石家庄)에 들어가서 하루 저녁 머물고 친황다오(秦皇島)로 들어간 적이 있다. 한국지역난방공사가 허베이성(河北省)의 친황다오(秦皇島)에 투자하는 프로젝트와 관련한 업무로 베이징에 도착한 그 공기업 사장과 함께 1996년 11월 27일 스자좡(石家庄)으로 들어가서, 예정된 허베이성 성장과의 면담을 겸한 만찬을 하고 그다음 날 친황다오(秦皇島)로 들어가서 그 공기업의 친황다오(秦皇島)투자기업 현판식 행사에 참석을 했는데, 스자좡(石家庄)에 대해서는 남아 있는 인상이 별로 없어 친황다오(秦皇島)의 이야기로 넘어가고자 한다.

　친황다오(秦皇島)는 베이징(北京)의 중심지에서 동쪽 방향으로 약 260km 거리에 위치해 있다. 그런데 베이징에서 남서쪽 방향으로 약 280km 거리에 있는 스자좡(石家庄)을 거쳐서 친황다오(秦皇島)로 들어가야 했으니, 스자좡(石家庄)에서 북동쪽 방향으로 약 470km 거리를 이동해야 했다. 베이징(北京)에서 스자좡(石家庄)으로 들어갈 때는 고속도로를 이용했는데, 스자좡(石家庄)에서 친황다오(秦皇島)로 들어갈 때는 항공기로 이동했다. 스자좡(石家庄)공항 터미널에서 미니버스를 타고 공항의 한쪽 변두리에 세워져 있는 항공기 앞으로 이동하여 나지막하게 앉아 있는 항공기에 탑승했는데, 항공기의 좌석 배열이 나란하지를 않고 앉아 있는 승객의 옆을 보거나 마주보고 앉도록 되어 있는 민망스러운 구조의 미니버스와도 같은 작은 비행기였다. 기내 공간이 좁아 10명 내외의 승객이 탔는데도 꽉 찬 느낌이었다. 자리에 앉자마자 요란한 굉음을 내며 활주로를 따라 가볍게 휙 나는데, 높이 올라가지도 않고 계속해서 낮은 고도로 파도를 타는 듯 출렁이는 긴장 속에서 한 시간여 동안 화베이(華北)평원의 상공을 날아서 친황다오(秦皇島)공항에 도착했다. 당시 중국에서는 거리가 비교적 가까운 구간에 있는, 활주로가 작은 소도시 지역들에 이러한 프로펠러 비행기들을 띄워 교통의 편의를 제공하고 있었다. 필자가 그 한 달 전인 1996년 10월 29일 선양(瀋陽)에서 약 370km 거리의 다롄(大連)으로 이동을 하면서도 그와 비슷한 비행기를 타고 몇 명 안 되는 중국인 승객들 사이에 섞여 당시 맞바람이 심하게 부는 랴오허(遼河)평원과 랴오둥(遼東)반도의 상공을 지나 날아간 적이 있었다. 프로펠러로 나는 비행기가 가장 안전하다고들 얘기하는데도 요란한 소음과 맞바람에 출렁이는 흔들림의 긴장이 있으니 불안함을 느끼지 않을 수가 없었다. 이왕에 상공으로 올라온 몸 하늘에 맡겨버리고 나니 마음이 편안해지기는 했었다. 다른 승객들도 마찬가지였는지, 불안하여 서로를 위로라도 하는 듯한 천진한 표정들을 지으며, 비좁은 공간에서 옹기종기 앉아 있는 선한 그 모습들이 한 토막의 추억처럼 떠오른다.

친황다오(秦皇島)에는 1996년 5월 17일에도 두산기계투자기업의 준공식에 참석하기 위해 한국무역협회 베이징 지사장과 함께 베이징을 출발하여 국도를 이용해 방문했었고, 가족과 함께 여행으로도 방문하여 산하이관(山海關)과 베이다이허(北戴河)를 유람을 하기도 했던 곳이다. 친황다오(秦皇島)는 허베이성의 동북부 지역인 보하이만(渤海灣) 서북부 연안에 위치해 있는, 경치가 아름다운 빈해의 휴양도시로 실상(實相)은 섬이 아니다. '친황다오(秦皇島)'라는 이름은 진시황(秦始皇)이 동부 지역을 순시할 때 머물렀다는 데서 유래되었다고 하는데, '친황다오(秦皇島)'라는 이름의 기원지(起源地)인 지금의 하이강취(海港區: 해항구)에 있는 해발 20m의 '둥산(東山)'이 항구를 건설하기 이전인 19세기 말까지는 섬이었었고, 진시황(秦始皇)이 머물렀다는 의미에서 '진황(秦皇)' 뒤에 섬 '도(島)' 자를 붙여 '친황다오(秦皇島: 진황도)'라 불러오고 있다고 한다. 중국 정부는 진시황이 동순(東巡)할 때 친황다오에서 머물렀던 대형 행궁의 유적지를 발굴하여 보존하고 있다고 하는데, 둘러보지는 못했다. 친황다오(秦皇島) 중심에서 북쪽으로 해변도로를 따라 10km쯤 올라가면 만리장성(萬里長城)의 동쪽 시작점이며 바다와 접해 있는 만리장성의 동단(東端) '라오룽터우(老龍頭)'가 보이는데, 좌측 방향으로 4km 정도 더 올라가면 산하이관(山海關) '천하제일관(天下第一關)'이 나온다. 산하이관의 북쪽으로는 험준한 '옌산(燕山)산맥'과 이어져 있고 남쪽으로는 '보하이만(渤海灣)'의 바다와 접해 있다고 해서 '산하이관(山海關)'이라는 이름이 지어졌다고 하는데, 랴오닝(遼寧)으로 통하는 관문(關門)이 있는 요충지역이다. 산하이관(山海關)은 동서남북 4면으로 4각형의 모양을 하고 있으며 4,727m 길이로 연결된, 높이 14m, 두께 7m로 견고하게 축성된 성문(城門)이다. 동서남북으로 4개의 성문이 있는데, 동쪽 면에 있는 전루(箭樓)인 진동문(鎭東門)을 '천하제일관(天下第一關)'이라고 한다. 산하이관(山海關)은 명나라가 이민족들의 침입을 방어하기 위해 완벽하게 수축(修築)한 관문이었지만 명나라는 청나라에게 그 산하이관(山海關)의 성문을 스스로 열어주고 만다. 명말(明末) 청나라에게 산하이관(山海關)의 성문을 열어준 명나라의 '요동총병(遼東總兵)' '오삼계(吳三桂)'의 이야기는 그 오삼계의 무대였던 쿤밍(昆明)을 들여다볼 때 이어가기로 하고 넘어가고자 한다.

산하이관(山海關)은 조선시대 우리의 사신들이 베이징을 오갈 때 드나드는 관문이기도 했었는바 잠시 감개에 젖어보기도 했었다. 산하이관(山海關)의 관문은 긴 세월 동안 풍상을 견뎌왔지만 워낙 견고하게 건축되어 있어 거의 온전한 상태로 보존되어 있다고 한다. 진동문(鎭東門)에 내걸린 '천하제일관(天下第一關)'이라는 현판은 원래 있었던 그대로의 것은 아니지만 원래 있었던 것과 똑같은 글씨체로 썼다고 하는데, 가로 5m, 폭 1.5m의 현판에 또박또박 힘 있게 쓰인, 잘생긴 그 큰 글씨가 인상에 남아 있다.

친황다오(秦皇島) 중심에서 서남부 방향으로 보하이만(渤海灣)의 해안선을 따라 내려가다 보면 해수욕도 하고 모래욕도 할 수 있는 모래사장이 펼쳐져 있고, 당시 모래 썰매를 탈 수 있는 비탈진 모래사막과도 같은 모래언덕도 있었다. 해안선을 따라 더 내려가면 빈해(濱海)의 삼림과 어우러져 있는 아름다운 풍경구가 펼쳐져 있는데, 15㎞의 해안선에 접해 있는 그 일대의 지역을 '베이다이허(北戴河: 북대하)'라고 한다. 베이다이허는 야산과 평원으로도 이루어져 있는데, 평원의 습지대는 봄과 가을이 되면 북과 남을 오가며 머무는 철새들의 낙원이라고 한다. 베이다이허(北戴河)의 경관이 수려한 지역들에는 별장들뿐만 아니라 각급의 다양한 휴양원과 요양원, 연수원들이 들어서 있는데, 청나라 말기인 1898

년 청나라 정부의 승인에 의해 지어졌던 외국인들의 별장 135개 동(棟) 도 그대로 남아 있다고 한다. 중화인민공화국을 건국한 후 중국공산당 은 1952년부터 중앙간부들에게 1년에 1주간씩 휴가를 하도록 했다고 하는데, 1953년 베이다이허 '시산(西山)풍경지구'에 휴양소를 건축하여 1954년 하절기부터 중앙의 지도자들이 그곳 휴양소에 모여 업무와 회의를 하는 '베이다이허 하절기 중앙판공제도(中央辦公制度)'를 본격적으로 운영하기 시작했다고 한다. 당시 마오쩌둥(毛澤東) 주석이 1호루(樓)를 사용했고, 저우언라이(周恩來) 총리가 제27호루, 덩샤오핑(鄧小平) 부총리는 16호루를 사용했다고 하는데, 1960년부터는 마오쩌둥 주석에게 95호루도 사용하도록 했다고 하니 그 규모가 방대함을 알 수가 있다.

중국공산당 중앙 지도자들이 하절기에 친황다오의 베이다이허 휴양소에 모여서 중요한 결책(決策)을 하는 등 집무를 한다고 하여 친황다오의 베이다이허를 '하도(夏都)'라고 부르기도 하는데, 마오쩌둥 주석은 1958년 8월 그 하도(夏都) 베이다이허(北戴河)에서 중앙정치국확대회의를 개최하여 중국역사의 한 페이지씩을 장식할 '대약진인민공사화운동(大躍進人民公社化運動)의 주요 계획을 확정'하는 결책(決策)을 하고, '진먼다오(金門島)를 포격(金門島砲擊)한다'라는 중대한 결정(決定)을 내렸다고 한다. 마오쩌둥 주석은 1965년까지 매년 여름 그 하도(夏都) 베이다이허(北戴河)에서 공산당 중앙공작회의를 주재하는 등 집무를 해왔다고 한다. 그 이후 대약진인민공사화운동의 실패와 더불어 대기근이 발생하면서 본격적인 계급투쟁이 시작되는데, 마오쩌둥 주석은 '문화대혁명'의 길로 들어서는 1965년 여름까지는 베이다이허(北戴河)에서 집무를 했지만 문화대혁명이 본격적으로 시작되는 1966년 여름부터는 베이다이허에 가지 않고 베이징의 중난하이(中南海)에서 집무했다고 한다. 문화대혁명이 시작되면서부터 끝날 때까지와 그 이후 1984년 여름 '베이다이허 하절기 중앙판공제도'가 회복될 때까지 18년간 베이다이허 '하도(夏都)'는 휴면기에 접어들어 있었다. 문화대혁명이 평정되면서 덩샤오핑(鄧小平)에 의해 개혁개방 정책이 추진되는데, 그 이후 덩샤오핑이 본격적인 집권을 시작하는 시기인 1984년 여름부터 중국공산당 중앙 지도자들의 베이다이허 휴양과 판공(辦公)이 다시 시작된다. 덩샤오핑은 베이다이허 하도(夏都)에서 외빈들을 접견하기도 하고, 중요한 결책(決策)을 하는 등 '베이다이허 여름 정치 활동'을 전개해왔는데, 1992년 봄 남순강화 이후 그해 여름을 마지막으로 베이다이허와 작별을 한다.

베이다이허(北戴河)는 덩샤오핑 이후로도 계속해서 중국공산당대표대회나 전인대 등 주요 대회에 앞서 문을 걸어 잠그고 중요 정책이나 인사 등 중요한 결정을 사전에 조율하기 위한 '온양회의(醞釀會議)'를 개최하는 등 중국공산당 중앙의 여름 정치 무대로 명실상부한 '하도(夏都)'의 역할을 해왔었는데, 시대의 흐름에 따른 변화는 있겠지만 천하의 권력을 거머쥔 시진핑의 3연임 이후로는 불투명하다.

대지진이 발생했던 탕산(唐山)

베이징(北京)에서 국도로 친황다오(秦皇島)를 오가다 보면, 그 중간 지점에 있는 탕산(唐山: 당산)의 시 중심을 거쳐 지나게 된다. 탕산(唐山)의 북쪽으로는 옌산(燕山)산맥의 여맥이 뻗어 지나가고 있고, 그 아래로는 화베이평원의 일부분인 롼허(灤河)평원이 펼쳐져 내려오는데, 남쪽으로는 보하이(渤海: 발해)와 접해져 있다. 탕산(唐山)이라는 이름은 당(唐)나라 태종(太宗) 이세민(李世民)이 고구려를 정벌하기 위한 동정(東征)에 나서면서 잠시 그곳에서 주둔을 했다는 데서 유래되었다고 한다. 친황다오를 오가면서 탕산(唐山)의 시가지를 지나다 보면 크고 작은 다양한 도자기들을 펼쳐놓고 파는 가게들이 줄지어 늘어서 있어 둘러보기도 했는데, 탕산은 명나라시대부터 도자기를 만들기 시작하여 그 전통을 이어오고 있어 '북방자도(北方瓷都)'라고도 부른다고 한다. 도자기들의 가격은 품질에 비해 저렴했었는데, 형형색색의 도자기들을 구경도 하고 몇 개 사기도 했었다. 그런데 그 탕산을 지나다 보면 마음이 숙연(肅然)해진다. 당시 100만 인구의 공업도시인 탕산(唐山)에서 1976년 7월 28일 새벽 고요하게 잠들어 있는 3시 42분, 진도 7.8의 대지진이 발생하여 엄청난 피해를 일으킨 것이다. 23초 동안 흔들린 초강력의 진동(震動)과 땅 꺼짐으로 주택 68만여 채 중 65만여 채가 무너져 24만여 명의 목숨을 앗아가고 16만여 명에게 중상을 입히는 등의 상상하기조차도 힘든 끔찍한 피해를 일으키고 순식간에 도시 전체를 폐허로 만들어버렸다. 엿가락처럼 휘어진 철도, 형체를 알아볼 수 없도록 거의 다 무너져버린 건축물의 잔해 등 공개된 당시 참상(慘狀)의 자료 사진들을 보면서 대자연 앞에서는 미물일 수밖에 없는 인간의 한계를 느끼게 했다. 당시 중국은 아직 문화대혁명이 진행되고 있는 개혁개방 이전의 시대로 우리와는 단절되어 있었고, 더구나 중국 정부가 탕산대지진의 피해를 복구하면서 대외 제공 원조를 사양하고 자력갱생으로 복구하겠다는 방침을 선포했다고 하는바, 재해 현장이 대외에 공개되지 않아 당시 우리로서는 그 엄청난 탕산대지진에 대한 실상을 제대로 알 수가 없었다. 당시 중국 정부가 공식적으로 탕산대지진에 대한 피해 상황 등을 발표했었는바 탕산대지진에 대해 관심이 있는 서방세계 사람들은 중국이 개혁개방 정책을 추진한 이후에

나 그 공개된 자료들에 의해 실상을 알 수가 있었다고 보는데, 2010년 7월 '탕산대지진(唐山大地震)'이라는 영화가 개봉되면서 우리 일반인들도 드라마로나마 탕산대지진의 참상을 알 수 있는 계기가 된다.

 탕산대지진과 관련한 중국 자료들을 찾다가 보니, 그 진위 여부를 알 수는 없지만 지진 발생 전에 중국의 지진 전문가들이 지진 발생의 징조가 엄중함을 상부에 보고를 했는데도 4인방의 영향력에 의해 토의가 미뤄져 사전에 대비할 수 없었다고 주장하는 내용도 있고, 지진 발생 직전부터 며칠 전 사이에 탕산과 그 주변에서 대자연의 경고로 보이는 여러 징조들이 있었다는 내용들도 있었는데 그 내용들을 들여다보면, 쥐와 족제비들이 꼬리를 물고 떼를 지어 이동하는 희한한 모습, 나비, 황충(蝗蟲: 누리) 등 곤충들과 새들이 특이하게 떼를 지어 이동하는 모습, 인근 바다와 민물의 양어장 등에서 평소와는 다른 현상인 대량의 물고기 떼들이 수면 위로 튀어 오르는 모습 등이 나타나기도 했다고 하고, 지하관정(管井)의 깊은 우물에 연결된 고무호스가 요동을 치는 현상을 목격했다는 사람도 있었다고 한다.

 탕산대지진 발생 3개월여 전 4인방에 의해 고립되어 있던 마오쩌둥 주석은 중한 병환으로 스스로 일어나기도 힘들고 스스로 식사도 못 할 정도로 병세가 악화되어 병상에 누워 있는 상태에서 탕산대지진의 악모(噩耗: 흉보)를 보고받고, 고통을 참지 못하고 눈물을 흘리며 "모두 전력을 다해 구조하라"라고 지시했다고 하며, 병상에 누워 비통해하며 그 후로도 구조 상황 등의 문건을 열람했다고 하는데 지진 발생 한 달이 채 안 되어서부터는 병환이 더욱 악화되었다고 한다. 마오쩌둥 주석은 위중한 상태에서도 재난의 현장에 갈 수 없음을 애통해하며, 참지 못하고 눈물을 흘리면서 목이 잠긴 쉰 목소리로 비서를 통해 "나는 갈 수가 없으니,

중화(中華) 동지 여러분들이 나를 대신해서 재난 구역으로 나가 백성들을 보살펴주도록 하라!(我去不了, 讓華同志代表我去災區, 看看百姓!)"라고 하면서 근근(僅僅: 겨우)이 "나는 갈 수가 없어!(我去不了!)"를 반복하면서 얼마 후 혼미 상태에 빠져 그 후로는 일어나지 못했다고 한다. 마오쩌둥 주석은 탕산대지진이 일어난 지 44일 만인 1976년 9월 9일 파란만장한 생을 마감하게 된다. 마오쩌둥 주석이 세상을 떠난 후 마오쩌둥을 둘러싼 문화대혁명의 주역 4인방이 체포되고, 그 이후 새로운 지도자 덩샤오핑이 등장하여 개혁개방 정책을 추진하면서 중국은 대변혁을 이루게 된다.

16.
청더(承德)의
피서산장(避暑山莊)을 둘러보다

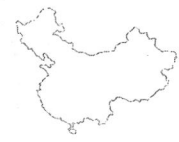

　베이징(北京) 중심에서 동북쪽으로 약 250㎞ 떨어진 허베이성(河北省) 청더시(承德市)에 청(淸)나라시대의 행궁(行宮)이었던 '피서산장(避暑山莊)'이 있다. 지금은 고속도로가 나 있지만 필자가 청더(承德)에 갈 때는 일반도로밖에 없었다. 1996년 7월 21일(일요일) 아침 일찍 가족들과 함께 베이징을 출발해서 101번 국도를 따라 순이(順義)를 거쳐 베이징시의 상수원인 미윈(密雲)저수지를 지나 굽이굽이 올라가 진산링(金山嶺)장성을 넘어서 평원을 가로질러 청더(承德)로 들어갔는데, 그 평원을 가로질러 약 90㎞를 지나다 보면 그 평원 속에서 산으로 둘러싸여 있는, '열하(熱河)'라고 불렀던 청더(承德)의 피서산장(避暑山莊)에 이르게 된다. 피서산장에 다다르기 전 우측 산등성이에 수직으로 힘 있게 우뚝 솟아 있는 거대한 한 쌍의 바위가 바라보인다. 북쪽 바위는 40m 높이에 둘레가 70m라고 하는데 안정적으로 뚱뚱한 편이며, 남쪽 바위는 높이가 34m라고 하는데 윗부분보다 아랫부분이 가늘고 북쪽 바위에 비해 날씬한 편이다. 두 바위의 정상에는 각각 벽돌로 쌓아 올린 나지막한 탑이 한 개씩 보인다. 북쪽 바위의 탑은 원형(圓形)으로 되어 있고 남쪽 바위의 탑은 장방형(長方形)으로 되어 있는데, 바위 위의 두 탑은 10세기경 요(遼)나라 때 거란(契丹)족이 세웠다고 한다. 그 옛날 어떻게 그 높은 바위에 올라가 탑을 쌓을 수 있었는지 쉽게 이해가 되지를 않는다. 그 두 바위가 있는 산을 쌍탑산(雙塔山)이라고 하는데, 그 한 쌍의 탑에서 유래된 이름이라고 한다.

피서산장(避暑山莊)에 거의 다다르면 고원지대라서 그런지 별로 높아보이지는 않는 해발 약 590m의 '경추봉(磬槌峰)'이라는 산의 산등성이에 약간 기운 듯 우뚝 솟아 있는 방망이같이 생긴 바위가 눈에 들어온다. 높이가 38m라고 하는 그 바위도 밑동 부분보다 윗부분이 더 굵어 기이(奇異)하게 생겼다. 밑동 부분은 직경이 10m인데 비해, 윗부분은 직경이 15m로 모양새가 마치 방망이같이 생긴 바위가 있는 산이라고 하여, 강희제는 경추령(磬錘岭)이라고 했다고 하며, 당시의 주민들은 봉추산(棒槌山)이라고 했다가 지금은 경추봉(磬槌峰)이라고 부른다고 한다. 모두가 방망이를 연상(聯想)하게 하는 명칭들이다. 넘어질 듯 좀 불안해 보이면서도 힘이 있어 보이는데, 바라보는 방향의 위치나 원근에 따라 엄지손가락 같기도 하고, 불끈 서 있는 남근(男根) 같기도 하여 좀 민망스럽기도 하다. 청더(承德)를 방문했을 때 걸터앉는 리프트를 타고 맑은 하늘이 바라보이는 그 경추봉(磬槌峰)에 올라가 바라본 경치는, 뒤쪽으로는 층층으로 겹겹이 아득하게 이어져 펼쳐진 산맥들이 아름다운 경관을 이루고 있고, 앞쪽을 향해 내려다보면 길게 흐르는 무열하(武烈河) 너머로 광활하게 펼쳐진 피서산장과 웅장한 보타종승지묘(普陀宗乘之廟) 등 사묘(寺廟)들이 겹겹으로 병풍처럼 둘러싸고 있는 산들과 어우러져 장관(壯觀)을 이루고 있다. 많은 전설을 안고 있는 기괴하게 생긴 그 경추봉(磬槌峰)은 피서산장(避暑山莊)과 더불어 청더(承德)를 상징하는 보물이 아닌가 한다.

청(淸)나라는 명나라가 멸망하면서 만리장성의 산하이관(山海關)을 넘어 베이징에 입성하여 전 중국을 통치하기 시작하는데, 강희제(康熙帝) 때인 1683년에 이르러서야 삼번(三藩)의 난과 남명(南明)을 평정하는 등 명나라의 잔재 세력들을 모두 물리치고 안정적인 통치를 이루기 시작한다. 하지만 과거 만리장성 밖에서 명(明)나라를 공격하기도 했던 유목민족이었던 청나라는, 과거 만리장성 밖에 있었을 때 다툼을 벌이기도 했던 만리장성 밖의 다른 유목민족들의 침입에 대한 두려움은 여전히 남아 있었던 것이다. 이를 잘 알고 있는 강희제는 광활한 초원을 차지하고 있는 이들 유목민족들의 침입을 막아내기 위해 정벌(征伐)하기도 하면서, 매년 가을 팔기군대(八旗軍隊)와 대신(大臣)들, 후궁비빈, 황족자손 등을 대거 이끌고 베이징에서부터 동북 방향으로 약 350㎞의 위치에 있는, 그러니까 피서산장에서 약 100㎞ 거리에 위치해 있고 약 10,000㎢에 달하는 '목란위장(木蘭圍場)'이라는 몽고 초원에서 사냥을 겸한 대규모 군사훈련을 실시하며 방위를 했다고 한다. 그 목란위장으로 가는 길목에 황제가 묵으면서 먹고 잘 수 있는 행궁이 20여 군데가 있었다고 하는데, 그 중간에 있는 한 곳이 당시 민가도 거의 없었던 한적한 지금의 피서산장(避暑山莊)이 있는 곳이었다고 한다. 강희제(康熙帝)는 산으로 둘러싸여 있어 방호하기에도 용이하고 바람을 막을 수 있으며 경치가 수려한 배산임수의 그곳에, 아예 북부 변방의 방위도 하면서 몽골과의 관계도 발전시키고 서북과 동북의 변방 소수민족들을 아우르기도 하면서 내정과 군사와 외교 등 통치를 할 수 있는 궁궐을 짓기로 결정하고 1703년부터 건설을 시작하여 1708년부터 사용하기 시작한다. 그때부터 가경제(嘉慶帝)에 이르기까지 청나라의 황제들이 매년 하절기 피서산장에 머무르면서 통치를 했다고 하는데, 그 피서산장을 사용하기 시작한 이후로도 강희제(康熙帝)와 옹정제(雍正帝)를 거쳐 건륭제(乾隆帝) 6년인 1792년에 이르기까지 87년 동안 전(殿), 루(樓), 재(齋), 대(臺), 각(閣), 헌(軒), 정(亭), 묘(廟), 탑(塔), 랑(廊), 교(橋) 등을 계속해서 건설하여 120여 처(處)의 건축물들을 완성했다고 한다.

피서산장은 4면이 산으로 둘러싸여 있는 산중의 자연과 호수가 어우러진 원림(園林)으로 그 면적이 약 5,600,000㎡나 되는 거대한 궁원(宮苑)이다. 궁전은 정궁인 담박경성전(澹泊敬誠殿)과 4지서옥(四知書屋), 태후가 거주하는 송학재(松鶴齋) 등 여러 건축물들로 이루어져 배열되어 있는데, 쯔진청(紫禁城)처럼 웅장하거나 화려하지 않고 소박하지만 위엄이 있다.

피서산장(避暑山莊)의 주위에는 티베트(西藏), 몽고(蒙古), 신장(新疆)위구르 등 소수민족의 수령(首領: 지도자)들이 황제의 축수(祝壽: 생일 축하)를 위해 열하(熱河)에 오면 머물면서 종교 활동을 할 수 있도록 지은 '8개의 사묘(寺廟: 외팔묘)'가 있었다고 하는데, 7개소를 보수하거나 복원시켜 보존하고 있다고 했다. 그중에는 건륭황제 60세 생일과 모친인 황태후 80수(壽)에 맞추어 지은 웅장한 보타종승지묘(普陀宗乘之廟)가 있고, 건륭황제 70세 생일에 맞추어 초청을 한 티베트(西藏)의 2인자 판첸라마6세(六世班禪喇嘛)가 머물 수 있는 행궁으로 지은 호화로운 찰십륜포사(札什倫布寺)라고도 하는 수미복수지묘(須彌福壽之廟)가 있다. 그 외팔묘(外八廟)의 건축물들은 대부분 건륭황제 때 티베트(西藏), 신장(新疆), 몽고(蒙古) 등지에 있는 웅장하고 호화로운 사묘(寺廟)들을 축소 모방하여 지은 것들이라고 하는데, 이는 건륭황제가 티베트와 위구르, 몽골 등 유목 소수민족들을 배려하고 예우하면서 끌어들여 흡수하거나 침입을 막아내어 국가를 안정적으로 보위하기 위해 추진한 책략의 수단이 아니었나 한다. 강희, 옹정, 건륭황제 시대에는 1년 중 반을 만리장성 밖에 있는 그 피서산장에서 머물면서, 광활한 목란위장(木蘭圍場)의 초원에서 군사들도 훈련시키고 그 자리에서 방위하도록 하고, 그 피서산장에서 외교 활동을 벌이고 통치하면서 청나라를 융성, 발전시켜 청나라의 전성시대를 구가했는데, 가경제(嘉慶帝) 이후 피서산장에서의 통치를 게을리하기 시작하면서부터 청나라가 쇠퇴해지기 시작한다.

피서산장(避暑山莊)은 우리 조선시대 정조(正祖)의 '건륭제(乾隆帝) 고희연(古稀宴) 축하 사절'인 사신(使臣) 박명원(朴明源)의 비공식 수행원이었던 연암(燕巖) 박지원(朴趾源) 선생이 쓴 『열하일기(熱河日記)』로 우리에게는 친숙한 곳이기도 하다. 정조(正祖) 4년(1780년) 여름 삼복더위에 베이징으로 들어간 우리 사절단은 건륭제가 피서산장에 머물고 있고 그곳에서 고희연을 연다는 전갈을 받고 부랴부랴 구베이커우(古北口)의 진산링(金山嶺)장성을 넘어 피서산장이 있는 열하(熱河)로 들어간다. 1780년 8월 9일 열하에 도착한 사신(使臣) 박명원(朴明源)은, '건륭제를 알현하기 전에 찰십륜포사(札什倫布寺)에 머물고 있는 티베트(西藏)의 지도자 판첸라마 6세를 먼저 찾아가서 인사를 하라'라는 '황명(皇命)'의 통보를 받는데, 당시 우리 조선 왕실과 대신들이 불교를 천시하고 있는 상황인지라 난감한 일이 생긴 것이다. 그렇다고 황제의 명령을 거역할 수도 없는 처지에 있어 따를 수밖에 없었는데, 더군다나 고두례(叩頭禮) 인사를 올리라고 하니 어처구니가 없는 일을 당하게 된 것이다. 그런데 당시 건륭황제가 판첸라마6세를 예우했던 상황들을 들여다보면 건륭황제가 그렇게 명령을 할 수밖에 없었을 것 같다는 생각이 든다.

중국역사상 가장 넓은 영토로 확장하여 차지하게 된 건륭황제는 정치적인 안정을 이루기 위해 종교적인 융화 정책을 추진하여 북방 유목민족들을 회유하며 끌어안아왔는데, 그 주요 북방 유목민족인 시짱(西藏:

티베트), 신장(新疆: 위구르), 몽고(蒙古: 몽골) 등은 라마교(喇嘛敎)를 숭배하고 있었다. 건륭황제는 그 라마교를 숭배하고 있는 티베트인들의 정신적 지도자인 '판첸라마6세(六世班禪喇嘛)'를 자신의 칠순경전(七旬慶典: 고희연)에 초청을 하고, 열하(熱河)에 그가 머물 수 있는 행궁인 찰십륜포사(札什倫布寺)를 웅장하고 호화롭게 지어놓고 그를 맞이할 준비를 했던 것이다. 당시 판첸라마6세는 '달라이라마8세'가 어려 티베트의 최고 지도자 역할을 하고 있었다. 건륭황제는 한랭한 티베트에서 오는 판첸라마6세를 위해 칠순경전(七旬慶典)을 시원한 열하의 피서산장에서 치르기로 하고, 판첸라마6세가 베이징(北京)에 도착한 이후 머물 수 있는 숙소로, 여름에는 비교적 시원하게 머물 수 있도록 베이징의 향산(香山: 샹산)에 종경대소지묘(宗鏡大昭之廟)를 지었다고 하며, 겨울에는 베이징을 방문하는 티베트 지도자들이 머물렀던 황사(黃寺)로 옮겨 머물 수 있도록 준비했다고 한다. 건륭황제의 초청을 받은 판첸라마6세는 1779년 6월 티베트를 출발하여 칭하이(青海) 시닝(西寧)의 탑이사(塔爾寺)에서 10월 15일부터 이듬해 3월 10일까지 겨울을 나면서 주변에 천연두가 발생하여 소동이 벌어지는데, 판첸라마6세는 무사하여 열하(熱河)를 향해 출발하게 된다. 판첸라마6세는 산간(陝甘)을 거쳐 몽고(蒙古)에 도착하여 건륭황제의 여섯째 아들의 마중을 받으며, 2만 리 길을 13개월 걸려 1780년 7월 21일 열하(熱河)에 도착한다. 건륭황제는 가마를 타고 피서산장에 들어온 그를 궁전까지 가마를 타고 들어오도록 하여 인사를 나누었고, 건륭황제는 그다음 날은 42세 나이의 판첸라마6세가 머물고 있는 행궁인 찰십륜포사(札什倫布寺)를 찾아가 하다(哈達: 티베트인들과 몽고인들이 손님을 맞이하면서 축하나 경의의 표시로 건네주는 긴 수건)와 함께 자신이 지니고 있던 진주(珍珠) 꾸러미인 진주찬(珍珠串)과 옥(玉)공예품인 옥여의(玉如意)를 판첸라마6세에게 선물하면서 판첸라마6세가 편안하게 머물 수 있는 찰십륜포사(札什倫布寺)행궁을 특별히 지었음을 설명하고 돌아갔다고 한다.

건륭황제는 7월 24일에는 피서산장 만수원(萬樹園)에서 그를 위한 연회를 베풀었고, 8월 3일에는 옥책옥인(玉冊玉印)을 선물했다고 한다. 판첸라마6세는 8월 7일 피서산장에 들어가 축수(祝壽)의 예물로 건륭황제에게 300량의 황금으로 만든 금불상, 불화, 호신함, 호박염주 등을 선물하고, 8월 13일 만수무강연회에 참석을 하고 나서 8월 25일 열하를 떠나 연암 박지원 선생이 오갔던 구베이커우(古北口) 진산링(金山嶺)장성을 넘어 베이징으로 들어간다. 베이징에 도착한 판첸라마6세는 건륭황제의 여섯째 아들의 안내를 받으며 원명원(圓明園), 대종사(大鐘寺), 이화원(頤和園), 원림(園林) 등을 유람했다고 한다. 9월 18일 베이징으로 돌아온 건륭황제는 향산(香山)의 종경대소지묘(宗鏡大昭之廟)를 찾아가 판첸라마6세를 만나고, 10월 3일에는 쯔진청 보화전(保和殿)에서 판첸라마6세를 위한 연회를 베푼다. 그때도 보화전(保和殿)앞까지 가마를 타고 들어오도록 했다고 한다. 판첸라마6세는 10월 27일에는 옹화궁(雍和宮)에서 건륭황제에게 불법 전수를 하고 나서 천연두로 인해 드러눕게 되고, 건륭황제는 쯔진청과 판첸라마6세가 머물고 있는 황사(黃寺)를 수차례 오가며 병문안을 했다고 하는데, 병환이 치료가 되지 않아 판첸라마6세는 1780년 11월 2일 향년 42세의 나이로 안타깝게도 세상을 떠나게 된다. 건륭황제는 그의 시신을 6일간 황사(黃寺)에 안치하여 각계 인사들이 조문을 하도록 하고, 7천량의 황금으로 천강금탑(天降金塔)을 만들도록 하여 시신을 방부 처리한 후 그 탑 속으로 옮겨 티베트의 찰십륜포사(札什倫布寺)로 떠나도록 했다고 한다.

건륭황제는 그 이후 판첸라마6세가 머물렀던 황사(黃寺)의 서측에 청정화성탑(淸淨化城塔)을 건립하여 그를 기렸다고 한다. 판첸라마6세는 여정을 마치기도 전에 세상을 떠나갔지만 건륭황제의 그에 대한 예우는 각별했다. 연암(燕巖) 선생에 의하면 건륭황제가 박명원 사신에게 옥색 하다(哈達)를 준비해주며 판첸라마를 만날 때 주도록 했다고 하는데, 이는 건륭황제의 '판첸라마6세에 대한 정성을 다하는 예우'의 한 단면이었다고 본다. 티베트의 풍속에 따라 판첸라마6세에 대한 환영의 표시로 자신이 판첸라마6세에게 한 것처럼, 박명원 사신(使臣)이 판첸라마6세에게 존경의 표시로 그 하다(哈達)를 건네주도록 한 것이다.

피서산장(避暑山莊)을 '열하행궁(熱河行宮)' 또는 '청더이궁(承德離宮)'이라고도 한다. '열하(熱河)'라는 이름은 피서산장 내에 있는 온천에서 흘러나온 온천수가 무열하(武烈河)로 합류되는데, 그 온천수가 합류되어 흐르는 무열하(武烈河)의 청더(承德) 구간에서 한겨울에도 결빙되지 않고 수증기를 일으키는 데서 유래되었다고 한다. 피서산장 내의 온천에서 흐르는 수로(水路)상에 있는 호숫가에 '열하(熱河)'라고 새긴 도광황제(道光皇帝)의 친필 휘호 비석이 세워져 있는데, 옛날에는 그 온천수가 흘러들어 가 합류되어 흐르는 무열하(武烈河)를 '열하(熱河)'라고 불렀는바 길게 흐르는 열하(熱河)였다. 하지만 열하(熱河)라고 했던 그 무열하(武烈河)를 지금은 무열하(武烈河)라고만 하니, 피서산장 내에 표시된 그 '열하(熱河)'는 피서산장의 온천에서 무열하(武烈河)까지 흐르는 300m밖에 되지 않는 무열하(武烈河) 지류(支流)의 하천인 셈이다. 그러니 중국 사람들은 그 '열하(熱河)'를 세계에서 가장 작은 '하(河)'라고 한다고 한다. 중국에서의 하(河)의 개념은 우리의 하천(河川)과는 다르다. 중국에서는 우리의 강(江)처럼 넓고 길게 흐르는 물줄기를 강(江) 또는 하(河)라고 하니 그럴듯한 말이다.

'청더이궁(承德離宮)'의 '청더(承德)'라는 이름은, '옹정황제(雍正皇帝)가 부친인 강희황제(康熙皇帝)의 은덕으로 황제에 올랐다'라는 뜻으로 '승수부친덕택(承受父親德澤)'이라고 하면서부터 '승(承)' 자와 '덕(德)' 자를 따서 부르게 되었다고 하며, 당시 열하(熱河) 피서산장 당지(當地)의 청나라 관청인 '열하청(熱河廳)'을 1733년 '청더주(承德州: 승덕주)'로 개편하면서부터 '청더(承德)'라는 지명을 공식으로 사용하기 시작했다고 한다. 좀 더 들여다보면, 강희황제(康熙皇帝)는 보위에 오른 뒤 14년 만인 1675년 서자(庶子)인 두 살 난 아홉 번째 아들 윤잉(胤礽)을 황태자로 책봉을 한다. 그런데 황태자 윤잉(胤礽)이 장성을 하면서 부친인 강희제에게 순응하지 않는바, 강희제는 1703년 신뢰할 수 없는 윤잉(胤礽) 황태자를 폐위시킨다. 그 이후 황자들이 태자가 되기 위해 심하게 다툼을 벌이는바 강희제는 1709년 윤잉(胤礽)을 다시 황태자로 복립(復立)시키는데, 복위된 윤잉(胤礽)이 그 이후 사당(私黨)을 조직하는 등 강희제를 압박하는바 분노한 강희제는 1712년 윤잉(胤礽) 황태자를 다시 폐위시키고 감금시켜 죽음에 이르게 한다. 그 이후로 황자들 간 분열이 되어 후계자가 되기 위한 투쟁을 벌이고 있는 가운데, 강희제는 1722년 창춘원(暢春園: 지금의 베이징대학 일부분과 그 주변에 있었던 강희제가 강남의 원림을 본떠서 지은 행궁)에서 69세의 나이로 갑작스럽게 죽음을 맞이하게 된다. 강희제가 승하한 후 강희제의 임종을 지키고 있었던 총신(寵臣) 융과다(隆科多)가 '4번째 아들 윤진(胤禛)에게 전위(傳位)한다'라는 내용이 들어 있는 강희제의 조서(詔書)를 공표한바, 도광양회(韜光養晦)하며 세력을 키워왔던 윤진(胤禛)은 경쟁자였던 강희제 붕어(崩御) 당시 서역으로 원정(遠征)을 나가 있던 14번째 황자 윤정(胤禎) 등 경쟁자를 물리치고 강희제의 뒤를 이어 45세의 나이로 보위에 오르게 되어 옹정제(雍正帝)가 된다. 그런데 윤진(胤禛)이 황제에 오르면서부터 세력화되어 있는 반대파들로부터의 위협을 받게 되고, 조정의 안팎에서는 '윤진(胤禛)이 융과다(隆科多)를 매수'하여, 조서(詔書)상 '전위14자윤정(傳位十四子胤禎: 14번째 아들 윤정에게 전위한다)'이라고 되어 있는 부분의 글자에 손을 대도록 해서 '십(十)' 자(字)를 '우(于: 어조사)' 자(字)로, '정(禎)' 자(字)를 '진(禛)' 자(字)로 고쳐 '전위우4자윤진(傳位于四子胤禛: 4번째 아들 윤진에게 전위한다)'이라고 공표하도록 하여 '황위를 찬탈(簒奪)한 가(假: 가짜)황제'라는 등의 소문이 퍼지게 된다.

이러한 상황하에서 옹정제(雍正帝)는 보위에 오른 이후 3년간에 걸쳐서 자신에게 위협적이거나 음모에 가담한 형제들과 불충자(不忠者)들을 비롯한 반대파들을 모두 진압하고, 걸림돌이 되는 권신(權臣) 융과다(隆科多)와 대장군 연갱요(年羹堯) 등을 제거시켜낸다. 그리고 옹정제 윤진(胤禛: 인전)은 자신의 이름과 발음이 같고 글자의 모양도 거의 비슷한 자신의 경쟁자였던, 자신과 같은 어머니 효공인황후(孝恭仁皇后)의 아들인 14번째 황자 윤정(胤禎: 인전)을 죽이지는 않았지만 이름을 윤제(胤禵)로 개명하도록 하고 능지기로 쫓아냈다가 징산(景山)에 연금시킨다. 이렇게 하여 황권 확립을 마무리한 옹정제는 열하(熱河)의 피서산장(避暑山莊)으로 내려가서 부친에게 제를 지내고 '나는 승수부친덕택(承受父親德澤: 부친의 은혜)으로 황제에 오르게 되었지, 황위를 찬탈한 가황제(假皇帝)가 아니다'라고 공표를 하게 되는데, 이때부터 '청더(承德)'라는 지명을 사용하기 시작했다고 한다. 옹정제(雍正帝)는 그 이후 황자(皇子)들 간 보위를 노리고 치열한 다툼을 벌이는 골육상쟁(骨肉相爭)의 비극을 방지하기 위해 생전에 황태자 책봉을 하지 않았고, 대신 생전에 태자(太子)의 이름을 적은 조서(詔書)를 밀봉하여 금괴에 넣어 침소인 쯔진청 건청궁(乾淸宮)의 정대광명(正大光明)의 편액 뒤에 보관하고, 똑같은 내용의 조서(詔書)를 지니고 있다가 자신이 죽은 후에 공표하도록 하여 후계를 이어가도록 했고, 옹정제(雍正帝)는 후대에도 그 제도를 이어가도록 했다고 한다.

청더(承德)의 피서산장(避暑山莊) 이야기가 길어졌는데, 이어서 우리 조선족 동포의 고장 옌볜(延邊)의 이야기로 넘어가고자 한다.

17.
조선족자치주(朝鮮族自治州) 옌볜(延邊)을 들여다보다

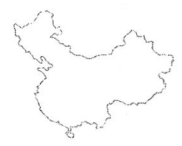

　만주(滿洲) 지역은 한반도와 국경을 마주하고 있어 자고이래로 우리와는 밀접한 관계가 있는 지역이다. 만주 벌판은 고조선과 고구려, 발해가 차지하기도 했던 지역이며 말갈족(靺鞨族), 선비족(鮮卑族), 거란족(契丹族), 여진족(女眞族), 몽고족(蒙古族), 만주족(滿洲族) 등 유목민족들이 각축을 벌이며 흥망을 거듭했던 지역이다. 만주 지역을 차지하고 있던 말갈족의 후손이자 여진족이었던 만주족의 청(淸)나라가 스스로 멸망한 명(明)나라를 점령하고, 1644년 만리장성 산하이관(山海關)을 넘어 베이징으로 입성하면서 만주 지역은 중국의 영토로 편입된다. 그때 이후 만주 지역에서 거주하고 있던 대부분의 만주족들도 산하이관을 넘어 따라 들어갔고, 그 이후 1677년 청나라가 만주 지역을 봉금지대(封禁地帶)로 선포하면서부터 1870년대 봉금을 해제할 때까지 거주를 금지시켜, 만주 지역은 200년 가까이 사람들이 거의 살지 않는 지역이었었다. 청나라가 만주 지역을 봉금시킨 명분은, 청나라를 세운 누르하치(努爾哈赤)의 시조 애신각라(愛新覺羅)가 태생한 백두산을 신성(神聖)시하고, 청나라의 발상지인 만주를 성역화하기 위함이라고 했지만, 청나라가 실시해온 변방의 이민족들에 대한 책략들로 미루어볼 때 자신들이 점령하고 있었던 만주 지역을 발판으로 한 이민족들의 침입이 두려워 완충지대로 삼기 위한 전략이 아니었는가 하는 생각이 든다. 하지만 청나라는 두려워했던 주변 이민족들의 침입보다는 세계열강들의 패권 경쟁의 소용돌이에 말려들게 된다. 1840년 아편전쟁 이후에는 러시아와 일본이 만주 지역을 노리고 각축을 벌였고, 1860년에는 베이징조약에 의해 만주의 일부였던 연해주를 러시아에게 넘겨주게 되는데, 청나라는 이처럼 불안정한 주변 정세의 상황하에서 국가의 방위와 황실의 재정 확보 등에 필요한 인적, 물적 자원의 조달을 위해 1870년대에 만주 지역의 봉금을 해제한다. 만주 지역에 대한 봉금(封禁)이 해제되면서 한족(漢族) 등 중국인들이 들어와 거주하기 시작했고, 자연재해 등으로 기근(飢饉)에 시달린 우리의 함경도와 평안도 등 한반도의 북쪽 지역에 거주하고 있던 조선인들도 두만강과 압록강을 건너 들어와 그 주변 지역들의 토지를 개간하며 정착해온 것이다. 일본이 한반도를 강점하면서부터는 한반도 전역의 일부 조선인들이 일본인들의 시달림을 피해 이미 조선인들이 정착하고 있는 두만강 유역과 압록강 유역 밖으로도 이주하여 정착했고, 일본이 1932년 3월 만주 정부를 수립하면서부터는 조선인들을 만주 지역으로 이주시키는 정책을 추진하였는바 더 많은 조선인들이 지린성과 헤이룽장성, 랴오닝성 등 만주 전역으로 들어가 정착하게 된다. 1945년 8월 15일 일본이 패망하여 만주 지역이 해방되면서 우리 한반도도 해방이 되지만, 만주 지방에 정착하고 있던 조선인들 중 일부만 한반도로 돌아왔고, 옌볜(延邊)을 비롯한 만주 지역에 정착하고 있던 대부분의 조선인들은 만주 지역에 그대로 남아서 거주해왔다고 하는데, 그분들의 후예가 바로 지린성에 110여만 명, 헤이룽장성에 38여만 명, 랴오닝성에 24만여 명 등을 포함하여 중국 각지에 정착하고 있는 200만 명에 가까운 지금의 우리 조선족 동포들이다. 주로 같은 고향에서 올라온 사람들끼리 모여 살면서 옛 고향의 지방 사투리를 그대로 사용하고 있기도 하고, 여러 전통문화들도 나름대로 유지해가고 있다. 중국 정부는 개혁개방 이후 조선족 동포들이 집단으로 거주하고 있는 지역에 조선족자치주(州)와 조선족자치현(縣), 40여 개의 조선족향(鄕)을 두어 조선족 동포들의 삶을 보호하고 민족문화를 계승하도록 하는 등의 지원을 하고 있다. 하지만 그분들이 살아온 삶은 순탄치만은 않았다. 일제강점기와 중일전쟁 시기에는 일본인들로부터 시달림을 받아야 했고, 국공내전 시기에는 때로는 국민군(國民軍)들로부터 때로는 공산군(共産軍)들에 의해 시달림을 받아야 했는데, 한국전쟁 때는 중공군(中共軍)에 동원되어 북한군의 주력으로 참전하면서 희생을 당해야 했다. 그 후 대약진운동의 시련을 겪었고, 문화대혁명의 소용돌이에 휩쓸리게 되는 등 이루 상상을 초월하는 형언하기 어려운 고통을 감내해야만 했다.

조선족 동포들은 중국이 문호를 개방하기 이전에는 대부분 만주 벌판인 중국의 동북3성에 거주해왔는데, 중국이 개혁개방 정책을 추진한 이후 상당수의 조선족 동포들이 고향인 동북3성을 떠나 베이징과 톈진, 산둥, 상하이와 장쑤, 저장, 광둥 등 주로 한국 기업들이 진출해 있었던 중국의 각 지역으로도 이동하여 거주하고 있다. 특히 많은 조선족 동포들이 한국으로도 들어왔는데, 2023년 말 기준으로 한국에 정착하고 있거나 드나드는 조선족 동포들이 무려 70만 명이 넘는다고 한다. 이렇다 보니 동북3성에 거주하는 조선족 동포의 인구는 한동안 가파른 감소세를 보이기도 했지만 2018년부터는 감소 폭이 줄어들고 있다. 앞으로도 중국 전체의 자연적인 인구증가율이 감소할 것으로 예상되고 있고, 중국 정부가 소수민족을 우대하는 정책과 병행하여 소수민족들을 한족(漢族)이라는 거대한 용광로 속으로 녹여 들이는 융화 정책을 추진하는 등의 요인도 있어, 중국 내의 조선족 인구 증가율이 늘어날 것으로는 기대하기 어렵다고 보는데, 그렇다고 해도 고향에 남아 있는 조선족 동포들이 깊숙이 뿌리를 내리고 있고 특히 한국에 들어와 있는 대부분의 조선족 동포들은 중국 국적을 그대로 유지하고 있으면서 여건이 마련되면 고향으로 돌아가겠다는 의지를 가지고들 있어, 설령 중국 내의 조선족 인구가 감소세를 이어갈지라도 우리 조선족 동포의 최대 고장인 옌볜을 비롯한 동북3성 내의 일부 지역들에서 집단을 이루며 거주하고 있는 우리 조선족 동포들은 대대손손 정착을 이어갈 것이라고 본다.

필자가 베이징(北京)에서 근무할 때, 그 옌볜(延邊) 지역을 들여다보고 백두산(白頭山)을 오르기 위해 1996년 7월 30일 오전에 베이징(北京)공항을 출발하여 옌지시(延吉市)로 들어가 2박 3일 동안 머무르면서 허룽시(和龍市) 소재의 두만강(豆滿江) 상류에 있는 북한과의 경계 지역을 거쳐서 룽징시(龍井市)를 들여다보고, 그다음 날 백두산에 오르고 나서 3일째는 투먼시(圖們市)와 훈춘시(琿春市)를 들여다보고 저녁 시간에 베이징으로 돌아온 적이 있었는바, 옌볜을 먼저 들여다보고, 백두산에 대한 이야기는 다음 절(節)의 「18. 백두산(白頭山)과 천지(天池)에 오르다」에서 이어가고자 한다.

지린(吉林)성 동북쪽에 위치해 있는 조선족 동포의 최대 고장인 옌볜(延邊)은, 백두산(白頭山)의 북쪽 자락으로 펼쳐진 조선족자치주로 2023년 기준으로 호적 인구 199만 3천여 명 중 70만 5천여 명의 조선족 동포가 살아가고 있는 조선족 동포들의 터전이다. 옌볜의 면적은 약 43,000㎢

로 남한 면적의 43%나 된다. 청나라에 의해 우리나라 조선과 경계에 있는 만주 지역이 봉금되어지면서 조선과 청나라 사이에 있는 섬과 같은 땅이라는 의미로 옌볜 일대의 지역을 '간도(間島)'라고 했다는 불확실한 주장이 있기는 하지만, 일제 만주국시대에는 옌볜(延邊)을 '간도성(間島省)'이라고 했고, 옌지시(延吉市)를 '간도시(間島市)'라고도 했었다. 옌볜의 북쪽으로는 10만여 명이 넘는 조선족 동포가 거주하고 있는 헤이룽장성의 무단장(牡丹江: 모란강)시가 있고, 서쪽으로는 지린성의 두 번째 도시인 지린시(吉林市)가 있다. 서남쪽으로는 압록강 상류를 사이에 두고 북한의 량강도와 마주하고 있는 지린성의 바이산시(白山市)가 있다. 옌볜의 동남쪽에서부터 서북쪽으로는 러시아와 246km의 국경을 이루고 있고, 남쪽으로는 두만강(豆滿江)을 따라 북한과 국경을 이루고 있다.

옌볜(延邊)의 중심 지역에는 옌볜 조선족자치주의 수부(首府)가 있는 옌지시(延吉市)가 있는데, 그곳 옌지시에는 지린시(吉林市)에 소재해 있다가 창춘시(長春市)로 옮겨 간 지린성(吉林省)정부(政府)가 1946년 8월부터 1948년 3월까지 소재해 있기도 했었다고 한다. 2023년 기준으로 옌지시(延吉市)의 호적 인구 56만 5천여 명 중 조선족 동포가 30만 5천여 명을 차지하고 있는데, 이는 옌볜(延邊) 전역에서 살고 있는 조선족 동포 인구의 43%가 넘는 수치다. 그 옌지시(延吉市)의 남쪽 방향에 위치한 허룽시(和龍市)의 두만강(豆滿江) 상류에 있는 북한과의 접경 지역과 우리 민족의 숨결이 흐르는 룽징시(龍井市)를 둘러보기 위해 옌지시(延吉市)의 시가지를 벗어나니 차창 밖으로 초가집들과 어우러져 있는 풍경이 바라보이기 시작했는데, 마치 필자가 자랐던 옛 시골의 고향 산천과 똑같은 모습이어서 필자의 눈을 의심하기도 했었고, 감개가 무량함을 느끼기도 했었다. 우리 한반도나 마찬가지로 같은 백두산에서 뻗어 나온 산줄기로부터 펼쳐진 강산이고, 우리 민족들이 이주해서 짓고 살아가는 집들이니 그 풍경이 똑같을 수밖에 없었을 것이지만 말이다.

옌지시(延吉市)를 출발하여 차창 밖으로 고향 산천과도 같은 옌볜(延邊)의 풍경을 바라보면서 남쪽 방향의 룽징시(龍井市) 행정구역을 통과하여 더 남쪽으로 올라가 백두산 동쪽 기슭에 있는 허룽시(和龍市)의 두만강(豆滿江) 상류 북한과의 접경 지역에 도착해서 안내에 따라 도보로 걸어서 두만강과 북한 지역이 훤하게 내려다보이는 언덕에 올라서니, 국경지대라고는 하지만 중국 쪽으로는 한 명의 초병도 보이지 않았고, 자연적으로 형성된 두만강의 연안인 우리가 서 있는 그 언덕 밑으로 두만강 상류라고 하는 하천과도 같은 개울이 내려다보인다. 두만강 상류라고 하는 그 개울 건너 북한 쪽으로는 고수부지가 광활하게 펼쳐져 있었는데, 그 건너에는 민가도 사람도 보이지 않았고, 바로 언덕 밑으로 흐르는 개울의 북한 쪽에서 바지를 걷어붙이고 다슬기를 줍는 북한 초병으로 보이는 한 사람만이 가깝게 내려다보였다. 지세가 험하지 않은 그 부근이, 경계가 소홀한 틈을 타서 북한을 탈출해서 중국으로 건너 들어오는 탈북자들의 통로 중 하나라고 하여 고개를 끄덕이며 언덕을 내려와 올라온 방향으로 돌아서 북동쪽에 위치한 룽징(龍井)을 향해 출발했다.

내리막길을 달려 다시 룽징시(龍井市)의 행정구역으로 진입하여 도로변 언덕에 길게 펼쳐진 평과리(苹果梨: 사과배)나무밭을 지나 백두산의 지맥인 비암산(琵岩山)의 일송정(一松亭)에 올라서니, 눈 아래로 우리 민족의 백성들이 고난의 삶을 피하여 험한 산을 넘고, 강을 건너 지덕(地德)이 사나운 황량한 이역(異域)땅 룽징(龍井: 용정)에 발을 딛고 터전을 잡으며 개척한 평강평원(平江平原)과 그 평강평원을 종(縱)으로 가르며 흐르는 해란강(海蘭江)이 내려다보인다. 일송정(一松亭)에 올라서서 감개에 젖어, 짙게 깔린 안개에 덮여 희미하게 보이는 해란강(海蘭江)을 품고 길게 펼쳐져 멀리 가물가물 내려다보이는 평강평원(平江平原)을 바라보고 있노라니, 부근의 숲속에서 나지막하게 부르는 노랫소리가 들린다. 노랫소리가 나는 쪽을 향해 다가가보니, 부부로 보이는 젊은 남녀 한 쌍이 산자락의 평평한 곳에 자리를 잡고 음식이 담겨 있는 찬합을 사이에 두고, 곱게 한복을 차려입은 여자는 춤을 추고 있고 남자는 맞은편에 앉아서 노래를 부르는데, 남자가 앉아서 부르는 가락의 율동에 맞춰, 손목 자락을 올려 꺾어가며 춤을 추고 있었다. 마치 고전 애정영화 속에 나오는 아름다운 사랑놀이의 한 장면을 보는 듯한 느낌이 들었다. 그녀는 바로 옆에서 그 광경을 바라보고 있는 우리 일행의 시선을 의식하지 않고, 부르는 노래를 다 부를 때까지 춤을 추고 나서 자리에 앉는다. 필자가 어렸을 때 보아왔던, 우리의 시골 아낙네들이 꽃피는 봄날 한복을 곱게 입고 나들이 나와서 노래를 부르며 추는 그런 춤이었다. 당시 옌볜의 조선족 동포들의 지역에서는 흔히 볼 수 있는 자연스러운 장면이라고 했는데, 우리 강산에서는 이미 사라져버린 아름다운 우리 민족의 전통적인 사랑놀이의 한 장면이 아닌가 하는 생각을 하며 아쉬움을 남기고 일송정을 내려와 우리 민족의 숨결이 흐르는 룽징(龍井) 시내로 들어서니, 그 모습이 마치 우리의 옛날 어느 전통 고을을 찾아간 것 같은 느낌이 들었다.

옌볜(延邊) 조선족자치주의 수부(首府)가 있는 주도(主都)는 옌지(延吉)지만, 중국에서 전통적인 조선족 민족문화를 가장 잘 보존하고 있는 곳은 룽징(龍井)이라고 한다. 룽징(龍井)은 2023년 기준으로 호적 인구 13만 9천여 명 중 조선족이 9만 2천여 명으로 66%를 차지하고 있는 조선족의 최대 밀집 지역이다. '북간도(北間島)'라고도 불렀던 룽징(龍井)은, 우리에게는 윤해영 작사, 조두남 작곡의 '선구자'라는 가곡에서 나오는 무대로 친숙한 곳이기도 하다. 흐른 세월 속에 그 두 분에 대한 과거 친일 행적의 주장이 제기되어 안타까움이 있기는 하지만, 원곡의 이름이 '용정(龍井)의 노래'였던 그 가사에 나오는 '일송정(一松亭)'이나 '해란강(海蘭江)', '비암산(琵岩山)' 말고도, 룽징(龍井: 용정)이라는 지명의 기원(起源)인 '용두레 우물', '용문교', '용주사'가 그 룽징(龍井)에 있다. 독립운동의 본거지였던 룽징(龍井)은 독립운동가 윤동주 시인의 고향이기도 하다. 룽징(龍井)을 돌아보고, 윤동주 시인의 모교인 옛 대성(大成)중학교로 안내되어져 윤동주 시인의 발자취를 더듬어보고 소액의 기부금을 접수하면서 방명록에 서명하고 옌지(延吉)로 돌아왔다.

투먼(圖們)과 훈춘(琿春)은, 북한과 국경을 이루고 있는 두만강(豆滿江) 중하류가 흘러 지나가는 지역으로 도로의 일부 구간들에서는 강 너머로 북한 지역들이 바라보였는데, 두만강(豆滿江) 건너 북한 쪽으로 바라보이는 산에는 나무들이 별로 보이지 않았고, 산자락 아래로는 군데군데 건물들이 있었지만 사람 살기가 힘들 것 같아 보였다. 두만강의 중국 쪽 강변에 '중조변경(中朝邊境)'이라고 표시되어 있는 공원이 있었고, 북한과 중국을 오갈 수 있는 교량이 있었지만 경비병만 지키고 있을 뿐 오가는 차량이나 통행을 하는 사람은 보이지 않았다. 두만강(豆滿江)은 백두산의 북한 경내의 홍토수(紅土水)와 중국 경내의 약류수(弱流水) 등 천지(天池) 부근에서 발원하여 여러 지류들과 합류되면서 북한과 경계를 이루며 허룽(和龍), 룽징(龍井), 투먼(圖們), 훈춘(琿春) 등을 지나며 525㎞를 흘러 동해 바다로 들어간다. 두만강이 동해 바다로 유입하는 하류 구간의 15㎞는 러시아와 북한 간에 국경을 이루고 있어, 중국의 옌볜에서 동해 바다와 접해 있는 연안이 없다. 1860년 체결한 베이징조약에 의해 만주 연해지구를 러시아가 차지하게 되면서부터 두만강 하류를 러시아가 점유하게 되었기 때문이다. 중국은 1992년 러시아와의 협정에 의해 두만강을 통한 출해권(出海權)을 회복했지만, 북한에서 러시아로 연결된 두만강철교 높이가 7m밖에 되지 않아 러시아는 중국에게 300톤급 이하의 소형 선박만 통과하도록 하고 있고, 그것도 어선으로만 제한하고 있다고 한다.

옌지(延吉)에서 훈춘(琿春)의 방향으로 도로를 따라 내려가다 보면 노천(露天) 탄광이 보이기도 하고 민가와 시가지도 있었는데 낙후되어 있었다. 그 지역들은 봉금이 해제되고 수십 년이 지난 1900년대 초까지만 해도 황량한 지대였었다고 한다. 훈춘(琿春)에서 허허벌판을 가로질러 러시아와 국경을 이루고 있는 곳으로 들어가니 '중러변경무역구(中俄邊境貿易區)'가 나오는데, 당시에는 그저 썰렁하기만 했었다. 훈춘 동단(東端)의 두만강 하류에는 중국과 러시아, 북한의 3국간 국경을 이루고 있는 전략 요지인 방천(防川)이라는 곳이 있고, 그곳에서 동쪽으로 15㎞를 더 내려가면 동해 바다가 나온다고 하는데. 방천(防川)의 3국 교계(交界)인 '정족지대(鼎足地帶)'에서는 북한과 러시아에서 들려오는 닭 우는 소리와 개 짖는 소리를 들을 수 있다고 한다. 그곳 방천(防川) 동쪽 아래에 있는 두만강을 사이에 두고 북한의 두만강시와 러시아의 하산을 통하는 두만강철교가 있는데, 시베리아철도와 만주횡단철도와도 연결되어 있어 중국의 동북 지방과 북한, 러시아 원동(遠東)을 잇는 '동북아금삼각지대(東北亞金三角地帶)'를 이루고 있다. 투먼(圖們)과 훈춘(琿春)을 들여다보고 나서 옌지공항을 향해 돌아 나와 베이징으로 가는 항공기에 올랐다.

18.
백두산(白頭山)과
천지(天池)에 오르다

　한민족(韓民族)의 얼이 스며 있는 영산(靈山) 백두산(白頭山)에서 남쪽으로 뻗어져 내려온 백두대간(白頭大幹)이 지리산까지 이어져 있고, 그 백두대간에서 뻗어져 나온 산맥의 산줄기들을 따라 펼쳐진 땅들이 우리 민족의 삶의 터전인 삼천리 금수강산 한반도(韓半島)를 이루고 있다. 그 백두산을 점유하고 있는 북한과 중국이 문호를 굳게 닫고 있었으니, 중국이 개혁개방 정책을 추진하기 전까지 우리는 백두산에 오를 수도 없었고 그 주변을 들여다볼 수도 없었는바, 우리는 백두산과 그 주변에 대한 실상(實相)들을 제대로 알 수가 없었다. 필자 어렸을 적 이후 백두산은 북한이 점유하고 있는 우리 민족의 영산으로만 알고 있었는데, 그 백두산의 절반을 중국이 차지하고 있다는 사실을 알게 되면서 허탈하기도 했지만 무지의 소치가 아니었는가 하는 부끄러운 생각이 들기도 했다. 안타깝게도 북한은 닫아놓은 문호를 계속해서 개방하지 않고 있으니, 북한이 우리 국민들에게 백두산을 개방하기 전까지는 우리는 중국을 통해서 중국이 점유하고 있는 백두산을 오를 수밖에는 없다.

　백두산(白頭山)은 백두봉(白頭峰)을 비롯한 천지를 둘러싸고 있는 16

개 봉우리들에서 뻗어 나온 산들을 말하는데, 백두산의 중심은 백두산 분화구에 물이 고여 생긴 천지(天池)가 아닌가 한다. 수면고도 해발 2,189m(중국 자료 근거)의 고산에 위치해 있는 천지는 화산이 폭발되면서 산의 꼭대기가 함몰된 곳에 물이 고여 생긴 '칼데라(Caldera)호수'로 그 길이가 동서로 3.3km, 남북으로 4.4km나 되며, 수심의 최대 깊이가 373m나 되는 세계에서 가장 깊은 고산호수(高山湖水)다. 백두산의 겨울은 10월 중순부터 시작되어 이듬해 5월 중순까지 이어진다고 하는데, 백두봉과 천문봉(天文峰) 아래 천지의 일부 구간은 꽁꽁 얼어붙는 한겨울에도 얼지 않고 증기를 발생시키고 있어 살아 있는 활화산임을 알 수가 있다고 한다. 중국에서는 백두산이 화산활동을 활발하게 하고 있지 않다고 하여 휴면화산(休眠火山)이라고 하는데, 일부 전문가들은 폭발 가능성을 제기하고 있지만 중국은 아직은 화산 분출의 징조가 없다고 관측하고 있다. 천지의 저수량은 20억 톤이나 되지만 물이 천지(天池) 주변에서 유입되는 하천은 없으며, 61%의 천지 바닥에서 솟아나는 온천수 등의 물과 30%의 자연 강수, 9%의 주위 산에서 흘러들어 오는 물 등이 고여 채워져 있다고 하는데, 천지에서 넘치는 물은 천지 수면의 북쪽에 위치해 있는 유일한 출구인 달문(闥門)을 통해 흘러 나간다. 천지 수면의 달문에서 흐르는 물이 원류(源流)가 되어 통천하(通天河)라고도 하는 승사하(乘槎河)를 타고 내려와 장백폭포로 쏟아져 장백 온천지대와 얼다오바이허(二道白河: 이도백하)를 거쳐 헤이룽장성(黑龍江省)의 쑹화강(松花江)으로 흐른다. 백두산에는, 천지가 원류는 아니지만 백두산 남파에서 발원하여 압록강(鴨綠江) 상류로 흐르는 압록강 원류가 있고, 백두산 동남파에서 발원하여 두만강(豆滿江) 상류로 흐르는 두만강 원류가 있는데, 조선족 동포들은 백두산 천지에서 흐르는 쑹화강(松花江) 유역, 백두산에서 발원하여 흐르는 두만강 유역과 압록강 유역 등 주로 백두산 자락에서 터전을 잡고 살아가고 있다.

　　백두산(白頭山)을 오르기 위해 필자 부부는 1996년 7월 31일 어두운 새벽, 묵고 있는 옌지(延吉) 대우(大宇)호텔에서 준비해준 도시락을 들고나와 대기하고 있던 스포티지 차량에 몸을 싣고 백두산을 향해 출발했다. 중국에서는 백두산(白頭山)을 장백산(長白山: 창바이산)이라고 하는데, 중국은 우리가 백두산(白頭山)이라고 부르는 데 대해 만주족이 세운 여진(女眞)에서도 여진어로 '백색의 산봉우리'라는 의미로 백두산(白頭山)이라고도 했다고 하면서, 조선시대에 조선에서도 장백산(長白山)이라고 부르기도 했다는 주장을 하고 있다. 새벽의 어두움을 가르며 옌지 시가지를 벗어나 한참을 달리니 드문드문 보이는 민가마저 끊기고 완만한 오르막길이 시작되면서 숲이 펼쳐지는데, 그야말로 끝없이 이어지는 그 울창한 삼림의 숲속 오르막길임을 별로 느끼지는 못하는 오르막 도로를 5시간여 달려 백두산의 북쪽 기슭에 있는 오지 마을 안투현(安圖縣) 얼다오바이허(二道白河: 이도백하)의 백두산 입구에 도착했다. 7월 말의 계절인데도 선선했고, 날씨가 아주 쾌청하여 맑게 갠 백두산과 천지(天池)를 볼 수 있겠다는 기대에 부풀어 잠시 쉴 틈도 없이 백두산을 오르기로 했다. 당시 개방을 하고 있는 천지(天池)가 내려다보이는 천문봉(天文峰)에 오르려면, 백두산 산상으로 오르는 길목의 입구에서 천문봉 가까이까지 운행하는 전용 지프차를 타야만 가능했다. 비록 중국 쪽에서 올라가는 백두산이지만 설레는 마음을 안고 지프차에 올라탔다. 출발을 하자마자 오르막 산길로 들어서 굽이굽이 올라가는데, 삼림지대를 벗어나니 시야가 트이면서 차창 밖이 훤하게 바라보인다. 차량의 움직임에 따라 멀리 내려다보이는 좌측의 경관은 대단했다. 옅은 안개 속에 아득하게 펼쳐진 드넓은 삼림의 숲이 마치 수평선이 보이는 바다와도 같았다. 정상에 가까워지면서 주변의 산자락 군데군데에는 활짝 피어 있는 땅딸막한 풀꽃들이 밭을 이루며 안개바람에 나부끼고 있었다. 긴 엄동설한을 견디고 모진 풍상을 겪으면서 싹을 틔우고 꽃망울을 터트렸을 가냘픈 듯 아름다운 그 형형색색의 작은 꽃 송이송이마다에 강인한 기상(氣像)을 지닌 우리 민족의 혼이 깃들어 있는 것 같다는 생각이 들기도 했다. 정상 부근에 도착하여 하차하니 안개를 머금은 바람이 몰아쳐 코앞도 잘 보이지를 않는다. 안개 바람을 맞으며 몇십 발짝을 올라가니 해발 2,670m의 천문봉(天文峰) 정상이라고 하는데, 아무것도 보이지를 않는다. 그러다가도 순간에 웅장한 천지(天池)의 환한 모습을 보여주기도 한다고 하여 좀 더 기다려봤지만 바람이 너무 차가워, 아쉽기는 했지만 포기하고 발길을 돌려 변화하는 차창 밖 백두산의 모습을 바라보며 입구 마을로 되돌아 내려오니 역시 쾌청한 날씨였다. 장백폭포(長白瀑布)를 거쳐 천지(天池)의 수면(水面)까지 걸어 올라갔다가 돌아와서 다시 한번 시도하려 했는데, 날씨가 너무 좋아 흐려지기 전에 당장 한 번 더 시도해보기로 하고, 그 지프차를 되돌려 내려온 길을 다시 올라갔지만 역시 마찬가지였다. '백두산의 천지는 덕을 쌓은 자에게만 보여준다는 것을 망각했구나!' 하고 자위하면서 돌아 내려와 당초 계획했던 대로 천지(天池)의 수면(水面)으로 걸어 올라가기로 했다.

필자 부부만 다녀오기로 하고, 필자 부부를 안내하는 두 분은 아래의 마을에서 쉬도록 했다. 천지(天池)에서 흘러나와 비룡폭포(飛龍瀑布)라고도 하는 장백폭포(長白瀑布)로 떨어져 흘러내려 오는 하천(河川)을 건너려면 넓은 냇가를 지나야 하는데, 그 냇가의 곳곳에서 하얀 증기를 일으키며 온천물이 솟아 나오고 있어 그곳이 온천지대임을 알 수 있게 했다. 냇가를 지나다가 온천물이 고여 있는 비교적 큰 웅덩이 중 하나에서, 온천물이 흘러내리는 쪽으로 바라보이는 검은색 바탕의 나지막한 흙벽이 햇빛에 반사되어 오색영롱한 빛을 발하고 있는 모습이 보여 신비(神祕)함을 느끼며 그 하천을 건너 지났다. 하천을 건너 오르막 돌계단을 오르기 시작하니, 주변에 굴러떨어진 크고 작은 낙석들이 여기저기 널브러져 있었다. 당시 올라가는 사람들도 별로 보이지 않는 가파른 돌계단을 낙석의 위험을 무릅쓰고 모험을 하듯 힘들게 걸어 올라가니, 바위 절벽을 깎아 만든 길이 나온다. 알려준 대로의 길을 따라 그 가파른 바위산 절벽의 허리를 타고 한참을 지나가니 비탈진 산자락에 군데군데 풀밭이 펼쳐지는데, 활짝 핀 아름다운 풀꽃들이 우리를 반겨주어 힘든 발걸음을 조금이나마 가볍게 해주었다. 꽃송이들이 제법 큰 야생화들이 어우러져 있는 주변의 경치들을 감상하며 풀꽃들이 만발한 언덕을 넘어서니, 굉음을 내며 쏟아지는 웅장한 장백폭포(長白瀑布)가 가까이 바라보인다. 계곡 사이 68m나 되는 바위 절벽 아래로 양 갈래로 쏟아져 내리는 폭포와 어우러진 경치가 장관이었다. 장백폭포(長白瀑布)를 옆으로 하고 협곡의 완만한 경사면의 풀꽃 길을 따라 올라가는데 맑았던 날씨가 흐려지기 시작했고, 장백폭포를 뒤로하고 장백폭포로 흘러 떨어지는 물길의 계곡을 따라 한참을 올라가니 흐르는 물길이 넓어지면서 웅장한 천지(天池)가 눈앞에 다가온다. 감개가 무량함을 느끼며 천지의 수면 앞에 다가서서 천지를 바라보는데, 한낮인데도 어두움이 짙게 깔려 있고 검푸른 천지의 먼 쪽 수면에서는 안개가 피어오르고 있었다. 천지 수면의 끝은 안개에 가려 보이지 않았다. 우리가 서 있는 곳을 중심으로 해서 사방이 안개로 둘러싸여 있었고, 하늘은 구름으로 덮여 있었다. 그래도 주변의 모습은 보였는데, 전방의 좌측으로는 산등성이에서 쏟아져 내린 것 같은 천지 수면에 접해 있는 회백색 같기도 하고 거무스름하기도 한 애추(崖錐)의 경사면들이 보였고, 천지를 사이에 두고 우측으로는 천지의 수면으로 깎아내린 것 같은 바위 절벽들이 안개 사이로 보이는데, 검푸른 천지와 어우러진 모습들이 위압감을 느끼게 했다. 뒤쪽으로는 완만한 산자락 경사면의 풀밭에 피어 있는 꽃들이 안개 병풍에 싸여 있었고 바람은 한 점도 없어 고요하기까지 했는데, 필자가 마치 아직 가보지 않은 어느 영적인 세계의 장엄한 심판대에 올라와 있는 것 같은 착각이 들기도 했다. 그런데 주변을 살펴보니 조금 전까지도 보였던 몇 명의 사람들마저도 보이지 않았고, 그래서 그랬는지는 몰라도 긴장이 되고 두려움이 엄습함을 느끼기도 했다. 그래도 백두산 천지에 오르는 필부의 소원을 성취했으니 백두산 천지의 맑은 물에 손이라도 담그고 내려가야 한다는 욕심으로 좌측의 달문(闥門) 쪽에 있는 천지 수면에 접해 있는 나지막한 바위에 올라 고개를 숙이고 천지에 두 손을 넣어 두 손으로 물을 떠 얼굴에 가져다 대려는 순간 천지 속으로 빨려 들어가는 것 같은 느낌을 받으며, 자신도 모르는 사이 뒤로 물러서고 말았다. '겁쟁이 졸장부로구나!' 하고 생각하다가 문득, 필자가 감히 신성(神聖)한 하늘과 같은 천지(天池)의 성수(聖水)에 세수를 하려는 온당치 못한 오류(誤謬)를 범(犯)했다는 것을 깨닫게 된다. 아내는 아예 그 신성한 천지의 성수에 손을 담가볼 엄두조차도 내지 못한 채, 아쉬움 속에서 하늘의 못 천지(天池)를 뒤로하고 돌아보고 또 돌아보면서 그 맑은 천지의 물이 넘쳐흐르는 달문(闥門)을 지나 달문을 통해 흘러내리는 승사하(乘槎河)의 물길을 따라 필자 부부 외에 어느 한 사람도 보이지 않는 으슥한 골짜기, 그 심산유곡의 대자연을 만끽하며 내려왔다.

천지(天池)에서 내려오자마자 우리를 기다리던 안내원과 함께 지체 없이 지프차를 타고 천문봉(天文峰)을 향해 올라갔다. 이번에는 바람도 덜 불고 안개구름도 덜 끼어 주변의 산들은 보였지만, 천지는 옅은 안개로 덮여 있어 잘 보이지 않았다. 그런데 어느 순간 천지의 일부가 열린다. 조금 전 천지 수면에서 본 검푸른색이 아닌 짙은 초록색의 천지가 내려다보였는데, 아쉽게도 잠시 후 닫혀버리고 더 이상은 열어주지 않았다. 천지를 둘러싼 백두산의 봉우리들은 지나가는 구름 사이로 그런대로 보였는데, 천지를 향해 서 있는 방향에서 전면의 약간 좌측(동쪽)에 해발 2,749m(중국 자료 근거)의 백두봉(白頭峰)이 보인다. 문재인 대통령이 2018년 9월 20일 북한의 김정은 위원장과 올랐던 백두산의 최고봉이다. 병사봉(兵使峰)이라고도 했다는데, 1962년 저우언라이(周恩來) 총리와 김일성 주석 간 체결한 '중조(中朝)변계조약' 이후 북한이 장군봉으로 개명했다고 한다.

천문봉(天文峰) 등정을 마치고 내려오는 길에 도로변에 지프차를 세우고 흑풍구(黑風口)로 올라가 들어서니, 대단한 장관을 이루고 있는 백두산의 북파(北坡) 경관이 내려다보였다. 천지(天池)에서 계곡을 따라 흘러 내려 오는 하얀 물줄기와 이어져 있는 폭포와, 조금 전 천지(天池) 수면에 오르면서 올라갔다가 내려온 바위 절벽의 허리로 길게 이어져 있는 그 길이 웅장한 계곡과 어우러져 멀리 선명하게 내려다보여 흥미를 더해주었다. 예술 작품과도 같은 아름다운 웅장한 대자연의 풍광이었다. 그랜드캐니언의 웅대한 계곡을 보는 순간 경탄했던 기억이 떠오르는데, 그 규모와 지형이나 지질이 다르기는 하지만 흑풍구(黑風口)에서 내려다 본 장백폭포와 어우러진 백두산 북파(北坡)의 계곡도 감탄이 절로 나오는 아름다운 대자연의 웅장한 계곡이 아닌가 한다. 덩샤오핑(鄧小平)도 1983년 여름에 백두산에 올라서, "사람이 사는 동안, 백두산에 오르지 않으면, 실로 큰 유감스러운 일이다!(人生不上長白山, 實爲一大憾事!)"라고 하며 찬탄을 했다고 한다.

필자 부부가 백두산을 다녀올 때 옌지(延吉)를 출발하면서부터 동행하여 안내해준, 문화대혁명을 겪은 연세가 든 두 분의 조선족 동포로부터 그들과 그들의 앞 세대들이 살아온 이야기를 생생하게 듣는 소득을 얻기도 했다. 백두산에서 돌아오는 도중 옌지 가까이에 다다르면서 그 두 분 중 한 분이 일이 있다고 하며 도로 가까이에 있는 자신의 집에 들렀다가 갈 것을 요청한다. 이웃집들 사이에 있는 자신의 집에 도착하자, 집으로 들어가서 만두라도 먹고 가자고 간곡하게 권하여 따라가 대문으로 들어가 울안에 들어서니 부인이 반갑게 맞아들인다. 옛날 시골의 초가 삼간 집처럼 생긴 초라한 오두막집이었지만 마당이 있었고, 마루를 딛고 방 안으로 들어가니 깔끔했는데, 방의 아랫목에 큰 솥이 걸려 있어 처음 보는 모습으로 좀 이상하다는 생각이 들었다. 그분의 집 구조는 우리의 옛날 시골집처럼 부엌의 부뚜막에 솥이 걸려 있는 것이 아니라, 불을 때는 아궁이는 부엌에 있지만 방 안에 솥이 걸려 있어, 익은 음식을 손쉽게 방 안에서 꺼내 먹을 수 있도록 되어 있었는데, 함경도식이라고 했다. 효율적인 난방 효과가 있을 것 같았고, 추운 겨울 밖에 있는 부엌을 드나들 필요 없이 고구마나 감자, 만두 등을 쪄서 방 안에 있는 솥에서 꺼내어 따뜻하게 식사를 할 수 있는 편리함이 있을 것 같다는 생각이 들었다. 미리 준비라도 했는지 소반에 왕만두를 올려 내놓는다. 함경도식 왕만두라고 했는데, 뭉클한 감동을 느끼며 대접을 받고 호텔로 돌아왔다.

19.
창춘(長春)과
하얼빈(哈爾濱)을 둘러보다

만주(滿洲) 벌판의 한복판 창춘(長春)

　만주(滿洲) 벌판의 한복판에 있으며 지린성(吉林省)의 성도(省都)인 창춘(長春)은, 둥베이평원(東北平原)의 중앙에 위치하며 평탄(平坦)한 중국대륙 동북 지방의 중심 지역이다. '북국춘성(北國春城)'이라는 별명을 가지고 있는 원림(園林)의 도시이기도 하다. 과거 부여(扶餘)의 수도였고, 고구려의 부여성(扶餘城), 발해의 부여부(扶餘府)가 있었던 곳이다. 금(金)나라시대에는 제주(濟州)라는 지명과 융주(隆州)라는 지명을 사용하기도 했었는데, 청나라 가경제 때인 1800년 7월부터 창춘(長春)이라는 지명을 사용하기 시작한다. 일본이 1932년 3월 만주국(滿洲國)을 세우면서 창춘(長春)에 수도를 정하고 신경(新京)이라고 개명하기도 했는데, 해방 후 장제스 국민당 정부가 1945년 12월 창춘(長春)시정부를 설립했었고, 마오쩌둥 중국공산당이 1949년 5월 창춘시 인민정부로 개칭을 하면서 지금에 이르고 있다.

　창춘(長春)에는 일본이 세운 만주국(滿洲國)의 황궁(皇宮)이 보존되어 있다. 일본이 1931년 9월 만주사변을 일으켜 만주 전역을 점령하고 나서,

폐위되어 쯔진청에 머물러 있다가 쫓겨나 톈진(天津) 일본 조계에 머물러 있던 청나라의 마지막 황제 선통제 부의(溥儀)를 내세워 1932년 3월 만주국(滿洲國)을 세우고, 창춘(長春)에 수도를 정하여 신경(新京)이라고 개명을 하고 황궁을 조성하기 시작한다. 일본은 중화민국(中華民國) 정부의 지린(吉林)-헤이룽(黑龍) 지역의 전매교통을 관장하는 기관이 사용했던 건물을 1932년 4월부터 만주국의 집정부(執政府)로 개조하여 사용하다가, 1934년 3월 만주제국(滿洲帝國)을 선포하면서 황궁(皇宮)이라는 이름으로 바꾸어 사용한다. 그때부터 확대 건설을 시작하여 1940년까지 약 250,000㎡의 부지 위에 약 137,000㎡나 되는 여러 건물들을 새로 짓거나 개조하여 황궁(皇宮)을 조성한다. 일본이 패망한 후 그 황궁을 '위황궁진열관(僞皇宮陳列館)'으로 보존하여 개방해오다가 2001년 2월부터는 새로 단장하여 '위만황궁박물원(僞滿皇宮博物院)'이라는 이름으로 개방해오고 있다.

중국은 만주국(滿洲國)을 인정하지 않고 있어 만주(滿洲)라는 지명은 잘 사용하지 않는다. 만주국을 지칭할 때는 그 앞에 괴뢰(傀儡)라는 뜻의 위(僞) 자를 붙여서 '위만(僞滿)'이라고 한다. 만주(滿洲)라는 이름은 청 태종 홍타이지(皇太極)에 의해 처음 사용하게 되었다고 하는데, 당시에는 지명을 의미하는 것이 아니었고 지리와 민족을 의미하는 명칭이었다고 한다. 그 이후 중화민국시대에 중국공산당이 1928년 9월 지금의 선양(瀋陽)인 당시 봉천(奉天)에 중국공산당만주성위원회를 설립하면서 만주(滿洲)라는 이름을 사용하기도 했었고, 장제스 국민당이 중국을 통일하면서 만주(滿洲)라는 지명을 사용했다. 만주사변 이후에는 일본이 만주국이라는 이름을 사용해오다가 1945년 8월 만주국이 패망한 이후 장제스 국민당의 중화민국을 거쳐 1949년 10월 중화인민공화국이 설립되면서부터는 공식적으로는 '동북지방' 또는 '동북3성'이라는 명칭을 사용하고 있다.

창춘(長春)에는 일본이 만주국을 세우면서 지은 관동군사령부 건물이 보존되어 있는데, 그 대형 건물을 1955년부터 지금까지 중국공산당지린 성위원회 사무실로 사용해오고 있다. 교훈을 삼기 위함도 있겠지만, 실사구시(實事求是)에 바탕을 둔 중국다운 대국적(大國的) 발상에 의한 결정이라고 본다. 일본이 러일전쟁 이후 랴오둥(遼東)반도를 점령하고 나서 남만주를 세력화하면서 1906년 9월 여순(旅順)에 관동도독부(關東都督部)를 창설하는데, 1919년 4월 관동청(關東廳)으로 개편하고 관동도독부 내에 있던 육군부(陸軍部)를 분리시켜 관동군사령부(關東軍司令部)를 설립한다. 일본은 1931년 만주사변 때 그 관동군사령부를 선양(瀋陽)으로 옮겼다가 만주국을 세운 후인 1932년 10월 창춘(長春)으로 이전한다. 일본은 1932년 8월부터 그 관동군사령부가 들어갈 건물을 짓기 시작하여 약 2년에 걸친 공사 끝에 1934년 8월 준공을 하는데 지하 1층, 지상 3층으로 된 그 건물의 규모가 무려 약 13,000㎡나 된다고 한다. 그 관동군사령부의 지휘를 받는 관동군에 의해 잔악한 난징대학살이 자행되고, 생체 실험을 하는 등의 잔악한 범행이 저질러졌다. 관동군사령부의 산하는 아니었지만 창춘에는 일본육군사관학교를 모방하여 1939년 3월 설립한 '만주국(滿洲國)신경(新京)육군군관학교'가 있었는데, 지금은 그 자리에 중국 인민해방군장갑병기술학원(人民解放軍裝甲兵技術學院)이 들어서 있다. 그 만주국신경육군군관학교는 4년제 학교로 2년의 예과와 2년의 본과를 두고 있었는데, 1945년 8월 일본이 패망하면서 약 6년 만에 폐교한다. 박정희 전 대통령이 1940년 4월 그 만주국신경육군군관학교 제2기생으로 입학하여 예과 2년을 수료하고 성적 우수생의 자격으로 일본 도쿄에 있는 일본육군사관학교 본과로 편입학하여 1944년 4월 일본육군사관학교를 졸업했다고 한다.

창춘(長春)에는 관동군사령부 건물 말고도 만주국중앙은행의 건물도 그대로 보존되어 있다. 일본이 1934년 4월부터 건축하기 시작하여 약 4년에 걸쳐서 1938년 6월 준공한 연면적 약 26,000㎡ 규모의 지하 3층, 지상 4층짜리 견고한 건물로 중국인민은행창춘분행이 사용해오고 있는데 예술적인 가치도 있다고 한다. 일본에 의해 1912년 지어진, 지금은 화폐박물관으로 사용하고 있는 약 8,700㎡의 지하 1층, 지상 3층 한국은행 건물에 비하면 그 규모가 대단함을 알 수가 있다.

창춘(長春)에는 중요 공업기지인 동북노공업기지(東北老工業基地)가 있는데, 그 안에는 1953년 7월 한국전쟁의 휴전협상이 막바지 단계에 이를 때인 1953년 7월 15일 마오쩌둥 주석에 의해 설립된 중국 최초의 자동차 공장인 '중국제1기차집단유한공사(中國第一汽車集團有限公司)'가 있다. 중국의 자체 기술로 개발한 고급 세단 승용차 '홍치(紅旗)'와 중대형(重大型) 등의 상용차 '제팡(解放)' 등을 비롯하여, 개혁개방 이후에는 폭스바겐, 아우디, 도요타 등과의 합작으로도 자동차를 생산하고 있는 연 생산 300만 대 규모의 대형 기업으로 2019년 기준으로 159만여 대의 자동차를 생산하였다고 한다. 같은 기간 현대자동차 울산의 5개 공장에서 139만여 대의 자동차를 생산하였다고 하니, 그 규모가 비슷하지 않나 하는 생각이 든다.

현대자동차의 울산 공장은 몇 차례 내부를 견학할 기회가 있었지만, 창춘의 제1기차공장(第一汽車工場)은 여러 공장의 외부만을 자동차로 돌아본 적이 있었는데 그 규모가 대단했다. 친구 따라 강남 간다고 마침 당시 중국 중앙정부의 관리였던 가깝게 지내는 친구가 창춘(長春) 출장 중에 있어 2005년 9월 24일(토요일) 창춘 제1기차공장(第一汽車工場)을 방문할 수 있었는데, 아쉽게도 시간이 맞지 않아 공장 내부는 견학하지 못했고 방대한 여러 공장의 외부만을 자동차로 돌아보고 나서, 그 공장의 영빈관에서 제1기차집단공사의 부총경리가 주최하는 만찬에 초청되어 그 친구와 함께 즐거운 만찬을 마치고 나서 품위가 있는 그 영빈관에서 하루 저녁을 묵은 적이 있다. 그때 장춘 고유의 여러 음식들을 대접받았는데, 특유의 송어찜 요리와 여러 한약재와 버섯 등을 넣어 달인 담백한 닭고기 탕과 창춘의 특식이라며 후식으로 나온 살짝 튀겨낸 하얀 부드러운 팥빵 등을 맛있게 먹었던 기억이 난다.

헤이룽장성(黑龍江省) 하얼빈(哈爾濱)

창춘(長春)에서 직선거리로 약 230㎞ 북쪽으로 올라가면 헤이룽장성(黑龍江省)의 성도(省都)이자 헤이룽장성(黑龍江省)의 서남부 지역에 위치해 있는 하얼빈(哈爾濱)이 나온다. 먼저 헤이룽장성(黑龍江省)을 들여다보면, 만주(滿洲) 벌판의 동북3성 중 가장 북쪽에 위치해 있으며 헤이룽장성의 북쪽으로는 한온대기후의 한냉(寒冷)한 지역으로 중국에서 가장 추운 곳이지만 중국의 서부 지역에 비해 높은 산들은 별로 없고, 서쪽으로는 다싱안링(大興安嶺), 북쪽으로는 샤오싱안링(小興安嶺) 등의 산맥들이 있는데 해발 1,000m 내외의 산들로 삼림지대를 이루고 있어 임산자원이 풍부한 지역이기도 하다. 헤이룽장성(黑龍江省) 북동쪽으로는 러시아에서는 아무르강이라고 부르는 헤이룽장(黑龍江)과 헤이룽장(黑龍江)의 지류인 우수리(烏蘇里)강을 사이에 두고 러시아와 국경을 이루고 있는데, 그 길이가 무려 3,045㎞나 된다고 하니 중국과 러시아 간 총 국경의 길이 약 4,300㎞의 대부분(70% 이상)을 차지하고 있는 셈이다.

청나라가 만주 지역의 봉금을 해제하면서부터 헤이룽장성도 개발되기 시작하는데, 중국과 그 긴 국경을 이루고 있는 제정(帝政) 러시아가 동북쪽의 블라디보스토크에서 서북쪽의 치타까지 직선거리의 철도를 건설하여 시베리아횡단철도와 연결시키고, 북만주를 세력화하기 위해 만주의 동북쪽 중·러 국경지대의 중국령 수이펀허(綏芬河: 수분하)에서부터 하얼빈을 거쳐 만주의 서북쪽 중·러 국경지대의 중국령인 만저우리(滿洲里: 만주리)까지 잇는 철도를 건설하고, 하얼빈에서 창춘까지 잇는 '동청철도(東淸鐵道)'를 건설하여 연결시키게 되면서 헤이룽쟝성은 더욱 발전하게 된다. 러시아는 그 동청철도(東淸鐵道)의 지선으로 창춘(長春)에서부터 선양(瀋陽)을 거쳐 랴오둥(遼東)반도의 남단인 다롄(大連)과 뤼순(旅順)에 이르는 철도를 건설하여 개통하는데, 1904년 러일전쟁 후 남만주를 점령하게 되는 일본에게 1905년 그 창춘(長春) 이하의 남만주철도도 넘겨주게 된다. 하지만 하얼빈(哈爾濱)은 러시아와 융합되어 러시아식으로 변모된 근대적인 도시로 발전되면서 동방의 모스크바라 불리기도 했다고 한다. 일본이 남만주를 차지한 이후 추밀원 의장 이토히로부미(伊藤博文)가 러시아의 재무상 코코프체프와 만주의 이익 분배 문제를 담판하기 위해 일본을 출발하여 뤼순(旅順)항을 거쳐 1,435㎜ 표준궤열차편을 이용해 창춘(長春)으로 올라와 러시아가 제공하는 특별열차편으로 갈아타고 러시아가 관할하는 1,520㎜ 광궤의 동청철도(東淸鐵道)를 이용해 1909년 10월 26일 오전 하얼빈(哈爾濱)역에 도착한다. 그때 영접을 받던 이토히로부미(伊藤博文)를 향해 권총을 발사하여 저격한 안중근 의사의 의거(義擧)가 바로 그 동청철도(東淸鐵道) 하얼빈(哈爾濱)역에서 일어난다.

그 후로도 일본은 계속해서 도발을 멈추지 않고, 한반도와 만주 지역 등 중국을 침략하면서 1931년 9월에는 만주사변을 일으키고, 그 이듬해 3월에는 만주 정부를 수립하고 나서 '관동군(關東軍) 방역급수부(防疫給水部)'라는 명의로 위장하여 1933년부터 하얼빈에 세균무기 연구 생산기지의 건설을 시작하여 1936년부터 인체 실험, 동물 실험 등을 하면서 세균전을 준비한다. 1937년 중일전쟁을 일으키고 나서 하얼빈시 핑팡구(平房區)지역 내의 6.1㎢를 특별군사구역으로 설정하여 생체 실험실, 마루타(丸太) 감옥 등 여러 건물들을 지어 1940년부터 매년 600여 명의 중국인, 러시아인, 몽골인, 조선인 등의 마루타(丸太)들을 대상으로 신체 해부, 세균 투입, 냉동 실험 등의 생체 실험을 자행하면서 3,000여 명을 학살하는 천인공노(天人共怒)할 잔인한 만행을 저질렀다. 1941년 8월부터는 '관동군 제731부대'로 개칭하여 세균전쟁을 본격화했지만, 패전을 예감하면서 1945년 8월 9일 본부 건물을 제외한 주요 건물들을 모두 폭파시켰다고 하는데 그 본부 건물이 하얼빈에 남아 있다. 그 본부 건물 중 부서진 부분을 수리하여 동쪽 건물은 핑팡구정부(平房區政府) 사무실과 우체국 건물로 사용했고 서쪽 건물은 개조하여 중학교 건물로 사용해왔다고 하는데, 서쪽 건물은 계속해서 학교 건물로 사용을 해오고 있고 동쪽 건물은 1985년부터 '일군제731부대죄증진열실(日軍第731部隊罪證陳列室)'로 개조하여 개방해오다가 2001년도부터는 복원하여 '침화일군제731부대죄증진열관(侵華日軍第731部隊罪證陳列館)'이라는 전시관을 만들어 개방하고 있다. 그 이후인 2003년 3월 4일부터 3박 4일간 하얼빈을 방문할 기회가 생겨 그 전시관을 들러본 적이 있다. 그때 느꼈던 감정은, 천인공노할 일본군의 만행 현장인 난징(南京)에 있는 '난징대학살기념관'에서 느꼈던 감정이나 독일 나치군의 잔인한 만행 현장인 폴란드의 '아우슈비츠 강제수용소'를 돌아보며 느꼈던 감정이나 다름이 없었다.

하얼빈(哈爾濱)에서는 1985년 1월 5일 처음 개최하기 시작했다고 하는 '빙설절(氷雪節) 축제'를 그 이후 매년 겨울 개최해오고 있다. 얼음 조각으로 실존 크기의 성(城)과 궁궐을 짓고, 각종 조각상을 만들고, 눈으로 원림(園林)과 빙화(冰花), 빙등(冰燈)을 만드는 등 대규모의 축제장을 조성하여 국내외의 관람객들을 맞이한다. 2003년 3월 4일부터 3박 4일간 하얼빈을 방문했을 때 빙설절(氷雪節) 축제 기간이 끝나고 나서 개방을 하고 있는 축제장을 야간에 둘러본 적이 있었는데, 3월 초인데도 얼음 조각을 쌓아 만든 모형물들과 조각상들이 아직 녹다 말고 남아 있었다. 썰렁하기는 했지만 당시 녹지 않고 남아있는 얼음 조각들의 모습들만으로도 동화 속에 나오는 호화찬란한 예술 잔치를 벌이고 있는 '설국의 풍광' 같은 예술 작품들이 들어서 있었음을 짐작할 수 있게 했다. 하얼빈에서 매년 개최해오고 있는 그 대규모의 '빙설절(氷雪節) 축제'는 국내외의 관광객들을 끌어모아 지역 경제에 활력을 불어넣으면서 혹한의 긴 겨울을 지내야 하는 하얼빈 시민들에게 위안이 되기도 하고, 자긍심도 심어주는 아름다운 '설국(雪國)의 축제'라는 생각이 든다.

하얼빈(哈爾濱)의 중심에서 서북부 방향으로 약 150km의 위치에는 1959년에 발견된 중국 최대의 석유 생산기지인 다칭유전(大慶油田)이 있는데, 그 일대에서 채굴 가능한 석유 매장량은 67억 톤이라고 한다. 중국 상무부 통계에 의하면 중국이 2019년 기준으로 원유 5억 톤을 수입했고 1.9억 톤을 자체 생산했다고 하는데, 다칭유전(大慶油田)에서 3,090만 톤을 생산했다고 하니 원유의 수입 의존도가 큰 중국 경제에 만주 벌판의 복판에 있는 다칭유전(大慶油田)이 크게 기여를 하고 있다고 본다.

하얼빈(哈爾濱) 동북부의 헤이룽장(黑龍江)과 우수리강(烏蘇里江), 쑹화강(松花江)을 사이에 두고 있는 '싼장분지(三江盆地)'의 삼각지대에는 둥베이평원(東北平原)의 일부분인 싼장평원(三江平原: 삼강평원)이 있다. 그 싼장평원(三江平原)은 100,000㎢가 넘는 광활한 평원이지만 그중 호반과 습지

면적이 50,000㎢가 넘으며 협의(狹義)의 싼장평원(三江平原)은 약 40,000㎢ 라고 하는데, 그중에서도 헤이룽장중유분지(黑龍江中游盆地)의 일부 토지를 일컫는다. 그 토지들 중에는 방치되어 있는 땅들이 많은데, 최근 들어 중국은 그 일부 토지를 개간하여 경작을 하고 있다고 한다. 그런데 중국과 수교를 할 무렵인 1992년부터 농업에 조예가 깊은 우리의 전직 고위관료가 우리나라의 식량난 해소를 위해 기여하겠다는 꿈을 안고 중국과의 협력 사업으로 그 싼장평원(三江平原)의 일부 땅을 농장으로 개간하여 경작하기 위한 개발 사업을 추진했지만 진전을 이루지 못하고 포기하는 안타까운 사례가 있었다. 그 싼장평원(三江平原)의 땅들은 퇴적 평원으로 비옥한 토지지만, 지평선이 보이는 해발 50~60m의 평지 저지대로 점토질의 땅이 많아 우기에 배수 문제가 발생할 우려가 있어 침수에 대비한 개간을 해야 하는데 그 개간에 필요한 자금을 확보해야 하는 문제가 있고, 환경이 열악한 미개발된 평원의 주변에는 사람들이 살고 있지 않으니 농사를 지을 인력 확보의 어려움이 있을 뿐만 아니라 기계화 경작을 위해서는 많은 영농자금이 필요할지니 수지타산을 맞추어야 하는 문제, 겨울의 긴 농한기와 서늘한 여름에의 경작, 짧은 수확 기간 등을 관리해야 하는 문제 등 여러 어려운 문제점들이 발목을 잡지 않았나 하는 생각이 든다. 만주 지역은 비옥한 평원이 광활하게 펼쳐져 있고, 다양한 광물자원이 풍부하게 매장되어 있을 뿐만 아니라 각종 임산자원을 보유하고 있는 삼림지대도 형성되어 있어 그간 많은 개발이 이루어졌고, 미래에는 더욱 발전되어나갈 수 있는 잠재력을 가지고 있는 지역이라고 본다. 하지만 만주의 북부 지역은 추운 겨울이 길어 자연환경이 상대적으로 열악한 단점이 있으니, 지린성 북부 지역이나 헤이룽장성 등 지역으로의 투자 진출을 고려한다면 충분하고도 신중한 검토가 필요하다고 본다.

20.
선양(瀋陽)과 번시(本溪)를 들여다보고, 동북공정(東北工程)을 알아보다

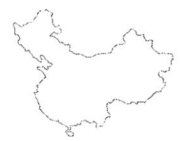

청(淸)나라 개국 성지 선양(瀋陽)

만주(滿洲) 벌판의 남쪽에 위치한 랴오닝성(遼寧省)의 성도(省都)인 천년 고도 선양(瀋陽)은 당(唐)나라시대와 금(金)나라시대에는 심주(瀋州)라는 지명을 사용했다고 하는데, 원(元)나라시대에 처음으로 선양(瀋陽)이라는 이름을 사용했다고 한다. 청(淸)나라시대에는 성경(盛京)이라는 이름으로 개명을 했다. 중화민국시대 초기에는 봉천(奉天)이라는 이름을 사용해오다가 장제스 국민당 정부가 1929년 군벌들을 물리치고 중국을 통일하면서 선양(瀋陽)이라는 지명을 사용했고 1932년 3월 일본이 만주국을 세우면서 다시 봉천(奉天)이라는 이름을 사용하기도 했는데, 1945년 8월 일본이 세운 만주국이 무너지면서 그 이후부터는 계속해서 선양(瀋陽)이라는 지명을 사용해오고 있다. 선양(瀋陽)을 중심으로 한 동북3성은 일제강점기와 마오쩌둥 시절에는 중화학산업 등 공업이 발달하였지만 점점 노후화되었고, 덩샤오핑이 개혁개방 정책을 추진하면서부터 동남 연해 지역에 비해 상대적으로 낙후되기 시작했다. 그 이후 후진타오 정부가 들어서면서 조화사회건설 정책을 추진하게 되는데, 그 일환으로 상대적으로 낙후된 만주 지역인 동북3성에 대한 노후 공업기지를 개발하는 등의 동북진흥 정책을 추진하면서, 선양(瀋陽)을 중심으로 한 동북3성의 경제가 급속도로 발전하게 된다.

선양(瀋陽)은 춘추전국시대에는 연(燕)나라가 후성(候城)이라는 성을 세웠던 곳이고 과거 고조선과 고구려가 점유했던 땅이기도 한데, 고구려가 점령하면서 그 후성(候城)을 불태우고 개모성(蓋牟城)을 건설했던 곳이다. 그 이후 당나라의 점령을 거쳐서 만주족(滿洲族)의 전신인 여진족(女眞族)이 세운 후금(後金)이 만주를 차지하게 되는데, 그 후금의 태조 누르하치(努爾哈赤)가 선양(瀋陽)에 궁궐을 건설하고 1625년 선양(瀋陽)으로 도읍을 옮긴다. 누르하치가 죽은 후 보위를 이어받은 그의 아들 태종 홍타이지(皇太極)가 그 궁궐을 확대 건설하여 도읍의 이름을 '성경(盛京)'으로 바꾸고 그 이후 나라 이름도 '대청(大淸)'으로 바꾸는데, 병자호란을 일으켜 인조(仁祖)를 삼전도에서 굴복시켰던 태종 홍타이지(皇太極)가 죽고 세조 순치제(順治帝)가 등극하여 베이징으로 입성한 후 성경(盛京)에 봉천부(奉天府)를 설치하여 수도 베이징에 준하는 관리를 하면서 '성경황궁(盛京皇宮)'을 청나라의 개국 성지로 성역화한다. 그 후 건륭제(乾隆帝)시대에는 성경황궁(盛京皇宮)을 확대 건설하였으며 강희제, 건륭제, 가경제, 도광제 등이 10여 차례 동부 지방을 순시할 때는 행궁으로 사용했다고 하는데 그때까지 사용해온 그 성경황궁(盛京皇宮)을 잘 보존하여 지금은 '선양고궁(瀋陽故宮)'이라는 이름으로 개방하고 있다. 중국에서 온전하게 보존하고 있는 궁전은 베이징의 쯔진청(紫禁城)과 선양의 성경황궁(盛京皇宮)뿐이다. 성경황궁(盛京皇宮)인 선양고궁(瀋陽故宮)에는 태조 누르하치가 황궁을 건설하면서 지은 대정전(大政殿)과 태종 홍타이지가 황궁을 확장하면서 건축한 숭정전(崇政殿), 대청문(大淸門), 청녕전(淸寧殿), 건륭제가 황궁을 더 확장하면서 지은 문소각(文溯閣) 등 100여 개의 건축물이 들어서 있는데, 중국 고대 건축의 전통과 만주족(滿洲族) 고유의 민족 특색을 지니고 있고, 몽고와 티베트(西藏) 등 소수민족 건축예술이 융합된 건축양식의 건축물들로 이루어져 있다. 베이징의 웅장하고 화려한 쯔진청(紫禁城)도 그렇지만 선양(瀋陽)의 고궁도 궁전 건축물들의 규모는 크지만 궁전의 꾸밈은 우리의 경복궁이나 창덕궁처럼의 아름다움을 느끼지는 못했다. 선양고궁(瀋陽故宮)에 소장되어 있던 보물 등 11만여 건의 물품들은 신해혁명 이후 베이징으로 옮겨졌다고 하는데, 국민당 정부에 의해 다시 난징으로 옮겨졌다가 국민당 정부가 밀려나면서 대만으로 옮겨 갔다고 한다.

선양(瀋陽)에는 청 태조 누르하치(努爾哈赤)의 능원인 동릉(東陵)이라고도 하는 '복릉(福陵)'과 그의 아들 청 태종 홍타이지(皇太極)의 능원인 북릉(北陵)이라고도 하는 동릉(東陵)보다도 규모가 더 큰 '소릉(昭陵)'이 있고, 선양(瀋陽)에서 동쪽 방향 약 40km의 위치에 있는 푸순시(撫順市) 행정구역 내 신빈만족자치현(新賓滿族自治縣)의 백두산 여맥 산자락에 청 태조 누르하치(努爾哈赤)의 부친, 조부, 증조부 등 청나라의 조상 6위가 안장된 영릉(永陵)이라고 하는 능원이 있는데 그 영릉(永陵)과 복릉(福陵), 소릉(昭陵)을 '성경3릉(盛京三陵)'이라고 부른다. 필자가 베이징에서 근무하고 있었을 때인 1996년 10월 28일부터 4박 5일간 진출 기업들의 현황을 파악하기 위해 선양(瀋陽)과 다롄(大連)을 출장하면서 선양에 진출해 있는 광전자, 동방방직 등을 시찰하고 선양한국상회의 안내에 의해 선양고궁(瀋陽故宮)과 영릉(永陵)을 둘러봤다. 영릉(永陵)으로 올라가는 주변은 낙엽이 지다가 아직 물들어 남아 있는 단풍으로 아름다운 만추의 경관을 이루고 있었는데, 우리의 산세와 비슷한 명당자리라는 생각이 들었었다. 강희제와 건륭제 때는 그 성경3릉(盛京三陵)을 증건(增建)하였고, 황제들이 동부지방을 순시할 때는 황제가 성경3릉(盛京三陵)에 직접 제사(祭祀)를 지내는 등 청나라시대에는 그 성경3릉(盛京三陵)을 성역화하면서 엄중히 관리하였다고 한다. 베이징 인근에 있는 청나라 황제들의 도굴된 능원과는 달리 성경3릉(盛京三陵)은 청나라가 멸망한 이후인 중화민국북양(北洋) 정부 시대와 일본의 만주 정부 때도 잘 관리되어 지금에 이르기까지 온전하게 보존되어 있는데, 일본의 만주 정부나 중화민국의 북양(北洋)군벌이 성경황궁과 성경3릉(盛京三陵)을 잘 관리하고 문화대혁명 때도 훼손시키지 않은 것은 만주 지역에 분포되어 있는 만주족의 자존심을 건드리지 않으려는 의도가 있었기 때문이 아니었는가 하는 생각이 든다. 선양(瀋陽)의 내성(內城)에는 병자호란 때 인질로 잡혀간 소현세자, 봉림대군(효종) 등이 베이징으로 옮겨 끌려가기 전까지 머물렀던 '조선관(朝鮮館)'이 있었다고 하는데, 지금은 추정되는 터만 있을 뿐이다. 선양(瀋陽)과 그 주변 지역에는 6만여 명의 조선족 동포들이 군데군데 동네를 이루며 모여 살고 있다고 한다. 선양(瀋陽) 시내 조선족 동포들이 밀집해 있는 서탑(西塔)지구 등에는 조선족 동포들이 운영하는 식당들이 있었는데, 필자가 수차례 선양(瀋陽)을 방문할 때마다 안내를 받아 그 식당들에서 식사를 했다.

고구려의 발상지 번시(本溪)

선양(瀋陽)에서 단둥(丹東)으로 가는 동남부 방향으로 약 70km를 내려가면 고구려 건국의 발상지인 번시(本溪: 본계)라는 지역이 나온다. 번시

(本溪)의 '환인(桓仁)만족(滿族)자치현'이라는 곳에는 고구려가 수도를 지안(集安: 집안)으로 이전하기 이전의 수도였던 '졸본성(卒本城)'으로 추정되는 옛 고구려의 성(城)인 '오녀산성(五女山城)'이 있고, '번시(本溪)만족(滿族)자치현'이라는 곳에는 병자호란 때 포로로 끌려갔다가 정착해 살았던 것으로 추정되는 조선족 마을인 '박가구촌(朴家溝村)'과 '박가보촌(朴家堡村)'이 있는 등 우리 민족의 발자취들이 있다. 2023년 기준으로 137만여 명의 인구를 보유하고 있는 번시(本溪)에는 만여 명이 넘는 조선족 동포들이 살고 있다고도 한다.

당시 필자가 번시(本溪)를 지나가면서 바라본 산들의 모습은 베이징 주변의 타이항산(太行山)산맥이나 옌산(燕山)산맥의 산들과는 달리 백두산 줄기의 산들이라서 그런지 우리 한반도의 산세와 비슷했고 높은 산들도 보였는데, 자연적인 현상이었는지 아니면 만주국 시절 일본으로의 목재 공출이나 대약진운동 시기 용광로의 화목 용도로의 벌채 때문에 그랬는지 알 수는 없었지만 굵직한 나무숲이 우거진 산들은 보이지 않았고 민둥산 같은 산들만 보였었다. 번시(本溪)의 전체 면적 중 산지가 차지하는 비중이 80%라고 하니 필자의 눈에 보이지 않았던 산들이 대부분이었겠지만, 번시(本溪)의 산들에서는 야생 인삼, 적작약, 오미자 등 진귀한 많은 한약재들이 자생하고 있다고 하며 번시(本溪)의 야생 도토리나무에서 채취한 도토리를 한국으로 수출한다고도 했는데, 그 이후 선양(瀋陽)을 수차례 방문하면서 조선족 동포가 운영하는 식당들에 들렀을 때 도토리묵 등 도토리 전분으로 만든 요리들을 맛보며 번시(本溪)를 떠올리기도 했다.

번시(本溪)의 중심에서 동쪽으로 26km 떨어진 위치에 '번시수동(本溪水

洞)'이라는 유명한 석회암 동굴이 있다. 필자 일행이 1995년 9월 30일 선양(瀋陽)에서 단둥(丹東)으로 이동하면서 번시(本溪) 시내에서 조선족 동포가 운영하는 식당에서 오찬을 하고 안내에 의해 그 동굴에 들어가본 적이 있었는데, 그 규모가 대단했다. 동굴 입구의 상면 바위에는 충칭시(重慶市)서기로 있다가 실각한 보시라이(薄熙來)의 부친인 전(前) 중국국무원 부총리 보이보(薄一波)가 썼다고 하는 '본계수동(本溪水洞)'이라는 동굴 이름이 가로로 새겨져 있었다. 석회암이 침식되고 물이 고여 형성된 '충수용동(充水溶洞)'으로 동굴의 길이는 5.8km나 된다고 하는데, 당시 개발된 2km 정도를 개방하고 있었다. 배터리 모터보트를 타고 동굴 내부를 유람했는데, 동굴 내 깊은 곳의 수심은 7m나 되고 평균수심은 1.5m로 맑은 물이 1년 내내 마르지 않는다고 한다. 당시 초가을로 접어드는 늦여름이었는데 동굴 내의 항온(恒溫)이 12℃라서, 빌려 준비해준 롱 패딩을 입고도 추위를 느꼈었다. 넓어졌다가 좁아졌다 넓어지고, 낮았다가 높아졌다 하며, 이어져 있는 동굴의 천장에 매달려 있는 각양의 종유석들과 바닥에서 솟아오른 기이한 석순들이 어우러져 조명에 비쳐 호화찬란했다. 그 번시수동은 세계에서 가장 긴 '지하충수용동(地下充水溶洞)'이라고 하는데, 신비한 동굴이라는 생각이 들었다. 번시(本溪)에는 본계수동(本溪水洞)처럼 석회암지질로 형성되어 있는 곳들에 매장되어 있는 석회석과 대리석뿐만 아니라 채광이 가능한 27억 톤이나 되는 철광석 등 다양한 광물자원이 매장되어 있다고 하는데, 그 철광석을 기반으로 한 철 생산의 주요기지가 있기도 하다.

고구려의 발상지가 있는 번시(本溪) 이야기를 마치면서 중국 정부가 추진하고 있는 '동북공정(東北工程)'을 잠시 들여다보고 단둥(丹東) 이야기로 넘어가고자 한다.

중국의 '동북공정(東北工程)'에 대하여

중국이 공산화된 이후 개혁개방 정책을 추진하기 이전까지는 서방세계와 단절되어 있어 우리도 중국을 오갈 수 없었는바, 한반도와 접경을 이루고 있는 만주(滿洲) 지역조차도 우리에게는 거의 잊혀져 있던 땅이었다. 그런데 중국이 문호를 개방하고 개혁개방 정책을 추진하면서부터, 특히 한중수교 이후부터는 우리와 중국 간의 교류와 협력이 늘어나기 시작하여 조선족 동포의 고장인 옌볜(延邊)을 비롯한 만주(滿洲) 지역인 동북3성을 방문하는 우리 국민들도 늘어나기 시작한다. 만주(滿洲) 지역을 방문하는 우리 국민들 중에는 우리의 사학자들도 있을진대, 우리의 일부 사학자들이 나름대로의 역사적인 고증을 하며 만주(滿洲) 지역이 우리 역사의 땅임을 주장하기도 했지만 중국 정부가 우리 역사학자들의 이러한 주장들을 알고는 있었을지언정 개혁개방 초기에는 관심을 가질 여력이 없었을 것이다. 다시 말해 개혁개방에 박차를 가하던 장쩌민(江澤民) 시대에는 우리의 자본과 기술이 절실히 필요했는바 관심을 가지고 있었다 해도 제대로 정립된 근거도 없는 상태에서 대응하기가 쉽지 않았었을 것이라고 본다. 그러나 장쩌민 시대와는 상황이 달라진, 개혁개방 정책의 성과를 보이며 안정적인 경제성장을 이어가는 후진타오(胡錦濤) 시대에 들어서면서 '동북변강(東北邊疆)의 역사와 현상계열의 연구'라는 대규모 프로젝트인 '동북공정(東北工程)'을 추진하게 되는데, 중국사회과학원과 동북3성의 학술기구와 대학들이 연합된 조직을 구성하여 '동북지방 연구', '동북민족사 연구', '고조선 고구려 발해 연구', '중국과 북한 관계 연구', '중국 동북변경과 러시아 원동지구 정치 경제 관계 연구', '동북변경 사회 안정 전략 연구' 등의 임무를 수행하게 한다. 그러한 연구를 통해 중국 정부가 발표한 것 중 우리나라와 관련된 연구 결과의 대략을 보면 '① 고구려는 중국 고대 지방 민족 정권에 속한다. ② 고구려와 고려 정권 간은 필연적인 관계가 아니다. ③ 고구려의 주체 부분은 이미 중화민족의 대가정(大家庭)에 융화됐고, 갈라진 부분은 지금의 조선민족으로 융화되었을 가능성이 있고, 모순적인 주요 방면을 파악한 바에 의하면 고구려와 지금의 조선민족 간에는 필연적인 관계에 있지 않다'라는 것이다. 언뜻 보기에도 '고구려가 중국 고대의 지방 민족 정권'이라는 주장은 크게 왜곡된 주장이라고 보는데, 우리도 이러한 주장들에 대해 목청만 높일 것이 아니라 '만주 벌판은 발해가 멸망한 929년 이후 중국의 동북 지역 역사에 편입된 요(遼)나라, 금(金)나라, 청(淸)나라가 점유해왔었으며, 그 이후로 지금까지 중국이 영유해오고 있다는 사실과, 만주 지역에 거주하고 있는 조선족 동포들이 중국 국적을 지니고 있으면서 한족(漢族), 만주족(滿洲族) 등 중국인들과 함께 어우러져 살아가고 있는 중국인이라는 사실'은 인정을 하면서, 상호 존중하는 자세를 견지하면서, 체계적으로 고증하고 연구하여 왜곡이 되거나 모순된 내용들에 대해 객관적이고 타당성 있는 통일된 논리를 만들어 대응을 하는 것이 바람직하다고 본다.

하나 더 부연하면, 우리 국민들이 조선족 동포들의 안내를 받으며 함께 만주 지역을 여행하면서 만주를 우리의 땅이라고 주장을 한다든지, 중국 국경선 내의 백두산에 올라가서 태극기를 들고 만세를 부른다든지, 조선족 동포들을 대하면서 아주 가까운 사이가 아니면서도 고향의 친구나 후배로 알고 훈계한다든지 하는 일들은 삼가는 것이 좋을 것 같다는 생각이 든다. 필자의 노파심인지는 모르겠는데, 애국적이고 애족적인 그 감정의 표현들이 우리의 입장에서는 십분 이해가 되지만,

상대로 하여금 불쾌한 감정을 유발시키거나 자존심을 손상시킬 수 있다면, 우리에게 도움이 되지 않는 부정적인 결과만을 낳을 수도 있기 때문이다.

21.
단둥(丹東)과 다롄(大連)을 들여다보다

북·중 관문(關門) 단둥(丹東)

 단둥(丹東)은 압록강을 사이에 두고 북한의 신의주(新義州)와 마주하고 있는 중국과 북한 간의 접경 지역으로, 중국과 북한을 오가는 관문이 있는 곳이다. 1965년 이전에는 '안둥(安東)'이라는 지명을 사용했던 그 단둥(丹東)은 중국 내 관문이 있는 접경 지역 중 최대의 도시이기도 하다. 중국과 북한 간 교역량의 70%가 단둥을 통해 이루어진다고 하니, 경제적으로만 보더라도 단둥은 북한과 밀접한 관계가 있는 도시다. 2023년 기준으로 209만여 명의 인구가 살고 있다고 하는 단둥에는 17,000여 명의 조선족 동포가 살고 있고, 단둥 시내의 중심 지역에는 3,000여 명의 조선족 동포와 북한 화교, 북한인, 한국 교민 등이 어우러져 거주하고 있다고 하는데 필자가 1995년 9월 30일부터 2박 3일간 단둥을 방문했을 때 그 중심 지역 시가지 조선족 거리의 상점들에서는 북한에서 생산된 술과 '개성 인삼'이라고 표시되어 있는 인삼 등 북한 상품들 말고도 '정관장(正官庄)'이라고 표시되어 있는 홍삼 등 다양한 물품들을 팔고 있었다.

단둥(丹東)의 중심에 인접해 있는 곳에 압록강(鴨綠江)이 흐르고 있는데, 북한과 중국 간 국경을 이루고 있는 압록강(鴨綠江)은 백두산의 남쪽 기슭에서 발원하여 굽이굽이 795㎞나 흘러 황해로 유입되는, 한반도에서 가장 긴 강이다. 압록강 대부분의 수면은 중국과 북한이 공유하고 있지만 압록강에 있는 섬들 중 창허다오(長河島: 장하도)와 웨량다오(月亮島: 월량도) 등 일부만 중국이 점유하고 있고 압록강에서 가장 큰 섬인 비단도(緋緞島)를 비롯하여 위화도(威化島)와 황금평(黃金坪) 등 대부분의 섬들은 북한이 차지하고 있다. 북한은 중국과의 협력으로 위화도와 압록강 하류 남단의 중국 쪽에 바짝 붙어 있는 황금평의 개발을 추진하다가 중단하기도 했다. 같은 맥락이 아닌가 하는데, 2009년 10월 중국과 북한 간 체결한 경제기술협력협정에 의해 중국 정부는 북한과의 교류와 협력을 확대시키기 위해 낡은 압록강철교상의 자동차도로를 대체할 '신(新)압록강대교'를 2014년 10월 개통을 목표로 건설하기로 하고, 2011년 5월부터 건설을 시작하여 압록강철교의 서쪽 하구(河口) 방향으로 약 10㎞ 떨어진 압록강 하류의 위치에다 세운 3㎞의 교량을 포함해 20㎞에 이르는 33m 폭의 왕복 4차선 도로 중 북한 쪽의 연결 부분만을 남겨놓고 2014년 9월 완공했지만 개통하지 못하고 있다. '신(新)압록강대교'가 개통되고 북·중 교류가 활성화된다면 단둥은 더욱 발전된 도시로 변화되지 않을까 한다.

단둥(丹東)과 북한의 신의주 사이에 연결되어 통행되고 있는, '압록강대교'라고도 하는 940m 길이의 압록강철교를 중국에서는 '중조우의교(中朝友誼橋)'라고 부르고 있고, 북한에서는 '조중친선다리'라고 부른다는데, 중국이 1990년 10월 '한국전쟁 참전 40주년'을 기념하면서 북·중 간의 우의를 다지기 위해 북·중 간 합의에 의해 지어진 이름이라고 한다.

북한의 김일성과 김정일 부자에 이어 김정은도 그 압록강철교의 철로를 이용해 단둥을 거쳐 중국을 드나들고 있다. 압록강철교는 만주(滿洲) 정부 시절 일본이 1937년 4월부터 건설을 시작하여 1943년 5월 개통한 복선(複線)철로였는데, 한국전쟁 때 연합군이 중공군 진입을 차단하기 위해 전투기로 폭격하여 파괴시킨 북한 쪽 부분을 1951년 1월 보수하면서 복선철로의 한 선을 자동차와 사람이 통행할 수 있는 인도교로 개조하여 나머지 한 선의 철로와 함께 사용해오고 있다.

중조우의교(中朝友誼橋)라고 부르는 압록강철교의 100m 하류(下流)에는 절단되어 중국 쪽으로만 남아 있는 철교가 있다. 그 절단된 철교는 일본이 남만주를 세력화한 후 1908년 8월 착공하여 1911년 10월부터 개통했다는데, 범선이 드나들 수 있도록 다리의 중앙 부위에 개폐 장치 시설을 설치한 단선(單線)철로의 철교였다고 한다. 그 단선철교는 1943년 5월 압록강철교를 건설하여 개통하면서부터는 철도교(鐵道橋)로의 이용 가치가 없어져 자동차와 사람이 통행할 수 있도록 개조하였다고 한다. 인도교(人道橋)로 개조된 그 단선철교도 한국전쟁 당시 연합군이 중공군의 북한 지원을 차단하기 위해 1950년 11월 8일부터 12월 11일까지 전투기로 폭격을 가하여 북한 쪽 부분만을 폭파하고 중국 쪽 부분은 중국과의 확전을 회피하기 위해 폭파하지 않았다고 하는데, 그 이후 그 단선철교의 파괴된 북한 쪽 부분은 북한이 철거해버렸고 절단된 상태로 남아 있던 그 단선철교의 중국 쪽 부분은 중국이 그대로 보존해오다가 2000년 10월 '압록강단교(鴨綠江斷橋)'라는 이름을 지어 단둥(丹東) 시내 중심에 위치한 약 180,000㎡의 부지에 건립한 약 20,000㎡나 되는 '항미원조기념관(抗美援朝紀念館)'과 함께 중국 학생들의 애국주의 교육기지로 활용하고 있다.

중국에서는 중공군의 한국전쟁 참전을 '항미원조(抗美援朝)' 또는 '항미원조전쟁(抗美援朝戰爭)'이라고 부르고 있는데, 중국은 단둥의 압록강 상에 떠 있는 두 개의 압록강철교를 이용하여 북한과는 우의를 다지면서, 대내적으로는 '항미원조(抗美援朝)'를 홍보하고 있다. 부연하면, 한 개의 철교는 '중조우의교(中朝友誼橋)'라고 이름 지어 부르며 북한과 우의를 다지고 있고, 연합군에 의해 절단된 다른 한 개의 철교는 '압록강단교(鴨綠江斷橋)'라는 이름을 지어 대내적으로 '항미원조(抗美援朝)'를 홍보하고 있는 것이다. 중국은 한반도의 통일을 내세워 남침을 한 북한을 도와서 수많은 인명의 희생과 엄청난 재산의 피해를 일으키고, 38선을 대신하여 군사경계선(휴전선)을 그어 다시 한반도를 분단시켜 휴전을 한 것을 두고 1953년 7월 21일 휴전협정 체결 이후 '항미원조(抗美援朝)전쟁의 승리(勝利)'라고 주장하고 있다.

중국은 2020년 10월 19일에는 베이징에서 시진핑(習近平) 주석이 주재하는 '항미원조(抗美援朝) 출국(出國)작전 70주년' 기념행사를 개최하고 대대적으로 보도했는데, 시진핑(習近平) 주석은 그 자리에서 수차례 '위대한 승리(勝利)'라는 표현을 사용하며 '항미원조(抗美援朝)전쟁'을 평가하고, '위대한 항미원조(抗美援朝) 정신을 계승하여 확대 발전시켜 중화민족의 위대한 부흥을 위해 분투하자'라고 강조했다. 중국의 패권 전략과 대(對)한반도전략을 그대로 드러내 보인 것이다. 실은 중국의 대(對)한반도 전략은 시진핑(習近平) 주석이 드러내 보이지 않더라도 마오쩌둥 주석 이래 그 틀이 변화된 바 없다고 본다. 압록강(鴨綠江) 상에 떠 있는, 중국이 이름 지어놓은 두 압록강철교만을 바라보아도 중국의 대(對)한반도전략이 그대로 보이지 않나 한다. 한마디 더 첨언하면, 중국은 만주 지역과 1,420km나 되는 경계를 이루고 있는 북한을 순망치한(脣亡齒寒)의 관계에 있다고 보고 있는바, 중국은 이변이 없는 한 북한을 이용하여 만주 지역을 지키기 위해 분단된 한반도의 248㎞ 휴전선을 그대로 유지시키려는 한반도의 전략목표를 미래에도 지속적으로 견지하려 할 것이라고 본다.

단둥(丹東)에 대한 나머지 이야기는 「11. 중국에서의 북한과 관련한 이야기」의 내용으로 갈음하기로 하고, 다롄(大連)의 이야기로 넘어가고자 한다.

랴오둥반도(遼東半島)의 남단 다롄(大連)

단둥(丹東)에서 랴오둥반도(遼東半島)를 따라 다롄(大連)으로 내려가다 보면 드넓은 평원이 길게 이어지는데, 백두산에서 뻗어내려 이어진 백두대간에서 펼쳐진 한반도의 토양처럼 백두산 산줄기인 첸산(千山)산맥에서 펼쳐진 토양이라서 그런지 그곳 랴오둥반도의 평야에서 농사를 지은 쌀이나 콩, 옥수수, 팥 등 곡식들의 맛이 한반도의 것과 같다고 한다. 랴오둥반도(遼東半島)는 그 면적이 29,000㎢로 73,000㎢인 산둥반도(山東半島)에 이어 중국에서 두 번째로 큰 반도다. 만주(滿洲)의 남쪽 위치에서 서남쪽 방향으로 약 340㎞에 이르는 랴오둥반도의 남단에 있는 다롄(大連)은, 보하이만(渤海灣)을 사이에 두고 산둥성(山東省)의 옌타이(煙臺)와 마주하고 있고, 황해를 사이에 두고 한반도와도 아주 가까운 곳으로 필자가 업무적으로 여러 차례 방문했던 곳이다. 다롄(大連)은 맑은 바다와 접해 있는 해양의 도시로 아름다운 경치가 있고 도심에 들어서면 고층 건물들이 즐비하고 러시아와 일본풍의 건축물들이 눈에 띄기도 하는데, 한때 시진핑(習近平) 주석의 경쟁자였던 전(前) 다롄시장 보시라이(薄熙來)

에 의해 개발되기도 했던, 말끔하게 현대화되어 있는 도시다.

다롄(大連)을 들여다보면 1894년 발생한 '갑오(甲午) 청일전쟁' 이후 일본이 점령하게 되는데, 그 이듬해 러시아가 프랑스와 독일을 끌어들인 3국간섭으로 일본을 물리치면서 러시아는 그 여세를 몰아 1896년에는 청나라로부터 만주 철도 부설권을 획득하고 1898년 3월부터는 다롄(大連)과 랴오둥반도의 최남단 뤼순(旅順)을 점유하게 된다. 하지만 1904년 2월에 발발한 러일전쟁에서 승리한 일본이 1905년 1월 랴오둥반도를 차지하게 되면서 일본이 다시 다롄과 뤼순을 점령하게 된다. 일본은 만주의 북부로 밀려난 러시아로부터 창춘(長春)에서 뤼순(旅順) 간의 남만주철도를 넘겨받으면서 만주 지역을 세력화하기 시작하여, 1931년 9월에는 만주사변을 일으켜 1932년 3월 만주국을 세우고, 1934년 9월에는 러시아로부터 동청철도(東淸鐵道)의 북만주노선을 인수하여 만주 전 지역의 철도를 정비하고 부설한 데 이어 만주에 중화학공업기지를 건설하여 만주를 중국대륙과 아시아 침략을 위한 병참 보급기지화한다. 그 이후 1937년 7월에는 중일전쟁을 일으키고, 아시아 지역으로 확전을 하면서 태평양전쟁까지 일으키지만 결국은 패망의 길로 접어들게 되는데, 1945년 8월 8일 소련의 공격에 의해 부의가 체포되면서 만주국은 멸망하게 되고, 소련에 의해 군정이 실시되면서 그때부터 1946년 6월 장제스 국민당 정부에게 만주를 넘겨줄 때까지와 남겨두었던 뤼순(旅順)기지를 1955년 중국에게 넘겨줄 때까지 다롄(大連)과 뤼순(旅順)은 소련이 점유하게 된다.

좀 더 들여다보면, 갑오 청일전쟁 이후 뤼순(旅順)을 포함한 다롄(大連) 일대의 지역을 산하이관(山海關)의 동쪽에 위치해 있다고 해서 '관동주(關東州)'라고도 불렀다고 하는데, 러일전쟁 후 일본이 청나라로부터 관동주(關東州)라는 이름으로 할양(割讓)을 받으면서부터 일본이 '관동(關東)'이라는 명칭을 사용했다고 한다. 그 관동주(關東州)는 해방 후 중화민국시대에는 뤼순과 다롄으로 분리되어 있었는데, 1949년 이후 통합하여 '뤼다(旅大)'로 불리다가 1981년 2월부터 다롄(大連)이라는 이름으로 바꾸어 부르기 시작하여 지금에 이르고 있다.

다롄(大連)에서 서남 방향으로 내려가면 중국이 군사기지화하고 있는, 다롄에 소속되어 있는 랴오둥(遼東)반도의 최남단 뤼순(旅順)이 나온다. 그 뤼순은 안중근 의사가 1910년 3월 26일 순국한 곳이다. 뤼순에는 일본이 점령하면서 지은 감옥이 보존되어 있는데, 안중근 의사를 그 뤼순 감옥에 가두고 그 감옥의 형장에서 교수형을 집행했다고 한다. 필자가 1996년 10월 29일부터 2박 3일간 다롄을 출장하여 대우(大宇)텐트, 아시아(亞細亞)콘크리트, 우승(佑承)실크, 풍원(豊源)제화 등 진출 기업들을 방문하여 실태를 파악하고 나서 10월 31일 뤼순(旅順) 감옥을 들여다보고 베이징으로 돌아온 적이 있었는데, 일본의 만행에 항거하던 수많은 억울한 사람들이 죽임을 당한 감옥 동쪽 산기슭에 있는 교수대(絞首臺)를 보는 순간 가슴이 뭉클함을 느꼈다. 그 교수대의 바닥에는 원형의 목통(木桶)이 놓여 있었는데, 안중근 의사도 그 목통째 또는 목관으로 옮겨져 감옥과 이어진 산기슭 어딘가에 묻혔을 것이라고 한다. 그 위치를 찾을 수가 없다고 하니 안타까웠지만 안중근 의사가 묻혀 있을 것으로 추정된다고 하는 감옥과 이어진 산기슭이 양지바른 곳에 위치해 있어 조금이나마 위안을 삼으며 숙연한 마음으로 내려왔다.

다롄(大連)의 연해에서는 자고이래로 해삼, 전복 등 많은 어패류들이 잡히고 있다고 하는데, 다롄에 가면 호텔 로비나 대형 마트 등에서 건조된 해삼(海蔘)들을 진열해놓고 파는 모습을 흔히 볼 수 있다. 다롄 서쪽 바다인 보하이만(渤海灣) 냉수 구역의 심해 바닥 평평한 곳에서 야생하는 질 좋은 해삼을 잡아 건조 또는 반건조시켜 특산물로 팔고 있는 것이다. 해삼은 산둥반도와 광둥 등지의 연해에서도 많이 잡힌다고 하는데, 다롄의 연해에서 잡히는 '요삼(遼蔘)'이라고 하는 해삼 중 뾰쪽뾰쪽하게 오톨도톨한 돌기가 있는 흑갈색의 '자삼(刺蔘)'이라고 하는 해삼을 최고로 친다고 한다. 영양이 풍부한 고단백 저지방 식품으로 각광을 받고 있는 요삼(遼蔘)의 효능에 대해서는 '본초강목(本草綱目)'에도 소개되어 있다고 한다. 요즈음은 양식도 한다는데, 다롄에서 잡히는 해삼의 생산량이 전 중국에서 잡히는 해삼 생산량의 40%를 차지한다고 한다.

다롄(大連)에는 우리의 대기업 STX가 투자하여 건설한 조선해양 생산기지가 있다. 리커창(李克强) 총리가 랴오닝성서기로 있었을 당시 비준을 받아 랴오닝성과 다롄시의 적극적인 지지를 받으며 2007년 3월 기공하여 2008년 말부터 선박을 진수하기 시작한 대규모의 선박해양건조(建造) 플랜트사업장이다. 지금은 중국의 '헝리(恒力)중공집단(重工集團)'이라고 하는 중국 기업이 인수하여 사업을 영위하고 있다. 필자가 2010년 6월 18일 그 STX다롄조선소 현장을 방문한 적이 있었는데, 다롄(大連) 중심에서 북쪽으로 85km 떨어져 있는 랴오둥(遼東)반도 서쪽 중부의 위치에서 보하이만(渤海灣) 동안(東岸)과 350m 사이에서 교량으로 연결되어 있는 '창싱다오(長興島)'라고 하는 섬에 들어서서, 동서의 길이가 30km라고 하는 섬을 가로질러서야 STX다롄조선소의 정문에 다다를 수가 있었다. 당시 'STX다롄(大連)조선중공유한공사'의 총경리(總經理: 사장)로 현장에 파견되어 외지에서 고생하고 계신 'STX조선해양' 전무님의 접견을 받고 안내에 따라 공장들을 시찰했었다. 우리의 STX가 그 외진 섬 허허벌판의 황무지를 개척하여 대단지의 아파트 단지들을 조성하는 등 신도시를 건설하고 대형 선박을 건조할 수 있는 일괄 생산 체제를 갖춘 총면적이 5,500,000㎡나 되는 대규모의 조선해양 생산기지를 건설하여 2만여 명이 넘는 임직원들을 고용하고 있었는바 다롄시의 경제발전에 크게 기여하고 있다는 생각이 들었었다. 총경리의 초청으로 사내의 영빈관에서 만찬을 마치고 어두운 밤길 가랑비를 가르며 돌아오면서 마음속으로나마 사업이 번창하기를 기원했는데, 세계적인 조선업 불황을 견뎌내지 못하고 2012년부터 어려움을 겪다가 2014년 법정관리에 들어가면서 안타깝게도 2015년 도산하고 만다. 그 이후 2022년 7월 중국의 헝리(恒力)그룹이 STX가 투자하여 건설한 그 조선해양 생산기지의 시설들을 인수하여 조선(造船)사업을 이어가고 있다고 한다.

다롄(大連)은 중국의 시진핑 주석과 북한의 김정은 위원장이 2018년 3월 하순 베이징에서 만나 회담을 한 지 한 달여 만인 2018년 5월 7일 다시 만나서 회담했던 곳이다. 2018년 6월 12일 북·미 싱가포르회담을 앞두고 김정은은 불안했을 것이고, 미국을 견제하려는 중국도 패권 전략 내지는 대한반도 전략과 맞물려 있어 긴박한 상황으로 판단했을 것으로 짐작은 되지만, 시진핑 주석이 베이징에서 직선거리로 약 500㎞나 떨어져 있는 다롄으로 항공기를 타고 날아가 김정은을 맞이하여 회담을 개최한 것이다. 시진핑 주석의 책사인 왕후닝(王滬寧) 공산당 중앙정치국상무위원과 왕이(王毅) 외교부장, 쑹타오(宋濤) 공산당대외연락부장 등이 다롄공항에서 김정은을 영접하는 등 예우를 하면서, 다롄의 방추이다오(棒槌島: 봉추도) 국빈관에서 회담을 개최하고 회담 내용은 공개하지 않으면서, 미국이 보라는 듯 시진핑 주석과 김정은 위원장이 다롄의 해변을 나란히 산책하는 장면을 공개했다. 김정은 위원장은 싱가포르 북·미 회담이 끝나자마자 2018년 6월 19일 또다시 베이징을 찾아가서 시진핑 주석을 만나 회담을 하는 등 속국(屬國)스러운 부끄러운 모습을 보이기도 했다.

22.
산둥성(山東省)을
둘러보다

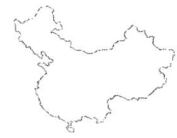

먼저 산둥성(山東省)을 들여다보면, 중국대륙의 화동(華東) 지방 동부(東部) 연해 지역에 위치해 있는 산둥성(山東省)은 서쪽 내륙으로는 광활한 평원이 펼쳐져 있고, 동쪽 해안으로는 반도를 이루고 있으며 155,800㎢의 육지 면적을 차지하고 있으면서 2024년 말 기준으로 상주인구가 1억 80만여 명이나 되는 큰 성(省)이다. 중국 최대의 반도인 산둥(山東)반도 북쪽으로는 보하이만(渤海灣)을 사이에 두고 랴오둥(遼東)반도와 마주하고 있고, 동쪽으로는 황해를 사이에 두고 한반도와 마주하고 있다. 한반도의 황해도와는 200㎞, 인천에서는 400㎞ 정도 되는 가까운 거리에 위치해 있어 자고이래로 산둥(山東)은 우리 한반도와 밀접한 관계가 있는 지역이다. 조선시대에 명나라가 랴오둥(遼東) 지방을 평정하기 전까지는 우리 조선과 명나라 간 연결된 육로 통로가 없어 해로(海路)로 가장 가까운 산둥(山東)반도를 통해 왕래하며 명나라와 교류를 이루기도 했다. 산둥(山東)은 조선시대의 통치 원리로 삼았던 유교 사상을 창시한 공자(孔子)의 고향이 있는 곳이기도 하다. 산둥(山東)은 춘추전국시대에는 제(齊)나라와 노(魯)나라가 나누어 차지하고 있었고, 삼국시대에는 위(魏)

나라에 속해 있었던 곳으로 많은 위인(偉人)들을 배출한 곳이기도 하다. 공자(孔子)를 비롯하여 맹자(孟子), 묵자(墨子), 손자(孫子), 왕희지(王羲之), 제갈량(諸葛亮) 등도 산둥(山東) 출신이다.

산둥(山東) 하면 한국화교(韓國華僑)를 떠올리게 하는데, 한국화교의 대부분이 산둥(山東) 지방에서 들어온 사람들이라고들 얘기하기 때문이다. 우리는 사교(社交)나 파티를 할 일이 생길 때 그분들이 만든 '청(淸)요리'라고 하는 음식으로 손님들을 대접하기도 했고, 우리들이 즐겨 먹고 있는 짜장면과 우동, 짬뽕과 볶음밥 등도 그분들이 만들기 시작한 음식들이다. 산둥 지방은 한반도처럼 4계절이 분명하면서도 혹한과 혹서가 없고, 광활한 평원과 약 3,000㎞나 되는 해안선을 이루고 있는 바다가 있어 농수산물이 풍부한 지역으로 음식 문화가 발달하여 '루차이(魯菜: 노채)'라고 하는 독특한 전통 산둥 요리를 보유하고 있는데, 청나라시대에 한국으로 들어온 그분들이 만든 '청(淸)요리'라고 하는 중국 음식들이 그에 바탕을 둔 음식들이 아닌가 한다. 한국화교는 1882년 임오군란 때 3,000여 명의 청나라 군대가 산둥반도 옌타이(煙臺)를 출발하여 한국으로 들어올 때 함께 들어와 한국에서 정착을 시작한 '화상(華商)' 40여 명이 시조(始祖)라고 하며, 그 이후 1899년 '의화단(義和團) 북청사변(北淸事變)' 때 상당수의 산둥 지방 사람들이 전란을 피해 한국으로 들어왔고, 국공내전 때도 전란을 피해 한국으로 들어와 한국에서 뿌리를 내리면서 살아오고 있는 사람들이다. 필자 어렸을 적에 필자의 고향인 시골 면 소재지에 몇 가구의 화교들이 살고 있었는데, 그분들은 음식점과 포목점, 잡화상점 등의 문을 열고 있었는바 당시 시골 주민들의 생활에 도움을 주었다. 당시 그분들이 문을 연 가게를 돌보기도 하는 할머니들 몇 분은 전족을 하고 있어 뒤뚱뒤뚱 걸어 다니는 모습들을 볼 수 있었다. 당시 그분들이 열고 있었던 '진흥루(振興樓)'라고 하는 중국 음식점은 '청(淸) 요리'를 잘한다고 소문이 나 있었는데, 당시 쉽게 먹을 수는 없었지만 그 진흥루의 맛있는 짜장면에 대한 추억이 있다. 체격이 비교적 컸던 그 진흥루의 화교 분들도 산둥 사람들이 아닌가 하는데, 산둥(山東)은 이래저래 우리와는 밀접한 관계가 있는 지역이라는 생각이 든다.

산둥(山東) 지역을 수차례 방문한 바 있지만, 역시 지역이 광활하니 그 일부 지역일 뿐이고 대충일 수밖에 없다. 필자가 베이징에서 근무하고 있었을 때 웨이하이(威海)시정부의 초청으로 1996년 9월 10일부터 2박 3일간 웨이하이를 방문하여 '웨이하이(威海)경제무역상담회' 개막식 행사에 참석한 후 황해를 사이에 두고 한반도와 가장 가까이 마주하고 있는 산둥반도의 최(最)동단 웨이하이(威海)의 '룽청(榮成)'을 둘러보고 나서, 한 달여 만인 1996년 10월 19일부터 1박 2일간 아내와 함께 지난(濟南)공항을 거쳐서 지난 부근을 흘러 지나가는 황허(黃河)의 하류(下流)를 들여다보고, 먼저 '취푸(曲阜)'로 이동하여 공자(孔子)의 고향을 둘러보고, '타이안(泰安)'으로 돌아 나와 중국의 '천하제일산(天下第一山)'이라고 하는 '타이산(泰山)'을 둘러봤다. 1997년 6월 15일부터 2박 3일간 산둥성정부의 초청으로 대사, 비서관과 함께 지난(濟南)을 방문하여 산둥성정부 관리의 안내에 의해 지난(濟南)의 '천불산(千佛山)'에 올라가 지난(濟南)을 내려다보고 나서, 부성장이 주최하는 산해진미의 산둥 요리로 차려낸 융숭한 만찬 대접을 받고 다음 날 성장 등 산둥성정부 관리들의 영접을 받으며 당시 우리의 대기업 대우(大宇)가 지닝(濟寧) '쓰수이(泗水)'에 투자한 '대우(大宇) 쓰수이(泗水)시멘트공장' 준공식 행사에 참석하면서 산둥의 내륙 지역을 들여다본 적이 있다. 그 이후로도 필자가 김·장법률사무소에서 근무하면서 옌타이(煙臺)와 칭다오(靑島)를 수차례 방문하기도 했었지만, 업무적인 일 이외에는 여유가 없었는바 별로 이야기할 만한 거리는 없고, 필자가 관심을 가지고 들여다보거나 둘러본 '공자(孔子)의 고향 취푸(曲阜)'에 대한 이야기부터 시작하여, '중국의 천하제일산(天下第一山) 동악(東嶽) 타이산(泰山)', '중화 문명을 발원시킨 황허(黃河)', 한반도와 황해를 사이에 두고 가장 가까운 곳에 위치한 '중국대륙의 동단 웨이하이(威海)' 등의 순으로 이야기를 이어가고자 한다.

공자(孔子)의 고향 취푸(曲阜)

중국을 지배해온 유교 사상을 창립한 공자(孔子)는, 인(仁)을 근본으로 하여 조상을 숭배하는 '제사(祭祀)'라는 형식의 예(禮)를 통해 권위를 다져 국가와 사회, 가족의 질서를 유지시키도록 하는 등 수많은 학문적인 논리들을 정립하고 그를 바탕으로 하여 지식을 전파한 위대한 사상가로 수천 년을 이어 오늘에 이르기까지 중국인들의 존숭(尊崇)을 받아오고 있는 성인(聖人) 중의 성인이다. 공자(孔子)는 춘추전국시대인 기원전 551년에 노(魯)나라의 수도 취푸(曲阜)에서 태어났다. 위대한 성인(聖人) 공자가 태어난 중국 정통 유교 문화의 발상지인 취푸(曲阜)에는 공자를 기리고 제사를 지내기 위해 지은 거대한 사당인 '공묘(孔廟)'와 공자의 직계 후손들이 거주했던 '공부(公府)', 공자와 그 가족의 묘원(墓園)인 '공림(孔林)' 등 '3공(三孔)'이 자리를 잡고 있다.

공묘(孔廟)는 공자가 72세의 나이로 세상을 떠난 다음 해인 기원전 478년 공자의 거주지인 거당(居堂)이 있던 지금의 그 자리에 처음 지어진 이후 당나라와 송나라를 거치면서 확대 건축되었고, 명나라 홍치제(弘治帝)

때는 대규모의 확장 건설이 이루어졌다고 한다. 그 후로도 명나라와 청나라, 중화민국시대를 거쳐 수축(修築)되었다고 하며, 개혁개방 이후 관리되어 지금의 상태로 보존되고 있다. 공자의 위패를 모신 '대성전(大成殿)' 등 취푸(曲阜)의 공묘(孔廟) 건축물들은 명나라와 청나라의 황궁이나 행궁들과 흡사한 양식을 보이고 있는데, 대성전(大成殿)은 그 규모나 웅장함에 있어서도 황궁 다음가는 수준으로 평가하고 있다. 공묘(孔廟)에는 대성전(大成殿) 전면에 힘 있게 서 있는 1,000년이 넘은 고백수(古柏樹) 등 수많은 고수명목(古樹名木)들이 숲을 이루고 있어 고풍스러움을 더하고 있다. 공묘(孔廟)의 동측으로는 공자의 직계 후손들이 거주했던 고대의 걸출한 고택(故宅)들과 공묘를 보존하고 관리하기 위해 지어진 고풍(古風)의 건축물들이 들어서 있는 '공부(孔府)'가 있다. '천하제일가(天下第一家)'라고 하는 광대하고도 아름다운 그 공부(孔府)에는 공자가 남기고 간 과학적, 예술적인 가치를 지닌 수많은 진귀한 문물들이 소장되어 있다. 그 부근에는 '공림(孔林)'이라는 중국 최대 규모의 인공(人工)원림이 있는데, 500~2,000여 년 된 고백수(古柏樹) '공림고백(孔林古柏)'들을 포함하여 삼림이 울창한 그 광활한 공림(孔林)은 공자를 비롯한 그 가족과 공자의 대대손손의 자손들이 묻혀 있는 공자의 가족묘원이다. 문화대혁명 때는 그 공림(孔林)의 공자 묘지를 비롯하여 공묘(孔廟)와 공부(孔府)의 건축물 등 시설들이 파괴되는 수난을 당하기도 했지만 개혁개방 이후 복원하여 개방해오고 있다. 취푸(曲阜)의 공묘(孔廟)는 '공묘(孔廟)의 시조(始祖)'로 중국을 비롯하여 전 세계에 있는 2,000여 개의 공묘들 중 최대의 규모라고 하는데, 2,500여 년을 유지해오고 있으니 대단하다. 천 년을 유지해온 사찰들은 많이 있지만 천 년을 온전하게 보존해온 궁전이나 신전은 보지 못했다. 오천 년의 역사를 지니고 있는 중국도 600여 년 된 베이징의 쯔진청(紫禁城)과 400여 년 된 선양(瀋陽)의 성경황궁(盛京皇宮)만이 온전한 상태로 남아 있을 뿐이다. 취푸(曲阜)의 공묘(孔廟)를 처음 지을 때와 같은 무렵인 기원전 432년에 지어진 아테네의 파르테논 신전은 웅장한 뼈대만이 남아 있고, 고대 로마의 궁전들도 폐허의 유적들만 남아 있을 뿐이다. 중국도 나라가 바뀌고 또 바뀌고, 수도 없이 바뀌면서 점령을 당한 나라들의 황궁은 거의 모두가 불태워져 없어져버렸지만, 취푸(曲阜)의 공묘(孔廟)는 수천 년을 이어 위용(威容)과 웅장한 기세를 지니고 중국의 정통 유교 문화를 지키면서 보존되어오고 있다.

지난(濟南)에서 남쪽 방향으로 약 130㎞ 떨어진 취푸(曲阜)로 이동하면서, 당시에는 고속도로가 없었으니 포장된 국도를 이용했었는데, 광활한 평원을 달리는 동안 지루하기는 했지만 차창 밖의 풍경을 여유롭게 바라볼 수가 있었다. 국도 주변 원근에는 끊임없이 군데군데 민가들이 바라보였고, 도로변에는 이따금씩 초라하지만 단층으로 된 상가 같은 건물들이 늘어서 있었다. 그 건물들 중 식당으로 보이는 건물들 앞에는 형형색색의 치파오(旗袍)를 곱게 차려입은 젊은 여성 한두 명씩이 나와서 서 있는 이색적인 모습이 보이기도 했다. 자동차를 타고 지나가는 사람들을 끌어들이기 위해 호객을 하는 행위라는데, 그 이색적인 모습이 취푸(曲阜)에 거의 도착할 때까지 띄엄띄엄 계속해서 보여 특이하다는 생각을 했다.

천하제일산(天下第一山) 동악(東嶽) 타이산(泰山)

취푸(曲阜)의 3공(三孔)을 둘러보고 나서, 조선시대 문인 양사언(楊士彦)이 '태산이 높다 하되 하늘 아래 뫼(泰山雖高是亦山)'라고 했던 산둥성의 중부 내륙 지역에 우뚝 솟아 있는 '천하제일산(天下第一山)' 타이산(泰山: 태산)에 오르기 위해 취푸(曲阜)에서 지난(濟南)의 방향으로 되돌아 지난(濟南) 남쪽 60㎞쯤에 위치해 있는 '타이안(泰安)'으로 이동해서 타이산(泰山) 남록(南麓)에서 하루 저녁을 묵고 나서 타이산(泰山)의 서쪽 도화원(桃花源)에서 출발하는 케이블카를 타고 기대에 부풀어 있던 동악(東嶽) 타이산(泰山) 등정 길에 올랐다. 타이산(泰山)의 산상은 봄, 가을과 긴 겨울만 있다고 하는데 당시 중추(仲秋)의 계절인데도 타이산(泰山)의 산상은 서늘하지 않았고 바람도 없는 맑은 날씨였다. 타이산(泰山)은 산둥(山東)의 구릉(丘陵) 지역에서는 가장 높은 산이지만 실상은 그리 높지는 않다. 평원과 구릉(丘陵) 지역에서 우뚝 솟아 있어 높아 보일 뿐 타이산(泰山)산맥의 주봉인 '천주봉(天主峰)'이라고도 하는 '옥황정(玉皇頂)'의 높이는 해발 약 1,500m로 중국대륙의 수많은 높은 산들에 비하면 높은 편은 아니다. 타이산(泰山)의 최고봉 옥황정(玉皇頂) 중앙에 세워진 '극정석(極頂石)'에는 '태산극정(泰山極頂) 1,545米(미: m)'로 표시되어 있지만, 2007년 4월 중국 정부가 공식 발표한 옥황정(玉皇頂)의 실제 표고는 1,532.7m다. 타이산(泰山)이라는 이름은 춘추시대부터 부르기 시작했다고 하는데, 타이산(泰山)은 화베이(華北)평원의 동쪽에서 굴기(崛起)하여 동서로 약 200㎞ 길게 뻗어 있으며 변질암(變質巖), 화강암(花崗巖), 석회암(石灰巖) 등 주로 암석으로 형성된 주맥과 지맥, 여맥을 포함한 타이산(泰山)산맥의 산들 중 최고봉인 옥황정(玉皇頂)이 있는 산이다. 중국의 표현에 의하면 '타이산(泰山)은, 화베이(華北)평원 속에 있는 제노(齊魯)평원의 약 426㎢ 면적 위에 넓고 방대(龐大)하게 똬리를 틀고, 절주(節奏: 리듬)가 있는, 고광기세(高曠氣勢: 초탈한 기세)로 중후(重厚)하고도 웅대하고 위엄 있게 안정적으로 우뚝 솟아 있는 산'이다. 타이산(泰山)의 북록(北麓: 북쪽 기슭)은 제(齊)나라가 차지하고 있었고 남록은 노(魯)나라가 차지했었는데, 타이산(泰山)을 둘러싸고 남북으로 펼쳐진 평야를 화베이(華北)평원 중의 '제노(齊魯)평원'이라고 한다. 중국대륙에는 수많은 명산(名山)들이 있는데, 그 명산들 중 제노(齊魯)평원에 우뚝 솟아 있는 '산둥(山東)의 동악(東嶽) 타이산(泰山)'과 '산시(陝西)의 서악(西嶽) 화산(華山)', '후난(湖南)의 남악(南嶽) 헝산(衡山: 형산)', '산시(山西)의 북악(北嶽) 헝산(恒山: 항산)', '허난(河南)의 중악(中嶽) 쑹산(嵩山: 숭산)' 등 '5대명산(五大名山)'을 '5악(五嶽)'이라고 하며, 그중에서도 산둥의 동악(東嶽) 타이산(泰山)을 5악(五嶽) 중의 으뜸인 '오악독존(五嶽獨尊)'이라고 한다. 그 오악독존 타이산(泰山)의 산상에 올라서면서, '생각했던 것보다도 더 보통의 산이 아니구나!' 하는 독특한 기운의 느낌을 받았다.

　타이산(泰山)의 산상에 형성되어 있는 산마루들 사이에 나 있는 길을 따라 정상 옥황정(玉皇頂)으로 올라가는 주변 군데군데에는 사원(寺院)과 묘(廟), 누각, 석교(石橋), 석문(石門), 돌계단 등 고(古)건축물들이 바위와 나무들과 어우러져 아름다운 풍광을 이루고 있었는데, 일부 구간을 지날 때는 평지에 있는 야산의 자연공원 안에 들어와 있는 듯한 착각이 들기도 했지만, 멀리 산 아래로 내려다보이는 아득한 전망을 바라보면서 높은 산상에 올라와 있음을 실감하기도 했다. 산상의 여기저기에는 바위 절벽들과 낭떠러지들이 있었지만 불안함을 느끼지는 못했고, 무거운 기운이 내려앉는 것 같기도 하면서도 마음이 편안함을 느꼈었다.

　중국인들은 자고이래로 타이산(泰山)을 하늘에 있는 '제좌(帝座)와 직통하는 천당(天堂)'이라고 여기고 숭배해오고 있다고 한다. 중국의 고대 제왕(帝王)들도 '태산안즉, 4해개안(泰山安則, 四海皆安: 태산이 편안하면, 온 천하가 모두 편안하다)'이라는 설법(說法)에 의해 신성(神聖)한 타이산(泰山)에서 신(神)의 위력으로 자신들의 권력을 공고히 다지기 위해 '봉선(封禪) 또는

'제사(祭祀)'를 지내왔다고 하는데, 진(秦)나라가 중국을 통일한 이후에는 진시황을 비롯하여 한나라 무제, 광무제, 수나라 문제, 당나라 고종, 현종, 송나라 진종, 청나라 강희제, 건륭제 등 13명의 황제가 직접 타이산(泰山)의 산상에 올라가서 봉선(封禪) 또는 제사(祭祀)를 지냈다고 하며, 그 외에도 24명의 제왕(帝王)들이 72차례나 타이산(泰山)의 산상으로 대리인을 보내 제사(祭祀)를 지냈다고 한다. 한나라 무제는 5번이나 직접 타이산(泰山)의 정상에서 봉선(封禪)을 했고, 청나라 건륭제는 10여 차례나 타이산(泰山)의 정상에 올라가서 제사(祭祀)를 지냈다고 한다. 황제들이 봉선제사(封禪祭祀)를 지냈던 '봉선성지(封禪聖地)'인 타이산(泰山)의 정상 '옥황정(玉皇頂)'에는 송나라 때 수축(修築)한 것으로 알려진 '옥황묘(玉皇廟)'라고 하는 고(古)건축물이 들어서 있는데, 그 옥황묘 안에는 '옥황상제상(玉皇上帝像)'이 모셔져 있는 '옥황전(玉皇殿)'이라는 전각이 있다. 그 옥황전에서 '옥황정(玉皇頂)'이라는 이름을 얻었다고 한다. 황제들은 영봉(靈峯) 옥황정(玉皇頂) 서북쪽의 위치에 제단을 설치하고 봉선(封禪) 또는 제사(祭祀)를 지냈다고 한다. 타이산(泰山)의 산상에는 옥황묘(玉皇廟)를 비롯하여 건륭제가 머물렀던 '행궁(行宮)', '공자묘(孔子廟)' 등 규모가 있는 건축물들을 포함하여 20여 곳이나 되는 고대 건축물들이 있다고 한다. 뿐만 아니라 타이산(泰山)에는 황제들이 '봉선치제(封禪致祭)'를 하고 '각석기공(刻石紀功: 공적을 돌에 새김)'을 한 '석각(石刻)'들과 바위에 새겨진 고대 명인들의 '시문각석(詩文刻石)'들, 고대 서예대가들이 암벽에 쓴 글씨를 새긴 '마애제자(磨崖題字)'들 등 2,200여 곳이나 되는 각석(刻石)들이 도처에 널려 있다고 하는데 그 일부기는 하지만 당시 필자가 본 각석(刻石)된 크고 작은 글씨들의 한 자(字), 한 자(字) 모두가 힘이 들어 있는 명필의 예술 작품들이라는 느낌이 들었다. 타이산(泰山)은 신비(神祕)로운 기운이 깃들어 있는 아름다운 자연경관과 중국의 고대 문물이 조화를 이루며 어우러져 있는 명승고적(名勝古跡)이 아닌가 한다. 중국에서는 타이산(泰山)을 '중국인들의 정신이 깃들어 있는 신령(神靈)의 댁(宅)'이라고 부른다고도 한다.

  중국의 도처에 있는 관광지의 산들처럼 타이산(泰山)에도, 노약자들도 힘들이지 않고 올라가서 아름다운 자연경관을 감상할 수 있도록 설치해 놓은 케이블카가 있어서 편리하게 이용했는데, 내려올 때는 '타이산(泰山) 등정 기념'으로 산상에서 구입하여 짚고 다니던, 용머리 형상의 손잡이를 하고 있는 지팡이를 들고 남쪽의 중천문(中天門)을 오가는 케이블카를 타고 타이산(泰山)의 남록(南麓)으로 내려왔다. 타이산 자락의 타이안(泰安) 시내로 들어서니 '대묘(岱廟)'라고 하는 고(古)건축군의 모습이 눈에 들어온다. '태묘(泰廟)' 또는 '동악묘(東嶽廟)'라고도 하는 '도교(道敎)의 신부(神府)'인 대묘(岱廟)는, 한(漢)나라 이후 청(淸)나라에 이르기까지의 제왕들이 봉선의식(封禪儀式)을 거행하거나 '태산신(泰山神)'에게 제사를 지냈던 곳으로 도교식의 전각들이 들어서 있는 사원(寺院)이다. 한나라시대부터 당나라시대에 걸쳐 건축되어진 이후 송나라 진종(眞宗) 때 지금의 규모로 확대 수축되었다고 한다. 약 90,000㎡의 방대한 부지 위에는 '동악대제신궁(東嶽大帝神宮)'인 '천황전(天貺殿)' 등 수많은 전각들이 들어서 있는데, 대묘의 주체(主體) 건물인 웅장한 '천황전(天貺殿)'은 베이징 쯔진청(紫禁城)의 '태화전(太和殿)', 취푸 공묘의 '대성전(大成殿)'과 함께 중국 고대 '3대 궁전식(宮殿式) 건축' 중 하나라고 하며, '제왕궁성(帝王宮城)' 양식으로 조성된 '대묘(岱廟)'는 베이징의 '쯔진청', 청더(承德)의 '피서산장', 취푸의 '3공(三孔: 공묘, 공부, 공림)'과 함께 '중국의 4대 고(古)건축군' 속에 들어 있다고 한다. 그 대묘(岱廟)의 원내에는 서예박물관과도 같은 중국 고대의 시문, 황제들의 공적, 명필 대가들의 제자(題字) 등을 새긴 고대 각석비석(刻石

碑石들이 세워져 있는 '비림(碑林)'이 있고, 2,000여 년 전 한나라 무제 때 심었다고 하며 아직까지 살아남은 5그루의 고백수(古柏樹)를 비롯하여 수많은 고수명목(古樹名木)들이 있었는데, 당시 막 내려온 타이산(泰山)의 정취에 젖어 있어서 그랬는지 대충대충 보아 넘겼다는 생각이 든다.

중화 문명을 발원시킨 황허(黃河)

산둥(山東)은 중화 문명을 발원시킨 중화민족의 요람인 황허(黃河)의 하류(下流) 유역에 위치해 있다. 황허(黃河)는 티베트(靑藏)고원에서 발원하여 칭하이(靑海), 쓰촨(四川), 간쑤(甘肅), 닝샤(寧夏), 네이멍구(內蒙古), 산시(陝西), 산시(山西), 허난(河南)을 거쳐 산둥(山東)의 지난(濟南)부근을 지나 약 5,400km나 흘러내려 와 보하이만(渤海灣)으로 유입된다. 황허(黃河)는 황투(黃土)고원을 거쳐 흘러내려 오면서 매년 16억 톤의 토사를 만들어 12억 톤은 발해로 흘러보내고 나머지 4억 톤은 황허 하류에 쌓여 매년 평균 25~30㎢의 비옥한 충적평원과 삼각주와 같은 경작지를 만들어 농업 생산 증대에 기여하고 있다고 한다.

필자는 황허(黃河)에 대해 관심을 가지고 있어 1996년 10월 19일 지난(濟南) 부근에 있는 황허 하류를 들여다봤고, 그 이후 1997년 4월 1일부터 2박 3일간 허난성(河南省) 정저우(鄭州), 뤄양(洛陽), 카이펑(開封)을 방문하면서도 중류에서 하류로 흘러내려 오는 정저우(鄭州) 부근의 황허(黃河)를 관찰한 적이 있는데, 다음 단락의 허난성(河南省)의 정저우(鄭州) 이야기 때 잠깐 더 하기로 하고 여기서는 지난(濟南) 부근에서 들여다본 황허 하류의 이야기를 이어가고자 한다. 지난 부근에 있는 황허의 제방에 올라서서 황허를 내려다보는 순간 예상 밖의 모습에 '아니! 이럴 수가 있나?'라는 생각을 하며, '아… 창장(長江) 다음가는 그 긴 강(江)을 강(江)이라고 하지 않고, 하(河)라고 부르는 이유가 여기에 있구나! 그게 맞을는지는 모르겠지만…' 하고 독백을 하면서, 그간의 의문에 대한 팔자 나름대로의 답을 얻었다. 그 위치의 제방과 제방 사이의 폭은 5~6㎞ 정도 된다고 하는데, 황허 하류의 최고 넓은 곳은 20㎞쯤 되고, 보통은 5~14㎞ 정도 된다고 한다. 그런데 황허의 하류임에도 넓게 흐르는 물은 보이지 않았고, 제방과 제방 사이의 중간에 나 있는 수로를 통해 개울물처럼 흐르고 있었다. 물론 멀리서 바라봤었으니 물이 흐르는 실지수면의 폭은 보이는 것보다는 넓을 수도 있겠지만, 난징(南京)을 지나 난퉁(南通)에 이르면서 흐르는 창장(長江) 하류 수면의 폭이 항시 5~10㎞ 정도나 되고 상하이(上海) 앞바다의 해수면과 접하는 부분의 강폭이 무려 80㎞나 되는, 바다와 같은 창장(長江) 하류(下流)에 비하면 그 당시 황허(黃河) 하류(下流)의 하류(河流) 상태로라면 개울이라고 봐도 과언이 아니라고 본다.

하지만 황허는 계절적으로 다른 양상(樣相)을 보이고 있다고 한다. 필자가 지난(濟南)에서 황허를 들여다봤을 때는 10월 중순으로, 그때는 보통 황허의 물이 도랑의 수로로 들어가 흐르는 시기라고 한다. 그런데 우기인 7~8월이 되면 물이 도랑을 넘어 양 제방 사이로 가득 채워져 흐른다고 하니, 그때의 황허(黃河) 하류(下流)는 창장(長江) 하류(下流)의 모습이나 다름이 없을 것이다. 중상류 지역에서 집중호우가 계속 쏟아지면 급류에 제방이 붕괴되거나 제방을 넘어 광활한 평야를 물바다로 만들면서 막대한 홍수 피해를 일으키기도 하고, 겨울철 얼어붙었던 북부의 황허가 봄철 해빙기에 녹아 얼음덩어리와 함께 급격하게 흘러내려 오면서 황허의 여러 부분에서 범람하여 큰 피해를 발생시키기도 한다고 한다.

또한 황허 유역에 가뭄이 드는 등의 여러 요인들로 황허 각 구간의 물이 마르는 단류(斷流) 현상도 자주 발생한다고 하는데, 가뭄이 지속되면 황허 유역의 평원들이 한재(旱災)의 피해를 당하기도 한다고 한다.

황허 유역에서 살아온 중화민족들은 끊임없이 반복적으로 발생하는 여러 자연재해들의 피해를 당해오면서도 대자연에 순응을 하면서 피해보다 더 큰 이익을 가져다주는 그 황허와 더불어 중화 문명을 찬란하게 발전시켜왔으니, 황허(黃河)야말로 중국인들이 불러온 대로 중화 문명을 발원시킨 중화민족의 '모친의 강(母親河)'이 아닌가 한다.

중국대륙의 동단(東端) 웨이하이(威海)

산둥(山東)의 동쪽으로는 반도를 이루고 있는데, 그 반도의 북쪽에서 동쪽으로 이어지는 보하이(渤海)의 연안과 그 보하이(渤海)의 연안에서 중국대륙의 동단인 동쪽을 돌아 서남쪽 황해의 연안으로 이어지는 산둥반도는 해안선이 약 3,000㎞나 되고 면적이 73,000㎢나 되는 중국에서 가장 큰 반도다. 산둥반도 중에서도 동부 연해 지역의 약 30,000㎢를 '자오둥(膠東: 교동)반도'라고 하는데, 중국 정부가 개혁개방 정책을 본격적으로 추진하면서부터 그 자오둥(膠東)반도 중 개화기에 독일의 조계지였던 칭다오(靑島)와 영국의 조계지였던 웨이하이(威海) 그리고 옌타이(煙臺) 지역을 개방하여 외자 기업을 유치해왔다. 그들 3개 지역들에서는 특히 한국 기업들을 끌어들이기 위해 우대 조건을 제공하는 등 적극적인 노력을 기울였고, 우리 기업들은 그 우대 조건들과 더불어 중국의 다른 지역들에 비해 지리적으로나 정서적인 투자 환경이 상대적으로 유리한 그들 3개 지역을 중심으로 하여 산둥 지역에 2006년도에는 만여 개가 넘는 우리 기업들이 진출해 있었고, 그 당시 체류하고 있는 우리 교민이 10만여 명에 달했었다고 한다. 그 이후 인건비가 인상되고 재료비가 오르는 등 생산 비용의 상승과 환경, 노동 등 관련 규정의 개정 등으로 규제가 강화되어 경쟁력을 잃은 많은 우리 진출 기업들이 설상가상으로 국제적인 금융 위기를 맞기도 하면서 견디지 못하고 대거 철수를 하게 되는데, 2020년대 들어서는 절반 이하로 줄어들어 칭다오(靑島)에 2,300여 개 기업, 웨이하이(威海)에 990여 개 기업, 옌타이(煙臺)에 730여 개 기업 등 산둥 지역에 4,500여 개의 우리 기업들이 사업을 영위하고 있고, 체류하고 있는 교민도 4만여 명으로 줄었다고 한다.

우리 기업들이 칭다오(靑島), 웨이하이(威海), 옌타이(煙臺) 등 자오둥반도(膠東半島)의 3개 지역으로의 진출이 늘어나기 시작할 무렵, 그러니까 필자가 베이징에서 근무하고 있었을 당시 웨이하이(威海)시정부의 초청으로 1996년 9월 10일부터 2박 3일간 웨이하이(威海)를 출장하여 당시 웨이하이(威海)시정부가 한국 기업들의 투자 유치를 위해 대대적으로 개최하는 '한중경제무역상담회' 개막식 행사에 참석했다. 그때 있었던 일화와 들여다본 곳들에 대한 이야기를 이어가고자 한다.

당시 옌타이(煙臺)공항을 거쳐서 웨이하이(威海)로 들어갔는데, 웨이하이(威海)시정부에서 옌타이공항 도착에서부터 옌타이공항 출발까지의 호텔 숙식 비용을 포함한 모든 비용을 부담하며 필자의 전 일정을 안내했다. 첫날 오후에 옌타이(煙臺)공항에 도착하여 웨이하이(威海)시정부 외사판공실 부처장의 안내를 받아 웨이하이(威海)의 호텔로 이동하여 짐을 풀고 난 후, 그 호텔 내의 중식당에서 좀 이른 저녁 시간 웨이하이시정부 부시장이 주최하는 환영 만찬을 마치고 나서 호텔 방에서 잠시 휴식을 취한 후, 안내에 따라 대기하고 있던 차량에 탑승하여 전야제 행사로 불꽃놀이를 하는 장소인 시내의 광장으로 이동했다. 당시 수많은 시민들이 모여 있는 광장의 뒤쪽에 마련되어 있는 단상의 귀빈석으로 안내되어 착석을 하니, 탁자 위에는 명패와 다과 접시, 음료수가 놓여 있었다. 잠시 후 단상의 조명이 꺼지면서 사회자의 안내에 따라 불꽃놀이가 시작되는데, 쏘아 올린 폭죽이 터지면서 호화찬란하게 퍼져 형형색색의 다양한 모양의 불꽃이 펼쳐질 때마다 관중들의 터지는 함성과 사회자의 장황한 설명이 이어지는데 그렇게 많은 불꽃을 가깝게 현장의 한자리에 오래 앉아서 관람한 것은 그때가 처음이다. 대단하다는 소리가 저절로 나왔지만, 한참 동안을 구경하다 보니 그것이 그것 같다는 느낌이 들기 시작하면서 주변에서 펑펑 쏘아 올리는 포성에 귀가 멍멍해졌고, 펑펑 쏘아 올리면서 퍼지는 뿌연 연기가 깔리면서 화약 냄새가 진동을 했다. 그뿐만 아니라 폭죽이 공중에서 불꽃을 내면서 반복적으로 터지는 소리도 요란했지만 쏘아 올린 폭죽이 공중에서 불꽃을 내고 터지면서 퍼지는 재가 어둠을 뚫고 날아와 다과 접시와 음료 컵에도 내려앉고 머리와 얼굴로도 달라붙어 불편을 겪었는데, 주변에 앉아 있던 다른 분들도 불편한 듯 재를 터는 모습들이 보이기도 했다. 불꽃놀이가 축제의 분위기를 고조시키는 데는 그만이라는 생각이 들기는 했지만, 화려한 불꽃을 보는 즐거움의 이면에는 오염되는 환경의 문제도 있겠구나 하는 생각이 들었다. 귀빈석에 앉아 안내에 따라 움직이니 필자 맘대로 행동할 수도 없고, 조금 불편하기는 했지만 그냥 참고 앉아 있을 수밖에 없었다. 한도 끝도 없이 쏘아 올렸는데, 끝나는 시간이 거의 다 되어서 그랬는지 끝나기 전 차량으로 안내되어 광장을 벗어나 호텔로 돌아

올 수 있었다. 그간 먼발치서 또는 영상으로 보아오면서 느껴왔던 아름다운 불꽃에 대한 이미지가 그날 이후로는 꽤 부정적으로 퇴색되어버렸다. 적지 않은 비용이 들어간다고 하는 불꽃을 어떻게 그렇게 많이 쏘아 올렸는지 의문이 들었었는데, 웨이하이(威海) 관내에 폭죽을 만드는 공장이 있다고 하여 그 의문이 풀렸다.

당시 필자의 모든 일정은 행사를 주관하는 웨이하이(威海)시정부가 정하여 안내하는 대로 따라 움직였는데, 다음 날은 화려하게 개막하는 '한중경제무역상담회' 개회식에 참석한 후 '상품전시회' 참관을 마치고 나서 웨이하이(威海)시정부 간부의 동행 안내에 따라 산둥반도의 최(最)동단 '룽청(榮成: 영성)'으로 출발하여 웨이하이(威海)시정부 예하의 룽청(榮成)시정부 상무부시장이 초청하는 분위기가 있는 오찬 장소로 안내되어 진수성찬의 산둥(山東)요리를 대접받으면서 3:1로 권하는 반주(飯酒)를 절제(節制)하느라 혼쭐이 났다. 오찬을 마치고 나서 룽청시여유국(榮成市旅游局) 국장 겸 룽청시외사판공실(榮成市外事辦公室) 주임 등의 안내와 친절한 설명을 들으며 황해를 사이에 두고 한반도와 마주하고 있는, 인천에서 우는 새벽닭의 소리가 들린다는 비유를 할 정도로 인천과 가까운 '톈진터우(天盡頭)'라고도 하는 '청산터우(成山頭)'와 해상왕 장보고(張保皐)가 남긴 유적 등을 둘러봤다. 중국의 최(最)동단인 청산터우(成山頭)는, 진시황이 중국을 통일한 후 두 번이나 다녀갔다고 하는 풍광이 아름다운 해안이다. 진시황은 기원전 219년에 이어 기원전 210년 두 번째 그곳 청산터우(成山頭)를 방문하고 지금의 시안(西安)인 '장안(長安)'으로 돌아가는 길에 숨을 거둔다. '청산(成山)산맥'이 푸른 바다로 밀고 들어가 형성된, 힘 있게 솟아 있는 기암괴석들이 출렁이는 파도와 어우러져 장관을 이루고 있는데 청산터우(成山頭) 동단(東端)의 해안 가까이 다가가 아름다운 경관을 감상하며, 보일 리는 없지만 고개를 들고 수평선 너머 한반도를 향해 바라보기도 했다. 청산터우(成山頭)를 출발하여 옛날 우리 신라인들의 집단 거주지인 '신라방(新羅坊)'이 있었던 지역과 해상왕 장보고(張保皐)가 세웠다고 하는 '적산법화원(赤山法華院)'을 둘러보고, 웨이하이(威海)로 돌아와 웨이하이(威海)시장이 주최하는 공식 만찬에 참석을 했다. 한반도와 황해를 사이에 두고 가장 가까운 곳에 위치해 있는 웨이하이(威海)를 둘러보면서, 우리 한반도와 산천은 다르지만 예로부터 우리 한반도와는 깊은 관계가 있었음을 느낄 수 있었고, 웨이하이(威海)시정부 관리들로부터 융숭한 대접을 받으면서 예나 다름없이 산둥(山東) 사람들과 우리는 친숙한 사이에 있다는 것을 실감할 수 있었다.

23.
중원(中原)의 정저우(鄭州)와 카이펑(開封)을 둘러보다

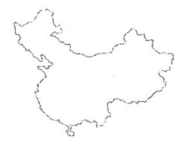

　중원(中原)은 중국대륙의 중심 지역이다. 허난(河南) 지역을 일컫는데, 중원(中原)의 대부분이 서에서 동으로 흐르는 황허(黃河) 이남 지역에 위치해 있다고 해서 허난(河南: 하남)이라는 지명이 유래되었다고 한다. 중원(中原)은 황허(黃河)의 중류(中流) 지역인 뤄양(洛陽)에서부터, 황허(黃河)가 흐르는 동쪽 방향으로 황허(黃河)의 하류(下流)가 시작되는 정저우(鄭州), 황허(黃河)의 하류(下流) 구간에 있는 카이펑(開封) 등 일대의 지역으로 서고동저(西高東低)의 산지, 분지, 구릉, 평원으로 이루어져 있는데 중부와 동부로는 광활한 '화베이(華北)평원'이 펼쳐져 있고, 화이허(淮河), 하이허(海河)의 주류(主流)와 창장(長江)의 지류(支流)가 흘러 지나가는 곳으로 중화 문명을 발전시켜온 중국대륙의 중심 지역이다. '중원(中原)'이라는 이름은 '천하지중(天下至中: 천하의 중심에 있는)의 원야(原野: 벌판)'라는 의미라고 하며, '중국(中國)'이라는 이름도 '중심(中心)이 중원(中原)지대에 있는 국가(國家)'라는 의미로 부르기 시작했다고 한다. 고대에는 중원(中原)을 '화(華)'라고도 했고, '하(夏)'라고도 했다고 하며, 두 글자를 연결하여 '화하(華夏: 화샤)'라고 부르기도 했다고 하는데 옛날에는 '중원(中原)'이 중국을 대표했으니 '화하(華夏: 화샤)'가 중국의 옛 이름이기도 하다. 그 '화하(華夏)'에 각각 중심이라는 '중(中)' 자를 붙여 '중화(中華)' 또는 '중하(中夏)'라고도 하는데, '중국(中國)'을 그렇게 부르기도 한다. 과거 중원(中原)지대에 거주하는 민족을 '화하족(華夏族)'이라 했고, '화하(華夏)'를 둘러싸고 있는 외족(外族)인 '화하(華夏)' 밖의 이민족'들을 '4이(夷: 오랑캐)'라고 하면서, 동서남북으로 구분하여 각각 '동이(東夷)', '서융(西戎)', '남만(南蠻)', '북적(北狄)'이라고 불렀다. 그 '화하족(華夏族)'을 한(漢)나라시대 이후부터 '한족(漢族)'이라 불러오고 있다. 과거 중국은 그 '중원(中原) 지방'을 놓고 '득중원자 득천하(得中原者 得天下: 중원을 얻은 자가 천하를 얻는다)'라고 하며, 중원(中原)을 차지하기 위해 민족, 종족, 정권 간 수많은 쟁탈전을 벌여왔다. 그 과정에서 중국역사상 최초의 왕조인 '하(夏)'나라를 비롯하여 그 이후로 20여 개의 왕조(王朝)가 3,600여 년간 중원(中原) 지역에 수도를 두고 흥망성쇠를 거듭하면서 중화 문명을 발달시켜왔고 중국 문화를 유지, 발전시켜왔다.

필자가 베이징에서 근무하고 있었을 때인 1997년 '5·1 노동절 연휴' 때, '허난성(河南省) 농촌사회경제조사대(農村社會經濟調査隊)' 대장(隊長)의 '허난성(河南省) 방문 초청'을 받은, 동료인 농무관이 필자에게 동행을 요청하여 농무관 부부와 필자의 아내와 함께 1997년 5월 1일부터 2박 3일간 중원(中原)의 핵심지역인 뤄양(洛陽), 정저우(鄭州), 카이펑(開封) 지역을 시찰한 바 있다. 초청을 한 쪽에서 정한 일정과 안내에 따라 움직이기는 했지만 공식적인 일정들이 없어 편안한 마음으로 여유롭고 즐겁게 여행을 했는데, 먼저 정저우(鄭州)와 카이펑(開封)부터 들여다보고 나서 다음 단락에서 뤄양(洛陽)의 이야기를 이어가고자 한다.

정저우(鄭州)와 소림사(少林寺)

　중원(中原)의 한복판 화중(華中)지구에 위치해 있는 허난성(河南省)의 성도(省都)인 고도(古都) 정저우(鄭州)는, 역사상 5차례나 수도(首都)를 두었던 곳으로 시 중심의 북서쪽에서 하류(下流)로 변한 황허(黃河)가 동(東)의 방향으로 흘러 지나가는 중화 문명의 중요한 발상지다. 고대에는 '상도(商都)'라고 불렸던 그 정저우(鄭州)의 중심 지역은 고도(古都)라는 느낌보다는 현대화되어 있는 도시라는 인상만 남아 있을 뿐이다. 하지만 정저우(鄭州)의 서부에 위치한 뤄양(洛陽)과 정저우(鄭州) 사이의 중간지점인 정저우(鄭州) 행정구역의 덩펑(登封: 등봉)이라는 곳에는 고풍스러운 유적들이 있다. 그 덩펑(登封)에 중국의 5악(嶽) 중 중악(中嶽)인 쑹산(嵩山: 숭산)이 자리를 잡고 앉아 있는데, 그 쑹산(嵩山) 자락에 한(漢)나라시대부터 청(淸)나라에 이르기까지 지어진 불교와 도교, 유교, 천문(天文) 등과 관련된 중국의 역사적인 고(古)건축물들이 군(群)을 이루고 있다. 이를 '덩펑(登封) 천지지중(天地之中) 역사고적(歷史古迹)'이라고 하는데, 그곳에는 '소림사(少林寺)'를 비롯하여 '중악묘(中嶽廟)', '쑹양서원(嵩陽書院)', 천문대인 '관성대(觀星臺)', 중악(中嶽)의 '동한3궐(東漢三闕)'이라고 하는 동한(東漢)시대에 산신(山神)에게 제사를 지냈던 신도궐(神道闕)인 '소실궐(少室闕)', '태실궐(太室闕)', '계모궐(啓母闕)' 등 수많은 고(古)건축물들이 들어서 있다. 그 고(古)건축군 중 필자가 들여다본, 우리에게도 익숙한 '소림무술(少林武術)'의 고향인 '소림사(少林寺)'에 대한 이야기를 이어가고자 한다.

　쑹산(嵩山)산맥의 중심에 있는 쑹산(嵩山)은, 소계하(少溪河)를 사이에 두고 동쪽으로 주봉(主峰)인 해발 1,491m의 준극봉(峻極峰)이 있는 태실산

(太室山)과 서쪽으로 최고봉(最高峰)인 해발 1,512m의 연천봉(連天峰)이 있는 소실산(少室山)이 마주 보고 있는 형태를 이루고 있는데, 소림사(少林寺)는 뤄양(洛陽)을 바라보고 있는 소실산(少室山)의 북록(北麓)에 위치해 있다. 소림사(少林寺)는 남북조(南北朝)시대에 북위(北魏)를 방문하여 선종(禪宗)을 전파한 천축(天竺: 인도)고승 '발타(跋陀) 스님'을 위해 발타(跋陀) 스님을 경앙(敬仰)하는 북위(北魏) 효문제(孝文帝)의 칙명(勅命)에 의해 495년 창건된 불교 사원이다. '소림(少林)'은 '소실산지무밀총림(少室山之茂密叢林: 소실산의 무성한 밀림)'이라는 '소실산(少室山)의 우거진 숲'을 의미하며, 그 '소림(少林) 속에 들어앉아 있는 절'이라고 하여 '소림사(少林寺)'라는 이름이 지어졌다고 한다. 소실산(少室山) 북쪽의 '오유봉(五乳峰)' 자락에 자리 잡고 있는 '중국 불교 선종(禪宗)의 조정(祖庭)'인 '소림사(少林寺)'에는 주체 건축물들이 들어서 있는 '상주원(常住院)'을 비롯하여 527년 쑹산(嵩山)에 들어와 동굴 속에서 9년간이나 '면벽좌선(面壁坐禪)'을 하면서 대승불교인 '동방선종(東方禪宗)'을 전파한 '달마(達摩) 스님'을 기념하기 위해 송나라(北宋)시대인 1125년에 건축한 '초조암(初祖庵)', 당(唐)나라시대부터 현대에 이르기까지의 소림사 주지(住持) 스님들과 고승(高僧)들의 묘지인 230여 좌(座)의 탑 등 각기 다른 다양한 탑으로 이루어진 '탑림(塔林)' 등 '건축군(群)'을 이루고 있는 건축물들이 들어서 있다. 약 57,600㎡의 광활한 면적을 차지하고 있는 '상주원(常住院)'에는 천왕전(天王殿), 대웅보전(大雄寶殿), 법당(法堂), 방장원(方丈院), 장경루(藏經樓), 종고루(鐘鼓樓), 천불전(千佛殿) 등 여러 건축물들이 들어서 있다. 그런데 그 '상주원(常住院)'에 들어서 있던 천왕전(天王殿), 대웅보전(大雄寶殿) 등 모든 천년 고(古)건축물들과 장경(藏經), 권법도감(拳法圖鑑) 등 상주원(常住院)에 소장되어 있던 진귀한 문물들이 1928년 3월 중화민국 장제스(蔣介石) 국민혁명군에 합류해

있던 군벌 펑위샹(馮玉祥)의 부하인 스여우싼(石友三)이 석유를 뿌리고 지른 불에 태워져 초토화되어버렸다고 하며, 지금 고풍스럽게 들어서 있는 천왕전(天王殿), 대웅보전(大雄寶殿) 등 상주원(常住院) 내의 건축물들은 개혁개방 이후인 1982년 이후 새로 지어 복원시킨 것들이라고 한다.

   1928년 3월 불태워지기 전의 소림사는, 장제스 국민혁명군과 군벌들과의 혼전(混戰) 과정에서 장제스 국민혁명군의 반대편에 있는 군벌 우페이푸(吳佩孚)를 도와 전쟁에 참여한 소림사 주지 먀오싱(妙興)이 1927년 3월 전사(戰死)를 당하고, 건국군허난성(建國軍河南省) 총사령 판종슈(樊鐘秀)가 스여우싼(石友三)의 추격을 당하면서 소림사 내에 사령부를 설치하는데, 그때 판종슈(樊鐘秀)를 도와 스여우싼(石友三) 공격에 가담한 200여 소림사 무승(武僧)들이 희생되는 등 군벌들과의 전쟁 소용돌이에 말려들어 있었다고 한다. 외람된 이야기지만, 그 판종슈(樊鐘秀)가 1925년 쑨원(孫文) 선생이 서거했을 때 거대한 만장(挽章)을 제작하여 대서(大書)로 '국부(國父)'라는 호칭을 써서 쯔진청(紫禁城) 사직단(社稷壇)이었던 베이징 중앙공원(中央公園)에 안치된 쑨원(孫文) 선생의 빈소 앞에 내걸었다고 하는데, 그때 처음으로 판종슈(樊鐘秀)에 의해 쑨원(孫文) 선생에 대해 '국부(國父)'라는 호칭이 사용된 이후 국민당 정부는 1930년 쑨원(孫文) 선생을 '중화민국 국부(國父)'로 존칭하기로 공식 결정했다고 한다. 대만에서는 쑨원(孫文) 선생을 '국부(國父)'로 호칭하고 있다.

   소림사(少林寺)의 산문(山門)을 들어서면 상주원(常住院)의 천왕전(天王殿)이 나오는데, 천왕전 앞마당에 웅장한 기세로 곧게 뻗어 있는, 늙었지만 아주 잘생긴 한 그루의 거대한 은행나무가 눈에 들어온다. '나한수(羅漢樹)'라고 하는 그 은행나무는 북위시대 소림사를 건축할 때인 495년경에 심어졌다고 하는데, 1,500여 년을 살아오면서 수차례 천왕전의 화마에도 굴하지 않고 소림사의 역사를 지켜봐오고 있다. 우리나라 양평의 용문사 대웅전 앞마당 밖 아래의 언덕에 하늘 높이 웅장하게 솟아 1,000여 년 넘게 용문사를 지키며 힘 있게 서 있는 그 노(老) 은행나무를 감상하면서도 감탄을 했었는데, 소림사의 고풍스러운 천왕전과 어우러져 서 있는 그 은행나무는 양평의 것보다 나이는 몇백 년 더 먹었는데도 양평 것보다 키는 작았지만 옆으로 펼쳐진 무성한 가지들을 받치고 늙은 티를 내지 않고 왕성한 모습으로 서 있어 역시 대단하다는 감탄이 절로 나왔다. 그런데 중국에는 5,000년 이상 된 은행나무가 10여 그루나 있다고 하고, 구이저우성(貴州省)에만 9그루가 있다고 한다. 소림사(少林寺) 상주원(常住院)의 건축물들은 거의 모두가 중국의 개혁개방 이후 새로 지어진 것들인데, 1,500여 년 된 그 늙은 은행나무를 비롯하여 천왕전(天王殿) 모서리에 무승(武僧)들이 정권 단련 과정에서 손가락을 반복적으로 찍어 생긴 것으로 보이는 단단한 구멍들이 송송 뚫려 있는 500년 이상 된 두 그루의 은행나무와 고백수(古柏樹)들은 옛날 그대로의 것들이 아닌가 한다.

 소림사의 밖에 위치해 있어 아쉽게도 들여다보지는 못했지만, 소림사의 부근에 있는 유가(儒家) 문화의 표본이라고 하는 숭양서원(嵩陽書院)에는 한나라 무제(武帝)가 기원전 110년 그곳을 방문했을 당시 수령이 이미 2,000년이 넘은 크고 무성하게 잘 자란 세 그루의 고백수(古柏樹)에게 각각 '대장군(大將軍)', '2장군(二將軍)', '3장군(三將軍)'이라는 직위를 부여했다고 하여 붙여진 '장군백(將軍柏)'이라고 하는 고백수(古柏樹)가 있다고 하는데, '3장군(三將軍)'은 명나라 말기에 고목(枯木)이 되었다고 하며, 지금 나이로 4,500년 된 '대장군(大將軍)'과 '2장군(二將軍)'은 아직 살아서 남아 있다고 한다. 그 두 그루 중 '대장군(大將軍)'은 늙어 남쪽으로 기울어져 있으면서도 5.4m의 둘레와 12m의 높이로 마치 커다란 우산처럼 힘 있게 펼쳐져 있다고 하고, '2장군(二將軍)'은 늙었어도 생기왕성(生氣旺盛)하게 12.5m의 둘레와 18m의 높이로 우뚝 솟아 있다고 한다. 숭양서원(嵩陽書院) 부근에 있는 도교(道敎)의 성지(聖地)인 중악묘(中嶽廟)에도 한(漢)나라 시대부터 심어져 내려온 2,000년 전후로 나이를 먹은 40여 그루의 고백수(古柏樹)가 있다고 하는데, 기회가 된다면 장군백(將軍柏) 등 고백수(古柏樹)들을 들여다보고 싶다는 생각이 든다.

　소림사(少林寺) 상주원(常住院)의 가장 위쪽 자락에 자리 잡고 있는, 무승(武僧)들이 체력을 단련하는 연공방(練功房)인 천불전(千佛殿)의 바닥에는 수십여 개의 움푹 팬 발자국들이 일정한 간격으로 나 있었는데, 그 발자국들은 오랜 세월 동안 무승(武僧)들이 무술(武術)을 연마하는 과정에서 생긴 발자국들이라고 하여 '야아…! 그렇구나!' 하고 고개가 끄덕여졌다. 이왕 소림사(少林寺)의 무술(武術)에 대한 이야기가 나왔으니 소림무술(少林武術)을 들여다보고 넘어가고자 한다.

소림무술(少林武術)에 대하여

　소림사(少林寺)에서 태생(胎生)된, 중국 전통 무술의 상징이며 '소림공부(少林功夫)'라고도 하는 '소림무술(少林武術)'은 495년 소림사에 들어온 소림사의 초대 주지 발타(跋陀) 스님에 의해 참선(參禪)을 보완하는 수행 방법의 하나로 전수(傳受)되면서부터 기원(起源)을 이루고 있다고 하며, 그 이후 달마(達摩) 스님이 527년 소림사에 들어와 9년 동안 대승불교를 전경(傳經)하는 과정에서 '좌선(坐禪)수행'을 하면서 건강한 신체를 유지시키고, 특히 요골(腰骨)을 단련시키기 위해 연공(練功)을 하면서부터 소림무술(少林武術)이 발전되기 시작했다고 한다. 그 이후 남북조(南北朝)시대인 574년 북주(北周) 무제(武帝)의 '멸불(滅佛) 정책'에 의해 승려들이 환속(還俗)되는 등 수난을 당하기도 하지만 578년 무제가 죽으면서 회복되었고, 수(隋)나라 말기에는 단련된 소림사의 13곤승(十三棍僧)들이 이세민(李世民)을 도와 당(唐)나라를 건국하는 데 큰 공을 세우게 되면서 621년 이세민의 칙서(勅書)에 의해 소림사가 '천하제일명찰(天下第一名刹)'이 되어 '승병(僧兵)'이 허용되고, 전란 중에는 방어도 할 수게 되면서 소림무술이 발전할 수 있는 계기가 되었다고 한다. 842년에는 당나라 무종(武宗)의 멸불(滅佛) 정책에 의해 또다시 수난을 당하게 되는데, 그 이후 금(金)나라 말기에 소림사의 무승(武僧) 각원대사(覺遠大師)가 간쑤(甘肅)로 들어가 '서북(西北)무술'의 고수(高手) '이수(李叟)'를 모시고 오면서 '산시(山西)무술'의 명가(名家) '백옥봉(白玉峰)'도 함께 소림사로 데리고 들어와 그들의 도움으로 소림무술(少林武術)을 정리하여 체계화시키고 규범화하여 소림무술을 중흥, 발전시켰다고 한다. 근현대에 들어서는 군벌전쟁 과정에서 스여우싼(石友三)에 의해 훼멸(毀滅)되었고, 문화대혁명 때는 모든 스님들을 환속(還俗)시켰는바 소림사 스님들도 모두 세속인 신분으로 돌아가게 되어 소림무술도 중단되는데, 다행히 유일하게 그 소림사에 남아 있었던 '소희(素喜)'라고 하는 '선무고승(禪武高僧)'에 의해 개혁개방 이후 '소림무승단(少林武僧團)'이 구성되어 대규모의 선무승재(禪武僧才)를 양성하기 시작하여 오늘의 '소림선무(少林禪武)' 문화를 부흥시켜 배양할 수 있게 되었다고 한다.

그렇게 명맥을 이어온 소림무술(少林武術)은 크게 허난(河南)소림, 푸젠(福建)소림, 광둥(廣東)소림, 아미(峨嵋)소림, 무당(武當)소림 등 5개 유파(流

派)로 분류된다고 하는데, 더 크게는 북(北)소림, 남(南)소림으로 나뉜다고 한다. 성질(性質)에 따라 내공, 외공, 경공(硬功), 경공(輕功), 기공(氣功) 등으로 구분되며, 기법(技法)에 따라 권술(拳術), 곤술(棍術), 창술(槍術), 도술(刀術). 검술(劍術) 등 10여 종으로 나뉘고, 700종이 넘는 체계적인 동작이 있다고 한다. 소림무술(少林武術)은 ① 인품(人品)이 단정하지 않은 자, ② 불충(不忠) 불효(不孝)하는 자, ③ 끈기가 없는 자, ④ 문무(文武)를 따르지 않는 자, ⑤ 무술을 이용해 재물을 취득하려는 자, ⑥ 저열(低劣)함이 배어있는 자, ⑦ 시정(市井) 교활한 자, ⑧ 연약하고 우둔한 자, ⑨ 권법(拳法) 무술(武術)의 허울을 지닌 자, ⑩ 신중함을 모르는 자 등에게는 전수(傳授)하지 않는다는 '10부전(十不傳)'이라는 규범을 두고 있다고 하는데, 오늘에 이르러서도 이를 엄격히 적용하여 소림무술(少林武術)의 고수(高手)와 명가(名家)들을 배출하고 있다고 한다. 소림무술의 각 동작들은 일반 중국인들의 생활 속으로도 깊숙이 파고들어 중국인들의 심신을 단련하는 데도 도움을 주고 있다. 중국의 공원들을 산책하다 보면 부드러운 듯 힘이 들어 있는 무술(武術)의 동작(動作)을 하는 중국인들을 흔히 볼 수 있다.

　소림사(少林寺) 인근을 지나면서 머리를 짧게 깎은 동자(童子)들이 노란 유니폼을 입고 대열을 이루며 이동하거나 운동장에 모여서 무술을 단련하는 모습들을 보기도 했는데, 중국 법률상 17세 이하는 출가(出家)를 할 수 없도록 규정하고 있어 소림사의 선무학원(禪武學院)은 '사미계(沙彌戒: 불교 규정)'에 의해 학원에 들어온 어린이들에게 소림무술(少林武術)을 가르치면서도 출가(出家)를 할 수 있는 연령에 달할 때까지는 사찰의 문화와 지식을 체험하는 학습만을 시키고 있다고 한다.

황허(黃河)의 현하(懸河) 구간을 관찰하다

정저우(鄭州)의 북서쪽 방향에서 뤄양(洛陽)을 거쳐 흘러들어 와 정저우를 지나서 동쪽의 카이펑(開封)을 거쳐 흘러 지나가는 황허(黃河)는 정저우의 타오화위(桃花峪: 도화욕)에서부터 보하이만(渤海灣)의 입해구(入海口)까지 약 90m의 낙차로 화베이(華北)평원을 가로질러 보하이만(渤海灣)으로 유입하는데, 황허(黃河)의 하류(下流) 구간인 정저우의 타오화위(桃花峪)에서부터는 홍수가 나면 범람하여 피해를 발생시키기도 하는 지역으로 중국은 자고이래로 보하이만(渤海灣)의 입해구(入海口)까지 약 780km의 황허(黃河) 하류(下流) 구간의 강폭 양쪽에 제방을 쌓고 또 쌓고 보수하고 또 보수하며 범람을 막아내기 위해 끊임없는 노력을 기울여오고 있다고 한다. 당시 안내에 의해 타오화위(桃花峪)를 통과해 들어온 황허(黃河)의 정저우(鄭州) 구간에서 낙차가 심하여 물이 세차게 흐른다고 하는 현하(懸河)의 구간을 들여다봤다. 우기(雨期)가 아니라서 그랬는지 흐르는 물의 양이 생각보다는 많지 않았는데, 그 현하(懸河)의 구간에서 폭포처럼 흘러내리는 물줄기를 보면서 큰 강(江)임을 실감할 수 있었다.

당시 허난성(河南省) 농촌사회경제조사대(農村社會經濟調査隊) 부대장(副隊長)이 안내를 했는데, 주변의 경치와 어우러져 아름다운 경관을 이루고 있는 구간들이 있었을 것임에도 황허(黃河)를 이해할 수 있도록 관심을 기울여 현하(懸河)의 구간을 안내했던 것이 아닌가 하는 고마운 생각이 든다. 당시 황토색의 물이 아닌 비교적 맑은 물이 낙차가 심한 그 현하(懸河)의 구간에서 급류의 물줄기를 이루며 흐르는 역동적인 황허(黃河)의 모습을 관찰할 수가 있었는데, 갈수기에 도랑 속에 숨어 흐르던 황허의 강물이 풍수기에는 엄청난 양의 황토색 강물로 변하여 넓은 제방을 채우고 흘러내려 오다가 그 현하(懸河) 구간에서 낙차를 이루면서 급류의 물살을 내며 흐르게 될 것인바 그때 낙차를 이루면서 급류로 흐르게 될 거대한 물줄기의 모습을 상상해보면 대단한 장관이 아니겠는가 한다.

카이펑(開封)의 포공사(包公祠)와 철탑(鐵塔)

허난(河南)의 동부 지역에 있는 카이펑(開封)도, 북쪽으로는 서에서 동으로 황허(黃河)의 하류가 흘러 지나가는 중원(中原)의 중심 지역에 속해 있으면서 정저우(鄭州)의 생활권에 속해 있는 도시다. 카이펑(開封)은 고대의 하(夏)나라에서부터 전국(戰國)시대의 위(魏)나라, 오대(五代)시대의 후량(後梁), 후진(後晉), 후한(後漢), 후주(後周)를 비롯하여 송나라(北宋), 금(金)나라에 이르기까지 8대의 왕조(王朝)가 변주(汴州), 동경(東京), 변경(汴京) 변량(汴梁) 등의 이름으로 도읍을 두고 있었던, 4,000여 년의 역사를 자랑하는 고도(古都)이기도 하다. 하지만 필자가 방문했을 때만 해도 고도의 냄새가 물씬 풍기지는 않았는데, 카이펑(開封)시정부는 2001년 9월부터 송나라(北宋)시대에 '개봉부윤(開封府尹)'들이 근무했던 거대한 고대 관청이었던 '개봉부(開封府)'를 중건(重建)하기 시작하여 2003년 초에 완공하고 2004년 5월부터 개방해오고 있다고 한다. 그 개봉부(開封府)에는 약 40,000㎡의 부지 위에 송나라시대의 건축양식에 의해 지어진 정청(正廳), 의사청(議事廳), 매화청(梅花廳) 등 50여 채의 고풍스러운 대소전당(大小殿堂)들이 들어서 있다고 하는데, 건축면적이 무려 약 13,600㎡나 된다고 한다. 카이펑(開封)시정부는 2019년 3월부터는 제2기 복원 공사를 시작하는 등 계속해서 고도(古都)의 면모를 갖추기 위한 노력을 기울이고 있다고 한다. 필자가 방문했을 당시에는 그 개봉부(開封府)는 복원되지 않았었으니, 복원하여 개방하고 있었던 송나라(北宋)시대의 청백리(淸白吏) 판관(判官) '포증(包拯)'의 사당인 '포공사(包公祠)'만을 둘러봤었다.

'포청천(包靑天)'으로 알려진 포증(包拯)이 개봉부(開封府)에서 집무할 당시에는 부패가 만연(蔓延)했던 시대임에도 불구하고 포증(包拯)은 사리사욕을 추구하지 않고 부패한 황족과 귀족들까지도 엄정하게 수사하고 공명정대하게 판결하여 엄하게 처벌한 청백리의 명판관(名判官)으로 널리 알려져, 당시에는 물론 오늘에 이르기까지도 중국인들의 칭송을 받으며 공직자의 표상(表象)이 되고 있는 인물이다. 그 명판관 포증(包拯)을 기리기 위한 사당인 포공사(包公祠)는 금(金)나라시대에 처음 지어지기 시작하여 원(元)나라시대에 완성한 이후 명(明)나라와 청(淸)나라를 거쳐 중화민국시대에 이르기까지 중건(重建)되어 유지되어오다가 개혁개방 이후에 새로 지어 1984년부터 개방해오고 있다. 그 포공사(包公祠) 내에 들어서 있는 고풍스러운 고(古)건물들에는 많은 문물들이 진열되어 있었는데, 그중에 '청천삼찰도(靑天三鍘刀)'라고 하는 동(銅)으로 만든 3개의 찰도(鍘刀: 작두)가 진열되어 있어서 눈길을 끌었다. 형을 집행하는 그 찰도(鍘刀)는 옛날 우리의 시골에서 소의 여물을 써는 '작두'와 같은 도구다. 보기만 해도 두려움을 느끼게 했고, 좀 잔인해 보이기도 했지만 용머리의 형상을 하고 있는 '용찰도(龍鍘刀)'로는 권력을 남용한 황족과 귀족을 처형했다고 하며, 호랑이의 머리 형상을 하고 있는 '호찰도(虎鍘刀)'로는 탐관오리와 간신(奸臣)을 처형했고, 개의 머리를 하고 있는 '구찰도(狗鍘刀)'는 악질의 지주와 토호(土豪) 세력을 처형하는 데 사용했던 것이라고 한다.

그 청천삼찰도(靑天三鍘刀)는 당시의 황제인 인종(仁宗)이 포청천에게 하사했던 것이라고 하는데, 인종(仁宗)은 청천삼찰도(靑天三鍘刀)를 하사하면서 포청천에게 '선참후주(先斬後奏: 먼저 형을 집행하고 사후에 보고)'를 윤허했다고 한다. 하나의 작두로도 충분할진대 인종(仁宗)이 굳이 용찰두(龍鍘刀)를 포함시켜 3개의 작두로 구분을 해 내려주고 선참후주(先斬後奏)를 하도록 한 것은 '잘못이 있으면 살아 있는 권력들을 포함하여 성역 없이 처벌하라'라는, '표리(表裏)가 부동(不同)하지 않은' 엄명(嚴命)이 아니었나 하는 생각이 든다. 청백리 포증(包拯)의 뒤에 엄정(嚴正)한 성군(聖君) 인종(仁宗)황제가 있었기에 포청천(包靑天)과 같은 명판관(名判官)이 탄생할 수 있었고 정의로운 공정한 나라를 이룰 수 있어, 당시의 인종(仁宗)시대 송나라(北宋)가 전성시대를 구가할 수 있었다고 본다. 현실 정치의 권력자들에게 타산지석(他山之石)이 되었으면 한다.

카이펑(開封) 시내에 들어서면 어디서든 우뚝 솟아 있는 '철탑(鐵塔)'이 눈에 들어온다. 철탑공원(鐵塔公園) 안에 있는 그 철탑(鐵塔)은 송나라(北宋) 인종(仁宗)시대인 1049년에 건축을 시작하였다지만 그 완공 시점은 불분명하다고 하는데, 높이가 무려 약 55m나 되는 웅장하고도 정교하게 세워진 아름다운 8각 13층의 불탑(佛塔)이다. 그 철탑이 세워지기 전 그 위치에 목탑이 세워져 있는 '개보사(開寶寺)'라는 절이 있었다고 하여 '개보사탑(開寶寺塔)'이라고도 한다는데, 원(元)나라시대부터 '철탑(鐵塔)'이라고 부르기 시작했다고 한다. 철탑(鐵塔) 내에는 불상 등 다양한 조각상들과 진귀한 문물들이 보존되어 있다고 하는데, 그 철탑은 황허가 범람하여 6차례나 홍수 피해를 당하고 폭풍우, 지진, 폭격 등 수없이 많은 재해를 당하면서도 그때마다 보수되어 위풍당당하게 버티고 서 있다. 송(南宋)나라 수도(首都) 카이펑(開封)의 대표적인 문물인 그 철탑(鐵塔)을 중국에서는 최고의 문물 가치를 지니고 있는 보물 중 하나로 여기고 있다. 그 철탑공원 옆 한적한 도로 위에 '당삼채(唐三彩)'의 도자기들 등 다양한 모양의 골동품들을 펼쳐놓고 파는 노점상들이 죽 늘어서 있어 고도(古都)의 분위기를 조금이나마 느낄 수 있었는데, 구경을 하면서 몇 점의 골동품들을 구입하기도 했다.

24.
천년고도(千年古都) 뤄양(洛陽)을 둘러보다

　중원(中原)의 서쪽에 위치해 있으며 부귀(富貴)의 상징이자 화려한 모란화(牡丹花)의 고장인 '뤄양(洛陽)'은 '화하(華夏) 문명'의 발상지 중 하나로 5,000여 년의 문명사를 지니고 있는 유서(由緒) 깊은 고도(古都)다. '수당(隋唐)대운하'의 중심지이기도 한 뤄양(洛陽)은 북서쪽에서 동으로 황허(黃河)가 흘러 지나가지만 황허로부터도 재해가 발생하지 않는 지역으로 사방이 산(山)과 하(河: 강)로 둘러싸여 분지를 이루고 있어 지형적으로는 안전한 요충지대에 위치해 있다. 그러한 천혜의 유리한 자연적인 조건하에 있는 뤄양(洛陽)은, 하(夏)나라부터 수당(隋唐)나라를 거쳐 오대(五代)시대의 후진(後晉)에 이르기까지 13개의 왕조(王朝)가 1,500여 년이나 도읍을 두었던 곳이다. 하지만 전쟁이 나면 속수무책으로 왕조가 무너졌고, 전쟁으로 왕조가 무너질 때마다 도시와 궁성(宮城)이 파괴되고 새로 지어지기를 수도 없이 반복해오다가 뤄양(洛陽)에 도읍을 둔 최후의 왕조인 후진(後晉)이 938년 멸망하면서 폐허가 된 이후 뤄양(洛陽)은 더 이상 고대 왕조의 도읍이 되지 않았는데도 요지인 뤄양(洛陽)을 차지하기 위한 '송금(宋金)전쟁(1120~1140년)' 때의 공격, '이자성(李自成)의 난' 때의 공격(1641년), 중일전쟁 때 일본군의 공격(1938년) 등으로 뤄양(洛陽)은 끊임없이 파괴되었다. 그러니 뤄양(洛陽)에 고대 건축물들이 남아 있을 리가 없다.

필자가 뤄양(洛陽)을 방문했을 때는 옛 궁성(宮城)의 터인 일부 유적지만 남아 공원으로 관리하고 있었는데, 그 이후 뤄양(洛陽)시정부는 뤄양 시내에 소재해 있는 수당(隋唐)시대의 방대한 궁성(宮城)인 '자미성(紫微城)'이 있었던 유적지에 그 궁성의 일부분인 '명당(明堂)'과 '천당(天堂)'의 건축물들을 2012년 복원한 데 이어 2019년에는 '측천문(則天門)'이라고 했던 웅장한 '응천문(應天門)'을 복원하여 개방하고 있다고 하니 고도(古都)의 면모를 일부나마 갖추게 되지 않았나 한다. 그런데 불에 타 무너져 없어져버린 궁성들과는 달리 뤄양(洛陽)에는 천 년을 넘겨 견뎌온 고대석굴(古代石窟)들이 잘 보존되어 있다. 필자 일행이 뤄양을 방문했을 때 안내를 받아 들여다본 그 석굴(石窟)에 대한 이야기부터 이어가고자 한다.

룽먼석굴(龍門石窟)과 무측천(武則天) 이야기

뤄양(洛陽)시 중심의 북쪽으로는 '뤄허(洛河: 낙하)'라고 하는 강이 시내를 관통하여 북동쪽을 향해 흐르고 있고, 남쪽의 외곽으로는 '이허(伊河: 이하)'라고 하는 강물이 역시 북동쪽을 향해 흐르다가 두 강이 만나서 황허(黃河)로 합류하는데, 황허의 지류인 그 두 강 중 뤄양(洛陽)시 중심에서 남쪽으로 약 10km 떨어져있는 뤄양(洛陽)시 남교(南郊)의 위치에서 남으로부터 북의 방향으로 흐르는 이허(伊河)의 양안 산비탈 암벽 부분에 수많은 고대석굴들이 빼곡하게 들어서 있다. 수려한 경관을 이루고 있는 이허(伊河)의 양안 약 1km 구간의 동쪽으로는 동산(東山)인 샹산(香山: 향산)이 절벽을 이루고 뻗어 있고, 서쪽으로는 서산(西山)인 룽먼산(龍門山: 용문산)이 가파른 비탈을 이루며 앉아 있는데, 석회암 산인 그 두 산의 암벽 부분에 파인 크고 작은 석굴(石窟)과 벽감(壁龕)들이 2,300여 개나 병풍처럼 펼쳐져 있다. 이허(伊河) 강변을 따라 걸어가다 보면, 이허(伊河) 양안의 야산에 불규칙하게 산만하면서도 안정적으로 파여 덮여 있는 석굴들과 어우러져 바라보이는 경치들이 멀리서 각도를 달리하여 전체를 크게 바라보거나 각 부분을 가까이에서 바라보거나 모두가 한 폭, 한 폭의 명작품 그림과도 같다. 수려한 경치를 이루고 있는 이허(伊河)와 어우러져 있는 이허(伊河) 양안의 모습이 대궐의 문과 같다고 하여 '이궐(伊闕)'이라고 불러왔다고 하는데, 그러니까 이궐(伊闕)인 그 이허(伊河)의 양안의 절벽에 파여 있는 고대석굴들과 벽감(壁龕)들을 통칭하여 '룽먼석굴(龍門石窟)'이라고 한다. 그 석굴(石窟)들과 감실(龕室)들에는 마애불상 등 11만여 좌나 되는 석상들이 조각되어 있다고 한다.

 룽먼석굴(龍門石窟)은 남북조(南北朝)시대인 북위(北魏: 386~535년)의 효문제(孝文帝)가 지금의 산시성(山西省) 다퉁(大同: 대동)인 '평성(平城)'에서 '뤄양(洛陽) 천도(遷都)'를 한 494년 이후부터 다퉁(大同)의 '윈강석굴(雲崗石窟)'을 본받아 처음 파기 시작하여 10여 대 왕조를 거쳐 청(淸)나라 말기에 이르기까지 1,400여 년간 영조(營造)했다고 하는 중국 최대의 고대석굴 군(群)이다. 룽먼석굴(龍門石窟)의 흥쇠(興衰)는 황실의 불교 숭배 성쇠(盛衰)에 영향을 미치기도 했다고 하는데, 북위(北魏)시대에 30%, 당(唐)나라 전성시기에 60%를 영조(營造)한 것으로 추정하고 있다. 중국의 다른 석굴들과 달리 룽먼석굴(龍門石窟) 중 상당 부분은 풍부한 인력과 물자를 보유한 황가의 귀족들이 영조(營造)한 석굴들이라고 하며, 특히 황실에서 영조한 석굴들은 그 규모가 클 뿐만 아니라 석굴 내의 조각상들도 웅장하며 화려하고, 그 내용들도 우수하여 고전 예술의 가치가 있는 석각 예술의 보고(寶庫)라고 한다. 당시 필자 일행들에게 룽먼석굴(龍門石窟)을 안내하면서 가장 먼저 보여준, 이허(伊河) 서쪽에 위치한 룽먼산(龍門山) 남부의 절벽 허리 부분에 장엄하게 앉아 있는 거대하고도 웅장한 '노사나대불상(盧舍那大佛像)'을 들여다보고 넘어가고자 한다.

 룽먼석굴(龍門石窟) 중 최대 걸작품인 '봉선사동(奉先寺洞)'의 '노사나대불상(盧舍那大佛像)'은 중국역사상 유일한 정통 여(女)황제인 무주(武周, 690~705년)의 '무측천(武則天)'이 당 고종(高宗)의 황후(皇后) 신분으로 있었을 당시인 672년 4월부터 굴을 파기 시작하여 675년 12월까지 3년 9개월간 영조(營造)했다고 하는 애벽상(崖壁上)의 조각 불상이다. 그 후로도 석굴 내의 좌우에 나한, 보살, 역사, 신왕 등 전체를 조각하는 데 10여 년이 더 소요되었다고 한다. 엄밀한 설계에 의해 바위 절벽을 깎아서 조각한 노사나대불상은 그 높이가 17m나 되고 머리 크기가 4m, 귀의 길이가 1.9m나 되는 거대한 세계 최대 조각상으로 깊게 파지 않은 30m 폭의 노천 굴집 속에 노출되어 있다. 그 노사나대불상은 무측천(武則天)의 나이 48세의 용모(容貌)와 의용(儀容)을 재현(再現)한 무측천(武則天)의 '보신상(報身像)'이라고 한다. 연좌(蓮座)에 앉아 인자한 모습으로 내려다보며, 신비미소(神祕微笑)를 짓고 있는 생동감 있는 아름다운 그 노사나대불상(盧舍那大佛像)을 서양인들은 동방의 모나리자라고 부르기도 한다는데, 룽먼석굴의 조각상들 중 예술 수준이 최고인 대표적인 작품이라고 한다. 석질이 우수하여 조각이 용이하다고는 하지만 그 옛날 그 높은 절벽을 파내어 벽에 붙어 있는 상태의 그 자체의 돌로 그 자리에 그 거대한 석상을 어떻게 그렇게 정교하고도 아름답게 조각을 했는지 감탄이 나오기도 했다. 도교를 신봉하면서 멸불(滅佛)운동을 벌였던 당나라 무종(武宗) 등 불교를 탄압한 왕조 때는 불교 시설들이 수난을 당하기도 했고, 청나라 말기에는 외세들에 의해 도난을 당하기도 했고, 문화대혁명 때는 훼손을 당하기도 했지만, 노사나대불상(盧舍那大佛像) 등 많은 불상 등 조각상들이 그 룽먼석굴에 잘 보존되어 있으니 다행이 아닌가 한다.

이왕 무측천(武則天)에 대한 얘기가 나왔으니 무측천(武則天)에 대해서도 잠시 알아보고 넘어가고자 한다. 아름다운 자태를 지닌 총명한 무측천(武則天)은, 당(唐)나라 개국공신인 형주(荊州)도독 무사확(武士彠)의 차녀로 14살의 나이에 당 태종(太宗) 이세민(李世民)의 눈에 들어 당 태종의 후궁으로 입궁하게 되는데, 태종이 죽으면서 비구니로 출가(出家)하게 되지만 당 고종(高宗)에 의해 다시 입궁하여 32세 때 고종의 황후가 된다. 무측천(武則天)은 그 이후 고종(高宗)이 병을 얻게 되는 675년부터 조정을 장악하며 통치에 관여하기 시작하여, 683년 고종(高宗)이 죽자 전권을 거머쥐면서 690년에는 뤄양(洛陽)에 '신도(神都)'라는 이름으로 도읍을 정하고 '무주(武周)'를 개국(開國)하여 황제가 되어 통치를 이어가는데, 무주(武周)가 마감되는 705년까지 전성시대를 이뤄 백성들이 태평성대를 누릴 수 있도록 하는 공헌을 한다. 하지만 무측천(武則天)이 무주(武周)를 세우기 전에 당(唐) 중종(中宗)의 황위에 있었던, 자신과 고종(高宗) 사이에서 태어난 아들인 이현(李顯)을 후계자로 정한 이후 말년에는 향락(享樂)에 빠져 정사를 소홀히 하는데, 그 틈을 타서 주변의 권력들이 득세를 하면서 정국이 불안해지자 재상(宰相) 장역지(張易之) 등이 705년 2월 '신용혁명(神龍革命)'을 일으켜 무측천(武則天)을 물러나도록 하고 후계자인 황태자 이현(李顯)에게 황위를 양위하도록 한다. 그리고 무측천(武則天)으로부터 황위를 받아낸 이현(李顯)을 당나라 중종(中宗)으로 복위시켜 이연(李淵)이 세운 당(唐)나라의 대를 이어가도록 하고, 무측천(武則天)에게는 '측천대성황제(則天大聖皇帝)'라는 칭호를 부여하며 물러나 앉게 한다. 15년간의 무주(武周)시대를 마감하고 측천대성황제(則天大聖皇帝)로 물러나 있던 무측천(武則天)은 신용정변(神龍政變)이 일어난 그해 12월 병환이 깊어져 82세의 나이로 세상을 떠나게 되는데, 그의 유언에 의해 장례는 측천대성황후(則天大聖皇后)의 신분으로 부군(夫君)인 당 고종(高宗) 이치(李治)의 능인 '건릉(乾陵)'에 합장을 하고 무자(無字) 비석을 세웠다고 한다. 그 이후 그의 시호(諡號)가 수차례 바뀌게 되는데, 최후에는 '측천황후(則天皇后)' 또는 '측천순성황후(則天順聖皇后)'라 불리게 된다. 산(山)을 이루고 있는 '건릉(乾陵)'은 '당(唐)18릉' 가운데 유일하게 도굴되지 않은 상태로 잘 보존되어 있다고 한다. 무측천(武則天)은 중국역사상 유일한 정통 여황제로 기록되고 있고, 중국역사상 67세 최고령의 나이로 즉위한 82세 수명(壽命)의 장수 황제로 기록되어 있다.

베이망산(北邙山)과 당삼채(唐三彩)에 대하여

뤄양(洛陽)에는 우리 민요 '성주풀이'의 가사에 나오는 인생무상을 느끼게 하는 '낙양성 십리허에 높고 낮은 저 무덤은 영웅호걸이 몇몇이며 절대가인이 그 누구냐'라는 구절로 잘 알려진 '낙양성(洛陽城) 십리허(十里許: 십 리쯤)'의 위치에 수없이 많은 중국 고대의 무덤들이 있는 '베이망산(北邙山: 북망산)'이 자리를 잡고 앉아 있다. 당시 뤄양(洛陽) 부근을 지나다니다가 차창 밖으로 언덕과도 같은 구릉지들에 작은 산사태로 무너지거나 파인 것처럼 보이는 곳들이 군데군데 있었는데, 당시 필자의 뇌리에 '중국의 명당(明堂)자리 하면 북망산(北邙山: 베이망산), 북망산 하면 낙양(洛

陽: 뤄양)'이라는 선입관(先入觀)이 있어서 그랬는지는 몰라도 뤄양(洛陽) 부근의 그 무너지거나 파인 곳들의 선명하게 짙은 황토색 토양이 깨끗하다는 생각이 들었었다.

뤄양(洛陽)의 베이망산(北邙山)은 친링(秦嶺: 진령)산맥의 여맥인 야오산(崤山: 효산)의 지맥으로 뤄양(洛陽) 북쪽의 서남 방향에서부터 동서로 약 190km 길게 이어져 있는 산이지만, 협의(狹義)의 베이망산(北邙山)은 뤄양의 정(正)북쪽에서 병풍처럼 펼쳐져 있는 황허(黃河)와 뤄허(洛河: 낙하)가 만나는 분수령(分水嶺)을 일컫는다. 해발 300m 정도인 그 베이망산(北邙山) 아래에 남북으로 폭이 16km, 동서로 길이가 30km나 되는 황토 구릉지인 '뤄양분지(洛陽盆地)'가 펼쳐져 있다고 하는데, 산세가 웅위하고 물은 깊으며 흙이 두터운 천하의 명당자리들을 이루고 있다고 한다. 그 뤄양분지(洛陽盆地)에 전국(戰國)시대의 동주(東周)를 비롯하여 후당(後唐), 북송(北宋)에 이르기까지의 제왕(帝王)들의 능원 80여 기가 있었다고 하며, 그 제왕들의 능원 중에는 황족과 대신, 장사(將士)들을 배장(陪葬)한 규모가 방대한 능원도 있었다고 한다. 뤄양분지(洛陽盆地)의 각처에는 제왕들의 능원들뿐만 아니라 수없이 많은 명인귀족(名人貴族)들의 무덤들이 '묘지군(墓地群)'을 이루고 있었다고 하는데, 그래서 그런지 '베이망산(北邙山: 북망산)' 하면 '무덤이 많은 곳', '사람이 죽어서 가는 곳'이라는 대명사가 붙어 있다고 한다. 우리나라에 '생거진천(生居鎭川), 사거용인(死居龍仁)'이라는 말이 있듯이, 중국에도 '생재소항(生在蘇杭: 쑤저우, 항저우에서 살다가), 장재북망(葬在北邙: 베이망산에 묻히다)'이라는 말이 있다고 한다.

뤄양(洛陽)의 그 베이망산(北邙山)에 있는 무덤들에서 다양한 모양과 다채로운 색상으로 만들어진 골동품들이 다량으로 출토되었다고 하는데,

그 색상들이 '녹(綠)', '황(黃)', '백(白)' 등 3색 위주의 색채를 띠고 있다고 하여 '삼채(三彩)'라는 이름이 붙었다고 한다. 청나라 말기인 1905년 란저우(蘭州: 난주)에서 롄윈강(連雲港: 연운항)까지 이어지는 '룽하이(隴海: 롱해)철도'의 뤄양(洛陽) 구간의 건설 공사를 하면서, 베이망산(北邙山) 일대의 당나라시대 묘지들에서 다량의 호화로운 도자기들이 출토되면서부터 '뤄양(洛陽) 당삼채(唐三彩)'라는 이름이 붙었다고 한다.

당삼채(唐三彩) 도자기는 '동자(童子)'와 '동녀(童女)', '여인(女人)' 등 사람 모양의 인형, '주병(酒甁)'과 '그릇' 등의 생활용품, '말'과 '낙타' 등 동물의 형상 등을 하고 있는 소형의 도자기들로 당나라 전성시대에 귀족들의 무덤 속에 부장(副葬)하기 위해서 만들어진 것들이라고 한다. 뤄양(洛陽)에서 출토된 당삼채(唐三彩) 도자기들의 문양과 의상(衣裳), 복식(服飾) 등을 통해서 당나라 전성시대 문화예술의 품격과 동서양 문물교류의 상황 등을 알아낼 수 있었다고 하는데, 그 당삼채(唐三彩) 도자기들에 우리 신라시대의 문물로 보이는 흔적들도 있다고 하니 고개가 끄덕여진다.

샹산사(香山寺) 장쑹별장(蔣宋別莊)과 관림(關林)

뤄양(洛陽)은 국민당 장제스(蔣介石)의 중화민국 정부가 1932년 상하이(上海)를 점령한 일본군에 밀려 난징(南京)에 있던 수도를 잠시 옮겨두었던 곳이기도 하다. 일본과의 협상이 마무리되면서 수도는 바로 난징(南京)으로 옮겨 갔지만, 그 이후 이허(伊河) 동측의 경관이 수려한 샹산(香山) 자락에 위치해 있는 '샹산사(香山寺)'라는 한적한 사찰 내에 별장을 지어 장제스(蔣介石)·쑹메이링(宋美齡) 부부가 이용했다고 한다. 장제스는 '장쑹별장(蔣宋別莊)'이라고 하는 그 별장에서 장쉐량(張學良) 등이 참석한 가운데 1936년 10월 31일 50세 생일 기념 축하연을 벌이고 36일간 머물다가 초공(剿共)작전의 지휘를 위해 12월 4일 시안(西安)으로 들어갔다가 장쉐량(張學良) 등에 의해 체포되는 '시안사변(西安事變)'을 당하게 된다.

장쑹별장(蔣宋別莊)은 장제스·쑹메이링 부부가 수차례 이용한 이래 방치되었었다고 하는데, 문화대혁명 초기인 1968년 3월 문화대혁명을 일으킨 세력인 장칭(江靑)과 린뱌오(林彪)에 의해 타도를 당해 체포된 양청우(楊成武) 중공군 대리참모총장과 그의 부인, 모친, 자녀 등 가족들이 극비리에 압송되어 1971년 1월까지 2년 8개월여 동안이나 외부와 차단된 상태로 그 장쑹별장(蔣宋別莊)에 감금되어 있었다고 한다. 양청우(楊成武)는 샹산(香山)의 외진 산속에 자리 잡고 있는 샹산사(香山寺) 내의 장쑹별장 2층 방에 감금되어 문밖출입은 물론 아래층으로 내려가는 것조차도 허용되지 않은 채 방문을 닫을 수도 없어 여름에는 모기와 벌레들에 물려야 했고 겨울에는 추위에 떨어야 했다고 하며 정해진 소량의 배식으로 끼니를 때워야 했다고 하는데, 모친이 돌아가시기 전에 먹고 싶다고 하는 계란 한 개를 요구했지만 거절을 당한 채 78세 모친의 임종을 맞이하는 고통을 당하기도 했다고 한다. 문화대혁명 기간 동안에 문화대혁명을 일으킨 주체 세력 이외에는 정도의 차이는 있을지언정, 아니 고통을 당한 중국 인민이 거의 없었던 상황하에서 막강한 지위에 있었던 권력자 중공인민해방군 참모총장 양청우(楊成武)도 예외는 아녔던 것 같다. 더구나 당시 타도를 당한 실권파 류샤오치(劉少奇) 국가주석을 비롯하여 적지 않은 권력자들이 홍위병들로부터 수모와 폭행, 감금의 고통을 당하며 억울하게 죽기도 하고 수많은 지식분자들이 끌려다니며 폭행과 고문을 당하고 감금되거나 처형을 당하기도 했는데, 양청우(楊成武)도 없는 잘못으로 체포되어 감금되기는 했지만 그래도 양청우는 외부와의 차단이 용이한 안성맞춤의 외진 산속에 방치된 그 장쑹별장이 있었기에 고통을 감수하면서라도 무사히 목숨을 유지할 수 있지 않았나 하는 생각이 든다. 양청우(楊成武) 장군은 훗날 중앙의 정치협상회의 부주석을 역임하는 등 권력을 유지하면서 90세까지 장수를 누리며 살다가 2004년 2월 베이징에서 세상을 떠났다. 장쑹(蔣宋)별장은 그 이후로도 방치되어 있다가 2011년 12월부터 수리되어 개방되고 있다고 한다. 필자 일행이 뤄양을 방문했을 때 샹산사(香山寺)와 그 샹산사(香山寺) 내에 있다고 하는 장쑹(蔣宋)별장은 가보지 못했는데, 뤄양시의 동북쪽 근교에 자리 잡고 있는, 후한(後漢)시대에 인도 승려 섭마등(攝摩騰)과 축법란(竺法蘭)이 명제(明帝)의 사신 채음(蔡愔)의 간청으로 불상과 경전을 흰말에 싣고 들어와 머물렀던 곳에 서기 68년 명제(明帝)가 세웠다고 하는, 중국 불교의 발상지라고 하는 '백마사(白馬寺)'는 안내에 의해 둘러봤었다.

뤄양(洛陽)시 중심에서 남동쪽 방향의 교외(郊外)에 고(古)건축물들이 수림과 어우러져 있는, '관림(關林)'이라고 하는 삼국시대 촉(蜀)나라의 명장(名將)이었던 관우(關羽)의 묘지에 조성된 대규모의 사당(祠堂)이 있는데 안내에 의해 둘러봤었다. 삼국시대 오(吳)나라 손권(孫權)의 부하에 의해 219년 12월 참수당한 관우(關羽)의 몸통 부분은 손권(孫權)에 의해 제후(諸侯)의 예우로 치러진 장례로 후베이(湖北) 당양(當陽)의 '관릉(關陵)'에 묻혔고, 머리 부분은 위(魏)나라 조조(曹操)에게 바쳐져 이듬해인 220년 정월에 조조(曹操)에 의해 왕후(王侯)의 예우로 장례가 치러져 뤄양(洛陽)의 '관림(關林)' 그 자리에 묻혔다고 한다. 그 연유로 관우(關羽)에 대해 자고이래로 '두침낙양, 신와당양(頭枕洛陽, 身臥當陽: 머리는 뤄양에서 잠자고, 몸은 당양에 누워 있다)'이라는 말이 전해져 내려오고 있다고 하는데, 뤄양(洛陽)의 '관림(關林)'에는 후면에 있는 관우(關羽)의 무덤 아래로, 그러니까 관림(關林)의 입구에서부터 원래의 대문(大門)이었던 '의문(儀門)'에서부터 궁전 형식으로 중추선(中樞線)상에 배열되어진, 명나라 만력제(萬曆帝)에 의해 지어졌다고 하는 '대전(大殿)', '재신전(財神殿)', '춘추전(春秋殿)' 등 웅장한 고(古)건축물들과 그 좌우로 '배전(拜殿)', '평안전(平安殿)', '오호전(五虎殿)', '낭랑전(娘娘殿)' 등 여러 건축물들이 들어서 있다. 청나라 강희제(康熙帝)에 의해 '관림(關林)'이라 불리기 시작했다고 하고, 그에 앞서 명나라 만력제(萬曆帝)에 의해 '성인(聖人)'으로 봉(封)해진 '무성(武聖)' 관우(關羽) 장군이 묻혀 있는 무덤과 사당이 들어 있는 '관림(關林)'은 '문성(文聖)' 공자(孔子)가 묻혀 있는 산둥(山東) 취푸(曲阜)의 '공림(孔林)'과 더불어 중국의 '양대(兩大) 성역(聖域)'으로 불리고 있다고 한다. 그 '관림(關林)'에도 '관림취백(關林翠栢)'이라고 하는 수많은 고백수(古柏樹)들이 고(古)건축물들과 어우러져 고풍스러움을 더해주고 있었는데, 관림에는 400여 년 이상 된 고백수가 800여 그루나 있다고 한다.

뤄양(洛陽)에 남아 있는 우리의 흔적들

뤄양(洛陽)에는 우리의 신라, 백제, 고구려인들의 흔적들도 있다. 당나라 태종(太宗)이 세력을 확장하는 고구려를 밀어내기 위해 신라군(新羅軍)을 가담시켜 645년 고구려를 침공하다가 실패한 이후, 당나라 고종(高宗)은 강한 세력을 지닌 두려운 고구려를 물리치기 위해 신라와 연합하여 660년 신라와 적대 관계에 있는 백제를 멸망시키고, 그 여세를 몰아 신라와 합세하여 668년 고구려를 무너트리고 나서, 신라마저도 장악하려다가 671년부터 신라와도 전쟁을 벌이지만 잔류한 고구려 및 백제군과 합세한 신라군의 공격에 의해 당나라군은 676년 압록강 밖으로 물러나게 되고, 결국 신라는 백제의 영토와 고구려의 일부 영토를 차지하면서 삼국통일을 이루게 되는데, 신라는 그 이후로도 당나라와 우호적인 관계를 계속해서 유지해왔는바 신라인들이 당나라에 드나든 흔적들이 남아 있기도 하며, 백제와 고구려가 멸망하는 과정에서 끌려온 왕족과 대신, 백성들 등 적지 않은 인원들이 장안(長安: 시안)과 뤄양(洛陽) 등 중원(中原) 일대에서 수난을 겪으면서 살아가다가 살아남은 사람들은 한족(漢族)으로 융화되었을 것으로 짐작되지만, 뤄양에는 그분들이 머물렀던 흔적들이 남아 있다.

룽먼석굴(龍門石窟)이 있는 룽먼산(龍門山) 전주취안(珍珠泉: 진주천) 부근에 신라에 의해 파인 '신라상감(新羅像龕)'이 보존되어 있다고 하며, 뤄양(洛陽) 북쪽의 베이망산(北邙山)에는 아직 정확한 위치를 찾지는 못했지만 당 고종(高宗)에 의해 예를 갖추어 장례를 치른, 멸망당한 백제의 의자왕과 고구려의 보장왕 유해가 베이망산(北邙山)의 황제 묘역에 묻혀 있는 것으로 기록되어 있다고 하고, 백제 의자왕의 태자 융(隆), 백제의 부흥운동을 벌이다 당나라에 투항한 흑치상지(黑齒常之) 장군, 고구려 연개소문의 아들인 고구려의 배신자 연남생(淵男生) 등 백제와 고구려의 왕족과 대신들도 뤄양(洛陽)의 베이망산(北邙山)에 묻혀 있다고 한다. 그분들의 묘지도 조성을 할 당시에는 예우를 받으며 잘 단장해놓았을진대, 흐른 세월 속에 없는 주인이 되어 관리는 고사하고 폭우로 쓸리거나 지진으로 꺼지기도 하고, 다른 베이망산(北邙山)의 능묘들처럼 도굴당하기도 하면서 점점 평평해져 논밭이 되는 등 형체를 알아볼 수 없도록 변해버렸을 수도 있을 것으로 보고 있다.

　필자가 파악하고 있던 바로는 당시 뤄양(洛陽)을 비롯하여 정저우(鄭州), 카이펑(開封) 지역에 진출해 있는 우리 기업들은 없었다.

　광활한 중원(中原) 지역의 여행 일정 2박 3일은 부족한 시간이었지만, 중국 정부 통계국(統計局) 산하의 허난성(河南省) 농촌사회경제조사대(農村社會經濟調査隊) 대장(隊長)과 부대장(副隊長)이 용의주도하게 안내해준 덕분에 중원(中原)의 핵심 지역인 정저우(鄭州)와 카이펑(開封), 뤄양(洛陽)에 소재해 있는 대표적인 명승고적들은 대충 둘러볼 수가 있었다. 당시 필자 일행의 공항 영접에서부터 시작하여 첫날 묵었던 정저우(鄭州) '국제(國際)호텔'에서 진수성찬의 환영 만찬을 베풀어주는 등 필자 일행을 위해 융숭하게 대접하며 안내해준 허난성(河南省) 농촌사회경제조사대(農村社會經濟調査隊) 우밍칭(吳明淸) 대장(隊長)과 루제(陸潔) 부대장(副隊長)에 대한 고마운 마음은 아직도 간직되어 있다. 당시의 여행 일정 내내 편안하고도 즐겁게 동행했던, 필자의 동료인 중국 전문가 농무관에 대한 감사한 마음도 남아 있다. 그리고 뤄양(洛陽) 라오청취(老城區)에 위치해 있던, 우리가 둘째 날 묵었던 뤄양(洛陽) '신(神)호텔' 근처의 옛 정취가 물씬 풍기는 다양한 먹을거리들과 기념품들을 파는 번화한 야시장(夜市場)의 전통 음식점에서, 허난성(河南省) 농촌사회경제조사대(農村社會經濟調査隊) 대장(隊長)과 부대장(副隊長)이 초청하는 산해진미의 음식으로 차려낸 만찬을 대접받으면서 유쾌한 시간을 가졌던 기억과 만찬을 마치고 일행들과 함께 호화로운 풍물의 거리를 여유롭게 산책하며 즐겼던 기억들도 아름다운 한 토막의 추억으로 남아 있다.

25.
관중평원(關中平原)의
시안(西安)을 둘러보다

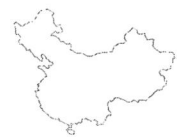

중국대륙의 서부 지역에 위치해 있는 산시(陝西)성의 성도(省都)인 '시안(西安: 서안)'은 비옥한 토지와 온난한 기후 등 살기 좋고 양호한 자연환경 조건을 갖추고 있는 관중(關中)평원의 핵심 도시다. 우리에게는 '장안(長安: 창안)'이라는 이름으로도 익숙한 시안(西安)은 고대에 서주(西周)와 진(秦), 한(漢), 수(隋), 당(唐)나라 등 10여 개 왕조가 도읍을 두고 장안(長安), 대흥(大興), 호경(鎬京), 서경(西京) 등 여러 다른 이름으로도 불렸었는데 그 시안(西安)은 중국의 6대 고도(베이징, 시안, 뤄양, 카이펑, 난징, 항저우) 중 우두머리를 차지하고 있고 세계 4대 고도(아테네, 카이로, 로마, 시안) 중 하나로 알려져 있는 도시다. 시안(西安)은 고대에 비단을 서방에 전파하면서 열리기 시작한 중국과 서방 간의 통도(通道)였던 '실크로드(Silk road)'의 기점(起點)이기도 한데, 그 '실크로드'를 통해 들어온 서방의 문물들이 중국의 문물들과 접목되어 당(唐)나라 전성기에는 찬란한 중국 문화의 꽃을 피우기도 했던 천년고도(千年古都)다. 실크로드(Silk road)에 대한 이야기는 다음 절에서 이어가기로 하고, 이 절에서는 관중(關中)평원의 핵심 도시인 시안(西安)을 들여다보고자 한다.

시안(西安)은 필자가 베이징(北京)에서 근무하고 있었을 때 베이징에서 개최한 한중산업협력위원회를 마치고 통상산업부 장관은 본국으로 돌아가고 중국국가경제무역위원회의 안내로 당시 통상산업부 실장 등 대표단들과 함께 1995년 6월 16일부터 1박 2일간 방문하여 시안(西安)비행기공장을 시찰하는 등 시안을 돌아봤고, LG전자 후난(湖南) 창사(長沙)공장 준공식 행사 참석을 마치고 나서 1996년 5월 28일부터 1박 2일간 대사, 비서관과 함께 시안을 시찰한 바 있었다. 상하이(上海)에서 근무하고 있었을 때 가족과 함께 우루무치, 투루판, 둔황을 거쳐 2000년 8월 13일 시안을 둘러보고 상하이로 돌아간 적이 있었고, 상하이에서 근무하고 있었을 때 산업자원부의 서부 대개발 조사단에 합류하여 2000년 9월 22일부터 1박 2일간 중국국가경제무역위원회의 안내로 시안(西安)개발구를 시찰하고 나서 시안 시내를 둘러본 적이 있었는바 이야기를 이어가고자 한다.

중국의 고대 정권들이 시안(西安)에 도읍을 두게 된 것은, 광활하게 펼쳐져 있는 비옥한 평원이 있고 그 광활한 비옥한 평원이 험준한 높은 산(山)들로 둘러싸여 있어 군사적인 방어를 용이하게 할 수 있었기 때문이 아니었겠는가 한다. 분지(盆地) 형태를 이루고 있는 약 30,000㎢의 그 광활한 평원을 '관중(關中)평원'이라고 하는데, 그 관중평원의 동쪽으로는 야오산(崤山: 효산)이 병풍 역할을 하고 있고, 서쪽으로는 첸산(汧山: 견산)과 룽산(隴山: 농산)으로 막혀 있고, 남쪽으로는 친링(秦嶺)산맥이 남녘을 차단하고 있고, 북쪽으로는 라오룽산(老龍山: 노용산), 춰어산(嵯峨山: 차아산), 야오왕산(藥王山: 약왕산), 야오산(堯山: 요산) 등 북산(北山)들이 북녘을 막아서고 있다. 사방으로 둘러싸여 막혀 있는 그 험준한 산들에 동서남북으로 통하는 하나씩의 관문(關門)이 있었다고 하는데, 동쪽에 나 있는 장안(長安)에서 뤄양(洛陽)으로 드나드는 '함곡관(函谷關)'이라고도 했었다고 하는 '동관(潼關)', 서쪽의 '대산관(大散關)', 남쪽의 '무관(武關)', 북쪽으로 나 있는 '소관(蕭關)' 등 4개의 관문(關門)이 있었다고 한다. '관중(關中)평원'의 그 고대 관문들은 '한 사나이가 관문을 지키면 만 명의 사나이라도 뚫지 못한다'라는 '일부당관 만부막개(一夫當關 萬夫莫開)'라고 하는 험요(險要)한 요새였다고 한다. 관중(關中)평원의 '관중(關中)'이라는 이름도 그 4개의 '관문(關門)'으로 둘러싸여 있다고 하여 고대로부터 그렇게 지어져 불러온 것으로 추정하고 있다고 한다. 하지만 아이러니하게도 관중(關中)평원을 차지하고 있던 중국의 고대 왕조들 대부분은 그 험요한 요새의 관문(關門)을 통해 침범해 들어온 사나이들에 의해 멸망하게 된다.

부연(敷衍)하면, 관중(關中)평원은 그 북부로는 황투고원(黃土高原)과 라오룽산(老龍山), 췌어산(嵯峨山) 등 해발 약 1,000~1,500m의 북산(北山)들이 겹겹이 길게 이어져 뻗어 있고, 남부로는 해발 약 1,000~3,000m의 친링(秦嶺)산맥이 동서로 두텁고 길게 뻗어 있는데, 그 사이의 양쪽 산기슭으로부터 펼쳐진 해발 약 400~700m 높이의 구릉지에서 분지 형태를 이루고 있는, 남북으로 폭이 20~100km, 동서로 그 길이가 약 300km나 길게 펼쳐져 약 30,000km²나 되는 광활한 대평원이다. 그 대평원인 관중(關中)평원에는 서역의 간쑤성(甘肅省)에서 발원하여 관중평원의 서쪽으로 흘러 들어 온 '황허(黃河)'의 최대 지류인 '웨이수이(渭水: 위수)'라고도 하는 '웨이허(渭河: 위하)'가 그 관중평원을 가로질러 동쪽 방향으로 흐르면서 시안(西安) 중심 북동쪽 위치에서 북서쪽으로부터 흘러내려 온 '징허(涇河: 경하)'와 합류하여 관중평원의 동단(東端)으로 흘러 지나가는데, 관중평원의 동단에 있는 '퉁관(潼關: 동관)' 부근에서 북쪽으로부터 흘러내려 온 '황허(黃河) 중류(中流)'와 합류하여 동쪽의 뤄양(洛陽) 방향으로 흘러간다. 관중(關中)평원은 그 주요 하천(河川: 강)들과 그 하천들로 흘러들어 가는 여러 지류들의 하류(河流)에 의해 충적(沖積)과 퇴적(堆積)된 토사(土砂)와 황토(黃土)로 형성되어 있다고 하는데, 그 관중(關中)평원이 '웨이허(渭河) 유역' 일대로 펼쳐져 있는 평원이라고 하여 '웨이허(渭河)평원'이라고도 한다. 그 웨이허(渭河)평원인 관중(關中)평원은 지층이 두텁고 비옥할 뿐만 아니라 온난한 기후에다 관개(灌漑) 조건도 좋아 자고이래로 농업이 발달한 풍요로운 지역으로 소맥(小麥: 밀)과 면화의 주산지(主産地)로 알려져 있다.

3,000여 년의 도시 역사를 지니고 있고, 1,000여 년의 도읍 역사를 지니고 있다고 하는 그 시안(西安)에도 제대로 보존되어 있거나 복원되어 있는 궁성(宮城)은 보이지 않았다. 하지만 나름대로 고도(古都)의 분위기가 물씬 풍기는 도시라는 인상은 남아 있다. 시안(西安)은 당나라가 멸망한 이후 더 이상은 도읍이 되지 않았는데, 명(明)나라 태조(太祖) 주원장(朱元璋)의 장남인 황태자 주표(朱標)가 1391년 장안(長安)을 순시하면서 난징(南京)의 도읍을 장안으로 옮기는 것을 건의하려 했다지만 난징으로 돌아가자마자 1392년 요절을 하는 바람에 그의 동생 주체(朱棣: 영락제)에 의해 베이징(北京)으로 천도를 하게 되면서 명나라의 장안 천도는 좌절되고 만다. 시안(西安) 시내를 차량으로 지나다니다 보면 고루(鼓樓), 종루(鐘樓) 등 성(城)의 부속 건축물들과 고대의 불탑(佛塔)들 등 옛 정취가 배어 있는 고(古)건축물들이 차창을 통해 눈에 들어오는바 고도(古都)임을 실감할 수 있다.

시안(西安) 시내에는 진시황(秦始皇)에 의해 지어지기 시작하여 미완성인 채로 진(秦)왕조가 멸망하면서 항우(項羽)의 군대에 의해 불태워진, 방대하고도 호화로웠다고 하는 '아방궁(阿房宮)'의 유지(遺址: 터)를 비롯하여 한(漢)나라의 장안성(長安城)인 '미앙궁(未央宮)'과 수·당(隋·唐)나라의 장안성(長安城)인 '대명궁(大明宮)' 등 거대한 궁궐의 유지(遺址)들만 남아 있다. 그 유지(遺址)들 중 안내에 의해 시안(西安) 시내에 있는 당(唐)나라 장안성(長安城)의 '대명궁(大明宮) 유지(遺址)'를 들여다본 적이 있다. 당시 어설 프게나마 복원되어 있는 것으로 보이는 2층으로 된 성문(城門)을 통해 성두(城頭)에 올라서서, 당(唐)나라가 번성했던 시절 웅장한 궁궐들이 들어서 있었을 썰렁하게 보이는 광활한 궁터를 내려다봤다. 그 장안성(長安城)의 대명궁(大明宮)은 나당연합군에 의해 멸망당한 백제의 의자왕이 끌려 들어가 당 고종(高宗)과 무측천(武則天) 앞에서 적반하장(賊反荷杖)의 꾸지람을 들으며 사죄하고 사면(赦免)을 받는 수치스러움을 당했던 곳이기도 하다. 한(恨)이 맺혀 있었을 의자왕은 그 후 며칠 만에 병을 얻어 죽음을 맞이하고 말았다고 한다. 세월이 흐르기는 했지만 참으로 통탄할 일이 아닐 수가 없다. 패자는 할 말이 없는 법이니 어쩔 수가 없었다지만, 당나라와 다투어오다가 멸망당한 고구려의 보장왕에 대해서는 그렇다 치더라도, 당나라 고종이 백제의 의자왕에게 꾸지람을 주고 사죄를 받아냈다는 것은 지나침이 있었다고 본다. 그 웅장했던 당나라의 대명궁(大明宮)은 전란에 의해 904년 파괴된 이후 907년 당나라가 멸망하면서 폐허로 변해버렸다고 하는데, 중국 정부가 1957년부터 1962년간 고고(考古) 조사를 하고 발굴할 때만 해도 대명궁(大明宮) 유지(遺址)의 단봉문(丹鳳門) 부근에는 병원이 들어서 있기도 했고, 청나라 말기 룽하이(隴海: 롱해)철도 건설 공사 과정에서 생긴 이주민들이 거주하는 등 민가들이 들어 있었다고 한다. 개혁개방 이후 1980년부터 1984년간 대명궁(大明宮) 유지(遺址)를 발굴하여 초보적인 복원을 했다고 하는데, 2010년 10월부터는 대명궁(大明宮)의 정문인 '단봉문(丹鳳門)'을 정식으로 복원시키는 등 '대명궁(大明宮) 유지(遺址)공원'을 조성하여 개방해오고 있다고 한다.

시안(西安)은 청나라 말기인 1900년, 8개국 연합군의 공격을 피해 도망 나온 자희태후(慈禧太后: 서태후)와 광서제(光緒帝)가 약 1년간 머물렀던 곳이기도 하다. 서태후는 1900년 6월 쯔진청(紫禁城)을 탈출하여 쥐용관(居庸關: 거용관)을 통해 빠다링(八達嶺)장성을 넘어 산시(山西)성 타이웬(太原)으로 들어갔다가 여의치 않자 시안(西安)으로 돌려 잠시 '화청지(華清池: 화칭츠)'의 '환원(環園)'에서 머무른 후, 시안 '남원문(南院門)'에 있던 '섬감(陝甘: 산간) 총독의 행궁(行宮)'을 보수하여 1900년 9월부터 1901년 10월까지 약 1년간 거주했다고 한다. 그곳에 머무는 동안에도 서태후의 사치스러움은 여전했다고 하는데, 그때 서태후가 즐겨 먹었다고 하는 '전통(傳統) 시안(西安) 만두'를 만들어 파는 '덕발장(德發長)'이라고 하는 대형 교자관(餃子館)으로 안내되어져 시안을 방문할 때마다 거의 들렀었다. 주문한 만두를 올릴 때 종업원들이 따발총을 쏘듯 숨도 안 쉬고 장황한 설명을 했었는데, 특별하게 맛있었다는 기억은 남아 있지 않다. 형형색색의 아름다운 예술 작품과도 같은 다양한 모양의 만두들 중에는 콩알만 한 크기에 모양을 낸 것들도 있었는데, 먹는 즐거움보다는 오히려 눈으로 보는 즐거움이 더 크다는 생각이 들기도 했다. 서태후가 '시안(西安) 만두'를 먹으며 시름을 달랬다고 하는데, 조금은 이해가 될 것 같기도 했다. 서태후는 시안에 머무는 동안 거두어들인 진귀한 보물들과 은(銀) 등 재물들을 여덟 대의 마차에 가득 채워 싣고 베이징으로 돌아갔다고 하는데, 못다 실은 일부 물품들은 남겨놓고 보관하도록 했다고 하며, 그 이후 서태후가 머물렀던 곳에 건물을 새로이 지어 '정관자득(靜觀自得)'이라고 쓴 편액을 내걸고 그 물품들을 진열했었다고 하는데 그 건물을 '양보루(亮寶樓)'라고 불렀었다고 한다. 서태후가 시안에 남겨놓고 간 흔적일진대, 그 보물들이 남아 있을 리는 없겠지만 민영기업이 '양보루(亮寶樓)'라는 이름을 사용하여 건물을 지어 2009년 12월 산시성(陝西省)정부의 비준을 받아 '양보루(亮寶樓)예술박물관'이라는 현판을 내걸고 골동품과 예술품들을 진열해놓고 판매도 하는 영업을 하고 있다고 하니, 시안(西安) 만두를 만들어 파는 '덕발장(德發長)'과 더불어 시안에서의 서태후 흔적을 느낄 수는 있지 않겠나 한다.

시안(西安) 중심지를 벗어나 병마용(兵馬俑)박물관과 화청지(華淸池)를 오가다 보면 노변 건너로 길게 펼쳐져 있는 석류(石榴)나무밭이 눈에 들어왔다. 6월에 지날 때는 빨갛게 핀 꽃들이 어우러져 아름다운 경관을 이루고 있었고, 8월에 지날 때는 석류의 열매들이 주렁주렁 매달려 풍요로운 경관을 이루고 있어 즐거움을 더해주었는데, 화청지와 진시황릉을 품고 있는 시안의 린퉁(臨潼: 임동) 지역이 석류의 주산지라고 한다. 그 석류나무는 한(漢: 서한)나라 무제(武帝)가 서역에 특사로 파견 보낸 장건(張騫)에 의해 기원전 119년 지금의 이란 지역으로부터 장안(長安)으로 처음 들어왔다고 하는데, 진시황릉을 시찰하던 저우언라이(周恩來) 총리의 권유로 진시황릉 주변에 다량의 석류나무를 식재하기 시작하여 그 린퉁(臨潼) 지역이 석류의 주산지가 되었다고 한다. 석류는 '부귀(富貴)와 길상(吉祥)', '자손만당(子孫滿堂)'을 상징한다고 하는데, 시안시(西安市)는 석류나무를 시안의 시수(市樹)로, 그 석류의 꽃은 시안의 시화(市花)로 지정하여 다채로운 '석류(石榴) 축제'를 벌인다고 한다. 필자가 어렸을 적 살았던 시골집 화단 모서리의 양지바른 곳에 화초로 심어놓은 작지 않은 석류나무 한 그루가 서 있었는데, 다른 나무에 비해 봄에 싹이 늦게 올라오지만 여름이 시작되면서 가느다랗고 무성하게 올라온 가지가지마다의 끝에 이파리들 사이사이로 다닥다닥 매달려 아름다운 빨간 꽃들을 피운다. 힘에 겨운 꽃들은 스스로 떨어트리고 주렁주렁 열매를 맺어 가을이 되면 탐스럽게 변하여 반짝이는 분홍빛 이빨을 드러내고 웃는 것처럼 벌어지는데, 알알이 들어차 있는 석류의 모습을 쳐다만 봐도 신맛이 돌아 입속의 침이 솟아나기도 했던 추억이 있어 차창 너머로 광활하게 펼쳐져 밭을 이루며 바라보이는 그렇게 많은 석류나무들을 보며 신기하게 느꼈던 생각이 난다.

진시황릉(秦始皇陵)과 병마용갱(兵馬俑坑)

시안(西安) 중심에서 동쪽 방향으로 약 36㎞의 위치에 중국역사상 최초의 황제(皇帝)인 진시황(秦始皇) '영정(嬴政)'의 무덤이 있다. 진시황이 영원한 부귀영화를 누리고자 지하 궁전을 지어 덮어놓은 그 무덤은 무덤이라기보다는 자연의 야산(野山)처럼 보였었는데, 과거에는 '리산(麗山: 여산)'이라고 불렀다고 한다. 그 야산과도 같은 진시황의 무덤은 당시 진(秦)나라의 수도였던 함양(咸陽: 셴양)의 황성(皇城)과 궁성(宮城)을 모방한 설계에 의해 축성된, 둘레가 6,200m나 되는 외성(外城)과 3,800m나 되는 내성(內城)의 웅장한 성곽에 둘러싸여 있었다고 하는데, 그 내성의 남부 위치에 둘레 2,000m, 높이 50m로 거대하게 앉아 있다. 웅장했다던 그 외성과 내성의 성곽, 성문 등 지상의 건축물들은 모두 사라지고 지금은 흔적 일부만 남아 있다고 한다.

진시황 영정(嬴政)의 무덤이 포함된 능원은 진시황이 천하통일을 이루기 이전 '진왕(秦王)'의 보위에 오른 그다음 해인 기원전 246년부터 건설을 시작하여, 공사를 한창 진행할 때는 매년 70만여 명의 인원을 동원하는 등 수많은 인력들을 징용하여 잔혹한 노동으로 수많은 희생자를 내며 기원전 210년 50세의 나이로 죽을 때까지와 그가 죽은 후인 기원전 208년까지 무려 38년간이나 건설하여 조성했다고 한다. 남쪽으로는 친링산(秦嶺山) 북록의 지맥인 리산(驪山: 여산)이 펼쳐져 있고, 북쪽으로는 웨이허(渭河)의 빈(濱)을 이루고 있는 진시황의 능원 구역 면적이 8㎢나 된다고 하는데, 그 규모가 세계에서 가장 큰 공전절후(空前絶後)한 방대한 능묘라고 알려져 있다. 진시황릉의 능원 구역 내에는 진시황의 시신이 안치된 지하 궁전(地下宮殿)을 비롯하여 순장(殉葬)한 후궁들의 묘(墓) 등 배장묘(陪葬墓)들, 병마용갱(兵馬俑坑), 동차마갱(銅車馬坑)과 같은 배장갱(陪葬坑)들 등의 지하 건축물들뿐만 아니라 지상으로도 내성과 외성을 비롯한 침전(寢殿), 편전(便殿) 등 수많은 건축물들이 들어서 있었다고 한다. 항우(項羽)의 군대가 기원전 206년 관중평원으로 진격해 들어와 진(秦)나라의 제3대 황제로 46일간 재위했던 폐(廢)황제 '자영(子嬰)'을 살해하면서 함양궁(咸陽宮)을 불태우고, 진시황릉의 능원으로 들이닥쳐 눈에 보이는 물품들은 모두 가져갔다고 하며, 옮겨 갈 수 없는 것들은 파괴하고 불태워버렸고 능을 파헤치기도 했다고 한다. 항우(項羽)를 치고 장안(長安)으로 진격해 들어와 기원전 202년 통일중국 '한(漢)나라'를 세운 유방(劉邦)은 진시황제의 능을 보호하도록 명령했다고 하는데, 그 이후로는 더 이상 공격에 의한 진시황릉의 파괴는 없었다고 한다. 하지만 지상 건축물들이 모두 파괴된 이후여서 진시황릉의 지상 건축물들은 그때 이미 존재하지 않았다고 한다. 그 이후로도 진시황제의 지하 궁전 부근에서 양을 방목하던 목동이 구덩이에 빠진 양을 구하려다 우연히 묘혈(墓穴)을 발견하고 횃불을 들고 들어갔다가 실수하여 불이 옮겨붙는 바람에 큰불이 나 90여 일이나 탔다고도 하고, '신(新)나라' 말기에는 '적미군'에 의해 도굴되었다고도 하며, 당나라시대 '황소의 난'이 일어났을 때도 도굴을 당했다고 하고, 청나라 말기와 중화민국시대에도 도굴을 당했다고 한다. 이처럼 기 발견된 지하에 건설되어 있던 배장갱(陪葬坑)들과 배장묘(陪葬墓)들은 거의 모두가 도굴되거나 파괴되었고 불에 탄 흔적들도 있다고 하는데, 필자가 병마용갱(兵馬俑坑)을 둘러볼 때 연기에 그을린 흔적이 있는 곳에 멈춰 서서 안내원의 설명을 들었던 기억이 난다. 하지만 진시황제의 시신이 안치되어 있는 지하 궁전은 벽돌로 4m나 되는 두께로 8~10m의 높이로 견고하게 쌓아 올린 궁벽으로 둘러싸여 있고, 지하 궁전으로 통하는 오화토(五花土)가 깔려 있는 용도(甬道)들에서도 도굴꾼이 진입한 흔적이 발견되지 않았다고 하며, 더구나 지하 궁전 묘실(墓室) 주변 4면으로는 아예 접근이 불가능하도록 천연 방부제 역할을 하는 위험한 다량의 수은(水銀)으로 아름다운 '강하호해(江河湖海)'의 경관을 만들어놓은 것으로 문헌(文獻)에 기재되어 있다고 하는데 그 수은으로 추정되는 원소들이 능묘의 주변에서 탐측(探測)이 되고 있다는 점 등의 근거를 들어 중국 정부나 중국의 고고학계는 진시황제의 지하 궁전은 원(原)상태로 잘 보존되어 있을 것으로 추측하고 있다. 그 거대한 지하 궁전의 여러 궁전 누각들에는 진귀한 수많은 보물들이 진열되어 있는 등 호화롭게 장식되어 있을 것으로도 추측하고 있다고 한다.

　진시황제의 무덤인 지하 궁전을 조성한 지가 2,000년이 넘는 세월이 흘렀으니 추측은 추측일 뿐이고, 발굴을 하지 않는 한 그 진시황제 지하 궁전의 실상(實相)을 정확하게는 알 수 없을진대 주변의 자연환경 등 여러 문제점들을 고려하지 않고 그냥 파헤친다면야 간단하겠지만 습도와 온도의 조건을 유지하면서 그 거대한 지하 궁전을 발굴한다는 것은 그리 쉬운 일이 아닐 것이다. 무기물(無機物)들이 부장되어 있는 병마용(兵馬俑)갱과는 달리 진시황제의 지하 궁전에 부장되어 있을 견직물(絹織

物) 등 유기물(有機物)들의 발굴 기술과 발굴 후 보존할 수 있는 기술도 아직은 부족할 뿐만 아니라 그 유기물들에 붙어 있을 병균 등 미생물의 방비에도 한계가 있는 등 수많은 문제점들이 있어 중국 정부나 중국의 고고학계는 발굴의 실익이 없다는 데 인식을 같이하고 있다고 한다. '명(明)13릉'의 만력제 정릉(定陵) 발굴 이후 더 이상 정부 주도로의 제왕 능묘 발굴은 하지 않는다는 중국 정부의 정책도 확고하다고 하니, 그 진시황제의 무덤인 지하 궁전은 지금처럼 사마천(司馬遷)의 사기(史記) 등 문헌에 기재된 역사 자료와 고고발현(考古發現)에 의한 추측, 전설 등 상상의 모습으로만 머물러 있을 수밖에 없다고 본다.

  진시황제의 지하 궁전을 덮고 있는 무덤의 동편 1.5km 위치에 그 지하 궁전에 누워 있는 진시황제를 지키기 위해 부장해놓은, 병마용(兵馬俑)들이 도열해 있는 병마용갱(兵馬俑坑)이 있다. 진시황제 능원의 일부분인 그 병마용갱은 1974년 3월 우물을 파던 당지의 농부에 의해 우연히 발견되어 발굴을 시작했다고 하는데, 먼저 발견된 제1호갱의 발굴에 이어 1976년 4~5월에는 그 제1호갱의 좌우 양측에 있는 제2호갱과 제3호갱도 발굴하여 함께 개방해오고 있다. 그 병마용갱 안에는 무사(武士) 등 병사(兵士)들의 도용(陶俑)과 도마(陶馬) 등 병마용(兵馬俑)들이 일률적으로 동쪽을 향해 도열하고 있는 형태를 이루고 있었는데, 약 20,000㎡나 된다고 하는 3개의 갱(坑)에서 8,000여 점의 병마용(兵馬俑)과 당시 실전(實戰)에 사용됐다고 하는 창과 방패, 검, 활과 화살촉 등 4만여 점의 청동병기(靑銅兵器)들 등 각종 무기들과 동제마차(銅製馬車), 목제전차(木製戰車) 등 10만여 점의 문물들이 출토됐다고 한다. 진흙을 빚어 조각하여 구워 만든 그 많은 도용(陶俑)들의 얼굴 생김새와 표정, 두발 형태, 복식(服飾) 등의 모양들 하나하나 모두가 각기 다르다고 하는데, 갱(坑) 내의 것들은 멀리 보여 자세히 볼 수가 없었지만 전시장에 진열되어 있는 건장하게 생긴 도용(陶俑)들의 모습을 살펴보면서 '대충대충 찍어 만든 것이 아닌, 혼(魂)이 담겨 살아 있는 것처럼 섬세하고도 정교하게 만들어진 생동감 있는 예술 작품'들이라는 느낌을 받았던 기억이 남아 있다. 병사(兵士)의 도용(陶俑)과 도마(陶馬)를 만들어 무덤 또는 무덤 주변에 묻는 것은 살아 있는 병마(兵馬)를 대신한 순장(殉葬)이라고 하는데, 진시황제에게는 그 많은 병마용(兵馬俑)들만으로는 부족했었는지 그의 아들 제2대 황제 호해(胡亥)의 명령에 의해 후궁들과 모든 궁녀들을 잔인하게 살해하여 순장(殉葬)했다고 하며, 능묘 조성을 완료한 후 묘실을 조성한 수많은 공장(工匠)들 전부를 묘혈(墓穴)에서 빠져나오지 못하도록 하고 문을 닫아버려 생매장을 했다고 하니 다 지나가버린 아주 먼 옛날이야기이기는 하지만 하느님의 평가에 의하여 죗값을 치렀을 잔인무도한 권력자들이 아니었나 한다. 중국 고대의 야만적인 순장(殉葬) 제도가 언제부터 시작되었는지는 불분명하다지만, 기원전 1600년부터 시작되는 상(商)나라시대에 성행했던 것으로 고증되고 있다고 하며, 그 이후로 주(周), 춘추전국(春秋戰國), 진(秦), 한(漢), 남북조(南北朝), 수(隋), 당(唐), 송(宋), 요(遼), 금(金)으로 이어지면서 원(元)나라시대에도 성행했다고 하고, 명(明)나라에 이어 청(淸)나라의 순치제에 이르기까지 중국의 역대 왕조들이 일시적인 중단 내지는 규모의 차이는 있을지언정 계속해서 순장(殉葬)을 자행해온 것으로 발견되거나 기록되어 있다고 하는데 청나라의 강희제시대에 이르러서야 죽으면 대가를 치르게 될 죄악임을 제대로 깨달았는지 강희제의 명령에 의해 비로소 순장(殉葬) 제도가 완전히 폐지되었다고 한다.

　진시황제의 무덤에 대한 이야기를 이어가다 보니 인생의 무상함을 느끼게 한다. 생전에 아무리 천하를 호령하던 권력자였을 지라도 생전의 평가에 의해 심판받아서 떠나갔을 것인데, 호화로운 지하 궁전을 지어놓은들 무슨 소용이 있을 것이며, 아무리 많은 병마용(兵馬俑)들이 지키고 있는 완벽하게 만든 지하 궁전에 자신의 시신을 눕혀놓았을지언정 한 줌의 흙으로 변할진대 부질없는 지나침이 있지 않았나 하는 생각이 든다.

화청지(華淸池)와 오간청(五間廳)

진시황릉(秦始皇陵) 병마용갱(兵馬俑坑)에서 시안(西安)의 중심 쪽 방향으로 되돌아 7.5km쯤 이동하면, 그러니까 시안(西安) 중심에서 동쪽 방향으로 30km쯤의 위치에 당(唐)나라시대 '화청궁(華淸宮)'이라고 불렸던 황실의 별궁(別宮)이었던 '화청지(華淸池: 화칭츠)'라는 유적지가 나온다. 진시황릉(秦始皇陵)처럼 그 화청지(華淸池)도 남쪽으로는 리산(驪山: 여산)이 병풍처럼 펼쳐져 있고, 북쪽으로는 웨이허(渭河: 위하)가 흐르는 경치가 수려한 명당자리에 위치해 있다. 온천(溫泉)이 있는 그 화청지의 자리에는 주(周)나라 때부터 진(秦)나라, 한(漢)나라, 수(隋)나라, 당(唐)나라에 이르기까지 제왕들이 온천 목욕도 하고 쉬며 거닐었던 '이궁(離宮)' '별원(別苑)'이 들어서 있었다고 한다. 당나라 초기에는 당 태종(太宗)이 그곳에 궁전 누각을 건축하여 '탕천궁(湯泉宮)'이라는 이름을 지어 불렀다고 하며, 당 고종(高宗) 때는 '온천궁(溫泉宮)'으로 개명했다고 하는데, 당 현종(玄宗)에 이르기까지는 별로 이용을 안 하고 있었다가 당 현종(玄宗)이 방대한 규모로 확대 수축하여 '화청궁(華淸宮)'이라는 이름으로 개명했다고 한다. 그 이후 당 현종은 거의 매년 10월 초부터 그 화청궁으로 들어가 연말까지 머물러 있다가 환궁을 하곤 했었다고 한다. 712년 9월부터 44년간이나 재위한 당 현종은 민생을 안정시켜 태평성대를 구가했지만 노년이 되면서 도교(道敎)에 심취하고 천하일색의 미모(美貌)로 가무(歌舞)와 음률(音律) 등 다양한 끼를 지닌 34세 연하의 '양귀비(楊貴妃)' 양옥환(楊玉環)에 빠져들어 정사(政事)를 게을리하고 지냈다고 하는데, 당 현종이 화청궁인 화청지(華淸池)에서 양귀비(楊貴妃)와 온천 목욕을 하며 사랑에 빠져 노닐었던 호화로운 '연화탕(蓮花湯)', '해당탕(海棠湯)' 등 고(古)건축물들을 일부 복원하여 개방하고 있다.

당 현종(玄宗)은 자신의 아들인 수왕(壽王) 이모(李瑁)의 아내이며 자신의 며느리인 '양옥환(楊玉環)'을 출가(出家)시켰다가 환속(還俗)하도록 하여 자신의 귀비(貴妃)로 삼는 기막힌 패륜(悖倫)을 저지르게 되는데, 지어낸 이야기겠지만 황제인 아버지에게 사랑하는 아내를 빼앗긴 수왕(壽王) 이모(李瑁)는 '반항을 할 수도 없고, 반항할 힘도 없었으니, 말 한마디 못 하고 미어지는 아픈 마음의 고통을 참으며, 자신의 곁을 떠나는 아내 양옥환(楊玉環)의 모습을 그저 바라만 볼 수밖에 없었다'라고 했다 한다. 양옥환(楊玉環)을 귀비(貴妃)로 삼은 당 현종이 귀비(貴妃) 양옥환(楊玉環)의 사촌 오빠인 양국충(楊國忠) 등에게 의지하며 정사를 아예 포기하고 양귀비(楊貴妃)에 빠져 있을 때, 절도사(節度使) 안녹산(安祿山)과 사사명(史思明)이 755년 군사를 이끌고 반란을 일으키는바 당 현종은 아들 수왕(壽王) 이모(李瑁)와 함께 쓰촨(四川) 지방으로 도망가게 되는데, 그때 당 현종은 수왕(壽王) 이모(李瑁)를 통해 양국충(楊國忠)을 살해한 병사들을 위로하도록 하고 양귀비(楊貴妃)에게는 사약을 내렸다고 하며 '안사의 난(安史之亂)'이 일어난 이듬해인 756년 당 현종의 통치 시대가 막을 내리게 되면서, 쓸쓸하고 적막해진 화청궁(華淸宮)은 쇠락의 길로 들어섰다고 한다.

당나라시대에 화청궁(華淸宮)이었던 그 화청지(華淸池) 내에 청나라 말기 '역관(驛館)'을 지으면서 조성한 '환원(環園)'이라는 원림이 있는데, 그 환원(環園) 내에는 여러 건축물들이 들어서 있다. 1900년 '8국 연합군'의 베이징 진격을 피해 도망 나온 자희태후(서태후)가 그 환원에서 잠시 머물기도 했다고 하는데, 중화민국시대인 1934년에는 대대적인 수리를 하여 고위 간부들의 별장으로 사용했었다고 한다.

 장제스(蔣介石)도 '제6차 초공(剿共: 공산당 토벌)작전'의 지휘를 위해 1936년 10월과 12월 두 차례 시안(西安)으로 들어가 그 환원(環園) 내의 '오간청(五間廳)'이라는 곳에서 머물렀다고 한다. 장제스가 뤄양(洛陽)의 '장쑹별장(蔣宋別莊)'에서 장쉐량(張學良) 등의 축하를 받으며 1936년 10월 31일 50세 생일 축하연을 벌이고 나서 한 달여간 휴양을 하고 1936년 12월 4일 두 번째 시안(西安)으로 들어오는데, 그 오간청(五間廳)에서 머물던 중 12월 12일 새벽 잠결에 총성을 듣고 탈출하여 뒷산으로 도망쳐 숨어 있다가 붙잡히는 사건이 발생하게 된다. 부하인 장쉐량(張學良)과 양후청(楊虎城)이 장제스에게 '정지내전, 일치항일(停止內戰, 一致抗日)'을 수차례 건의했지만 거절당하자 장제스를 압박하기 위해 군대를 일으켜 무력을 행사한 사건이 벌어진 것이다. 이를 미화하여 '장쉐량과 양후청의 장제스에 대한 병간(兵諫)'이라고도 하고, '시안사건(西安事件)' 또는 '시안사변(西安事變)'이라고도 하는데 당시 중국공산당과 국민당의 수뇌부들이 숨 가쁘게 협상을 진행하면서 감금시켜놓은 장제스를 설득하여 '제2차 국공합작'을 이루어 내며 그 역사적인 사건은 마무리가 된다. 당 현종과 양귀비의 사랑 이야기가 배어 있는 그 화청지(華淸池)는 장제스의 입장에서는 치욕적인 곳이지만, 중국 정부는 그 역사적인 사건이 발생한 화청지(華淸池) 환원(環園) 안에 있는 오간청(五間廳) 등 시안사변의 현장을 당시의 탄흔도 지우지 않은 채 보존하여 개방해오고 있다. '시안사변(西安事變)'에 대한 이야기는 부록의 「중국역사(中國歷史)의 흐름 이야기」에 좀 더 상세히 정리되어 있다.

시안(西安)비행기공장 시찰

　시안(西安) 중심에서 북동쪽 방향의 위치에 비행기를 생산하는 3,000,000㎡ 규모의 방대한 기지가 자리를 잡고 있다. 중국과의 중형 항공기 합작개발을 추진하기 위해 협상을 진행하는 과정에서 중국 정부의 안내를 받아 대표단 일행과 함께 1995년 6월 16일 비행기를 생산하는 공장인 그 기지를 시찰한 적이 있다. 주로 군용기를 생산하던 군수공장이었던 것을 개혁개방 이후부터는 연구 개발을 통해 민용 비행기도 생산하고 있었다. 지금은 20여 종의 비행기를 생산하고 있다고 하는데, '중국비표(中國飛豹)', '공중급유기', '굉6시리즈(轟六系列)' 등 다양한 군용기와 '운7시리즈(運七系列)', '신주60(神舟60)' 등 민용 항공기도 생산하여 상용화하고 있다고 한다. 필자가 우리 대표단들과 함께 방문했을 당시, 군용기를 민용 비행기로 개조하는 공정의 작업을 하는 공장을 시찰했다. 당시 내부가 비어 있는 중대형의 군용기를 세워놓고 내부 시설의 장치를 하는 작업을 하고 있었는데, 필자는 문외한이라서 잘 알 수 없었지만 당시 항공기에 대해 조예가 있는 일행의 평가에 의하면 외관적으로는 거칠지만 상당한 수준의 항공기 제조 기술을 가지고 있다고 하여 고개를 끄덕이기만 했다.

　산업 시찰을 마치고 아름다운 호반에서 양국의 협상 대표단들과 함께 화기애애한 분위기 속에서 산시(陝西)성장이 주최하는 만찬 대접을 받으며 돈독한 우의를 다졌던 추억들이 떠오른다. 「10. 베이징(北京)에서 근무할 때의 이야기들」에서 언급을 했지만, 한중산업협력위원회의 틀 속에서 한·중 양국 간 합작으로 추진했던, 중형 항공기 공동개발 사업은 안타깝게도 무산되고 말았다.

26.
중국의 서역(西域) 신장(新疆)을 들여다보다

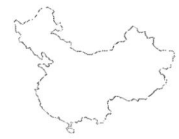

실크로드(Silk road)에 대하여

먼저 중국 서역(西域)의 '실크로드'가 언제, 어떻게 생겼는지, 어떤 역할을 했었는지를 살펴보고 이야기를 이어가고자 한다. 중국어(中國語)로 '사주지로(絲綢之路: 쓰처우즈루)'라고 하는 '비단길'인 '실크로드(Silk road)'는 고대 중국이 서방 국가들과 교역을 하면서 중국의 서역(西域) 등을 지나다니면서 생긴 육상의 통도(通道)를 말하는데, 교통수단이 발달되면서 새로운 도로로 변했거나 일부 흔적들만 남아 있을 뿐 지금은 없어져버린 길이다. 그런데 2013년 9월 시진핑 주석이 패권(霸權)전략의 일환으로 '일대일로(一帶一路)'라고 하는 '블록(Bloc)화'된 양상(樣相)의 '신(新)실크로드전략구상'을 제안하면서, 중앙아시아와 유럽을 연결하는 '육상(陸上)의 신(新)실크로드 경제대(經濟帶)'라고 하는 '일대(一帶)'와 동남아시아와 서남아시아, 유럽, 아프리카까지 연결하는 '21세기 해상(海上) 실크로드'라고 하는 '일로(一路)'로 재탄생이 된다. 물론 고대에도 해상을 통해 중국과 서방 국가들 간의 교역이 이루어졌으니까 '해상 실크로드'가 존재했다고 볼 수는 있다. 하지만, 일반적으로는 '실크로드' 하면 낙타를 이용해 중국 서역(西域)을 지나 서방 국가들을 오가며 생긴 고대의 전통적인 육상 통도들을 일컫는데, 지금은 없어져버린 고대의 육상 통도인 그 실크로드는 한(漢)나라의 무제(武帝)가 당시 황궁의 낭관(郎官)인 '장건(張騫)'을 두 차례에 걸쳐 서역(西域)에 사자(使者)로 파견시켜 '서역(西域) 국가들과 협상하고, 통도(通道) 개설을 조사'하도록 한 이후에 간쑤(甘肅)의 흉노(匈奴) 등을 장악하고 나서, 장건(張騫)의 조사를 토대로 당시 수도인 장안(長安)을 기점(起點)으로 간쑤(甘肅), 신장(新疆)을 거쳐 중앙아시아, 서(西)아시아, 지중해 등지(等地)의 각국과 로마까지 통하는 길을 열고, 중국에서 생산한 비단을 내다 팔기 시작하면서 그 기원(起源)을 이루고 있다.

후한(後漢: 동한)시대에는 그 실크로드의 기점이 당시 수도인 뤄양(洛陽)으로 바뀌게 된다. '실크로드(Silk road)'라는 이름은 독일의 지질지리학자 '리히트호펜(Richthofen, 1833~1905년)'이라는 사람이 1868년부터 1872년까지 중국의 각지를 답사하고 나서 1877년 저술한 『중국(China)』이라는 저서에서 '기원전 114년부터 기원후 127년까지 중국과 중앙아시아, 중국과 인도 간 비단(Silk)무역을 매개로 한 중국 서역(西域)의 교통 도로'를 '실크로드(Silk road)'라고 명명(命名)하였다고 하는데, 그 이후 학술계와 대중(大衆)이 이를 받아들이면서 실크로드(Silk road)라는 이름이 사용되기 시작했다고 한다.

중국은 실크로드가 열린 이후 낙타를 이용해 비단과 칠기, 동기(銅器), 도자기 등의 물품과 살구, 복숭아, 사탕수수 등의 농산물을 수출하고, 모직물, 보석, 유리, 비파(琵琶), 향료, 화장품 등의 물품과 석류, 호두, 포도, 무, 오이, 호마(胡麻: 참깨), 천마(天馬: 아라비아의 말) 등의 농축산물을 수입했으며, 양잠, 화약, 제지 기술 등을 전해주고, 유리를 만드는 기술과 조각

공예, 회화(繪畵), 도안 설계 등의 기술을 받아들였다고 한다. 또한 그 길을 통해 외교사절들과 학술, 과학 고찰자들이 드나들기도 했고 인도의 승려들이 경전(經典)을 들고 들어와 중국에 전파하거나 중국의 승려들이 인도로 들어가 경전을 가져오기도 하면서 중국 불교를 발전시키기도 했다. 물품의 운반 수단으로는 주로 낙타를 이용했다고 하는데, 온순한 낙타야말로 목숨을 내걸고 그 멀고 험한 길을 오간 상인들과 더불어 동서양 간의 문물교류를 이끌어내어 중국 문명을 발전시키는 데 공헌을 한 일등 공신이다. 그 실크로드로 중국과 서방을 왕래하려면 험준한 산(山)과 분지(盆地)의 초원 말고도 끝없이 펼쳐진 건조한 사막들을 통과해야만 하는데, 다행히도 그 사막의 군데군데에는 생명을 지켜주는 먹을 물과 나무 그늘이 있는 오아시스들이 있었다. 그 오아시스들을 연결하여 이루어진 길이라고 하여 '실크로드'를 '오아시스로(路)'라고도 한다는데, 그 오아시스를 중심으로 해서 마을이 형성되기도 하고 도시가 형성되기도 했다.

필자가 2000년 8월 9일부터 4박 5일간 가족과 함께 '천산북로(天山北路)의 실크로드'였던 신장(新疆) 준가얼(準葛爾: 준갈이)분지의 남부 초원지대에 위치해 있는 우루무치(烏魯木齊)를 거쳐서 실크로드의 오아시스인 신장(新疆)의 투루판(吐魯番)과 간쑤(甘肅)의 둔황(燉煌)을 여행한바 있었는데, 그때 들여다본 이야기들을 이어가고자 한다.

우루무치(烏魯木齊)와 천산천지(天山天池)

우루무치(烏魯木齊)는 중국대륙의 서부 지역에 위치하며 중국의 성급(省級) 행정구역 중 가장 넓은 '신장웨이우얼(新疆維吾爾)자치구'의 수부(首

府)다. 중원(中原)인 '허난(河南) 지역' 면적의 열 배나 되는 약 1,660,000㎢ 의 광활한 면적을 차지하고 있는 '신장(新疆) 지역'의 중북부(中北部)에 위치해 있는 우루무치(烏魯木齊)에는, 한(漢: 전한)나라가 최초로 서역(西域)인 신장(新疆)지역을 통치할 때인 기원전 60년 당시 10여 개의 유목(遊牧) 부락만이 있었다고 한다. 우루무치(烏魯木齊)는, 그 이후 후한(後漢), 진(晉), 수(隋), 당(唐), 원(元), 명(明), 청(淸)나라 왕조들이 성(城)을 쌓기도 하고 다툼을 벌이기도 하면서 군대를 주둔시키기도 했었지만, 당(唐)나라 전성기를 넘어선 이후에는 주로 흉노(匈奴), 돌궐(突厥), 몽고(蒙古)족들이 다투며 지배했고 청(淸)나라 전기(前期)까지는 서(西)몽고에 의해 통치되면서 '우루무치(烏魯木齊)'라는 지명을 사용했다고 하는데, 청나라 건륭제 때 평정(平定)하여 중국 영토화(化)한 후 1755년 대규모로 개발하면서부터 발전되기 시작했다고 한다. 그때까지도 '우루무치(烏魯木齊)'라는 지명을 계속해서 사용해오다가 1763년 건륭제에 의해 '디화(迪化: 적화)'라는 이름으로 명명(命名)되었다고 하는데, 그 이후 국민당 정부까지는 '디화(迪化)'라는 이름을 사용해오다가 신(新) 중국이 들어선 이후인 1954년 2월 '디화(迪化)'라는 이름이 '대(大)민족주의의 색채'가 들어 있다고 하여 소수민족의 의미를 머금고 있으면서 '준가얼(準葛爾: 준갈이) 몽고어'로 '아름다운 목장'이라는 뜻이 있는 '우루무치(烏魯木齊)'라는 원래의 이름으로 개명한 이래 지금에 이르고 있다. 하지만 우루무치는 위구르(維吾爾)족 등 투르크계 민족들의 분리 독립운동으로 지금도 몸살을 앓고 있다. 그 우루무치에는 한 번은 상하이(上海)의 홍차오(虹橋)공항을 출발해서, 또 한 번은 김·장법률사무소에 근무할 때 업무적인 일로 베이징(北京)의 서우두(首都)공항을 출발해서 방문한 적이 있는데, 베이징에서는 우루무치까지 약 2,500㎞의 비행 거리를 약 4시간 날아야 했고, 당시 상하이에서는 시안(西安)을 경유했지만 약 3,000km의 비행 거리를 비행시간만으로 5시간여 날아서야 우루무치 디워푸(地窩堡: 지와보)공항에 도착할 수 있었다.

산으로 둘러싸여 초원을 이루고 있는 우루무치 주변을 오가면서 받은 느낌은, 대관령을 지나면서 받는 나름대로의 느낌이 있듯이 이국적인 느낌 말고도 약간은 썰렁함을 느끼기도 했고 붕 떠 있는 것 같은 느낌이 들기도 했는데, 그저 '아… 중국 서역의 풍경이 이렇구나!' 하며 지나다녔었다. 그런 느낌은 그 이후 우루무치보다도 좀 더 서쪽으로 기울어진 위치에 있는 우즈베키스탄의 타슈켄트를 방문했을 때도 비슷했는데, 고원지대에서 느낄 수 있는 특유의 경치가 아닌가 한다. 업무적인 일로 우루무치를 방문했을 때는 여유가 없었지만, 가족과 함께 우루무치를 여행할 때는 편안한 마음으로 주변의 경관을 감상하며 여유롭게 즐길 수 있었다.

여름의 한복판인 8월 초중순 가족과 함께 우루무치를 방문했을 때의 우루무치 날씨는 우리의 초가을처럼 선선했다. 2000년 8월 11일 오후 우루무치 중심의 동북부에 위치해있는 홍산(紅山)공원에 올라서니 우루무치의 시가지가 한눈에 내려다보이고, 남쪽 방향으로는 멀리 아주 옅은 안개 사이로 하늘 높이 솟아 굽이굽이 펼쳐져 있는 천산(天山: 톈산)의 하얀 설봉들이 구름위에 떠 있는 듯이 희미하게 바라보였는데, 그간 보지 못했던 그 경이로운 경관(景觀)을 한참 동안이나 멍하니 올려다보며 서 있던 기억이 남아 있다. 마치 상상의 세계를 그린 한 폭의 동양화(東洋畵)를 바라보는 것 같은 착각이 들었다.

필자 부부가 그 이후로 옐로스톤과 로키산맥의 밴프 여행을 하고 돌아오는 길에 2006년 8월 6일 시애틀 교외의 언덕에 있는 어느 골프장 퍼블릭코스에서 당시 현지공관에서 근무하고 있는 필자의 옛 상하이총영사관 동료의 부부와 함께 라운딩을 하면서 우연히 구름 위에 떠 있는 선명하게 우뚝 솟아있는 해발 4,392m라고 하는 '레이니어(Rainier)산'의 아름다운 설봉(雪峰)을 바라볼 수 있었는데, 역시 마치 상상의 세계를 그린 한 폭의 명작 서양화(西洋畵)를 바라보는 것 같은 착각을 하면서, 우루무치의 홍산(紅山)에서 바라봤던 구름 위에 떠 있는 아름다운 천산(天山)의 설봉(雪峰)을 추억하기도 했다. 느끼는 모습이 동양화와 서양화라는 차이는 있었지만, 필자의 뇌리에 새겨져 있는 쉽게 보기 어려운 이역만리에서 바라본 구름 위에 떠 있는 한여름 고산 설봉의 아름다운 풍경들이라서 곁들여 추억해봤다.

필자가 올라서 있었던 홍산(紅山)의 정상이 해발 910여m라고는 하지만 우루무치 중심의 평균 해발고도가 800m라고 하니, 그 홍산(紅山)은 볼륨이 있는 언덕일 뿐이다. 우루무치(烏魯木齊) 시내를 돌아다니다 보니 저녁 9시가 되었는데도 훤한 낮과 같았는데, 우루무치를 비롯한 신장(新疆) 지역이 서쪽으로 깊숙하게 기울어져 있음에도 동쪽에 위치한 베이징과 동일한 시간을 사용하고 있기 때문이다.

우루무치를 비롯한 신장(新疆) 지역에서는 그 불편함을 해소하기 위해 자체적으로 중국의 표준시간보다 2시간 늦춰 일상의 생활을 하도록 하고는 있지만 공식적으로 시차를 두고 있지는 않다. 그 우루무치는 해안과의 거리가 약 2,500㎞나 되는, 세계에서 바다와 가장 멀리 떨어져 있는 내륙(內陸)의 대도시라고 하는데 광활한 초원 속에 있는 도시라서 그런지 풍요롭고 온화한 도시라기보다는 거친 듯 투박하면서도 인정이 넘치는 한가로운 도시라는 인상이 남아 있다.

천산(天山: 톈산)은 카자흐스탄에서 시작하여 우즈베키스탄을 거쳐 키르기스스탄을 지나 중국 국경을 넘어와서 신장(新疆) 지역에만 무려

1,700km나 길게 뻗어 있는 산으로, 그 넓은 신장 지역 전체 면적의 3분의 1을 차지하고 있는 '신장(新疆)의 상징적인 산'이다. 우루무치(烏魯木齊)를 중심으로 굽이굽이 뻗어 있는 우루무치 부근의 천산(天山) 자락에 '천지(天池: 톈츠)'라고 하는 아름다운 호수가 있는데, 2000년 8월 11일 오전에 올라가 들여다봤는바 이야기를 이어가고자 한다.

중국에는 백두산(白頭山)의 천지(天池) 말고도 고산(高山)지대의 호수들이 있는데, 신장 우루무치(烏魯木齊) 부근의 천산(天山) 자락에도 '천지(天池)'라는 이름의 호수가 있다. 우루무치 중심에서 북동쪽으로 약 100km의 위치에 있는 '천산천지(天山天池)'는, 천산(天山) 동단의 최고봉인 해발 5,445m 보거다(博格達: 박격달) 봉(峰) 허리의 계곡에 강수(降水)와 산봉우리들에 쌓여 있는 만년설이 녹아내려 고여서 생긴 해발 1,910m 높이에 있는 고산호수다. 백두산 천지보다는 그 규모가 작다고는 하지만 최고 깊이가 103m나 되고, 길이가 남북으로 3.4km, 동서로는 0.8km 내지는 1.5km나 된다고 하니 작지 않은 자연의 호수다. 우루무치 중심을 벗어나 양과 말들이 한가로이 풀을 뜯고 있는 구릉지의 초원들을 지나 굽이굽이 가파른 천산(天山) 지맥의 산길을 따라 해발 1,980m의 천지풍경지구까지 자동차로 올라갔다. 전망대에 올라서서 바라본 천산천지(天山天池)는 장엄한 암석의 산봉우리들에 둘러싸여 신성(神聖)한 느낌을 주는 하늘에 닿아 솟아 넘치는 백두산 천지와는 달리 멀리 고요하게 바라보이는 만년설이 덮인 하얀 천산의 산봉우리들과 그 아래로 겹겹이 겹쳐져 내려와 계곡 사이의 호수에 닿아 있는 산(山)들에 우거진 울창한 수풀이 어우러져 있는 포근하고도 아늑한 깊은 계곡에 고인 아름다운 호수라는 느낌이 들었다. 약간의 빗방울이 날리기는 했지만 한여름의 계절인데도 서늘했는데, 호반으로 내려가 만발한 야생화들이 나부끼는 호수 주변의 경치를 감상하며 산책을 하고 가이드의 안내에 따라 공원 내에 있는 토속 식당에서 차려주는 양고기 등의 요리와 말의 젖으로 빚었다고 하는 '마유주(馬乳酒)' 한잔을 곁들인 점심 식사를 마치고 나오니 빗줄기가 굵어지고 바람까지 불어 아쉬움을 남기고 내려왔다. 천산천지를 들여다본 이후 몇 년 지난 한여름 캐나다 로키산맥을 여행하면서, 2006년 8월 1일 해발 1,300여m의 고도에 있는 작은 마을인 밴프 인근에 있는 빅토리아산(山)의 빙하가 녹아 흘러 고인 '루이스(Louise)호수'를 아내와 함께 여유롭게 산책을 한 적이 있는데, 바람 한 점 없이 맑게 갠 늦은 오후 시간에 고즈넉한 호반을 한적하게 거닐며 빅토리아산의 빙하와 설봉들이 어우러진 루이스호수의 아름다운 풍광을 감상하면서도 천산(天山)의 설봉들과 어우러져 있는 천산천지(天山天池)가 떠올랐는데, 천산천지(天山天池)도 그 루이스호수만큼이나 아름다운 호수가 아닌가 하는 생각이 들어 곁들여 추억해본다.

투루판(吐魯番)분지와 칸얼징(坎兒井)

우루무치(烏魯木齊)에 머물면서 2000년 8월 10일 하루 일정으로 아침 일찍 출발하여 우루무치에서 동남쪽 방향으로 약 180㎞의 위치에 있는 천산(天山) 동부의 산간분지로 인구 60여만 명이 살고 있는, 고대 실크로드의 주요 도시 투루판(吐魯番)을 다녀왔다. 투루판은 위구르어(語)로 '낮은 곳'이라는 의미라고 하는데, 투루판분지의 전체 면적 69,713㎢ 중 마이너스 해발의 면적이 2,085㎢나 된다고 하니 만약 투루판분지가 수분이 증발하는 양보다 유입되는 양이 많았더라면 거대한 호수로 변해 있었을 지역이라고 한다. 투루판(吐魯番)분지에서 가장 낮은 곳인 아이딩후(艾丁

湖: 애정호)의 수면은 마이너스 해발 154m로 세계에서 가장 낮은 마이너스 해발 391m인 요르단의 사해(死海)에 이어 두 번째로 낮은 곳이라고 한다.

가이드의 안내에 의해 아침 일찍 '진베이(金杯: 금배) 미니버스'에 우리 네 식구와 대만에서 여행 왔다고 하는 낯선 한 쌍의 중년부부와 함께 탑승을 하고 출발했다. 우루무치 중심을 벗어나 광활한 구릉지의 초원지대를 지나 약간 경사면에 들어서니 커다란 날개가 돌아가는 수많은 풍력발전기들이 밭을 이루며 이어져 있었는데, 그 이후로는 한 지역에 세워져 있는 그렇게 많은 풍력발전기들을 본 일이 없다. 평균 해발고도 800m인 우루무치(烏魯木齊)에서 마이너스표고 약 150m의 투루판(吐魯番) 중심을 향해 달리니 내리막길일 수밖에 없다. 풍력발전기들이 펼쳐진 밭을 지나 더 가파른 내리막 계곡으로 들어서면서 약간의 커브 길에서 자동차가 흔들거리는 것을 느낄 수 있었는데, 그때 가이드가 '우루무치를 지나 투루판으로 내려가는 길에는 1년에 두 차례 센 바람이 분다'라고 하여, '아, 오늘이 그런 날인 모양이구나!' 생각했는데, 이어서 '그런데, 그 센 바람은 한번 불기 시작하면 6개월씩 분다'라고 하는 바람에 한바탕 웃었던 기억이 난다.

실상은 매년 3월에서 10월 사이에 센 바람이 불고 5월에 특별히 강한 바람이 발생한다고 하니, 그날의 바람은 그리 큰 바람이 아녔을 텐데도 계곡을 지나자마자 산등성이에 있는 간이매점과 화장실이 있는 휴게소의 주차장에서 잠시 하차하였을 때 몸을 지탱하기가 어려울 정도로 강한 바람이 불었다. 계곡의 아래로 열차가 지나가기도 했었는데, 심한 바람이 불면 탈선이나 전복의 위험이 있어 운행을 일시적으로 중단시키기도 한다고 한다. 계곡과 산허리를 벗어나 내리막 경사면을 이루고 있는 초원과 자갈밭으로 이루어진 광활한 분지의 사막을 가로질러, 거의 투루판에 이를 때까지 직선 방향으로 달려 투루판에 들어서니 경사면이 없어지고 평지가 펼쳐지면서 군데군데에 푸른 나무들이 보여 오아시스 임을 느끼게 했다. 투루판(吐魯番)에 도착하여 둘러본 순서대로 이야기를 이어가고자 한다.

투루판(吐魯番)에 도착하자마자 '칸얼징(坎兒井: 감아정)'이라고 하는 관개(灌漑)시설의 박물관으로 안내되어 차에서 내리는 순간 느낀 후끈한 열기는 대단했다. 한창 달아올라 있는 사우나탕의 건식 찜질방에 들어가는 느낌이었다. 사면이 산으로 둘러싸여 동서로 약 240㎞ 길이에 남북으로 약 70㎞ 너비의 오목렌즈 형태의 지형을 이루고 있어, 비구름이 잘 접근하지 못한다고 하는 투루판(吐魯番)분지는 연평균강수량이 20㎜도 안 되는데 비해 연평균 3,000㎜ 이상 증발하는 건조한 지대라고 한다. 특히 투루판(吐魯番)분지는 하절기가 되면 지면이 더욱 건조하여 수분을 증발시키면서 발생하는 열(熱) 소모량이 거의 없는 상태에서 지면에서 증발하는 수분이 적어 상공에 구름도 잘 끼지를 않아 강렬한 태양열이 그대로 지표에 복사(輻射)되면서 발생된 열기가 마이너스 해발 저지대분지(低地帶盆地)라서 발산(發散)도 되지 않으니 기온이 상승할 수밖에 없다고 한다. 투루판(吐魯番)분지는 5개월간이나 결빙되는 긴 겨울이 있는 북위 42도가 넘는 곳에 위치해 있음에도 불구하고 하절기가 시작되는 6월부터 8월까지의 평균 최고기온이 38℃가 넘는다고 하며, 최고기온이 49.6℃까지 오르면서 지표온도가 82.3℃까지 올라갔던 기록이 있다고 하는 염열건조(炎熱乾燥)한 지역으로 '화주(火洲)'라는 별명을 가지고 있다. 화주(火洲)인 투루판분지에서 필요한 물은 샘을 파서 나오는 지하수와 만년설이 덮인 천산(天山)의 보거다봉(博格達峰) 등 4면으로 둘러싸인 고산의 설봉(雪峰)들에서 녹아 흘러내려 와 호수에 고인 물이나 외부에서 끌어들인 물 등 지표수를 사용하고 있다고 하는데, 투루판에서의 중요한 수원(水源) 중의 하나는 '칸얼징(坎兒井: 감아정)'이라고 하는 지하 수리시설을 통해 끌어다 쓰는 샘물인 지하수라고 한다.

   투루판(吐魯番)의 칸얼징(坎兒井)은 만년설이 녹아 흐르거나 스며 있는 곳 등에 '원(原) 샘'을 파서, 원(原) 샘의 깊이에 따라 지하 수로인 암거(暗渠)를 건설하여 물을 끌어다 쓰는 관개(灌漑)시설이다. 다시 말하면, 그 암거의 중간중간에 지형에 따라 10~100m 간격을 두고 3~100m 깊이의 지하로 파고들어 가 샘을 만들어 그 샘들을 연결한 암거를 통해 원(原) 샘의 물이 흐르도록 하여 지상의 수로인 명거(明渠)를 거쳐 '라오바(澇壩: 노파)'라고 하는 소규모 저수지로 끌어들여 '녹주(綠洲: 오아시스) 지역'의 농업용수 또는 생활용수로 사용하는 특수한 관개시설을 일컫는다. 칸얼징(坎兒井) 한 조(條: 가닥)의 길이는 보통은 3~5㎞라고 하는데, 투루판(吐魯番)에서 가장 긴 것은 25㎞나 된다고 하고, 가장 짧은 것은 30m밖에 안 되는 것도 있다고 한다. 그러한 방식의 관개(灌漑)시설을 이란에서는 '카나트(Qanat)', 북아프리카에서는 '포가라(Foggara)', 아프가니스탄에서는 '카레즈(Karez)'라고 부른다고 하는데, 이란, 사우디아라비아, 이라크, 이집트, 리비아, 요르단, 아프가니스탄, 우즈베키스탄, 스페인, 멕시코, 미국 등 세계 각국의 건조한 사막지대에서도 건설되어 사용하였었거나 지금도 사용해오고 있다고 한다.

   중국에서는 투루판 말고도, 투루판 동쪽의 실크로드에 있는 오아시스인 하미(哈密: 합밀) 등 신장의 여러 지역에서도 칸얼징(坎兒井)이라고 하는 수리시설을 건설하여 물을 끌어들여 사용하고 있다고 하는데, 그 기원이 이란이라는 주장도 있지만 투루판을 '칸얼징(坎兒井)의 고향'이라고 부른다고 한다. 투루판(吐魯番)에서는 2,000여 년 전부터 칸얼징(坎兒井)을 건설하여 사용하기 시작한 이래 지금까지도 그 칸얼징(坎兒井)의 관개시설을 통해 물을 사용해오고 있다고 하는데, 사막(沙漠)을 녹주(綠洲)로 바꾸어놓은 그 칸얼징(坎兒井)이 없었다면 '투루판'과 '투루판의 농업 문명'은 존재할 수 없었을 것이라고 한다. 투루판(吐魯番)에 현존하고 있는 가장 오래된 칸얼징(坎兒井)은 그 길이가 3.5㎞쯤 되며 1520년에 파인 것이라고 한다. 투루판의 칸얼징(坎兒井)은 1957년부터는 여러 요인들로 인해 감소되기 시작하여 1957년 1,230여 조(條: 가닥)였던 시설이 2014년에는 210여 조(條)로 줄었다고 한다. 그 칸얼징(坎兒井)들 중 '박물관'이라는 이름으로 개방하고 있는 곳을 들여다봤는데, 시원한 지하 동굴 안으로 들어가니 인력으로 팠다는 작지 않은 규모의 지하 수로에 맑은 물이 흐르고 있어 신기하기도 했다. 투루판분지 내에서 그간 파여진 암거(暗渠)의 길이는 약 5,000㎞에 이른다고 한다. 과거에는 동물들의 힘을 빌리기도 하면서 모두 사람의 노동에 의해 건설되어졌다고 하는데, 지금도 건설 장비에 의해 건설이 진행되기도 한다고 한다. 투루판의 칸얼징(坎兒井)은 우리에게는 잘 알려지지 않았지만, '만리장성(萬里長城)', '징항(京杭)대운하'와 더불어 중국 고대의 불가사의한 '3대 토목공정' 중 하나라고 한다.

포도구(葡萄溝)와 교하고성(交河故城) 유적지

투루판(吐魯番)은 그 칸얼징(坎兒井)의 물을 녹주(綠洲)로 끌어들여 면화와 멜론의 일종인 하미과(哈密瓜: 합밀과), 포도 등의 농사를 지어왔다고 하는데, 일조량이 많고 고온 건조한 지역이라서 투루판에서 생산된 하미과

(哈密瓜)와 포도 등 과일들은 당도가 높아 맛이 좋은 것으로 알려져 있다. 하미과(哈密瓜)는 투루판의 동쪽으로 인접해 붙어 있는 실크로드상의 오아시스를 이루고 있는 하미(哈密)라고 하는 고온 건조한 사막 지역에서 재배되어온 과일로 하미과(哈密瓜)라는 이름이 지어졌다고 하는데, 럭비공만 한 것도 있지만 대개는 그보다는 약간 작으면서 길쭉하며 껍질은 황갈색을 띄고 꺼칠꺼칠 단단하며 속의 노란 과육은 사각사각하면서도 즙이 많아 목마름을 해소할 수 있는 말끔 달콤한 특유의 맛이 나는 멜론으로 실온에서 장시간 보관이 가능한 과일이다. 중국에는 신장이나 간쑤 등 고온 건조한 사막 이외의 지역에서도 하미과(哈密瓜)를 재배하고 있지만 그 맛은 각기 다르다. 그 하미과(哈密瓜)를 투루판 지역에서도 재배하여 특산품으로 출하하고 있다고 한다. 그런데 투루판에는 그 하미과(哈密瓜)보다 더 유명한 특산품이 있다. 바로 포도다. 중국의 최대 포도 산지인 투루판에서는 자고이래로 당도 높은 포도를 생산해오고 있다고 하는데, 투루판에는 투루판 내의 많은 포도 생산기지 중 관광지로 개발하여 개방을 해오고 있는 '포도구(葡萄溝)'라고 하는 대규모의 포도밭이 있다.

투루판 중심에서 동북쪽으로 약 10㎞ 떨어진 곳에 위치해 있으며 '천연포도박물관'이라고도 하는 포도구(葡萄溝)는 남북으로 길이가 8㎞나 되고, 동서로는 그 폭이 0.6~2㎞나 된다고 하는 대규모의 포도밭이다. 지대가 비교적 높은 해발 300m 정도 되는 곳에 위치해 있으면서 언덕 밑의 계곡으로 물이 흐르고 있고, 터널을 이루고 있는 포도넝쿨 숲의 그늘이 있어서 그런지 포도구(葡萄溝)의 기온이 투루판 중심의 기온보다는 3~5℃ 낮다고 하는데도, 약간의 시원함을 느끼기는 했지만 흐르는 땀을 식히기에는 역부족이었다.

그 '포도구(葡萄溝)'에는 포도송이들이 탐스럽게 주렁주렁 매달려 있었는데 백록색의 것들도 있고, 홍색의 빛을 띤 자색의 것들도 보였고, 작은 새알이나 구슬 같은 것들도 있고, 말 젖꼭지처럼 약간 길쭉길쭉한 모양의 것들도 보였는데 투루판에는 10여 종의 다양한 종류의 포도들이 있다고 한다. 그중에서도 알이 작고 투명하면서 아삭아삭하면서도 부드럽고 당도가 높은 '무핵(無核)백포도'가 투루판의 대표적인 포도라고 한다. 투루판에서는 포도를 생산하여 생과일로도 출하하지만 건포도나 포도주를 만들기도 한다는데, 투루판에서는 포도 생산으로 농민 수입의 35%를 올리고 있다고 한다.

포도구(葡萄溝)를 나와서 자동차를 타고 약간 떨어져 있는 곳에 위치한 포도를 말려 건포도로 만드는 '량팡(晾房: 양방)'이라고 하는 건조시설을 둘러봤었는데, 특별한 장치를 한 시설은 아니고 바람이 잘 통하도록 사면으로 구멍이 나도록 하여 황토 흙벽돌로 쌓아 올려 지은 창고와도 같은 단순한 흙집들이다. 강렬한 햇볕에 후끈 달아 있는 그 흙집 속에, 가지런히 걸어놓은 장대 같은 막대기나 매어놓은 줄에 포도송이를 걸거나 꿰어 매달아 건조시키고 있었다. 꼭 그런 시설이 아니라도 같은 원리로 포도를 건조시키는 다른 방법이나 시설들도 있겠지만, 투루판의 기후가 건조하고 낮 동안은 고온이면서 밤에는 선선하여 포도를 말리기에 안성맞춤이어서 30~40일이면 당도 높은 양질의 건포도를 생산할 수 있다고 한다. 청정 지역의 투루판에서 그렇게 자연 건조하여 생산한 건포도가 중국 건포도 생산량의 대부분을 차지한다고 한다.

포도구(葡萄溝)로 올라가는 길목에는 기념품 가게들과 여러 식당들이 늘어서 있었는데, 우리 일행은 중간쯤에서 밖에 평상을 펼쳐놓은 깨끗하고 조그만 토속 음식점 안쪽의 시원한 곳으로 안내되어 마음씨 고와 보이는 위구르족 아주머니가 차려준, 입맛에는 좀 낯설었지만 량몐(凉

麵: 냉면국수) 등 토속 음식들의 맛을 보고 큰 접시에 수북하게 담아내준 여러 신선한 과일들을 먹고 나와 포도구(葡萄溝)로 올라갔다가 내려와 양방(晾房)을 둘러보고 나서 태양이 중천에 걸려 있었을 때 다음 행선지인 '교하(交河)고성'을 향해 출발했다.

투루판(吐魯番)분지에는 두 개의 도성(都城) 유적지가 있다. 한(漢)나라가 서역(西域)을 점령하기 전인 기원전 60년 이전에 서역(西域)에 있었던 36개 국가 중 한 개의 국가였으며 '고사인(姑師人: 구스런)'이라고도 했던 백인종인 '거사인(車師人: 쥐스런)'들이 세운 '거사왕국(車師王國)'의 도성(都城)이었던 '교하(交河: 자오허)고성'의 유적지가 있고, 또 하나는 한(漢)나라가 서역을 점령한 이후 그 거사왕국(車師王國)의 관할 구역인 투루판분지의 '고창(高昌: 가오창) 지역'에 군대를 주둔시키면서 처음 성(城)을 건설한 이후 흉노(匈奴)의 북량(北涼)에 의해 세워진 '고창왕국(高昌王國)'의 도성(都城)이기도 했었던 '고창고성(高昌故城)'의 유적지가 있다. 그 두 개의 고성 중 교하고성(交河故城)을 들여다봤는데, 교하고성은 남북조(南北朝)시대인 450년 흉노(匈奴)의 북량(北涼)에 의해 거사왕국(車師王國)이 멸망당할 때까지 사용했던 도성이다. 그 이후 흉노의 북량(北涼)이 세운 고창왕국(高昌王國)의 '교하군성(交河郡城)'이기도 했다는데, 640년 당 태종이 흉노의 고창왕국(高昌王國)을 점령한 이후 그 교하고성(交河故城)에 당나라의 서역(西域) 최고 군정기구인 '안서도호부(安西都護府)'를 두어 서역의 군사 요새로 삼기도 했다고 한다. 황토 흙벽돌로 된 일부 뼈대만 남아 있었는데, 그 교하고성(交河故城) 내에 황토 흙벽돌로 건축되어 있었던 대부분의 건축물들은 안서도호부(安西都護府) 설치 이후 당나라시대에 지어졌던 것들이라고 한다. 당나라의 전성시대가 지나면서 8세기 중엽 이후에는 토번인(吐

番人: 티베트인)들이 교하고성과 고창고성을 포함한 투루판분지를 점령하여 거주했다고 하는데, 1383년 원(元: 몽고)나라의 공격에 의해 그 교하고성과 고창고성은 완전히 파괴되어버렸고 그 이후 폐허가 되었다고 한다.

교하고성(交河故城)은 하천(河川: 강)이 흘러내려 오다가 두 갈래로 갈라진 사이(중간)에 위치해 있다. 그래서 '교하(交河)'라는 이름이 지어진 것으로 보고 있다고 하며, 두 갈래로 갈라진 하천은 교하고성을 감싸고 지나서 다시 만나 흘러간다고 한다. 그 교하고성은 하천으로 둘러싸여 약 30m 높이의 황토 언덕에 앉아 있는 지세로 험요한 천혜의 요새를 이루고 있는 섬과도 같은 안전한 곳이었다고 하는데, 폐허로 변해버린 황량한 고대 도시였던 교하고성의 유적지를 개방하고 있었다. 안내를 받아서 성문에 들어서기는 했지만, 고열의 날씨에 피할 그늘도 없고 길이가 1,650m나 되며 그 폭이 넓은 곳은 300m나 된다고 하는 광활한 성(城)의 터를 걸어서 관람한다는 것은 감히 엄두조차도 낼 수도 없는 불가능한 일이었다. 거의 터만 남아 있는 황량한 유적지라서 별 의미도 없었는데, 그냥 돌아오기가 아쉬워 알록달록한 천으로 햇빛을 가리는 멋을 부리고 대기하고 있던 당나귀가 끄는 마차를 빌려 타고 한 바퀴 돌기로 했다. 큰 말이 끄는 마차가 다니기에는 여건이 맞지가 않아서 그랬는지 송아지보다 조금 더 큰 당나귀가 끄는 작은 마차들만 있었는데, 지금은 마차 대신 전동 카트들이 대기를 하고 있다고 한다.

당시 마차를 모는 마부는 초등학교 고학년쯤 되어 보이는 어린아이 같았는데, 우리가 올라타니 "쟈!(駕!: 이라!)"라고 명령을 하며 손바닥으로 당나귀의 궁둥이를 찰싸닥 치면서 출발을 시도하지만 당나귀는 꿈쩍도 하지 않는다. 달아오른 열기에 당나귀도 힘들긴 마찬가지였던 것 같았다. 필자는 가이드와 함께 마부 뒤의 앞자리에 앉아 있었는데, 당나귀가 출발하지 않자 어린 마부가 큰 소리로 "쟈! 쟈!" 하며 채찍을 들어 내리치는데도 역시 움직일 기미를 보이지 않자 마차 바닥에 미리 준비해놓은 것으로 보이는 주먹만 한 돌을 집어 들어 당나귀의 엉덩이를 살짝 찍으니 당나귀가 제자리에서 펄쩍펄쩍 뛰는 바람에 마차가 요동을 친다. 불안해서 마음 졸이며 당나귀의 궁둥이를 살펴보니 꼬리의 오른쪽 부위에 피가 배어 있는 상처가 눈에 들어오는데 그때 처음 생긴 상처가 아니라는 것을 알 수 있었다. 그래도 출발하지 않자 들고 있던 돌로 상처가 난 부위를 콕콕 반복해서 살짝살짝 찍으니 펄쩍펄쩍거리다가 걸어 나가기를 시작한다. 당나귀가 안쓰럽기는 했지만 얼떨결에 그대로 마차에 타고 앉아 출발을 하기는 했는데, 출발한 후에도 중요 관람 장소에 멈춰 세웠다가 다시 출발을 할 때나 더위에 지쳐 당나귀가 스스로 멈춰 서면 채찍을 가하는데 그래도 출발을 안 하면 그 상처 난 부위를 찍어대기를 반복한다. 마차가 도중에 멈춰 서버리면 그 더위에 걸어서 나와야 할지니, 수수방관(袖手傍觀)하며 아예 말려보지도 못했던 죄책감이 아직도 남아 있다. 안쓰러운 마음과 달아오른 강렬한 열기의 더위에 지친 아내와 아이들이 그냥 돌려 나가자고 하여 멈추지 않고 속도를 내어 대충 지나며 들여다봤는데, 그 교하고성의 유적지가 세계에서 가장 잘 보존되어 있는 가장 규모가 크고 오래된 토성(土城)이라고는 하지만 황토 벽돌 등 흙으로 지었던 건축물의 일부 뼈대만 남아 있는 입구의 성문을 비롯하여 관서(官署)와 불교 사원, 주민 거주지 등 유적지들 거의 모두가 그것이 그것 같았던 황량한 폐허(廢墟)라는 기억밖에는 없다. 그 이후 일부를 복원했다고 하며, 계속 복원 진행 중이라고 한다. 교하고성을 나서서 중국에서 가장 덥다고 하는 투루판분지 중에서도 제일 더운 곳이며 투루판의 핵심인 '화염산(火焰山: 훠옌산)'으로 향했다.

화염산(火焰山)과 투루판(吐魯番)의 추억

화염산(火焰山)은 투루판분지 북부 가장자리의 위치에서 해발 500m 내외의 높이로, 동서로 98km나 길게 누워 뻗어 있는 적갈색의 사암(砂巖)으로 이루어진 산이다. 화염산의 폭은 넓은 곳은 9km나 된다고 하며, 화염산의 동쪽 끝부분에 있는 주봉(主峯)의 높이는 해발 831.7m라고 한다. 고대 실크로드의 북도(北道)가 그 화염산 아래의 사막을 통해 지나갔다고 한다. 고대에는 화염산을 '적석산(赤石山)'이라고 불렀다고도 하며, 위구르어로는 '홍산(紅山)'이라는 뜻의 '커즈러타거(克孜勒塔格: 극자륵탑격)'라고 부른다고 하는데, 당나라 때는 '화산(火山)'이라 불렀다고 한다. 당나라시대에 삼장법사(三藏法師) 현장(玄奘: 602~664년)이 실크로드 북도(北道)를 통해 천축(天竺: 인도)으로 들어가서 당나라로 경전(經典)을 가져온 '서천취경(西天取經)'의 역사적인 사실과 그가 지은 『대당서역기(大唐西域記)』를 통해, '활활 불타오르는 것 같은 화염산과 특이한 투루판사막의 열기'에 대한 기이한 실상이 알려지게 되면서 당나라, 송나라, 금나라, 원나라에 이르기까지 지어져 내려온 여러 설화(說話) 작품들을 명나라 말기에 오승은(吳承恩)이 집대성(集大成)하여 '손오공(孫悟空)'을 주인공으로 극화(劇化)한 걸작의 장편소설 『서유기(西遊記)』가 탄생되었다고 하는데, 화염산(火焰山)은 그 서유기 속의 한 구절에 나오는 재미있는 무대로 우리에게 익숙한 곳이기도 하다. '화염산(火焰山)'이라는 이름은 서유기(西遊記)에 의해 지어진 이름이라고 한다.

화염산(火焰山)으로 이동하는 동안 자동차 안에서도 열기를 느낄 수 있었지만, 화염산 앞에 도착하여 자동차에서 내리는 순간 그야말로 상상을 초월하는 열기에 "야… 정말 대단하구나!" 하는 소리가 저절로 나왔다. 태양이 이미 중천을 지나 서쪽으로 기울어가고 있는데도 교하고성(交河故城)에서 느낀 열기와는 차원이 달랐는데, 그 대단한 열기에 놀랄 틈도 없이 바로 눈앞에 광활하게 펼쳐진 회갈색 사막 벌판의 뒤쪽으로 거대하게 가로누워 이글이글 불타오르는 것 같은 불그스름한 화염산(火焰山)의 대자연의 풍광이 바라보여 다시금 경탄을 금할 수가 없었다. 이 세상이 아닌 다른 상상의 세계에 와 있는 것 같다는 착각을 느끼게 했다. 그 대단한 열기를 느끼며 몇 십 미터 앞에 있는, 기념사진을 촬영할 수 있도록 큰 돌에 '화염산(火焰山)'이라고 새겨 올려놓은 나지막한 계단 한 칸 높이의 기념사진 촬영대에 올라서서 대자연의 경관을 감상했다. 강렬한 태양 빛이 반사되어 짙은 듯 옅기도 한, 붉은빛 무늬를 내며 길게 누워 뻗어 있는 그 화염산(火焰山)의 허리에는 위에서 아래로 물이 흘러 생긴 것처럼 보이는 크고 작은 수많은 골이 파여 있는데, 쭈글쭈글한 살갗의 심줄들 같기도 했고 힘 있게 단련된 울퉁불퉁한 근육질들 같아 보이기도 했다. 이글거리는 산등성이의 능선 뒤로는 겹겹이 겹쳐져 점점 희미하게 펼쳐진 능선들과 산봉우리들이 어우러져 장관을 이루고 있었다. 대단한 열기 속에서도 감탄이 절로 나왔다. 염열(炎熱)의 더위가 있었기에 느낄 수 있는, 신비스러운 모습이 아니었나 하는 생각이 들기도 한다. 일행 중 혼자만 남아서 좀 더 버티며 감상을 하다가, 작열하는 태양과 달아오른 화염산(火焰山)에서 뿜어내는 열기로 더 이상 참을 수 없는 한계에 이르러 필자를 기다리는 자동차 속으로 들어와 화염산(火焰山)을 뒤로하고 돌아 나왔다. 화염산(火焰山)이야말로 다양한 이야깃거리를 만들기에 충분한, 신기(神奇)한 산이 아닌가 한다.

그런데 그 더운 열기에도 불구하고 몇 마리의 낙타를 데리고 나와 낙타에 올라탈 때 디디는 사다리 위에 느긋하게 걸터앉아서, 낙타를 타고 기념사진을 찍으려는 관광객들을 기다리는 몇 사람들이 보였다. 당시 그 곳의 온도가 50℃가 넘는다고 했는데 그 열기를 어떻게 견뎌낼 수 있는 지, 지금도 그 의문이 풀리지를 않는다. '슈퍼맨'이 아닌가 하는 생각이 든다. 나무 한 그루도 보이지 않고 풀 한 포기도 살 수 없으며, 새도 날아 지나가지 못한다고 하고 정상의 열기가 80℃까지도 올라간다고 하는 벌거숭이 돌산인 그 화염산(火焰山)의 일부 골짜기들에서 맑은 샘물이 솟아 계곡을 따라 산 아래로 흘러내려 와 녹음이 우거진 녹주(綠洲: 오아시스)를 이루기도 한다는데 그중 하나가 '포도구(葡萄溝)'라고 한다. 지질학적으로는 충분한 이유가 있겠지만 신비(神秘)한 자연의 현상이라는 생각이 든다.

　필자가 화염산을 방문했을 당시에는 '화염산(火焰山) 관광구역' 내에 기념사진을 촬영할 수 있도록 '화염산(火焰山)'이라고 새겨진 돌을 올려놓은 나지막한 전망대와 화염산을 바라보는 방향에서 좌측인 서쪽 멀리 화염산 자락 아래의 사막에 세워져 있는 한 개의 '원유 채취시설' 이외에는 자연 그대로였다. 하지만 지금은 고창고성(高昌故城) 부근의 '화염산 관광구역'에 거대한 온도계도 설치되어 있다고도 하고, 『서유기(西遊記)』 속의 주인공인 '손오공(孫悟空)'을 비롯하여, 삼장법사(三藏法師) '현장(玄奘)', 낙천주의자 '저팔계(豬八戒)', 비관주의자 '사오정(沙悟淨)', 파초선(芭蕉扇)의 주인 '철선공주(鐵扇公主)'와 '우마왕(牛魔王)' 등 화염산에서 전개되는 극중 등장인물들의 생동감 있는 조각상들도 세워져 있다고 하고 그 주변에는 땀을 식힐 수 있는 전시시설과 기념품 매장도 들어서 있다고 하니 여유롭게 화염산(火焰山)을 감상할 수 있지 않겠나 한다.

　화염산(火焰山) 말고, 『서유기(西遊記)』의 이야기 속에 등장하는 또 하나의 산(山)이 있다. 장쑤성(江蘇省)의 동북부 동중국해 연안에 위치해 있는 롄윈강(連雲港: 연운항)에 '손오공의 고향'이 있는 '화궈산(花果山: 화과산)'이라고 하는 산이 있다. 그 화귀산의 최고봉인 옥녀봉(玉女峰)의 높이는 해발 624m밖에 되지 않지만 장쑤성에서는 제일 높은 산이라고 하는데, 호랑이가 없는 산으로, 원숭이가 대왕 노릇을 해왔다고 하는 재미있는 설화가 있으며 아름다운 풍치가 있는 산이다. 필자가 베이징에서 근무하고 있을 때 롄윈강(連雲港)시정부의 초청으로 당시 서울시 베이징문화무역관장과 한국무역협회 베이징지부장과 함께 1997년 3월 28일부터 2박 3일간 롄윈강(連雲港)을 방문했을 때『서유기(西遊記)』의 기원지(起源地)인 그 화귀산(花果山)을 올라가본 적이 있다. 산문(山門)에 들어서면서부터 유서가 깊은 산(山)임을 알 수 있는 유적지들이 여기저기 눈에 들어온다. 원숭이의 조각상들도 보였지만, 산 중턱에 있는 손오공의 고향이라고 하는 '수렴동(水簾洞)'으로 올라가다가 바위와 나무 위에서 노닐고 있는 야생 원숭이들의 모습들도 보여 화귀산(花果山)이 원숭이 왕국임을 실감하면서,『서유기(西遊記)』속의 '화염산(火焰山)'이 떠오르기도 했는데, 그 멀리 있는 화염산(火焰山)을 직접 들여다보고 화염산(火焰山)에 대한 이야기를 하게 되니 감회가 새롭다는 생각이 든다.

투루판(吐魯番)에는 볼거리들이 더 있다고는 하지만 일정상 그 일부분만을 돌아봤는데, 특이한 관광자원과 농업의 특산물들이 풍부한 동네라는 생각이 들기는 했다. 하지만 하절기에는 고온 건조하고 물도 부족할 뿐만 아니라, 더구나 춥고도 긴 겨울이 있다고 하니 그 환경이 열악하다는 생각이 들었고, 당시 가이드도 투루판이 중국에서 사람 살기가 가장 어려운 지역 중 하나라고 얘기하곤 했는데 이 글을 쓰면서 찾아본 중국의 자료들을 보면서도 열악한 지역임을 알 수가 있었다. 중국 정부가 지속적으로 융화 정책을 추진하면서 소수민족 자치 지역에서 한족(漢族)이 차지하는 인구 비중이 점점 늘어나고 있는 추세임에도 불구하고 투루판 지역에서 한족(漢族)이 차지하고 있는 인구 비중이 2010년 25.0%에서 2017년 17.4%, 2018년 16.8%로 줄어들고 있었는데 2018년 기준으로 75%나 되는 우루무치와는 큰 대조를 이루고 있는 수치이며, 신장(新疆) 전체 지역의 40%에도 크게 미치지 못하고 있는 수치로 역시 투루판 지역이 사람 살기가 힘든 동네라는 것을 입증하고 있는 것이 아닌가 한다.

2000년 8월 10일 투루판에서의 마지막 일정으로 화염산(火焰山)을 들여다보고 나와서 우루무치를 향해 출발했는데, 오전에 들어왔던 반대 방향으로 되돌아가야 하니 오르막길일 수밖에 없다. 출발을 한 지 얼마 지나면서부터 본격적으로 오르막길로 접어들게 되는데, 자동차의 엔진 소리만 들어도 상당히 가파른 오르막길임을 알 수가 있었다. 달리는 방향으로 전면의 멀리에는 산이 막아서고 있는 것처럼 보였지만 그 산자락에서 우측으로 돌아 올라가다 보면 오전에 잠시 휴식을 취했던 바람 센 그 협곡을 통해 우루무치로 넘어 올라가는 길이 나올 것으로 보였다. 올라가는 방향에서 좌측으로는 자갈밭을 사이에 두고 비교적 가깝게 천산(天山)의 산줄기가 뻗어 있었고, 우측으로는 자갈밭처럼 펼쳐진 광활한 사막의 뒤쪽으로 상당히 멀리 떨어져 이어져있는 높은 산들이 바라보였는데, 우리를 태운 차량은 그 사이의 사막 벌판을 가로질러 직선의 방향으로 계속되는 오르막 도로를 따라 힘 있게 달려 올라가고 있었다. 그런데 그렇게 한 시간 가까이 우리를 태우고 달리던 그 미니버스가 갑자기 속도가 줄면서 껄떡껄떡거리더니만 멈춰 서버리는 것이다. 시동을 걸어보기를 반복해보지만 걸리지를 않으니 포기를 하고 마는데, 황량한 사막의 허허벌판에서 난감한 일이 생긴 것이다. 겉은 멀쩡해 보였지만 노후 차량이었는데, 더운 날씨에 에어컨을 풀로 가동하고 브레이크 페달을 밟을 일이 없는 직선의 오르막 도로를 계속해서 액셀 페달만을 밟고 강한 맞바람을 맞으며 올라가니 늙은 엔진에 과부하가 걸려 고장이 생긴 것이다. 운전기사가 우루무치에 있는 회사에 연락하여 대체할 자동차를 보내줄 것을 요청은 했지만, 가까운 거리가 아니니 마냥 기다려야 할 판이다. 자동차 내의 에어컨도 꺼지고 답답하여 밖으로 나가니 부는 바람이 보통이 아니었다. 아내도 따라 내리면서 멋모르고 모자를 쓰고 내렸는지 "어! 내 모자!" 소리가 들려 쳐다보니, 내리는 순간 모자가 바람에 벗겨져 날려 좌측 자갈밭의 투루판 방향으로 날아가는 듯 뒹굴어 가는데, 필자가 뛰어서 잡으려고 시도를 했지만 어림도 없었다. 아쉬움에 미련이 남아 멋쩍게 웃으며 어이없이 바라만 볼 수밖에 없었는데, 금세 바람과 함께 사라져버린다. 그래도 고도가 비교적 낮은 평원이라서 그랬는지 오전에 우루무치 쪽에서 내려올 때 해발고도가 높은 협곡에서 느꼈던 바람보다는 훨씬 약했는데, 열기를 품은 바람이라서 시원하기는커녕 불쾌함마저 느끼게 했다. 바람은 공기가 흐르는 현상으로 대기의 온도와 기압의 차이에 의해서 발생한다고 하니, 고랭지의 우루무치에서 빨려 내려가는 것 같은 지형으로 접해져 있는 고온의 저지대인 투루판분지 사이에서 바람이 발생하는 것은 자연적인 현상이겠지만, 맑게 갠 날에 그 특이한 현상의 강한 바람을 직접 경험하게 된 것이다. 왔다 갔다 부는 바람이 아니고 물살이 센 물줄기가 흐르는 것처럼 같은 방향으로 끊임없이 강하게 부는 바람이다. 필자가 당시 투루판분지의 평지에서 돌아다니는 동안은 바람을 느끼지를 못했는데, 하절기에 우루무치에서 투루판으로 불어오는 바람은 투루판분지 평지의 강한 열기 속으로까지는 밀고 들어오지를 못하고 경사면에서만 물이 흐르듯 불어 내려오다가 소멸되어버린다는 것을 알 수 있었다.

강한 바람이 부는 황량한 사막 벌판 경사면의 노변에 서서 하염없이 기다리는 동안 가이드가 투루판 쪽에서 올라오는 차량들을 향해 손을 들어보지만 모두가 다 그냥 지나가버리는데, 시간이 꽤 흘러 땅거미가 내리기 시작하니 불안한 생각이 들기도 했지만 참고 기다릴 수밖에는 없었다. 그러던 중 우루무치에서 투루판을 오가는 노선버스 한 대가 멈춰 서면서 다섯 좌석이 비어있다고 하며 5명만을 태울 수 있다고 하니 운전기사 말고 2명은 남아 있어야 할 판인데, 대만의 중년 부부가 망설임 없이 우리 식구 4명이 먼저 타고 가라고 권한다. 같은 일행인데 그럴 수 없다고 하며 두 분이 먼저 타고 가든지 아니면 함께 기다리겠다고 하니, 가이드에게 우리네 식구와 함께 타고 가서 호텔로 잘 안내하도록 하라고 떠밀다시피 하여, 그러면 가이드가 남아서 두 분과 함께 기다렸다가 올라오도록 하라고 해도 그 두 분은 가이드에게 외지 손님 먼저 잘 안내하라며 막무가내다. 마찬가지 외지 손님인데, 운전기사마저도 그렇게 하라고 권하니 어찌할 도리가 없었다. 노선버스 운전기사는 버스를 노변 오르막길에 한참 동안 세우고도 독촉 한마디 하지 않았고, 불평하는 버스 승객들도 없었다. 버스에 올라타고 나니 껌껌하게 어두워지기 시작하여 밖의 경치는 보이지 않았고, 긴장이 풀려서 그런지 배가 고파 투루판 시내의 노변에서 차를 세우고 사두었던 포도를 나누어 먹으며 무사히 투루판의 호텔로 돌아오기는 했지만, 일행이었던 대만의 중년 부부에 대한 미안한 마음과 걱정스러움이 가시지 않았는데 다음 날 아침 가이드로부터 그 대만의 중년 부부도 무사히 돌아왔다는 얘기를 듣고 안심했다. 지금도 그때를 회상하면 당시 함께 편안하게 여행을 했던 대만의 그 두 분 중년 부부의 아름다운 마음에 대한 고마움과 투루판(吐魯番)의 신비스러운 모습들이 추억으로 떠오른다.

투루판(吐魯番)을 둘러보고 나서, 다음 날인 2000년 8월 11일 천산천지(天山天池)와 우루무치(烏魯木齊) 시내를 돌아보고, 늦은 오후 시간이었지만 시차로 인해 아직은 태양이 서쪽으로 약간 기울어져 있을 때 우루무치 디워푸(地窩堡)공항으로 이동하여 간쑤성(甘肅省)의 서북단에 위치해 있는 고대 실크로드의 오아시스였던 둔황(敦煌)을 향해 출발했다.

27.
둔황(敦煌)을 들여다보다

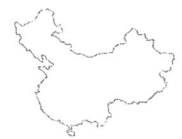

둔황(敦煌)의 막고굴(莫高窟)에 대하여

　간쑤성(甘肅省)의 서북부에 위치해 있는 둔황(敦煌: 돈황)은 만리장성(萬里長城) 서단(西端)의 기점인 '자위관(嘉峪關: 가욕관)'이 소재한 '자위관(嘉峪關)시'와 인접해 있는 '지우취안(酒泉: 주천)시'가 관할하고 있는 현급시(縣級市)로, 90% 이상이 사막(沙漠)과 산지(山地)로 이루어져 있으며 인구 20만 명이 안 되는 소도시다. 하지만 고대 실크로드의 중국 서역을 지나는 구간에서 남로(南路)와 북로(北路)로 갈라지는 갈림길의 위치에 있었던 둔황(敦煌)은 중국과 서방 국가들 간 문물을 교류했던 실크로드상의 중요한 도시였다. 지리적으로의 둔황은 장안(長安: 시안)에서 서역(西域)으로 왕래했던 황허(黃河) 서쪽에 위치해 있는 '치롄(祁連: 기련)산맥'의 두 갈래 사이로 약 1,000㎞나 길게 펼쳐져 있는 고원(高原)회랑지대인 '하서주랑(河西走廊: 허시쩌우랑)'의 최서단(最西端)에서, 북쪽으로는 '천산(天山: 톈산)산맥'의 여맥과 접하고 있고, 남쪽으로는 타클라마칸사막의 동단(東端)에서 이어진 모래사막의 산(山)인 '명사산(鳴沙山)'이 펼쳐져 있고 고대에는 '사주(沙州)'라고 부르기도 했던 실크로드의 오아시스다.

  돈황(敦煌)을 향해 출발한 비행기가 우루무치(烏魯木齊) 디워푸(地窩堡) 공항을 이륙하자마자, 남쪽인 우측으로 만년설이 쌓여 있는 수많은 설봉(雪峰)들이 눈에 들어온다. 신장(新疆)의 서쪽에서 뻗어 내려온 천산(天山)산맥의 줄기들이다. 필자 일행을 태운 비행기가 동쪽으로 길게 이어져 있는 천산산맥 북록(北麓)의 상공을 따라 날아가는데, 서쪽에서 비친 비교적 청명한 날씨의 햇살에 반사되어 하얀 은빛을 드러낸, 겹겹이 솟아 있는 아름다운 설봉들의 모습을 기내에 앉아서 편안하게 감상할 수 있는 행운을 얻게 된다.

  우루무치(烏魯木齊)에서 돈황(敦煌)까지 약 980km의 거리를 약 1시간 날아가는 동안, 거의 절반 가까이 천산(天山)산맥의 설봉(雪峰)들이 이어져 있다. 당시 기내에서 필자가 바라본 산줄기들은 신장(新疆) 천산산맥의 동쪽 일부분일 뿐이었고, 만년설이 일 년 내내 쌓여 있는 구간이 해발 3,800~4,200m 이상이라고 하는데 당시는 한여름이었으니 '신장(新疆) 천산'의 웅대함을 실감할 수 있지 않을까 한다. 작은 비행기라서 좌측 아래로도 경관이 선명하게 내려다보였는데, 울퉁불퉁하기도 하고 평평하기도 한 황량한 자갈밭 같은 갈색의 광활한 신장(新疆)의 사막들이 거의 돈황(敦煌)공항에 도착할 때까지 끝없이 펼쳐져 있었다. 돈황공항에 도착하여 비행기의 트랩을 내려오는데, 부는 바람이 보통이 아니었다. 비행기 트랩을 내려와 바람을 맞으며 비행장의 바닥을 걸어서 공항청사로 들어서니, 마중 나와 기다리고 있던 가이드가 우리를 맞이하자마자 미니버스에 태우고 돈황 시내에 있는 호텔을 향해 출발한다. 당시 왕복 2차선 도로의 양옆으로 모래사막이 펼쳐져 있었는데, 나지막한 도로를 지나는 구간의 도로 위에서 특이한 모습이 보였다. 강하게 부는 바람에 의해 도로의 좌측에서 우측으로, 그러니까 서쪽에서 동쪽의 방향으로 적지 않은 양의 황갈색의 모래가 마치 황토물이 물살을 내며 빠르게 흐르는 것처럼 도로 바닥으로 스쳐 날려 지나가는 모습이 전면 차창 밖으로 바라보였는데, 모래사막에서 나타나는 일반적인 현상이겠지만 필자는 처음 보는 모습이라서 신기하게 느꼈다. 호텔로 들어와 여장을 풀고 나서 그다음 날인 2000년 8월 12일, 둔황(敦煌)의 명승고적인 막고굴(莫高窟)과 명사산(鳴沙山), 월아천(月牙泉), 옥문관(玉門關) 유적지 등을 둘러봤는바 이야기를 이어가고자 한다.

막고굴(莫高窟)은 둔황시(燉煌市) 중심에서 동남쪽 방향으로 약 25㎞의 위치에 있는데, 가이드의 안내에 따라 오전에 여유 있게 호텔을 출발하여 황량한 사막을 가로질러 달려 '막고굴(莫高窟)'이라고 하는 석굴들이 바라보이는 계곡에 도착을 하니 석굴들이 들어서 있는 절벽의 맞은편 낮은 지역의 천변으로 녹색의 수림이 우거져 있어 오아시스임을 실감케 했다. 명사산(鳴沙山)의 동록에서 절벽을 이루고 있는 암벽 구간에 크고 작은 석굴들이 이어져 있는데, 그 길이가 1.6㎞나 된다고 한다. 막고굴(莫高窟)은 뤄양(洛陽)의 룽먼(龍門)석굴과는 달리 석굴의 입구에 건축되어져 있는 고대 건물 양식 그대로 보존되어 아름답고 웅장하기도 한 건물 모양을 하고 있는 석굴들이 있어 고풍스러움을 느낄 수 있게 했다. '천불동(千佛洞)'이라고도 하는 그 '막고굴(莫高窟)'은 위진남북조(魏晉南北朝)시대의 '5호16국(五胡十六國)' 중 하나였던 '전진(前秦: 350~394년)' 왕조에 의해 4세기 중반(366년)부터 처음 파이기 시작하여, 불교를 숭배했던 '북위(北魏: 386~535년)'와 '북주(北周: 557~581년)'시대를 비롯한 실크로드의 번성기인 수(隋), 당(唐) 시기를 정점으로 흥성(興盛)하여 송(宋), 원(元)대에 이르는 13세기까지 석굴이 조성되었다고 하는데, 송나라 이후 해상교통이 발달하면서 실크로드가 쇠퇴하고 불교를 숭배하던 몽고가 쇠락하자 이슬람 세력이 진출하면서 석굴들을 보호하기 위해 일부 석굴들을 모래로 묻어버리거나 나머지 석굴들도 황폐해져 세월이 흐르면서 모래 속으로 묻혀버리면서 막고굴(莫高窟)은 점점 세인들의 관심에서 잊혀져 있었다고 한다. 그러다가 청나라 건륭제 때인 1760년 둔황(燉煌) 경제가 회복되면서부터 막고굴의 실체가 드러나게 되고, 1900년 6월 막고굴(莫高窟) 부근에 거주하고 있던 도사(道士) '왕원록(王圓籙)'에 의해 제17호 동굴인 '장경동(藏經洞)'이 발견되면서 세상 사람들의 이목이 집중되어 서방의 고고학자들과 탐험가들이 막고굴(莫高窟)로 몰려들었다고 한다.

'장경동(藏經洞)'에는 송나라시대까지의 경전과 문서 등 45만여 건의 귀중한 자료들이 보존되어 있었다고 하는데, 그중에는 신라시대 승려인 '혜초(慧超) 스님'이 고대(古代) 인도 5개국과 서역을 여행하고 종교와 풍속, 문화 등의 이야기를 기록한 책인『왕오천축국전(往五天竺國傳)』도 포함되어 있다. 그때 발견된 문서와 소조(塑造) 등 유물들 상당 부분이 도사 왕원록(王圓籙)에 의해 영국인, 프랑스인, 미국인, 러시아인, 일본인, 인도인 등 서방의 고고학자와 탐험가들의 손으로 넘어가게 됐다고 하는데, 파리국립도서관에 소장되어 있는『왕오천축국전(往五天竺國傳)』도 다른 여러 자료들과 함께 1908년 프랑스 탐험가 '펠리오(Pelliot, P.)'에게 팔려 프랑스로 이동되었다고 한다.

막고굴(莫高窟)에는 735개 석굴이 보존되어 있다고 한다. 그 석굴들에는 진흙으로 빚어 만든 걸작의 불상 등 2,400여 점의 소조(塑造)와 불경고사(佛經故事), 민속, 혼례상례 등 풍속화와 산수화, 각종각양의 인물, 동물, 식물의 형상 등 벽화(壁畫) 약 45,000㎡가 내장(內藏)되어 있다고 하는데, 발견 이후 훼손되고 도난당하기도 했지만 건조한 사막이라서 모래 속에 묻혀 있었던 동굴 속의 유물들과 벽화들이 거의 완전한 상태로 보존될 수 있었다고 한다. 막고굴(莫高窟) 중 당시 개방하고 있던 일부 석굴들을 가이드의 안내에 의해 설명을 들으면서 둘러봤는데, 정교하게 빚어진 불상 등 소조(塑造)들과 아름다운 색깔로 다양한 모습을 그려놓은 벽화(壁畫)들 등 선명한 색상을 지니고 보존되어 있는 천여 년 전의 걸작 예술 작품들을 들여다보면서 고개를 끄덕이기도 했다. 중국에서는 둔황의 막고굴(莫高窟)을 중요시 여겨 '돈황학(敦煌學)'이라고 하는 학문을 개설하여 둔황의 문물을 소장하고 있거나 관심이 있는 영국, 프랑스, 러시아, 미국, 독일, 일본 등의 학자들과도 협력하면서 막고굴(莫高窟)에 대해 연구를 해오고 있다고 한다.

'불교예술의 성지(聖地)'라고도 하는 막고굴(莫高窟)은, 산시성(山西省) 다퉁(大同)에 있는 '윈강(雲崗: 운강)석굴'과 뤄양(洛陽)의 '룽먼(龍門: 용문)석굴'과 더불어 '중국의 3대 석굴'이라고 한다는데, 둔황(燉煌)의 막고굴(莫高窟)은 도성(都城)과 가까운 거리에 위치해 있는 룽먼(龍門)석굴이나 윈강(雲崗)석굴에 비해 도성(都城)과 수천 리 멀리 떨어져 있고, 황량한 오지(奧地) 사막 한복판의 환경이 열악한 지역에 위치해 있어 석굴을 조성하고 유지하는 데 필요한 자금이나 물자를 조달하기가 쉽지 않았을 것임에도 불구하고, 규모도 크고 다른 석굴들에 비해 내용도 풍부하여 학문적인 가치를 지니고 있다고 하니 쉽게 이해가 되지를 않았다. 당시 그 의문이 풀리지를 않아, 막고굴을 둘러보고 난 그날 저녁 숙소인 둔황 시내의 호텔로 돌아와서 우루무치에서 투루판을 오가며 들여다본 초원과 사막, 우루무치에서 둔황으로 이동하는 동안 상공에서 내려다본 끝없이 펼쳐진 초원과 사막, 명사산(鳴沙山) 등 둔황 주변의 사막 등을 되돌아보면서 그 속에 나 있을 험난한 길인 실크로드를 떠올리며 생각을 해보니, '험준한 산을 넘고, 끝없이 펼쳐진 초원과 황막한 사막을 지나는 등 극한의 경지를 딛고 무사히 둔황에 도착한 상인들이, 비록 문명과는 거리가 멀리 떨어져 있는 사막 속의 척박한 오아시스지만 비단결같이 포근한 안식처로 여겼을 그곳 둔황에서 힘들게 가져온 물품들을 매매하거나 교환하고 나서 추운 겨울을 나기도 하고 더운 여름을 피하기도 하면서 상당한 시간을 머물다가 다시금 생과 죽음의 갈림길이 될 수도 있는 그 험한 길을 되돌아가야 하는 위험을 무릅써야만 했을 테니 내세(來世)가 멀리 있지 않다는 것을 깨달을 수도 있었을 것인바, 그렇다면 종교에 의지할 수밖에 없었을 것이고 스님이나 도사의 도움이 필요했을 것이며, 숭배의 대상을 모실 석굴이 필요하기도 했을 것이니, 그에 수반되는 비용으로 물물을 교환하거나 사고팔면서 생긴 그들의 자금들이 흘러들어 가 불교 활동을 성행하게 하는 데도 기여하고 석굴 조성을 흥성하게 하는데도 도움을 주었던 것이 아닌가, 그래서 둔황이 불교예술의 성지가 될 수 있었던 것이 아니었겠는가' 하는, 필자 나름대로 상상(想像)의 결론을 내렸었다. 물론 불교를 숭배하던 시대에는 조정(朝廷)에서도 석굴을 파고 유지하는 데 드는 비용과 물자를 지원해주기도 했다고는 하지만 말이다.

명사산(鳴沙山)과 월아천(月牙泉)

막고굴(莫高窟)을 들여다보고 나서, 막고굴에서 서쪽으로 길게 펼쳐져 있는 '명사산(鳴沙山: 밍사산)'의 북쪽 산자락 모래사막에 둘러싸여 있는 조그만 호수인, 둔황시 중심에서 남쪽 방향으로 5km쯤 떨어져 있는 위치의 '월아천(月牙泉: 웨야취안)'을 향해 출발했다. 동서로 약 40㎞, 남북으로 약 20㎞ 펼쳐져 있는 명사산(鳴沙山)의 사막은 돌과 자갈이나 굵은 모래가 펼쳐져 있는 거친 사막이 아니고, 입자가 곱고 가는 모래로 이루어진 사막이다. 중국에는 그렇게 입자가 곱고 가는 모래로 이루어진 모래사막이 둔황의 명사산(鳴沙山) 말고도 닝샤(寧夏)의 사파두(沙坡頭), 내몽고의 향사만(響沙灣), 신장(新疆)의 파리곤(巴里坤) 등에도 있다고 하는데, 그 사막들을 '중국의 4대 명사(鳴沙)'라고 부른다고 한다. 세계에도 미국이나 칠레, 영국, 덴마크, 폴란드, 사우디아라비아, 몽골 등 많은 나라들의 100여 곳에 세사(細沙)로 이루어진 모래사막들이 있다고 하는데, 모래의 성분과 색깔이나 모래가 부딪쳐서 나는 소리 등은 다양하다고 한다. 명사산(鳴沙山)의 모래가 황금빛을 발하고는 있지만, 자세히 들여다보면 홍, 황, 록(綠), 백, 흑색 등 다섯 종류의 색깔로 이루어져 있다고 하는데, 석영(石英) 위주의 세사(細沙) 모래 입자가 기후와 지형에 따라 발생하는 기류(氣流)에 의해 움직이고 흐르면서 그 마찰에 의해 천둥소리처럼 웅웅거리는 소리를 낸다고 하여 '명사산(鳴沙山)'이라는 이름이 지어졌다고 한다.

 둔황의 그 명사산 자락에 들어서니 우뚝 솟아 굽이굽이 뻗어 있는 모래산에서 펼쳐져 내린 황금빛 모래밭 위로 군데군데 무리를 이루고 있는 낙타들이 있어 모래사막임을 실감케 했다. 삭막하기도 했지만 바람이 멎을 때나 멎어 있는 곳에서는 아늑하고 고요함을 느끼기도 했는데, 강하고 세찬 바람이 불면 모래가 날려 위험한 상황이 발생하기도 한다고 한다. 아주 큰 바람이 불면 지표를 덮고 있는 '유사(流沙)'가 쌓여 있는 사구(沙丘)'들이 바람에 날려 이동하기도 하면서 그 위험이 엄중하다고 하는데, 높은 절벽이 골짜기로 변하기도 하고 깊은 골짜기가 언덕으로 변하기도 하고 유사(流沙)가 퇴적되어 이루어진 산봉우리들이 변하기도 하면서 저녁에 없었던 봉우리가 아침이면 하늘 높이 솟아 있기도 한다고 한다. 그 명사산 자락의 모래사막을 따라 걸어 올라가다 보면 황금빛 모래사막에 둘러싸여 있는 작은 호수가 바라보이면서 가까이 다가오는데, 모양이 초승달같이 생겼다고 하여 '월아천(月牙泉)'이라는 이름이 지어졌다고 하는 아름다운 그 호수는 기원전의 한(漢)나라 때도 명승지(名勝地)로 유람했던 곳이라고 한다.

월아천(月牙泉)의 주변으로는 유사(流沙)가 쌓인 산으로 둘러싸여 있고, 그 산자락들에서는 수시로 강풍이 부는데도 불구하고, 어떻게 수천 년을 지나오도록 그 월아천(月牙泉)이 유사(流沙)에 매몰되지도 않고 물이 마르지도 않은 채로 유지될 수 있었는지 잘 이해가 되지를 않았었는데, 그 이유를 살펴보니 월아천(月牙泉) 주변에서는 바람이 불면 모래가 산 아래로 날려 내려오지 않고 산 아래의 모래가 날려 산상으로 이동하는 특이한 현상이 발생하는 지세(地勢)가 항구적으로 유지되고 있고, 지하의 샘물이 끊임없이 솟아오르는 신기(神奇)한 지형(地形)이 형성되어 있기 때문이라고 한다. 그런데 1950년대까지만 해도 그 월아천(月牙泉)의 길이가 약 200m나 되고, 폭이 50m, 깊은 곳의 수심은 7m가 넘었었다고 하는데 1970년대에 명사산(鳴沙山) 인근에서 지하수를 개발하면서부터 지형의 변화가 생기기 시작하여 지금은 길이가 남북으로 100m, 동서로 폭이 25m 정도 되고 수위도 낮아져 깊은 곳의 수심이 2m 정도 된다고는 하지만, 인위적으로 물을 채우면서 유지해오고 있다고 한다.

명사산(鳴沙山) 자락의 황금빛 모래사막에 둘러싸여 아름다운 자태를 지니고 있는 신비스러운 월아천(月牙泉)과 그 월아천에 안겨 있는 '월천각(月泉閣)'을 둘러보고, 월천각의 뒤쪽으로 솟아 있는 명사산을 걸어서 올라가봤다. 명사산(鳴沙山)의 최고 해발고도가 1,715m라고는 하지만, 둔황의 평균 해발고도가 1,139m라서 그런지 주변의 모래산들이 그리 높아 보이지는 않았다. 가파른 모래산 허리에 줄로 엮어 매달아 깔아놓은 계단을 따라 헐떡이며 한참 동안을 올라가서야 능선에 다다를 수가 있었는데, 능선을 따라 푹푹 빠지는 모래를 밟으며 정상으로 올라서니 산 너머로 바라보이는 풍광이 장관이다. 움푹움푹 울퉁불퉁한 듯 평평하기도 한 모래사막 위로 황금빛 모래를 덮고 솟아 있는 높고 낮은 봉우리들과 능선들이 예술적으로 깎아놓은 것처럼 뾰쪽뾰쪽한 것 같기도 하고 길쭉길쭉 구불구불하게 날카로운 각을 세운 것 같기도 하면서 다양한 모양을 하고 굽이굽이 겹겹이 뻗어 펼쳐져 파란 하늘 아래로 아득하게 멀리까지 바라보이는 아름다운 모래사막과 모래산의 경치가 그야말로 장관을 이루고 있었다. 몸을 돌려 올라온 쪽을 향해 바라보니, 역시 예술적으로 잘 깎아놓은 듯 구불구불 날카로운 각을 세우고 뻗어 있는 모래산과 그 아래로 펼쳐진 황금빛 모래사막(沙漠) 사이로 조금 전 들여다본 월천각(月泉閣)과 어우러져 있는 초록빛을 띠고 있는 초승달 같은 아름다운 월아천(月牙泉)이 한눈에 선명하게 들어온다. 가까이에서 둘러봤던 모습과는 달리 멀리서 내려다보이는 광활한 사막 속의 작은 한 점의 오아시스였는데, 초라해 보이는 것 같기도 했고 주변에 둘러싸여 있는 황막한 사막의 모습과 극명하게 대조를 이루고 있어 어울리지 않는 한 폭의 그림 같기도 하여 좀 어색하게 느껴지기도 했지만, 내려다보고 있을수록 광활하고도 황막한 사막 속에 어우러져 있는 그려놓은 것 같은 신비스러운 월아천(月牙泉)의 풍광이 너무나도 아름다워 눈을 떼고 발걸음을 옮기기가 아쉬웠다. 그 모래산에서 내려올 때는 가이드의 권유에 의해 모래 썰매를 타고 내려오는 호기심의 모험을 부렸다. 두려워하는 아이들과 아내를 달래어 안심을 시키기는 했지만, 워낙 높기도 하고 가팔라 필자 자신도 두려움을 느꼈는데, '까짓! 뒹굴어봤자, 모래밭인데, 뭐!' 하며, 난생처음 모래 썰매에 올라탔다. 요령을 몰라 서투니 속도를 내는 스릴을 제대로 느끼지는 못했지만, 두려움을 재미로 희석시키면서 명사산(鳴沙山)이 떠내려가라고 소리를 지르기도 하고 웃어대며 신나게 내려오면서 가족들과 함께 동심의 세계로 빠져들었던 아름다운 명사산(鳴沙山)에서의 즐거웠던 추억이 있다.

한(漢)나라가 기원전 111년 전후에 세웠었다고 하는 서역북도의 요새인 '옥문관(玉門關) 유적지'와 둔황시 중심의 외곽에 영화를 촬영하기 위해 12,000㎡의 부지 위에 고대 건물들을 지어 조성해놓은 '사주성(沙州城)'이라고 하는 '모형의 고성(古城)'을 둘러봤지만 별 흥미를 느끼지는 못했다.

황사(黃沙) 발원지의 일부분인 중국 서역의 실크로드에 대한 이야기를 마무리하면서, 한반도에 영향을 미치고 있는 황사(黃沙)와 사막(沙漠)에 대해 잠시 짚어보고 넘어가고자 한다.

중국의 사막(沙漠)과 황사(黃沙)에 대하여

중국 서역에 펼쳐진 사막과 몽골 지역에 펼쳐진 광활한 사막들을 들여다보고, 내려다보면서 '아… 광활한 그 사막들에서 날아온 황사 먼지가 우리 한반도에까지 영향을 미치고 있구나!' 하는 생각을 하곤 했다. 메말라 있는 그 광활한 사막들에서, 봄철에 가물어지면서 건조가 심해져 있을 때 갑작스런 기류 변화에 의해 발생하는 돌풍인 모래 폭풍이 일면서 하늘 높이 날아오른 모래흙 먼지가 지형적인 기류의 흐름으로 불어오는 편서풍을 타고 중국대륙을 덮고 한반도 상공으로까지 날아와 영향을 미치고 있는 것이다. 한반도 상공에서 '흙비가 내렸다'라고 하는 고대 역사의 기록들이 있음을 미루어볼 때, 중국 서역과 몽골의 건조한 사막 지역에서 발생하여 한반도 상공으로까지 날아오는 모래흙 먼지는 태고로부터 장구한 세월을 이어오면서 '더 했다, 덜 했다'를 반복하면서 나타나고 있고 인간의 힘으로는 막아내기가 거의 불가능한 자연의 현상이 아닌가 한다. 근래에도 때로는 심하게 한반도 상공에 자주 나타나기도 했던 황사 먼지가 몇 년간씩이나 거의 나타나지 않다가도, 최근 들어 자주 나타나면서 2021년 봄 언젠가는 흙비가 내리는 등 기승을 부리지 않았는가. 황사 먼지를 발생시키는 중국의 서부 지역에 집중되어 있는 약 700,000㎢나 되는 사막과 내몽고(內蒙古) 지역을 중심으로 서역으로 펼쳐져 있는 약 500,000㎢나 되는 중국 고비사막, 약 800,000㎢나 되는 몽골 고비사막 등 광활하게 펼쳐져 있는 한반도 면적의 10배나 되는 건조한 사막들을 인위적으로 줄여나간다는 것이 거의 불가능할지니, 한반도 상공에 나타나는 황사 먼지를 줄여나간다고 하는 것도 거의 요원하다고 본다.

 중국과 몽골의 사막들을 들여다보면서 '메마르고도 척박하여 이용 가치가 부족한 황량한 땅들이로구나!' 하는 생각이 들기도 했는데, 필자가 스쳐 지나가면서 들여다본 미국 서부 지역의 캘리포니아나 네바다, 애리조나와 북서부 지역의 워싱턴이나 아이다호, 와이오밍, 몬태나 등지에 펼쳐져 있는 드넓은 사막들 대부분은 잡풀이 자라는 황무지형의 사막으로 심각한 황사 발생의 우려도 없을 것으로 보였고, 척박하다는 느낌보다는 관개시설만 하면 농사를 지을 수 있는 옥토로 변할 수도 있을 것 같은 땅들이라는 느낌이 들었다. 세계 최대의 농업대국인 미국은 이미 더 이상의 농토 확장이 필요치 않을 정도로의 풍부한 농토를 보유하고 있으니, 개간이 가능한 그 광활한 사막의 땅들을 개발하지 않고 먼

미래의 몫으로 그대로 보존하고 있는 것이 아닌가 하는 생각도 들었는데, 그와는 대조적으로 중국은 많은 인구를 보유하고 있어, 광활하고 수많은 비옥한 평원을 보유하고 있으면서도 농토가 부족한 실정으로 쓸모가 있는 땅들은 계속해서 개발을 하고는 있지만 필자가 들여다보고 내려다본 황사를 발생시키는 중국대륙 서부 지역의 사막, 내몽고의 고비사막 등 중국대륙의 광활한 사막들과 몽골의 광활한 고비사막들에는 관개(灌漑)시설을 하기도 쉽지가 않을뿐더러 설령 관개(灌漑)에 문제가 없다 해도 척박하여 개발의 실익이 없어 방치할 수밖에 없는 땅들로, 인위적으로 사막을 줄여서 황사 발생을 막아내거나 획기적으로 줄여나간다는 것은 거의 불가능한 일이 아닌가 하는 생각이 든다.

그렇다 해도 기존 사막의 주변이나 사막 이외의 메마른 지역들에서 진행되고 있는 사막화 현상을 막아내기 위한 노력은 이어나가야 한다고 보는데, 사막화를 진행시키는 인위적인 요인인 삼림 벌채나 개간, 방목 등은 막아내거나 줄여나갈 수 있겠지만 자연의 현상인 가뭄을 막아내기란 그리 쉬운 일이 아니다. 물 공급을 위한 관개(灌漑)시설을 갖추지 않은 상태에서 척박한 땅에 나무를 심고 임시적으로 몇 차례 물을 뿌려주는 방법으로 녹화를 이룬다는 것은 불가능하다고 본다. 건조화를 막아내어 녹화를 이루거나 유지하여 사막화를 방지하기 위해서는 관개시설을 갖추어 가물 때 물을 공급하는 길밖에는 없다고 보는데, 주변에서 끌어들일 물이 있다면 다행이겠지만 끌어들일 물이 없다거나 설령 있다 해도 관개시설을 갖추는 과정에서 과다한 비용이 발생하는 등 얻어낼 수 있는 실익이 적다면 인위적인 관개(灌漑)가 어려울 것이니 안타깝게도 자연의 힘에 의한 사막화 현상은 인위적인 노력에 영향이 미치면서도 그 한계에 이르기까지는 계속해서 진행될 수밖에 없지 않나 하는 생각이 든다. 중국 정부에서도 사막화를 막아내기 위한 노력을 끊임없이 기울이고는 있지만 노력한 만큼의 실질적인 성과를 올리지는 못하고 있는 실정이라고 한다. 그러니 인위적으로 사막이나 사막화를 줄여서 황사를 막아내거나 줄여나간다는 것은 쉽지 않은 일이라고 본다.

근래 들어 우리 기업과 단체에서 대표단들을 꾸려 중국 정부의 '사막방지녹화정책(沙漠防止綠化政策)'에 부응하면서 중국의 사막화를 막아내어 한반도 상공에 나타나는 황사 먼지를 줄여나가는 데 일조하겠다는 의지로 한반도에 영향을 미치는 내몽고 고비사막 지대의 '쿠부치(庫不齊)사막' 등지에서 식수(植樹)를 하고 물을 길어다 뿌려주는 등의 봉사활동들을 해오고 있는데, 의미가 있는 동참이기는 하지만 명분은 있을지언정 실제의 효과에는 의문이 있다는 생각이 들기도 한다. 필자 개인적인 견해이기는 하지만, 중국의 사막화 방지사업에 동참하여 '한반도 상공으로 들어오는 황사 먼지를 줄여내겠다'라는 우리의 의지와 성의를 중국 정부에 표시하는 것도 중요하다고는 보는데, 그보다는 여러 채널들을 더욱 적극적으로 가동하여, 중국과의 협력을 통해 우리의 건강을 위협하고 삶의 질을 떨어트리고 있는 사막 이외의 지역에서 특히 도시 지역에서 이따금씩 발생하는 돌풍에 의해 공중으로 날려 편서풍을 타고 한반도 상공으로 날아 들어오는, 중국 내의 자동차 등 각종 공장과 건설공사 현장 등에서 발생하는 오염된 미세먼지와 초미세먼지 등 인위적인 대기오염 물질들을 줄여나가는 사업을 추진해 나가는 일이 급선무가 아닌가 한다.

28.
상하이(上海)를
들여다보다

　상하이(上海)는 필자가 1999년 8월 10일부터 2002년 8월 10일까지 3년 동안 근무하며 생활했던 곳이다. 부임하기 전 상하이를 수차례 방문한 적이 있어서 그랬는지 부임하자마자 비교적 쉽게 안착할 수 있었다. 상하이(上海)에 머무는 동안 상하이 지역 외에도 상하이총영사관의 업무영역 구역인 장쑤성(江蘇省)과 저장성(浙江省), 안후이성(安徽省) 등 지역도 드나들며 업무를 수행했고, 필자가 상하이를 떠나온 이후 김·장법률사무소에서 근무하면서도 상하이(上海)와 쑤저우(蘇州), 난징(南京), 항저우(杭州) 등 지역들을 드나들었는바 그 지역들에 대한 이야기들은 절을 달리하여 이어가기로 하고 먼저 상하이(上海)부터 들여다보고자 한다.

　상하이(上海)는 중국 동북쪽의 랴오닝성(遼寧省)에서부터 남쪽의 광둥성(廣東省)으로 이어지는 중국 해안선의 중심점(中心點) 위치에서 연안을 이루며 서쪽으로 펼쳐져 있으며 그 면적이 약 6,340㎢나 되고 2024년 말 기준으로 상주인구가 2,480만 명이나 되는 초대형 도시다. 동중국해로 유입하는 망망대해나 다름없는 창장(長江) 하류(下流)의 남쪽 연안에서부터 동중국해 연안으로 이어져 항저우만(杭州灣)의 북쪽 연안까지 둘러싸여 있는 상하이(上海)는 우리나라를 대표하는 경제 중심의 항구도시인 부산이나, 미국을 대표하는 경제 중심의 항구도시인 뉴욕처럼 중국을 대표하는 동중국해 연안의 경제 중심 대도시지만, 도시의 역사는 일천하다. 상하이(上海)의 역사는 춘추전국시대로부터 이어져 내려오고 있다고는 하는데, 도읍과는 거리가 있었던 지역으로 천년고도인 베이징(北京)이나 시안(西安) 등 유구한 역사를 지니고 있는 중국의 다른 도시들처럼의 고대 중국다운 명승고적들의 모습은 별로 보이지 않는다. 상하이(上海)는 춘추(春秋)시대에는 오(吳)나라였었고 전국(戰國)시대에는 월(越)나라와 초(楚)나라의 땅이었다고 하는데, 초나라 때 '춘신군(春申君)' '황헐(黃歇)'이 봉읍(封邑)을 받았던 곳이라고 하여 상하이(上海)를 '신(申)'이라고 부르기도 하고, 진(晉)나라 때 지금의 상하이(上海) 중심인 '쑹장(松江) 하류(下流) 일대'를 '어구(漁具)를 만드는 곳'이라는 의미로 '호독(扈瀆)'이라는 이름을 지어 부르다가 그 이후 '호독(扈瀆)'을 '호독(滬瀆)'으로 바꾸어 써 내려오면서 상하이(上海)를 '호(滬: 후)'라고도 부르고 있다. '상하이(上海)'라는 이름은 송(宋: 북송)나라 때인 991년, 지금의 '쑤저우허(蘇州河)'로 '쑹장(松江)'이라고도 했던 '우쑹장(吳淞江: 오송강)'과 '황푸장(黃浦江: 황포강)'이 만나는 지점인 지금의 '와이탄(外灘: 외탄)' 부근에다 부두를 설치하면서 그 부근에서 흐르는 하류(河流)가 바다로 들어간다는 의미로 그 부근의 일대를 '상해포(上海浦: 상하이포)'라고 지어 부르면서부터 사용되기 시작했다고 한다. 그 후 송(宋: 남송)나라 때인 1267년에는 작은 어촌에 불과했던, 우리의 읍(邑) 정도 되는 '상하이포(上海浦)'의 서안(西岸) 일대를 '상하이진(上海鎭)'이라고 불렀다고 하며, 원(元)나라 때인 1292년에는 중앙정부에서 '상하이현(上海縣)'의 설립을 비준하면서 인구 30여만 명 정도 되는 도시가 처음으로 건성(建城)되었다고 한다. 상하이현(上海縣) 설립 이후 작은 도시였던 상하이(上海)는 청나라시대인 1942년 발발(勃發)한 아편전쟁 이후 1843년부터 대영제국의 조계가 시작되면서부터 개항되어 1848년 부두가 건설되고, 1849년부터는 프랑스의 조계도 시작되는데, 그 이후인 1852년에는 50여만 명 정도 되는 도시로 변했다고 한다. 1911년 10월 신해혁명 이후 중화민국시대에는 중앙정부에 의해 상하이(上海)직할시로 승격되고 1927년 7월에는 상하이(上海)특별시가 성립되기도 하면서, 1930년 7월의 상하이 인구는 314만여 명으로 늘어난다. 1932년 1월에는 일본군이 상하이(上海)사변을 일으켜 잠시 상하이를 점령하기도 했는데, 1936년에는 인구가 381만여 명이나 되었다고 한다. 1937년 11월에는 일본군에 의해 또다시 상하이가 함락되기도 했었고, 1943년 7월부터는 서방 국가들로부터 조계를 회수하기 시작하여 1945년 11월까지 상하이의 모든 조계의 접수가 완료되면서 영국, 프랑스, 미국 등 서방 국가들에 대한 '상하이 100년 조계'가 모두 끝나고 서방 국가들이 상하이로부터 철수하게 되는데, 그때의 상하이 인구는 337만여 명으로 줄어들었다고 한다. 그 이후 상하이 인구는 계속 늘어 1949년 5월 중국공산당이 장제스 국민당을 물리치고 상하이를 함락시켰을 당시에는 502만여 명이나 되었고, 그 이후로도 상하이 인구는 계속 늘어 개혁개방 정책을 추진하던 1978년 당시에는 1,103만여 명이나 되는 대도시(大都市)로 변해 있었다고 하는데, 그 이후로 상하이는 대변혁이 이루어지게 된다. 1989년 6월 4일 발생한 '톈안먼(天安門)사태' 이후 장쩌민(江澤民) 상하이시서기가 중국공산당 총서기로 발탁되면서 상하이 출신 인사들인 소위 '상하이방(上海幇)'들이 대거 중앙권부로 진입하게 되는데, 상하이는 그 이후 중국 경제의 고도성장을 주도하면서 중국의 최대 경제 중심지로 우뚝 서게 된다.

상하이(上海)에는 창장(長江)의 최후 지류인 황푸장(黃浦江)이 남에서 북의 방향으로 흘러 상하이의 땅을 동과 서로 가르며 지나가는데, 그 황푸장(黃浦江)의 서쪽에 위치해 있는 지역을 푸시(浦西: 포서)라고 하고, 그 동쪽에 위치해 있는 땅을 푸둥(浦東: 포동)이라고 부른다. 과거로 거슬러 올라가보면, 푸시(浦西) 지역은 내륙 지역과 연결되어 있어 생활이 편리한 곳이지만, 푸둥(浦東) 지역은 북쪽으로는 창장(長江)이 흐르고 있고 동쪽과 남쪽으로는 망망대해가 펼쳐져 있고 서쪽으로는 그 폭이 수백m나 되는 황푸장(黃浦江)이 흐르고 있어, 마치 섬처럼 배가 아니면 이동하기가 어려워 생활하기가 여간 불편한 곳이 아니었다. 그러니 과거에는 푸시(浦西) 지역만 발전하고 푸둥(浦東) 지역은 낙후된 지역일 수밖에 없었는데, 중국이 개혁개방 정책을 추진하면서 1,210㎢나 되는 허허벌판이었던 그 푸둥(浦東)지역을 개발하여 비약적인 발전을 이룬 것이다. 개발 당시 푸둥(浦東)의 땅이 대부분 논밭들로 이루어져 있어 개발의 장애물이 없었을 뿐만 아니라 우세한 투자 여건에 편승한 서방의 자본과 기술들이 물밀듯이 들어오니 짧은 기간 동안 개발을 이루어낼 수 있었던 것이다. 황푸장(黃浦江)을 건너는 교량과 하저(河底)터널들을 건설하여 교통장애를 해소시키면서, 이와 병행하여 푸시(浦西)의 와이탄(外灘)과 마주하고 있는 푸둥(浦東)의 루자쭈이(陸家嘴: 육가취)를 중심으로 '진마오대하(金茂大廈)', '상하이중심대하(上海中心大廈)', '환추금융중심(環球金融中心)' 등 초대형 빌딩들과 '국제회의중심(國際會議中心)' 등을 지어 국제적인 상업무역금융의 기지화를 추진하고, 대규모의 공업단지들을 설립하면서 '상하이외항(上海外港)'을 확충하고, 거대한 '푸둥국제공항(浦東國際空港)'을 건설한 데 이어 푸둥(浦東)국제공항까지 30㎞ 구간의 거리를 최고 시속 431㎞로 달려 8분 만에 도착할 수 있는 초고속 자기부상열차를 독일 기술의 도움으로 건설하는 등 거의 완벽한 경제도시의 기반을 마련한 것이다. 그곳 푸둥(浦東)에서 2001년 10월에는 아시아태평양경제협력체(APEC) 정상회담을 개최했고, 2010년 5월부터 10월까지는 세계박람회(EXPO)를 개최하기도 했다.

상하이(上海)에는 전기전자, 자동차, 석유화학, 철강, 조선, 생물의약 등 다양한 분야의 제품들을 생산하는 중국을 대표하는 제조 기업들이 들어서 있다. 그중에는 미국 GM, 독일 폭스바겐 등과의 합작으로 완성차량을 생산도 하고 엔진과 변속기 등 부품들도 생산하는 거대한 '상하이기차(上海汽車)그룹'이 있고, 1,000MW급 화력발전설비와 1,000MW급 원자력발전설비, 중형(重型)장비, 엘리베이터, 인쇄 기계 등의 제조시설을 갖춘 중국제1의 장비 기업인 '상하이(上海)전기그룹'이 있으며, 상하이 소재의 조선소들이 중국에서 건조하는 선박의 90%를 차지하여 건조하고 있고, 또한 상하이에는 중국 최대의 철강공장인 연 생산 3,000만 톤의 조강 능력을 갖추고 있는 '바오우(寶武)강철그룹'의 '바오산(寶山)강철공장'이 있다. 그 '바오산(寶山)제철소'는 덩샤오핑이 1978년 개혁개방 정책을 추진하자마자 일본에 대표단을 파견시켜 일본제철소를 견학하도록 하고 일본과의 협력을 추진하면서, 원대한 목표로 창장(長江)변의 방대한 매립 부지 위에 야심차게 건설한 중국 개혁개방 정책의 상징성이 있는 강철공장이다.

필자가 그 바오산(寶山)제철소에 대해 관심이 있던 차에 업무적인 일로 2000년 2월 25일과 2001년 3월 7일 두 차례 방문한 적이 있었는데, 한번은 안내에 따라 시뻘건 쇳물에서부터 열연강판인 핫코일이 말려 나오는 과정의 공정을 견학한 바 있다. 철강에 대해 문외한이라서 그런지 수차례 방문한 바 있는 포항제철공장과 별다른 차이를 느끼지는 못했었다. 상하이는 그와 같은 대규모의 공장들이 들어서 있는 공업도시로도 자리를 잡고 있는, 중국의 경제 중심지다.

상하이(上海)는 1919년 4월부터 대한민국임시정부 요인들이 활동했던 곳으로 우리에게는 친숙한 도시다. 상하이의 과거(過去) 중심지인 '황푸(黃浦)구'에 위치한 '마당(馬當)로' 주택가의 한 주택을 1926년 12월부터 1932년 4월까지 우리의 독립투사들이 거점으로 사용했었음이 밝혀지면서, 한중수교 협상이 진행 중일 때인 1992년 2월 그 주택을 대한민국임시정부 청사로 복원하게 되는데, 그 이후 황푸(黃浦)구정부에 의해 관리되면서 개방되고 있다. 또한 상하이는 매헌(梅軒) 윤봉길 의사가 1932년 4월 29일, 일본 천황의 생일인 '천장절(天長節)'을 기해 일본군이 벌이고 있던 '상하이점령전승축하행사장'의 현장에서 일본군 대장 '시라카와 요시노리(白川義則)' 등을 저격하는 의거를 일으킨 곳이기도 하다. 상하이 중심의 북부에 위치한, 지금은 '루쉰(魯迅)공원'인 '홍구(虹口)공원'의 '윤봉길 의사 의거 현장'에는 관할 구정부(區政府)에 의해 중국인들에게도 애국정신의 표상이 되고 있는 윤봉길 의사를 기리기 위한 기념비가 세워져 있고, 그 옆에는 '매정(梅亭)'이라는 기념 정자가 지어져 있으며, 매정(梅亭)을 둘러싼 주변에는 '매원(梅園)'이라는 정원이 조성되어 있다. 정자의 현판은 그 이후 '매헌(梅軒)'이라는 이름으로 바뀌었고, 그 정자 안에는 윤봉길 의사의 흉상과 기록물들이 진열되어 개방되고 있다. 물론 대한민국임시정부 청사를 복구하고 윤봉길 의사 의거 기념 정자를 세우는 등의 일들에는 양국 간 협의에 의하고 우리의 지원이 있었지만, 중국 정부에 의해 잘 관리되고 있으니 고마울 따름이다. 그러한 흔적들이 있어서 그러겠지만 상하이 하면 우리의 독립투사들과 항일애국지사들을 떠올리게 하는데, 우여곡절들을 떠나서 그분들을 받아들이고 감싸며 도와

준 상하이(上海)야말로 우리들의 가슴에 온기를 느끼게 하는 정감(情感)이 있는 도시가 아닌가 한다.

황푸장(黃浦江)과 와이탄(外灘)

상하이(上海)는 동중국해의 연안에 위치해 있는 대도시이기는 하지만, 도심 가까이에 자연과 어우러져 한가롭게 거닐 만한 아름다운 해변이 있는 그런 도시가 아니다. 도심에서 해안(海岸)이 멀리 떨어져 있고, 올라가서 멀리나마 바다를 내려다볼 만한 산(山)도 도심에는 없으니 상하이 시민들은 바다의 경치를 바라보기가 쉽지 않다. 필자도 상하이에 머무는 동안 상하이가 바다와 연(沿)해 있는 도시라는 것을 느끼지 못하고 지냈다. 수출입 화물선이나 여객선이 오가는 상하이항의 연안부두도 연해(沿海)가 아닌 황푸장(黃浦江)의 하류(下流)에 위치해 있고, 컨테이너부두도 창장(長江)의 하류에 있다. 중국 정부가 모험적으로 건설하여 2005년 개항한 이후 확장을 거듭하여 세계 최대 처리 능력의 디지털 컨테이너 부두를 갖추고 있다고 하는, 상하이 항구의 역할을 하고 있는 '양산심수항(洋山深水港)'도 푸둥(浦東)에서 교량으로 연결되어 있기는 하지만 푸둥의 연해안(沿海岸)에서 32km나 떨어진 저장성(浙江省)행정구역인 '항저우만(杭州灣)' 해상에 있는 '양산다오(洋山島)'에 위치해 있어, 상하이 시민들도 상하이(上海)가 바다와 연(沿)해 있다는 것을 잘 느끼지 못하며 지낼 것이라고 본다. 그런데 상하이에는 창장(長江)의 하류(下流)와 연결되어 있는 황푸장(黃浦江)이 바다를 대신하기라도 하는 듯 상하이 시민들과 호흡을 하면서 상하이 도심을 동서로 가르며 흘러 지나간다.

창장(長江)의 마지막 지류인 황푸장(黃浦江)은, 상하이 인근의 광활한 '타이후(太湖: 태호)'에서 흘러나오는 물과 그 타이후(太湖)로부터 흘러들어오는 대부분의 물로 채워진다고 하는 상하이의 남서쪽에 위치한 칭푸(靑浦)구에 있는 '뎬산후(澱山湖: 전산호)'에서 흘러나오는 물로 생긴 하류(河流)라고 하는데, 약 60km의 상하이시 구간을 포함하여 113km를 흘러 창장(長江)의 하류(下流)로 유입하는 강폭이 300~770m나 되는 굵고 짧은 강이다. 그 황푸장(黃浦江)이 쑤저우허(蘇州河)와 만나는 지점 부근에, 그러니까 지금의 상하이 중심인 과거의 '상하이포(上海浦)' 부근에 '쑤저우허(蘇州河: 소주하)'를 건너다니기 위해 영국, 프랑스, 미국, 러시아 등 서방의 12개국 조계가 참여한 '조계공부국(租界工部局)'이 기존의 다리를 개조하여 1907년 건설한 '와이바이두차오(外白渡橋: 외백도교)'라고 하는 철교가 있는데, 그 '와이바이두차오(外白渡橋)' 부근에서부터 황푸장(黃浦江) 서쪽 연안 남쪽 방향으로의 1.5km 구간에 상하이를 상징하는 근대 유럽식 건축예술의 정취가 풍기는, 아편전쟁 이후 대영제국의 조계지였고 상하이(上海) 근대 도시의 기점(起點)인 '구(舊) 상하이 금융무역'의 중심지였었던 '라오상하이(老上海: 노상해)'의 거리가 펼쳐져 있다. 그 거리를 '와이탄(外灘: 외탄)'이라고 부른다. 과거 황푸장(黃浦江) 강변의 광활한 하탄(河灘: 모래사장)이 있었던 곳에서 흐르던 하류(河流) 부근의 일대를, 앞에서도 얘기했지만 바다로 들어간다는 의미로 '상하이포(上海浦)'라고 했다고 하는데, 과거에 세워져 있었다고 하는 상하이포(上海浦)라는 표식도 그 하류(河流)도 지금은 없어졌다지만 그 상하이포(上海浦)의 하류(河流)를 중심으로 해서 안쪽에 위치해 있는 모래사장을 '리황푸탄(里黃浦灘)'이라고 했었다고 하고, 바깥쪽에 펼쳐진 모래사장을 '와이황푸탄(外黃浦灘)'이라고 불렀었다고 하는데, 그 '와이황푸탄(外黃浦灘)'이 바로 지금의 '와이탄(外灘:

외탄)'이라고 한다.

  그 와이탄(外灘) 거리의 황푸장(黃浦江) 강변 강둑을 따라 산책로가 조성되어 있는데, 강변 산책로에 올라서면 폭이 약 400m나 되는 강 건너 동쪽으로 하늘 높이 솟아 있는 다양한 모양의 빌딩들이 숲을 이루고 있는 푸둥(浦東) 지역의 루자쭈이(陸家嘴: 육가취)가 바라보이는데 처음 방문하여 그 경관을 바라보는 사람들은 경탄(驚歎)을 한다. 푸시(浦西) 지역인 황푸장(黃浦江) 서쪽 연안의 와이탄(外灘) 거리에는 다양한 근대 서구식 석조건물들이 아름다운 자태를 드러내고 늘어서 있다. 지금은 '푸둥(浦東)발전은행'이 사용하고 있지만 1949년 이후 상하이시정부 청사로도 사용했다고 하는 그 규모가 가장 크고 1923년 건축한 홍콩상하이뱅크(HSBC) 건물을 비롯하여, 지금은 '반도(半島)호텔'로 개조하여 사용하고 있는 가장 오래된 건물인 1873년 건축한 영국영사관 건물을 포함한 '초상(招商)은행' 등 은행들, '동방(東邦)호텔' 등 호텔들, 레스토랑, 상하이세관, 상하이총공회, 외환거래소 등이 사용하고 있으며 과거에 각국의 은행, 보험회사, 무역회사 등이 사용했던 23개 동(棟)의 건물들이 와이탄(外灘) 거리에 그대로 보존되어 있어, 개화기 상하이의 모습을 느낄 수 있게 한다.

  와이탄(外灘)의 황푸장(黃浦江) 강변을 거닐다 보면, 대영제국(大英帝國)에 의해 개방되면서부터 발전되었던 푸시(浦西) 지역 와이탄(外灘)의 모습과 그와는 대조를 이루고 있는 것 같으면서도 조화를 이루고 있는, 덩샤오핑(鄧小平)에 의해 개방되면서부터 발전되어 빌딩의 숲을 이루고 있는 푸둥(浦東) 지역 루자쭈이(陸家嘴)의 모습을 한눈으로 볼 수가 있는데, 과거에 발전된 푸시(浦西)와 현대에 발전된 푸둥(浦東)의 모습 말고도 하나 더 상하이다운 모습이 바라보인다. 바로 푸둥(浦東)의 루자쭈이(陸家嘴)를 안고 푸시(浦西)의 와이탄(外灘)과의 사이를 용(龍)틀임을 하듯 흐르는 생기가 넘치는 황푸장(黃浦江)의 모습이다. 그 황푸장(黃浦江)은 유람선이나 떠다니는 낭만적인 그런 강(江)이 아니다. 유심히 바라보면 유람선들뿐만 아니라 짐을 가득가득 실은 크고 작은 화물선들이 꼬리를 물고 끊임없이 오가는데, 와이탄(外灘)의 황푸장(黃浦江)변을 방문할 때마다 그 모습을 바라보며, '아… 황푸장(黃浦江)은 힘 있게 살아 움직이는 강(江)이로구나!' 하며 느끼곤 했었다. 와이탄(外灘)에서 황푸장(黃浦江)의 하류 쪽 방향으로 몇 킬로미터 내려가면 '쑹푸(松浦)대교'가 나오는데, 그 쑹푸(松浦)대교를 지나면 황푸장(黃浦江) 하류(下流)의 양안으로 만 톤급의 선박이 접안할 수 있는 50여 개의 부두가 들어서 있는 중국 최대의 수출입항인 '상하이항(上海港)'이 10㎞나 펼쳐져 있다. 황푸장(黃浦江) 상류(上流)의 양안으로도 수십여 개의 크고 작은 부두들이 늘어서 있다고 하니, 당연히 와이탄(外灘)의 강변에서 수많은 배들이 오가는 황푸장(黃浦江)의 모습이 바라보이는 것이다. 황푸장(黃浦江)이야말로 상하이의 젖줄이요, 황푸장(黃浦江)의 강변 와이탄(外灘)이야말로 해안(海岸)과 멀리 떨어져 있어 해변의 낭만을 즐기기가 어려운 상하이 시민들에게는 해변 연안이나 다름없는 낭만이 넘치는 아름다운 강변 연안이 아닌가 한다.

창장(長江) 하구(河口)의 삼각주(三角洲) 충밍다오(崇明島)

창장(長江)의 하구(河口)에는 중국대륙에서 하이난다오(海南島: 해남도) 다음가는 큰 섬인 '충밍다오(崇明島: 숭명도)'라고 하는 섬이 있다. 창장(長江) 하류(河流)의 충적으로 이루어진 삼각주(三角洲)로 지금의 그 큰 섬이 생기기 전에는 여러 개의 모래섬으로 분리되어 있었다고 하는데, 과거 그 모래섬들 대부분은 상하이시정부(上海市政府)가 관할했지만 북쪽에 위치해 있었던 일부 섬들은 장쑤성(江蘇省) 소속의 지방 행정구역이었다고 한다. 그런 연유로 지금도 충밍다오(崇明島)의 북쪽에 위치해 있는 일부분의 땅은 상하이시 행정구역이 아닌 장쑤성 '난퉁시(南通市)' 산하의 '치둥시(啓東市)' 등이 관할하는 행정구역으로 되어 있다고 한다. 충밍다오(崇明島) 부근의 창장(長江) 하구(河口)에는 창싱다오(長興島: 장흥도), 헝사다오(橫沙島: 횡사도) 등 상하이 충밍구(崇明區)에 소속된 몇 개의 섬들이 더 있다. 누에가 누워 있는 형상을 하고 있는 충밍다오(崇明島)는 그 길이가 동서로 76km, 폭은 남북으로 13~18km, 면적이 약 1,200㎢나 되는, 평균 표고 3~4m의 평탄하고도 비옥한 큰 섬으로 쌀, 보리, 밀, 콩, 옥수수, 면화, 오이, 수박, 채소류 등 농산물과 각종 어류 등 다양한 수산물의 산지로 명실상부한 어미지향(魚米之鄕)이다. 2016년 7월부터는 '충밍구(崇明區)'로 승격되었다고 하는데, 필자가 2000년 7월 15일 토요일 충밍다오(崇明島)를 방문했을 당시 충밍현(崇明縣) 관리의 안내를 받아 가족과 함께 충밍다오(崇明島)를 돌아봤다. 당시 현(縣) 소재지를 벗어난 섬의 풍경은 수림이 우거진 중국 시골 농촌의 모습이었고, 섬 내에는 삼림공원도 조성되어 있었다. 섬을 둘러보던 중, 평지보다 몇 미터 높아 보이는 쭉 이어진 언덕을 지나가다가 앞서가던 우리를 안내하던 차량이 멈춰 서는 바람에 따라 내렸는데, 언덕 위로 올라가보지는 않았지만 강의 범람이나 해일 등 유사시를 대비해 주민들이 안전하게 대피할 수 있도록 인공으로 만들어놓은 '대피소'라는 설명을 듣고 '아, 그렇구나!' 하고 이해할 수 있었다. 충밍다오(崇明島)의 부두에는 막 수확한 농수산물들을 가득가득 실은 트럭들이 주차장을 메우며 긴 줄을 이루고 배가 들어오기를 기다리고 있었는데, 짐을 실은 채로 선박으로 올라가 강 건너 육지의 부두로 이동되어 상하이 등지의 소비 시장으로 직행한다고 했다. 하지만 지금은 섬을 관통하여 남쪽의 상하이와 북쪽의 난퉁(南通)으로 연결되는 터널과 교량이 건설되어 있어 사람과 물품의 이동이 편리해지면서, 충밍다오(崇明島)가 발전하고 있을 것으로 짐작된다.

    남쪽의 푸둥(浦東)에서 강폭 7.5㎞ 건너에 있는 창싱다오(長興島)까지는 하저터널로 연결하고, 창싱다오(長興島)에서 강폭 9.9㎞ 건너에 있는 충밍다오(崇明島)까지는 교량으로 연결하고, 충밍다오(崇明島)에서 강폭 6.8㎞ 떨어져 있는 강 건너 북쪽 장쑤성 치둥(啓東)까지는 교량을 건설하여 연결시켰다고 한다. 그러니까 푸둥에서 하저로 8.9㎞의 터널을 뚫어 창싱다오(長興島)로 연결시키고, 창싱다오(長興島)에서 16.6㎞ 교량을 놓아 충밍다오(崇明島)까지 연결시킨 '상하이창장(上海長江)대교'를 건설하여 2009년 10월 개통한 데 이어 충밍다오(崇明島)에서 북쪽 난퉁(南通)의 치둥(啓東)까지 연결시킨 51.7㎞의 '충치(崇啓)대교'를 건설하여 2011년 12월부터 개통한 것이다.

    필자가 충밍다오(崇明島)를 방문할 때는 장쑤성 타이창(太倉: 태창) 부두에서 배를 타고 거의 1시간가량을 지루하게 선실에 앉아 있다가 내려 안내를 받아 충밍다오(崇明島)로 들어갔는데, 돌아오는 길에는 배의 갑판 위로 올라가 앉아서 밖을 바라보며 시간을 보냈다. 바라보이는 것이라고는 옅은 연무 속에서 수평선을 이루며 흐르는 망망대해와도 같은 하늘과 닿아 있는 황토색 창장(長江)의 강물뿐이었지만, 창장(長江) 하류(下流)의 고요하고도 삭막한 자연 풍경을 만끽하며 지루함을 달랬다. 타이창(太倉) 부두 가까이에 다가오면서 강줄기가 닿아 있는 육지와 어우러진 창장(長江)의 강변 모습도 투박하고 삭막하기는 마찬가지였다. 상하이에서 난퉁(南通)과 옌청(鹽城) 등 지역을 드나들며 창장(長江)을 건너

다니면서 보고 느낀 창장(長江) 하류(下流)의 모습이 늘 그랬다. 충밍다오(崇明島)에서 타이창(太倉) 부두로 돌아올 때 갑판 위에 오르면서부터 살랑살랑 부는 바람에 나부끼는 고추잠자리 떼들이 눈에 들어오기 시작했는데, 큰 카페리호이기는 하지만 그 먼 길을 배와 함께 날아서 따라오는지, 아니면 창장(長江)의 상공에서 노니는 잠자리 떼들 사이를 배가 지나왔는지는 주의 깊게 관찰을 안 해 잘 모르겠는데, 타이창(太倉) 부두에 도착할 때까지 고추잠자리 떼들이 갑판의 주변을 맴돌고 있는 모습이 떠오른다.

29.
상하이(上海)에서
머물며 지냈던 이야기

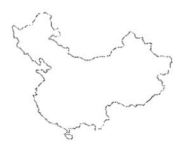

상하이(上海)에서 근무했던 이야기

    필자가 상하이에서 근무했던 사무실은 상하이 중심에서 서남쪽에 위치한 '홍차오개발구(虹橋開發區)' 내에 있는 '국제무역센터빌딩'에 소재해 있었다. 홍차오개발구(虹橋開發區)는 상하이시정부가 대외 개방의 전초기지로 개발하여 상업, 전람전시, 판공(辦公: 집무), 숙박, 주거 등의 공간이 복합되어 갖추어져 있는 신도시 지역이다. 필자가 근무하는 사무실이 있는 국제무역센터빌딩에서 도보로 다닐 수 있는 위치인 대각선 방향의 맞은편에 필자 소관 업무의 카운터 파트너들이 근무하는 '상하이시(上海市) 대외경제무역위원회(對外經濟貿易委員會)'의 사무실이 소재해 있어서, 상하이 지역에 진출해 있는 우리 기업들의 애로 사항을 처리해주도록 요청하는 등의 업무를 협의하는 데 편리했었다. 필자가 상하이(上海)에서 근무하면서는 베이징(北京)에서 근무할 때처럼 중국 정부를 상대로 하는 협상과 관련한 업무들이 거의 없었으니, 업무를 수행하는 과정에서 긴장을 해야 할 일들은 별로 없었다. 당시 상하이에는 세계적인 다국적기업들뿐만 아니라 거의 모든 업종의 외자 기업들이 밀물처럼 몰려 들어와 있어, 상하이시정부에서는 외자 기업들을 대상으로 하는 투자 유치와 관련한 업무보다는 이미 진출해 있는 외자 기업들이 원활하게 사업을 영위하도록 지원하고 자국 기업들에게도 수출에 도움이 되도록 하게 하기 위한 교역상담회, 전람, 전시 등의 업무에 중점을 두면서 오히려 상하이시정부 내에 '외국투자공작위원회(外國投資工作委員會)'를 설립하여 그 아래에 '외국투자촉진중심(外國投資促進中心)'을 두어 중국 기업들을 대상으로 대외 투자를 촉진하는 업무를 추진하고 있었다. 필자는 그런 환경 속에서 상하이시에서 주최하는 포럼, 설명회, 각종 전람전시회, 각종 연회 등의 행사에 참석하기도 하고 당시 필자의 카운터 파트너였던 상하이시 대외경제무역위원회의 한국 담당 라인의 부주임과 주기적으로 상호 초청에 의한 만찬 모임을 가지며 우호적인 관계를 유지하면서 상하이에 진출해 있는 우리 기업들의 지원을 요청하기도 하는 등의 업무를 수행했다.

상하이시(上海市)와는 달리 당시 장쑤성(江蘇省), 저장성(浙江省) 등 필자의 업무 영역 내 다른 지역들에서는 외자 기업들의 투자를 유치시키는 업무에 중점을 두고 있었지만, 그런 가운데서도 장쑤성(江蘇省) 지역에는 많은 우리 기업들이 진출해 있어, 기업을 경영하는 과정에서 문제가 발생하기도 하고 애로 사항들이 생기기도 했는바 난징(南京)에 있는 '장쑤성(江蘇省) 대외경제무역위원회(對外經濟貿易委員會)'를 방문하여 주임, 부주임 등 카운터 파트너들을 만나 우리 진출 기업들의 문제점이나 애로 사항을 해결해줄 것을 요청하는 등의 업무를 수행하기도 했다. 필자의 업무 영역에 있는 푸둥신구(浦東新區)의 장장(張江)첨단기술개발구를 비롯하여 쑤저우(蘇州), 우시(無錫), 쿤산(昆山), 장인(江陰), 타이창(太倉), 창수

(常熟), 장자강(張家港), 난퉁(南通), 옌청(鹽城), 화이인(淮陰), 하이먼(海門), 난징(南京) 등의 지역들에 진출해 있는 우리 기업들을 방문하여 애로 사항을 파악하기도 하고, 관내 지역 우리 기업들의 준공, 개업 등의 행사에 참석하여 당해 지역의 당서기, 시장, 부시장 등 간부들과 면담도 하면서 그 지역에 진출해 있는 우리 기업들의 지원을 요청하기도 했었다. 그 외의 관내 지역인 항저우(杭州), 자싱(嘉興), 닝보(寧波), 원저우(溫州), 이우(義烏), 허페이(合肥) 등의 지역을 방문하여 우리 기업들과 관련된 업무를 수행하기도 했었다.

필자가 상하이에서 근무하고 있었을 때인 2001년 10월 20일부터 이틀간 상하이에서 2001 상하이 APEC 정상회의가 개최되었는데, 필자가 정상회의 개최에 앞서 쑤저우(蘇州)의 쉐라톤쑤저우호텔에서 1박 2일로 개최한 APEC 중소기업분과회 회의 대표로 참석하여 융숭한 대접을 받으며 APEC 정상회의에 '중소기업과 영세기업의 중요성을 감안하여 특별한 관심을 기울여줄 것'을 건의하기로 하는 등의 안건을 협의하여 합의하는 데 동참했다. 그리고 나서 APEC 정상회의 본회의 개최 당시 필자가 우리 대표단들을 지원하는 업무를 수행하는 과정에서, 대만 대표로 참석한, 필자가 대만에서 근무하던 시절 업무 수행 과정에서 알게 된 당시 대만국제무역국 부국장이었던, 대만경제부 부장(장관)을 우연히 반갑게 만나기도 했다. 중국의 일개중국(一個中國) 정책에 의해, APEC 정상회의 때마다의 여느 때처럼 대만 총통 대신 대만경제부 부장(장관)이 참석했던 것이다. 각국의 대표들인 정상들이 양자 정상회담을 개최하는 등 분주하게 움직이는 시간에 한가로이 서성이고 있는, 대만 대표로 참석한 대만경제부장(장관)의 모습을 보면서 중국에 의해 고립되어 있는 아픈 대만의 마음을 느끼게 했었던 기억이 난다.

필자가 상하이에 근무하는 동안 거주했던 곳은 필자가 근무했던 무역센터빌딩과 반경 2㎞ 이내의 거리에 있는 '리징대하(麗晶大廈: Regent Tower)'라고 하는 홍콩 기업이 투자하여 지은 아파트로 한 층에 4세대씩 들어 있는 33층짜리 한 동으로 된 아파트였는데, 그 아파트의 29층과 30층에 각각 1세대씩 2채를 소유하고 있는 대만인(臺灣人)으로부터 30층을 임차하여 2년간을 살다가 그 대만인 소유주가 들어와 살겠다고 하여 비워주고, 그 아파트의 투자기업이 보유하고 있던 10층으로 옮겨 그 아파트에서 1년간 더 거주하다가 귀국했다. 중국에서는, 특히 상하이에서는 높은 층을 선호하는데 전망 좋은 남향의 30층에서 북향의 10층으로 툭 떨어져 내려온 것이다. 그 주변에는 몇 개의 아파트들이 더 있었고, 좀 떨어져 있는 동네인 '구베이(古北: 고북)'나 '룽바이(龍栢: 용백)'라고 하는 곳에도 큰 규모의 아파트 단지들이 들어서 있어 필자가 선택할 수는 있었지만, 북향의 10층으로 내려왔는데도 살아보니 30층에 거주했을 때보다도 그 10층이 더 아늑하고 편안했다. 리징대하(麗晶大廈)의 바로 옆에는 '요우이상청(友誼商城)'이라고 하는 6층짜리 백화점이 있었는데, 물품 가격이 비싸다는 단점은 있었지만 그 1층에 슈퍼마켓이 있어 편리하게 이용할 수가 있었다. 리징대하(麗晶大廈)의 현관을 나와 대각선 방향으로 교차로를 건너면 약 10,000㎡의 녹지 공간이 있는 '홍차오공원(虹橋公園)'이 있는데, 이사 내려온 10층의 아파트 창문과 거실에서도 측면으로나마 내려다보여 답답함을 덜어주었다. 리징대하(麗晶大廈)는 고급 아파트이기는 하지만 시가지 도로변에 위치해 있어 쾌적함은 덜했는데, 그래도 편안했던 그 아파트를 보금자리 삼아 3년간의 상하이 생활을 무사히 마무리하고 감사한 마음을 새겨두고 상하이를 떠나왔다.

상하이(上海)에서 지냈던 여가(餘暇) 이야기

　상하이(上海)에는 오를 만한 산은 없었지만 주변에 골프장들은 많이 있었다. 주위에서 골프를 치는 교민들에게는 미안하기는 했지만, 당시 외교관들에게 회원으로 대우해주는 고마운 골프장들이 있어 주말 바쁘지 않은 시간에는 라운딩을 하며 동료들과 어울릴 수 있었다. 상하이에서 가장 먼저 개장했다고 하는 칭푸(靑浦)구에 소재한 '상하이(上海) 국제 골프장'과 푸둥(浦東)에 소재해 있는 '탕천(湯臣: Tomson) 골프장'을 주로 이용했다. 필자가 골프를 잘 치지는 못하지만 운동이 되면서 당시 적은 비용으로 동료들과 어울리는 즐거움이 있어 골프장을 다녔는데, 아내가 골프를 배우고 난 후로는 동료 부부들과도 함께 라운딩을 하기도 했었다. 당시에는 골프장에 빈자리들이 많이 있어, 하루 전이나 당일 아침 일찍 골프클럽에 전화해서 비어 있는 시간대에 나갈 수도 있었는데, 일이 있다가 없어져 여유가 생기는 주말이면 비교적 가까운 거리에 있는 푸둥(浦東)의 탕천(湯臣) 골프장의 빈 시간에 맞춰 나가서 아내와 둘이서 라운딩을 하기 도 했었다. 때로는 교민 골프 행사나 상사 골프 행사들에 참석하기도 했었다.

　또한 틈틈이 시간을 내어 가족들과 함께, 앞에서 소개한바 있는 와이탄(外灘) 거리와 황푸장(黃浦江)변, 난징동로(南京東路)나 신천지(新天地)의 번화한 거리를 거닐기도 하고, 약 20,000㎡의 부지 위에 수령 400년이 넘은 은행나무를 비롯한 수십여 그루의 고수명목 등 수림이 우거진, 명나라시대인 1559년부터 20여 년간 지었다고 하는, 40여 개소나 되는 고대 건축물들과 정원들이 어우러져 있는 거대한 사인(私人)의 고(古)주택이었던 위위안(豫園: 예원)이라고 하는 아름다운 고전원림을 산책하기도 하고, 공예품들과 골동품들을 파는 가게들, 찐빵, 만두 등 각종 먹거리들을 파는 식당들이 들어서 있는 위위안(豫園) 주변의 노상하이(老上海) 거리를 거닐기도 했었다.

　창장(長江)삼각주의 충적평원인 상하이는, 평균 해발고도가 2m 남짓한 평지로 이루어져 있어 올라가서 상하이를 내려다볼 만한 산들은 없지만, 상하이에도 여느 대도시처럼 푸둥(浦東)의 루자쭈이(陸家嘴)에 1994년 건설한 468m 높이의 TV 송신탑인 '둥팡밍주(東方明珠: 동방명주)탑' 안에 272m 높이와 342m 높이의 전망대가 있어 상하이시를 내려다볼 수가 있었다. 상하이를 방문하는 사람들의 필수 관람 코스이기도한데, 때로는 그분들과 함께 상하이를 동서로 가르며 구불구불 흐르는 황푸장(黃浦江)을 사이에 두고 펼쳐져 있는 거대도시 상하이를 내려다보기도 하고, 멀리 떨어져 있어서 가물가물 보이는 창장(長江)의 모습을 바라보기도 하고 내려와서 둥팡밍주(東方明珠)탑과 연결되어 있는 상하이의 과거 모습에서부터 발전된 현재까지의 모습을 시대순으로 볼 수 있도록 밀랍으로 만들어놓은 전시관을 돌아보기도 했다. 그 전시장에는 과거 상하이 시가지의 모습들과 아편에 중독되어 취해 있는 모습의 사람들 모형뿐만 아니라, 재래시장의 구간에서는 청각과 후각으로도 느낄 수 있도록 생동감 있게 만들어 꾸며놓은 재미있는 모형 등 과거 상하이 모습의 모형들이 전시되어 있었다.

　상하이의 극장들에서 특별한 공연이나 음악회 등이 있을 때 기회를 만들어 아내와 함께 관람하곤 했다. 베이징의 차오양(朝陽: 조양)극장 등에서 관람했던 서커스들보다도 규모가 더 큰 상하이 마시청(馬戲城) 서커스를 관람하면서 위험한 고난도의 묘기를 부리는 서커스단원들이 안쓰럽다는 생각이 들기도 했는데, 대형의 지구본처럼 생긴 투명한 통 속에서 여러 대의 오토바이들이 속도와 굉음을 내며 빙빙 도는 묘기를 연출할 때는 손에 땀을 쥐며 관람하기도 했다. 상하이대극장에서 공연했던 '홍루몽(紅樓夢)'이라는 연극을 관람했는데, 베이징 인민대회당에서 관람했던 '다롄(大連)복장절' 패션쇼처럼 호화로운 의상들을 입고 등장하는 수많은 극단 배우들이 호화찬란한 핑크빛 꽃들과 어우러져 수도 없이 바뀌는 웅장한 무대에서 열연(熱演)하는 모습을 보며 감탄하기도 했다. 상하이대극장에서 공연했던 '대몽둔황(大夢敦惶)'이라는 고대둔황(古代敦惶)을 배경으로 한 러브 스토리의 무극(舞劇)을 관람하기도 했는데, 스토리의 내용보다는 극단 배우들의 호화로운 의상과 조명에 더해진 화려하게 장식한 무대들에 감동을 느꼈던 기억이 난다.

필자가 상하이(上海)에서 지내면서 인간적으로 도움을 받은, 생각나는 고마운 분들이 있다. 필자가 상하이에서 지내는 3년 동안 성실하게 필자의 사무실을 청소해주고 따뜻한 차(茶)를 따라준 항상 웃는 얼굴의 도우미 아주머니, 상하이에서 지내는 3년 동안 결근이나 지각 한 번 안 하고 성실하게 필자를 도와준 선하게 생긴 운전기사, 아내를 3년 가까이 보호하며 도와준 안후이성(安徽省)의 산골에서 왔다고 했던 순진한 도우미, 필자에게 친절하게 정골(正骨) 추나 요법으로 건강에 도움을 주면서, 필자에게 정골(正骨) 추나 가정요법을 가르쳐준 정골명의(正骨名醫) 등의 고마운 얼굴들이 떠오른다.

상하이(上海)의 식당들과 상하이(上海)요리 이야기

필자가 상하이에서 근무하는 동안 이용했던 식당들을 들여다보면, 업무적으로 초청받을 때는 '광둥요리'를 하면서 '상하이풍의 요리'도 하는 식당들에서 주로 대접을 받았고, 필자가 필자 소관의 업무적으로나 개인적으로 초청을 하면서는 필자가 근무하고 거주했던 곳의 주변에 있는 '한식당'들을 주로 이용하면서도 '상하이풍의 요리'를 하는 중식당들을 이용하기도 했었다. 필자가 들려본 '상하이요리'를 전문으로 한다고 하는 중식당 중에는, 개발이 안 된 주택가의 고(古)주택을 개조하거나 고(古)주택처럼 꾸며놓고 전통 상하이요리를 하는 중식당도 있었고, 개업을 한 지 100년이 넘었다고 하는 '노(老)상하이거리'의 위위안(豫園: 예원) 주변에 있는 '상하이(上海)요리의 발원지(發源地)'로 알려진 '상하이노반점(上海老飯店)'이라고 하는 '전통 상하이요리'를 하는 중식당, 명나라시대에 위위안(豫園)의 누각(樓閣)으로 지은 그 건물에다가 1875년 개업했었다고 하는 찻집(茶館)을 개혁개방 이후 1979년 식당으로 개조하여 개업했다고 하는 전통 상하이요리와 '상하이딤섬'을 전문으로 하는 '루보랑(綠波廊: 녹파랑)'이라는 고전풍의 중식당 등이 있는데, 필자의 입맛으로는 전통 상하이요리들도 보통의 중국요리들이나 마찬가지로 기름지고 느끼하다는 느낌이 들었다.

   그런데 전통 상하이요리를 하는 식당들 중에서도 담백하게 요리를 하는 식당들도 있었다. 미·중 간 적대 관계를 청산하고, 냉전 시대를 종식시키는 계기가 된 1972년 2월 개최한 '닉슨-저우언라이(周恩來) 회담'을 마치고 나서 회담을 한 그 호텔에서 연회를 벌였다고 하는 '노(老)금강호텔(錦江飯店)의 중식당'이나 그 옆에 있는 황푸장(黃浦江)과 푸둥(浦東)이 내려다보이는 '신(新)금강호텔의 중식당'에서 먹어본 전통 상하이요리라고 하는 음식들은 느끼하지 않고 담백했는데, 연회에 초청을 받기도 하고 우리가 초청하는 행사들을 벌이기도 하면서 이용했다. '노(老)금강호텔(錦江飯店) 중식당'이나 '신(新)금강호텔 중식당'의 음식보다는 덜 담백했지만 덩샤오핑, 장쩌민 등 중국 중앙의 지도자들이 상하이를 방문할 때

묵었다고 하는 '상하이홍차오영빈관(上海虹橋迎賓館)'의 중식당에서도 비교적 서민풍의 저렴한 가격의 상하이요리를 했는데, 주로 업무적인 일로 가끔 이용했다. 필자가 근무했던 사무실 부근에 '광둥요리'를 하면서 '상하이요리'도 담백하게 하는 '쉬요우(舒友)'라는 중식당이 있어, 업무적으로 초청을 받거나 초청을 하면서 편리하게 이용했다.

담백한 음식 맛을 떠나서 특이한 식당들도 있었는데, 필자가 이용했던 몇 군데를 들여다보고자 한다. 상하이(上海) 중심의 번화한 쇼핑 거리로 이어져 있는 '화이하이로(淮海路)'에 6층짜리 건물 전체를 사용하는 상하이풍의 광둥(廣東)요리를 하는 '둥쥔(東駿: 동준)'이라고 하는 대형 식당이 있어, 업무적으로 초청을 받거나 상하이를 방문한 손님들을 안내하면서 이용하기도 했다. 식당의 1층 안쪽에 주방을 차려놓고, 나머지 1층 전체 면적에 노량진 수산시장의 축소판처럼 진열대 위나 바닥에 석반어(石斑魚)라고 하는 쥐노래미, 도미, 새우, 해삼 등 바다 생선과 쏘가리, 가물치, 뱀장어 등 민물 생선, 전복, 대합 등 조개류들 등 싱싱하게 살아 있는 다양한 어패류(魚貝類)들이 들어 있는 크고 작은 수족관들을 늘어놓고, 자라, 개구리, 심지어는 뱀 등도 살아 있는 채로 투명한 뚜껑을 덮어 상자에 가두어 바닥에 늘어놓고, 야채와 과일들도 쌓아놓고, 매 식재료마다에는 가격표를 올려놓고 손님을 기다리고 있다. 손님들이 식당 안으로 들어오면 도우미는 먼저 2층에 있는 홀이나 3~6층에 있는 크고 작은 룸의 식탁으로 안내를 한 후, 음식을 주문할 손님을 데리고 1층으로 내려와 함께 돌아다니며 도와, 현장에서 손님으로 하여금 식재료들을 직접 선택하도록 한다. 도우미는 손님이 선택한 해산물 등 음식의 재료를 저울로 달거나 수량을 세어 체크하면서 비닐봉지 등에 넣어 들고 다니다가 선택이 완료되면 손님과 함께 공장과도 같은 주방의 창구로 가서 요리 방법을 선택하도록 하여 요리를 맡기고 임무를 마치는데, 요리를 맡기고 식탁으로 돌아와 앉아 있으면 조리된 요리가 나오는 대로 음식을 나르는 종업원에 의해 즉시즉시 일사불란하게 식탁으로 올라온다. 신선함도 있고 나름대로의 맛도 있지만, 음식의 맛보다는 살아 있는 다양한 식재료들을 관광하는 재미가 더 있는 식당이 아닌가 했는데, 중국을 돌아다니다 보면 규모는 그보다는 작았지만 그와 비슷한 식당들을 더러 볼 수 있었다.

그런 식당 말고도, 식사를 하면서 황푸장(黃浦江)과 어우러진 아름다운 와이탄(外灘)의 전망을 즐길 수 있도록 대형의 부선(艀船)과 규모가 있는 객선(客船)을 창(窓)이 있는 식당으로 개조하여 두 배를 엮어서 와이탄(外灘)과 마주하고 있는 푸둥(浦東) 쪽 연안의 황푸장(黃浦江) 변에 매어 띄워놓고 상하이풍의 요리를 곁들인 광둥요리를 하는, 홍콩 화교가 투자하여 개업한 '하이룽하이셴팡(海龍海鮮舫: 해룡해선방)'이라는 선상의 대형 중식당도 있어 업무적으로나 개인적으로 상하이를 방문한 손님들을 안내하면서 이용했다. 황푸장(黃浦江)에 배를 띄워놓고 식사를 하면서 황푸장(黃浦江)의 유람을 즐길 수 있도록 객선 내부를 식당으로 개조하여 상하이풍의 요리를 하는 선상의 중식당도 있었는데, 초청을 받아 이용하면서 특이하다는 느낌이 들어 개인적으로 가족이나 상하이를 방문하는 친지들과 이용하기도 했다. 푸둥(浦東) 루자쭈이(陸家嘴)에 있는 황푸장(黃浦江)과 와이탄(外灘)이 내려다보이는 '진마오대하(金茂大廈) 54층'의 '광둥청(廣東廳)'이라는 중식당이 있었는데, 초청을 받아 이용하기도 했지만 상하이를 방문하는 손님들이 푸둥(浦東) 루자쭈이(陸家嘴)와 황푸장(黃浦江) 와이탄(外灘)의 야경을 바라볼 수 있도록 하기 위해 이용하기도 했다. 고급 식당들이라도 격식을 차려야 할 자리가 아니면 기본 비용을 부담시키지 않는 홀을 이용하면서 인원수에 맞춰 한 사람당 1~2개씩의 일반적인 요리만 주문하면 적은 돈으로도 식사를 할 수가 있었다. 그밖에도 필자가 들러보지 못한 상하이풍의 요리를 하는 유명한 중식당들이 당연히 더 많이 있다고 보는데, 상하이풍의 요리를 하는 식당 이야기는 이 정도 하고, 그 중식당들에서도 맛볼 수 있었던 대표적인 '상하이요리' 이야기를 좀 더 하고 넘어가고자 한다.

매년 가을철이 되면 앞에서 소개한 식당들뿐만 아니라 상하이(上海)의 웬만한 중식당들에서는 '상하이 다자셰(大闸蟹: Shanghai Crab)'라고 하는 '민물 게'의 요리를 한다. 다자셰(大闸蟹: 대갑해) 요리는 가격이 좀 비싼 고급 요리이기도 하지만 계절적인 음식이라서 정해진 코스 요리의 식단 밖에서 추가로 주문해야만 먹을 수 있는 음식이다. 상하이 다자셰(大闸蟹)가 특별하게 맛있는 고급 요리라고는 하지만, 필자의 입맛으로는 필자가 어렸을 적에 먹어본, 논고랑에서 잡은 민물 게의 맛이나 다름이 없었다. 민물 게를 단순하게 쪄낸 것처럼 노끈에 묶여 있는 상태거나 쪄서 묶은 노끈만 푼 채로 식탁에 올라오니, 분해해서 발라 먹기도 번거롭고, 특유의 비린내도 있어 비싼 값에 비해 별로라는 생각을 하곤 했다. 아내가 시장에서 살아 있는 다자셰(大闸蟹)를 사다가 나름대로의 방법으로 요리를 해도 특별함은 없었다. 다자셰(大闸蟹)는 상하이(上海) 인근의 쑤저우(蘇州)에 있는 '양청후(陽澄湖: 양징호)'라는 맑은 호수의 자갈 바닥에서 자란 단단하고 통통한 것이 최고라고 하는데, 비린내가 나지 않도록 조리하여 쪄내는 기법과 발라서 게살을 찍어 먹는 양념장을 만드는 기법에 따라 독특한 진미를 발한다고들 얘기한다. 다자셰(大闸蟹)를 잡는 가을철 동안에는 다른 요리는 하지 않고 다자셰(大闸蟹) 요리만을 하는 전문 식당이 있기도 했지만, 필자의 입맛으로는 그 맛이 그 맛이어서 특별하게 더 맛이 있었다는 기억이 남아 있는 식당은 없다. 일반 식당에서는 식사 중간에 다자셰(大閘蟹) 요리와 함께 가져다주는 가위와 꼬챙이 등의 기구들을 사용해서 쪄서 올려낸 다자셰(大閘蟹)를 발라 양념장에 찍어 먹고 나서 다른 일반 요리들로 식사를 마무리하는데, 다자셰(大閘蟹) 요리를 전문으로 하는 식당에서는 식탁에 미리 준비해놓은 가위와 꼬챙이, 집게 등의 기구들을 사용해서 쪄서 올려낸 다자셰(大閘蟹)를 발라 양념장에 찍어 먹을 뿐만 아니라 다자셰(大閘蟹) 게살로 만든 '게살 탕' 등 다자셰(大閘蟹)의 요리로 식사를 마무리한다. 필자의 입맛으로는 특별함을 느끼지 못했는데, 미식가들 중에는 상하이 다자셰(大閘蟹)를 발라 먹으면 신바람이 난다는 사람도 있다고 한다. 대만으로 쫓겨난 장제스 총통도 '상하이 다자셰(上海 大閘蟹)' 맛을 못 잊어 비밀리에 해상 교역을 통해 상하이 다자셰(大閘蟹)를 조달해서 먹었다고 하는 우스갯소리를 들은 적이 있는데, 상하이 다자셰(上海 大閘蟹)의 요리가 맛있고 유명하다는 것을 강조하기 위해서 지어낸 이야기가 아닌가 한다. '후차이(滬菜)'라고 하는 '상하이요리'들을 먹으면서 상하이요리거니, 상하이풍의 요리거니 하며 먹기는 했지만 필자의 입맛으로는 보통의 중국요리들과 별 다름이 없었고, 상하이 다자셰(大閘蟹) 요리 외에 필자의 인상(印象)에 남아있는 특별한 상하이요리는 없는데, 위위안(豫園) 주변의 '노(老)상하이 거리'에 있는, 1900년에 문을 열었다고 하는 '난샹(南翔: 남상) 만두점(饅頭店)' 등 중국식 딤섬 요리를 만들어 파는 딤섬 식당들에서도 맛볼 수 있었고 상하이풍 요리를 하는 중식당들에서도 맛을 볼 수 있었던, 속에 해물이나 육류와 그 국물이 들어있는 복주머니를 눌러놓은 것 같은 모양을 하고 있는, 한입 크기의 '상하이 샤오룽바오(小籠包: 소롱포)'라고 하는 전통 중국식 만두는 생각이 난다.

30. 난징(南京)을 들여다보다

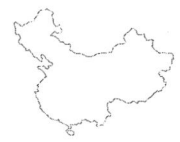

　난징(南京)은 장쑤성(江蘇省)의 성도(省都)다. 먼저 장쑤성(江蘇省)을 살펴보면, 장쑤성(江蘇省)은 중국대륙의 동부 연해지구의 위치에서 창장(長江) 하류(下流)를 품고 남북으로 길쭉하게 펼쳐진 약 100,700㎢의 면적을 지니고 있는, 중국의 대륙 중에서 저장성(浙江省) 다음으로 작은 성(省)이다. 작은 성(省)이지만 지세가 평탄하고 성(省) 전체 면적의 80% 이상이 평원으로 이루어져 있어, 농토가 많고 수량(水量)도 풍부하여 자고이래로 먹고살기가 편안한 '어미지향(魚米之鄕)'으로 불리고 있는 중국대륙에서 가장 살기 좋은 성(省) 중의 하나다.

　중국 고대에는 창장(長江) 하류(下流) 구간인 난징(南京) 이하부터 동중국해의 하구(河口)까지의 창장(長江)을 '양자강(揚子江)'이라고 불렀다고 하는데, 장쑤성(江蘇省)은 그 양자강(揚子江)의 '연안성시(沿岸城市)'인 난징(南京)을 비롯하여 쑤저우(蘇州), 전장(鎭江), 창저우(常州), 우시(無錫), 양저우(揚州), 타이저우(泰州), 난퉁(南通) 등 '양자강(揚子江)의 연강8시(沿江八市)'를 포함하여 쉬저우(徐州), 롄윈강(連雲港), 화이인(淮陰), 옌청(鹽城), 쑤첸(宿遷) 등 13개의 지급(地級) 행정구인 시(市)들로 이루어져 있다. 필자가 상하이에서 근무하고 있었을 당시 업무 영역 구역인 그 지역들에는 쑤저우(蘇州)의 삼성전자를 비롯하여 난징(南京)의 LG전자와 금호타이어, 옌청(鹽城)의 기아자동차, 쑤저우(蘇州)가 관할하는 장가강(張家港)의 포항제철, 우시(無錫)의 연합철강 등 많은 우리 기업들이 진출해 있어 우리 기업들을 방문하기도 했었고, 장쑤성(江蘇省)에 진출해 있는 우리 기업들의 문제로 난징(南京)에 소재해 있는 장쑤성(江蘇省)정부 대외경제무역위원회를 방문하기도 하면서 난징(南京)을 비롯한 장쑤성(江蘇省) 지역들을 드나들었었는바 이야기를 이어가고자 한다.

난징(南京)은 춘추전국시대 초(楚)나라 때는 '금릉읍(金陵邑)'이라는 소도시였다고 하는데, 삼국시대 오(吳)나라 때 손권(孫權)에 의해 229년 '건업(建業)'이라는 이름으로 처음 도성(都城)이 건설된 이래 동진(東晉), 유송(劉宋), 남제(南齊), 소량(蕭梁: 남량), 남진(南陳) 등 6대(六代)의 왕조가 '건업(建業)' 또는 '건강(建康)'이라는 이름으로 도읍을 두었던 곳이다. 남당(南唐)도 '금릉(金陵)'이라는 이름으로 난징(南京)에 도성(都城)을 건설했고, 남송(南宋)도 '건강부(建康府)'라는 행도(行都)를 난징(南京)에 두었다고 한다. 1356년에는 주원장(朱元璋)이 당시 '집경(集慶)'이라고 했던 난징(南京)을 점령하면서 '응천(應天)'이라는 이름으로 바꾸고 1368년에는 '응천부(應天府)'라는 이름으로 난징(南京)에 도읍을 정하여 '명(明)나라'를 건립하는데, 명나라는 1421년 베이징(北京) 천도(遷都)를 한 이후에도 '응천부(應天府)'를 그대로 두고 베이징(北京)을 '순천부(順天府)'라고 하여 '2경부(二京府)', '쌍경제(雙京制)'를 유지했으며, 1441년부터는 '응천부(應天府)'를 '난징(南京)'이라는 이름으로 바꾸어 부르기 시작한다. 난징(南京)에는, 1644년 청(淸)나라가 베이징(北京)에 입성한 후 밀려난 명(明)나라의 세력들에 의해 건립된 '남명(南明)'이 들어서기도 했다. '태평천국(太平天國)'이 '천경(天京)'이라는 이름으로 1853년 3월부터 1864년 6월까지 난징(南京)에 수도를 두기도 했다.

신해혁명 이후 1912년 1월에는 '중화민국임시정부'가 난징(南京)에서 수립되었고, 1927년 4월에는 난징(南京)에 '국민당(國民黨) 정부(政府)'가 수립되면서 '난징(南京) 수도(首都)'시대가 열리게 되는데, 그 기간 동안 수도(首都) 난징(南京)의 건설이 대규모로 이루어지기도 했지만 난징(南京)은 1937년 12월 일본군에 의해 잔학한 '난징대학살'이 자행되는 비극을 당하기도 하면서 파괴된다. 1940년 3월에는 일본이 '왕조명(汪兆銘)' 등을 내세워 '국민정부(國民政府)'라는 괴뢰정권을 난징(南京)에 수립하여 1945년 8월 일본이 패망할 때까지 유지하기도 했다. 일본군을 피해 충칭(重慶)으로 피해 있던 국민당 정부가 일본 패망 후인 1946년 5월 충칭으로부터 '난징환도(南京還都)'를 하지만, '국공(國共)내전'에서 중국공산당에 의해 1949년 4월 함락당하고 만다. 난징(南京)은 그 이후 한동안 버림받은 곳으로 여타 대도시에 비해 상대적으로 낙후되어 있었는데, 개혁개방 이후 발전을 거듭하면서 역사 문화 중심의 대도시로 변하게 된다.

상하이(上海)에서 '후닝(滬寧)고속도로'를 이용해서 난징(南京)을 가려면 쑤저우(蘇州)를 거쳐서 서북쪽 방향으로 약 300㎞를 달려야 한다. 후닝(滬寧)고속도로를 달리는 동안 내내 '창장삼각주평원(長江三角洲平原)'의 일부 구간을 지날 뿐인데도 대단한 평원임을 실감할 수 있다. 난징(南京)에 거의 다 도착할 때쯤에서야 산(山) 같은 산(山)이 보이기 시작한다. 앞마당 밖으로 펼쳐진 문전옥답과도 같은 그 드넓은 평원의 곡창지대를 안고 있으면서 구릉지와 평원으로 이루어진 난징(南京)은, 창장(長江)이 남서쪽 방향에서 흘러들어 와 서북쪽 방향을 감싸면서 동쪽으로 흘러 지나가고 있고 주변이 산으로 둘러싸여 요충지를 이루고 있어, 고대(古代)

이래 중국의 여러 정권들이 도읍을 두었던 고도(古都)다.

남경황궁(南京皇宮)과 명(明) 효릉(孝陵)

난징(南京)에는 고대에 도읍을 두었던 왕조들이 건설한 건강궁(建康宮), 남당궁(南唐宮), 명황궁(明皇宮) 등 궁성(宮城)들이 있었지만 지금은 그 터들만 남아 있을 뿐인데, 명(明)나라 때 축조한 35km의 '경성(京城) 성벽' 중 25km의 성벽과 지금은 '중화문(中華門)'이라고 하는 '취보문(聚寶門)' 등 일부의 성문들과 성루들이 보수되어 보존되고 있어, 그나마 고도(古都)의 분위기를 느끼게 하고 있다. 명(明) 태조 주원장(朱元璋)에 의해 수축된 명(明)나라의 '남경성(南京城)'은 3.5km의 '궁성(宮城)'과 10km의 '황성(皇城)', 35km의 '경성(京城)', 60km의 '외곽(外廓)'으로 이루어져 있었고, '남경황성(南京皇城)' 안의 가장 깊숙한 곳에 '자금성(紫禁城: 쯔진청)'이라고도 불렀던 황제거소(皇帝居所)가 있었다고 한다. 궁성(宮城)을 포함한 황성(皇城) 안의 구역에 들어서 있었던 방대한 '남경황궁(南京皇宮)'의 수많은 건축물들이 청나라에 의해 보호되어왔다고 하는데, 홍수전(洪秀全)의 '태평천국(太平天國)'이 그 남경황궁(南京皇宮)의 건축물들을 뜯어다가 청나라 강희제(康熙帝)와 건륭제(乾隆帝)의 행궁으로 사용했다는 '양강총독서(兩江總督署: 청나라의 장쑤지방 관서)'의 자리에다가 옮겨 '천왕부(天王府)'를 건설하면서 명나라 남경황궁(南京皇宮)은 모두 사라지게 되었다고 한다. '태평천국'은 그 이후 무력(無力)한 청나라 중앙의 '청군(淸軍)'을 대신한 후난(湖南) 지방의 지방 군대인 증국번(曾國蕃)이 이끄는 '상군(湘軍)'에 의해 멸망하게 되는데, 그 과정에서 '천왕부(天王府)'마저도 완전히 파괴되어 없어져버리고 만다. 청나라는 그 '천왕부(天王府)' 자리에 1870년 '양강총독서(兩江總督署)'를 새로이 건축하여 사용해왔다고 하는데, 신해혁명 이후에 증축하여 중화민국임시정부 청사와 난징(南京)국민정부의 총통부(總統府) 청사로 사용했다고 하며, 일본 점령기에는 일본군사령부 등이 사용하기도 했고, 충칭(重慶)국민정부의 난징환도(南京還都) 이후에는 다시 국민정부의 총통부(總統府) 청사로 사용했다고 한다. 1949년 4월 중국공산당이 난징(南京)을 점령한 이후에는 장쑤성(江蘇省)인민정부 청사 등의 사무실로 사용해오다가 개혁개방 이후 약 90,000㎡의 방대한 부지 위에 지어져 있던 그 근대(近代)건축물들을 보수 복원하여 당시 그대로의 '총통부(總統府)'라는 현판을 걸고 원림(園林)과 함께 '근대중국역사유지박물관(近代中國歷史遺址博物館)'이라는 이름으로 개방해오고 있다.

난징(南京)의 '명(明) 황궁'은 없어지고 그 터에는 지금은 도서관과 박물관이 들어서 있고 공원이 조성되어 있지만, 명(明) 황궁 터의 남쪽에 위치한 해발 448m의 쯔진산(紫金山) 자락에 건축되어 있는 명(明)나라 태조 주원장(朱元璋) 부부의 능침인 '명(明) 효릉(孝陵)'은 보존되어 있다. 명(明) 홍무(洪武) 14년인 1381년부터 25년간이나 건설되었다고 하는 중국의 거대한 제왕 능침 중 하나로 면적이 약 1,700,000㎡나 되는 명(明) 효릉은 명나라와 청나라 황제들의 '능침 건설 표본'이 되었다고도 한다. 명(明) 효릉은 강희제(康熙帝)나 건륭제(乾隆帝)가 난징(南京) 순시 때마다 제례를 지내기도 하는 등 청나라에 의해 보호되어오다가 '태평천국의 난' 때는 지상의 건축물들이 파괴되는 수난을 당하기도 했다는데, 그 이후 보수되어 개방되고 있다. 약 4,000㎡나 되는 것으로 추측하고 있는 명(明) 효릉의 '지하(地下) 궁전(宮殿)'도 도굴되지 않은 채 보존되어 있다고 하는데, 도굴을 시도한 흔적은 있지만 완벽한 도굴 방지 설계에 의해 견고하게 건축되어 있고, 도성과 가까운 곳에 위치해 있어 도굴이 쉽지 않아 성공하지 못한 것으로 보고 있다.

중산릉(中山陵)과 난징(南京)대학살기념관

명(明) 효릉 부근의 쯔진산(紫金山) 남록에 1926년 봄부터 1929년 여름까지 약 3년간 조성했다고 하는, 1925년 3월 베이징에서 서거한 중산(中山) 쑨원(孫文) 선생의 능묘인 거대한 '중산릉(中山陵)'이 자리 잡고 앉아 있다. 중산릉 입구인 '박애방(博愛坊)'에서부터 73m 높이의 사이에 놓여 있는 392개의 돌계단을 포함하여 700m를 힘들게 걸어 올라가야 묘실(墓室) 앞에 있는 '제당(祭堂)'에 도달할 수가 있다. 쑨원(孫文) 선생의 시신은 쑨원(孫文) 선생이 서거한 베이징(北京) '협화(協和)의원'에서 방부 처리를 한 후 '목제유리관'을 사용하여 베이징 향산(香山)의 '벽운사(碧雲寺)석탑'에 임시 안치했었다고 하는데, 방부 처리가 제대로 되지 않아 소련에서 증송(贈送)해 온 '철제유리관'이 도착했을 때는 이미 시신이 부패하기 시작하여 부득이 토장(土葬)을 했다고 한다. 대신 묘실에 대리석으로 조각한 쑨원(孫文) 선생의 와상(臥像)을 좌대 위에 안치했다고 한다. 필자가 방문했을 당시에는 과거에 경주 토함산 석굴암의 석굴 내부로 들어가서 한 바퀴 돌면서 '석(石) 불상'을 들여다볼 수 있었던 것처럼 쑨원(孫文) 선생의 호화로운 묘실 안으로 들어가서 하얀 대리석으로 조각되어 반듯하게 누워 있는 쑨원(孫文) 선생의 '석(石) 와상'을 한 바퀴 돌아 나왔었는데, 지금은 묘실 안은 개방하지 않고 제당(祭堂)까지만 개방하고 있다고 한다. 장제스가 '대만 천도'를 하면서 쑨원(孫文) 선생의 유체를 대만으로 이장(移葬) 하고자 시도(試圖)했지만 묘실의 폭파 과정에서 유체가 손상될 것을 우려하여 작파했다고 한다. 문화대혁명 당시 홍위병들에 의해 '중산릉(中山陵)'의 훼손이 진행되고 있을 때 저우언라이(周恩來) 총리가 쑨원(孫文) 선생을 추앙했던 마오쩌둥 주석의 어록을 제시하는 기지를 발휘하여 더 이상의 훼손을 막을 수 있었다고 하는데, 그때 훼손된 부분은 개혁개방 이후인 1979년 1월부터 1981년 6월까지 보수되어 '중화민국 국민당의 색채'가 배어 있는 원래의 모습 그대로 개방되고 있다.

난징(南京)에는 중국을 침공한 일본군들이 1937년 12월 13일부터 약 1개월간 잔혹하게 저지른 '난징(南京)대학살'의 참상을 재현시켜놓은 '침화일군난징대학살우난동포기념관(侵華日軍南京大虐殺遇難同胞紀念館)'이라는 기념관이 건립되어 있다. 중국인들에게는 기억하고 싶지 않은 악몽과도 같은 끔찍한 사건이지만, 중국 정부는 희생자들을 애도하고 널리 알려 다시는 그러한 잔악한 사건이 발생하지 않도록 교훈 삼기 위해 당시 희생되어 집단으로 매장된 위치에 기념관을 건립하여 개방해오고 있는데, 시진핑이 집권하면서 '12월 13일'을 '국가공제일(國家公祭日)'로 정하여 2014년부터는 매년 기념관 현장에서 국가적인 차원의 의식(儀式)을 거행하고 있다. 문재인 대통령이 홀대를 받으며 중국을 방문했을 때인 2017년 12월 13일 시진핑 주석이 난징의 현장에 참석하여 거행했었던 바로 그 의식의 행사를 말한다. 필자가 가족들과 함께 '난징대학살기념관'을 방문한 적이 있는데, 차마 눈을 뜨고 보기가 힘든 정도의 비참한 모습들에 차라리 아니 본 것만도 못했다는 생각이 들기도 했던 기억이 난다. 일본은 사실일지언정 차마 긍정할 수 없었을지니, '정상적인 전쟁으로 인해 발생한 사상(死傷)일 뿐 난징대학살은 존재하지 않는다'라는 주장을 하고 있고, 희생자의 수(數)도 30만 명은 타당하지 않다는 주장을 내세우고 있다.

난징(南京)에 남아 있는 우리의 흔적들

난징(南京)은, 당나라 말기에 고운(孤雲) 최치원(崔致遠) 선생이 지금의 난징(南京)시 '리수이(溧水)구'인 당시의 '율수(溧水)현'에 머물면서, 현령(縣令: 현장) 아래의 현승(縣丞: 부현장)을 보좌하여 집행 업무와 서무를 담당하는 관원인 '현위(縣尉)'의 신분으로 1년간 근무했던 곳이기도 하고, 고려 말기 충신이었던 포은(圃隱) 정몽주(鄭夢周) 선생이 사신(使臣)으로 두 차례나 방문하여 '난징황궁'으로 들어가 명(明) 태조 홍무제 주원장(朱元璋)을 만나는 등 외교 활동을 벌였던 곳이기도 하다. 고운(孤雲) 최치원(崔致遠) 선생은 율수(溧水)현에서 근무한 이후 율수(溧水)현을 떠나 있다가 난징(南京) 인근의 양저우(揚州)에서 주로 근무했었다고 하는데, 최치원(崔致遠) 선생에 대한 이야기는 이 단락의 말미에서 더듬어보기로 하고, 먼저 포은(圃隱) 정몽주(鄭夢周) 선생 등의 이야기부터 이어가고자 한다. 명나라 난징(南京)시대는 고려(高麗) 말기와 조선(朝鮮) 초기의 시대와 맞물려 있는 시기로, 당시 명나라는 원(元)나라를 물리치고 건국하자마자 그 이듬해인 고려 공민왕 18년(1369년) 고려와 국교 관계를 맺기는 했지만 건국한 후에도 '북원(北元)'이라고 하는 원(元)나라의 잔재 세력들이 남아 있어 미흡한 안정 상태에 있던 터라 당시의 '고려와 원(北)나라와의 관계'에 대해 불만이 있을 뿐만 아니라 원(元)나라 영토였던 '야오둥(遼東)'을 차지하기 위한 고려와의 알력 등의 요인들이 있어 고려(高麗) 외교 사절들의 명나라 입국을 거절하는 등 고려에 대해 우호적이지 않았다. 고려(高麗) 내부적으로도 '원(元)나라와의 관계'를 주장하며 명(明)나라를 반대하는 세력들이 있었고, 그 세력들에 의해 명나라 사신이 피살되는 사건이 발생하기도 하여 당시 고려의 외교사절들이 명나라 조정을 방문하기에는 안전하지가 않았는데도 불구하고, 포은 정몽주(鄭夢周) 선생은 그러한 상황하에서의 대내외적인 위험을 무릅쓰고 1384년과 1387년 두 차례에 걸쳐 난징(南京)을 방문한 것이다. 정몽주(鄭夢周) 선생이 우왕(禑王)의 '명(明) 태조 홍무제(洪武帝) 생일 축하문'을 들고 두 번째 난징을 방문했을 때는 심한 태풍을 만나 구사일생으로 명나라에 의해 구조되었다고 하는데, 홍무제 주원장(朱元璋)은 죽음의 고비에서도 축하문을 지켜 지니고 자신의 생일에 맞춰 들어온 정몽주 선생의 충정을 높이 사서 밀린 조공도 면제해주고 잡아 가두었던 고려의 외교사절들을 풀어주는 등 호의를 베풀었다고 하니 외교적인 큰 성과를 올린 것이다. 명나라는 그 무렵인 1387년 원(元)나라의 잔재 세력을 물리치고 야오둥(遼東)을 평정한다. 고려는 그 이듬해인 1388년에 그 야오둥(遼東)을 정벌하기 위해 출정을 하는데, 출정에 나섰던 이성계 장군이 위화도에서 회군하면서 권력을 장악하여 1392년 조선을 건국하지만 명나라는 국교 관계를 맺고 있던 고려를 무너트린 데 대한 불만 등의 요인으로 조선에 대해 소극적인 태도를 견지한다. 1398년 홍무제가 사망하고 1400년 태종 이방원이 즉위하면서부터 조선은 명나라와 국교 관계를 맺기는 했지만, 1418년 즉위한 세종(世宗)시대 이후 들어서야, 그러니까 조선과 명나라는 명(明)나라 조정이 1421년 난징(南京)을 떠난 이후의 명(明)나라 베이징(北京) 시대에서부터 우호적이며 적극적인 국교 관계의 전통을 이어가게 된다. 명나라 이후의 청(淸)나라도 베이징(北京)에 도읍을 두고 있었으니, 조선시대의 우리 사신(使臣)들의 발자취 등 난징(南京)과 관련이 있는 우리의 흔적들이 별로 없지 않나 한다.

하지만 난징(南京)에는 김구 선생을 비롯한 우리의 임시정부 요인들이 활동했던 것으로 추정되는 위치들과 기록들이 남아 있다고 한다. 우리의 임시정부 요인들이 1919년 상하이(上海)에서 활동을 시작한 이래, 일제의 추격을 피해 1932년 항저우(杭州)로 들어갔다가 1935년에는 난징(南京) 인근의 전장(鎭江)으로 옮기게 되는데, 전장(鎭江)에 거점을 두면서부터 1937년 11월 창사(長沙)로 떠날 때까지 중국국민당 정부의 도움을 받으며 주로 난징(南京)에서 활동을 했다고 한다. 그때 김구 선생이 난징에서 거주했던 곳으로 추정되는 위치와 난징에서 활동했던 기록들이 남아 있다고 한다.

고운(孤雲) 최치원(崔致遠) 선생의 발자취

난징(南京)의 동북쪽 방향으로 난징(南京)시의 경계를 지나서 난징(南京) 중심으로부터 50km쯤 떨어진 위치에 난징(南京)의 생활권에도 속해 있는 양저우(揚州)시가 자리 잡고 있다. 양저우(揚州)시는 창장(長江)을 사이에 두고 창장(長江)의 남쪽 연안에 위치해 있는 전장(鎭江)시와 마주하고 있으면서, 창장(長江) 북쪽 연안에서 창장(長江)과 징항(京杭)대운하가 교차하는 지점에 위치해 있는 운하(運河)의 도시로, 당(唐)나라 때는 장안(長安)과 뤄양(洛陽) 다음으로 큰 도시였다고 한다. 그 양저우(揚州)에 통일신라시대 말기의 학자 고운(孤雲) 최치원(崔致遠) 선생의 발자취가 남아 있다.

최치원(崔致遠) 선생이 당나라로 들어가게 된 시대적 배경을 살펴보면, 당시 신라는 골품제도를 두고 있어 신분 계급이 낮은 사람들의 벼슬길이 막혀 있었고, 당나라는 당나라 후기인 목종(穆宗)시대(821년)부터 신라, 발해, 일본, 남조(南詔) 등 당나라 주변국들과의 우호 증진을 위해 그들 국가의 젊은이들이 당나라로 들어가 유학할 수 있는 길을 열어주고 당나라의 관공서에서 관직을 맡아 일정 기간 근무하면서 경험을 쌓고 돌아가도록 하는 '빈공진사(賓貢進士)'라는 과거제도를 두고 있었다. 당시의 그러한 배경 속에서 최치원(崔致遠) 선생의 부친은 12살 어린 나이의 최치원(崔致遠)을 당나라로 유학을 떠나보낸다.

　최치원(崔致遠) 선생이 당나라에서 머물렀던 발자취를 대충 살펴보면, 868년 당나라 장안(長安)으로 들어간 최치원은 18살이 되던 해인 874년 '빈공과(賓貢科)'에 장원급제하여 876년 당나라 율수현(溧水縣: 지금의 난징 행정구역)에서 '현위(縣尉)'의 관직으로 근무하다가 1년 만에 사직하게 되는데, 당시 당나라는 874년에 든 대기근에 이어 당시 농민반란에 참여하고 있던 산둥(山東) 지방의 소금 장수 황소(黃巢)가 875년 '황소(黃巢)의 난'을 일으켜 장안(長安)을 향해 진격해 들어오는 등 난세에 직면하고 있어 최치원도 어려움에 처하게 된다. 당시 율수현(溧水縣)을 떠나온 이래 어려움을 겪고 있던 최치원은, '회남(淮南)절도사 고변(高駢)'의 도움으로 880년 절도사 수하(手下)의 관직 중 하나인 역참(驛站)을 관리하는 '관역순관(館驛巡官)'이 되어 양저우(揚州)에서 머물 수 있게 된다. 황소(黃巢) 세력의 기세가 거세지자 고변(高駢)이 이를 토벌하는 임무를 수행하게 되는 '제도행영병마도통(諸道行營兵馬都統)'에 임명되면서, 최치원은 고변(高駢)의 종사관(從事官)으로 발탁되어 881년부터는 '반란군을 토벌하는 병사를 통수(統帥)하는 직책의 벼슬'인 '도통순관(都統巡官)'에 임명되어 계속해서 양저우(揚州)에서 머물게 되는데, 881년 7월에는 고변(高駢)의 명령에 의해 '격황소서(檄黃巢書: 토황소격문)'라는 황소(黃巢)를 놀라게 한 황소(黃巢)를 회유하는 명문장을 작성하여 명성을 떨친다. 황소(黃巢)의 기세가 꺾이지 않는데도, 고변(高駢)은 병영 내에서 발생한 역병 등을 이유로 출병을 하지 않는데, 순시 중이던 황제 희종(僖宗)이 출병을 명령하는데도 불구하고 고변(高騈)이 불응하면서 신임을 잃게 되어 고변(高騈)이 882년 파직을 당하게 되면서 최치원도 도통순관(都統巡官)의 직위에서 해임되고 관역순관(館驛巡官)의 직책으로 양저우(揚州)에서 머물다가 884년 당나라 희종(僖宗)이 신라 헌강왕에게 보내는 서신을 들고 국신사(國信使)의 신분으로 귀국길에 올랐다고 한다.

양저우(揚州)시정부는 양저우(揚州)에 머물러 있었던 고운(孤雲) 최치원(崔致遠) 선생을 기념하기 위해 '당성유지박물관(唐城遺址博物館)'내에 '최치원기념관(崔致遠紀念館)'을 건립하여 최치원(崔致遠) 선생의 동상을 세우고 최치원(崔致遠) 선생의 사료들을 모아 진열해놓고 2007년 10월부터 개방해오고 있다고 한다.

양저우(揚州)는 특별한 명승고적은 없지만, 중국 전통 요리의 하나로 쌀밥에 잘게 썬 새우살과 계란, 고기, 당근, 완두콩 등 다양한 재료를 넣어 고슬고슬하게 볶아낸 양저우차오판(揚州炒飯: 양주볶음밥)의 고장이기도 하고, 장쩌민(江澤民) 주석의 고향이기도 하다. 필자가 상하이에서 근무할 당시, 필자가 알고 있는 양저우(揚州)에 진출해 있는 우리 기업은 없었다.

31.
쑤저우(蘇州)를
들여다보다

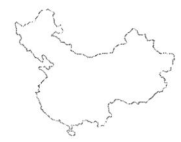

　쑤저우(蘇州)는 장쑤성(江蘇省)의 동남부 위치에서 장쑤성(江蘇省)의 성도인 난징(南京)의 중심으로부터 약 200km 떨어져 있는 장쑤성(江蘇省) 행정구역이지만, 상하이(上海)와 접경을 이루고 있어 상하이(上海)의 생활권에도 속해 있는 도시다. 상하이(上海)시에서 서쪽 방향으로 상하이의 경계를 벗어나면 쑤저우(蘇州)시의 행정구역으로 들어서게 되는데, 상하이(上海)시 중심에서 서쪽 방향으로 약 100km 떨어진 위치에 쑤저우(蘇州)시의 중심이 자리 잡고 있다. 쑤저우(蘇州)는 춘추전국시대 주(周)나라의 제후국 오(吳)나라가 강성했을 때인 오(吳)나라 후기(기원전 514년)에 도성(都城)을 두고 있었던 지역으로, 그 문화와 유적들이 남아 있는 고장이다. 제(齊)나라를 탈출하여 지금의 쑤저우(蘇州) 지역에 근거를 두고 있던 오(吳)나라로 건너와 합려(闔閭)왕에게 '병법13편(兵法十三篇: 손자병법)'을 바쳐 합려(闔閭)왕이 초(楚)나라를 공격하는 데 공헌한 손무(孫武) 장군도 그 시대의 사람으로 쑤저우(蘇州)에 묻혀 있다. 오(吳)나라의 합려(闔閭)왕이 기원전 496년 지금의 저장성(浙江省) 사오싱(紹興) 지역에 근거를 두고 있던 월(越)나라의 공격에 의해 죽게 되자, 보위를 이어받은 그의 아들 부차(夫差)가 '와신(臥薪)'하며 복수를 준비하던 중 공격해 들어오는 월(越)나라 구천(句踐)왕을 항복시켜 신하로 삼는데, 구천(句踐)은 '상담(嘗膽)'하며 때를 기다리다가 부차(夫差)가 방탕해진 틈을 타서 오(吳)나라를 공격하여 기원전 473년 오(吳)나라를 멸망시키면서 쑤저우(蘇州)는 월(越)나라 땅이 된다. 오(吳)나라와 월(越)나라 간 전쟁을 하고 흥망(興亡)하는 과정에서 '와신상담(臥薪嘗膽)', '오월동주(吳越同舟)'와 같은 고사성어가 만들어지기도 했고, 구천(句踐)이 부차(夫差)에게 미인계로 보냈다고 하며 부차의 마음을 사로잡아 부차를 방탕하게 만든 천하 미색의 '서시(西施)' 미인도 그 시대의 사람으로 등장하기도 한다. 쑤저우(蘇州)는 춘추전국시대 오(吳)나라의 도성이었던 그 위치에서 수(隋)나라 때 처음으로 '쑤저우(蘇州)'라는 지명이 사용되면서 그 위치에서 그대로 유지되어 오늘에 이르고 있다고 한다.

  쑤저우(蘇州)시는 쑤저우(蘇州)의 옛 이름이었던 '구쑤(姑蘇)'구(區)를 비롯하여 후추(虎丘), 우중(吳中), 샹청(相城), 우장(吳江) 등 5개 구(區)와 '쑤저우(蘇州)공업원구(工業園區)'를 관할하면서 쿤산(昆山), 타이창(太倉), 창수(常熟), 장자강(張家港) 등 4개의 현급시(縣級市)도 대리(代理) 관리하는 작지 않은 지급시(地級市)다. 평균 해발고도 2~4m인 쑤저우(蘇州)는 전체 면적의 절반 이상이 평원으로 이루어져 있고, 3분의 1 이상이 하류(河流)와 호수로 이루어져 있는 풍요로운 '어미지향(魚米之鄕)'이며, 아름다운 '강남수향(江南水鄕)'의 본향으로 '동방의 베니스'라고도 불린다. 쑤저우(蘇州)시의 명승고적들과 그 주변 지역들을 둘러보면서 이야기를 이어가고자 한다.

후추산(虎丘山)과 쑤저우(蘇州)의 원림(園林)

쑤저우(蘇州)에는 춘추시대의 오(吳)나라 이야기들이 배어 있는 '후추산(虎丘山: 호구산)'이라고 하는 아름답고도 고풍스러운 풍경구가 있다. 언덕과도 같이 나지막한 화산암으로 이루어진 해발 34m의 후추산(虎丘山)을 오르다 보면 주변의 경관과 어우러져 있는 계곡의 바위 절벽 아래로 깊숙한 곳에 물이 고여 흐르는 '검지(劍池)'라고 하는 천연적으로 형성된 신비한 모습의 연못이 내려다보인다. 검지(劍池)라는 이름은 오(吳)나라 합려(闔閭)왕의 무덤이 있는 것으로 추정되는 그 연못 바닥 아래에 합려(闔閭)왕이 아껴 보유했던 명검(名劍)과 보검(寶劍) 3천 자루를 순장했다고 하는 전설에 의해 지어졌다는 설도 있고, 연못 위에서 내려다보면 한 자루의 검(劍)처럼 보인다고 해서 지어졌을 것으로 추측하기도 한다지만 불확실하다고 한다.

후추산(虎丘山)의 정상에 오르면 널찍한 자리에 오대(五代) 후주(後周)시대인 959년에 짓기 시작해서 송(宋)나라시대인 961년에 완성했다고 하는, 8각형의 7층으로 이루어진 48m 높이의 '후추(虎丘)탑'이라고도 하는 고풍스러운 '운암사탑(雲岩寺塔)'이 자리 잡고 서 있다. '피사의 사탑'처럼 기울어진 운암사탑(雲岩寺塔)은 벽돌과 석회를 사용해서 1층부터 7층까지 매(每)층마다 똑같이 상하이중(上下二重)으로 고전 목재 건축의 처마 모양을 내어 정교하게 쌓아 올린 독특한 예술적 가치가 있는 아름다운 불탑(佛塔)으로, 천년 세월을 견뎌온 흔적들을 보이면서 '후추산(虎丘山)'과 어우러져 위풍당당하게 우뚝 솟아 있다.

후추산(虎丘山)에는 후추(虎丘)를 대표하는 그 운암사탑(雲岩寺塔)과 검지(劍池) 말고도, 합려(闔閭)왕에게 바친 천하 명검을 합려(闔閭)왕이 시검

(試劍)하며 잘랐다고 하는 전설이 있으나 기실 풍화작용에 의해 칼로 내려쳐 두 토막을 낸 것처럼 보이는 '시검석(試劍石)'이라고 하는 기이한 암석도 있고, 남조(南朝)시대에 천(千) 사람이 앉아서 고승(高僧)의 설교를 들었다고 해서 '천인석(千人石)'이라는 이름이 지어졌다는, 바닥에 붉은빛이 도는 널찍한 바위가 있는데 붉은 핏빛처럼 보이기도 하는 바위 바닥에 대해서는 부차(夫差)가 그 부친 합려(闔閭)의 묘지를 조성하고 나서 훗날 묘지의 도굴이 두려워 묘지를 조성했던 천(千)여 명의 공장(工匠)들을 모아놓고 칼로 베어 죽이도록 하면서 흐른 '아직도 남아 있는 피의 흔적'이라고 하는 전설도 있다지만 기실 그 '천인석(千人石)'도 천 명이 앉을 수 있는 바위도 아닐뿐더러 붉은색을 띠는 유문암(流紋岩)인 화산암일 뿐이다. 후추(虎丘)에는 바위들뿐만 아니라 고(古)건축물 등 많은 볼거리들이 있는데, 송(宋: 북송)나라 시인 소동파(蘇東坡)도 후추(虎丘)를 둘러보고 나서 '쑤저우(蘇州)에 와서 후추(虎丘)를 유람하지 않는다면 유감스런 일'이라며 극찬했다고 하는 그 후추산(虎丘山)은 역사와 전설, 자연이 어우러져 있는 쑤저우(蘇州)를 대표하는 관광 유람의 명소다.

쑤저우(蘇州)에는 중국의 대표적인 '강남원림(江南園林)'으로 알려져 있는, 인공으로 만들어진 강남 특색의 전형(典型)원림인 '쑤저우(蘇州) 4대명원(四大名園)'이 있다. 그 명원들을 건설한 시대(時代)순으로 들여다보면, 송(宋: 북송)나라시대인 1040년대에 처음 지었다고 하는 '창랑정(滄浪亭)'이라는 원림이 있는데 창랑정(滄浪亭)은 하천이 감돌아 흐르는 물의 정원 속 언덕 위에 지어져 있는 아름다운 저택이다. 원(元)나라시대인 1342년 고승 '천여(天如)선사'의 제자에 의해 '선림(禪林)'으로 지어진 이후 확대 개축되었다고 하는 '사자림(獅子林)'이라는 원림(園林)이 있는데 사자림

(獅子林)은 타이후석(太湖石)으로 쌓아 만든 사자 모양의 석산 등 기암괴석으로 꾸민 정원들과 주택, 사묘(寺廟) 등이 어우러져 있는 아름다운 원림이다. 명(明)나라 때인 1509년경에 중앙의 정치 무대에서 실의에 빠진 고관(高官) 왕헌신(王獻臣)이라는 사람이 고향인 쑤저우(蘇州)로 낙향하여 약 40,000㎡나 되는 부지 위에 건설했다고 하는 '졸정원(拙政園)'이라는 정원이 있다. 졸정원(拙政園) 내에는 자연을 형상화(形象化)한 정원들과 연못들, 예술적으로 지어진 정자들이 들어서 있는데, 서로 조화를 이루며 어우러져 아름다움의 극치를 이루고 있다. 아직 천당을 가보지는 못했지만 '이렇게 아름다우니 지상의 천당이라고들 감탄하는구나!' 하는 느낌이 든다. 졸정원(拙政園)이라는 이름에는 '졸자지위정(拙者之爲政: 어리석은 자가 정치를 한다)'이라는 깊은 의미가 함유되어 있다고 한다. '강남고전원림(江南古典園林)의 대표작'이라고 하는 졸정원(拙政園)을 둘러보고 나서 다른 원림들을 들여다보면 나름대로의 특색이 있는 아름다운 명원(名園)들임에도 불구하고 좀 시시하게 보이기는 하는데, 하나 더, 명(明)나라시대인 1593년에 중앙정부 병부(兵部)소속의 거마(車馬) 등을 담당하는 태복사(太僕寺)라는 기관의 고관이었던 서태시(徐泰時)라는 사람에 의해 처음 지어진 사저(私邸)를 청(淸)나라 때 청나라풍으로 개축했다고 하는, 약 23,000㎡ 부지 위에 고(古)건축물들과 기석(奇石)들이 정원들과 연못들에 어우러져 있는, 아름다운 '유원(留園)'이라는 원림(園林)이 있다. '졸정원(拙政園)'과 그 '유원(留園)'은 베이징의 '이화원(頤和園)'과 청더(承德)의 '피서산장(避暑山莊)'과 더불어 '중국4대명원(中國四大名園)'의 반열에 올라 있다.

한산사(寒山寺)와 명시(名詩)「풍교야박(楓橋夜泊)」이야기

쑤저우(蘇州)의 중부에 위치해 있는 구쑤(姑蘇: 고소)구에 '한산사(寒山寺)'라고 하는 천년명찰(千年名刹)이 있다. 남조(南朝)시대 소양(蕭梁)나라 때인 502~519년경에 처음 지어졌다고 하는 그 절에 당나라 태종시대에 '한산(寒山)'이라고 하는 명승(名僧)이 저장(浙江) 천대산(天臺山)에서 들어와 머물렀다고 하는데, 그 이후 당나라 현종시대에 '희천(希遷)'이라는 고승이 절을 새로 지으면서 명승 '한산(寒山)'의 이름을 따서 절의 이름을 '한산사(寒山寺)'로 지었다고 한다. 그 이후 '풍교사(楓橋寺)' 등의 이름으로 바뀌기도 했고 화재로 여러 차례 소실되기도 했었다고 하는데, 지금의 한산사(寒山寺) 사찰 내의 약 13,000㎡ 토지 위에 지어져 있는 대웅보전, 장경루, 종루, 비랑(碑廊) 등 대부분의 건축물들은 청나라 때 중건(重建)되어진 것들이라고 한다. 문화대혁명 때는 홍위병들에 의해 그 '한산사(寒山寺)'의 사찰이 지식인들이나 지주(地主)들을 고문하는 감방으로 사용되면서 사장(寺藏) 문물들을 몰수당하기도 하고 전각, 불상, 법기(法器)들이 훼손당하기도 했다는데, 사찰 내에 머물고 있던 '성공법사(性空法師)'의 보호 조치에 의해 비각, 장경, 나한(羅漢) 등은 보존할 수 있었다고 하며, 훼손된 부분들은 개혁개방 이후 보수되어 지금의 모습으로 개방되고 있다.

그런데 그 '한산사(寒山寺)'가 더 유명해진 것은 그 사찰 밖에 이유가 있다. 당나라시대의 시인 장계(張繼)에 의해 한산사(寒山寺) 주변을 배경으로 하여 지어진 「풍교야박(楓橋夜泊)」이라는 명시(名詩) 때문이다. 그 시비(詩碑)가 한산사(寒山寺) 내에 세워져 있기도 하다. 한산사(寒山寺) 주변의 수로에 있는 '풍교(楓橋)'라는 다리 밑에서 '야박(夜泊)'을 하면서 '강남수향(江南水鄉)'의 정취를 느끼며 지은 짤막한 그 한 수의 명시(名詩)는, 천년

을 훨씬 넘겨 오늘에 이르러서도 시를 좋아하는 이들의 감동을 자아낸
다. 먼저 한 번 읊어보고 이야기를 이어가고자 한다. '월락오제상만천(月
落烏啼霜滿天), 강풍어화대수면(江楓漁火對愁眠). 고소성외한산사(姑蘇城外寒
山寺), 야반종성도객선(夜半鐘聲到客船).' 이런 시(詩)인데, 필자 나름대로 번
역을 해보면 '달 지니 까마귀 울고 차가운 공기는 하늘을 뒤덮는데, 강변
의 단풍나무와 고깃배의 등불은 시름에 잠드네. 적막이 흐르는 고요한
밤 고소성(姑蘇城) 밖 한산사(寒山寺)에서 울리는 종소리는 나그네의 뱃머
리를 울리네.' 이렇듯 짤막한 시(詩)다. '까마귀가 운다'라는 뜻으로 표현
한 '오제(烏啼)'는 주변의 지명(地名)이고, '강변의 단풍나무'에 비유한 '강
풍(江楓)'은 주변의 수로에 있는 '강촌교(江村橋)와 '풍교(楓橋)'라는 다리의
이름이고, 잠을 이루지 못한다는 의미의 '수면(愁眠)'도 한산사 전면에 있
는 산(山)의 이름이라고 하는데, 그 이름들을 교묘하게 형상화(形象化) 내
지는 의인화(擬人化)하여 칠언절구(七言絶句)에 배열하고 '풍교(楓橋)' 인근
을 흘러 지나가는, 지금은 '쑤저우허(蘇州河)'라고 하는 '우쑹장(吳淞江)'에
서 밤을 새우며 고기잡이를 하는 어선들의 불빛과 '한산사(寒山寺)'에서
울리는 고요한 야밤의 종소리를 가미(加味)하여 나그네의 시름을 담아
강남수향(江南水鄕)의 적막한 가을밤 풍경의 정취를 물씬 풍기게 묘사(描
寫)한 명시(名詩)다.「풍교야박(楓橋夜泊)」이 탄생한 당시의 시대적 배경은,
양귀비에 빠져 있던 당(唐) 현종 말기인 755년 11월 '안사(安史)의 난'이
일어나 전쟁을 치르고 있던 시기로, 적지 않은 문객(文客)들이 장안(長安:
시안)에서 피난을 떠나 안전한 항저우(杭州)와 쑤저우(蘇州) 등 강남(江南)
지역으로 도피하고 있었을 때였다고 한다. 753년에 '진사(進士)'라는 과
거에 급제하여 장안(長安)에서 철과 소금을 관리하는 막료(幕僚)의 직무를
수행하고 있던 시인(詩人) 장계(張繼)도 장안을 떠나 피난길에 올랐다고

하는데, 난세의 어려움을 겪으며 배를 타고 수로를 따라 이동하던 중 가을 어느 날 쑤저우(蘇州)를 지나다가 고소성(姑蘇城) 밖 한산사(寒山寺) 부근 풍교(楓橋) 밑에 배를 대고 하룻밤 머물면서 그윽한 가을밤 경치 속에서 여수(旅愁)에 젖어들어 당시 시대적 배경의 깊은 의미가 함유된 '시의(詩意)의 경지(境地)'에 이르러 「풍교야박(楓橋夜泊)」이라는 한 수의 명시를 써 내린 것이 아닌가 보고 있다. 과거시험에 떨어져 실의에 빠져 고향으로 돌아오는 길에 지은 낙방과객(落榜科客)의 수심이 배어 있는 시(詩)라는 주장도 있지만, 일본 교과서에도 그렇게 표시되어 있다고 하는데 좀 거리가 있지 않나 하는 생각이 든다. 같은 시대의 시인 두보(杜甫)도 '안사(安史)의 난' 이후의 난세를 피해 장안(長安)을 떠나 쓰촨성(四川省) 청두(成都)에 머물다 여의치 않자 배를 타고 떠돌다가 신세를 한탄하며 후난(湖南)의 웨양러우(岳陽樓: 악양루)에 올라 「등악양루(登岳陽樓)」라는 명시(名詩)를 지어 읊으며 신세를 한탄하지 않았던가. 「풍교야박(楓橋夜泊)」이라는 명시(名詩)가 실의에 빠져 지어 읊은 시(詩)임에는 틀림이 없으니, 그까짓 낙방 과객의 진위(眞僞) 여부로 논란을 일으킬 필요는 없다고 본다.

한산사(寒山寺) 내에는 송(宋)나라시대에 처음 「풍교야박(楓橋夜泊)」의 시비(詩碑)가 세워졌었다고 하는데, 그 후 전쟁에 의해 파손되었다고 하며 명(明)나라 때 두 번째 세운 것도 화재에 의해 파손된 채로 방치되었다고 하고, 지금 한산사(寒山寺) 비랑(碑廊)의 중심 위치에 세워져 있는 「풍교야박(楓橋夜泊)」의 시비(詩碑)는 청(淸)나라 말기인 1906년 한산사를 중건하면서 '유월(兪樾)'이라는 학자에게 의뢰하여 쓴 것을 각자(刻字)하여 세운 것이라고 한다. 한산사(寒山寺) 비랑(碑廊) 내의 여러 유명한 비석들 사이에 「풍교야박(楓橋夜泊)」의 시비(詩碑)가 하나 더 있는데, 중화민국시대인 1947년 고대(古代) 시인 장계(張繼)와 똑같은 이름을 가진 장계(張繼)라는 현대(現代) 서예가가 쓴 것을 각자(刻字)하여 세운 것이라고 한다. 그런데 한산사(寒山寺) 비랑(碑廊) 내에 있는 두 「풍교야박(楓橋夜泊)」의 시비(詩碑) 말고도 한산사(寒山寺) 내의 종루(鐘樓) 부근에 근래에 새로 지은 종루(鐘樓)의 크기와 걸맞게 유월(兪樾)이 쓴 글씨체로 높이가 15m나 되는 대형 「풍교야박(楓橋夜泊)」의 시비(詩碑)가 세워져 관광객들의 눈길을 끌게 하고 있다고 한다.

한산사(寒山寺)에는 「풍교야박(楓橋夜泊)」의 시비(詩碑)들 말고도 「풍교야박(楓橋夜泊)」을 상징하는 의미가 있는 '종(鐘)'들이 있다. 「풍교야박(楓橋夜泊)」의 마지막 구절에 나오는 야반(夜半)에 울렸다고 하는 그 당종(唐鐘)은 고대 언젠가부터 종적(蹤迹)을 감췄다고 하지만, 지금 한산사(寒山寺)에는 청나라 말기인 1906년 한산사(寒山寺)를 중건(重建)하면서 주조(鑄造)한 '철종(鐵鐘)'과 1914년 일본이 기증한 '청동종(靑銅鐘)'이 있고, 2003년부터 2007년 3월까지 약 3년에 걸쳐서 당(唐)나라 모식으로 주조했다고 하는 높이 8.6m, 직경 5.2m에 무게가 무려 108톤이나 된다고 하는 거대한 '동종(銅鐘)'이 홍목(紅木)으로 견고하게 지은 종루(鐘樓)에 걸려 있다고 한다. 한산사(寒山寺)에 걸려 있는 108톤의 대형 동종(銅鐘)은 쑤저우(蘇州)에 고향을 둔 기업가가 도산의 위기에 처해 있던 우한(武漢)에 소재해 있는 프로펠러를 제조하는 중공업회사에 의뢰 주조(鑄造)하여 한산사(寒山寺)에 기증한 것이라고 한다. 그 대형 동종(銅鐘)을 수주(受注)한 우한(武漢)의 동종(銅鐘)공장은 '당종(唐鐘)'을 연구하고 합금 기술을 개발하여 전 임직원이 혼연일체가 되어 심혈을 기울여 완벽하게 주조했다고 자부하고 있다는데, 상하이의 한 언론사가 한산사(寒山寺)의 그 대형 동종(銅鐘)이 베이징 대종사(大鐘寺)에 걸려 있는 명나라 영락제 때인 1420년경에 합금 기술의 기적을 이루어 예술적으로 주조했다고 하는 높이 6.7m, 직경 3.3m

에 46.5톤 중량의 '영락대종(永樂大鐘)'보다 크기는 훨씬 크지만 그 질과 종소리는 그 영락대종(永樂大鐘)만 못하다는 내용의 평가를 하여 보도한 데 대해 '우한(武漢) 동종(銅鐘)공장' 측이 발끈하며 명예를 손상시켰다며 그 언론사를 상대로 소송을 제기하기도 했다고 한다. 한산사(寒山寺)의 그 대형 동종(銅鐘)은 후대들이 평가할 만한 가치가 있는 걸작이 아닌가 하는 생각이 든다.

천년명찰(千年名刹) 한산사(寒山寺)를 둘러보기 위해 노(老) 장목(樟木)들이 우거진 한산사(寒山寺)의 산문(山門: 절의 출입문)을 향해 걸어가다 보면 수로(水路) 위에 놓여 있는,「풍교야박(楓橋夜泊)」의 시구(詩句)에 나오는 '강촌교(江村橋)'라고 하는 고풍스러운 아치형 돌다리가 바라보이는데, 멈춘 듯 흐르는 수로(水路)의 물과 수로(水路)변의 나무들, 수로(水路)변의 건축물들이 강촌교(江村橋)와 어우러져 아름다운 '강남수향(江南水鄕)'의 경치를 이루고 있어 발걸음을 멈추게 한다.

쑤저우(蘇州)와 그 주변 지역들을 드나들었던 이야기

쑤저우(蘇州) 지역에는 자고이래로 편리한 교통수단으로 이용되고 있는 수로(水路)들이 종횡으로 동네의 골목골목까지 연결되어 있다. 마을을 통과하는 구간의 수로들에는 배들의 통행에 지장이 없도록 하면서 우마차나 사람들이 수로를 건너다닐 수 있도록 수로 위에 만들어놓은, 운치가 있는 강촌교(江村橋)처럼 생긴 아치형의 다리들이 놓여 있다. 그 아치형의 다리들이 주변 마을의 풍경과 어우러져 '강남수향(江南水鄕)의 아름다운 경치'를 이루고 있으니, 쑤저우(蘇州) 지역을 '동방의 베니스'라고 부를 만도 하다. 그 수로(水路)들은 지금도 이용되고 있다고는 하는데, 육로가 발달되지 않았던 시절 평지로 이루어진 어미지향(魚米之鄕)인 수향(水鄕)들에서 농사지어 수확한 농수산물들을 각자의 집 앞 수로에 붙들어 매어놓은 자가용 배에 싣고 연결되어 있는 수로를 따라 도회지의 시장에 내다 팔고 필요한 물건들을 사서 싣고 돌아와 풍요로운 삶을 영위할 수 있었을지니, "세월아 네월아" 하며 노를 저어 배를 움직였을 지언정 비용이 들지 않는 편리한 교통수단이 아니었나 한다.

쑤저우(蘇州)시 중심에서 동쪽 상하이(上海) 방향의 위치에 쑤저우공업원구(蘇州工業園區)가 자리 잡고 있다. 쑤저우공업원구(蘇州工業園區)는 쑤저우(蘇州)시정부가 1994년 5월부터 싱가포르와의 합작으로 진지후(金鷄湖: 금계호)를 비롯한 양청후(陽澄湖: 양징호), 두수후(獨墅湖: 독서호) 등 5개 호수의 호안과 습지대 등 허허벌판을 개발하여 공업단지를 비롯한 상업, 주거 등의 공간을 갖추어 조성한 278㎢ 면적의 복합 신(新)도시를 말한다. 쑤저우공업원구에는 1996년부터 반도체 칩을 조립하고 검사하는 모듈 공정의 사업을 경영하고 있는 우리의 삼성전자 등 세계적인 대기업들을 포함하여 수천여 개의 항목에 투자하여 사업을 영위하고 있는 수많은 외자 기업들뿐만 아니라 수많은 중국 기업들도 들어 있다. 쑤저우공업원구에는 진지후(金鷄湖) 등 5개의 호수와 쑤저우허(蘇州河)인 우쑹장(吳淞江) 등 230여 개의 하도(河道)가 있다고 하는데, 수로(水路)인 그 하도(河道)의 총 길이가 430km나 된다고 하니 고층빌딩들과 공장들, 조형물들 등 서구적인 건축물들이 호수 및 하도(河道)들과 어우러져 있는 그 소주공업원구(蘇州工業園區)야말로 현대적인 모습으로 변모된 강남수향(江南水鄕)이 아닌가 한다.

필자가 상하이에서 근무하고 있을 때 소주공업원구(蘇州工業園區)뿐만 아니라 쑤저우(蘇州)시가 관할하고 있는 쿤산(昆山), 타이창(太倉), 창수(常熟), 장자강(張家港) 등 지역들에 적지 않은 우리 기업들이 진출해 있어 업무적으로 수시로 드나들었다. 당시 필자가 업무적인 일로 쑤저우(蘇州)를 방문할 때는 쑤저우(蘇州)시정부 관리가 고속도로 출구로 마중을 나와서 맞이하여 차량으로 에스코트하여 쑤저우(蘇州)시정부 청사 또는 행사장으로 안내하곤 했다. 물론 필자는 외교관 번호판이 달려 있는 필자의 개인 차량을 이용했다. 쑤저우(蘇州)시정부와 직접 관련이 없는 업무를 위해서나 개인적으로 갈 때는 필자의 차량을 이용하여 운전기사에 의해 가고자 하는 곳들을 찾아다녔다. 당시 외자 기업들의 투자를 유치하려는 적극적인 행정을 펼치고 있는 쑤저우(蘇州)시정부를 비롯하여 쑤저우(蘇州)시가 관할하는 지방정부들의 초청을 받아 진수성찬의 대접을 받기도 하면서 지방정부들이 벌이는 행사들에 참석하기도 했는데, 상하이 사람들처럼 장쑤성 사람들도 연회의 자리에서 산둥성이나 동북3성 사람들과는 달리 술을 강권하는 대신 주로 특별한 음식들을 권하니 필자의 기준으로는 편안했었다. 대접받은 음식들은 나름대로의 전통 음식들이었지만 특별하게 인상에 남아 있는 음식들은 없고, 가을이 되면 다자셰(大閘蟹)의 요리는 빠지지 않았는데 당시에는 쑤저우(蘇州)시가 관할했던 행정구역이었던 우시(無錫)에서 먹어봤던 담백한 우시(無錫)의 전통 딤섬 요리들은 생각이 난다.

업무적인 일들 외에도 필자 개인적으로도 가족이나 친지들과 함께 쑤저우(蘇州)를 방문하여 졸정원(拙政園) 등 원림들과 후추(虎丘), 한산사(寒山寺), 타이후(太湖) 등 명승지들을 구경하기도 하고 저우좡(周庄), 퉁리(同里) 등 고진(古鎭)들을 둘러보기도 했다. 쑤저우(蘇州)시정부에서는 우리의 남산 한옥마을이나 용인 민속촌, 안동 하회마을 등과 같은 전통 마을들처럼 중국 고대의 송(宋), 명(明), 청(淸)나라 양식의 고(古)가옥들이 들어서 있는 '강남수향(江南水鄕)'의 전통 마을들을 관광지로 조성하여 개방해오고 있다. 쑤저우(蘇州)의 대표적인 곳으로는 쿤산(崑山)에 있는 '저우좡(周庄: 주장)'이라고 하는 고진(古鎭)과 우쟝(吳江)에 있는 '퉁리(同里: 동리)'라고 하는 고진(古鎭) 등이 있다. '우물 정(井)' 자(字) 형이나 '내 천(川)' 자(字) 형의 수로들이 들어서 있는 군데군데의 그 '고진(古鎭)'들에는 다양한 고(古)건축물들과 수로(水路) 위의 아치형 돌다리들이 수로(水路)변의 나무들과 어우러져 고풍스러운 풍경을 이루고 있어, 고(古)가옥들이 들어서 있는 골목 안을 거닐다 보면 마치 고대(古代) 중국 속에 들어와 있다는 느낌이 들기도 한다. 그 고진(古鎭)들에서는 먹거리들도 팔고, 쑤저우(蘇州)가 '실크의 고향'이라서 그런지 실크에 다양한 모양의 수(繡)를 놓은 수공예품들 등 쑤저우(蘇州)의 특산품들과 벼루와 도자기 등 골동품들도 저렴하게 팔고 있다. 동료와 함께 잭 니클라우스가 설계했다고 하는 양청후(陽澄湖) 연안의 평지에 자리 잡고 있는 '중홍(中興) 골프장'에도 가끔씩 들르곤 했었다. 상하이나 쑤저우는 겨울에 눈이 내릴 때가 있기는 하지만 거의 얼지는 않는데, 겨울철 언젠가 그 중홍 골프장이 꽁꽁 얼어붙어 공이 구르는 바람에 매 롱홀마다에서 장타가 나와 민망스러워했던 추억이 있다.

  쑤저우(蘇州)시 중심의 서쪽 위치에 그 면적이 약 2,400㎢나 되는 타이후(太湖)가 펼쳐져 있는데, 저장성의 북부와 장쑤성의 남부 위치에서 약 390㎞의 호안선에 둘러싸여 있다고 하며 자연적으로 형성된 그 호수 안에 있는 50여 개의 섬들 중 쑤저우에서 가까운 위치에 있는 섬으로 그 면적이 90㎢나 되는 시산다오(西山島: 서산도)를 가족과 함께 유람하면서 '호수 속에 이렇게 큰 섬이 있구나!' 하며 감탄하기도 했다. 타이후(太湖)의 북쪽 연안에는 '타이후(太湖)의 명주(明珠)'라고 불리는 호수의 고장이며 오(吳)나라의 도성이었다고 하는 풍요롭고도 아름다운 '강남수향(江南水鄕)' '우시(武錫: 무석)'가 자리를 잡고 있는데, 우시(武錫)에는 당시 연합철강 등 여러 우리 기업들이 진출해 있어 가끔씩 방문했었다. 그 우시(武錫)의 타이후(太湖)변에 위치해 있는 샤오링산(小靈山: 소영산) 봉우리에 700여 톤의 청동을 들여 약 3년에 걸쳐서 1997년 11월 완성했다고 하는 높이가 88m나 되는 '링산대불(靈山大佛)'이 세워져 있다고 하여 216개의 계단을 걸어 올라가 둘러본 적이 있는데, 역시 중국대륙다운 거대한 불상(佛像)이라는 생각이 들었다.

32. 항저우(杭州)를 들여다보다

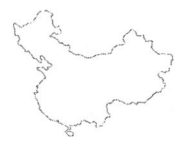

먼저 저장성(浙江省)을 잠시 살펴보고 나서 항저우(杭州) 이야기로 넘어가고자 한다. 중국대륙의 동남 연해 지역에 위치한 저장성(浙江省)은 북쪽으로는 동(東)에서 서(西)의 방향으로 상하이(上海)와 장쑤성(江蘇省)과 경계를 이루고 있고, 내륙 지역인 서쪽으로는 북에서 남의 방향으로 안후이성(安徽省)과 강서성(江西省)과 접해 있고, 남쪽으로는 푸젠성(福建省)과 경계를 이루고 있다. 저장성(浙江省)은 동쪽으로는 동중국해와 연안을 이루고 있는데, 일부분이 상하이(上海)시 영역에 걸쳐 있는 중국 최대의 만(灣)으로 약 500㎢나 되는 항저우만(杭州灣)의 저장성(浙江省) 영역 해안선을 포함하여 총 길이가 약 6,400㎞나 된다고 하는 굴곡이 심한 복잡한 해안선을 이루고 있다. 저장성(浙江省)의 서쪽 내륙 지역과 남쪽으로는 주로 산지(山地)와 구릉지로 이루어져 있다고 하는데, 그 산지(山地)와 구릉지의 면적이 저장성(浙江省) 전체 면적(약 105,500㎢)의 70%나 차지하고 있다고 한다. 저장성(浙江省)의 북쪽과 동쪽 연해 지역으로는 평원과 분지들이 펼쳐져 있는데, 저장성(浙江省) 북부에 위치해 있는 항저우(杭州) 지역을 비롯한 항저우만(杭州灣) 북쪽 연안의 자싱(嘉興) 지역과 타이후(太湖) 남쪽 연안의 후저우(湖州) 지역 일대에는 '창장삼각주평원(長江三角洲平原)'의 일부분인 '항자후(杭嘉湖)평원'이 광활하게 펼쳐져 있다.

강남수향(江南水鄕)의 어미지향(魚米之鄕)인 그 '항자후(杭嘉湖)평원'의 남부에 자리 잡고 있는 저장성(浙江省)의 성도(省都)인 항저우(杭州)는 상하이(上海)의 서남쪽 방향으로 약 170㎞ 떨어진 상하이(上海)에서 비교적 가까운 거리에 위치해 있어, 상하이(上海)에 머무는 동안 상하이(上海)에서 100㎞ 떨어져 있는 쑤저우(蘇州)보다는 덜 드나들었지만 상하이(上海)에서 300㎞ 떨어져 있는 난징(南京)보다는 더 많이 드나들었다. 항저우(杭州) 지역에 진출해 있는 우리 기업들이 많지 않아 업무적인 일들은 적었지만, 가족들이나 본국에서 내방하는 동료들, 친지들 등과 주로 나들이를 하느라 드나들었는데, 상하이(上海)를 떠나와서도 김·장법률사무소에서 근무하면서 상하이(上海)와 쑤저우(蘇州), 난징(南京)은 업무적인 일들이 있어 드나들었지만 항저우(杭州)는 업무적이지 않은 일로 드나들었었다.

항저우(杭州)를 드나들 때 상하이(上海) 이외의 지역에서는 항공편을 이용했지만, 상하이(上海)에서 항저우(杭州)를 오갈 때는 승용차로 '후항(滬杭)고속도로'를 이용해 자싱(嘉興)을 스쳐서 지나다녔다. 상하이(上海)에서 쑤저우(蘇州)나 난징(南京)을 오갈 때도 광활한 창장삼각주평원(長江三角洲平原)의 일부 평원을 지나다녔지만 상하이(上海)에서 항저우(杭州)를 오갈 때도 창장삼각주평원(長江三角洲平原)의 일부 평원인 광활한 '항자후(杭嘉湖)평원'을 지나다니게 되는데, 봄철이 되면 그 항자후(杭嘉湖)평원 구간마다 여기저기서 연노란 유채꽃들이 피어 장관을 이룬다. 대개 춘분(春分)이 지나면서부터는 활짝 피는데, 노랗게 만발한 유채꽃들이 온통 뒤덮고 있는 구간들을 달릴 때면 마치 별천지를 지나는 것 같은 느낌이 들기도 했다. 바다처럼 끝없이 펼쳐져 있는 노란 유채꽃들의 출렁이는 물결이 대단했다. 유채(油菜)를 재배하게 되면 유채의 어린잎은 채소로, 아름다움을 보여주는 노란 꽃은 꿀로, 종자(種子)는 식용유를 비롯한 녹색 에너지원(源)으로 소득을 올릴 수 있다고 하는데, '항자후(杭嘉湖)평원'뿐만 아니라 쑤저우(蘇州)의 쿤산(昆山)이나 우시(武錫) 등지의 평원들에서도 유채 농사들을 짓고 있어서 봄철이 되면 유채꽃들이 피어 있는 아름다운 풍광들을 볼 수 있었지만, 농촌이 도시로 변하기도 하고 매년 파종하여 짓는 농사이니 변화는 있을 것으로 본다. 여름철 그 항자후(杭嘉湖)평원을 지나다니다 보면 마름 넝쿨로 덮여 있는 군데군데의 호수들에서 불안스러워 보이기도 하는 작은 배를 띄워 밀고 다니면서 한가로이 마름 열매를 따는 농군들의 모습들이 눈에 들어오기도 했는데, 아주 먼 옛날의 모습이나 다를 바 없을 것으로 보이고 평원과 어우러져 있는 그 경치들이야말로 고풍스러운 한 폭, 한 폭의 아름다운 '강남수향의 풍경화'들이 아니었는가 하는 생각이 든다.

항저우(杭州)는 춘추시대에는 사오싱(紹興)에 도읍을 두었던 월(越)나라 땅이었고, 전국시대에는 초(楚)나라에 의해 월(越)나라가 밀려나면서 초(楚)나라가 차지했던 땅이었으며, 5대10국시대의 오월(吳越)나라(907~978년) 때는 '전당(錢塘)'이라는 이름으로 후기 송(宋: 남송)나라(1127~1279년) 때는 '임안(臨安)'이라는 이름으로 도읍을 두었던 곳이다. 근대에 들어서 항저우(杭州)에서는 신석기시대 말기 창장(長江) 하류(下流) 지역에 분포되어 있었던 '양저(良渚) 문화(文化)'의 유적지들이 발견되고 있다고 하는데, 1936년부터 발견되기 시작한 '무덤'들과 '양저고성(良渚古城)' 등에서 옥기, 토기, 목기 등 귀중한 유물들과 돌도끼 등 농기구들도 발굴되고 있어 항저우가 '양저(良渚) 문화(文化)의 중요한 발상지'로 각광을 받고 있다. 항저우(杭州)는 '징항대운하(京杭大運河)의 남단(南端)'에 위치한 지역으로,

자고이래로 '강남수향'인 '항자후(杭嘉湖)평원'의 곡창지대를 배경으로 한 곡식과 비단 등 물산이 풍부한 지역이며, '양저(良渚) 문화(文化)'를 비롯하여 '실크 문화'와 '차(茶) 문화'가 있고, 많은 명승고적들이 있는 아름다운 고장이다.

아름다운 호수 시후(西湖)

항저우(杭州)에는 아름다운 호수(湖水) '시후(西湖: 서호)'가 있다. 항저우(杭州) 도심(都心)의 서쪽에 붙어 있는 시호(西湖)는 길이가 남북으로 3.2km, 폭은 동서로 2.8km, 둘레가 15km나 되는 작지 않은 호수다. 시후(西湖)의 기원을 살펴보면, '저장(浙江)'이라는 이름을 유래(由來)하게 만든 저장성(浙江省) 최대의 강(江)이며 '저장(浙江)'이라고도 하는 '첸탕장(錢塘江: 전당강)'이 지금은 시후(西湖)의 남쪽에서 시후(西湖)의 동측 옆으로 흘러 항저우(杭州)를 지나 동쪽의 항저우만(杭州灣)으로 유입하고 있지만 1만 2천여 년 전에는 지금의 시호(西湖) 주변에 있는 첸탕장(錢塘江)을 포함한 시후(西湖) 유역이 바다의 작은 만(灣)이었다고 한다. 그 작은 만(灣)에 토사가 점점 침적(沈積)되어 갯벌이 생기면서 형성된 석호(潟湖)가 장구한 세월이 흐르면서 분리되어 층을 이루고 있는 '자연의 호수(湖水)'로 변했다고 하는데, 당(唐)나라 시인 백거이(白居易)가 822년 항저우자사(杭州刺史: 항저우 시장)로 부임하여 약 3년 재임하는 동안 그 자연의 호수에 제방을 수축하면서 지금의 시후(西湖) 그 위치에 '전당호(錢塘湖)'라는 이름 등으로 불렸던 '인공(人工) 호수(湖水)'가 생기게 된 것이라고 한다.

후임들에 의해 그 이후로도 호수 내에 둑길을 쌓는 등 관리되어오던 중, 송(北宋)나라 시인 소식(蘇軾: 소동파)이 1089년 항저우지주(杭州知州: 항저우시장)로 부임하면서 1090년 저장성(浙江省)에 큰비가 내려 타이후(太湖)가 범람하는 등 피해가 발생한 것을 계기로 하여 저수량을 늘려 관개(灌漑)도 하고, 범람의 피해를 막아내기 위해 전당호(錢塘湖)의 바닥을 준설하여 2.7km의 둑길을 수축했다고 하는데, 그때부터 '전당호(錢塘湖)'를 '시후(西湖: 서호)'라고 부르기 시작했다고 한다.

그 후 명나라시대인 1503년 항저우태수(杭州太守: 항저우시장)로 부임한 양맹영(楊孟瑛)이 5년간 재임하면서 소식(蘇軾)이 수축한 시후(西湖)의 둑길을 넓히고 높이면서 수양버들 등의 나무를 식재하였고, 호수의 서쪽 호변으로는 3.4km에 이르는 둑길을 수축하여 주민들에게 편익을 주고 시후(西湖)를 보호하는 데 공헌을 했다고 한다. 이와 같이 제방이나 둑길을 수축하는 등 시후(西湖)를 잘 관리하여 백성들의 삶의 질을 높이는 데 이바지한 '항저우시장'들을 기리기 위해, 당시의 백성들이 그들의 성(姓)을 따서 호수 내의 둑길들에 백거이(白居易)가 수축한 둑길은 아니었지만 '백제(白堤: 바이디)', 소식(蘇軾)이 수축한 둑길은 '소제(蘇堤: 쑤디)', 양맹영(楊孟瑛)이 수축한 둑길은 '양공제(楊公堤: 양궁디)'라는 등의 이름을 지어 불렀다고 하는데, 지금까지도 그렇게 부르고 있다.

시후(西湖)의 남, 서, 북 3면의 호수면(湖水面) 뒤로는 겹겹이 겹쳐져 울창한 숲을 이루고 있는 해발 400m이내의 군산(群山)들로 둘러싸여 있다. 고대에는 시후(西湖) 주변일대의 군산(群山)들 전체를 '무림산(武林山)'이라고 불렀다고 하는데, 그 군산(群山)들이 호수와 어우러져 아름다운 경치를 이루고 있는 것이다. 관광지에 가면 관광 명소들이 있기 마련이지만 시후(西湖)에는 특별히 많은 명소들이 있는데, 시후(西湖)와 그 주변 모두가 관광 명소가 아닌가 한다. 호반(湖畔)이든, 둑길이든, 섬이든, 유람선이든, 어느 곳에서든 호수가 바라보이는 곳이라면 호수와 어우러진 아름다운 경치가 펼쳐지는데, 모두가 나름대로의 한 폭, 한 폭의 '명(名)산수화'나 다름이 없다. 호수가 보이는 곳이라면 언제, 어디서 보아도 아름답다. 소동파(蘇東坡)는 시(詩)구절에서 시후(西湖)의 절색미경(絶色美景)을 인격화하여 절대가인(絶代佳人) '서시(西施)'의 미명(美名)인 '서자(西子)'에 비유해 '서자호(西子湖)'라 읊었다고도 한다. '시후10경(西湖十景)' 중에는 '단교잔설(斷橋殘雪)'이라고 하는, '백제(白堤)'에 놓여 있는 아치형의 돌다리인 '단교(斷橋)'의 아름다운 설경(雪景)이 있다고 하는데, 눈이 내리거나 내린 시후(西湖)의 풍경은 감상하지 못해 아쉬움이 있지만, 봄이면 빨갛게 핀 벚꽃들과 연녹색의 움을 틔우고 올올이 가냘프게 늘어트려 하늘거리는 수양버들들이, 여름이면 우거진 짙푸른 수목들과 수면 위로 청순하게 피어오른 연꽃들이, 가을에는 곱게 물든 단풍들이, 겨울이면 겨울 나름대로 피어오르는 물안개들이 단교(斷橋)와 그 주변의 경관과 어우러져 나름대로의 아름다움을 자아내고 있으니, 더 아름다운 계절의 시후(西湖) 풍경을 말하기란 쉽지 않을 것 같다는 생각이 든다. 물안개가 피어오르는 이른 아침이거나, 맑거나, 비가 오거나, 노을이 지거나, 땅거미가 내리거나, 떠오른 달이 호수에서 노니는 고요한 밤이거나를 막론하고 언제 보아도 '아름답지 않은 시후(西湖)'는 없다. 필자가 상하이(上海)에 있었을 때는 주로 당일에 시후(西湖)를 다녀왔지만, 그 외의 지역에서 시후(西湖)를 방문하여 머물 때는 주로 시후(西湖)의 서쪽 위치에서 호수가 내려다보이는 산자락에 앉아 있는 호텔을 이용했는데, 호텔의 창가에 앉아 고요하고 아름다운 시후(西湖)의 경치를 내려다보기도 하고, 호텔과 연결되어 있는 호숫가로 내려와 호반의 산책길과 호수 속의 둑길을 따라 거닐며 아름다운 호수와 더불어 한가로움을 즐기기도 했다.

호수 너머로 굽이굽이 둘러싸여 있는 부드러운 군산(群山)들이 잔잔한 호수와 어우러져 있는 시후(西湖)의 경치를 바라보며 호반을 거닐다 보면 자신도 모르게 그 선경(仙境)에 빠져들어 마음이 평화로워진다. 짧은 시간의 머묾에 매번 아쉬움은 있었지만, 잠시나마 일상에서 벗어나 부질없는 욕심이나 일상의 고뇌(苦惱) 같은 것들을 벗어서 아름다운 시후(西湖)의 풍경 속에 녹여버리는 수확은 거두고 돌아오곤 했다. 이왕 시후(西湖) 얘기가 나왔으니 시후(西湖)의 메인 호수인 외서호(外西湖: 와이시후)의 호심(湖心)에 있는 '소영주(小瀛洲: 샤오잉저우)'라고도 부르는, 섬 속에 호수가 있는 '삼담인월(三潭印月: 싼탄인웨)'이라고 하는 아름다운 섬을 들여다보고 넘어가고자 한다.

    삼담인월(三潭印月)은 명나라시대인 1607년 방호(防湖)를 위해 호수 바닥에 퇴적된 흙을 퍼 올려 둑을 쌓으면서 생기기 시작하여 청나라 때 지금의 삼담인월(三潭印月)이 조성되었다고 한다. 유람선을 타고 호수와 군산(群山)들이 어우러져 있는 아름다운 풍경 명화를 감상하다 보면 삼담인월(三潭印月)에 다다르게 되는데, 군산(群山)으로 둘러싸여 있는 아름다운 호수 속의 섬 '삼담인월(三潭印月)'에 들어서서 정자(亭子)와 누각(樓閣)들 등 고풍스러운 고(古)건축물들이 어우러져 있는 우거진 수림(樹林)속의 괴석들 사이를 거닐다 보면 고수명목(古樹名木)들과 수양버들 등 수목들에 둘러싸여 있는 아담한 섬 속 호수의 둑길로 들어서게 된다. 하절기에는 수림에 둘러싸여 있는 섬 속의 호수 군데군데에 연꽃들이 피어 있기도 했는데, 쑤저우(蘇州)의 원림들처럼 잘 가꾸어놓은 아름다운 섬이라는 느낌이 들기도 했다. 섬 속의 호수 밖으로 나가, 달밤이면 하늘에 뜬 달과 호수에 비친 달과 탑 속의 달을 감상할 수 있다고 하는 주변의 풍경과 어우러져 있으며 섬 밖 호수에 떠 있는 3개의 탑이 바라보이는 섬의 호숫가를 거닐다 보면 섬 속의 호수와 수목들이 섬 밖의 호수와 어우러져 자연스럽고도 그윽한 선경(仙境)이 펼쳐지기도 했는데, 그 경치가 너무 아름다워 마치 다른 세계에 와 있는 것 같다는 느낌이 들기도 하면서 '아… 이래서들 항저우(杭州)도 천당이라고 하는구나!' 하는 생각이 들기도 했다.

시후(西湖)를 들여다보면 볼수록 수려하고도, 그윽하고, 고상하기도 한 신비함을 느끼게 하는데, 고대(古代) 이래 중국의 시인 등 문학가들이나 화가 등 예술가들이 시후(西湖)에 머물며 시후(西湖)를 배경으로 창작 활동들을 해오고 있다는 이유를 알 수 있을 것 같기도 하다. 치수(治水)를 잘하며 선정을 베푼 백거이(白居易), 소식(蘇軾), 양맹영(楊孟瑛) 외에도 여러 명의 고대 항저우시장(市長)들이 시인이거나 화가였던 것으로 알려져 있는데, 아름다운 시후(西湖)와 연관이 있는 것이 아닌가 한다.

시후(西湖)변에는 시후(西湖)에서 잡히는 어류(魚類) 등을 식재료로 요리를 하는 식당들이 있는데, 그 식당들의 메뉴판에는 '항저우(杭州)요리'로 특정하기는 어렵지만 '항저우지주(杭州知州)'였던 소식(蘇軾)이 만들어 먹었다고 하는 '동파육(東坡肉: 둥포러우)'이라는 돼지고기 요리가 있다. 돼지고기 삼겹살을 적당한 크기의 장방형으로 잘라서 간장과 기름 등의 양념을 넣어 살짝 볶은 후, 쪄 익혀 만든 '홍소저육(紅燒豬肉: 홍사오주러우)'을 말하는데, 소식(蘇軾)이 1077년 쉬저우지주(徐州知州)로 있었을 때 황허(黃河) 범람 위기의 홍수 피해를 막아 쉬저우성(徐州城)을 지켜내고 나서 잔치를 벌이면서 홍소저육(紅燒豬肉)을 만들어 백성들에게 나누어주면서 홍소저육(紅燒豬肉)의 요리가 알려지기 시작했다고 한다. 소식(蘇軾)이 1080년 황저우지주(黃州知州)로 부임해서도 홍소저육(紅燒豬肉)을 만들어 먹으면서 백성들에게 홍소저육(紅燒豬肉)이 알려졌다고 하는데, 그 시절에 '동파거사(東坡居士)'라는 호칭을 처음 사용하면서 소식(蘇軾)을 '소동파(蘇東坡)'라고도 부르기 시작했다고 한다. 그 이후 소동파(蘇東坡)가 1089년 '항저우지주(杭州知州)'로 부임하면서 홍수 피해를 막아내기 위해 시후(西湖)에 '소제(蘇堤)'를 수축하는 등 선정을 베푼 데 대해 백성들이 새해를 맞이하여 감사하는 마음으로 소동파(蘇東坡)에게 돼지 쓸개로 빚은 술을 선물했다고 하는데, 소동파(蘇東坡)가 답례로 홍소저육(紅燒豬肉)을 만들어 둑을 쌓을 때 참여했던 백성들에게 나누어주면서 그때부터 항저우(杭州) 백성들에 의해 '동파육(東坡肉: 둥포러우)'이라는 요리 이름이 지어져 널리 퍼지게 되었다고 한다. 동파육(東坡肉)은 돼지의 비곗살로 만든 요리인데도 느끼하지 않고 특유의 향과 고소한 맛이 있으며 우리나라의 중국 음식을 하는 식당들에서도 맛볼 수 있는 음식이지만, 매 식당마다의 맛이 차이가 있을 수도 있고 개인에 따라 다른 입맛을 느낄 수도 있다고는 보는데, 필자가 먹어본 시후(西湖)변의 식당들 중에서는 필자가 주로 묵었던 호텔 내의 식당 말고는 '루외루(樓外樓: 러우와이러우)'라고 하는 고전미가 풍기는 전통 식당의 '동파육(東坡肉) 딤섬 요리'가 비교적 담백하고도 고소한 맛이 있었다.

시후(西湖) 서북쪽 연안 서하령(栖霞嶺) 산자락에 북송 말기부터 남송 초기의 명장이며, 시인이고, 서예가인 중국 민족의 영웅 칭호를 받고 있는 악비(岳飛) 장군의 묘(墓)와 그를 기리기 위해 지은 중국 전통의 고전미가 물씬 풍기는 사당(祠堂)인 '악왕묘(岳王廟)'가 있다. 남송의 개국황제 고종(高宗)시대에 금(金)나라와 싸워 전승을 올리던 악비(岳飛) 장군이 금나라와의 화해를 주장하는 재상(宰相) 진회(秦檜), 장준(張俊) 등 조정(朝廷) 세력들의 모함에 의해 투옥이 되고, '막수유(莫須有)'라고 하는 누명의 죄로

39세의 나이에 1142년 1월 살해당하여 항저우(杭州)의 성(城) 밖에 묻히게 되는데 재상(宰相) 진회(秦檜)가 1155년 병사(病死)하기 전후로 조정 대신 장효상(張孝祥) 등이 상소를 올리지만 받아들여지지 않다가 1162년 효종(孝宗)이 즉위하면서야 누명을 벗게 되면서 지금의 자리로 이장(移葬)하고 사당(祠堂)을 지었다고 한다. 악비(岳飛) 장군은 그 이후 1204년 악왕(鄂王)으로 추봉(追封)되고, 1225년에는 '충무(忠武)'라는 시호를 받게 된다. 좀 더 짚어보면, 남송시대에 지금의 그 자리에 악비(岳飛)의 사당과 묘지가 건립되어진 이래 원(元)나라시대에는 폐허가 되기도 했고 명(明)나라시대에는 확대, 중축되어져 보존되었지만 청(淸)나라 초기에는 다시 폐허가 되었었다고 하는데 청나라 강희제에 의해 1715년 다시 중수(重修)되어졌고, 중화민국시대인 1918년에도 대규모로 보수되었다고 한다. 개혁개방정책이 추진되면서 1979년, 남송시대의 건축양식에 의해 전면적인 보수를 한 이후 2011년 확대 건축되어 지금에 이르고 있다고 한다. 악비(岳飛) 장군의 묘(墓)와 사당(祠堂)에는 고(古)건축물들과 고백(古柏) 등 고(古)수목들이 어우러져 있고 악비(岳飛) 장군 묘지 앞의 양옆으로는 석인(石人)들과 석호(石虎), 석양(石羊), 석마(石馬) 등 석수(石獸)들이 도열하고 있어 고풍스러움과 위엄을 느끼게 했는데, 악비(岳飛) 장군의 묘문(墓門) 밖의 담벼락 밑에는 그와는 대조를 이루고 있는, 악비(岳飛) 장군을 모함하여 살해한 재상(宰相) 진회(秦檜)와 그의 처 왕(王) 씨, 장준(張俊) 등 간신들이 상의를 벗은 채로 묶여 철창에 갇혀 무릎을 꿇고 있는 초라한 주물상(鑄物像)들이 양옆으로 놓여 있어 눈길을 끌기도 했다. 중국 민족의 영웅 악비(岳飛) 장군의 사당은 항저우(杭州)뿐만 아니라 악비(岳飛)의 고향인 허난성(河南省)의 탕음(湯陰)을 비롯하여, 중국의 60여 곳에나 세워져 있다고 한다.

영은사(靈隱寺)와 영(靈)적인 기(氣)를 느끼게 하는 비래봉(飛來峰)

악왕묘(岳王廟)의 서쪽 방향으로 2km쯤 들어가면 울창한 수목이 우거지고 맑은 물이 흐르는 수려한 계곡 사이의 우측 산기슭에 중국의 10대 사찰 중의 하나인 '영은사(靈隱寺)'라고 하는 유서 깊은 중국 전통의 천년고찰(千年古刹)이 있다. 영은산(靈隱山) 북고봉(北高峰) 기슭의 우거진 수림에 둘러싸여 있는 영은사(靈隱寺)는 동진(東晉)시대인 326년 '혜리(慧理)'라고 하는 천축(天竺: 인도)의 고승(高僧)에 의해 창건된 사찰이다. 그 이후 파손되고 복구하기를 10여 차례 반복해오다가 1949년에는 흰개미 떼의 피해를 당해 대웅보전(大雄寶殿)이 무너져 내려 복구하기도 했다는데, 1975년부터 1980년까지 대규모로 중수(重修)되어진 이래 지금에 이르고 있다고 한다.

심산유곡(深山幽谷)의 정취를 느끼며 영은사(靈隱寺)의 산문(山門)으로 들어가면 청나라 강희제(康熙帝)가 제자(題字)한 '운림선사(雲林禪寺)'라는 편액이 걸려 있는 노(老)수목들이 우거진 천왕전(天王殿)이 나오는데, 천왕전을 지나 중추선상으로 올라가다 보면 널찍한 자리에 석가모니 불상을 모시고 있는 웅장한 대웅보전(大雄寶殿)이 앉아 있다. 대웅보전의 월대(月臺) 좌우로는 오월(吳越)시대 말기인 969년에 처음 세웠다고 하는, 천여 년을 지낸 세월의 흔적이 보이는 목조건축 처마 모양을 낸 8각형 9층 석탑 한 쌍이 영은사(靈隱寺)를 지키고 서 있다. 대웅보전 중추선상의 뒤쪽 위로 올라가면서 약사전, 법당, 화엄전 등이 들어서 있고, 좌우로는 영은사(靈隱寺)에 거주했던 남송시대의 고승 도제(道濟)를 기리기 위해 지은 제공전(濟公殿)을 비롯한 오백나한전, 대비루(大悲樓), 방장루(方丈樓) 등 중국 전통 불교의 고(古)건축물들이 들어서 있는데, 울창한 수림에 포근히 감싸여 있는 웅장한 영은사(靈隱寺) 경내를 거닐다 보면 물씬 풍기는 중국 남방의 전통 천년고찰의 내음을 듬뿍 느낄 수가 있다. 영은사(靈隱寺) 내에는 역사적, 불교적 가치가 있는 유물들 등 수많은 진귀한 보물들이 소장되어 있다고 하는데, 더 진귀한 보물들은 영은사(靈隱寺) 산문(山門) 밖에 있다.

  영은사(靈隱寺)의 맞은편에는 수림이 우거져 있는 '비래봉(飛來峰)'이라고 하는 석회암으로 이루어져 있는 표고 168m의 나지막한 산이 능선을 이루며 누워 있다. 용식(溶蝕)작용에 의해 산기슭에는 암벽과 동굴이 생성되어 있기도 하고, 기이(奇異)하지 아니한 돌이 없다고 하는 산상에는 기석(奇石)과 괴석(怪石)들이 솟아 있기도 한데, 그 사이사이에 노(老)수목이 아닌 나무가 없다고 하는 수목들이 어우러져 있는 자연 그대로의 그윽한 아름다움을 이루고 있으면서 영(靈)적인 기(氣)를 느끼게 하는 산이다. 인간의 선(善)한 영령(英靈)들이 잠시 대기하며 머물다 떠나는 곳이 아닌가 하는 상상을 해본다. 혜리(慧理) 고승(高僧)이 326년 항저우(杭州)에 들어와 무림산(武林山)의 산령(山嶺)들을 오르면서 지금의 그 비래봉(飛來峰)에 이르러, "천축국(天竺國: 인도)의 영취산(靈鷲山) 노봉(鷲峰)의 소령(小嶺)이, 언제 이곳으로 날아왔는가?"라고 감탄하며 '선령(仙靈)들이 은거(隱居)하고 있다'라고 믿고, 지금의 비래봉(飛來峰) 아래에 명나라 말기 파괴되었다고 하는 영취사(靈鷲寺)를 비롯하여 영은산(靈隱山) 북고봉(北高峰) 기슭에 지금껏 보존되어 내려오고 있는 영은사(靈隱寺) 등 5개의 사찰을 짓고 산의 이름을 '천축(天竺)'이라 하고 봉우리의 이름을 천축(天竺)에서 날아왔다고 하여 '비래(飛來)'라고 부르고 지명을 '선령(仙靈)들이 은거(隱居)'하고 있다고 하여 '영은(靈隱)'이라고 지었다고 한다. '천축산(天竺山)'이라는 이름이 지어지기 전에는 영은사(靈隱寺) 주변의 산들도 '무림산(武林

山)'이라고 불렀다고 하는데, 지금은 영은산(靈隱山)으로도 부르고 있다고 한다.

'영취봉(靈鷲峰)'이라고도 부르는 '비래봉(飛來峰)'에는, 5대10국시대의 오월(吳越)나라에 의해 불교가 흥성하면서 석굴들이 파이고 석불(石佛)들이 조상(造像)되기 시작했다고 하는데, 산상의 돌들과 기슭의 암벽이나 동굴들 등 300여 곳에 5대10국 이후 송나라와 원나라에 이르기까지 조상(造像)된 380여 좌의 조상(彫像)들이 지금까지 보존되고 있다고 한다. 비래봉(飛來峰) 기슭의 암벽들에는 자연의 동굴들과 파인 석굴들을 합하여 72개나 되는 석굴들이 있었다고 하는데 대부분 매몰되었다고 하고, 지금까지 남아 있는 것으로는 입구의 바위 절벽에 5대10국 오월(吳越)시대인 951년에 조상(造像)되었다고 하는 진귀한 '아미타삼존불상(阿彌陀三尊佛像)'과 북송(北宋)시대인 1022년에 조상(造像)되었다고 하는 '노사나불상(盧舍那佛像)'이 있는 '청림동(青林洞)', 혜리(慧理) 고승이 흑(黑) 백(白) 두 마리의 원숭이를 불러들이곤 했다는 '호원동(呼猿洞)' 등 12개의 석굴들이 있다고 한다. '그윽하지 않은 석굴이 없다'라고 하는 그 석굴들과 암벽들 중 비래봉(飛來峰) 기슭 아래의 하천인 '냉천계(冷泉溪: 렁취안시)'의 남안(南岸) 낭떠러지 암벽에 비래봉(飛來峰)에서 가장 큰 불상인 '송나라시대 조상(造像)예술의 최(最)걸출한 대표작'이라고 하는 '대두미륵불상(大肚彌勒佛像)'이 있어 눈길을 끌었다. 중국 각지에서 흔하게 볼 수 있는 '포대화상(布袋和尙)'의 불상이지만, 육중한 상체와 부른 배통을 드러내고 이 세상에 미운 사람이라고는 한 사람도 없을 것 같은, 천하의 용서받기 어려운 일도 용서할 수 있을 것 같은 맑은 모습으로 환하게 웃으며 세상 편하게 앉아 있는 형상을 하고 있다고 하는 아름다운 그 대두미륵불상(大肚彌勒佛像)의 좌우 양측에 예술적으로 조상(造像)되어진 생동감 있는 각

양각태의 18좌의 나한군상(羅漢群像)이 9좌씩 균형과 조화를 이루며 어우러져 있어 흥미를 더해주었다.

'영은사(靈隱寺)'를 방문하면서 '비래봉(飛來峰)'을 몇 번 오른 적이 있는데, 그때마다 신비스럽고도 아름다운 영(靈)적인 세계에 들어와 있다는 느낌은 들었지만 엄숙(嚴肅)하거나 위엄(威嚴)하여 위축되는 무거운 그런 느낌을 받지는 않았다. 당시에는 비래봉(飛來峰) 전부를 개방했는데, 산허리와 능선 등으로 길게 이어져있는 구불구불하고 울퉁불퉁한 산길을 따라 오르내리다 보면 노(老)수목들과 넝쿨들이 어우러져 있는 사이사이로 기암괴석들이 솟아 있고, 솟아 있는 돌들에 조각한 예술 작품과도 같은 조상(彫像)들이 도처에 있어 발걸음을 멈추게 했다. 노천 산상에 솟아 있는 자연 그대로의 돌들에 어떻게 그렇게 예술적으로 흠집 하나 없이 섬세하고도 정교하고 아름답게 조상(造像)을 할 수 있었을까 하는 감탄이 절로 나온다. 언제 그랬는지 훼손되어 있는 조상(彫像)들도 있어 아쉽다는 생각이 들기도 했었다.

'비래봉(飛來峰)'을 오르내리다 보면 비탈진 산허리의 산길에 노(老)수목들과 어우러져 있는 정교하고도 소박한 자그만 정자(亭子) 하나를 만나게 된다. '취미정(翠微亭)'이라는 편액이 걸려 있는 그 정자(亭子)는, 악비(岳飛) 장군과 함께 금(金)나라와 대항하다가 금(金)나라와의 화해를 주장하는 조정 세력들에 의해 물러나 있던 남송(南宋)시대의 명장인 한세충(韓世忠)이 자신의 아들을 통해 억울하게 죽임을 당한 명장 악비(岳飛)를 기리기 위해 악비(岳飛) 장군이 죽은 1142년 그해에 처음 세웠다고 하는데, 원래의 그 자리에 1924년 새로 수축(修築)한 것이라고 한다. 불교예술의 분위기가 물씬 풍기는 석불(石佛)들이 조상되어 있는 깊숙한 산속에 특별하게 지어져 있는 홍일점의 고(古)건축물이라는 생각이 들었다.

 항저우(杭州)의 시후(西湖) 주변에는 영은사(靈隱寺) 말고도 여러 사찰들이 있었다고 하는데, 우리의 발자취가 있는 사찰이 있어 잠깐 들여다보고 넘어가고자 한다. 시후(西湖) 서안(西岸)의 군산(群山) 속 옥령봉(玉岺峰)이라는 산자락 아래에 오월(吳越)시대인 927년 처음 지어졌던 '혜인사(慧因寺)'라는 사찰이 있었다고 하는데, 고려 문종(文宗)의 넷째 아들 의천(義天)이 북송시대인 1085년 항저우(杭州)로 들어가 그 혜인사(慧因寺)에 머물기도 하며 약 1년 동안 불법(佛法)을 구하고 고려로 돌아온 후 혜인사(慧因寺)에 불경(佛經)과 상당량의 금(金)을 희사(喜捨)한바, 그 자금으로 불상을 건조하고 '화엄경각(華嚴經閣)'을 건축하는 등 사찰이 흥성해지면서부터 그 연유로 인해 '고려사(高麗寺)'라고 불리기 시작했다고 한다. 고려사(高麗寺)가 남송시대에 이르기까지는 흥성했지만 그 이후로는 흥성과 쇠퇴를 거듭하다가 청나라 말기 이후에는 아예 그 고려사(高麗寺)의 건물이 없어졌다고 하는데, 항저우(杭州)시정부가 2004년 가을부터 고적기재(古籍記載)를 근거로 당나라와 송나라의 건축양식으로 복원을 시작하여 2007년 5월 '혜인고려사(慧因高麗寺)'라는 이름으로 중건(重建)하였다고 한다. 15,000㎡의 부지 위에 천왕전(天王殿), 대웅전(大雄殿) 등 2,500㎡에 이르는 여러 건물들이 들어서있다고 하는데, 사찰 내의 '불교교류진열실(佛敎交流陳列室)'에는 고려시대 천태종(天台宗)을 창시한 의천(義天) 대각국사(大覺國師)의 소상(塑像)이 안치되어 있고, 우리 한반도와 중국대륙 간의 불교교류를 견증(見證)할 수 있는 기록물들도 전시되어 있다고 하니 한·중 우호 증진에 도움이 되지 않을까 한다.

중국의 명차(名茶) 용정차(龍井茶)

영은사(靈隱寺)를 오가다 보면 군데군데에 펼쳐져 있는 차(茶)밭들이 보이는데, 눈에 보이는 그 차(茶)밭들은 빙산의 일각일 뿐이다. 시후(西湖) 주변 군산(群山)들의 산상(山上)이나 산자락에서 재배되어 생산된 차(茶)들을 '용정차(龍井茶: 룽징차)'라고 하는데, 중국에서의 용정차(龍井茶)는 '시후(西湖)'만큼이나 유명하다. 용정차(龍井茶)의 역사를 들여다보면, 중국의 차(茶) 생산과 관련한 최초의 서적으로 당(唐)나라 때 '육우(陸羽)'라는 사람이 저술한 『다경(茶經)』이라는 책자 속에 '전당(錢塘: 항저우의 옛 이름)' 소재의 '영은사(靈隱寺)'와 '천축사(天竺寺)'에서 차(茶)를 생산하고 있었다고 기술되어 있다고 하고, 북송(北宋)시대 사람인 소동파(蘇東坡)의 여러 시사(詩詞)들에도 용정차(龍井茶)를 찬미(讚美)하는 구절(句節)들이 있다고 하는데, 그 북송(北宋)시대 때부터 규모 있는 차(茶)의 재배가 시작되면서 공물(貢物)이 되었다고 한다.

남송(南宋)시대 때는 용정차(龍井茶) 재배 면적이 확대되었고, 원(元)나라 때는 용정차(龍井茶)의 품질이 제고되어 그 이름이 널리 알려졌다고 한다. 명(明)나라 때는 용정차(龍井茶)가 사원(寺院) 밖으로도 나와 일반 백성들이 음용하기 시작하면서 중국 각지의 여러 유명한 차(茶)들과 더불어 중국명차(中國名茶)의 반열에 올랐다고 한다. 청(淸)나라 때는 용정차(龍井茶)의 생산이 더욱 흥성(興盛)했다고 하는데, 건륭황제는 남순(南巡)을 하면서 4차례나 용정차(龍井茶)를 재배하는 '용정차향(龍井茶鄉)'을 방문하여 용정차(龍井茶)의 생산 과정을 살펴보는 등 용정차(龍井茶)에 대해 관심을 가졌다고 하며, 건륭황제에 의해 용정차(龍井茶)가 공차(貢茶)로 선정되어 청나라 황실로 진상되었다고 한다. 건륭황제는 '음차양신(飮茶

養身: 차를 마시면서 건강을 관리)'하며 향년 88세의 장수를 누렸다고 한다. 1949년 신(新) 중국이 들어선 이후로도 마오쩌둥 주석, 저우언라이 총리, 덩샤오핑, 장쩌민 등 지도자들도 용정촌(龍井村)을 방문하여 용정차(龍井茶)에 대해 관심을 가졌다고 하며, 매년 이른 봄에 채취된 용정차(龍井茶)는 베이징(北京)의 중난하이(中南海)로도 들어간다고 한다.

중국의 차(茶) 문화는 수천 년의 세월을 이어오고 있는데, 중국차(茶)의 발원지(發源地)는 중국 서남 지역의 '윈구이고원(雲貴高原)' 일대로 보고 있고, 주(周)나라를 창시한 무왕(武王)시대(기원전 1046)부터 차(茶) 마시는 습관이 보편화되기 시작하여 진(秦)나라가 중국을 통일(기원전 221년)한 이후 중원(中原)으로 급속도로 확산되었다고 한다. 중국 고대의 차(茶) 문화를 읽을 수 있는 대목은 나관중(羅貫中)이 1300년대에 쓴 소설이기는 하지만 한(漢)나라 말기인 200년 전후(前後)를 배경으로 한 소설『삼국지연의(三國志演義)』속에서도 엿볼 수가 있는데, 중국인들에게 차(茶)는 기호음료가 아니라 중국인들의 건강을 지키는 일상의 중요한 필수 음료로 자리를 잡고 있다. 중국차(茶)의 종류는 다양하지만, 재배한 차(茶)나무에서 채취한 엽차(葉茶)를 기본으로 한 차(茶)의 종류로는 녹차(綠茶), 홍차(紅茶), 우롱차(烏龍茶: 오룡차), 백차(白茶), 황차(黃茶), 흑차(黑茶) 등 크게 여섯 종류로 분류된다. 차(茶)를 제조하는 과정은 복잡하지만 간단하게 들여다보면, 녹차(綠茶)는 중국에서 가장 많이 생산되고 제일 많이 소비되는 차이며 발효되지 않은 '불(不)발효차'로 비벼서 덖어낸 용정차(龍井茶)도 이에 속한다. 홍차(紅茶)는 세계적으로 가장 많이 생산되고 소비되는 차(茶)로, 보이차(普洱茶: 푸얼차)가 속해 있는 흑차(黑茶)와 더불어 '발효된 차(茶)'다. 대만(臺灣)에서 유명한 우롱차(烏龍茶)나, 우롱차(烏龍茶)의 하나로 푸젠성(福建省)에서 유명한 청차(靑茶)라고도 하는 철관음차(鐵觀音

茶)는 녹차와 홍차의 중간쯤 되는 '반(半)발효된 차'다. 그 외의 차(茶)들은 생산량이 얼마 되지는 않지만, 백차(白茶)는 어린 싹의 차(茶)잎을 덖지 않고 그대로 건조시키는 과정에서 '약간 발효된 차'를 말하고, 황차(黃茶)는 차(茶)잎을 비비고 덖어서 수년간 자연 발효시킨 '후(後)발효차'를 말한다. 다양한 중국차(茶)들 모두가 나름대로의 향과 맛과 효능이 있다고 하는데, 우리나라 사람들은 중국차(茶) 중 발효된 '보이차(普洱茶)'를 선호하지만 중국 사람들은 '중국 제1의 차(茶)'로 선정된 '용정차(龍井茶)'를 좋아하고, 대만 사람들은 '동정(凍頂) 우롱차(烏龍茶)'를 선호한다.

필자는 중국차를 마시면 약간의 속 쓰림 증상이 나타나기도 하고 오후에 마시면 밤에 잠이 잘 안 들기도 하여 중국차를 좋아하지 않았는데, 용정차(龍井茶)가 건강에 좋다고 하여 관심을 가지게 되었다. 그 이후 필자가 상하이(上海)에서 근무할 때, 2000년 4월 2일 일요일 아내와 함께 시후(西湖)를 유람하면서 시후(西湖)변의 산상에 있는 '용정사(龍井寺)'의 '용정차실(龍井茶室)'을 찾아간 적이 있었다. 시후(西湖)의 서쪽 연안에서 군산(群山)의 수림(樹林) 사이로 나 있는 산길을 따라 차(茶)밭들과 어우러진 차창 밖의 경치를 바라보며 구불구불 올라가니, 심산유곡(深山幽谷)과도 같은 산(山)속에 몇 가구가 살고 있는 마을이 나온다. '옹가산(翁家山)'과 '기반산(棋盤山)'이라고 하는 산 사이 해발 약 100m 높이에 있는 유서(由緖) 깊은 '풍황령(風篁嶺)'이라는 고갯마루의 마을인데, 하차를 하니 우측 아래쪽 방향으로 고(古)건축물들이 들어서 있는 '용정사(龍井寺)'라는 사찰이 눈에 들어온다. 산상으로 올라가면 다산(茶山)들이 이어져 있는데, 그곳에서 서남쪽 방향으로의 부근에는 경치가 수려한 해발 186m의 '사봉산(獅峰山)'이 자리를 잡고 앉아 있다. '사자봉(獅子峰)'이라고도 부르는 사봉산(獅峰山)의 동록(東麓)에는 수많은 차밭들이 펼쳐져 있는데, 4면이 북고남저(北高南低)의 군산(群山)들로 둘러싸여 있고 깊숙하고도 고요하고 아늑한 그 산자락 일대의 지역을 '용정촌(龍井村)'이라고 한다. 용정차(龍井茶)의 원산지(原産地)로 불리며 인구 천 명 내외가 살고 있는 용정촌(龍井村)은, '시후(西湖) 제1의 용정차향(龍井茶鄕)'이다. 그 용정차향(龍井茶鄕)의 심장부에 있는 '용정사(龍井寺)'의 '용정차실(龍井茶室)'을 찾아간 것이다. 용정사(龍井寺)는 문화대혁명 이후 폐(廢)사찰이 되었었다고 하는데, 개혁개방 이후 그 사찰 내의 일부 건물들을 개조하여 용정차실(龍井茶室)을 내어 운영해오고 있었다.

당시 용정사(龍井寺) 내의 용정차실(龍井茶室)은 항저우(杭州)시정부의 '원림문물국(園林文物局)'에서 관리하고, '항저우어명차엽공사(杭州御茗茶葉公司)'가 운영한다고 했는데, 실내뿐만 아니라 사찰의 마당에도 탁자와 의자들을 배치해놓고 일부 음식들과 함께 음용할 수 있는 용정차(龍井茶)를 파는 영업을 하고 있었다. 용정차(龍井茶) 잎을 전문적으로 판매하는 매장이 아니니, 진열장에는 차(茶)를 마시며 곁들이는 주전부리인 과자나 견과류들과 차 도구들은 진열해놓고 있었는데, '용정차(龍井茶) 잎'은 보이지 않았다. 종업원에게 용정차(龍井茶) 잎은 어디서 구매할 수 있느냐고 물으니 총경리(總經理)를 불러내는데, 깐깐하게 생긴 중년 여성이 나오면서 필자와 필자의 아내를 번갈아 훑어보면서 지금 나온 차들은 청명절(淸明節) 이전에 채취한 '명전차(明前茶)'라 비싸다고 하며, 종업원에게 차를 가져오도록 한다. 안쪽의 창고 같은 공간에서 무슨 옛날 밀가루 포대처럼 생긴 베로 만든 자루를 들고나오는데, 총경리(總經理)가 묶여 있는 포대 자루의 끈을 풀어 고소한 특유의 향이 풍기는 녹색의 찻잎을 보여주며 부근의 산상에서 재배한 최고의 차(茶)라고 자랑을 한다. 중국차(茶)를 마시면 밤에 잠이 잘 오지 않는다고 하니, 순한 '명전(明前) 용정차(龍井茶)'는 그럴 리가 없을 것이라고는 하는데, 시행착오의 염려도 있고 아내도 중국차(茶)를 별로 좋아하지를 않아 한 근(斤)만을 사기로 했다. 종업원이 차(茶)잎을 저울에 올려 근(斤)을 달면서 한 근에 다다를 때쯤 찻잎을 세듯이 올렸다 내렸다 하면서 정확하게 한 근을 맞추어 달아낸다. 귀한 차라서 그런 것도 있겠지만, 계산이 정확한 사람들이라는 것을 느끼게도 했다. 옛날 한약방에서 한지(韓紙)에 첩약을 포장하듯, 노란 속지가 있는 크라프트지를 사용해서 전통적인 방식으로 찻잎을 포장하여 끈으로 묶어내는 걸 보면서 좀 허술하다는 생각이 들기도 했지만, '겉모양보다는 내용을 더 중요시 여기는 중국다운 모습이 아닌가!' 하는 긍정을 하면서 필자 자신도 모르게 고개가 끄덕여졌다. 용정차실(龍井茶室)의 그 총경리(總經理)는 용청사(龍井寺) 주변의 차밭에서 재배되는 차를 생산, 판매하는 '항저우어명차엽공사(杭州御茗茶葉公司)'의 동사장(董事長: 이사장)을 겸직하고 있었다.

용정차실(龍井茶室)의 총경리(總經理)가 용정차(龍井茶)를 한잔 마셔볼 것을 권하여 잡아주는 자리에 앉으니, 찻잎을 넣은 유리로 된 찻잔에다가 보온병의 뚜껑을 눌러 용청사(龍井寺)와 용정차(龍井茶)의 이름을 만들어 내게 한 용청사(龍井寺) 옆에 있는 옹달샘으로 아무리 가물어도 마르지 않는다는 석회암석에서 솟아 나오는, 순한 단맛이 나고 물맛 좋은 '용정천(龍井泉)'의 물을 끓여 보온했다는 뜨거운 물을 부어준다. 순간 동양난 향과도 같은 청순한 차향을 풍기며 찻잎들이 찻잔 위로 떴다가 서서히 가라앉으면서부터 우러나기 시작하여 아름다운 맑은 녹색의 찻물이 만들어진다. 날을 샐 각오를 하고 음용을 했는데, 부드럽고도 고소한 맛과 개운한 뒷맛이 그간 마셨던 다른 녹차들과는 차원이 다르다는 것을 느낄 수가 있었다. 적지 않은 양을 마셨는데 속 쓰림이나 불면의 현상도 나타나지 않았다. 그 이후 항저우(杭州)의 시후(西湖)에 들릴 일이 생길 때 기회가 되면 용정사(龍井寺)의 용정차실(龍井茶室)을 찾아가곤 했었다.

　항저우(杭州)를 방문했을 때 언젠가 이른 봄에 총경리(總經理)의 안내로 용정사(龍井寺) 뒷산의 산상으로 올라가 차밭을 관찰한 적이 있는데, 아직은 추운 기운이 남아 있었는데도 차(茶)나무의 가지마다 그 사이에서 작설(雀舌) 모양의 싹들이 올라오고 있었다. 청명절(淸明節)은 매년 4월 5일경이지만, 기온의 상태에 따라 3월 10일 전후로 양광(陽光)이 잘 드는 산상의 높은 곳에 있는 차(茶)밭에서부터 용정차(龍井茶)의 차(茶) 싹이 올라오기 시작한다고 하여 좀 의아하기는 했지만, 다산(茶山)들의 고도가 별로 높지를 않아 평지와의 기온 차가 별로 없어 그렇겠거니 하며 고개를 끄덕였는데, 힘 있게 올라온 기(氣)가 서려 있는 그 한 촉 한 촉의 싹들을 손으로 일일이 채취한다고 한다. 봄의 전기(前期)에는 매일 또는 하루 걸러서 채취를 하고 봄의 중후반기 이후부터는 며칠에 한 번씩 채취한다고 하며, 한 해에 30차례 전후로 채취를 한다고 한다. 한 촉에서 1~2개의 작설(雀舌)모양의 잎이 움틀 때 채취한 찻잎들을 대나무 채반에 깔아놓고 한나절 정도 햇빛에 말려서, 실내로 들여와 얇게 펴서 8~10시간정도 더 널어두었다가 불에 달구어진 솥 바닥에 비벼서 덖어내면 차가 완성된다고 한다. 솥의 열을 알맞게 맞춰서 수공(手工)으로의 여러 수법(手法)의 과정을 거쳐서 타지 않도록 잘 덖어내는 일은 숙련이 필요하고도 여간 힘든 일이 아니라고 하는데, 근래 들어서는 노동의 강도를 줄이면서 효율을 제고하기 위해 덖어내는 공정을 재래식으로 손으로 비벼 덖는 것과 같은 성능(性能)을 발휘하는 공법을 연구 개발하여 기계화하고 있는 추세라고 한다.

　용정차(龍井茶) 이야기가 길어졌는데, 나머지 항저우(杭州)의 이야기를 이어가고자 한다.

첸탕장(錢塘江) 파도와 징항대운하(京杭大運河)

  저장성(浙江省)의 북부 지역과 안후이성(安徽省)의 남부 지역에서 각각 흘러내려 온 두 하류(河流)가 합류하면서 항저우(杭州)로 들어와 98㎞를 더 흘러서, 그러니까 총 약 580㎞나 흘러서 항저우만(杭州灣)의 바다로 유입하는 첸탕장(錢塘江: 전당강)은 참으로 기이(奇異)한 강(江)이다. 항저우만(杭州灣)의 첸탕장(錢塘江) 하구(河口)부터 항저우(杭州) 사이의 첸탕장(錢塘江) 하류(下流) 구간에서 큰 파도(波濤)와 해일(海溢)이 일어나는 '첸탕장대조(錢塘江大潮: 전당강에서 나타나는 대조 현상)'라고 하는 대자연의 현상이 나타나는 것이다. 항저우만(杭州灣) 외구(外口)의 폭은 약 100㎞나 되지만, 내구(內口)의 폭은 점점 좁아지는 형태를 이루다가 수 킬로미터밖에 되지 않는 첸탕장(錢塘江) 하구(河口)로 이어져 있는데, 그 항저우만(杭州灣)의 모양이 마치 거대한 나팔처럼 특이하게 생겼다. 바다는 달의 '기조력(起潮力) 작용'에 의해 하루에 두 번씩 조석수(潮汐水)가 발생하지만, 태양과 달이 지구와 일직선을 이룰 때인 음력 매월 1일과 15일 전후로는 그 기조력(起潮力) 작용이 커져 큰 조석수(潮汐水)가 발생한다고 하는데, 그럴 때 태평양의 먼바다로부터 항저우만(杭州灣) 외구(外口)로 끌려 들어온 큰 조석수(潮汐水)가 나팔의 입처럼 점점 좁아지는 항저우만(杭州灣) 내구(內口)를 통해 밀려들어 와서 상대적으로 더 좁아진 병(甁)목같이 생겼으며 하상(河床)이 갑자기 높아진 '첸탕장(錢塘江) 하구(河口)'로 몰려 역류(逆流)하면서 강을 뒤집어엎는 것 같은 대단한 기세(氣勢)의 큰 파도와 해일(海溢)을 일으키며 첸탕장(錢塘江) 하류(下流) 구간을 지나간다고 하니, '천하의 기이(奇異)한 장관(壯觀)'이 아닐 수 없다. '첸탕장대조(錢塘江大潮)' 현상은 기조력(起潮力) 작용에 의해 주기적으로 발생한다고 하는데, 항저우

(杭州) 지방에 부분월식 현상이 나타난 2012년 6월 5일(음력 4월 16일) 발생했다고 하는 보기 드물게 나타난 초대형의 첸탕장대조(錢塘江大潮) 현상처럼 예측 밖의 경우도 있다지만, 매년 음력 8월 15일 중추절(仲秋節) 전후로는 어김없이 큰 조석수(潮汐水)가 발생하여 큰 파도를 몰고 첸탕장(錢塘江) 하류(下流) 구간인 98㎞나 되는 '항저우단(杭州段)'을 지나간다고 한다. 항저우(杭州) 시민들은 한(漢)나라 때부터 지금에 이르기까지 매년 음력 8월 18일이 되면 첸탕장(錢塘江)이 내려다보이는 언덕으로 구름처럼 몰려 '첸탕추조(錢塘秋潮: 전당강에서 중추절에 나타나는 조석수 현상)'라고 하는 '첸탕장대조(錢塘江大潮)의 장관(壯觀)'을 구경해오고 있다고 하는데, 송(宋)나라 시인 소동파(蘇東坡)는 '첸탕추조(錢塘秋潮)'를 관람하고 나서 '팔월십팔조, 장관천하무(八月十八潮, 壯觀天下無: 8월 18일의 조석수는, 천하에 없는 장관이다)'라며 읊었다고 한다.

첸탕장(錢塘江) 하류(下流)의 '항저우단(杭州段)'에는 첸탕장대조(錢塘江大潮)를 관람할 수 있는 명소들이 있다고 하는데, 그중 시후(西湖)에서 남쪽으로 3㎞쯤 떨어져 있는 군산(群山) 속에 첸탕장(錢塘江)이 내려다보이는 '월륜봉(月輪峰)'이라는 낮은 산봉우리에 웅장하게 솟아 있는 '육화탑(六和塔: 류허타)'이라는 관광 명소가 있다. 항저우(杭州) 중심과 27㎞ 떨어져 있는 항저우(杭州)의 국제공항인 '샤오산(蕭山: 소산)비행장'에서 시후(西湖) 방향으로 들어가는 길에 '첸탕장(錢塘江)대교'를 건너 좌측(서쪽) 방향으로 700m쯤 지나가다 보면 첸탕장(錢塘江)변의 군산(群山) 속으로 바라보이는 그 육화탑(六和塔)은, 항저우(杭州)에 도읍을 두고 있던 오월(吳越)나라의 마지막 왕인 전숙(錢俶)이 북송(北宋)시대인 970년 '성난 첸탕장(錢塘江)의 파도(波濤)'를 불심(佛心)으로 진정시키기 위해 세웠었다고 하는 첸탕장대조(錢塘江大潮)와 관련이 있는 불탑(佛塔)이다. 불교의 계율(戒律)인 '6화경

(六和敬)'에서 따서 탑의 이름을 지었을 것으로 추측되며 중국 고(古)건축예술의 걸작이라고 하는 고풍스러운 그 육화탑(六和塔)은 처음에는 9층으로 세운 탑이었다고 하는데, 1121년 병화(兵火)로 파괴된 후 중수(重修)되었다가 남송(南宋)시대인 1163년 7층탑으로 중건(重建)되어진 이후 중수(重修)되거나 보수(補修)되어 내려오면서, 내부는 벽돌로 쌓은 7층 구조 그대로, 외부는 목재누각형의 8면 13층 모양으로 중수(重修)되어진 59m 높이의 지금의 모습대로 보존되어 개방되고 있다. 나선식 계단을 따라 탑 속으로 걸어 올라갈 수 있도록 되어 있는데, 상층으로 올라갈수록 점점 좁아지지만 각 층마다 모양이 같은 외벽, 회랑, 내벽, 내실의 구조로 되어 있다. 각 층에는 건륭황제가 1751년 남순 때 제자(題字)했다고 하는 각기 다른 글귀의 편액이 걸려 있고, 불좌(佛座)가 있는 각 층의 벽면에는 모란, 연꽃, 석류 등 화훼(花卉)들과 봉황, 공작 등 비금(飛禽)들, 사자, 기린 등 금수(禽獸)들, 선자(仙子) 등 인물(人物)들 등이 벽돌에 도안되어져 조각(彫刻)된 생동감 있는 송(宋)나라시대의 골동 미술 작품들이 부착되어 있는 등 볼거리들이 있지만, 그보다는 탑 속에서 밖으로 바라보이는 군산(群山)들과 탑 속에서 밖으로 내려다보이는 '첸탕장대교(錢塘江大橋)'와 어우러져 있는 첸탕장(錢塘江) 주변의 풍광이 더 장관이다. 첸탕장(錢塘江)이 내려다보이는 월륜봉(月輪峰)의 그 육화탑(六和塔)을 몇 번 오른 적이 있는데, 아쉽게도 타이밍이 맞지를 않아 첸탕장대조(錢塘江大潮)를 실감할 수 없어 아쉽기는 했지만, 잔잔하게 1km 정도의 폭으로 길게 흐르는 첸탕장(錢塘江)을 내려다보면서 멀쩡한 날에 천군만마(千軍萬馬)가 뛰어오르는 기세(氣勢)로 혼탁한 파도(波濤)를 일으키면서 10만 대군의 군성(軍聲)과 같은 우레와 같은 굉음(轟音)을 내며 지나간다고 하는 첸탕장대조(錢塘江大潮)의 모습을 상상하니 '천하의 기이(奇異)한 장관(壯觀)이 아닐

수 없겠구나!' 하는 생각이 들기는 했다. 항저우(杭州)시정부는 첸탕장(錢塘江)이 내려다보이는 군산(群山) 속의 '월륜봉(月輪峰) 육화탑(六和塔)'을 관광 명소로 선정하여 '육화청도(六和聽濤: 육화탑에서 파도 소리를 듣다)'라는 이름을 지어 첸탕장대조(錢塘江大潮)를 홍보하며 국내외 관광객을 불러 모으고 있다.

항저우(杭州)는 지금은 첸탕장(錢塘江)과도 연결되어 있는 '징항대운하(京杭大運河: 경항대운하)'의 남쪽 기점(起點)이 있는 곳이다. 중국의 주요 강(江)들은 대개 서쪽의 높은 지대에서 낮은 지대인 동쪽 등의 방향으로 흐르지만, 징항대운하(京杭大運河)는 주로 평원 지역을 지나면서 지형에 따라 남에서 북으로 또는 북에서 남의 방향으로 흐르면서, 남단(南端) 항저우(杭州)에서부터 북단(北端) 베이징(北京)에 이르기까지 남북으로 1,794 km나 연결되어 있다. 중국의 대운하(大運河)는 춘추시대 오(吳)나라 때인 기원전 486년부터 군사 목적으로 파여지기 시작하여, 수(隋)나라시대에는 경제적인 목적으로 건설을 확대하여 뤄양(洛陽)을 관통시키고 베이징(北京)의 줘쥔(涿郡: 착군)에 이르기까지 기본적인 건설을 완성했다고 하는데, 그 이후로 당나라, 송나라, 원나라, 명나라, 청나라에 이르기까지 수로를 변경하기도 하고 대규모로 보수 또는 확대하여 건설하기도 하면서 운용되어 내려오면서 지금의 징항대운하(京杭大運河)가 형성되었다고 한다. 중국의 남북 지역 간, 특히 운하 주변 지역들 간의 경제와 문화를 교류시켜 중국을 발전시키는 데 크게 기여했다고 하는, 고대(古代) 화물 운송의 대동맥이었던 징항대운하(京杭大運河)는 남단(南端) 항저우(杭州)에서부터 항자후(杭嘉湖)평원의 자싱(嘉興), 후저우(湖州) 등 저장성(浙江省)을 지나 장쑤성(江蘇省)의 쑤저우(蘇州), 우시(無錫), 전장(鎭江)을 거쳐 창장(長江)

을 관통하고 양저우(揚州)를 지나 화이허(淮河)를 관통하고 산둥성(山東省)으로 들어가 황허(黃河)를 관통하고 톈진(天津)과 허베이성(河北省)을 지나 고대(古代) 베이징(北京)의 동대문이라고 하는 북단(北端) 퉁저우(通州: 통주)로 연결되어 있다. 대운하(大運河)는 1911년 철도가 개설되면서부터 쇠락하기 시작했지만, 500톤급선박의 운항이 가능한 징항대운하(京杭大運河)의 '항저우(杭州)-쑤저우(蘇州) 단(段)'에서는 객선(客船)이 운항되고 있고, 2002년부터는 징항대운하(京杭大運河)의 창장(長江)에서부터 산둥성(山東省)과 허베이성(河北省)까지의 구간을 복구하여 '남수북조(南水北調)' 공정의 일부분으로 창장하류(長江下流)의 물을 산둥(山東)과 허베이(河北) 지방으로 끌어들여 사용하도록 하는 '동선(東線) 공정'의 중요 통도(通道)로 이용되고 있다고 한다. 2014년 9월부터는 징항대운하(京杭大運河)의 '톈진(天津)-베이징(北京) 단(段)'의 복원 공사를 시작하여, 톈진(天津)의 우칭(武淸)에서부터 허베이성(河北省)의 랑팡(廊坊: 랑방)을 거쳐 베이징(北京)의 퉁저우(通州)에 이르기까지의 구간을 복원하여 2020년 통항시키고, 2021년 6월부터는 그 일부 구간에서 관광객선(觀光客船)을 운항하고 있다고 한다. 2022년 4월 28일부터는 항저우(杭州)에서 베이징(北京)에 이르는 1,794㎞ 전 구간을 복원, 개통했다고 한다.

33.
자싱(嘉興)과
닝보(寧波)를 들여다보다

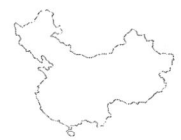

자싱(嘉興)의 김구(金九) 선생 발자취와 한국타이어공장 이야기

　저장성(浙江省)의 북단에 위치해 있는 자싱(嘉興: 가흥)은 항저우만(杭州灣)의 북쪽 연안에서 서남쪽으로는 항저우(杭州)와 접해 있고, 동북쪽으로는 상하이(上海)와 경계를 이루고 있는 저장성(浙江省) 관할의 지급시(地級市)다. 창장삼각주(長江三角洲) '항자후(杭嘉湖)평원'의 한복판에 위치해 있는 강남수향(江南水鄕)의 어미지향(魚米之鄕)인 자싱(嘉興)도 쑤저우(蘇州)나 마찬가지로 상하이(上海)의 생활권에 속해 있는 도시다. 그 자싱(嘉興)에는 김구(金九) 선생의 발자취가 배어 있는 곳이 있다. 상하이(上海)에서 활동하던 임시정부 요인들이 1932년 4월 29일 윤봉길 의사의 홍구(虹口)공원 거사 이후 강화된 일제의 포위망을 피해 그 근거지를 항저우(杭州)로 옮겨 1935년 11월 전장(鎭江)으로 이동할 때까지 항저우(杭州)에서 활동하게 되는데, 일제에 의해 거액의 현상금이 걸린 김구 선생과 일부 임시정부 요인들의 가족들은 자싱(嘉興)으로 숨어 피난 생활을 했다고 한다. 자싱(嘉興)시정부에서는 당시 김구 선생의 모친 등 가족들과 이동녕 선생 가족들 등 임정 요인 가족들이 머물렀던 거주지와 김구 선생이 은신해 있었던 피난처(避難處)를 복원하여 개방해오고 있다.

당시 장제스(蔣介石) 국민당 정부의 보호를 받고 있던 김구 선생은, 중국국민당 정부의 지시를 받은 자싱(嘉興)의 유지(有志)인 '중화민국국회 중의원(國會衆議院)부의장', '저장성(浙江省)정부 민정청장(民政廳長)' 등을 역임하고 항일투쟁 활동을 벌이고 있던 주푸청(褚輔成: 저보성)의 도움으로 1932년 5월 자싱(嘉興) 소재의 '수륜사창(秀綸紗廠)'이라는 폐(閉)공장에 잠시 피신해 있다가, 매만가(梅灣街) 남호(南湖)변에 위치해 있으며 용이하게 탈출할 수 있는 구조로 되어 있는 주푸청(褚輔成)의 수양아들 천퉁성(陳桐生: 진동생)의 주택 2층으로 옮겨 은신해 있었다고 한다. 자싱(嘉興) 시정부가 전시해놓은 김구 선생의 그 피난처를 들여다봤는데, 위급상황이 발생하면 배를 이용해 탈출할 수 있도록 방 귀퉁이에 수로(水路)로 연결되어 있는 통로를 만들어 위장시켜놓은 뚜껑식의 덮개를 바라보면서 급박했던 당시의 상황을 느낄 수 있었다. 김구 선생의 체포를 위한 일제의 포위망이 좁혀지자 주푸청(褚輔成)은 자신의 며느리 주자루이(朱佳蕊: 주가예)로 하여금 김구 선생을 하이옌(海鹽: 해염)현 남북호(南北湖)변의 외진 위치에서 호수로 둘러싸여 있는 주자루이(朱佳蕊) 친정 소유의 별장인 '재청별서(載靑別墅)'에서 피신할 수 있도록 데려다주도록 하여, 그 재청별서(載靑別墅)에서 6개월여 동안 머물도록 했다고 하는데, 자싱(嘉興) 시정부는 김구 선생이 숨어 지냈던 하이옌(海鹽)의 재청별서(載靑別墅)도 복원하여 개방하고 있다고 한다.

김구 선생이 재청별서(載靑別墅)에서 머물다가 다시 매만가(梅灣街)로 돌아온 이후로도 일제의 감시가 날로 더 심해지자 1933년 여름 주푸청(褚輔成)은 부인 최순례 여사와 1924년 1월 상하이(上海)에서 사별한 이후 홀로된 김구 선생의 의중을 타진하여 안전하게 피신할 수 있도록 20세의 처녀 뱃사공 주아이바오(朱愛寶: 주애보)를 부부(夫婦)인 것처럼 맺어 주었는바, 57세의 김구 선생은 광둥인(廣東人) 장진구(張震球)라는 위장된 이름으로 범선(帆船)을 타고 주아이바오(朱愛寶)의 도움을 받으면서 약 3년의 세월 동안 호수(湖水)와 수로(水路)들을 떠돌며 일제의 추격을 피하게 되는데, 열악한 선상(船上) 생활의 고생스러운 불편함이야 독립투사의 의지로서 참아낼 수 있었다 해도 쫓기는 불안함이야말로 잠재우기가 어려웠을 것이라는 생각이 든다. 위태로움 속에서 어찌 감상에 젖을 여유로움이 있었겠냐만, 그래도 시시각각으로 변화하며 눈에 들어오는 수로변의 아름다운 강남수향의 경치들이 있고, 곁에서 도움을 주는 꽃다운 여인의 손길이 있었으니 그나마 시름을 달랠 수는 있었으리라는 당해보지 않은 상상을 해본다. 필자가 상하이(上海)에 있을 때 저자(著者)로부터 몇 권 보내왔다고 하는, '김구 선생의 자싱(嘉興) 피난기(避難紀)'라는 부제가 달려 있는 『선월(船月: 촨웨)』이라는 장편소설 책을 동료를 통해 한 권 받은 적이 있다. '자싱(嘉興)일보(日報)'의 기자인 샤녠성(夏輦生: 하련생)이라는 작가가 김구 선생에게 누(累)가 되지 않도록 세심한 배려를 하며 썼다고 하는 장편소설인데, 자싱(嘉興)의 아름다운 남호(南湖: 난후)와 그 주변 수로(水路)에서의 긴박한 김구 선생의 피난 생활을 배경으로 하고 주아이바오(朱愛寶)를 주인공으로 하여 주아이바오(朱愛寶)를 '선(船: 배)'으로, 김구 선생을 '월(月: 달)'로 묘사하여, 이루어질 수 없고 이루어지지 않은 애틋한 사랑 이야기를 담은 소설이다. 백범일지에서 김구 선생도 주아이바오(朱愛寶)와는 부부와 유사(類似)한 관계였다고 했고, 김구 선생이 일본군의 난징(南京) 침공을 피해 1937년 가을 난징(南京)에서 창사(長沙)로 떠날 때 난징(南京)의 회청교(淮淸橋) 부근에서 1936년 봄부터 고물상으로 위장한 신분으로 지내면서 동거했던 주아이바오(朱愛寶)를 자싱(嘉興)으로 보내면서 뒷날을 기약할 수 있을 줄 알고 넉넉히 돕지 못한 것이 유감천만(遺憾千萬)이라고 했듯이, 어찌 기약 없는 소설 속에서만의 러브 스토리였겠는가. 인생의 태어남은 숙명적이기는 하지만, 비록 태어난 환경이 뱃사공의 일을 할 수밖에 없는 가난한 집안의 처녀였을지언정 누구나 태어나면서부터 갖게 되는 '사랑을 받으며 행복하게 살고자 하는 욕망의 권리'마저 없었던 것은 아니었을지니 꽃다운 나이의 한 여인 주아이바오(朱愛寶)도 그 권리를 누리고자 했을 것임은 인지상정이 아니었겠는가. 입장은 서로가 다를 수도 있겠지만, 약 4년 동안이나 좁디좁은 한 공간에서 함께 생활하며 싹튼 감정을 억누르고 연인 곁을 떠나야만 했던 주아이바오(朱愛寶)의 마음을 누가 알겠느냐만, 행복을 꿈꾸며 기약도 없는 다시 만날 날을 기다리며 살아야 했던 주아이바오(朱愛寶)의 심정은 또 누가 알리오. 김구 선생은 일본이 패망한 후 1945년 11월 충칭(重慶)을 출발하여 상하이(上海)를 거쳐 귀국길에 올랐다고 하는데 김구 선생 외에는 깊은 그 사연을 알 길은 없으되, 상하이(上海)에서 지척(咫尺)의 위치에 있는 자싱(嘉興)에서 애타게 기다리고 있을, 생명을 지켜준 은인이기도 한 주아이바오(朱愛寶)를 만나지도 못한 채 귀국했다고 알려져 있다. 안타깝게도 1949년 6월 안두희의 흉탄에 의해 김구 선생이 서거하게 되면서 주아이바오(朱愛寶)에 대한 행적은 알 길이 없어졌다고 하는데, 『선월(船月)』이라는 소설 속에 그 주아이바오(朱愛寶)가 주인공으로 등장하여 독자들에게 연민(憐憫)의 정을 느끼게 하지 않았나 한다.

자싱(嘉興)에는 김구 선생이 하염없이 떠다니기도 했었을, 『선월(船月)』이라는 소설 속에서도 나오는 '남호(南湖: 난후)'라는 아름다운 호수(湖水)가 있다. 그 남호(南湖)는 건륭황제도 남순(南巡) 때 배를 띄워놓고 아름다운 경치를 감상하며 유람했던 곳이라고 한다. 남호(南湖)는 마오쩌둥(毛澤東) 등 중국공산당 창당 발기인들이 1921년 7월 상하이(上海)에서 비밀리에 회의를 개최하다가 여의치 않자 상하이(上海)를 피해 자싱(嘉興)으로 옮겨 1921년 8월 배를 띄워놓고 선상(船上)에서 중국공산당 제1차 전국대표대회를 개최하고 '중국공산당 성립'을 선포했던 곳이기도 하다. 1932년 상하이(上海)를 떠나온 우리 임정 요인들도 일제의 포위망을 피해 자싱(嘉興)의 그 남호(南湖)에 배를 띄워놓고 선상에서 국무회의를 개최하기도 했다고 한다.

자싱(嘉興)은 투자 환경이 상대적으로 우세한 인근의 쑤저우(蘇州) 등 장쑤(江蘇) 지역들에 비해 당시 진출해 있는 우리 기업들이 별로 없어 업무적으로 드나들 일도 별로 없었다. 자싱(嘉興)시정부가 외자 기업의 투자 유치를 위해 경제개발구를 조성하여 우대 조건을 부여하는 등 노력을 기울이는데도 불구하고 당시 진출해 있는 우리 기업들은 드물었었지만, 우리의 한국타이어가 자싱(嘉興)경제개발구에 진출하여 성공한 사례가 있다. 필자가 베이징(北京)에 있었을 때 한국타이어가 투자하는 기업의 공장 건설 기공식에 참석한 적이 있었는데, 그때의 이야기부터 시작하고자 한다.

1996년 11월 7일 베이징(北京)을 출발하여 상하이(上海) 홍차오(虹橋)공항을 거쳐 자싱(嘉興)으로 들어가 만찬 행사에 참석하고 나서, 다음 날 자싱(嘉興)경제개발구에서 진행하는 기공식에 참석한 후 항저우(杭州)의 시후(西湖) 등을 시찰하고 항저우(杭州)공항을 거쳐 상하이(上海)로 들어갔다가 11월 9일 상하이(上海)와 쑤저우(蘇州)를 시찰하고 늦은 오후 시간에 상하이(上海) 홍차오(虹橋)공항을 출발하여 베이징(北京)으로 돌아왔다. 1996년 11월 7일 저녁 호텔 내 중식당의 아늑한 룸에서 중국 상무부(商務部) 처장, 저장성(浙江省) 외사판공실 부주임, 자싱(嘉興)시서기, 자싱(嘉興)시장 등과 함께 화기애애한 분위기 속에서 한국타이어 사장이 초청하는 만찬에 참석을 하고 나서 다음 날 아침 일행들과 함께 호텔을 출발하여 행사장 입구에서 하차를 하니 유니폼을 입은 천진스러운 학생들이 수십 미터에 이르는 임시로 만든 행사장 진입로 양편에 도열하여 양손에 쥔 호화로운 종이꽃을 올려 들고 흔들며 "열렬환영(熱烈歡迎: 러레환잉)! 열렬환영(熱烈歡迎)!"을 외치는데, 우쭐한 기분이 들기보다는 민망스럽기도 하고 고맙기도 하고, 그저 미안한 마음이 들기도 했다. 허허벌판에 차려놓은 단상에 올라서니 단하에 수많은 인원들이 집합되어 있어 행사장의 열기를 느낄 수가 있었다. 행사 말미에는, 주변의 바닥에 깔아 놓고 한참 동안이나 터트리는 요란한 폭죽 소리와 함께 번쩍거리며 피어오르는 연기가 만추(晚秋)의 행사장 하늘을 뒤덮고 퍼지며 허허벌판을 훈훈하게 달구어내기도 했는데, 당시의 그 열기는 바로 자싱(嘉興)시 정부가 벌이는 외자 기업 투자 유치 열기의 한 단면이었다고 본다. 중국의 곳곳에서 우리 기업들이 거행하는 기공식이나 준공식 등 그러한 비슷한 행사장에 수없이 참석을 했지만 당시 자싱(嘉興) 한국타이어투자기업의 기공식은 특별한 열기가 있어 그 기억이 아직도 생생하다. 그 이후 그 공장은 성장을 거듭하면서 자싱(嘉興)시의 소득 증대에 기여를 해오던 중 2004년 5월에는 후진타오(胡錦濤) 주석이 방문하여 격려를 하기도 했는데, 한국타이어공장을 후진타오(胡錦濤) 주석의 방문지로 선정한 것은 한·중 양국 간의 관계를 고려한 점도 있었겠지만, 세금을 납부하여 중국 국가 재정에 도움을 줄 뿐만 아니라 연관 기업들을 성장시키고 고용을 증대시키는 등 중국 경제발전에 도움을 주고도 있기 때문이었을 것이다. 그런데 중국이 근래에 들어서는 좀 달라진 것 같다. 도탄에 빠져 있던 중국을 구해낸 덩샤오핑 시대로부터 장쩌민 시대에 이어, 성장에 브레이크를 밟으며 조화로운 사회 건설 정책을 추진한 후진타오 시대 때까지만 해도 외자 유치의 열기를 느낄 수 있었는데, 속도를 줄이는 정도라면 괜찮겠지만 시진핑 시대에 들어서 정권 연장이나 정권 안정에 비중을 두고 있어서 그런지는 몰라도 사드 보복을 한다거나 대만을 위협하는 등의 사례들을 보면서 투자 열기가 식어가는 것 같아 안타깝다는 생각이 들기도 했다.

친산(秦山) 핵(核)발전소와 우리의 원전 정책에 대하여

자싱(嘉興)시 관할 지역인 항저우만(杭州灣) 북쪽 연안에 위치해 있는 하이옌(海鹽: 해염)현의 '친산(秦山: 진산)'이라는 동네에는, 1985년 중국 최초로 착공하여 1991년부터 가동을 시작한 중국 최대의 원자력발전기지가 있다. 한국수력원자력으로 분리되기 전 우리 한국전력공사 기술진들이 운전 등에 대한 기술을 지원한 바 있으며 중국 자체적으로 설계했다고 하는 그 친산(秦山)원자력발전소를 2001년 7월 15일 한국전력공사 간부들과 함께 방문하여, 언덕에 올라서서 주변의 풍광과 어우러져 있는 웅장한 발전소의 외관을 내려다본 적이 있다. 중국의 전력(電力)은 주로 석탄에 의한 화력발전에 의존해오면서 재생에너지를 개발하는 등 탄소중립의 노력으로 석탄발전소를 줄여나가고는 있지만, 2020년 기준으로 총 전력 생산량 68,930억kW/h 중 석탄에 의한 전력 생산량이 43,130억kW/h나 되어 62.5%를 차지하고 있고, 원자력에 의한 전력 생산량은 49

기의 원자력발전소에서 3,310억kW/h를 발전하여 중국 총 전력 생산량의 4.8%를 차지하고 있는데, 그중 그곳 친산(秦山)의 9기의 원자력발전소에서 약 500억kW/h의 전력을 생산했다고 한다. 같은 기간 우리나라의 원자력에 의한 전력 생산량은 24기의 원자력발전소에서 1,601억kW/h를 발전하여 총 전력 생산량 5,521억kW/h 중 29.0%를 차지하고 있는데, 수치적으로 보면 중국의 원자력 전력 생산량이 우리나라의 원자력 전력 생산량의 두 배가 넘는다. 필자가 베이징(北京)에서 근무하고 있었을 당시, 우리가 중국 전력공업부(電力工業部)나 핵공업총공사(核工業總公司)의 지도자들과 협력 추진을 타진하는 협의를 할 때만 해도, 중국 정부는 원전을 보완적인 전력 생산의 수단으로 중국 전체 전력(電力) 생산량의 5% 정도를 목표로 하여 원자력발전소를 건설한다는 계획을 가지고 있다고 했었는데, 2020년에 이미 5%에 육박했고 2050년에는 8.9%를 목표로 하여 10,020억kW/h를 생산할 계획이라고 하니, 그러려면 2050년까지 지금보다 3배에 가까운 원자력발전소를 더 지어야 한다.

중국은 땅덩어리가 넓고 쓸모없는 땅도 많아 태양광발전이나 풍력발전 등 재생에너지의 개발을 늘려나갈 수 있는 여력이 있음에도 날로 증가하는 전력 수요에 대비하기 위해 원자력발전소도 늘려가고 있는 것이다. 우리는 뚜렷한 대안도 없이 우리 경제발전의 핵심적인 역할을 해온 원자력발전소를 축소하는 탈(脫)원전 정책을 추진했다가 되돌리면서 결국은 막대한 국고 손실과 혼란만을 초래했는데, 편향되지 않은 각계 전문가들의 의견을 바르게 경청하면서 주변 산업과 대외적인 협력에 미치는 파장이나 전력(電力) 부족으로 발생할 수 있는 여러 문제점들을 심도 있게 제대로 파악하여 분석하고 판단했어야 했다고 본다. 탈(脫)원전 정책 추진을 강행할 때는 참으로 안타까웠는데, 필자는 평소에 '우리의 현실적인 상황으로서 늘어나는 전력 수요에 대응할 방도(方道)로는, 획기적인 새로운 에너지가 개발되기 전까지는 상대적으로 안전하고 탄소중립을 실현하는 데도 걸림돌이 되지 않는 저비용 고효율의 경제적 청정 에너지인 원자력발전소를 늘려나가는 방안 이외에는 특별한 대안이 없다고 판단'하고 있었기 때문이다. 다만 우리 후대들을 위해 '핵(核) 안전' 문제만은 반드시 해결해내야 한다고 보는데, 정부 산하의 원자력 안전과 관련된 기구들을 개선하여 '핵(核) 안전'이라는 명분으로 원자력발전소의 건설을 아예 막아내려 하거나 발목을 잡는 업무들은 지양하도록 하되, 핵(核) 안전을 관리 감독하는 기능은 엄중하게 하고, 비용이 들고 시간이 걸리더라도 국제적인 협력도 추진하면서 방사성폐기물의 처리, 재처리 등 핵 안전 문제를 영구적으로 해결해내기 위한 연구 개발 업무는 더욱 강화해나가야 한다고 본다. 우공이산(愚公移山)의 정신으로 노력을 기울이면 핵(核) 안전의 문제는 언젠가는 해소될 수 있으리라고 본다. 국내 주요 기업들이 국내외 원전 시장을 겨냥해 추진하다가 탈(脫)원전 정책의 시행으로 인해 중단했던, 안전성이 뛰어나다고 하는 '소형모듈원자로(SMR)발전소의 개발'을 재개했다고 하니 다행이라는 생각이 드는데, 중국의 각 지역에서 계속 추진하게 될 원자력발전소 건설 사업들에 소형모듈원자로(SMR)를 개발하고 있는 우리 기업들이 참여할 수 있기를 기대해본다.

　전력 이야기가 길어졌는데 하나만 더 덧붙이고자 한다. 우리는 중국과는 달리 국토 면적도 좁을 뿐만 아니라 중국의 사막들처럼 방치되어 있는 땅도 없어 풍력이나 태양광 등 재생에너지를 개발할 수 있는 환경이 열악하기도 하고 간헐성의 전력으로 비효율적이기도 하지만, 그래도 그간 추진해온 풍력(風力)이나 조력(潮力), 태양광(太陽光) 등 재생에너지

개발 정책을 중단할 필요는 없다고 보는데, 태양 전지 모듈이나 집열판 등 시설물들의 무분별한 설치로 인해 경작할 수 있는 농지가 감소되거나 산사태 발생 등의 위험이 따르거나 금수강산의 미관을 해치는 등의 부작용들은 막아내야 한다고 본다.

국화차(菊花茶)와 사오싱주(紹興酒) 이야기

자싱(嘉興)에는 당나라시대부터 형성되어 이어져왔다고 하는 고전적인 강남수향(江南水鄕)의 전통 마을 '우전(烏鎭: 오진)'이 있는데, 중국 냄새가 물씬 풍기는 고풍스러운 고진(古鎭)이다. 타이후(太湖)의 남안(南岸)에 위치해 있는 그 우전(烏鎭)을 2002년 춘절 연휴 때인 2월 13일 가족과 함께 둘러본 적이 있는데, 상하이(上海)나 쑤저우(蘇州) 등지에 있는 고진(古鎭)들보다도 더 고전적인 동네라는 생각이 들었었다. 우전(烏鎭)에도 골동품들과 특산품들을 파는 가게들이 있었는데, 국화차(菊花茶)도 팔고 있었는바 잠시 그 국화차에 대해 알아보고 넘어가고자 한다. 중국의 식당들에서 식사를 주문하다 보면 언제나 말미에, 당연히 비용은 추가되지만 "어떤 차(茶)를 올릴까요?"라고 묻는데, 주로 우롱차나 녹차들을 선호하지만 필자가 정할 때는 주로 해열 작용도 하고 중추신경을 진정시켜 마음을 편안하게 해준다고 하며 순한 맛이 나는 '국화차(菊花茶: 쥐화차)'를 시킨다. 그 우전(烏鎭)을 관할하는 행정구역인 자싱(嘉興)의 퉁샹(桐鄕: 동향)시가 '항백국(杭白菊: 항바이쥐)'이라고 하는 중국 최고의 국화차(菊花茶)를 생산하는 원산지다. 자싱(嘉興)의 퉁샹(桐鄕)에서는 남송시대부터 '백(白)국화'를 재배하기 시작했다고 하는데, 그 지역에서 재배되어 말려 만든 '백(白)국화 차(茶)'가 항저우(杭州)를 통해서 판매되면서 항백국(杭白菊: 항바이쥐)이라는 이름이 지어졌다고 한다. 자싱(嘉興)의 퉁샹(桐鄉)에서는 지금도 백(白)국화를 대량으로 재배하고 있다고 한다. 자싱(嘉興) 퉁샹(桐鄉)에 소재해 있는 아름다운 강남수향(江南水鄉)의 전통 마을인 우전(烏鎭)에서는 중국 정부가 주관하는 '세계인터넷컨퍼런스(世界互聯網大會)'를 2014년부터 매년 가을 개최해오고 있다고도 한다.

    자싱(嘉興)을 지나 항저우(杭州)로 돌아서 닝보(寧波)를 향해 가다 보면, 항저우만(杭州灣) 남안의 위치에서 항저우(杭州)와 경계를 이루고 있고 항저우(杭州)의 생활권에도 속해 있는 강남수향(江南水鄉)의 어미지향(魚米之鄉)인 '사오싱(紹興: 소흥)'을 지나가게 된다. 춘추전국(春秋戰國)시대에 그 사오싱(紹興) 일대를 중심으로 월(越)나라가 탄생했다고 하는데, 그 지역에 '후이지산(會稽山: 회계산)'이 앉아 있다고 하여 수(隋)나라 초기까지는 '후이지(會稽: 회계)'라는 지명을 사용했었다고 하며, 그 이후부터는 '월주(越州)'라고 불러오다가 남송(南宋)시대에 이르러 고종(高宗) 조구(趙構)가 1130년 4월부터 월주(越州)에 머물면서 1131년 정월 '건염(建炎)'이라는 연호를 '소흥(紹興)'으로 바꾸고 나서 1131년 10월 월주(越州)를 소흥부(紹興府)로 승격시키면서부터 '사오싱(紹興: 소흥)'이라고 부르기 시작하여 지금에 이르고 있다고 한다. 고종(高宗) 조구(趙構)는 1132년 정월에 소흥부(紹興府)에서 임안부(臨安府)로 떠난다. 월(越)나라의 고도(古都)인 사오싱(紹興)은, 중국 고대(古代) 4대 미인(美人) 중 으뜸이라고 하는 '서시(西施)'의 고향이 있는 곳이며, 걸출한 중국 근대문학가 '루쉰(魯迅: 노신)'이 태어난 곳이기도 하다. 중국대륙의 최대 방직물 시장이 소재해 있는 고장이기도 하다. 하지만 사오싱(紹興) 하면 뭐니 뭐니 해도 자고이래로 중국의 전통술인 '사오싱주(紹興酒: 소흥주)'를 빚어오고 있는 '주향(酒鄕)'으로 알려져 있는데, 필자가 술을 좋아하는 편은 아니지만 그냥 넘어가기가 아쉬워 사오싱주(紹興酒)에 대한 이야기를 하고 넘어가고자 한다.

필자가 대만(臺灣)에서 머물고 있었을 당시에 대만에서도 사오싱주(紹興酒)를 양조(釀造)하여 팔고 있었는데, 그때 사교를 하면서 동절기에는 마른 매실(梅實)을 넣어 데워주기도 했던 독특한 향과 부드러운 맛이 있는 사오싱주(紹興酒)를 마실 때 사오싱주(紹興酒)에 대한 이야기를 듣곤 해서 사오싱주(紹興酒)에 대해 대충은 알고 있었지만, 그에 더해 사오싱주(紹興酒)에 대한 이야기를 이어가고자 한다.

사오싱주(紹興酒)는 춘추전국시대에 월(越)나라의 구천(句踐)왕에 의해 죽임을 당한 오(吳)나라 합려(闔閭)왕의 원수를 갚기 위해 와신(臥薪)을 해오던 합려(闔閭)왕의 아들 부차(夫差)의 공격을 받은 구천(句踐)왕이 후이지산(會稽山)에서 붙잡혀 죽음은 면했지만 굴욕을 당하며 상담(嘗膽)을 해오다가, 기회를 틈타 오(吳)나라를 공격하기에 앞서 부친의 고향을 찾아가 제주(祭酒)를 올리고 나서 그 술을 흐르는 하천에 부어 장졸(將卒)들에게 마시도록 하여 사기를 진작시켜 오(吳)나라를 무찔러 치욕을 씻었다고 하는 이야기 속에서도 나오듯, 이미 춘추전국시대에도 빚어 마신 '노주(老酒)'라고도 불리는 역사가 있는 사오싱(紹興) 지방의 전통주(傳統酒)다.

중국의 유명한 술들은 주로, 쌀, 보리, 밀, 조, 고량, 옥수수 등 곡물을 쪄서 누룩으로 빚어 발효시킨 후 증류(蒸溜)하여 숙성시켜낸 주도(酒度) 40~70도의 맑은 백주(白酒)들이지만, 사오싱주(紹興酒)는 찹쌀을 쪄서 누룩으로 빚어 발효시킨 후 걸러내어 증류하지 않고 숙성시켜낸 주도(酒度) 14~18도의 투명한 호박(琥珀)색의 중국의 대표적인 황주(黃酒)다. 영어로는 라이스 와인(Rice wine)이라고 하는데, 포도주처럼 요리를 할 때 사용하기도 한다. 중국의 여러 지방들에서도 황주(黃酒)를 양조해오고 있고 그 종류도 다양하지만 '사오싱황주(紹興黃酒)'는 후이지산(會稽山)의 지맥인 바오린산(寶林山: 보림산) 등으로부터 흘러나와 고인, '주(酒)의 혈(血)'이라고도 불리며 술을 발효시키는 데 유효한 성분이 풍부하다고 하는 '젠후(鑑湖: 감호)'의 맑은 물로 빚어 특별한 맛이 난다고들 자랑하는 술이다. 부촌(富村)인 사오싱(紹興) 지방에서는 옛날 언젠가부터 집안에서 아이를 낳으면 술을 빚어 술독을 마당가에 묻어두었다가 아들이 과거에 급제를 하거나 딸이 시집을 갈 때 꺼내어 잔치를 벌이는 관습이 있었다고 하는데, 그래서 그 술을 '장원홍(壯元紅: 쾅위안홍)' 또는 '여아홍(女兒紅: 뉘얼홍)'이라고 부르기 시작했다는 이야기도 있고, 사오싱황주(紹興黃酒)를 빚어 발효시켜 걸러서 숙성시키는 자기(瓷器)로 된 술독들에 꽃처럼 화사한 그림들이 조각되어 있다고 하여 '화조주(花雕酒: 화댜오주)'라고 불렀다는 이야기도 있다. 지금도 그 이름들을 붙이기도 하여 사오싱황주(紹興黃酒)를 만들어 팔기도 한다. 사오싱(紹興)지방에서는 장원홍(壯元紅), 화조주(花雕酒)라는 이름을 붙여 사오싱황주(紹興黃酒)를 만들어 팔고 있고, 대만(臺灣)에서도 '화조(花雕)'라는 이름이 들어 있는 '일반 사오싱주(紹興酒)'를 비롯하여 '여아홍(女兒紅)', 5년 이상 숙성된 '진년(陳年) 사오싱주(紹興酒)' 등의 이름을 붙여 사오싱황주(紹興黃酒)를 팔아오고 있다. 사오싱주(紹興酒)의 고장 사오싱(紹興) 지방에서 생산되고 있는 사오싱황주(紹興黃酒)에는 당(糖) 함량이 가장 낮은 대표적인 '전통 사오싱황주(紹興黃酒)'이자 '장원홍(壯元紅)'이라고도 하는 '원홍주(元紅酒)'를 비롯하여, 물 대신 원홍주(元紅酒)로 빚은 '선양주(善釀酒)', 술지게미를 발효시켜서 증류한 백주(白酒)를 술밥에 적셔 빚는 술로 당(糖) 함량이 가장 높은 '향설주(香雪酒)', 술밥인 찹쌀밥을 더 넣어 빚은 '고급 샤오싱황주(紹興黃酒)'인 '가반주

(加飯酒)' 등 4가지의 종류가 있다. 가반주(加飯酒) 중에서도 3년 이상 숙성된 것을 '화조주(花雕酒)'라고 한다. 화조주(花雕酒)는 오래 숙성된 것일수록 청순한 향과 깊고 짙은 맛이 난다고 하는데, 5년, 10년, 그 이상 묵은 고가의 화조주(花雕酒)들도 있다. 사오싱주(紹興酒)는 맛이 순하여 주량이 적은 사람들도 마시는 재미가 있을 수 있는데, 멋모르고 홀짝홀짝 받아 마셨다가는 용궁(龍宮)을 다녀올 수도 있으니 여느 술처럼 마찬가지로 적당히 마시는 것이 좋을 것이다.

고려사관(高麗使館)이 있었던 닝보(寧波)

닝보(寧波: 영파)는 상하이(上海)에서 직선으로 약 150㎞의 거리에 있지만, 사이에 항저우만(杭州灣)이 있어 과거에는 육로로 상하이(上海)에서 닝보(寧波)를 가려면 항저우(杭州)로 돌아서 약 300㎞를 4시간여 달려야 도착할 수 있었으니, 시간을 절약하려면 비행기를 이용해야 했었다. 지금도 항공노선이 있기는 하지만 2008년 5월 완공된 36㎞나 되는 '항저우만 과해대교(杭州灣跨海大橋)'를 통과하는 육로를 이용하면 상하이(上海)에서 약 220㎞를 달려 3시간 이내에 닝보(寧波)에 도착할 수 있다고 한다. 필자가 상하이(上海)에 머무르고 있었을 때 두 차례 닝보(寧波)를 방문한 적이 있는데, 1999년 9월 14일부터 1박 2일간 방문했을 때는 비행기를 이용했었고, 2001년 12월 18일부터 1박 2일간 방문했을 때는 육로로 항저우(杭州)를 거쳐 들어갔다가 돌아왔었다. 두 번 다 당시 산업자원부에서 반덤핑과 관련한 조사 업무차 출장 나온 동료들과 함께 방문했는데, 처음 방문했을 때는 닝보(寧波)시정부를 먼저 방문하여 대외경제무역위원회 주임을 면담한 후 대외경제무역위원회 관리의 안내를 받아 덤핑 관련 중국 기업을 방문하고 나서 장제스(蔣介石)의 고향인 펑화(奉化: 봉화) '시커우(溪口: 계구) 마을'을 시찰하기도 했었다. 두 번째 방문했을 때는 닝보(寧波) 지역에 진출해 있는 우리 기업 대표들과 간담회를 개최하여 애로 사항을 파악하고 나서, 본부에서 출장 나온 동료와 함께 덤핑 관련 중국 기업을 방문한 후 플라스틱 원료인 ABS를 생산하는 LG화학, 선박 블록을 생산하는 삼성중공업 등 닝보(寧波) 지역에 진출해 있는 우리 기업들을 시찰하기도 했었다. 당시 업무적인 일들 외에 송(宋)나라시대 우리의 고려사절(高麗使節)들을 접대했던 영빈관이 있었던 '고려사관유지(高麗使館遺址)'가 있는 '웨후(月湖: 월호)공원' 등을 둘러보기도 했고, 장제스(蔣介石)의 고택(故宅)이 있는 천년고진(千年古鎭)인 펑화(奉化)의 시커우(溪口) 마을을 시찰하기도 했었는데, 장제스(蔣介石)의 고향 시커우(溪口)에 대한 이야기는 다음절에서 이어가기로 하고, 우리의 흔적들이 배어 있는 저장성(浙江省)의 최대 항구도시인 '닝보(寧波)'부터 들여다보고자 한다.

'징항(京杭)대운하'와도 연결되어 있는 '해상 실크로드'의 중요 시발항(始發港)이었던 닝보(寧波)는 당(唐)나라시대부터 성시(城市: 도시)로 발전되기 시작했다고 하는데, 당나라시대 이래 지금까지도 중요한 국제 항구도시다. 닝보(寧波)는 송(宋)나라시대에는 고려의 벽란도(碧瀾渡)와 연결되어 있는 고려(高麗)·북송(北宋) 간 해상 무역의 거점이기도 했었다. 닝보(寧波)는 명(明)나라 초기에 주원장(朱元璋)이 모든 해안을 봉쇄하면서도 닝보(寧波)항만은 계속해서 개방했다고도 하는 중요한 항구도시다. 춘추시대 월(越)나라였던 닝보(寧波)는, 당(唐)나라시대인 738년 '명주(明州)'라는 이름이 지어진 이후 5대10국시대의 오월(吳越)에 이어 송(宋)나라를 거쳐 원(元)나라에 이르기까지 600여 년 동안은 명주(明州)라는 지명을 사

33. 자싱(嘉興)과 닝보(寧波)를 들여다보다

용해왔다고 하는데, 원(元)나라를 물리친 주원장(朱元璋)이 1368년 '명(明)'이라는 이름으로 국호를 정하여 나라를 세우고 난 이후 '명주(明州)'라는 지명이 거리낌이 있다는 건의를 받아들여 '해정즉파녕(海定則波寧: 바다가 안정되면 파도가 평온하다)'이라는 의미를 부여하면서 '평온한 파도'라는 뜻이 있는 '닝보(寧波: 영파)'라는 이름으로 1381년 개명한 이래 지금에 이르고 있다고 한다.

닝보(寧波)는 동중국해인 닝보(寧波)의 앞바다에서 동서로 182km, 남북으로 169km나 되는 해상에 떠 있는 '저우산군도(舟山群島)'와 마주하고 있다. 그 저우산군도(舟山群島)에는 내륙에서 8km 떨어져 대교(大橋)로 연결되어 있으며 중국대륙에서 하이난다오(海南島)와 충밍다오(崇明島)에 이어 세 번째로 큰 섬으로 면적이 502km²나 되는 저우산군도(舟山群島)의 주도(主島) '저우산다오(舟山島)'를 비롯하여 중국 4대 불교 성지인 '푸퉈산(普陀山: 보타산)'이 있는 섬 등 면적이 1km²가 넘는 58개의 섬들을 포함하여 614개나 되는 섬들이 떠 있다고 한다. 그 섬들이 자고이래로 닝보(寧波) 앞바다의 파도를 막아주는 천연의 병풍 역할을 해오고 있다고 하니, 명(明)나라 주원장(朱元璋)이 '명주(明州)'라는 지명(地名)을 개명하면서 '잔잔한 파도'라는 의미가 있는 '닝보(寧波: 영파)'라는 이름으로 정한 이유를 이해할 수 있을 것 같다는 생각이 든다.

닝보(寧波)는 주(周)나라 때부터 '융(甬: 용)'이라고 표기해왔다고 하는데, 닝보(寧波) 중심의 남서쪽 지역인 인저우(鄞州: 은주)와 펑화(奉化: 봉화) 사이에 솟아 있는 산의 봉우리가 '종(鐘)'같이 생겼다고 하여 산의 이름을 '종(鐘)'의 상형문자인 '용(甬)' 자(字)를 따서 '융산(甬山: 용산)'이라 부르고 그 '융산(甬山)' 아래로 흐르는 강을 '융장(甬江: 용강)'이라고 부르며, 지금의 닝보(寧波)인 그 일대의 지역을 '융(甬)'이라고 표기하면서 닝보(寧波)를 '융청

(甬城: 용성)'이라고도 부르고 있다고 한다. 용청(甬城)이라고도 부르는 닝보(寧波)의 북서쪽으로부터 흘러내려 온 위야오장(余姚江: 여요강)과 남서쪽에서 흘러온 펑화장(奉化江: 봉화강)이 닝보(寧波) 중심에서 만나 융산(甬山) 아래로 흐르면서 '융장(甬江: 용강)'이라는 이름으로 바뀌어 동북 방향으로 닝보(寧波)를 가로질러 26㎞를 흘러 동중국해로 유입하는데, 그 3개의 강이 만나는 지점인 '3강구(三江口: 싼장커우)'의 주변 지역이 당(塘)나라시대 이래 지금까지도 닝보(寧波)의 번화한 중심을 이루어오고 있다고 한다. 그 3강구(三江口)의 서쪽 위치에 당나라 때 인공으로 팠다고 하며 200,000㎡ 정도 되는 '웨후(月湖: 월호)'라는 호수가 있다. 원래는 더 큰 호수였다고 하는데, 송대(宋代)이후 두 개의 호수로 분리되면서 '르후(日湖: 일호)'라고 불렀던 남쪽에 있었던 호수는 메워져 없어져버리고, 그 모양이 '월(月: 웨)' 자(字)의 형상(形狀)을 하고 있다고 하여 '웨후(月湖)'라고 불러온 서쪽의 호수는 그대로 남아 지금에 이르고 있다고 한다. 닝보(寧波)의 '모친호(母親湖)'라고도 하는 그 '웨후(月湖)'의 동쪽 '바오구이(寶奎: 보규)항'의 '쥐화저우(菊花洲: 국화주)'라고 하는 아름다운 호반에, 북송(北宋)시대에 우리 고려(高麗)사신들과 무역상들을 접대했던 영빈관인 '고려사행관(高麗使行館)'이 있었던 것으로 추정되는 터가 었다고 한다. 닝보(寧波)시정부가 정확한 그 터의 위치를 찾아 1,500㎡를 발굴하여, '고려청(高麗廳)' 등 750㎡의 건물들을 지어 발굴한 사료(史料)들 등 자료들을 진열시켜 2006년 6월부터 개방해오고 있다고 한다.

 고려(高麗)가 닝보(寧波)항을 이용했던 실상을 잠시 살펴보고 넘어가고자 한다. 고려(高麗)는 960년 개국한 송(宋)나라와 962년 국교를 수립하지만, 중국대륙의 북방(北方) 지역을 차지하고 있는 거란(契丹)의 요(遼)나라에 의해 북방의 육상 통로가 막혀 있었는바, 고려(高麗)의 사신들이 송

(宋)나라의 도읍인 카이펑(開封)을 드나들 때, 초창기에는 산둥(山東) 등주(登州: 지금의 펑라이)를 거쳐 지나다니다가 초창기가 지나면서부터는 주로 안전한 명주(明州: 지금의 닝보항)를 통해 드나든다. 고려와 송(宋)나라와의 관계는, 수교 초기 이후 북송(北宋)의 중반기까지는 상호 요(遼)나라를 견제하는 과정에서 국교가 단절되기도 하는 등 양국 간 여러 우여곡절들이 있었지만, 북송시대 말기에는 고려와 송나라 간 외교와 교역의 전성시대를 이루게 된다. 송나라는 1074년부터 조정(朝廷)의 주도로 고려의 외교사절들을 대접하기 시작하여, 1117년에는 명주(明州)에 송나라 조정의 직속기구인 '고려사(高麗司)'를 설치하여 고려와의 왕래와 관련한 업무를 전담하여 처리하였고, 고려사신을 '조공사(朝貢使)'가 아닌 '국신사(國信使)'로 환대(歡待)했으며, 외교사절들과 무역상들이 머물 수 있는 국가급 영빈관인 '고려사행관(高麗使行館)'을 지어 접대했다고 하는데 여진(女眞)의 금(金)나라 공격에 의해 1127년 북송이 무너지면서 그때 고려사행관(高麗使行館)의 건물들도 파괴되었다고 한다. 그 이후 고려는 강남으로 밀려나 임안(臨安: 항저우)에 도읍을 둔 남송(南宋)과의 관계가 소원(疏遠)해지면서 명주(明州)와는 한동안 멀어지기도 했었지만, 고려 말기의 사신 정몽주도 그 명주(明州)항을 통해 난징(南京)의 명나라 조정을 드나들었고 명(明)나라가 '베이징(北京) 천도(遷都)'할 때까지 우리 조선의 사신들도 닝보(寧波)항을 이용했다.

닝보(寧波)는 조선시대 성종(成宗) 때 문과에 급제하여 제주도에서 근무하던 최부(崔溥) 선생이 1488년 1월 부친상(父親喪) 기별을 받고 일행 43명과 함께 배를 타고 뭍으로 귀향 중 풍랑을 만나 14일 동안 표류하다가 구사일생으로 살아 도착한 곳이기도 하다. 닝보(寧波)시의 린하이(臨海: 임해)현 해안에 상륙한 최부(崔溥) 선생 일행은 일본인으로 오해를 받아 죽을 고비를 넘기고, 명(明)나라 관리의 호송을 받으며 운하(運河)를 이용해 닝보(寧波)에서 사오싱(紹興)을 거쳐 항저우(杭州)로 들어가서, '징항(京杭)대운하'를 따라 자싱(嘉興), 쑤저우(蘇州), 전장(鎭江)을 지나 양자강(揚子江: 창장)을 건너 양저우(揚州), 산둥(山東), 톈진(天津)을 거쳐 베이징(北京)으로 들어가 명나라 황제 홍치제(弘治帝)를 알현하고, 육로로 야오둥(遼東)을 거쳐 압록강을 건너 온갖 고난을 겪으며 5개월여 만인 1488년 6월 한양으로 무사히 돌아왔다고 한다. 최부(崔溥) 선생은 한양에 도착하자마자 성종(成宗)의 '견문기술(見聞記述)' 명령을 받고 해상 표류에서부터 닝보(寧波)에 상륙하기까지의 과정과 운하(運河) 등을 통한 대륙 이동 과정에서의 기후, 도로교통, 지리, 산천, 풍습, 인물, 도회지의 풍경 등을 담은 기행문을 작성하여 보고하였는바, 금남(錦南) 최부(崔溥) 선생이 작성한 그 기행문이 『표해록(漂海錄)』이라는 이름으로 세상에 알려지면서 명나라의 중요한 사료(史料)로 활용되는 등 당시 이래 각광을 받아오고 있다. 닝보(寧波)시에서는 닝보(寧波)와 관련된 한중 우호 왕래의 역사를 견증(見證)할 수 있도록 '고려청(高麗廳)'에 '고려사관(高麗使館)' 관련 사료(史料)들을 전시하면서 최부(崔溥) 선생과 관련한 기록과 해상왕 장보고(張保皐)와 관련한 기록들도 함께 전시해오고 있다고 하는데, 한·중 우호 증진에 도움이 되지 않을까 한다.

34.
장제스(蔣介石)의 고향
시커우(溪口) 마을 이야기

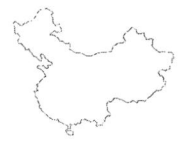

평화(奉化) 시커우(溪口) 마을을 둘러보다

닝보(寧波) 중심에서 서남쪽 방향으로 약 37km 떨어져 있는 평화(奉化: 봉화)의 '시커우(溪口: 계구)'라는 마을에는, 장제스(蔣介石) 총통이 태어난 주택과 소년 시절 성장하고 장성하여 권력을 잡은 이후에도 거주했던 주택과 별장, 장제스(蔣介石)의 아들 장징궈(蔣經國)와 그 가족들이 거주했던 주택 등 '장씨고거(蔣氏故居)'의 건축물들이 들어서 있다. 필자가 1999년 9월 14일부터 1박 2일간 닝보(寧波)를 방문하면서 닝보(寧波)시정부 관리의 안내를 받아 9월 15일, 필자가 관심이 있었던 시커우(溪口) 마을을 방문했는바 이야기를 이어가고자 한다.

평화(奉化) 시커우(溪口) 마을에 들어서면, '무령(武嶺)'이라는 편액이 걸려 있는 누각 모양의 2층으로 된 고풍스러운 성문(城門)이 가로막고 있어 발걸음을 멈추게 한다. 성루(城樓) 아래로 문은 열려 있었지만 요새화되어 있는 '무관식성문(武關式城門)'처럼 힘 있게 생겼는바 예사로운 동네가 아니라는 느낌이 들게 한다. 마을 안으로 들어가려면 그 '무령문(武嶺門:

우링먼)'을 통과해야 되는데, 무령문(武嶺門)은 장제스(蔣介石)의 모친 왕채옥(王采玉) 여사가 생전에 배불(拜佛)하기 위해 출입했던 불교 사당인 '무령암(武嶺庵)'이 있었던 자리에 1930년 장제스(蔣介石)가 개건(改建)한 것이라고 한다. 무령문(武嶺門)을 지나 마을 안으로 들어서면, 동쪽으로는 나지막한 '무령산(武嶺山: 우링산)'이 앉아 있고, 마을의 북쪽으로는 '사명(四明: 쓰밍)산맥'의 최고봉이 있는 해발 약 800m의 '설두산(雪竇山: 쉐더우산)' 산줄기들이 뻗어 있고, 남쪽으로는 '섬강(剡江)'이라고도 하는 '섬계(剡溪: 산시)'라는 하천이 필가산(筆架山: 비자산)이라는 산자락에 안겨 동쪽으로 흘러 지나가고 있어 산수(山水)가 수려(秀麗)한 고을임을 알 수 있게 한다.

천년고진(千年古鎭)인 펑화(奉化)의 시커우(溪口) 마을은, 장제스(蔣介石)가 태어나고 성장할 때까지만 해도 산자수명(山紫水明)한 중국의 어느 고을이나 다름없는 조용한 시골 마을이었을 진대, 장제스(蔣介石)가 장성하여 출세 가도를 달리면서부터 국민당의 군정 요원들이 분주하게 드나드는 권력의 중심지로 변화하게 된다. 장제스(蔣介石)는 모친이 돌아가신 후 이따금씩 고향 마을에서 머물고 있을 때, 고향 마을로 자신을 찾아온 참모들을 대접하며 모친 묘소에 참배하도록 하여 끈끈한 관계를 맺는 등 고향 마을을 발판으로 삼아 권력 기반을 마련하면서 군벌들을 평정하여 중국대륙을 통일시켜 천하의 권력을 거머쥐는데, 장제스(蔣介石)는 권력을 잡은 후로도 자주 고향 마을에서 머물렀고 하야(下野)를 선언했던 1927년 8월과 1931년 12월에도 고향 마을 시커우(溪口)에서 머물렀으며 국공내전에서 이미 패색이 짙어졌을 때인 1949년 1월 21일 세 번째 하야를 선언했을 때도 장제스(蔣介石)는 그다음 날부터 고향 마을로 들어와 머물며 지냈지만 당정군의 대권을 거머쥐고 있었는바 장제스(蔣介石)가 중국대륙을 통치하는 동안의 시커우(溪口) 마을은 궁성(宮城)이나 다름없는 장제스(蔣介石) 권부의 핵심 역할을 하게 된다. 하지만 국공내전에서 마오쩌둥(毛澤東)의 해방군에 밀린 장제스(蔣介石)는, "다시 돌아오겠다"라는 빈말만을 남기고 1949년 4월 25일 아들 장징궈(蔣經國)와 함께 자신의 권부였던 고향 마을을 떠나, 가까이에 있는 '샹산(象山: 상산)항'으로 이동하여 대기 중인 군함에 올라탔다고 한다. 결국은 그해 12월 중국대륙을 떠나 대만으로 패주(敗走)하게 되는데, 장제스(蔣介石)는 중국대륙을 떠난 이후 돌아오기는커녕 고향 마을 시커우(溪口)를 그리워하면서도 다시는 들여다보지도 못한 채 1975년 4월 5일 대만 땅에서 영영 세상을 떠나간다. 장제스(蔣介石)가 고향 마을을 떠난 1949년 이후 장제스(蔣介石)의 고거(故居)들은 주인을 잃은 폐가(廢家)나 다름없었지만, 다행히도 그의 조상들의 묘지를 비롯한 시커우(溪口) 마을에 남겨져 있던 건축물들은 저우언라이(周恩來) 총리의 의견을 반영한 마오쩌둥(毛澤東)의 지시에 의해 보존되어지면서 해방군의 사무소로, 초대소(招待所)로, 양식(糧食) 보관 창고로 사용되어오다가 문화대혁명 초기에 파괴되기도 하면서 장제스(蔣介石) 조상들의 무덤들은 심하게 훼손당했다고 하는데 저우언라이(周恩來) 총리에 의해 더 이상의 파손은 막을 수 있었다고 하며, 당시 부분적으로는 보수되었고 개혁개방 이후 원래의 모습대로 복원되어 중앙의 중점문물 보호단위로 지정되기도 하는 등 보존, 관리되면서 개방되어오고 있다.

- 장제스(蔣介石)가 태어난 옥태염포(玉泰鹽鋪)

무령문(武嶺門)으로부터 서쪽 방향으로 마을 길을 따라 200m쯤 들어가면, 장제스(蔣介石)가 소년 시절 성장하고 장제스(蔣介石)가 장성하여 권력을 잡은 뒤로도 드나들었다고 하는 '풍호방(豊鎬房: 펑하오팡)'이라는 장씨고거(蔣氏故居)가 자리를 잡고 있는데, 불교를 믿는 가정이라고 하여 '소거(素居)'라고 불러왔던 주택이라고 한다. 풍호방(豐鎬房)은 장제스(蔣介石)가 소년 시절 자랐던 장씨고거(蔣氏故居)의 핵심 주택이다. 이야기를 이어가기 위해 장제스(蔣介石)가 태어난 주택부터 먼저 둘러보고 나서 풍호방(豐鎬房)을 들여다보고자 한다. 풍호방(豐鎬房)에서 서쪽 방향으로 500m쯤 더 올라가면 장제스(蔣介石)가 태어났다고 하는 곳으로 '청려(淸廬)'라는 편액(扁額)이 걸려 있는 '옥태염포(玉泰鹽鋪: 위타이옌푸)'라는 건물이 있다. 옥태염포(玉泰鹽鋪)는 장제스(蔣介石)의 조부 장옥표(蔣玉表) 선생이 1871년 개설하여 경영하다가 장제스의 부친 장조총(蔣肇聰) 선생에게 물려준 소금과 쌀, 석회(石灰), 술, 잡화 등을 판매했던 점포였다고 하는데, 장제스(蔣介石)의 모친인 왕채옥(王采玉) 여사가 전 남편과 사별한 후 장제스(蔣介石)의 부친 장조총(蔣肇聰)의 재취(再娶)로 들어와 옥태염포(玉泰鹽鋪)의 안주인 역할을 하면서, 점포가 딸린 2층에서 1887년 10월 31일 장제스(蔣介石)를 출산했다고 한다. 장제스(蔣介石) 두 살 때 옥태염포(玉泰鹽鋪)가 실화(失火)로 소실되면서 장조총(蔣肇聰)의 일가는 소거(素居)의 소옥(小屋)으로 잠시 이사했다가 옥태염포(玉泰鹽鋪)를 새로 지어 들어갔다고 하는데, 장제스(蔣介石)가 8살 되던 해인 1895년 부친이 돌아가시면서 이듬해 장제스(蔣介石)보다 12살 많은 이복형인 장제칭(蔣介卿: 장개경)에게 옥태염포(玉泰鹽鋪)와 재산들을 넘겨주고, 장제스(蔣介石)는 동생 장루이칭(蔣瑞靑: 장서청)과 함께 모친을 따라 소거(素居)로 분가하여 어려움에 직면한 모친의 보살핌 속에서 성장하게 된다. 옥태염포(玉泰鹽鋪)는 장제칭(蔣介卿)이 1919년 닝보(寧波)로 떠나면서 문을 닫게 되고 1921년 화재로 소실(燒失)되었다고 하는데, 현존하는 건물은 장제스(蔣介石)가 원래의 모습대로 1948년 개건(改建)한 것이라고 한다. 소거(素居)라고 불렸던 풍호방(豐鎬房)에 대한 이야기로 이어가고자 한다.

- 장제스(蔣介石)가 거주했던 풍호방(豐鎬房)

시커우(溪口) 마을은 전통적으로 아들이 거주하는 방(房)의 이름을 지어주는 관습이 있었다고 하는데, 장제스(蔣介石)의 모친 왕채옥(王采玉) 여사도 소거(素居)로 이사를 들어가면서 장씨(蔣氏) 집안 어른의 조언을 들어 두 아들의 방(房) 이름을 지어주었다고 한다. '시커우(溪口) 장씨(蔣氏)'라고도 한다는 '우링(武嶺) 장씨(蔣氏)'가 지금의 시안(西安) 부근 일대를 포함한 중원(中原)을 지배한 번성했던 주(周)나라 왕족의 후예라고 하여, 서주(西周)의 문(文)왕이 지배했던 때의 도읍인 '풍경(豐京: 시안 부근)'과 무(武)왕이 지배했을 때의 도읍인 '호경(鎬京: 시안)'의 지명을 따서, 소거(素居)의 장루이위안(蔣瑞元: 장서원 - 장제스의 어렸을 때 이름)이 거주하는 방을 '풍방(豐房)'이라고 하고, 장루이위안(蔣瑞元: 장제스)의 동생 장루이칭(蔣瑞靑: 장서청)이 거주하는 방을 '호방(鎬房)'이라고 지어 불렀다고 하는데, 장루이칭(蔣瑞靑)이 어린 나이에 일찍 죽으면서 장루이위안(蔣瑞元: 장제스)이 두 개의 방을 함께 사용하면서부터 소거(素居)를 '풍호방(豐鎬房)'이라고 부르기 시작했다고 한다.

풍호방(豐鎬房)의 대문(大門)을 들어서면 '소거(素居)'라는 편액이 걸려 있는 접대실 등이 있는 2층 구조로 된 청나라 건축양식의 전청(前廳)이 있고, 안으로 들어가면 조상들의 위패가 모셔져 있고 제사를 지내는 제실이 있는 '보본당(報本堂)', 장제스(蔣介石)의 본부인 마오푸메이(毛福梅: 모복매) 여사가 거주했다고 하는 '서상방(西廂房)', 쑹메이링(宋美齡: 송미령)에게 주려고 지었지만 마오푸메이(毛福梅) 생전에는 거주하지 않았다가 마오푸메이

(毛福梅) 여사 사후에 쑹메이링(宋美齡)·장제스(蔣介石) 부부가 거주하기도 했다는 '동상방(東廂房)' 등 여러 건물들이 들어서 있다. 4,800㎡의 터에 '전청후당(前廳後堂)'으로 배열된 1,850㎡나 되는 건물들 중 대문(大門)과 전청(前廳), 보본당(報本堂) 등을 제외한 서상방(西廂房), 동상방(東廂房) 등 대부분의 건축물들은 장제스(蔣介石)가 대권을 거머쥔 이후 인근 주택 20여 가구를 사들여 1932년부터 1935년 사이에 확대하여 건축한 것들이라고 한다.

■ 장제스(蔣介石) 모친의 묘지 '장모지묘(蔣母之墓)'

옥태염포(玉泰鹽鋪)에서 서쪽 방향으로 700m쯤 들어가 서북쪽 방향으로 향하여 한참을 더 들어가다 보면, 쑨원(孫文) 선생이 제자(題字)했다고 하는 '장모묘도(蔣母墓道)'라는 편액이 걸려있는 홍살문이 나오는데, 그 문호를 지나 조약돌을 깔아놓은 산길을 따라 600m 정도 올라가면 설두산(雪竇山: 쉐더우산) 지맥인 백암산(白巖山: 바이옌산) 중턱 우거진 소나무 수림 속에 장제스(蔣介石)의 모친 왕채옥(王采玉) 여사의 묘지가 자리를 잡고 앉아 있다. 닝보(寧波)시정부 관리의 안내에 따라 올라갔었는데 생각보다는 묘역이나 묘지의 봉분은 그리 크지 않았고, 돌로 조성된 반원형의 묘지 전면에 가로 글씨로 '장모지묘(蔣母之墓)'라고 새겨져 있는, '민국10년(民國十年: 1921년) 쑨원(孫文)이 제자(題字)'했다고 표시된 비석이 부착되어 있었다. 명당자리라고 하는데, 북향(北向)의 수림 속이라서 그런지 좀 어둡고 습하다는 느낌이 들었지만 '아늑하구나!' 하는 느낌도 받았었다. 장제스(蔣介石)는 설두산(雪竇山) 지맥인 도갱산(桃坑山: 타오컹산) 중턱에 자리 잡고 있는 부친 장조총(蔣肇聰)의 묘소를 단장하면서, 생모가 돌아가시면 부친의 묘혈(墓穴)에 합장하려고 부친 장조총(蔣肇聰)과 합장되어 있는 장조총(蔣肇聰) 본부인과 첩실의 옆자리에 미리 자리를 마련해 두었다고 하는데, 모친이 생전에 자신이 후취(後娶)임을 인정하게 되면 장제스(蔣介石)의 앞길에 장애가 될 수도 있다는 등의 이유를 들어 다른 곳에 묻히기를 희망했던 유언(遺言)을 받아들여 1921년 6월 14일 모친이 병환으로 사망하자 장제스(蔣介石)는 풍수지리 전문가와 못자리를 찾아 나서 심혈을 기울여 지금의 그 자리를 잡아 그해 11월 23일 장례를 치렀다고 한다. 당시 국민당의 최고 권력자인 쑨원(孫文)이 장례식에 직접 참석하지는 않았지만, 쑨원(孫文)이 직접 쓴 제문(祭文)을 낭독하는 등 쑨원(孫文)의 지대한 관심 속에서 국민당의 당정군(黨政軍) 수뇌부들이 대거 참석한 가운데 성대하게 모친의 장례를 치렀다고 하는데, 장제스(蔣介石)의 위상이 한층 더 높아지는 계기가 마련되지 않았나 한다. 장제스(蔣介石)는 묘문(墓門)과 묘도(墓道) 등을 조성하여 모친의 장례를 치르고 나서도, 자신이 8살 때 부친이 돌아가신 이후 어려운 환경 속에서 자신을 바르게 성장시켜 일본으로의 유학에 이르기까지 혼신을 다해 뒷바라지해 주신 모친을 사모하며, 취병산(翠屛山: 취핑산) 자락의 모친묘도(墓道) 중간쯤 위치에 '자암(慈庵)'이라는 '묘려(墓廬: 여막)'를 지어 머물기도 하고, 자암(慈庵)을 더 크게 확장하는 등 모친의 묘역을 단장했다고 한다.

장제스(蔣介石)의 별장 문창각(文昌閣)과 장쉐량(張學良) 이야기

풍호방(豐鎬房)과 장모지묘(蔣母之墓) 등을 먼저 둘러보고 돌아오는 길에 들르기는 했지만, 시커우(溪口) 마을의 무령문(武岭門)을 들어서면 좌측 방향으로 '문창각(文昌閣)'이라고 하는 2층 구조로 된 고풍스러운 누각

(樓閣)처럼 생긴 별장이 눈에 들어온다. 설두산(雪竇山)이 바라보이고 섬계(剡溪)가 내려다보이는 무령산(武嶺山)의 남단(南端) 산상에 안정적으로 지어진 아름다운 문창각(文昌閣)은, 청(淸)나라시대인 1731년 문인들의 모임 장소로 처음 건축되었던 자리에 1924년 장제스(蔣介石)가 출자하여 이복형 장제칭(蔣介卿)으로 하여금 중건(重建)하도록 한 후 장제스(蔣介石)가 별장으로 사용해왔었다고 하는데, 장제스(蔣介石)가 1927년 쑹메이링(宋美齡)과 결혼한 후에는 장제스(蔣介石)·쑹메이링(宋美齡) 부부가 그 문창각(文昌閣)에서 거주하기도 했었다고 한다.

장제스(蔣介石)에게는 장제스 14살 때인 1901년 모친의 의지에 따라 결혼한 5살 연상의 본부인 마오푸메이(毛福梅: 모복매)말고도, 1916년 만났다고 하는 동갑내기 여인 야오예청(姚冶誠: 요야성)이 있었고, 1921년 만났다고 하는 19살 연하의 천제루(陳潔如: 진결여)라는 여인도 있었다. 하지만 미국에서 유학을 마치고 돌아왔고 권력 기반의 배경이 있는, 자신보다 10살 연하이며 쑨원(孫文)의 처제인 쑹메이링(宋美齡)을 만나 1927년 12월 결혼을 하게 된다. 장제스(蔣介石)는 쑹메이링(宋美齡)이 결혼의 전제(前提)로 내건 조건들을 이행하면서, 야오예청(姚冶誠)과는 자신과 함께 일본 유학을 떠났던 친구 다이지타오(戴季陶: 대계도)가 일본 여인과의 불륜 관계로 태어난 것으로 알려진 자신의 수양아들 장웨이궈(蔣緯國: 장위국)를 부양하는 조건으로 지원하기로 하여 이별하고, 천제루(陳潔如)와는 미국으로 유학을 떠나는 조건으로 지원하기로 하여 헤어졌다고 하는데, 본부인 마오푸메이(毛福梅)와는 법적으로만 이혼했다고 한다. 장제스(蔣介石)는 마오푸메이(毛福梅)의 반대에도 불구하고 부득불 법적인 절차를 밟아 이혼을 하게 되는데, 장제스(蔣介石)와 이혼한 이후로도 마오푸메이(毛福梅)는 풍호방(豊鎬房)의 주인 역할을 하게 된다. 마오푸메이(毛福梅)는 장제스(蔣

介石)가 쑹메이링(宋美齡)과 함께 고향 마을을 방문할 때의 난처함을 피하기 위해 1931년 자신이 출자하여 마을 안에 '마가전(摩訶殿)'이라는 사당(祠堂)을 지었다고는 하지만, 장제스(蔣介石)와 쑹메이링(宋美齡)은 풍호방(豊鎬房)이 아닌 문창각(文昌閣)이나 자암(慈庵) 또는 묘고대(妙高臺)에서 머물렀다고 한다. 쑹메이링(宋美齡)은 늦잠을 자는 습관이 있었다고 하는데, 장제스(蔣介石)가 쑹메이링(宋美齡)과 함께 고향 마을을 방문했을 때 장제스(蔣介石)는 쑹메이링(宋美齡)이 잠자는 틈을 이용해 새벽 일찍 일어나 풍호방(豊鎬房)으로 가서 마오푸메이(毛福梅)가 자신의 입맛에 맞게 정성 들여 차려주는 아침 식사를 하는 등 쑹메이링(宋美齡)과는 물론 자신과도 불편한 관계에 있는 마오푸메이(毛福梅)를 만나곤 했었다고 한다. 마오푸메이(毛福梅)는 풍호방(豊鎬房)에 머물며 생활해오던 중, 1939년 12월 12일 일본 군용기의 폭격을 당해 풍호방(豊鎬房) 후문에서 무너진 벽체에 깔려 불행하게도 향년 57세의 나이로 숨을 거두게 되는데, 아들 장징궈(蔣經國)에 의해 마오푸메이(毛福梅) 자신이 지은 마가전(摩訶殿) 옆에 묻히게 된다. 장제스(蔣介石)는 1948년 '우링(武嶺: 무령) 장씨(蔣氏)' 족보를 정리하도록 하면서, 고심 끝에 본부인이었던 마오푸메이(毛福梅)를 자신의 의자(義姊: 수양누나)로 여기기로 하고 모친 왕채옥(王采玉) 여사의 의녀(義女: 수양딸)로 등재하도록 했다고 하는데, 마오푸메이(毛福梅)의 아들인 장징궈(蔣經國)는 난감하기는 했지만 어찌할 도리가 없었다고 한다.

　문창각(文昌閣)도 1939년 12월 12일 일본 군용기의 폭격에 의해 무너졌다고 하는데, 문창각(文昌閣)이 무너지기 전인 1937년 1월 13일 야밤, 장제스(蔣介石)·쑹메이링(宋美齡) 부부가 애용했다고 하는 그 문창각(文昌閣)에 특별한 손님이 들이닥쳤다고 한다. 1936년 12월 12일 시안사변(西安事變)을 일으킨 주역이며 장제스(蔣介石)의 자존심을 무너뜨린 장쉐량(張學良)이 끌려 온 것이다. 장쉐량(張學良)은 시안사변(西安事變)이 해결되면서 시안(西安)에서 난징(南京)으로 압송되어 재판을 받고 나서 사면(赦免)된 후, 첫 연금지로 정해진 장제스(蔣介石)의 고향 마을 시커우(溪口)에 있는 '설두산(雪竇山)초대소'로 들어가기 전 열흘간 장제스(蔣介石)·쑹메이링(宋美齡) 부부의 침실이 있는 문창각(文昌閣)에서 머물다가 떠났다고 한다. 문창각(文昌閣)에는 장제스(蔣介石)·쑹메이링(宋美齡) 부부의 침실이 있어, 쑹메이링(宋美齡)의 동의(同意) 없이는, 아니 설령 쑹메이링(宋美齡)이 전면에 나서서 시안사변(西安事變)을 해결하면서부터 막강한 권력을 장악했다고는 해도 장제스(蔣介石)의 지시 없이는 불가능했을 아이러니한 일이 아니었는가 하는 생각이 들기도 한다. 당시 장제스(蔣介石)는 시안사변(西安事變)의 소식을 접하자마자 충격을 받고 중풍으로 쓰러져 회복하지 못하고 1936년 12월 27일 사망한 이복형 장제칭(蔣介卿)의 조문도 할 겸 시안사변(西安事變) 당시 도망 과정에서 입은 자신의 허리 부상을 치료하기 위해 1937년 1월 2일부터 고향 마을 시커우(溪口)의 자암(慈庵)에서 머물고 있었다고 하는데, 장제스(蔣介石)가 권부(權府) 난징(南京)을 떠나 있는 동안 군권에 막강한 영향력이 있었던 장쉐량(張學良)을 군의 세력들로부터 격리시켜 안전하게 자신의 곁에 있는 '설두산(雪竇山)초대소'에 비밀리에 가두는 과정에서 미처 설두산(雪竇山)초대소의 준비가 덜 되어 불가피하게 그 문장각(文昌閣)에서 잠시 머무르게 한 것이 아니었겠는가 하는 추측이 들기도 하는데, 그 진실은 알 수 없지만 아무리 그렇다 해도 쉽게 이해가 되지를 않는다. 장쉐량(張學良)은 설두산(雪竇山)초대소에서 1937년 1월 24일부터 연금 생활을 하던 중 그해 11월 7일 화재가 발생하여 이틀간 설두사(雪竇寺)로 옮겨 머물다가 11월 9일 황산(黃山)으로 이동하는 등 대륙에서만 9곳을 옮겨 다니며 연금되었다고 하는데, 1949년 국민정부와 함께 대만으로 끌려가 긴 세월 동안의 연금 생활을 이어가게 된다. 장제스(蔣介石)·쑹메이링(宋美齡) 부부의 별장이었던 그 문창각(文昌閣)은 1939년 12월 12일 일본 군용기의 폭격에 의해 소실된 이후 폐허로 변했지만 장제스(蔣介石)는 복구하지 않았고, 장제스(蔣介石)가 1949년 대륙을 떠난 뒤로는 평지로 변해버렸었다고 하는데, 중국 정부가 개혁개방 이후인 1986년, 둥양(東陽)현의 목조영조창(木雕營造廠)에 의뢰하여 1924년 장제스(蔣介石)에 의해 지어졌던 2층 구조의 500㎡ 건물 모습 그대로 중건(重建)하였다고 한다.

문창각(文昌閣)의 동쪽 옆으로는 문창각(文昌閣)과 노천(露天) 통로로 연결되어 있으며 '소양방(小洋房)'이라고 하는 섬계(剡溪)의 풍광이 내다보이는 2층으로 된 양옥(洋屋)집이 있는데, '함재(涵齋)'라고도 부르는 그 소양방(小洋房)은 장제스(蔣介石)가 1930년 자신의 신변 요원들이 머물 수 있도록 문창각(文昌閣)의 부속 건물의 용도로 지은 집이라고 한다.

장제스(蔣介石)는 1925년 소련으로 유학을 떠났다가 1937년 4월 귀국한 아들 장징궈(蔣經國)에게 그 소양방(小洋房)에서 머물며 소련 유학 생활을 반성하고 보고서를 작성하도록 명령하면서, 지도자로서의 자질과 소양을 높이도록 자신이 추천한 『왕양명전집(王陽明全集)』, 『맹자(孟子)』, 『국부교해(國父敎海)』 등의 책들도 읽도록 하고 중국어 공부도 하라고 지시를 했는바, 장징궈(蔣經國)는 아버지 장제스(蔣介石)의 명령에 복종하면서 소련에서 만나 결혼한 러시아계의 부인 장팡량(蔣方良: 장방량)과 아들 장샤오원(蔣孝文: 장효문), 딸 장샤오장(蔣孝章: 장효장)에게도 중국어 공부를 하도록 하면서 그 소양방(小洋房)에서 거주하기 시작했다고 한다.

장징궈(蔣經國)는 지금의 풍호방(豊鎬房) 내의 보본당(報本堂) 서쪽 위치에 있었던 소옥(小屋)에서 1910년 3월 18일 마오푸메이(毛福梅)의 아들로 태어나 1922년 무령(武嶺)소학교에 다닐 때까지 고향 마을 시커우(溪口)에서 자랐다고 하는데, 상하이완주(上海萬竹)고등소학교를 졸업하고 상하이푸둥(上海浦東)중학교에 재학 중 공산당운동에 가담하여, 1925년 10월 베이징(北京)을 경유하여 소련으로 유학을 떠나 온갖 고생을 하다가 1937년 4월 어렵게 귀국하게 된 것이다. 장징궈(蔣經國)의 모친 마오푸메이(毛福梅) 여사는 힘든 세월을 보내오다가 아들 장징궈(蔣經國)가 처자(妻子)와 함께 귀향하자 활력을 찾아, 자신이 주도하여 격식을 갖춰 전통 전래 방식대로 아들의 혼례를 올려주기도 하고 손주들과 함께 한동안 행복한 시간을 보냈다고 하는데, 안타깝게도 1939년 12월 12일 일본 군용기의 폭격에 의해 사망하게 된다. 당시 장시성(江西省)에서 임무를 수행하고 있던 아들 장징궈(蔣經國)가 비보를 받고 달려와 비분(悲憤)하여 눈물을 훔치며 썼다고 하는 '이혈세혈(以血洗血: 피로써 피를 씻다)'이라는 글귀를 새긴 비석을 모친이 조난당했던 풍호방(豊鎬房) 후문 그 자리에 세웠었다고 하는데, 1941년 4월 일본군이 시커우(溪口) 마을을 점령했을 때 일본군사령부가 풍호방(豊鎬房)을 사용하면서 철거했던 것을 개혁개방 이후 장씨고거(蔣氏故居)들을 보수하면서 그 소양방(小洋房) 1층에 옮겨 세웠다고 한다. 소양방(小洋房)은 장징궈(蔣經國)가 1937년 4월 소련에서 귀국한 이후부터 1949년 4월 고향 마을을 떠나기 전까지 가족과 함께 머물기도 하고 드나들었던 곳이라고 하니, 소양방(小洋房)은 장징궈(蔣經國)와 그 가족들의 내음이 배어 있는 장징궈(蔣經國)의 고택(故宅)인 셈이다.

시커우(溪口) 마을의 빵 천층병(千層餠) 이야기

중국 정부가 개혁개방 이후 시커우(溪口) 마을의 장씨고거(蔣氏故居)들을 복원하여 개방하면서부터 대만의 관광객들뿐만 아니라 중국대륙 사람들의 발길도 끊이지 않는다고 했다. 시커우(溪口) 마을에는 시커우(溪口) 마을을 방문하는 대부분의 관광객들이 맛을 보고 간다는 간식거리로 '천층병(千層餠)'이라는 과자처럼 생긴 특별한 빵이 있다. 시커우(溪口) 천층병(千層餠)은 장제스(蔣介石)가 태어나기 전인 1878년, 왕모룡(王毛龍)과 왕화룡(王化龍)이라는 두 형제가 시커우(溪口) 마을에 '왕영순병점(王永順餠店)'이라는 빵집을 개설하면서부터 만들기 시작했다고 한다. 천층병(千層餠)은 밀가루를 주원료로 하여 토란 가루, 산초 가루, 해태(海苔: 김) 가루, 껍질을 간 참깨, 식용유(油), 설탕, 소금 등의 부재료를 넣어 반죽해서 얇게 늘여, 접고 또 접어, 2cm 정도의 두께로 27겹이나 되는 층을 이루게 하여(그래서 천층병이라고 부른다고 한다), 4~5cm 정도 크기의 장방형 모양으로 잘라서, 참깨나 김 가루 등을 묻혀 마무리를 한 다음 천층병(千層餠)을 굽기 위해 황토로 빚어 만든 원통 항아리의 안쪽 상부의 둥근 벽면에 붙이듯 한 겹으로 돌려 차곡차곡 쌓아놓고, 항아리의 안쪽 바닥 면에 숯불을 피워 구워낸 바삭바삭한 빵이다. 필자가 시커우(溪口)를 방문했을 때 노변에 원통 항아리를 내걸고 천층병(千層餠)을 구워서 팔고 있어 호기심으로 사서 먹어봤는데, 특유의 고소한 맛이 있었다. 장제스(蔣介石)가 소년 시절에는 여유가 없어서 천층병(千層餠)을 사 먹기 어려웠었다지만 장제스(蔣介石)는 천층병(千層餠)을 좋아했다고 하는데, 그래서 유명해진 빵이라고 한다.

장제스(蔣介石)는 장성한 이후 시커우(溪口) 고향 마을을 방문할 때마다, 선물용으로 필히 천층병(千層餠)을 사 가지고 다녔다고 한다. 장제스

(蔣介石)가 권력을 거머쥔 뒤로는 '왕영순병점(王永順餠店)'에서 일했던 사부(師傅: 숙련공)를 곁에 두고, 난징(南京)까지도 데리고 다니면서 천층병(千層餠)을 직접 만들어 굽도록 하여 주변의 친지들이나 참모들에게 나누어주기도 하고 인기가 좋아 선물용으로도 사용하면서 환심(歡心)을 사기도 했다는데, 그때 시커우(溪口) 천층병(千層餠)을 먹어본 장제스(蔣介石)의 주변 인사들로부터 '천하제일병(天下第一餠)'이라는 이름이 지어지면서 시커우(溪口) 천층병(千層餠)이 널리 알려졌다고 한다. 하지만 1949년 중국이 공산화되면서 왕씨(王氏) 형제가 경영했던 시커우(溪口) 마을의 천층병(千層餠) 가게는 문을 닫게 되었다고 한다. 그 이후 30여 년이 지나고 나서 개혁개방이 되면서 왕씨(王氏) 형제의 자손과 왕씨(王氏) 형제의 가게에서 일했던 사람들에 의해 문이 열리기 시작하여, 1980년대 초 3개였던 시커우(溪口) 마을의 천층병(千層餠) 가게가 2010년대 들어서면서부터는 무려 30여 개가 넘게 생겨났다고 한다.

개혁개방 이후 새로이 생긴 시커우(溪口) 마을의 천층병(千層餠) 가게 중, 장씨고거(蔣氏故居)인 풍호방(豐鎬房) 동남쪽 문호(門戶) 옆에 청나라 말기에 지어진 2층으로 된 '주순방(周順房)'이라고 하는 목조건물의 1층에 1983년 9월 문을 열었다고 하는 '주순방병점(周順房餠店)'이라는 가게가 있었다고 하는데, 당시 필자가 관심을 쓰지 않아서 그랬는지 보지는 못했었다. 그 주순방병점(周順房餠店)이 풍호방(豐鎬房)을 방문하는 관광객들이 들르기에 편리한 목 좋은 풍호방(豐鎬房) 구역 속에 들어 있어 장사가 잘되었다고 하는데, 40년 가까이 천층병(千層餠)만을 만들어 팔아오다가 코로나19 이후 가게 이름을 '사어각(絲語閣: 쓰위거)'이라고 바꾸고 지금은 실크 제품 등 기념품들도 팔고 있다고 한다. 그 주순방(周順房) 건물이 마치 풍호방(豐鎬房) 부지에 알을 박아놓은 것 같다고 하여 풍호방(豐

鎬房)을 방문하는 관광객들이 의문을 제기하기도 한다는데, 그 주순방(周順房)에 얽힌 재미있는 얘기가 있어 시커우(溪口) 마을에 관한 얘기가 길어지기는 했지만 잠시 들여다보고 넘어가고자 한다.

장제스(蔣介石) 죽마고우의 주택 주순방(周順房) 이야기

장제스(蔣介石)가 군벌들을 평정하여 천하를 통일하고 대권을 장악한 이후, 장씨(蔣氏)의 외가(外家) 쪽 집안의 친척인 쑨친펑(孫琴鳳: 손금봉)이라는 사람을 내세워 1932년부터 풍호방(豊鎬房)의 확대 건축을 추진하면서, 이웃 주민들이 이사를 할 수 있도록 마을의 위쪽에 터를 잡아 기존의 주택들보다 고급으로 2층 구조의 주택 25가구를 지어놓고 주순방(周順房)을 포함한 인근 주택 20여 세대에 대한 매입 절차를 진행했다고 하는데, 인근 주택 대부분의 주인들이 '우링(武嶺: 무령) 장씨(蔣氏)' 종친들이어서 유일하게 반대를 했던 장샤오구이(蔣小桂: 장소계)라는 종친의 주택마저도 해결이 되는 등 순조로웠지만, 천하의 권력자인 장제스(蔣介石)도 주순방(周順房)만은 어찌할 도리가 없었다고 한다. 쑨친펑(孫琴鳳)이 주순방(周順房)의 주인 저우윈성(周雲生: 주운생)을 찾아가 이사할 것을 요구하자, 저우윈성(周雲生)은, '루이위안(瑞元: 서원 - 장제스의 어렸을 적 이름)의 주택을 확대하는 것은 당연히 지지한다. 다만, 동네의 위쪽에 새로 지은 주택은 내가 경작하는 전답과 너무 멀리 떨어져 있어 곤란하다. 내가 경작하는 전답과 비교적 가까운 곳으로 이사할 수 있는 주택을 마련해주기 바란다' 하니, 쑨친펑(孫琴鳳)은 듣기만 하고 돌아갔다고 한다. 저우윈성(周雲生)은 쑨친펑(孫琴鳳)이 다녀간 이후 수개월 동안 아무런 소식이 없어 이사를 가라는 것인지 말라는 것인지 불안하던 차에, 이듬해 설 때 고향 마을을 방문한 장제스(蔣介石)를 만난 저우윈성(周雲生)이 예의를 갖추어 인사를 나누고 나서 장제스(蔣介石)에게 "루이위안(瑞元: 서원)! 당신은 지금 황제(皇帝)요, 내 주택을 당신에게 기꺼이 양보할 수밖에 없소이다!"라고 하니, 장제스(蔣介石)가 "윈성(雲生: 운생)형! 그렇게 얘기하지 말게나, 내가 어떻게 당신의 주택을 강제로 요구할 수 있겠는가?" "우리는 과거에도 이웃이었고, 지금도 여전한 이웃이고, 장래에도 여전히 이어갈 이웃이오!"라고 하여, 저우윈성(周雲生)의 이사와 관련한 문제는 일단락이 되어 주순방(周順房)은 그대로 유지될 수 있었다고 한다. 당시 주순방(周順房) 후면에 있었던 소옥(小屋) 한 채만은 풍호방(豊鎬房)으로 넘겨주고 주순방(周順房)의 본채와 안채는 그대로 유지되어 지금에 이르고 있다고 하는데, 저우윈성(周雲生)이 천하의 권력을 거머쥔 장제스(蔣介石)를 두려워하지 않고 그렇게 대응할 수 있었던 것은, 두 집안이 대대로 교분이 좋은 이웃으로 줄 곳 화목한 관계를 유지해왔었고, 장제스(蔣介石)와는 저우윈성(周雲生)이 6개월 빠른 동갑내기로 절친한 죽마고우(竹馬故友)였으며, 장성한 이후에도 가깝게 지내온 고향 친구 사이였기 때문이라고들 얘기한다고 한다. 그 주순방(周順房)의 안채에는 저우윈성(周雲生)의 대를 이은 저우윈성(周雲生)의 아들 저우샤오위(周孝裕: 주효유)가 거주해왔다고 한다. 중국 정부가 개혁개방 이후 장씨고거(蔣氏故居)들을 보수하고 복원하면서 풍호방(豊鎬房)의 동쪽에 남아 있었던 민방(民房)들은 철거하면서도 풍호방(豊鎬房)의 부지에 알이 박혀 있는 듯 붙어 있는 주순방(周順房)은 그대로 남겨두었다고 한다. 주순방(周順房)이야말로 장제스(蔣介石)의 흔적이 배어 있는 풍호방(豊鎬房)과 더불어 장제스(蔣介石)의 인간적인 내음이 배어 있는 장씨고거(蔣氏故居)나 다름없는 시커우(溪口) 마을의 중국 근현대의 역사 현장이 아닌가한다.

35.
둥양(東陽), 이우(義烏), 원저우(溫州)를 둘러보다

전통 목조예술(木雕藝術)의 고장 둥양(東陽)

항저우(杭州)에서 남쪽으로 약 150km를 내려가면 저장성(浙江省) 중부 내륙 지역에 위치해 있는 지급시인 진화(金華: 금화)시가 대리 관리하고 있는 현(縣)급 시로 '목조(木雕)의 도시'라고 불리는 '둥양(東陽: 동양)'이라는 소도시가 있다. 그곳 둥양(東陽)에서는 당(唐)나라 때부터 예술적 가치가 있는 목제(木製)공예품들을 조각(雕刻)해왔다고 하며, 송(宋)나라시대에 발전을 이루고 명(明), 청(淸)시대에 전성기를 구가(謳歌)했다고 하는데, 지금에 이르기까지도 전수(傳受)되어 단목(檀木), 백도목(白桃木), 향장목(香樟木), 은행목(銀杏木) 등 양질의 목재(木材)들에 인물(人物), 산수(山水), 화목(花木), 동물(動物) 등을 예술적으로 조각(雕刻)하는 '목조(木雕)'의 전통을 이어오고 있다고 한다. 목재(木材)를 다루어 수공(手工)으로 조각(雕刻)하여 예술 작품들을 만들어내는 것이 여간 어려운 일이 아니어서 그 장인(匠人)들이 줄어드는 추세라고 하는데, 중국 정부가 2019년 11월부터 '둥양목조(東陽木雕)'를 '국가급비물질문화유산보호항목'으로 지정하여 '전승인(傳承人)'들을 보호, 관리해오고 있다고 하니 '둥양목조(東陽木雕)'의 명맥이 발전적으로 이어져나가지 않을까 한다.

둥양(東陽) 시내 중심가에 있는 '목조(木雕)거리'를 필자가 상하이(上海)에서 머물고 있을 때 아내와 함께 두 차례 방문한 적이 있는데, 서울의 인사동 거리처럼 100m 정도 되는 시가지의 양옆으로 여러 종류의 가게들이 문을 열고 있었지만 주로 목조(木雕) 제품들을 파는 가게들이 들어서 있었다. 당시 사람들이 별로 없어 거리는 한산했지만, 다양한 모양의 예술적 가치가 있는 목조(木雕) 작품들을 진열해놓고 팔고 있었는데, 대부분의 '목조(木雕) 가게'들마다에는 매장의 안쪽으로 목각(木刻)을 새기는 공방(工房)들이 있었고 일부 가게들에서는 장인(匠人)들이 그 공방들에서 목조(木雕) 작품들을 직접 깎고 있었다. 필자가 아내와 둘이서 처음 방문했을 때 마음에 드는 작품을 제대로 구입하지 못한 아쉬움도 있고, 시골스러웠지만 예술적인 그 목조(木雕)거리의 모습이 인상적이어서 필자 부부와 동료 부부와 함께 유람 삼아 한 번 더 방문했는데, 상하이(上海)에서 아침 일찍 출발하여 둥양(東陽)에 거의 도착할 무렵 우뚝 솟은 산상(山上)에 기이하게 생긴 '석귀(石龜)'라고 하는 커다란 거북 바위가 있는 이름다운 '덕승암(德勝巖)'의 경치를 감상하며, 준비해 간 도시락으로 점심을 먹고 나서 둥양(東陽) 시내로 들어가 목조(木雕)거리를 돌아다니면서 목조(木雕)작품들을 감상도 하고, 마음에 드는 목각(木刻) 제품들 몇 점을 구입하기도 했다. 다양한 목조(木雕) 작품들이 있었지만 목재(木材)나 목각(木刻)에 대한 조예가 깊지 않으니 단목(檀木)으로 정교하게 조각(雕刻)한 연필꽂이 등 소품(小品) 몇 점을 구입했는데, 지인들에게 선물하기도 했고 지금까지 가지고 있는 것들도 있다. 둥양(東陽)시정부에서는 2015년 목조(木雕)박물관과 전람관, 교역센터 등이 들어선 '둥양중국목조성(東陽中國木雕城)'을 조성하여 목조(木雕)공예품 생산 판매상들과 흑단목(黑檀木), 화리목(花梨木), 홍목(紅木) 가구 등 가구(家具) 제품 생산 판매상들을 집단화시켰다고 하는데, 2020년 기준으로 중국 각지의 3,000여 개 생산 판매상들이 입주하여 도매 영업을 하고 있다고 하니 필자가 방문했던 둥양(東陽)의 고전적인 그 전통 목조(木雕) 거리에도 변화가 있지 않았겠나 하는 생각이 든다.

둥양(東陽)에서는 목조(木雕)공예품의 조각(雕刻)뿐만 아니라 자고이래로 중국 전통 목조건물도 건축(建築)해오고 있다고 하는데, 앞에서 장제스(蔣介石)의 고향 마을 시커우(溪口) 이야기 때 언급한 바 있었지만 1986년 중국 정부에 의해 중건(重建)되어진 청나라 건축양식의 장제스(蔣介石) 별장 문창각(文昌閣)도 바로 그 둥양(東陽)에 소재해 있었던 '둥양목조영조창(東陽木雕營造廠)'이 복원시켜낸 것이라고 한다.

소상품(小商品) 도매시장의 도시 이우(義烏)

둥양(東陽)의 중심에서 동쪽으로 18㎞ 떨어진 거리의 위치에 역시 진화(金華)시가 대리 관리하고 있는 '이우(義烏: 의오)'라고 하는 소도시가 있다. 중국대륙에서 가장 부유한 곳 중 하나라고 하는 그곳 이우(義烏)에는 세계에서 가장 크다고 하는 소상품 도매시장이 있다. 2000년 11월 8일부터 1박 2일간 그 이우(義烏)를 방문하여 이우(義烏)에 진출해 있는 우리 기업 대표들과 이우(義烏)시 대외무역경제합작국 국장이 참석하는 오찬 간담회를 마치고나서 소상품 시장을 들여다본 적이 있는데, '정말 대단하구나!' 하는 감탄이 절로 나왔다. 중국 대도시의 큰 시장들을 보아왔지만, 그렇게 많은 매장들이 있는 큰 시장은 처음 봤다. 헤아릴 수 없이 많은 매장들마다 넥타이, 모자, 장갑, 핸드백 등 액세서리, 목걸이, 팔찌 등 장신구, 완구, 문구, 각종 의류, 장식품, 신발, 크리스마스 관련 용품, 각종 선물용품, 전기(電器) 제품, 잡화 등 소상품들 중 동류(同類)의 제품들을 특화하여 걸거나 진열대에 깔아놓고 저렴한 가격으로 팔고 있었는데, '없는 물품이 없다'라는 말이 실감나고도 남음이 있었다.

이우(義烏)에 진출해 있는 우리 소기업들은 주로 직원들로 하여금 매장을 돌아다니도록 하여 샘플을 구해 바이어들에게 보내거나 바이어들이 주문하는 제품들을 찾아 구매하여 보내는 일들을 한다고 했는데, 없는 물품이 거의 없기는 하지만 마땅한 물품을 찾아내기란 그리 쉬운 일이 아니라고들 얘기했다. 지금은 약 4,000,000㎡나 되는 현대화된 빌딩을 지어 '이우국제상무성(義烏國際商貿城)'이라는 이름을 내걸고 5개 구역으로 나누어 7만여 개의 점포를 만들어놓고 중국대륙 전역에서 생산되고 있는 제품들뿐만 아니라 세계 각국에서 들어온 제품들을 포함하여 28개 분류로 대분류된 10만여 가지의 소상품들을 판매하고 있다고 하는데, 한 개의 매장에서 1분간씩 머문다고 할 때 하루 8시간으로 계산하면 145일간을 돌아야 전 매장을 둘러볼 수 있다고 하니 대단히 큰 '상성(商城)'이 아닌가 한다. 점포 수로만 보아도 개혁개방 초기인 1980년대 초에 이미 적지 않은 규모인 700여 개의 점포가 있었다고 하는데, 1992년 2월 덩샤오핑의 '남순강화(南巡講話)' 이후 획기적으로 발전하기 시작하면서 40여 년 만에 무려 100배가 넘게 늘어난 셈이다. 이우(義烏) 소상품 시장의 기원은 청나라 건륭제시대에 이우(義烏) 지방 농민들 사이에서 '고당(敲糖: 엿을 빻음)'을 하여 메고 다니며 농사를 지을 두엄 등으로 사용할 닭털 등과 바꾸었다고 하는 '계모환당(鷄毛換糖: 닭의 털을 엿과 교환)'을 하면서 쓸모없는 물건들도 메고 나가 쓸모 있는 물건들과 교환하거나 매매를 하여 부족함을 메워오다가 점차 당지에서 생산되는 물품들과 외지에서 들여온 소상품들을 노상(路上)에 펼쳐놓고 판매하면서부터라고 하는데, 그 이후 천막으로 하늘만을 가린 깔판 위에 올려놓고 팔거나 지붕만 있는 건물들을 지어 판매를 하면서부터 소상품 시장이 성행하기 시작했다고 하며, 발전을 거듭해오던 중 2000년대 들어서면서부터 현대식 빌딩이 들어서고 점포들이 밀집되면서 초대형(超大型) 시장으로 변하여 오늘에 이르고 있다고 한다. 중국대륙의 다른 지역들에서도 이우(義烏) 소상품 도매시장을 모방한 소상품 시장들이 생겨나고 있다고는 하는데, 당분간은 특별한 이변이 없는 한 깊숙하게 뿌리를 내리고 있는 막대한 이우(義烏) 소상품 도매시장을 능가하기란 그리 쉽지 않을 것이라고 본다.

돌아오는 길에 궁금하여 먹거리들을 파는 일반 재래시장도 잠시 둘러봤는데, 깔끔하게 지어진 대규모의 건물 내의 시장에 현지에서 생산되는 풍성한 과채들을 수북수북하게 쌓아놓고 팔고 있어 부촌임을 느낄 수가 있었다. 중국인들이 영양 덩어리라고도 하고, 땅속의 보배라고도 하는 껍질을 깐 생 땅콩도 수북이 쌓아놓고 팔고 있었는데, 포대 자루로 한 자루에 우리 돈으로 만 원도 안 되는 싼값으로 두 포대를 사서 당시 필자 부부를 태우고 갔던 필자의 운전기사와 나누고, 한 자루는 집으로 가지고 돌아와서 아내의 도우미와 나누었던 기억이 난다.

동방(東方) 유대인의 고장 원저우(溫州)

저장성(浙江省) 동남부의 위치에서 푸젠성(福建省) 지역과 경계를 이루고 있는 동남 연해 지역에 원저우(溫州: 온주)라고 하는 지급시가 자리를 잡고 있다. 원저우(溫州)는 여름에는 혹서(酷暑)가 없고, 겨울에는 혹한(酷寒)이 없는 온난(溫暖)한 지역이라고 하여 당나라시대 이래 '원저우(溫州: 온주)'라는 지명을 사용해오고 있다고 한다. 그 온난한 기후와 원저우(溫州)시의 서북쪽 위치에서 약 380㎞를 흘러내려 와 원저우(溫州)시 중심의 북쪽을 지나 동중국해의 원저우만(溫州灣)으로 유입하는 어우장(甌江: 구강)과 그 지류들에서 흐르는 물 등 비교적 풍부한 수자원을 바탕으로 하여, 쌀 등 곡물들뿐만 아니라 전통적으로 차(茶), 감귤, 사탕수수 등 농작물들을 유명하게 재배해오고 있는 자고이래로 농업이 발달한 고장이다.

중국 민영(民營) 경제발전의 선발(先發)지구라고 하는 원저우(溫州)는 전통적으로는 도자기, 차(茶), 종이, 직물, 선박 등의 제품들을 만들어왔다고 하는데, 개혁개방 이후에는 신발을 비롯하여 각종 의류와 단추, 지퍼 등 의류 부자재, 완구, 안경테 등을 생산하여 내수 판매도 하고 수출도 하고 있다고 했다. 중국인들은 상술이 능한 지혜로운 원저우(溫州) 사람들을 지칭하여 '동방의 유대인'이라고 부른다고 한다.

필자가 상하이(上海)에서 근무하고 있었을 당시 원저우(溫州)에 진출해 있는 우리 기업은 없었지만, 원저우(溫州)시정부의 초청으로 동료와 함께 1999년 11월 17일 상하이(上海) 푸둥(浦東)공항을 출발하여 1박 2일간 원저우(溫州)를 방문하여 '원저우(溫州)교역상담회' 행사에 참석한 적이 있다. 그때 원저우(溫州)시정부 관리의 안내에 따라 원저우(溫州)경제기술개발구와 그 개발구에 입주해 있는 규모가 있는 봉제 기업과 시가지에 있는 백화점 등을 시찰하기도 했는데, 개혁개방 초기부터 개방된 연해도시라서 그런지 생각보다는 발전되어 있는 도시라는 느낌이 들었다. 원저우(溫州)의 중심지를 오가는 길에, 가게들마다 밝은 조명의 불빛이 켜져 있는 안경테들을 진열해놓고 판매하는 가게들이 밀집되어 있는 지역을 지나기도 했는데, 원저우(溫州)에서는 세계의 유명 브랜드 등 '없는 안경테가 없다' 하며 다양한 안경테들을 만들어 수출하고 있다는 설명을 들으면서, 필자 가족들이나 필자가 착용하고 있는 안경테도 그곳 원저우(溫州)에서 만든 것일 수도 있겠구나 했다. 당시 원저우(溫州)시정부의 안내에 따라 움직였는데, 저녁에는 원저우(溫州)시정부 부시장이 우리 일행을 초청하여 진수성찬의 만찬을 베푸는 융숭한 대접을 받기도 했다.

상하이(上海)로 돌아오기 위해 원저우(溫州)공항으로 이동하면서, 원저우(溫州) 중심 북부를 지나 동중국해로 유입하는 어우장(甌江)의 원저우(溫州) 구간 서쪽 위치의 강 가운데에 길게 떠 있는 70,000㎡ 면적의 '장신위(江心嶼: 강심서)'라고 하는 아름다운 유서 깊은 섬을 잠시 들렀다 오면서 수령(樹齡) 천 년이 넘은 장목(樟木) 등 여러 고수(古樹)들을 둘러봤는데, 원저우(溫州)시에서는 원저우(溫州)시의 시수(市樹)인 용수(榕樹)의 고수(古樹)들을 비롯하여 장목(樟木), 은행나무 등 수많은 고수명목(古樹名木)들을 보호, 관리해오고 있다고 한다. 둘러보지는 못했지만 시가지와 인접해 있는 곳도 아닌 외진 곳의 조그만 그 장신위(江心嶼)라는 섬에 1876년 체결한 '중영(中英) 엔타이(煙臺)조약'에 의해 영국이 명목으로는 차(茶)와 도자기 등의 주산지인 원저우(溫州)와의 통상(通商)을 위해 영국이 1895년 지어 개관했었다고 하는 '영국 주(駐)원저우(溫州)영사관 청사'가 보존되어 있다고 하니 좀 의아한 생각이 들기도 한다.

36.
황산(黃山)과 첸다오후(千島湖)를 유람하다

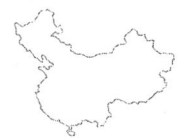

황산(黃山)은 안후이성(安徽省)의 황산(黃山)시가 관할하는 지역의 산(山)이고, 첸다오후(千島湖: 천도호)는 저장성(浙江省)의 항저우(杭州)시가 관할하는 호수(湖水)지만, 두 지역이 경계를 이루고 있으면서 가까이에 위치해있는바 이 단락에서 함께 이야기를 이어가고자 한다.

천하의 명산 황산(黃山)

황산(黃山)을 관할하는 안후이성(安徽省)은 '창장(長江)삼각주지구'에 속해 있으면서도 장쑤(江蘇)성이나 저장성(浙江省)에 비해 상대적으로 낙후되어 있는 지역으로, 근래 들어 산업화가 이루어지면서 소득수준이 향상되고 있는 지역이다. 안후이성(安徽省)에서는 고대에는 노자(老子), 장자(莊子), 주원장(朱元璋) 등 많은 저명 인사들을 배출하였고, 현대의 후진타오(胡錦濤), 리커창(李克強), 우방구어(吳邦國), 왕양(汪洋) 등도 그 지역 출신들이다. 필자가 상하이(上海)에서 근무하고 있었을 당시 업무 영역이었던 안후이성(安徽省)에는 녹십자와 금호고속 말고는 진출해 있는 우리 기업들이 거의 없어 드나들 일이 별로 없었는데, 우리 기업 만도공조(萬都空調)의 합자회사 설립 계약 체결 의식 행사에 참석하기 위해 2002년 2월 26일부터 1박 2일간 안후이성(安徽省)의 성도(省都)인 허페이(合肥)시를 방문하여 안후이성(安徽省) 대외무역경제합작청 부청장과 허페이(合肥)시 정부 부시장 등 관리들을 만나 환대를 받으며 만찬을 함께하기도 했고, 안후이성(安徽省) 화이난(淮南)시에 진출해 있는 녹십자의 현지 사업장을 방문하기도 했다.

안후이성(安徽省)에는 창장(長江)과 화이허(淮河) 등 큰 강들이 흘러 지나가고 황산(黃山)과 주화산(九華山) 등 유명한 산들이 솟아 있는데, 안후이성(安徽省)의 대표적인 관광 명승지는 황산(黃山)이다. 황산(黃山)이 소재해 있는 황산(黃山)시는 안후이성(安徽省) 남단의 위치에서 항저우(杭州)시와 경계를 이루고 있는 지급도시로 옛 이름은 '신안(新安)'이었고, '후이저우(徽州)'로 불러오다가 1988년 4월부터 '천하제일기산(天下第一奇山)'이라고 하는 '황산(黃山)'의 이름을 따서 '황산(黃山)시'로 개명하여 부르기 시작했다고 한다. 황산(黃山)시의 북부에 위치해 있는 황산(黃山)은 동서로 약 30km의 폭과 남북으로 약 40km의 길이로 뻗어 있는 산으로, 주봉인 해발 1,873m의 연화봉(蓮花峯)을 비롯하여 해발 1,000m 이상의 봉우리들이 88개나 된다고 하는데, 산상에 수많은 기송(奇松)들과 괴석(怪石)들이 어우러져 있는 아름다운 산이다.

필자가 그 황산(黃山)에 두 번 오른 적이 있는데, 한 번은 필자가 베이징(北京)에서 근무하고 있었을 때 항저우(杭州)에서 개최하는 '신재생에너지협력회의'에 참석하기 위해 1997년 6월 5일부터 6월 10일까지 항저우(杭州)를 방문하면서 항저우(杭州)시정부 산하 관리의 안내를 받아 6월 8

일 황산(黃山)에 올라 산상의 북해빈관(北海賓館)에서 하루 저녁 묵으며 황산(黃山)을 구경했고, 또 한 번은 필자가 상하이(上海)에서 근무하고 있었을 때 아내와 함께 2001년 5월 3일부터 2박 3일간 황산(黃山) 시내의 툰시(屯溪: 둔계)에 있는 국제대주점(國際大酒店)에서 머물면서 5월 4일 황산(黃山)에 올라 구경했다. 두 번 다 황산(黃山)의 전산(前山)에서 해발 1,716m의 위핑봉(玉屛峰)으로 오르는 케이블카를 타고 올라갔었다. 1997년 6월 8일 처음 황산(黃山)에 오를 때는 오후 3시쯤이었는데, 케이블카를 타고 가파른 위핑봉(玉屛峰)의 산상으로 올라가니 안개가 자욱하게 끼어 있었다. 산길을 따라 필자 일행이 묵을 산장을 향해 오르내리면서 걸어가노라니 안개가 더욱 짙어져 숲이 우거진 산과 어우러지면서 선경(仙境)의 경치가 펼쳐지고 있었는데, 나뭇잎들에 맺혀 있는 물방울들이 빗방울처럼 뚝뚝 떨어져 내려 운치를 더해주어 별세계(別世界)에 들어온 느낌이 들었다. 해발 1,630m의 산상에 지어져 있는 고풍스러운 산장인 북해빈관(北海賓館)에 도착하여 여장을 풀고 나니 언제 끼어 있었느냐는 듯 안개가 걷히는데, 바라보이는 주변의 경치가 그야말로 장관이었다. 화강암(花崗巖)으로 이루어진 계곡의 절벽들에 박혀 있거나 튀어나와 있는 각양의 괴석(怪石)들과 어우러져 있는 기송(奇松)들을 바라보면서, 절벽의 바위틈 사이사이에서 어떻게 그렇게 싱싱하게들 기이한 자태를 드러내고 힘 있게 자랄 수가 있는지 쉽게 이해가 되지를 않았다. 저녁 식사를 마치고 일행들과 함께 산상에 올라서, 쏟아질 듯 하늘을 뒤덮고 있는 밤하늘의 별들과 어우러져 어둠에 묻혀있는 고요한 황산(黃山)의 환상적인 야경을 감상하면서 일행들과 함께 산책했던 기억은 잊을 수 없는 추억으로 남아 있다. 다음 날 아침 안개가 자욱이 끼어 있는 황산(黃山)의 산등성이를 따라 굽이굽이 오르내리며, 운무(雲霧)에 덮여 있는 해발 1,680m의 산상에서

10m나 되는 높이로 힘 있게 서 있는, 수령 1,000년이 넘었다고 하며 안후이성(安徽省)을 상징한다고 하는 '영객송(迎客松: 잉커쑹)' 등 수많은 기송(奇松)들, 바위 절벽으로 이루어진 산봉우리의 평탄한 암반 위에 밀면 넘어질 듯 12m나 되는 높이로 아슬아슬하게 서 있으며 하늘에서 날아왔다고 하는 웅장한 '비래석(飛來石)' 등 수많은 괴석(怪石)들, 운해(雲海)에 떠 있거나 운무(雲霧)에 덮여 보일 듯 말 듯한 황산의 주봉(主峰)인 '연화봉(蓮花峰)'을 비롯하여 '사자봉(獅子峰)' 등 수많은 크고 작은 봉우리들과 안개에 가려 바닥이 내려다보이지 않는 깊은 계곡들 등의 경치를 감상했다. 아름답다기보다는 신비로운 운기(雲氣)를 느낄 수 있었는데, 그래서 황산(黃山)을 두고 '오악(五嶽)에서 돌아와서는 산을 보지 않고, 황산(黃山)에서 돌아와서는 오악(五嶽)을 보지 않는다(五嶽歸來不看山, 黃山歸來不看嶽)'라는 말을 만들어내지 않았나 한다. 또 하나 당시로서는 특이한 모습이 보였었는데, 절벽이 있는 전망대들마다의 난간 쇠줄들에 황산(黃山)에 오른 연인들이 걸어 잠가놓고 그 열쇠를 절벽 아래의 깊은 계곡 숲속으로 던져 영원한 사랑을 약속한 증표라고 하는 자물쇠들이 주렁주렁 매달려 있었다. 그 이후 언젠가부터 서울의 남산 전망대 난간 등에서도 유사한 모습들이 보여 황산(黃山)계곡을 떠올리게 했다.

황산(黃山)의 구경을 마치고 점심시간이 다 되어 위핑봉(玉屛峰)에서 케이블카를 타고 내려와 대기하고 있던 미니버스에 올라 항저우(杭州)를 향해 출발했는데, 항저우(杭州)를 출발하여 황산(黃山)으로 들어갈 때는 안내하는 측에서 준비한 도시락으로 점심 식사를 했었지만, 돌아갈 때는 중간의 식당에서 점심 식사를 하고자 했던 것 같았다. 국도에 들어서서 달리기 시작하여 향촌의 소재지들을 지날 때 우리를 안내하는 관리가 식당을 찾아 나서는데, 식당이 없는 것은 아니었지만 들어갔다가 그냥 나오는 것을 보면 우리 일행들이 식사할 만한 적당한 식당이 아니라고 판단하는 것 같았다. 그러기를 반복하여 식당을 찾아다니지만 매번 허사였고, 마땅한 식당을 찾지 못한 채 점심시간이 지나버렸으니 항저우(杭州)에 도착할 때까지 허기들을 참을 수밖에는 없었다.

더 이상 식당 찾는 것을 포기하고 어느 향촌의 소재지를 지나는데, 노변에서 좌판을 깔고 찻잎을 넣어 삶아낸 '차예단(茶葉蛋)'이라고 하는 '삶은 계란'을 팔고 있는 것이다. 이를 발견한 관리가 한번 먹어보겠느냐고 물어 좋다고들 하니 차에서 내려 몽땅 사 가지고 올라와 함께 나누어 먹었는데, 시장했던 차에 먹어서들 그랬는지 이구동성으로 맛있다고들 얘기했고, 필자도 그렇게 맛있게 먹어본 계란은 없었던 것 같다. 물에 찻잎과 간장, 향신료 등과 함께 계란을 넣어 열을 가하면서 껍질을 살짝 깨어 맛을 낸 삶은 계란을 차예단(茶葉蛋)이라고 하는데, 삶는 과정에서 계란의 비릿한 맛이 제거되고 차(茶)의 향과 차(茶)의 성분 등이 계란에 배어 특유한 맛이 나는, 대만인들과 중국인들이 즐겨 먹는 영양 간식거리다. 시장기도 가셨으니 즐거운 마음으로 차창 밖의 향촌 풍경들을 감상하면서 늦은 저녁 시간에 항저우(杭州)에 도착하여 점심 겸 저녁 식사를 맛있게 먹고 여장을 풀었다. 당시 중국을 여행하다 보면 고속도로 휴게소에서조차도 마땅한 식당들이 별로 없었고, 있어도 입맛에 맞는 음식들이 없어 식사 시간이 되어도 적당히들 굶을 수밖에 없었는데, 더구나 국도변의 향촌 소재지들에 외빈인 우리 일행들을 안내하여 식사할 만한 적당한 식당이 있을 리가 없었다. 당시 관할 지역인 항저우(杭州) 밖의 실정을 제대로 몰랐던 지방 관리가 작은 실수는 했지만, 그 관리의 차분한 안내 덕에 '천하제일기산(天下第一奇山)' 황산(黃山)을 제대로 구경할 수 있었는바 선하게 생긴 그 관리가 고마울 따름이었었다.

황산(黃山)을 두 번째 오를 때는 완연한 봄날이었는데, 당시 황산(黃山)에 올라본 적이 없다고 하는 필자를 성실하게 도와주는 운전기사 부부와 함께 2001년 5월 3일 아침 상하이(上海)를 출발하여 항저우(杭州)를 거쳐 황산(黃山)시 툰시(屯溪)에 도착해서 여장을 풀고, 다음 날 아침 전산(前山)에서 케이블카를 타고 위핑봉(玉屛峰) 산상에 오르니 지난번과는 달리 산상을 덮고 있는 운무(雲霧)는 보이지 않았고, 산봉우리들에 걸쳐 지나가는 하얀 구름들만 이따금씩 보이는 맑은 날씨였다. 감사한 마음으로 '하늘이 우리를 도와주시니, 다행이구나!' 하면서 아내와 기사 부부를 안내하여 지난번의 기억을 더듬어 구불구불 산길을 따라 오르내리면서 명소들을 찾아다니며 맑게 드러나 있는 황산(黃山)의 아름다운 경치들을 여유롭게 감상했다.

지난번에는 운무에 가려 산의 아래쪽으로는 멀리는 내려다보이지 않았는데, 맑은 날씨여서 시야가 트여 있는 곳에서는 산 아래로 약간의 박무(薄霧) 현상이 있기는 했지만 맑은 날 하늘을 나는 비행기에서 내려다본 느낌의 아득한 경관들이 펼쳐지기도 했다. 굽이굽이 뻗어있는 산등성 너머로 겹겹이 솟아 있는 수많은 산봉우리들이 선명하게 아름다운 자태를 드러내고 있고, 깊은 계곡들과 산상에 힘 있게 자라 있는 성성한 소나무들이 바위 적벽과 산상의 기암괴석(奇巖怪石)들과 어우러져 신기한 자연의 경치를 이루고는 있었지만, 지난번처럼의 신비(神祕)로운 운기(雲氣)를 느끼지는 못했다. '천하제일기산(天下第一奇山)'이라고 하는 황산(黃山)은 역시, 운해(雲海)에 떠 있거나 보일 듯 말 듯 운무(雲霧)에 덮여 있는 모습의 경치가 더 아름답지 않은가 한다.

그림 같은 섬들의 호수 첸다오후(千島湖)

황산(黃山)유람을 마치고 다음 날인 2001년 5월 5일 아침, 황산(黃山)시 툰시(屯溪)호텔을 출발해서 첸다오후(千島湖: 천도호)를 향해 황산시계(黃山市界)를 벗어나 항저우(杭州)시 춘안(淳安: 순안)현의 첸다오후(千島湖) 서남호구(西南湖區) 선착장에 이르러, 기사 부부에게는 승용차를 몰고 유람하면서 필자 부부가 유람선을 타고 도착하게 될 첸다오후(千島湖) 동남호구(東南湖區) 선착장으로 오도록 하고, 필자 부부는 하차하여 유람선에 승선했다.

필자가 첸다오후(千島湖)에 대해 관심을 가지게 된 것은, 필자가 대만에서 근무하고 있었을 때인 1994년 봄 첸다오후(千島湖)를 유람하던 대만인 관광객 24명이 숨지는 '첸다오후(千島湖)사건'이 발생하면서 대만이 큰 충격에 빠지는 것을 대만 현지에서 목격하면서부터다. 첸다오후(千島湖)사건은, 중국이 개혁개방 정책을 실시한 이후 '톈안먼(天安門)사태'의 여파로 외자 유치의 열기가 멈추자 장막의 뒤로 물러나 있던 덩샤오핑(鄧小平)이 '남순강화(南巡講話)'를 하는 등 나서면서부터 되살아나 대만인들의 중국 대륙 진출이 부쩍 늘어날 때에 일어난 사고로 중국 정부로서는 아주 곤혹스러운 사건이었다. 당시 대만의 타이베이(臺北) 등지에서는 연일 유가족들 등 군중들이 시위를 벌이는 가운데, 대만 정부는 중국 정부를 향해 거세게 항의하며 교류를 중단시키는 조치를 취했고, 중국 정부는 사태의 진화를 위해 리펑(李鵬) 총리가 직접 나서서 신속한 조사를 지시하는 등 양안(兩岸) 간 심각한 정치적인 파장을 일으켰다. 중국 당국이 조사하여 조치를 취하고 발표한 첸다오후(千島湖)사건은, 1994년 3월 31일 첸다오후(千島湖) 인근 지역에 거주하는 폭도 3명이 금품을 노리고 계획적으로 대만인 관광객들이 유람하고 있는 선상으로 침입하여 대만인 관광객들이 소지하고 있던 달러, 위안화 등 현금과 착용하고 있던 목걸이, 팔찌, 시계 등을 강탈한 후 선상에 불을 질러 대만인 관광객 24명을 포함한 중국인 관광 안내원 2명과 선원 6명 등 32명을 불에 타 숨지게 한 천인공노할 잔인무도한 살인 강도사건으로 범인들에 대해서는 공개 재판을 하고 신속하게 공개 처형을 집행했던 불행한 사건이다. 당시 첸다오후(千島湖)는 세간에 그리 알려지지 않았었지만 천하의 명산 황산(黃山)과 더불어 유람을 하는 관광 코스였다고 하는데, 당시 대만인 관광객들도 황산(黃山)을 오르고 나서 돌아오는 길에 첸다오후(千島湖)를 유람하다가 있을 수 없는 변을 당한 것이다. 마음 아픈 당시의 사건이 떠올라 즐겁지만은 않았지만, 몇 사람의 중국인 관광객들과 함께 승선하여 첸다오후(千島湖)를 유람했다.

첸다오후(千島湖)는 황산(黃山)시의 서부에서 발원하여 항저우(杭州)시의 서쪽으로 흘러들어 오는 강인 신안장(新安江: 신안강) 강줄기에 수력발전용 댐을 건설하면서 생긴 '신안장(新安江)저수지'를 말한다. 신안장(新安江)은 동쪽의 방향으로 흘러 첸탕장(錢塘江)의 지류인 란장(蘭江)으로 합류하는 강인데, 신안장(新安江)의 툰시(屯溪)에서부터 100m의 낙차를 이루는 200㎞ 지점에 위치해 있는 퉁관(銅官)의 협곡(峽谷)에 1955년부터 댐을 건설하기 시작하여 29만여 명의 주민들을 황산(黃山)시 툰시(屯溪)와 항저우(杭州) 등지로 이주시키고 1960년 댐의 건설을 완성하면서 저수지로 변했다고 한다. 첸다오후(千島湖) 댐의 높이는 105m, 댐의 길이는 462m, 저수지의 길이는 150㎞, 저수지의 폭은 100m 내지는 10㎞, 평균 수심은 30m, 최고 수위일 때 호수 면적은 580㎢라고 하는데, 그 호수에 1,078개의 크고 작은 섬들이 떠 있다고 한다. 댐의 건설로 항저우(杭州)시 춘안(淳安)현 일대와 젠더(建德)시 일부 지역이 물에 잠기게 되면서 지대가 높은 구릉지들과 산봉우리들은 수면 위로 그대로 남아 섬들로 변했다고 하는데, 신안장(新安江)저수지에 떠 있는 그 섬들이 천 개가 넘는다고 하여 첸다오후(千島湖)라고 불러오다가 1984년 12월 정식으로 첸다오후(千島湖)라고 명명(命名)했다고 한다.

　첸다오후(千島湖) 서남호구(西南湖區)의 선착장에서 유람선에 승선하여 서남호구(西南湖區)를 지나 중심호구(中心湖區)를 거쳐 동남호구(東南湖區)의 선착장에 도착할 때까지 유람선의 승무원이 안내하는 대로 호수(湖水)를 떠다니면서 명승지들이 있는 섬에서는 하선하여 섬에 올라 경치를 감상하기도 했는데, 크고 작은 수많은 섬들이 호수와 어우러져 아름다운 경치를 이루고 있고, 섬들에는 서원(書院), 사당(祠堂), 탑(塔) 등 고건축물들이 들어서 있기도 하여 고풍스러움을 더해주기도 했다. 청명한 날씨에 감상했던 황산(黃山)의 경치와는 달리 첸다오후(千島湖)의 섬들에는 운무가 끼어 있기도 하여 신비한 경관을 이루고 있기도 했다. 첸다오후(千島湖)의 섬들 중에서 가장 높은 산이 있는데, 그 산에서 내려다보이는 호수에 떠 있는 섬들이 300여 개나 된다고 하는 중심호구의 메이펑다오(梅峰島: 매봉도)에서는 케이블카를 타고 올라가 호수의 경치를 내려다봤는데, 크고 작은 천자백태(千姿百態)의 섬들이 떠 있는 호수를 내려다보면서 '명불허전(名不虛傳)이로구나!'라고 감탄하기도 했다. 메이펑다오(梅峰島)의 주변은 물에 잠기기 전에도 아름다운 산천이었을 것으로 짐작되었는데, 비록 오지였을지언정 조상 대대로 살아왔을 터전을 물속에 잠기도록 허용하여 현대 문명의 필수적 에너지원인 전기를 만들도록 기여하고, 고통을 감내하며 어쩔 수 없이 고향 산천을 떠나온 주민들의 마음이 얼마나 아팠을까 하는 생각이 든다. 첸다오후(千島湖)를 유람하는 동안 섬들의 군데군데에 아픈 마음을 남겨 놓은 듯, 철거하지 않은 채로 그대로 남아 있는 물에 잠기지 않은 민가의 주택들이 눈에 들어오기도 했다.

37.
충칭(重慶)을 들여다보고,
창장싼샤(長江三峽)를 유람하다

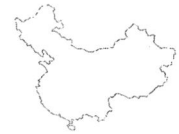

　창장(長江) 상류에 위치해 있는 충칭(重慶: 중경)은, 중국대륙에서 인구가 가장 많은 성급 행정구역이었던 쓰촨성(四川省)으로부터 분리되어 1997년 3월 직할시로 승격된 초대형 도시로 중국 내륙 서남부 지역의 정치, 경제, 문화의 중심 도시다. 충칭(重慶)은 춘추전국시대에는 '파국(巴國)'의 도읍지였고, 한(漢)나라 때는 '익주(益州)'에 속해 있었으며, 수(隋)나라와 당(唐)나라 때는 '유주(渝州)', 북송(北宋)의 휘종(徽宗) 때는 '공주(恭州)'라고 불렀다고 하는데, 충칭(重慶)이라는 이름은 남송(南宋)시대에 광종(光宗) 조돈(趙惇)이 '공주왕(恭州王)'에 봉해지고 나서 황태자로 책봉된 데 이어 1189년 황위(皇位)에 오르면서 경사가 겹쳤다는 '쌍중희경(雙重喜慶)'의 의미로 '공주(恭州)'를 '충칭부(重慶府)'로 승격시키면서부터 사용되어오고 있다고 한다. 충칭(重慶)은 원(元)나라 말기에는 농민군 명옥진(明玉珍)에 의해 잠시 설립되었던 '하(夏)나라'의 도읍지이기도 했고, 중일전쟁 때인 1937년 12월부터 1945년 8월까지 국민당 정부의 '전시수도(戰時首都)'가 들어서기도 했었다. 충칭(重慶)은 중화인민공화국이 들어선 이후 1949년 11월 직할시가 되었다가 1954년 7월 쓰촨성(四川省)으로 편입되었었다. 충칭(重慶)

은 일본이 패망하여 중일전쟁이 끝나면서 장제스와 마오쩌둥이 담판을 벌여 '쌍십협정(雙十協定: 1945년 10월 10일 타결되었지만 장제스에 의해 파기)'을 체결했던 곳이기도 하고, 충칭시(重慶市)서기 보시라이(薄熙來)가 '창홍타흑운동(唱紅打黑運動)'을 벌이다가 실각을 당한 곳이기도 하다.

충칭(重慶)의 중심 지역은 북쪽에서 흘러내려 온 충칭(重慶)을 지칭하는 '위(渝: 유)' 자(字)를 유래하게 한 '위수이(渝水: 유수)'라고 불렸던 자링장(嘉陵江: 가룽강)이, 남쪽에서 흘러들어 와 동쪽으로 흘러 지나가는 창장(長江)과 합류하면서 이루어진 '위중(渝中: 유중)반도'라고 하는 지역에 위치해 있다. 충칭(重慶)시는 도시 전체가 대부분 구릉지와 산지(山地)로 이루어져 있어 가파르며 경사가 심하다. 충칭(重慶)에는 다바산(大巴山: 대파산)과 우산(巫山: 무산), 우링산(武陵山: 무릉산) 등 여러 산들이 뻗어 있고, 그 사이사이로 창장(長江)을 비롯한 자링장(嘉陵江), 우장(烏江: 오강) 등 여러 강들이 흐르고 있어 습기가 많은 지역으로 여름에는 덥고, 연평균 100일 이상 안개가 낀다고 하는 '안개의 도시'로도 유명하다.

충칭(重慶)은 우리의 임시정부 요인들이 일본 군경들을 피해 1937년 11월 전장(鎭江: 진강)을 떠나 창사(長沙: 장사)와 광저우(廣州: 광주) 등지를 전전하다가 국민당 정부의 도움으로 1941년 12월부터 머물면서 광복군을 창설하는 등 활약을 했던 곳이기도 하다. 충칭(重慶)의 중심부인 위종취(渝中區: 유중구) 롄화츠(蓮花池: 연화지)라는 곳의 가파른 언덕에 1945년 1월부터 1945년 12월까지 사용했던, 어느 정도의 규모를 갖추고 있는 대한민국임시정부 청사가 복원되어 1995년 8월부터 개방되고 있어, 숙연한 마음으로 들여다봤다.

중국이 한창 중서부 지역 개발 사업을 추진하고 있었을 무렵 필자가 상하이(上海)에서 근무하고 있었을 때 2000년 9월 20일부터 2박 3일간 충칭

(重慶)을 방문하여 산업자원부에서 들어온 중국서부개발투자조사단과 함께 충칭(重慶)을 시찰한 적이 있었고, 휴가를 이용해 가족과 함께 2001년 8월 13일 충칭(重慶)으로 들어가 야간에 출발하는 크루즈선에 승선하여 3박 3일간 창장싼샤(長江三峽)를 유람하고 이창(宜昌)에서 하선한 후 우한(武漢)을 거쳐 상하이(上海)로 돌아간 적이 있었는바 이야기를 이어가고자 한다.

2000년 9월 20일 상하이(上海)를 출발하여 충칭(重慶)에 도착한 후 중국 대외경제무역위원회 간부들과 베이징(北京)주재 대사관에서 내려온 동료와 합류하여 충칭(重慶)시 대외경제무역위원회 부주임이 주최하는 만찬을 마치고 나서 안내에 따라 충칭(重慶)시 중심에 있는 난산(南山: 남산)의 '이커수(一棵樹: 일과수) 전망대'에 올라가 한눈에 내려다보이는 빌딩의 숲을 이루고 있는 충칭(重慶)시의 시가지와 충칭(重慶)시를 가로질러 흘러가는 창장(長江)의 아름다운 야경을 감상하는 등 즐거운 시간을 가졌다. 휘황찬란한 충칭(重慶)의 야경을 배경으로 담아 기념촬영을 하도록 충칭(重慶)시 대외경제무역위원회가 준비해놓은, 황제들이나 앉을 법한 대형 안락의자에 한 사람씩 앉도록 하여 '황제(皇帝)'라는 호칭을 하면서 촬영을 하는 바람에 필자도 졸지에 황제가 되기도 했는데, 촬영이 끝날 때까지 모두들 박장대소하며 즐기면서 필자가 베이징(北京)에서 근무할 때 카운터 파트너였던 중국 대외경제무역위원회 친구들과 즐겁게 담소를 나누며 우의를 다지기도 했다.

다음 날 충칭(重慶)에 도착한 산업자원부 '중국서부개발투자조사단' 일행들과 합류하여 충칭(重慶)시 대외경제무역위원회의 안내를 받아 충칭(重慶)경제기술개발구를 시찰하고, 충칭(重慶)시 대외경제무역위원회 상무부주임이 주최하는 만찬에 참석하는 등의 행사를 마치고, 그다음 날 일행들과 함께 충칭(重慶)에서 시안(西安: 시안)으로 들어가 시안(西安)경제

기술개발구 등을 참관한 후 청두(成都: 성도)로 이동하여, 산업자원부에서 출장 나와 도착한 차관(次官) 일행들과 합류하여 '중국서부개발세미나'와 중국 대외경제무역위원회가 주최하는 '한중산업차관회의'에 참석하는 등 행사에 참여했었다. 당시 8박 9일 동안 진수성찬(珍羞盛饌)의 호화로운 만찬 등 지방정부 관리들의 환대를 받으면서 고맙고도 미안한 마음이 들기도 했는데, 당시 중국 지방정부들의 투자 유치 열기의 한 단면이기도 했지만 동행한 중앙정부(국가경제무역위원회) 관리들을 대접하는 측면도 있지 않았나 하는 생각이 들기도 했었다. 당시 중국의 지방정부 관리들이 가식적이지 않은 태도로 당당하면서도 자연스럽게 서로 친구와 같은 분위기 속에서 중앙정부(국가경제무역위원회) 관리들을 융숭하게 대접하는 중국 고유의 접대 문화를 느낄 수 있었다.

창장싼샤(長江三峽)의 유람 길에 오르다

창장(長江)은 중국대륙의 서역(西域)에 위치해 있는 칭하이성(青海省)에서 발원하여 티베트고원과 윈난(雲南)고원을 거쳐 쓰촨(四川)분지로 들어와 충칭(重慶)을 지나 우한(武漢)과 난징(南京)을 거쳐 상하이(上海)까지 약 6,300km나 흘러 동중국해로 유입되는, 중국에서 가장 긴 강이다. 창장(長江)이 충칭(重慶)으로 흘러들어 와 충칭(重慶)시 펑제(奉節: 봉절)현 바이디청(白帝城: 백제성)에서부터 후베이성(湖北省) 이창(宜昌: 의창)시 난진관(南津關: 남진관)에 이르는 193km 구간에서, 충칭(重慶)시 관할 지역에 있는 취탕샤(瞿塘峽: 구당협), 충칭(重慶)시와 후베이성(湖北省)에 걸쳐있는 우샤(巫峽: 무협), 후베이성(湖北省) 관할 지역에 있는 시링샤(西陵峽: 서릉협)를 통과하게 되는데, 그 3개의 협곡을 '창장싼샤(長江三峽: 장강3협)'라고 부른다.

창장싼샤(長江三峽)의 하단 시링샤(西陵峽) 구간에 홍수 방지와 수력발전 등을 위한 대규모의 '창장싼샤(長江三峽)댐'을 건설하면서, 『삼국지연의(三國志演義)』의 무대이기도 했고 수많은 명승고적들이 있으며 웅장하고도 풍광이 아름다운 싼샤(三峽) 일대가 물에 잠겨 거대한 호수로 변하게 된다. 창장싼샤(長江三峽)댐은 1994년 12월 착공하여 2009년 완공되는데, 1997년 11월 물막이 공사가 마무리되면서 댐 건설이 한창 진행되고 있을 때 물에 잠기기 전, 그러니까 담수(湛水)를 시작하기 전 창장싼샤(長江三峽)의 본래 자연 그대로의 모습을 보기 위해 창장싼샤(長江三峽)의 유람 길에 오른 것이다.

2001년 8월 13일 저녁 식사를 마치고 자링장(嘉陵江)의 맑은 강물이 본류인 창장(長江)의 황금빛 강물로 합류하는 지점인 충칭(重慶)의 차오텐먼(朝天門: 조천문) 부두에서 후베이성(湖北省) 이창(宜昌)까지 약 640km를 항행하는 '황가공주(皇家公主)'라고 하는 크루즈선(船)에 밤 9시가 넘어 승선하여 3박 3일간의 창장싼샤(長江三峽) 유람 길에 올랐다. 황가공주(皇家公主) 호는 독일에서 건조(建造)한 선박인데, 당시 20여 명의 서양인들을 포함하여 탑승 정원의 5분의 1도 안 되는 50여 명 정도의 유람객들이 승선했다. 시간당 28km의 속도로 172km 구간을 밤새 항행하여 아침 식사를 마치고 나니, 사람이 죽으면 지나간다는 '황천(黃泉)길'이 있는 창장(長江) 북안의 '펑두구이청(豊都鬼城: 풍도귀성)'에 도착한다. 과거에는 '풍도(豊都: 펑두)'와 같은 발음을 내는 '풍도(酆都: 펑두)'라는 지명을 썼다고 한다. 풍도(酆都)는 당(唐)나라 시인 이백(李白)이 그 풍도(酆都)에 들렀을 때 '사람이 죽으면 풍도귀성(酆都鬼城)으로 와서 심판을 받아야 한다니, 세상 사람들이 별것 아니로다!'라며 읊은, '하소세상사(下笑世上士), 심혼북라풍(沈魂

北羅酆): 세상 사람 가소롭구나, 영혼이 되어 풍도(酆都)로 잡혀 오네'라는 시구(詩句)로도 유명한 '중국 신곡(神曲)의 고장'이다. '구이청(鬼城: 귀성)'이 들어서 있는 해발 287m의 나지막한 펑두밍산(豊都名山: 풍도명산)의 산상에는 눈을 지그시 감은 듯 내려다보고 있는 옥황상제(玉皇上帝)의 두상(頭像) 모양을 한 거대한 하얀 구조물이 앉아 있었는데, 그 아래로는 사람이 죽어서 저승으로 들어가는 관문이라고 하는 '귀문관(鬼門關)'을 비롯하여 '염라대왕전(閻羅大王殿)', '천자전(天子殿)' 등 도교 또는 불교와 관련된 여러 고(古)건축물들이 들어서 있다. 구이청(鬼城)에 오르는 입구의 관리소 건물 벽에는 '펑두(豊都)현 2기 이주 시한 2003년 6월 1일까지 남은 기간, 656일(豊都縣二期移民倒計時 距2003年6月1日還有 0656天)'이라는 카운트다운 현판이 부착되어 있었다. 매일 하루씩 줄여 표시해나가는 숫자판으로 '싼샤(三峽)댐' 공사가 한창 진행되고 있음을 실감할 수가 있었다.

　펑두구이청(豊都鬼城)을 둘러보고 항행을 계속했는데, 주간(晝間) 동안에는 크루즈선의 선실 앞 발코니 또는 갑판 위에 올라서서 이동하는 각도에 따라 달리 바라보이는 창장(長江)과 어우러져 있는 자연의 경치를 감상했다. 강폭이 넓은 밋밋한 구간을 지날 때는 지루하기도 했는데, 양쪽 연안에는 아파트 등 빌딩들이 들어서 있는 소도시들도 보였고, 주택들이 몰려 있는 마을들과 군데군데 떨어져 있는 민가들도 보였는데, 선입견이 있어서 그랬는지 이미 이주하여 비어 있는 것 같은 건물들로 보여 을씨년스러운 느낌이 들었다. 창장싼샤(長江三峽)댐을 건설하는 현장에 이를 때까지 계속해서 어느 정도의 간격을 두고 강변 연안의 가파르지 않은 산들의 중턱에는 '135m'의 표지판과 '175m'의 표지판이 가로 글씨로 세워져 있었는데, 크루즈선상에서 고개를 들고 바라봤던 그 표지판들의 숫자는 해발고도로 싼샤(三峽)댐의 건설로 인해 단계별로 물에 잠길 수면의 위치를 알리는 표지판들이다. 창장싼샤(長江三峽)댐의 건설로 인해 당시의 창장(長江)의 수면 위로부터 그 높이까지 물이 차올라, 자연의 경관들은 물론 주민들이 거주했던 주택들 등 현대 건축물들과 역사적인 유적들 등 고(古)건축물들도 물에 잠긴다고 하니 어쩔 수 없다고는 하지만 아깝다는 생각이 들기도 했다. 제1단계 담수를 시작한 2003년 6월부터는 수면이 135m 표지판까지 오르면서 물에 잠기게 되고, 제2단계 담수를 시작한 2008년 이후로는 수면이 175m의 표지판까지 오르내리며 물에 잠기게 된다.

창장싼샤(長江三峽)댐의 건설을 추진하면서 가장 큰 문제 중 하나가 수몰 지역 주민들을 소산(疏散)시키는 일이었다고 하는데, 1993년부터 2010년까지 18년 동안 싼샤(三峽) 지역 약 600㎢에서 거주하는 주민 130만여 명을 이주시켰다고 하니 토목공정에 버금가는, 아니 그 이상의 대단한 일이 아니었는가 한다. 싼샤(三峽) 인근의 충칭(重慶), 쓰촨(四川), 후베이(湖北) 지역만으로는 부족하여 산둥(山東), 상하이(上海), 장쑤(江蘇), 광둥(廣東), 저장(浙江), 장시(江西), 안후이(安徽), 후난(湖南), 푸젠(福建) 등 지역으로도 이주를 시켰다고 하는데, 이주하는 지역들이 수몰되는 곳들보다는 발전된 지역들이기는 하지만 새로운 삶에 정착하지 못하거나 고향을 잊지 못하고 물속의 고향을 그리워하던 많은 이주민들이 고향 근처로 돌아오기도 했다고 한다. 고향 마을을 뒤로하고 고향 마을을 떠나는 이주민들이 길게 줄을 지어 배에 오르고 나서 울음바다를 이룰 때는 선원들도 함께 울었다고 하는데, 고향 마을을 떠나는 그 이별의 고통이 어느 정도인지 짐작하고도 남음이 있다.

펑두구이청(豊都鬼城)에서 274㎞를 항행하면서 하루 저녁을 더 자고 나니 촉(蜀)왕 유비(劉備)가 이릉(夷陵) 전투에서 오(吳)나라 육손(陸孫)에게 패배하고 퇴각하여 머물다가 세상을 떠났다고 하는 영안궁(永安宮)이 들어서 있던 충칭(重慶)의 펑제(奉節: 봉절)현에 소재해 있는 백제성(白帝城: 바이디청)에 도착하게 되는데, 그 백제성(白帝城)은 싼샤(三峽) 중 첫 번째 협곡인 취탕샤(瞿塘峽: 구당협)가 시작되는 곳이다. 창장(長江) 북안(北岸)의 바이디산(白帝山: 백제산) 기슭에서 반도를 이루며 3면이 강으로 둘러싸여 있던 그 백제성(白帝城)은 싼샤(三峽)댐이 건설되어 담수되어지면서 2007년부터는 섬으로 변했다고 한다. 싼샤(三峽)댐 건설 이후, 백제성(白帝城)으로 들어가는 교량과 취탕샤(瞿塘峽)의 협곡이 바라보이는 전망대 등 건축물들과 백제성(白帝城)의 여러 성문(城門)들, 유비(劉備)가 임종하기 전 제갈량(諸葛亮)에게 아들 유선(劉禪)을 부탁했다고 하는 탁고당(托孤堂)을 비롯하여 정전(正殿)인 명량전(明良殿), 제갈량(諸葛亮) 등을 모시고 있는 무후사(武侯祠) 등이 들어서 있는 백제묘(白帝廟)의 고(古)건축물들을 잘 정비하여 관광객들을 맞이하고 있다고 한다.

취탕샤(瞿塘峽)와 샤오싼샤(小三峽)

백제성(白帝城)에서부터 시작되는 취탕샤(瞿塘峽: 구당협) 8km의 구간은, 싼샤 중 가장 좁고 험준한 협곡으로 웅장하고 신기한 풍경이 펼쳐지는 곳이다. 창장(長江)의 물줄기가 쓰촨(四川)분지를 따라 백제성(白帝城)에 이르기까지는 700~800m의 강폭으로 완만하게 유유히 흘러내려 오다가 싼샤의 주봉인 해발 1,388m의 츠자산(赤甲山: 적갑산)과 그 츠자산(赤甲山)을 마주 보고 서 있는 바이옌산(白鹽山: 백염산)에 가로막혀 있는 듯 100m 전후로 좁아진 두 산 사이의 험한 계곡 속으로 밀려들어 가는데, 협곡 사이로 거센 물살을 내며 흐르는 황금빛 강물이 웅장한 두 산의 절벽과 어우러져 기이한 경치를 이루어낸다. 풍화작용에 의해 석회암이 융화되면서 암층의 표면이 붉은빛을 띠고 있다고 하여 츠자산(赤甲山: 적갑산)이라는 이름이 지어졌고, 소금처럼 회백색(灰白色)의 빛을 띠고 있다고 하여 바이옌산(白鹽山: 백염산)이라는 이름이 지어졌다고 하는데, 직접 느끼지는 못했지만 그 산들에 배어 있는 그러한 빛깔들이 양광과 각도에 따라 반사되어 더욱 아름다운 경치를 이루게 하는 것이 아닌가 한다.

창장(長江)의 물줄기가 취탕샤(瞿塘峽)의 대협곡으로 들어가는 입구의 양옆으로 솟아 있는 북안(北岸)의 츠자산(赤甲山) 바위 절벽과 남안(南岸)의 바이옌산(白鹽山) 바위 절벽이 마치 문(門)기둥과 같이 생겼다고 하여, 펑제(奉節: 봉절)의 옛 지명 '쿠이저우(夔州: 기주)'의 쿠이(夔: 기) 자(字)를 붙여 '쿠이먼(夔門: 기문)'이라는 이름이 지어졌다고 한다. '취탕관(瞿塘關: 구당관)'이라고도 했다는 그 쿠이먼(夔門)은, 중국 고대의 진한(秦漢)시대 이래 병가(兵家)들이 반드시 쟁취해야 할 난공불락(難攻不落)의 요새지(要塞地) 관문(關門) 역할을 했던 곳이라고 한다. 촉(蜀)왕 유비(劉備)가 이릉(夷陵) 전투에서 패한 후 자신의 본거지인 청두(成都)로 돌아가지 않고, 쿠이먼(夔門)이 소재해 있는 백제성(白帝城)에 머문 이유와도 무관하지 않다고 보여진다. 창장싼샤(長江三峽)의 서대문(西大門)이라고도 하는 백제성(白帝城)의 취탕샤(瞿塘峽) 입구에 이르러 갑판(甲板) 위에 올라서서 바라본, 황금빛 물결을 일으키며 흐르는 창장(長江)의 물줄기와 어우러져 바라보이는 쿠이먼(夔門)의 경치는 그야말로 장관이었다. 막혀 있는 듯 좁아지는 강줄기 사이의 양안에 힘 있게 솟아 있는 '쿠이먼천하웅(夔門天下雄: 천하에 웅장한 기문)'이라고 하는 웅장한 쿠이먼(夔門)을 통과하는 순간 주변의 말소리도 조용해진다. 취탕샤(瞿塘峽) 쿠이먼(夔門)의 경관은 자랑할 만한 중국대륙의 경치가 아닌가 한다. 쿠이먼(夔門)은 중국의 런민비(人民幣: 위안화) 10위안짜리 지폐에도 도안되어져 있다.

 백제성(白帝城)을 출발하여 크루즈선이 움직이는 대로 웅대한 쿠이먼(夔門)을 지나 취탕샤(瞿塘峽)의 웅장하고도 험준한 협곡 8km 구간을 지나는 동안, 갑판(甲板) 위에 올라서서 바위 절벽을 이루며 양안으로 솟아 있는 봉우리들, 절벽의 중간에 달아내거나 파여 아슬아슬하게 나 있는 옛날의 통로인 고잔도(古棧道)의 유적들, 글자와 글귀의 내용들은 잘 알 수 없었지만 바위 절벽들에 균형과 조화를 이루며 새겨진 고풍스러운 마애석각들 등의 모습들과 옛날 아주 먼 옛날의 모습이나 다름없은 황금빛 창장(長江)의 물결 등이 어우러져 있는 웅대한 경치를 바라보면서 자신의 존재가 작아지는 것을 느끼기도 했다. 싼샤(三峽)댐이 완성되어 담수되면서 팔등신(八等身)과도 같은 취탕샤(瞿塘峽)의 아름다운 발과 발목이 물에 잠겨버렸을 것이니, 자연 그대로 웅장하고도 아름다운 고전미가 있는 그때 그대로의 아름다운 취탕샤(瞿塘峽) 본디의 모습은 더 이상 볼 수 없게 되었으리라. 하지만 물에 잠긴 잔도(棧道)의 유적들은 위로 옮겨 새로 냈다고 하며, 물에 잠겨버린 글자와 글귀들도 수면 위의 절벽에 새로 새겼다고 하고, 웅대한 몸통의 미모(美貌)는 그대로 남아 있을 터이니 본디 모습과 버금가는 취탕샤(瞿塘峽)의 팔등신(八等身)이 새로이 탄생되었으리라고 본다. 취탕샤(瞿塘峽)의 웅대한 대협곡의 구간을 지나 취탕샤(瞿塘峽) 하단에 이르니 강폭이 넓어지면서 북쪽에서 흘러내려 온 다닝허(大寧河: 대령하)가 창장(長江)과 합류하는 지점에 다다르게 된다.

 충칭(重慶)시 우산(巫山: 무산)현의 북쪽 방향에서 흘러내려 와 창장(長江)으로 합류하는 다닝허(大寧河)의 입구에서부터 창장싼샤(長江三峽)의 우샤(巫峽: 무협)가 시작되는데, 창쟝(長江)의 우샤(巫峽)로 내려가기 전에 중형의 유람선으로 갈아타고 다닝허(大寧河)의 상류 방향으로 강폭이 좁아지면서 이루어진 '우산(巫山) 샤오싼샤(小三峽: 소3협)'라고 하는 '룽먼샤(龍門峽: 용문협)', '바우샤(巴霧峽: 파무협)', '디취샤(滴翠峽: 적취협)' 구간 약 40km의 소(小)협곡으로 향했다. 취탕샤(瞿塘峽)의 웅대한 대(大)협곡의 신기한 경치와는 다른 모습이기는 했지만 샤오싼샤(小三峽)의 구간에서도 절벽을 이루며 솟아 있는 숲이 우거진 산봉우리들이 호수와도 같은 유유히 흐르는 강물과 어우러져 나름대로 웅장하고도 고요하고 우아한 아름다운 호반의 경치들을 이루고 있었다.

룽먼샤(龍門峽)의 서안(西岸) 절벽에서는 아슬아슬하게 나 있는 고잔도(古棧道)의 유적이 있어 바라보였고, 바우샤(巴霧峽)의 동안(東岸)에서는 인간의 힘으로 어떻게 올라갈 수가 있었는지 그 높은 절벽의 바위 틈새에 위험천만하게 올려져 있는, 중국 고대 소수민족 고관대작(高官大爵)들의 장례 관습에 의해 시신이 안치된 것으로 추정된다고 하는, 천년의 세월을 견뎌온 특이한 장방형의 현관(懸棺)들이 멀리 바라보였다. 디취샤(滴翠峽) 구간을 지나면서 다닝허(大寧河)와 합류하는 다닝허(大寧河)의 지류인 마두허(馬渡河: 마도하)를 따라 올라갔는데, 강폭이 점점 더 좁아지면서 계곡을 이루고 있는 '우산(巫山) 샤오샤오싼샤(小小三峽: 소소3협)'라고 하는 '창탄샤(長灘峽: 장탄협)', '친왕샤(秦王峽: 진왕협)', '싼청샤(三撐峽: 삼탱협)' 구간 약 10km의 소(小)협곡 속으로 들어간다.

샤오샤오싼샤(小小三峽)의 더 좁아진 소(小)하천이나 다름없는 구간에 이르러서는, 토가족(土家族) 청년들이 끄는 여러 척의 길쭉한 소형 목선으로 나뉘어져 갈아타고, 옅은 비취색을 띠는 맑은 물이 흐르는 좁아지는 계곡을 따라 물살을 거슬러 노를 저어 가다가 계곡이 점점 더 좁아져 물살이 센 곳에서는 장대로 하천의 물속 바닥을 짚어 밀어올리기도 하고, 일부 청년들은 물속으로 들어가 줄을 당겨 끄는 진풍경을 연출하기도 하면서 계곡 속으로 들어간다. 미안한 생각이 들기도 했지만 당시로서는 그 깊은 계곡 속으로 들어갈 수 있는 유일한 방법이었으니 고마울 따름이었다. 토가족(土家族) 청년들이 끄는 그 목선에서 내린 곳은 씻어낸 듯 깨끗한 조약돌이 깔려 있는 천변의 자갈밭이었는데, 좁디좁은 깊은 계곡의 양안 바위 절벽 위로 푸른 숲을 이루며 솟아 있는 봉우리들과 하천의 맑은 물이 어우러져 산자수명(山紫水明)의 아름다운 경치를 이루고 있었다. 싼샤(三峽)댐이 담수되면서 천변 바닥에 드러나 있던 짙은 회색의 깨끗한 그 조약돌 자갈밭은 물에 잠겨버리지 않았을까 한다. 당시 그 좁은 청정 계곡 속의 천변 바닥에 깔려 있는 조약돌 자갈밭 위에는 토가족(土家族) 원주민들이 토속 기념품들을 올려놓고 파는 여러 조그마한 좌판들이 두 줄로 줄을 지어 늘어서 있었는데, 자연의 아름다운 경치와는 어울리지 않았지만 그래도 흥미를 더해주었다. 머무를 수 있는 시간이 적어 아쉬움을 남기고, 들어갔던 구간의 물길을 따라 돌아 나와, 다닝허(大寧河) 입구에서 기다리고 있던 크루즈선에 올라 우샤(巫峽: 무협)를 향해 이동했다.

우샤(巫峽), 시링샤(西陵峽)와 싼샤(三峽)댐

우샤(巫峽: 무협)는 충칭(重慶)시 우산(巫山)현에서 흘러내려 온 다닝허(大寧河)가 창장(長江)으로 합류하는 입구에서부터 후베이성(湖北省) 바둥(巴東: 파동)현 관두커우(官渡口: 관도구)에 이르는 창장(長江) 46km 구간의 협곡을 말한다. 우샤(巫峽)는 웅장하고도 험준한 취탕샤(瞿塘峽)의 경치와는 다른 수려한 경관을 이루고 있는 협곡이다. 우샤(巫峽) 구간 일대는 '우산(巫山)산맥'의 최고 기이한 봉우리라고 하는 해발 약 1,800m의 신녀봉(神女峰)을 비롯한 '우산(巫山) 12봉우리' 등 카르스트지형의 군봉(群峰)들이 병풍처럼 펼쳐져 수려한 경관을 이루고 있다고 하는데, 창장(長江) 양안의 남북으로 6개씩 나누어져 펼쳐져 있다고 하는 우산(巫山)의 12개 봉우리 등 군봉(群峰)들에서 뻗어 내린 사이사이의 아름다운 협곡을 창장(長江)이 구불구불 휘감으면서 흘러 지나간다. 창장(長江)을 따라 깊고 좁은 우샤(巫峽) 구간을 지나는 동안 크루즈선이 움직이는 대로, 강이 산에 막혀 있는 듯하다가 열리기를 반복하면서, 계곡이 깊어 상시 끼어 있다고 하는 자욱한 운무(雲霧)에 가려 보일 듯 말 듯한 군봉(群峰)들이 멀리로부터 변화를 이루며 가까이 다가오곤 하는데, 운무가 끼어 있는 각양의 그 군봉(群峰)들이 황금빛 물결을 이루며 흐르는 창장(長江)의 물줄기와 어우러지면서 화폭에 담겨 있는 한 폭 한 폭의 동양화나 다름없는 장관의 경치들을 연속해서 만들어내고 있어, 지루하리만큼 우샤(巫峽)의 수려한 경치를 감상할 수 있었다. 우샤(巫峽)의 구간에는 신녀묘(神女廟), 공명석비(孔明石碑), 잔도(棧道) 등의 고적들이 있다고 하는데 직접 올라가 보지는 못했다. 싼샤(三峽)댐 준공 이후 175m 높이까지 담수되면서 우샤(巫峽) 구간의 수위도 약 80m나 올라갔다고 하는데, 황금빛 물결을 이루며 흐르던 창장(長江)과 어우러져 있었던 그때 자연 그대로의 수려한 경관과는 다른 모습일지언정 운무(雲霧)가 끼어 있는 기이한 군봉(群峰)들과 깊은 계곡들은 지금도 그대로일지니 그때나 버금가는 아름답고도 고요한 호수의 경치를 이루고 있지 않을까 한다.

우샤(巫峽: 무협)를 지나 후베이성(湖北省) 바둥(巴東)현을 거쳐 시링샤(西陵

峽: 서릉협)를 향해 창장(長江)을 따라 계속 항행을 했는데, 시링샤(西陵峽)는 후베이성(湖北省) 쯔구이(秭歸: 자귀)현 샹시커우(香溪口: 향계구)에서 이창(宜昌: 의창)시 난진관(南津關: 남진관)에 이르는 구간 중 66km의 협곡을 말한다. 시링샤(西陵峽) 구간의 행정구역인 쯔구이(秭歸)현에는 전국시대 초나라의 애국 시인(詩人)인 굴원(屈原)의 고향이 있다고 하고, 고대에 '이릉(夷陵)'이라 불렸던 이창(宜昌)시에는 『삼국지연의(三國志演義)』의 무대이기도 했던 '이릉(夷陵) 전투'를 벌였던 곳이기도 하며 고대 중국의 4대 미인 중 한 사람인 한(漢)나라시대의 미인 왕소군(王昭君)의 고향이 있는 곳이기도 하다.

시링샤(西陵峽)의 입구인 샹시커우(香溪口)를 지나 계속해서 관곡(寬谷)으로 이루어진 쯔구이(秭歸)현 구간을 따라 지루한 항행을 하다가 강폭이 더 넓어진 쯔구이(秭歸)현과의 경계 지역인 이창(宜昌)시 싼더우핑(三斗坪: 삼두평)진에 이르러 싼샤(三峽)댐 공사 현장을 통과하게 되는데, 당시 싼샤(三峽)댐의 건설공사가 한창 진행 중에 있었다. 싼샤(三峽)댐은 1994년 12월 착공하여 1997년 11월 물막이공사가 완성되면서, 수몰 지역 주민들의 이주와 수몰 지역의 청결 정비 작업을 마무리하고 담수를 시작하여 2003년 6월부터 발전소의 가동과 갑문(閘門)의 운행에 들어갔고, 2008년에는 해발 175m까지 담수되면서 공사 시작 15년 만인 2009년 대역사(大役事) 싼샤(三峽)댐 건설의 모든 공정이 완성된다. 싼샤(三峽)댐 완공 이후 싼샤(三峽)댐 상류 구간의 창장싼샤(長江三峽) 수위가 댐 건설 전에 비해 평균 80m 정도 높아지면서 거대한 호수로 변하게 되는데, 댐의 높이가 185m, 제방의 길이는 2,309m, 저수량은 393억 톤이나 되고, 70만kW/h 규모의 26대의 발전기에서 연평균 약 840억kW/h의 발전을 일으키는 대규모의 댐이 탄생한 것이다. 싼샤(三峽)댐의 건설로 홍수 방지는 물론 발전(發電)을 일으키는 등 수자원을 효율적으로 이용할 수 있게 되었고, 싼샤(三峽)댐의 갑문(閘門)을 통해 충칭(重慶)까지 만 톤급 선박이 드나들 수 있게 되었다고 하는데, 반면에 수질오염의 문제가 발생하고, 해양생태계에 미치는 부정적인 영향도 있다고 하니 해결해야 할 새로운 과제가 생겨나게 된 것이다.

싼샤(三峽)댐 공사장을 지나 먀오난(廟南: 묘남)에 이르는 구간까지는 관곡(寬谷)으로 이어지다가 시링샤(西陵峽) 하단에 이르러 양안으로 솟아 있는 절벽 사이의 협곡으로 들어서게 되는데, 숲이 우거져 있고 겹겹으로 이루어진 봉우리들과 기암절벽들이 어우러져 있는 수려한 경관이 펼쳐지기 시작한다. 강물의 흐름이 완만하여 호수나 다름없는 고요하고도 아름다운 경치를 이루고 있는데, 그 이유는 시링샤(西陵峽) 하단에 위치한 창장싼샤(長江三峽)의 출구인 이창(宜昌) 난진관(南津關)으로부터 하류(下流) 방향으로 2.3km의 위치에 1988년 12월 준공되었다고 하는 47m 높이로 쌓아 올린 저수량 16억 톤 규모의 연평균 140억 kW/h의 발전을 일으키고 제방 길이가 2,595m나 되며 싼샤(三峽)댐 건설의 표본이 되었다고 하는 '거저우(葛洲: 갈주)댐'이 있기 때문이다. 송(北宋)나라 때 병부상서(兵部尚書)를 지낸 정치가이며 문학가인 구양수(歐陽修)는 아름다운 시링샤(西陵峽)의 경치를 바라보며 '서릉산수천하가(西陵山水天下佳!: 시링의 경치가 천하에 아름답도다!)'라고 읊었다고 하는데, 그때는 그 거저우(葛洲)댐이 없었을 때로, 물에 잠기지 않은 흐르는 강줄기와 어우러져 있는 자연 그대로의 경치였을지니 지금보다는 더 아름다운 경관을 이루고 있지 않았을까 한다.

크루즈선상의 갑판 위에 서서 호수와 어우러져 있는 시링샤(西陵峽) 하단의 경치를 둘러보는 것을 끝으로 하여 주마간산(走馬看山)으로 창장싼샤(長江三峽)의 유람을 마쳤는데, 싼샤(三峽)댐 건설 이후로는 황금빛 물살을 내며 흐르는 창장(長江)과 어우러져 있던 자연 그대로의 웅장한 취탕샤(瞿塘峽)의 모습이나 계곡을 따라 구불구불 흐르는 창장(長江)의 물줄기와 어우러져 있던 자연 그대로의 수려한 그때 그 모습의 우샤(巫峽)의 경치는 더 이상 다시는 볼 수 없게 되었으니 아쉬움이 남는다. 하지만 싼샤(三峽)댐의 건설로 물에 잠기게 된 고(古)건축물 등 역사적인 가치가 있는 고적들은 옮기거나 새로 지어 단장했다고 하고, 수몰 이후 호수와 어우러져 있는 풍경도 댐 건설 이전이나 버금가는 장관을 이루고는 있다고 하니 다행이라는 생각이 들기는 한다.

38.
후베이성(湖北省) 우한(武漢)을
둘러보다

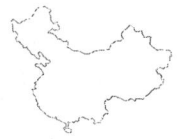

강호(江湖)의 도시 우한(武漢)과 둥후(東湖)

창장싼샤(長江三峽) 유람을 마치고 나서 2001년 8월 16일 오전, 육로로 이창(宜昌)을 출발하여 후베이성(湖北省)의 성도(省都)인 우한(武漢: 무한)으로 들어가 둥후(東湖: 동호)와 후베이성(湖北省)박물관 등을 둘러보고 상하이(上海)로 돌아갔는데, 그에 앞서 필자가 베이징(北京)에서 근무하고 있었을 때인 1995년 8월 8일부터 2박 3일간 업계, 학계, 관계 등의 대표 15명으로 구성된 '중국내륙지역투자조사단'의 일원으로도 우한(武漢)을 방문하여 당시 후베이성(湖北省) 대외경제무역위원회, 우한시(武漢市)외상투자판공실의 안내를 받아 둥후(東湖)신기술개발구 등 우한(武漢) 관내를 시찰했는바 이야기를 이어가고자 한다.

중국대륙의 중부지구에 위치해 있는 후베이성(湖北省)의 성도(省都)인 우한(武漢)은, 후난성(湖南省)의 북부를 거쳐 서남쪽으로부터 흘러들어 온 '창장(長江)'과 산시성(陝西省)에서 발원하여 서북쪽으로부터 흘러내려 온 '한장(漢江: 한강)'이 합류하는 지점에서 중심을 이루고 있는, 강(江)과 호수

(湖水)의 면적이 25%나 된다고 하며 호수가 많은 '백호(百湖)의 시(市)'라고도 불리는 '강호(江湖)의 도시'다. '창장(長江)중류(中流)평원'에 속해 있고 중국의 평원들 중에서 고도가 가장 낮다고 하는 평균 해발 27m의 '장한(江漢)평원' 동쪽 끝자락에 위치해 있는 우한(武漢)은, 창장(長江)과 한장(漢江)을 경계로 하여 '우창(武昌)', '한커우(漢口)', '한양(漢陽)'의 3개 진(鎭)으로 행정구역이 나뉘어져 있었는데, 1924년 1월 제1차 국공합작 이후 공산당과 연합되어 있던 국민당 좌파 정부가 1927년 1월 3개의 진(鎭)을 '우한(武漢)'이라는 이름으로 통합시켜 임시 수도로 삼기도 했다가 장제스(蔣介石)가 1927년 4월 12일 일으킨 '상하이(上海)사변' 이후 1929년 다시 3개의 진(鎭)으로 분할되지만, 1949년 중화인민공화국 정부가 성립되면서 '우한(武漢)'이라는 이름으로 재통합되어 중앙정부의 직할시로 승격되었다가 1954년 후베이성(湖北省)의 관할로 편입되어 지금에 이르고 있다. 춘추전국시대에 초(楚)나라에 속해 있었던 초(楚) 문화의 중요 발상지인 우한(武漢)은, 창장(長江)과 한장(漢江)의 충적으로 이루어졌고 우한(武漢) 지역으로도 펼쳐져 있으며 그 면적이 약 46,000㎢나 되는 비옥한 '장한(江漢)평원'에서 생산되는 쌀, 면화 등 농산물들뿐만 아니라 창장(長江), 한장(漢江) 등 강(江)과 수많은 호수(湖水)들에서 잡히는 물고기들 등 물산이 풍부한 지역에 위치해 있어 춘추전국시대 이래 문화와 문명이 발전된 고장이다.

춘추전국시대 이래 중국 남방의 군사, 상업 중심 도시인 우한(武漢) 지역을 좀 더 들여다보면, 삼국시대에는 '강하(江夏)'라고 불렀던 지금의 우창(武昌) 지역이 동오(東吳)의 손권(孫權)에 의해 도읍으로 정해져 '샤커우청(夏口城: 하구성)'이 축성되었고 손권(孫權)에 의해 '이무치국이창(以武治國而昌: 무력으로 나라를 다스려 번영시킴)'이라는 의미로 '무창(武昌: 무창)'이라는 이름이 처음 지어졌다고 하는데, 당나라 때는 '우창(武昌)'을 '어저우(鄂州:

악주)'라고 불렀다고도 한다. 원(元)나라 때는 우창(武昌)이 지금의 후베이 (湖北), 후난(湖南), 광시(廣西), 광둥성(廣東省)과 구이저우성(貴州省)의 일부를 관할하는 당시 최대의 성(省)이었던 '후광행성(湖廣行省)'의 성도(省都)였었고, 청(淸)나라 때는 '한커우(漢口)'가 북방의 '베이징(北京)', 동부의 '쑤저우(蘇州)', 남방의 '포산(佛山)'과 함께 '천하4취(天下四聚)'라고 불렸던, 청나라의 중요 상업 중심 도시였다고 한다. 청나라 말기에는 1858년 체결된 톈진(天津)조약에 의해 1861년 3월 한커우(漢口) 지역이 개항되면서 한커우(漢口)에 영국, 독일, 러시아, 프랑스, 일본의 조계지가 설치되기도 했었다고 한다. 1911년 10월 10일에는 '우창(武昌) 지역'을 기점(起點)으로 하여 청(淸)나라를 무너트린 '신해혁명(辛亥革命)'을 촉발시킨 '우창봉기(武昌蜂起)'가 일어나기도 했다. 2019년 11월 29일에는 '우한(武漢)폐렴'이라고도 했던 급성 호흡기 전염병인 '코로나바이러스감염증-19'가 그곳 우한(武漢)에서 퍼지기 시작하면서 우한(武漢)이 봉쇄되기도 했었는데, 중국의 전역은 물론 세계로 급속하게 확산되어 변이가 발생하기도 하면서 약 3년 동안 창궐(猖獗)하여, 집단면역이 생기기 전까지 수많은 사망자를 내는 등 지구촌 전역을 불안에 떨게 했던 바로 그 '코로나바이러스감염증-19'의 진원지(震源地)로 우한(武漢)이 지목(指目)을 받기도 했다.

우한(武漢)은 동중국해로 드나드는 창장(長江)의 수로가 관통하고, 베이징(北京)에서 광저우(廣州)까지 연결되어 있는 '징광(京廣)고속철도'가 관통하여 지나가는 '열십자(十字)형'의 '구성통구(九省通衢)'라고도 하는, 사통팔달의 수륙(水陸)교통의 요지이며, 중국의 4대 제철소인 '우한(武漢)강철'의 철강을 비롯하여 자동차, 석유화학, 전자전기, 방직, 조선, 의약 등의 산업기지들이 들어서 있는 화중(華中) 지방의 최대 공업 중심지이기도 하다. 필자가 우한(武漢)을 들여다봤을 당시에는 우한(武漢) 지역에도 충칭(重慶)이나 마찬가지로 진출해 있는 우리 기업들은 거의 없었다.

   우한(武漢)의 중심 지역인 우창(武昌)지구의 동부에 항저우(杭州)의 시후(西湖)보다 6배나 크다고 하는 '둥후(東湖: 동호)'라는 도심 속의 자연 호수가 있다. 호안선의 길이가 구불구불 112km나 되고 수역 면적이 33k㎡나 된다고 하며, 크고 작은 12개의 호수로 이루어졌고 호수 속에 120여 개의 섬과 34개의 산봉우리들이 어우러져 있는 호수라고 한다. 굴원(屈原)은 둥후(東湖)의 호반을 거닐며 시를 지어 읊었다고 하고, 유비(劉備)는 둥후(東湖)의 호수 주변에 있는 모산(磨山: 마산)에서 하늘에 제사를 지냈다고 하며, 이백(李白)은 둥후(東湖)의 호반에서 매를 날리고, 마오쩌둥(毛澤東)은 둥후(東湖)를 총애하여 둥후(東湖)를 수십여 차례나 방문했다고 하고, 주더(朱德: 주덕)는 둥후(東湖)를 관찰하고 나서 시후(西湖)보다도 둥후(東湖)가 더 좋아질 것이라고 했다고 한다.

   2001년 8월 16일 오후, 경관이 아름답다는 구간으로 안내를 받아 필자가 가족과 함께 수양버들이 늘어진 호반을 거닐며 둥후(東湖)를 들여다봤는데, 멀리 바라보이는 산봉우리들 등 자연의 경관들과 어우러져 있는 아름다운 둥후(東湖)를 제대로 느끼지를 못해서 그랬는지는 몰라도, 필자가 둥후(東湖)를 들여다봤을 당시에는 넓디넓은 호수라는 외에는 '아름다운 호수'라는 기대에는 미치지를 못했었다. 그 이후 여행의 기회가 있어 역시 기대를 걸고 호반에 서서 바라봤던, 수평선이 보이는 시카고에서 바라본 미시간(Michigan)호나 헝가리 서부에 있는 벌러톤(Balaton)호보다는 덜 실망스럽긴 했지만 말이다. 우한(武漢)시정부가 근래 들어서 호반에 조림을 하거나 공원들을 조성하는 등 둥후(東湖)의 주변을 아름답게 잘 가꾸어놓았다고 하고, 매년 3월 중하순이 되면 둥후

(東湖)의 호반에 있는 우한(武漢)대학교의 교정과 둥후(東湖)의 주변이 만발한 벚꽃으로 장관을 이룬다고 하니, 기회가 된다면 그 시기에 광활한 호수 밖으로 멀리 바라보이는 산봉우리들 등 자연 그대로의 경관들도 여유롭게 감상하면서 둥후(東湖)를 유람하면 어떨까 하는 생각이 든다.

황허러우(黃鶴樓)와 후베이성(湖北省)박물관

우창(武昌)지구 둥후(東湖) 인근의 창장(長江) 동안(東岸)에 창장(長江)을 사이에 두고, 창장(長江) 서안(西岸)에 있는 '구이산(龜山: 구산)'과 마주 보고 있으며 2km 가까이 뻗어 있는 나지막한 '서산(蛇山: 사산)'의 해발 약 60m의 봉우리에, 우한(武漢)을 상징하는 대표적인 건축물인 '황허러우(黃鶴樓: 황학루)'라고 하여 '황학이 날개를 펴고 나르려는 형상'을 하고 있는 아름답고도 웅위(雄偉)한 누각(樓閣)이 있어 안내를 받아 올라가봤다.

후난성(湖南省) 웨양(岳陽)의 '웨양러우(岳陽樓: 악양루)'와 장시성(江西省) 난창(南昌)의 '텅왕거(滕王閣: 등왕각)'와 더불어 '강남3대명루(江南三大名樓)'라고도 하고, '천하강산제일루(天下江山第一樓)'라고도 부르는 '황허러우(黃鶴樓)'는, 1층의 폭이 30m나 되고 최상층인 5층의 폭이 18m나 되는 51.4m 높이의 거대한 누각이다. 원래의 황허러우(黃鶴樓)는 223년 동오(東吳)의 손권(孫權)에 의해 서산(蛇山) 자락의 창장(長江)변에 군사 목적의 '망루(望樓)'로 세워졌었다고 하는데, 서진(西晉)에 의해 삼국통일이 된 280년 이후로는 '유람(遊覽)누각'으로 변했다고 하며, 당나라 시인 최호(崔顥)가 「황허러우(黃鶴樓: 학루)」라는 시를 지어 읊으면서 천하절경(天下絶景)의 명승지로 세간에 널리 알려지기 시작했다고 한다. 남송(南宋) 이후부터 원(元)나라시대에는 무너져 없어지기도 했다가, 명(明)나라시대에 중건(重建)한 이후로도 여러 차례 소실(燒失)되기도 하고 무너지기도 하여 새로 짓기를 청나라 말기인 1868년까지 반복해오다가 1884년 또다시 화재가 발생하여 타다 남은 철골에 지탱하고 있던, 동(銅)으로 된 지붕인 '찬첨(攢尖: 청나라 건축양식의 하나인, 한가운데의 끝이 뾰족한 지붕)'만 남아 있었다고 하는데, 그나마 그 자리는 1955년 9월 우창(武昌)과 한양(漢陽) 간의 '우한창장(武漢長江)대교'가 건설되면서 점용되어 없어졌다고 한다. 지금 지어져 있는 황허러우(黃鶴樓)는 1868년에 청(淸)나라 건축양식으로 중건되었던 철골구조 찬첨(攢尖) 지붕 모양 그대로를 확대시켜 설계하여, 원래의 그 터에서 1km 떨어진 지금의 서산(蛇山) 봉우리 그 자리에 1985년 건축한 것이라고 한다.

　개혁개방 이후인 1981년 10월부터 1985년 6월 사이에 주변의 공원 조성과 함께 중건(重建)되어 1985년 11월부터 개방되고 있는 황허러우(黃鶴樓)의 1층 대청(大廳)에는 '백운황학(白雲黃鶴)'의 그림이 도안되어 있는 호화롭고도 아름다운 대형의 도자기 벽화가 높이 10m나 되는 벽면에 부착되어 있고, 2층 벽면에는 황허러우(黃鶴樓)의 연혁과 명인들의 발자취가 기술(記述)된 대형의 대리석 석각 등이 부착되어 있고, 3층 벽면에는 명구절의 시구(詩句)「황허러우(黃鶴樓)」를 지어 읊었던 최호(崔顥)를 비롯한 이백(李白), 백거이(白居易) 등의 모습이 담긴 실크에 수를 놓은 벽화들 등 누각의 각 층들에는 원본의 작품들을 본떠서 만들어 장식해놓은 고풍스러운 예술 작품들이 부착되어 있다고는 하는데, 각 층들을 둘러보며 5층까지 올라가봤었지만 누각 안에 있는 작품들에 대해 남아 있는 인상은 별로 없고, 황허러우(黃鶴樓)의 누각 안에서 바라보인 황허러우(黃鶴樓) 밖의 아름다운 경관들의 모습과 황허러우(黃鶴樓)의 밖에서 바라본 주변의 경치와 어우러져 있는 아름다운 황허러우(黃鶴樓)의 모습은 떠오른다. 황허러우(黃鶴樓)의 명성(名聲)이 높은 것은, 웅위한 황허러우(黃鶴樓)의 건물이나 예술적인 황허러우(黃鶴樓)의 내부 장식들에서 비롯되었다기보다는, 황허러우(黃鶴樓) 밖의 아름다운 경치들이 있기 때문이 아닌가 한다. 그런데 그 황허러우(黃鶴樓) 안에서 바라보이는 주변의 경치보다는, 황허로우(黃鶴樓)의 밖에서 바라본 주변의 산들과 어우러져 있는 황허러우(黃鶴樓)의 경치가 더 절경이었다. 하지만 산등성이에 세워져 있는 지금의 웅장한 황허러우(黃鶴樓)를 바라보는 경치보다는, 그 옛날 맹호연(孟浩然), 이백(李白), 최호(崔顥) 등의 시성(詩聖)들이 창장(長江)에 배를 띄워놓고 앉거나 창장(長江) 변의 서산(蛇山) 기슭에 서서, 창장(長江) 변의 나지막한 서산(蛇山) 자락에 세워져 있었던 창장(長江)과 어우러져 있는 황허러우(黃鶴樓)를 바라보며 아름다운 경치에 매료되어 감탄하며 읊었던, 창장(長江)에서 피어오르는 물안개에 덮여 보일 듯 말 듯한 그 옛날 황허러우(黃鶴樓)의 경치가 더 아름다운 천하절경(天下絶景)이 아니었겠는가 하는 생각이 든다.

우한(武漢)의 둥후(東湖)풍경구 내에 소재해 있는 '후베이성(湖北省)박물관'에는 특별한 보물들이 진열되어 있다. 춘추시대의 월(越)왕 구천(句踐)의 검(劍), 전국시대의 청동기, 칠목기 등 20여만 점이나 되는 문물들을 소장하고 있다고 하는 그 후베이성(湖北省)박물관에는 전국(戰國)시대 초기 주(周)나라 왕족의 제후국인 '증국(曾國)'의 국군(國君: 왕) '증후을(曾侯乙)'의 묘지에서 출토된 '증후을(曾侯乙) 편종(編鐘)'이라고 하는 귀중한 중국의 고(古)악기가 전시되어 있어 안내원의 설명에 귀를 기울이게 한다. 증후을(曾侯乙) 편종은 기원전 433년에 사망하여 매장한 것으로 추정되는

증후을(曾侯乙)의 묘지에서 발굴된 한 조(組) 65개의 편종(編鐘)으로 완전한 '12음률(音律)'의 체계를 갖추고 있으며 사람, 동물, 용(龍), 꽃 등의 문양으로 정교하게 장식되었고 보존 상태가 양호한 고도의 기술로 주조된 중국의 최대, 최고(最古)의 청동기 편종(編鐘)이라고 하는데 역사적, 예술적, 기술적으로 충분한 가치가 있는 보물이라고들 자랑한다. 증후을(曾侯乙)의 묘지는 1978년 후베이성(湖北省) 북부에 위치해 있는 쑤이저우(隨州: 수주)시의 산등성이에서 공군기지의 건물을 짓기 위해 터를 파다가 발견되었다고 한다. 200㎡나 되는 대형의 묘지에서는 편종(編鐘) 이외에도 부장(副葬)되어 있던 예기(禮器), 금옥기(金玉器), 병기(兵器) 등 수많은 문물들도 함께 출토되었다고 하는데, 부장문물들 이외에 놀랍게도 편종을 연주했던 가무(歌舞)의 악공(樂工) 등으로 추정되는 순장(殉葬)된 13~25세 여성들의 유해 20여 구(具)가 발굴되었다고 한다. 반고(盤古)의 일이기는 하지만 있어서는 아니 될 슬픈 일이 아닐 수 없다. 증후을(曾侯乙) 묘지에 순장된 여인들이 편종(編鐘)을 연주했던 가무단의 악공(樂工)들이라고 한다면, 그 편종(編鐘)들에 '증국(曾國) 악공(樂工) 여인들의 슬픈 혼(魂)'이 배어 있을지니 '증애랑(曾哀娘) 편종(編鐘)'이 아닌가 하는 생각이 든다.

39.
후난성(湖南省) 창사(長沙)와
LG전자의 이야기

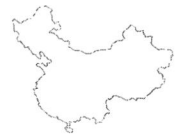

후난성(湖南省)과 창사(長沙)에 대하여

먼저 후난성(湖南省)을 들여다보면, 중국대륙의 남동부 내륙 지역에 위치해 있는 후난성(湖南省)은 '윈구이(雲貴)고원'으로부터 '쟝난(江南: 강남)구릉지'와 '난닝(南嶺: 남령)산맥', '쟝한(江漢: 강한)평원'으로 둘러싸여 있는, 춘추전국시대에는 초(楚)나라의 영역이었던 지역이다. 후난성(湖南省)은 초(楚) 문화에 속해 있는 '후샹(湖湘) 문화'와 '화샤(華夏) 문명'의 중요한 발상지이며, 삼국시대에는 촉한(蜀漢)과 동오(東吳)가 각축을 벌였던 지역이다. 후난(湖南)은 전통적으로 '부용(芙蓉)'이라고도 하는 '목련(木蓮)'을 많이 심어온 고장으로 오대십국(五代十國: 907~979년)시대 이래 '부용국(芙蓉國)'이라고도 불려오고 있다고 한다. 후난성(湖南省)에는 창쟝(長江)의 최대 지류인 샹쟝(湘江: 상강)을 비롯하여 쯔수이(資水: 자수)강, 위안쟝(沅江: 원강) 등 여러 강들이 흐르고 있는데, 그 강줄기들이 모두 후난성(湖南省)의 북동부로 모여들어 평균 수면 면적이 약 2,500㎢나 되는 '둥팅후(洞庭湖: 동정호)'라고 하는 거대한 호수를 이루어, 이창(宜昌)에서 흘러들어 와 후난성(湖南省)의 북부를 거쳐 우한(武漢) 쪽 방향으로 흘러 지나가는 창장(長江)으로 유입된다. 그 강(江)들과 둥팅후(洞庭湖)에서 많은 물고기들이 잡히고 그 강(江)들의 유역과 둥팅후(洞庭湖) 유역의 비옥한 곡창지대에서 많은 곡물들이 생산되고 있어, 자고이래로 그 유역 일대를 어미지향(魚米之鄕)으로 부르고 있다고 한다.

중국에서는 고대로부터 '창장(長江)'을 '강(江)'으로, '황허(黃河)'를 '하(河)'로, 장시성(江西省)의 '포양후(鄱陽湖: 파양호)'보다 얼마 전까지만 해도 더 넓었다고 하는 '둥팅후(洞庭湖: 동정호)'를 '호(湖)'로 지칭해오고 있는데, 후난성(湖南省)의 대부분의 지역이 둥팅후(洞庭湖)의 남쪽에 위치해 있다고 하여 당나라 때부터 '후난(湖南: 호남)'이라는 이름이 지어졌고, 청나라 이래 '후난성(湖南省)'이라는 명칭을 사용해오고 있다고 한다. 또한 후난성(湖南省)의 최대 하류(河流)인 '샹장(湘江: 상강)'이 남에서 북으로 후난성(湖南省)을 관통하여 흐르고 있다고 하여, 후난성(湖南省)을 약칭해서 '샹(湘)'이라고 부른다. 후난성(湖南省)은 중원(中原)이나 관중(關中)의 변방 지역으로, 고대에는 남방민족의 영역이었다고 하는데, 지금도 투자(土家)족, 먀오(苗)족 등 소수민족들이 후난성(湖南省) 전체 인구의 10% 이상을 차지하고 있다. 지형적으로 3면이 산으로 둘러싸여 북쪽으로만 열려 있는 지세가 강한 지역이라서 그런지는 몰라도 근현대만 대충 들여다봐도 '태평천국의 난'을 진압하는 데 공헌한 '상군(湘軍: 샹쥔)'의 명장 쩡궈번(曾國蕃)'을 비롯하여 '마오쩌둥(毛澤東)', '류샤오치(劉少奇)', '후야오방(胡耀邦)', '주룽지(朱鎔基)', '펑더화이(彭德懷)' 등 많은 지도자들을 배출하기도 했다.

후난성(湖南省)에는 기이한 카르스트 봉우리들이 숲을 이루고 있는 '장자제(張家界: 장가계) 무릉원(武陵源)'을 비롯하여, 오악(五岳) 중 남악(南岳)인 '헝산(衡山: 형산)'이 소재해 있고, 당나라 시인 두보(杜甫)가 755년 11월에 일어난 '안사(安史)의 난' 이후의 난세를 피해 장안(長安)을 떠나 쓰촨성(四川省) 청두(成都)에서 머물다 여의치 않자 배를 타고 떠돌아다니면서 둥팅후(洞庭湖) 동안(東岸)의 '웨양청(岳陽城: 악양성)' 서문(西門)에 들어서 있는 누각에 올라서서 곤궁한 신세를 한탄하며 지어 읊었다고 하는 「등악양루(登岳陽樓)」라는 시(詩)로 유명해진, 동한(東漢) 말년에 군사용으로 처음 지어졌고 청나라 말기인 1880년에 중건(重建)했다고 하는 장방형의 3층 누각 그대로를 보수하여 보존해오고 있다고 하는 '웨양러우(岳陽樓: 악양루)'가 소재해 있으며, 먀오(苗)족, 투자(土家)족 등 소수민족들의 옛 고을인 '펑황구청(鳳凰古城: 봉황고성)'이 소재해 있고, 창사(長沙) 남쪽방향으로 약 100km의 위치에 있는 샹탄(湘潭: 상담)시 소재의 남악(南岳) 줄기인 해발 519m의 사오산(韶山: 소산) 자락에는 마오쩌둥(毛澤東) 주석의 동상, 마오쩌둥(毛澤東)기념관, 마오쩌둥의 고거(故居) 등이 들어서 있으며, 1950년대 이후부터 성역화한 공원이 조성된 '마오쩌둥(毛澤東)의 고향'이 있는 등 명승고적들이 소재해 있다.

필자가 후난성(湖南省)의 성도(省都)인 창사(長沙)에 1995년 8월 14일부터 2박 3일간 '중국내륙지역투자조사단'의 일원으로 방문하여 후난(湖南)성정부와 창사(長沙)시정부의 관리들을 면담하고 개발구, 박물관 등을 둘러봤었고 1996년 5월 27일부터 1박 2일간 대사, 비서관 등과 함께 방문하여 1996년 5월 28일 개최한 LG전자 창사(長沙)TV브라운관공장 준공식에 참석했었는바 이야기를 이어가고자 한다.

후난성(湖南省)의 동북부에 위치해 있는 창사(長沙)는, 남쪽으로부터 흘러들어 온 샹장(湘江)이 북쪽의 둥팅후(洞庭湖)를 향해 흐르면서 관통하여 지나가는 샹장(湘江)의 하류(下流) 구간에 중심을 이루고 있는 비옥한

'샹장(湘江)평원'에 위치해 있어, 전국(戰國)시대 초(楚)나라 이래 곡창지대였다고 한다. 창사(長沙)는 한(漢)나라 초기 제후국인 '장사국(長沙國: 기원전 202년부터 서기 7년)'의 국도(國都)였었고, 오대십국시대에는 '남초(南楚: 907~951년)'의 도읍지였었다고 한다. 곡창지대인 창사(長沙)는 중국 전통 농업과 중국 전통문화의 발상지로 유서가 깊은 도시지만, 지도자 마오쩌둥(毛澤東)의 근거지였던 곳으로 중일전쟁과 문화대혁명을 겪으면서 건축물들이 파괴되는 등 큰 피해를 입었다고 하는데, 그래서 그랬는지 고풍(古風)이 배어 있는 건축물들은 볼 수 없었고 도시 전체가 낙후되어 있어 썰렁한 느낌이 들었다. 그런데 지상의 고(古)건축물들은 파괴되어 없어졌지만, 고분(古墳)에 남아 있는 지하의 문물들이 풍부하게 발굴이 되면서 각광을 받고 있다.

창사(長沙) 중심의 동쪽 외곽에 한(漢)나라 때의 '장사국(長沙國)' 승상(丞相) '이창(利蒼)'의 가족묘지에서 발굴된 묘실의 모형과 유물들이 전시되어 있는 특이한 '마왕퇴(馬王堆)박물관'이 있어 안내를 받아 들여다봤다. 1972년부터 1974년 사이에 발굴된 이창(利蒼)의 부인 '신추(辛追)의 묘'를 비롯하여, '이창(利蒼)의 묘'와 그의 '아들 묘' 등 '마왕퇴(馬王堆) 3기'의 묘지에서 견직물, 칠기, 죽간(竹簡), 목용(木俑), 인장(印章), 백서(帛書), 백화(帛畵), 도기(陶器), 병기(兵器), 약재(藥材) 등 3,000여 점의 부장문물들이 출토되었다고 한다. 그 마왕퇴(馬王堆) 3기의 묘지 중에서 당(唐)나라시대에 도굴된 것으로 추정되는 흔적이 있었다는 이창(利蒼)의 묘인 제2호 묘지와는 달리, 완전한 상태로 보존되어 있던 부인 신추(辛追)의 묘인 제1호 묘지에서 기적(奇蹟)이 일어난 것이다. 50세 전후의 나이에 사망한 것으로 추정되는 신추(辛追)의 유체가 매장이 된 지 2,100여년이나 지났는데도, 발굴 당시에 전신의 피부가 바로 매장한 시신처럼 윤택(潤澤)하게 탄력이 있고 혈관이 선명하게 보일뿐더러 모발도 그대로 보존되어 있었다고 하는데, 불가사의(不可思議)한 그 옛날의 대단한 방부기술(防腐技術)에 놀라지 않을 수 없다.

LG전자 창사(長沙)공장의 이야기

　창사(長沙)라는 도시는 유서(由緖)가 깊은 도시임에도 불구하고 당시만 해도 중국의 다른 도시들에 비해 상대적으로 낙후되어 있는 도시였었는데, 우리의 LG전자가 큰 선물을 안겨준 것이다. LG전자가 1995년 5월 창사(長沙)개발구에 3,500여 명이나 고용하여 TV브라운관을 생산하게 되는 대규모의 공장 건설에 착수하여 1996년 5월 28일 준공을 한다. 준공식을 거행하는 행사장은 물론 그 주변 개발구 일대의 지역이 그야말로 축제의 열기로 가득 차 있었다. 당시 행사장에는 LG그룹 구본무 회장님을 비롯하여 LG전자 구자홍 사장님 등 LG그룹의 가족들이 대거 참석했고 장팅(張挺) 중국전인대상무위원, 왕마오린(王茂林) 후난성장 등 중국 정부의 고위 관리들도 참석했는데, LG그룹은 물론 중국 정부도 크게 관심을 가지고 있는 대규모 투자 항목임을 실감할 수 있었다. 열렬한 환영을 받으며 LG전자투자기업 임직원들이 공장의 운동장을 가득 메워 운집해 있는 행사장의 단상에 오를 때는 무어라 표현할 나위 없는 뿌듯한 기분의 느낌이 들었고, 무엇보다도 중국대륙의 깊숙한 땅 창사(長沙)에 위상을 높이 드러낸 우리 LG전자가 자랑스러웠다. 창사(長沙) 지역이 중국의 동남 연해 지역에 비해 인건비나 토지 가격이 상대적으로 저렴하다고는 하지만, 연해 지역에서 멀리 떨어져 있는 내륙 지역에 위치해 있어 원부자재의 조달이나 수출에 따른 물류 비용이 과다하게 발생하여 비록 목표로 삼고 있는 내수 시장이 크다고는 해도 투자 진출에 위험이 따를 수밖에 없는데도 불구하고 LG전자가 어려운 투자 결단을 했던 것이다.

  LG전자 창사(長沙)공장 준공식 참석을 위해 창사(長沙)에 도착한 날 1996년 5월 27일 저녁, 대사 및 비서관과 함께 중국공산당 창사(長沙)시 위원회 친광룽(秦光榮) 서기가 초청하는 만찬에 참석했는데, 안내에 따라 시내 어딘가의 깊숙하고도 한적한 곳의 숲이 우거진 운치가 있는 고풍스러운 영빈관에 도착하여 친광룽(秦光榮) 서기와 후난성정부외사판공실 유비주(游碧竹) 주임 등의 영접을 받으며 아담한 만찬장으로 이동했다. 우리 일행을 포함해서 7~8명이 참석하는 단출한 자리였는데, 후난성(湖南省)정부와 창사(長沙)시정부 관리들의 LG전자에 거는 기대가 지대함을 만찬장 분위기의 느낌으로도 짐작할 수 있었다. 후난(湖南)요리인 '샹차이(湘菜)'를 담백하게 조리한 진수성찬(珍羞盛饌)의 대접을 받았는데, 특이한 요리가 있어 소개하고자 한다. 보통의 요리들은 순서대로 개별 접시에 분배를 하지만 샤오차이(小菜: 소채)는 회전 식탁 위에 올려놓고 설명하기도 하면서 먹어볼 것을 권하기도 했는데, 인절미보다는 좀 작았지만 인절미모양을 하고 있는 요리가 담긴 접시가 올라오자 친광룽(秦光榮) 서기가 우리 일행들을 향해 '무슨 요리인 줄 아느냐' 물으면서 '특유의 냄새가 나는 창사(長沙) 전통 음식인데 냄새가 나지 않도록 특별하게 조리를 했다'라고 하며 먹어볼 것을 권유하는 바람에 화기애애한 분위기가 연출되기도 했다. '유작취두부(油炸臭豆腐)'라고 하는 요리인데, 전통 창사(長沙)의 음식인 '창사(長沙) 취두부(臭豆腐: 처우더우푸)'를 기름으로 튀겨낸 요리다. '창사(長沙) 취두부(臭豆腐)'는 두부에다가 창사(長沙) 특유의 양념장을 넣어 발효시켜 만든 두부 요리를 말하는데, 중국의 각 지방마다 만드는 방법이 조금씩 다르기는 하지만 '맡으면 냄새가 나지만, 먹으면 향기가 난다(聞起來臭, 吃起來香)'라는 '취두부(臭豆腐: 처우더우푸)'는 우리의 '청국장'처럼 독특한 구린 냄새가 나며 중국 사람들이 즐겨 먹는 전통 음식이다. 필자가 대만에 있었을 때부터 '취두부(臭豆腐)'를 접하기는 했었지만, 냄새가 워낙 고약하여 먹어볼 엄두조차 내지 못했었는데, 그때 처음 먹어본 것이다. 친광롱(秦光榮) 서기 얘기대로 특별하게 조리를 해서 그랬는지 고소한 맛 말고는 냄새를 느끼지 못했다.

LG전자는 그 이후로도 창사(長沙)개발구 내에 컴퓨터 모니터용 컬러브라운관공장과 초대형 TV용 컬러브라운관공장을 증설하는 등 투자를 확대했고, 2001년 4월에는 주룽지(朱鎔基) 총리가 LG전자창사(長沙)공장을 방문하기도 했는데, TFT-LCD, PDP 등 고품질의 평면 디스플레이가 등장하면서부터 브라운관이 사양화되는 등의 요인으로 경영에 어려움을 겪게 되면서 LG전자는 창사(長沙) 지역의 경제를 발전시키는데 크게 기여를 했지만 안타깝게도 2008년 LG전자창사(長沙)공장을 철수한다.

당시 창사(長沙)에는 LG전자 말고는 필자가 알고 있는 한 진출해 있는 우리 기업들은 없었고, 우리 임시정부 요인들이 머물렀던 발자취는 있었지만 복원되어 있지는 않았었다. 중일전쟁이 발발하자 우리 임시정부 요인들이 전장(鎭江)을 떠나 1937년 12월 창사(長沙)로 들어와 약 8개월간 머무르게 되는데, 그 기간 동안 김구 선생이 총격을 받고 구사일생으로 목숨을 구한 '남목청(楠木廳: 난무팅)사건'이 발생한다. 당시 우리 임시정부는 김구 선생이 대표를 맡고 있던 한국국민당을 비롯하여, 조선혁명당, 한국독립당 등 3개의 당으로 나뉘어져 있어 통합을 시켜야하는 시급한 과제를 안고 있었다고 한다. 그 문제를 논의하기 위해 3당 대표들이 1938년 5월 7일 창사(長沙)시 카이푸(開福)구에 위치해 있는 '남목청(楠木廳) 6호' 조선혁명당 본부 회의실에 모여 협의를 진행하고 있는데, 조선혁명당 당원인 이운환(李雲煥)이 들이닥쳐 합당을 반대한다며 권총을 겨누고 김구 선생을 비롯하여 현익철 선생, 유동열 선생, 지청천 선생 순으로 난사하여 현익철 선생이 사망하고, 김구 선생 등이 중상을 입는 불행한 사건이 발생한 것이다. 위중했던 김구 선생은 중국국민당 장제스(蔣介石)의 도움으로 치료를 받아 불행 중 천만다행히 목숨을 구하게 되는데, 항일독립투쟁에는 차질을 빚게 되었다고 한다. 창사(長沙)시정부가 그 사건이 발생한 '남목청(楠木廳) 6호'를 창사(長沙)시 문물보호단위로 지정하여 복원시키고, 전시관을 만들어 '대한민국임시정부 창사(長沙)구지(舊址)'라는 현판을 걸고 2007년 10월부터 개방해오고 있다고 한다.

40.
쓰촨성(四川省)
청두(成都)를 들여다보다

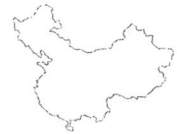

쓰촨성(四川省)과 청두(成都)에 대하여

먼저 쓰촨성(四川省)을 들여다보면, 중국대륙의 서남 내륙지구의 창장(長江) 상류(上流)에 위치해 있는 쓰촨성(四川省)은 '고촉(古蜀) 문명'의 발상지로 상(商)나라, 주(周)나라시대 이래 이어져 내려온 파촉(巴蜀) 문화의 고장이다. 쓰촨성(四川省)은 서쪽의 '칭짱(青藏: 티베트)고원'으로부터 동쪽의 '창장(長江)중하류평원'에 이르기까지 그 사이의 서고동저(西高東低)지대에서 산지(山地), 고원, 구릉, 분지, 평원 등 복잡 다양한 지형을 이루고 있는 산지(山地)위주의 지역으로, 자고이래로 지진이나 호우로 인한 크고 작은 산사태가 끊임없이 발생하고 있는 지역이기도 하다.

2008년 5월 12일에는 청두(成都)에서 북쪽 방향으로 약 90㎞ 떨어져 있는 쓰촨성(四川省) '아바(阿壩)짱족(藏族)창족(羌族)자치주'의 '원촨(汶川: 문천)현'에서 8.0 규모의 대지진이 발생하여 약 69,200명이 사망하고 약 18,900명이 실종되는 등의 막대한 피해를 일으키기도 했다. 당시의 참상(慘狀)에 마음이 아파 큰돈은 아니지만 중국 상무부(商務部)에서 파견 나온 필자의 친구인 주한중국대사관 경제공사를 통해 개인적으로 성금(誠金)을 전했는데, 중국 상무부(商務部)의 다른 친구를 통해 중국 상무부(商務部)의 회보에 그 내용이 그때 찍힌 필자의 사진과 함께 게재되었다는 얘기를 듣고 민망스러워했던 기억이 난다. 안타깝게도 지진이 발생한 인근 지역들이 산간 지역들이어서 산사태가 겹쳐 피해를 키웠다고 한다.

필자가 베이징(北京)에서 근무할 때 중국내륙지역투자조사단의 일원으로 1995년 8월 10일부터 2박 3일간 청두(成都)를 방문했고, 필자가 상하이(上海)에서 근무할 때 청두(成都)에서 개최한 바 있는 '한중산업차관(次官)회담'과 '청두(成都)개발세미나'에 참석하기 위해 2000년 9월 24일부터 4박 5일간 청두(成都)에 머문 적이 있다. 필자가 청두(成都)를 두 번째 방문했을 당시 중국 정부는 상대적으로 낙후된 중서부 내륙 지역들에 대한 개발 정책을 추진하고 있었는데, 그 일환으로 쓰촨성(四川省)정부와 청두(成都)시정부가 '청두(成都)지역 개발의 촉진'을 위한 외자 기업들의 투자 유치를 위해 '청두(成都)개발세미나'와 '상담(商談)회'를 개최하면서 축제를 벌이고 있었다. 그 기간에 맞춰 중국국가경제무역위원회의 요청으로 특별하게 청두(成都)에서 2000년 9월 26일 '한중산업차관(次官)회의'를 개최하게 된 것인데, 우리의 입장에서 보면 좀 이례적인 일이기는 했지만 당시 산업자원부차관의 카운터 파트너인 중국국가경제무역위원회 상무(常務)부주임의 고향이 청두(成都)라는 배경이 있기 때문이었다. 당시 중국공산당 차원에서는 상대적으로 낙후된 지역의 개발을 위해 중국 중앙정부의 간부들이 건전하게 고향을 지원하는 일에 대해서는 권장하는 분위기였는바, 중국의 입장에서는 자연스러울 따름이었다. 동서고금(東西古今)을 막론하고, 신분의 귀천을 불문하고, 인간의 애향심(愛

鄕心)은 인지상정(人之常情)이 아닌가 한다.

　당시 중국국가경제무역위원회가 우리 기업들의 쓰촨성(四川省) 진출을 유도하기 위해 특별히 우리 정부 관리들을 청두(成都)로 초청했는데, 우리 일행들의 청두(成都) 방문 활동이 청두(成都) 지역 발전에 얼마나 도움이 되었는지는 알 수 없으되, 쓰촨성(四川省)정부와 청두(成都)시정부의 투자 유치 활동의 대열에 중국 중앙정부의 산업 관련 주무부서인 국가경제무역위원회 관리들과 외빈인 우리 일행들이 동참하여 열기를 더해 준 것만은 틀림없다고 본다. 중국국가경제무역위원회 관리들과 우리 일행의 활동과 관련한 준비는 쓰촨성(四川省)정부와 청두(成都)시정부가 맡아서 했지만, 그 연출은 중국국가경제무역위원회 관리들과 우리 일행이 한 셈이다.

　청두(成都)에 두 차례 방문하면서 '쓰촨성(四川省)정부 청사'와 '청두(成都)시정부 청사', '청두(成都) 고신기술(高新技術)산업 개발구' 등을 드나들었고, '쓰촨성(四川省)박물관', 시성(詩聖) 두보(杜甫)의 고택(故宅)에 지어진 '두보초당(杜甫草堂)박물관', 제갈량(諸葛亮)과 유비(劉備)의 기념관인 '무후사(武侯祠)박물관', 고촉국(古蜀國)의 유적지에서 발굴된 청동기 등의 유물들이 전시되어 있는 '삼성퇴(三星堆)박물관', 고대의 수리시설인 '두장옌(都江堰)', 판다가 서식하고 있는 '판다 번육(繁育) 연구기지' 등을 안내에 따라 시찰했는바 이야기를 이어가고자 한다.

　청두(成都)는 '쓰촨(四川)분지'의 서부 위치에서, '청두(成都)평원'의 중심 부분에 자리 잡고 있는 쓰촨성(四川省)의 성도(省都)로, 중국대륙 서부 내륙지구의 중요 중심 도시다. 청두(成都)의 역사를 들여다보면, 상(商)나라 말기부터 서주(西周) 초기까지의 청두(成都) 일대에 대한 역사적인 기록이 없어, 청두(成都) 일대를 통치하고 있었을 '고촉왕국(古蜀王國)'의 실체가 아직까지는 밝혀지지 않았는데, 청두(成都) 중심에서 북쪽 방향으로 40km쯤의 위치에 있는 더양(德陽: 덕양)시 소재의 '삼성퇴(三星堆) 유적지'에서 같은 시대의 '중원(中原)'에서 발굴된 것들보다도 수준이 높은 청동기 등의 유물들이 1986년 이후 발굴된 데 이어 청두(成都) 중심으로부터 동남쪽 방향으로 5km의 위치에 있는 진사춘(金沙村: 금사촌)이라는 동네에서도 '진사(金沙) 유적지'가 발견되어 1995년 12월부터 발굴되면서 '중원(中原) 문명'의 문물과는 전혀 다른 다량의 문물들이 출토되고 있어, '중원(中原) 왕조'들의 민족들과는 동떨어져 있는, 고촉왕국(古蜀王國)이 존재하고 있었을 것으로 추측만 하고 있다.

청두(成都) 일대에는 춘추전국시대의 촉(蜀)나라가 아직은 추측만 하고 있는 고촉왕국(古蜀王國)이 멸망한 이후의 통치를 이어오다 촉(蜀)나라가 진(秦)나라에 의해 패망하면서 진(秦)나라 관할의 촉군(蜀郡)이 설치되었고, 삼국시대의 촉한(蜀漢: 221~263년), 16국시대의 성한(成漢: 304~347년), 5대10국시대의 전촉(前蜀: 907~925년)과 후촉(後蜀: 934~966년) 등 왕국들의 도읍이 들어서기도 했다. 당(唐)나라시대에는 청두(成都) 지역을 포함하고 있던 익주(益州)의 경제가 발전하여, 장안(長安)의 경제적 지위를 넘어 양저우(揚州) 다음으로 번화한 상공업도시였다고 하여 '양일익이(揚一益二)'라는 호칭이 붙기도 했다고 한다.

'청두(成都)평원'의 비옥한 땅이 있어 고대(古代) 이래 '천부지국(天府之國)'으로 불려오고 있는 청두(成都)는 '안사(安史)의 난' 때 당 현종(玄宗)이 피난을 했던 곳이고, '황소(黃巢)의 난' 때는 당 희종(僖宗)이 피난했던 곳이다. 청두(成都)는 장제스(蔣介石)가 중국대륙에서 마지막으로 머물렀던 곳이기도 하다. '국공내전(國共內戰)' 때 인민해방군이 장제스(蔣介石)와 그의 아들 장징궈(蔣經國)가 머물고 있던 고향 마을 시커우(溪口)를 향해 진격해 들어오자, 장제스 부자는 황급하게 조상의 묘지를 찾아 하직(下直) 인사를 하고 1949년 4월 25일 고향 마을 시커우(溪口)를 떠나 전전긍긍하며 작전을 지휘하다가, 1949년 11월 30일에는 충칭(重慶)으로부터 청두(成都)로 도망쳐 와 열흘간 머물다 1949년 12월 10일 청두(成都)의 '펑황산(鳳凰山: 봉황산)비행장'에서 군용기를 타고 중국대륙을 떠나 대만으로 도주했다.

청두(成都)는 낙후된 도시였는데, 중국 정부가 '서부대개발(西部大開發) 정책'을 본격적으로 추진하면서부터 발전되었다고 한다. 필자가 두 차례 방문했을 당시에도 낙후되어 있었는데, 썰렁한 청두(成都)시 중심을 지나다닐 때마다 오버코트를 입고 민중들을 향해 오른손을 높이 들고 우뚝하게 서 있는 모습의 마오쩌둥(毛澤東) 주석의 하얀색 대형 조각상이 바라보여 특이하다는 생각이 들었었다. 청두(成都)시를 상징하는 듯했는데, 청두(成都)시의 중심인 당시 '런민난루(人民南路: 인민남로)광장'인 지금의 '텐푸(天府: 천부)광장'에 세워져 있는 30m 높이의 마오쩌둥(毛澤東) 주석의 그 전신 조각상은 청두(成都) 인근의 두커우(渡口: 도구)의 산상에 있던 56톤이나 되는, 하나로 된 '한백옥(漢白玉) 바위'를 특별하게 제작한 60톤 트레일러로 힘들게 옮겨다가 수십 명의 조각가가 정교하게 조각하여 1969년에 세웠다고 하는 예술적인 조각 작품이라고 한다.

청두(成都)시에는 당나라 내음이 풍기는 '두보초당(杜甫草堂)박물관'과 『삼국지연의(三國志演義)』의 주인공인 제갈량(諸葛亮)과 유비(劉備)를 기념하기 위해 조성한 '무후사(武侯祠)박물관'이 자리를 잡고 있어 고풍스러운 운치를 느낄 수 있었다. 당나라 시인 두보(杜甫)가 '안사(安史)의 난'을 피해 장안(長安)을 떠난 이후 759년 겨울부터 3년 9개월 동안 거주했던 청두(成都)의 초라했던 두보(杜甫)의 고택(故宅)을, 오대십국시대부터 청(淸)대에 이르기까지의 역대 정권들이 그를 기리기 위해 확대하여 수축하고 개축하면서 성역화(聖域化)시켜왔다고 한다. 문화대혁명 때 일부 유적들이 파괴되었다고 하는데 개혁개방 이후 보수하여 1985년 '두보초당(杜甫草堂)박물관'으로 승격시켜서, 아름다운 정원들과 어우러져 있는 고(古)건축물들에 두보(杜甫)와 관련된 문물들을 전시시켜놓고 개방하고 있었다. 또한 청두(成都)는 유비(劉備)가 촉한(蜀漢: 221~263년)을 건립한 곳으로, 223년 제갈량(諸葛亮)을 기념하기 위해 처음 지었다고 하는 제갈량(諸葛亮)과 유비(劉備)의 사당인 고(古)건축물들이 들어서 있으며 고전미가 물씬 풍기고 고풍스러운 '무후사(武侯祠)박물관'도 개방하고 있었다. 고백(古柏) 등 수림이 무성하게 우거져 있는 그 '무후사(武侯祠)박물관' 경내에는, 백제성(白帝城)에서 세상을 떠난 유비(劉備)의 시신을 옮겨 묻은 능침인 '혜릉(惠陵)'이 자리 잡고 있어, 잠시 발걸음을 멈추게도 했다.

두장옌(都江堰)과 삼성퇴(三星堆)박물관

청두(成都)시에서 관할하는 두장옌(都江堰: 도강언)시에 소재하며 청두(成都)시 중심에서 북서쪽 방향으로 약 50㎞ 위치에 있는 고대의 수리시설인 '두장옌(都江堰)'을 쓰촨성(四川省)정부의 안내를 받아 중국국가경제무역위원회 간부들과 함께 시찰했다. '청두(成都)평원' 서부에 위치해 있는 '룽먼산(龍門山: 용문산)' 허리에 올라 전용버스에서 하차하여 전망대인 '친옌러우(秦堰樓: 진언루)'에 올라서니, 발아래로 내려다보이는 경관이 그야말로 장관이었다. 웅대한 계곡 사이로 두 줄기로 갈라져 유유히 흐르는 '민장(岷江: 민강)'의 푸른 물이 중국 도교(道敎)의 발상지 중 하나라고 하는 '칭청산(靑城山: 청성산)'의 산줄기들에서 뻗어 내린 군봉(群峯)들과 어우러져 장관을 이루고 있었다. '아! 오지(奧地)에 이런 아름다운 경치가 있다니!' 마치 별천지에 와 서 있는 느낌이 들었다. '아니! 자연의 강(江)처럼 유유히 흐르는 두 물줄기가 그 옛날 사람의 힘으로 나누어진 것이라니!' 쉽게 이해가 되지를 않았다.

두장옌(都江堰)은 서북쪽으로는 높고 동남쪽으로는 낮은 산지로부터 흘러내려 온 민장(岷江)의 특수한 지형을 이용해 진(秦)나라 때인 기원전 256년경 촉군(蜀郡)의 태수(太守) '이빙(李氷)'과 그의 아들 '이랑(二郞)'이 고안하여 건설한, 고대 이래 지금까지도 사용되고 있는 댐이 없는 대형의 수리시설이다. 두장옌(都江堰)은 가파르게 흐르는 강줄기의 중간에 긴 제방(堤防)을 쌓아 강줄기를 '주류(主流)의 외강(外江)'과 '지류(支流)의 내강(內江)'으로 나누어 두 줄기로 흐르도록 만들어, 물이 흐르는 속도를 낮추어 우기(雨期)의 풍수기(豊水期) 때는 홍수 피해를 막고, 평수기(平水期)에는 물론 갈수기(渴水期)에도 저수지(貯水池)와 같은 역할을 하는 지류(支流)를 통해 풍부한 양의 용수를 안전하게 공급할 수 있는 관개(灌漑)의 역할을 하도록 하여 당시 이래 오늘에 이르기까지도 '청두(成都)평원'을 풍요롭게 만들어 청두(成都)로 하여금 '천부지국(天府之國)'의 영예(榮譽)를 누릴 수 있게 한 특수한 수리시설이라고 한다. 토목공정에 대해 문외한인 필자의 눈으로 봐도, 지형적으로 민장(岷江)은 가파른 산지(山地) 구간을 흘러나오자마자 바로 평야지로 흐르는 강으로 댐을 막기에는 저수할 수 있는 공간이 좁을 뿐만 아니라, 낙차가 있어 유속이 빨라 댐을 막아서 홍수를 막아내거나 관개(灌漑)를 할 수 있는 조건이 갖추어진 그런 강이 아님은 쉽게 알 수 있었다. 하지만 그러한 지형을 효율적으로 이용하여 흐르는 강(江)의 중간에 긴 제방을 쌓아, 강(江)을 두 갈래로 나누어 홍수를 막아내고 관개(灌漑)를 이루어냈다고 하는, 진(秦)나라 촉군(蜀郡)의 태수(太守) 이빙(李氷)이 고안(考案)한 고도(高度)의 수리시설 두장옌(都江堰)에 대한 설명을 들으면서는 당시 고개만 끄덕였을 뿐 쉽게 이해가 되지를 않았었다. 권한을 바르게 행사한 그 옛날의 지혜로운 현명한 관리의 참모습이 배어 있어서 그런지, 수려한 자연의 경관과 어우러져 물살을 내면서도 도도히 흐르는 민장(岷江)의 위용(偉容)이 더욱 아름다워 보였다.

당시 두장옌(都江堰)의 주변에 있는, 촉군(蜀郡)의 태수(太守) 이빙(李氷)과 그의 아들을 기리기 위해 지은 '얼왕묘(二王廟)'를 비롯하여, 민장(岷江)으로 내려가서 두장옌(都江堰)의 외강과 내강을 연결한 출렁이는 '안란삭교(安瀾索橋)' 등의 유적들을 둘러봤었는데, 두장옌(都江堰)은 고대 이래 지금도 사용되고 있는 위대한 수리시설로서의 가치 말고도, 아름다운 자연경관으로서도 충분한 가치를 보유하고 있는 명승고적이 아닌가 한다.

청두(成都) 중심에서 북쪽 방향으로 40km쯤의 위치에 있으며 더양(德陽: 덕양)시가 관할하는 광한(廣漢)시 난싱(南興: 남흥)진의 청두(成都)평원에, 1997년 10월에 건립했다고 하며 청동기 유물들이 전시되어 있는 특이한 박물관이 있어 쓰촨성(四川省)정부의 안내에 따라 중국국가경제무역위원회 관리들과 함께 시찰했는데, 중국답지 않은 참으로 기이한 유물들이 전시되어 있어 박물관에 들어서면서부터 고개를 갸우뚱하며 관람했다. 그 박물관에 전시되어 있는 유물들을 발굴한 지역의 지형이 3개의 봉오리가 볼록하게 솟아 있는 모양을 하고 있다고 하여 황토 퇴적층을 이루고 있는 그 지역을 '삼성퇴(三星堆)'라고 불러왔다고 하는데, 그 삼성퇴(三星堆)에서 농사를 지으며 도랑을 파던 농민에 의해 1929년 우연히 옥기(玉器)가 발견된 이래 1986년 이후 그 주변에서 발견된 두 곳의 '제사갱(祭祀坑)' 등 '삼성퇴(三星堆) 유적지'에서 출토된 옥기, 금기, 청동기, 상아(象牙) 등 유물들을 전시해놓은 박물관이라고 하여 '삼성퇴(三星堆)박물관'이라는 이름이 지어졌다고 한다.

   삼성퇴(三星堆)박물관에는 2.62m의 '청동 입인상(立人像)', 1.38m의 '청동면구(面具)', 3.95m의 '청동 신수(神樹)', 1.47m의 '금장(金杖)' 등 정교하고도 특이한 청동기 유물들이 전시되어 있었는데, 쓰촨(四川) 지역이 중원(中原)을 벗어난 지역이기는 하지만 같은 시대인 신석기 말기로부터 상(商)나라 말기와 주(周)나라 초기에 이르기까지 중원(中原) 지역에서 발굴된 청동기 유물들보다 훨씬 더 뛰어나고도 전혀 다른 모양과 모습들이라고 해서 쉽게 이해가 되지를 않았다. '청동두상(頭像)'이나 '가면(假面)' 등 인물상(人物像)들을 보면 중국인들과는 전혀 다르게 이목구비가 크고 우락부락하고 괴상하게 생겼는데, 오히려 같은 시대에 서양에서 발견된 것들과 유사하다고 한다. 그러니 도무지 그 옛날의 '고촉국(古蜀國)'에서 어떤 왕조, 어떤 민족이 살았었는지 아직까지는 알 수가 없다고 한다. 한 가지 분명한 것은 '파촉(巴蜀) 문화'를 발상시킨 '고촉(古蜀) 문명'과 '중원(中原) 문화'를 발상시킨 '화하(華夏) 문명'이 서로 다른 문명임에는 틀림없어 보인다.

쓰촨(四川)요리와 찻잔에 찻물을 따르는 묘기 이야기

   쓰촨성(四川省) 사람들도 후난성(湖南省)이나 구이저우성(貴州省) 사람들처럼 매운맛의 음식을 좋아한다고 하여, 후난(湖南)인은 '라부파(辣不怕: 매운 것을 두려워하지 않는다)', 구이저우(貴州)인은 '파부라(怕不辣: 아니 매운 것을 두려워한다)'라고 한다고 하면서, 똑같은 의미이기는 하지만, 쓰촨(四川) 사람도 '부파라(不怕辣: 매운 것을 두려워하지 않는다)'라고 한다는데, 현지에서 쓰촨성(四川省)성장(省長)이 주최하는 만찬 등 '쓰촨(四川)요리'를 대접받으면서는 매운맛을 거의 느끼지 못했다. 개인의 입맛에 따라 선택할 수 있는 식단의 마지막 코스인 주식(主食)을 주문받을 때 매콤한 맛이 있는 '단단면(擔擔麵: 담담면)'이 있기는 했지만, 대접을 받은 대부분의 요리들은 매운맛이 없으면서도 담백한 '광둥(廣東)풍'의 '쓰촨(四川)요리'들이었다. 쓰촨(四川)요리라고 해서 매운 요리들만 있는 것은 아닐지니, 매운 요리들로 외지 손님들을 대접하지는 않는 것 같았다.

　중국내륙지역투자조사단의 일원으로 1995년 8월 10일부터 2박 3일간 청두(成都)를 방문했을 때를 비롯하여, 우리끼리 식사할 때는 '촨차이(川菜)'라고도 하는 쓰촨(四川)요리의 대표 음식 중 하나로 우리 입맛에 익숙한 '마파(麻婆)두부'를 비롯하여, 삼겹살을 삶아 얇게 썰어 피망, 파, 풋마늘, 통고추 등 야채와 함께 볶아내 약간 맵고 짭짤한 '후이궈러우(回鍋肉)', 소고기에 야채와 산초 등을 넣어 볶다가 육수를 부어 끓여 고추기름을 뿌려낸 얼큰한 '수이주뉴러우(水煮牛肉)' 등 매콤한 요리들을 시켜 먹으면서 느끼함을 달래기도 하고, 쓰촨(四川)요리의 본향인 현지의 음식 맛을 느끼기도 했다. 모든 식당들마다 음식을 주문받고 나면 마실 차(茶)를 묻는데, 중국차(中國茶)를 좋아하는 사람들도 있고 주문을 받는 사람이 '쓰촨(四川)의 전통차'를 권하기도 하니 자연스럽게 정해진다. 그러니 중국차(中國茶)를 좋아하는 사람들은 윈난(雲南) 지역과 더불어 중국차(中國茶)의 기원을 이루고 있는 전통적인 차(茶) 문화가 있는 쓰촨(四川) 지방에서 나오는 '전통 쓰촨차(四川茶)'의 맛을 즐기기도 했다.

　필자는 베이징(北京)의 쓰촨(四川)요리를 하는 식당들에서도 매콤한 쓰촨(四川)요리들을 먹어보기도 하고 차(茶)를 따르는 모습을 보아오기도 했지만, 당시 쓰촨성(四川省) 청두(成都)의 현지 식당에서 목격한 특이한 광경 하나를 소개하고자 한다. 어느 전통 쓰촨(四川)요리를 하는 식당에서 음식과 차(茶)를 주문하고 나서 찻잎이 들어 있는 찻잔이 올라오자, 뒤따라서 젊은 청년이 길고 가는 주둥이가 달린 주전자를 들고 와서 식탁과 한두 발짝 떨어진 곳에 서서 주전자를 올려 들고 기울여 물총을 쏘듯 모든 찻잔마다 찻물을 따르는데 한 치의 오차도 없이, 한 방울의 물도 흘리지 않고 그렇게 정확하게 따를 수가 없었다. 차(茶)를 우려내는 뜨거운 물이니 자칫 실수라도 하면 화상을 입힐 수도 있을 텐데, 위험천만한 묘기(妙技)를 부리는 것이다. 필자는 처음 보는 광경이 아니라서 긴장과 스릴을 덜 느끼기는 했지만, 매번 신기(神奇)하다는 생각이 들었다. 모든 식탁마다 많게는 10여 명씩이나 둘러앉아 있는 손님들의 등 뒤에서, 한두 발짝 떨어져 서서 포즈를 취하며, 모든 찻잔에 뜨거운 물을 쏘아 떨어트려 채우고, 물줄기를 막았다가 다른 찻잔에 또 쏘아 떨어트려 채우곤 하니 대단한 신기(神技)가 아닐 수 없다. 쓰촨(四川) 지방의 전통 연극인 '천극(川劇: 촨쥐)'을 연기하면서 가면에 손을 대지 않고 순식간에 호화로운 가면의 모양을 바꾸는 신기(神奇)한 '변검(變臉)의 묘기(妙技)'를 부리기도 하는데, 찻잔에 차를 따르는 묘기도 그와 버금가는 쓰촨(四川) 지방의 특이한 전통 묘기(妙技)가 아닌가 하는 생각이 든다.

41.
윈난성(雲南省) 쿤밍(昆明)과
오삼계(吳三桂) 이야기

윈난성(雲南省)과 쿤밍(昆明)에 대하여

먼저 윈난성(雲南省)을 들여다보면, 중국대륙의 서남지구에 위치해 있는 윈난성(雲南省)은 동북쪽으로는 구이저우성(貴州省)과 경계를 이루고 있고, 동남쪽으로는 광시좡족(廣西壯族)자치구와 접해 있고, 북쪽으로는 창장(長江)의 상류를 일컫는 '진사장(金沙江: 금사강)'을 사이에 두고 쓰촨성(四川省)과 경계를 이루고 있다. 서북쪽으로는 티베트(西藏)와 접해 있으며, 서남쪽으로는 미얀마와 1,997㎞, 남쪽으로는 라오스와 710㎞, 동남쪽으로는 베트남과 1,353㎞ 등 4,060㎞나 되는 중국과의 국경선을 이루고 있으며 중국대륙에서 동남아시아로 연결된 문호(門戶)가 있는 변경 지역이다. 윈난성(雲南省)은 평균 해발고도 2,000m 전후의 산지 고원지대의 땅 394,100㎢의 면적 위에 2024년 말 기준으로 상주하고 있는 4,655만여 명의 인구 중 100만 명을 초과하는 이족(彝族), 하니족(哈尼族), 바이족(白族), 다이족(傣族), 먀오족(苗族), 좡족(壯族) 등을 포함하여 6,000명 이상 되는 25개의 소수민족이 윈난성(雲南省) 전체 인구의 33%를 차지하고 있는, 중국 내에서 가장 다양한 민족들이 거주하는 지역이다. 윈난성(雲南省)은 티베트고원(西藏高原)과 닿아 있는 서북쪽으로는 높고, 동남쪽으로는 낮은 지형을 이루면서 산지 면적이 84%, 고원 면적이 10%, 분지 면적이 6%를 차지하고 있는 산지 고원 지역으로 진(秦)나라 이전에는 서남변강 지역에서 할거하던 정권인 '전왕국(滇王國: 기원전 278년부터 기원전 109년)'이 지배했었으며, 한(漢)나라 때는 '익주군(益州郡)'에 속해 있다가 당(唐)나라 때는 '남조국(南詔國)', 송(宋)나라 때는 '대리국(大理國)'이 지배했고, 원(元)나라 이후부터 중앙에서 관할하는 성급(省級) 행정구역의 명칭을 사용해오고 있다.

윈난성(雲南省)에는 티베트족들이 신성(神聖)시 여기는 만년설이 쌓여 있으며 해발 6,740m나 되는 아름다운 '메이리설산(梅里雪山)'을 비롯하여, 고전적인 구(舊)시가지가 보존되어 있는 고풍스러운 나시족(納西族)의 도시 '리장고성(麗江古城)', '석회암이 변성된 암석'의 대명사(代名詞)가 된 '대리석(大理石)'의 본향인 '다리(大理: 대리)'에 소재해 있는 '대리국(大理國)'의 도읍지였던 바이족(白族)의 고장 '다리고성(大理古城)', 윈난성(雲南省)의 남단에 위치해 있으며 열대 생태계가 잘 보존되어 있는 다이족(傣族)의 고장 '시솽반나(西雙版納)', 석회암(石灰巖)의 돌(石)기둥들이 신비(神祕)한 숲을 이루고 있는 쿤밍(昆明)의 '스린(石林: 석림)'뿐만 아니라 풍광이 아름다운 수많은 관광 명소들이 있다고 하는데, 윈난성(雲南省)이야말로 고산지대의 아름다운 자연의 경치와 소수민족들의 독특한 풍정(風情)이 어우러져 있는 관광자원이 풍부한 산지 고원 지역이 아닌가 한다. 윈난성(雲南省)은 동식물과 유색금속의 종류가 특별하게 많은 지역이라고 하여 '동식물왕국(動植物王國)', '유색금속왕국(有色金屬王國)'이라는 호칭이 붙어 있기도 하다.

윈난(雲南)에는 고대에 티베트(西藏)와의 교역을 위해 말(馬)을 이용해

차(茶)와 일상용품 등을 운반하면서 생긴 '차마고도(茶馬古道)'라고 하는 험준한 통도(通道)가 있었는바, 잠시 들여다보고 쿤밍(昆明) 이야기로 넘어가고자 한다.

중국 고대에 장안(長安)을 기점(起點)으로 하여, '낙타의 등에 실크(絲綢) 등 물품을 싣고' 무리를 지어 신장(新疆) 일대의 서역(西域)을 비롯하여 서아시아, 지중해 등지의 각국과 로마까지 들어가 각종의 문물들과 바꾸어 돌아오기를 반복하면서 생겨났던 험난(險難)한 교역의 통도를 '실크로드'라고 부르는 것처럼, 윈난(雲南)과 쓰촨(四川), 구이저우(貴州) 등 지역의 차(茶) 집산지를 기점으로 하여 티베트(西藏)사람들이 필요로 하는 '차(茶)와 일상용품들을 말(馬)의 등에 싣고' 무리를 지어 티베트(西藏)로 들어가 주로 티베트고원(西藏高原)의 초원에서 자란 양질의 말(馬)과 동충하초(冬蟲夏草) 등 약초들과도 바꾸어 돌아오기를 반복하면서 생긴 험준(險峻)한 교역 통도를 '차마고도(茶馬古道)'라고 한다. 차마고도(茶馬古道)의 주요 간선(幹線)으로는 쓰촨성(四川省)의 차(茶) 주산지인 '야안(雅安) 일대'를 기점으로 하여 티베트(西藏)로 들어가는 '쓰촨-티베트 간 차마고도(茶馬古道)'와 윈난성(雲南省)에서 재배된 차(茶)의 집산지(集散地)였던 '다리(大理: 대리)'를 기점(起點)으로 하여 티베트(西藏)로 들어가는 '윈난-티베트 간 차마고도(茶馬古道)'가 있었다고 한다.

윈난성(雲南省)은 차(茶)를 많이 재배하고 있는 지역으로, 우리에게도 익숙한 '푸얼차(普洱茶: 보이차)'의 산지인 '푸얼(普洱)'이라는 동네가 있는 곳이다. 윈난(雲南)의 서남부(西南部) 지역에 위치해 있는 차(茶)의 주산지인 푸얼(普洱)은 윈난(雲南)에서 가장 넓은 지급시로 그 면적이 45,000㎢나 되는데, 고대에는 그 '푸얼(普洱) 일대'에서 재배된 차(茶)와 윈난(雲南)의 서북부에 위치해 있는 '얼하이(洱海)분지 일대'에서 재배된 차(茶) 등 윈난(雲南) 지역에서 생산된 차(茶)를 윈난(雲南)의 '차마고도(茶馬古道)'를 통해 운반하여, 티베트(西藏)의 말(馬) 등과 교환해왔다고 한다. 차마고도(茶馬古道)는 지금은 없어진 길(路)이지만, 윈난성(雲南省)정부와 관할시정부에서는 '윈난(雲南) 차마고도(茶馬古道) 간선(幹線)'의 기점이었던 '다리(大理)'를 비롯하여, 차마고도(茶馬古道)의 주요 기점이 있었던 푸얼(普洱) 중부에 위치한 푸얼차(普洱茶)의 주산지인 '닝얼(寧洱)'과 차마고도(茶馬古道)의 경유지인 '젠촨(劍川: 검천)', '리장(麗江: 여강)' 등지에 남아 있는 차마고도(茶馬古道)의 유적들을 보존해오고 있다고 한다. 차마고도(茶馬古道)는 중화민국시대에 이를 때까지도 티베트(西藏)뿐만 아니라 남아시아, 서아시아, 동남아시아 등지로도 차(茶)를 비롯한 생활용품들을 교역하는 통도의 역할을 했다고 하는데, 지금의 푸얼(普洱) 등 윈난(雲南)의 서남부 지역 일대는 차(茶)뿐만 아니라 커피의 주 생산지로도 각광을 받고 있다.

윈난성(雲南省)의 중부지구에 위치해 있는 윈난성(雲南省)의 성도(省都)인 쿤밍(昆明)은 중국대륙 서남부 지역의 중요한 정치, 경제, 문화의 중심 도시다. 쿤밍(昆明)이 티베트(西藏) 수부(首府)인 라싸(拉薩)의 해발고도(3,650m)나 칭하이성(靑海省) 성도(省都)인 시닝(西寧)의 해발고도(2,200m)보다는 상대적으로 낮다고는 하지만, 쿤밍(昆明) 중심 지역의 해발고도도 1,891m나 되는 고원지대의 대도시다. '윈구이(雲貴)고원'의 일부분인 '뎬츠(滇池)분지'를 안고 있는 쿤밍(昆明)의 가장 높은 곳은 쿤밍(昆明)의 북단에 위치한 공왕산(拱王山)으로 해발고도가 약 4,240m나 되고, 가장 낮다고 하는 진사장(金沙江: 금사강)의 지류인 푸두허(普渡河: 보도하)와 진사장(金沙江)이 합류하는 지점의 해발고도도 746m나 된다. 필자가 중국내륙 지역투자조사단의 일원으로 1995년 8월 12일부터 2박 3일간 쿤밍(昆明)을 방문한 적이 있는바 이야기를 이어가고자 한다.

  필자 일행이 쿤밍(昆明)을 방문했을 당시 만났던 윈난성(雲南省)정부 리자팅(李嘉廷) 부성장을 비롯하여 윈난성(雲南省) 대외무역합작청, 윈난성(雲南省) 대외경제무역위원회 등 윈난성(雲南省)정부의 관리들도 역시 적극적인 투자 유치의 열기를 보였다. 쿤밍(昆明)도 다른 중국 내륙 지역들과 마찬가지로 연해 지역과는 멀리 떨어져 있을 뿐만 아니라 고원지대에 위치해 있어 전반적인 투자 환경이 상대적으로 열악했지만, 다른 중국 내륙 지역에 비해 산수(山水)가 아름답고 생물이나 광물 등 천연자원이 풍부한 지역으로 쿤밍(昆明) 지역으로의 진출에 관심이 있는 기업이라면 생물의약(生物醫藥)이나 광물자원, 관광자원의 개발에 특화하여 투자협력을 추진하는 방안을 고려해볼 수는 있을 것 같다는 판단을 했었다.

  쿤밍(昆明)은 대만 타이베이(臺北)의 위도(북위 24.9°)와 비슷하지만, 해발고도가 높은 '북아열대 저위도고원(低緯度高原)'의 기후로 타이베이(臺北)처럼 혹서기(酷暑期)가 없고 연평균 15℃전후의 기온으로 사계절이 봄처럼 온화하다고 하여 '봄의 도시(春城)'라고도 하고, 사계절 꽃이 피어 있는 도시라고 하여 '꽃의 도시(花都)'라고도 하는 관광휴양의 도시다. 당시 쿤밍(昆明)경제기술개발구 등을 시찰하고 주변의 관광지 등을 둘러보며 돌아다녔는데, 한여름인 8월 중순의 계절인데도 한낮에는 가을 날씨처럼 선선했고 아침저녁으로는 쌀쌀한 느낌이 들 정도로 서늘했다. 고원지대였지만 해발고도가 2,000m를 넘지 않아서 그랬는지 고산병 중세도 나타나지 않았다. 여름철 평균기온이 19℃ 전후라고 하고, 겨울철 평균기온이 8℃ 전후라고 하니 '춘성(春城)'이라고 자랑할 만도 하다는 생각이 든다.

쿤밍(昆明)시 중심에서 동남쪽 방향으로 78㎞ 떨어져 있는 '쿤밍(昆明) 스린(石林)이족(彛族)자치현'에 '스린(石林: 석림)'이라고 하는 윈난성(雲南省)을 대표하는 자연 관광지가 있다. '약 3억 년 전에 바다였던 지역'이라고 하는데, 해발고도가 1,800m나 된다고 하는 고원지대(高原地帶)인지라 쉽게 이해가 되지를 않았다. 지각변동에 의해 융기(隆起)되어 변화하면서 '융해침식(融解浸蝕)작용'에 의해 형성되었다고 하는 카르스트지형의 석회암(石灰巖) 돌기둥들이 숲을 이루며 아름다운 경치를 이루고 있어 신기(神奇)하다는 생각이 들었다. 여기저기 크고 작은 '석림(石林: 돌숲)'을 이루고 있는 풍경구의 면적이 약 300㎢나 된다고 하는데, 그중에서 각양의 돌기둥들이 대규모로 솟아 광활한 숲을 이루고 있는 대석림(大石林)을 들여다보고 나서 기괴(奇怪)하고도 아름다운 경치를 이루고 있는 소석림(小石林)을 둘러봤다.

전용버스에서 내려 대석림(大石林)을 향해 걸어가면서 눈앞에 펼쳐져 바라보이는 회색빛 돌기둥들이 솟아 숲을 이루고 있는 웅장하고도 기이(奇異)한 모습의 경광이 장관이었다. 시골 마을의 한적한 골목길 같은 길을 따라 돌기둥이 큰 것은 높이가 40m가 넘는 것들도 있다고 하는 광활한 석림(石林)의 숲속으로 들어가, 돌기둥들 사이사이로 구불구불하게 나 있는 골목골목을 거닐어봤는데, 안내자가 '함께 움직이지 않으면 길을 잃을 수 있다'며, '길을 잃으면 온종일 헤매고 다녀도 찾기가 힘든 미로(迷路)'라고 하여 어린아이처럼 따라다녔다. 천자백태(千姿百態)의 기봉괴석(奇峯怪石)들이 용식(溶蝕)으로 생긴 연못이나 수림(樹林)과 어우러져 있기도 하면서 거대한 돌 숲을 이루고 있었는데, 신비(神祕)한 대자연의 경치라는 생각이 들었다.

당시에는 스린(石林)으로 연결된 고속도로가 없었으니 쿤밍(昆明)에서 출발하여 국도를 통해 스린(石林)을 다녀왔는데, 시가지를 벗어나면서 차창 밖으로 내다보이는 풍경은 황량(荒凉)했다. 중간중간 야산같이 생긴 언덕이 있는 구간들을 지날 때는 약간 오르내림도 있었고 도로가 구불구불하기도 했는데, 엉성하게 수풀이 나 있는 그 노변의 언덕들에 손바닥처럼 둥글둥글하게 생긴 마디마디를 이루며 연결된 각 줄기마다 가시들을 달고 바랜 녹색이 흰빛을 띠어 늙수그레하게 보이며 바람이 불면 넘어질 것 같으면서도 강인(强靭)한 자세로 버티고 서 있는 크고 작은 야생의 백년초선인장(百年草仙人掌)들이 군데군데 군락을 이루고 있어 이역(異域)의 정취를 느끼게 했다.

쿤밍(昆明)시 중심에서 서쪽으로 5km쯤 떨어져 있는 위치에서 남쪽으로 길게 '쿤밍후(昆明湖: 곤명호)'라고도 하고 쿤밍(昆明)의 역사와 함께해왔으며 풍광이 수려하여 '고원명주(高原明珠)'라고도 한다는 '뎬츠(滇池: 전지)'라는 호수가 펼쳐져 있다. 동쪽 연안으로 약간 휘어져 초승달 모양을 하고 있는 뎬츠(滇池)는 수면 평균해발고도 1,886m의 고원담수호(高原淡水湖)로 남북으로 그 길이가 30km나 되고, 최대 폭은 동서로 8km, 평균수심은 5m, 호수 면적이 300㎢나 된다고 하는 큰 호수다. 호안선의 길이가 150km나 된다고 하는 뎬츠(滇池) 주변의 풍경지구에는, 뎬츠(滇池)의 수위가 낮아지면서 분리되었다고 하는 누각 등 고풍스러운 고(古)건축물들과 어우러져 있는 취후(翠湖: 취호)를 비롯하여, 뎬츠(滇池)의 풍광을 내려다볼 수 있는 뎬츠(滇池) 서안(西岸)에 위치한 시산(西山: 서산), 여러 사찰(寺刹)들과 공원들, 소수민족들의 문화와 풍정(風情)을 느낄 수 있는 '윈난민족촌(雲南民族村)', '윈난(雲南)민족박물관' 등이 자리를 잡고 있다고 하는데, 쿤밍(昆明)에 잠시 머무는 동안 스린(石林)과 쿤밍(昆明)시 중심에서 가까운 풍광이 아름답다고 하는 뎬츠(滇池) 주변, 윈난(雲南)민족촌, 쿤밍(昆

明)시가지 등을 대충 들여다봤었지만 스린(石林) 말고는 특별하게 각인되어 남아 있는 인상은 없다.

남명(南明)의 영력제(永曆帝)와 오삼계(吳三桂) 이야기

쿤밍(昆明)은 전국(戰國)시대에는 '전왕국(滇王國)'의 도읍지였고, 명말청초(明末淸初) 시기에는 '남명(南明: 1644~1662년)'의 마지막 황제인 영력제(永曆帝) 정권이 건도(建都)하기도 했던 고도(古都)다. 이야기가 좀 길어지기는 하는데, 이왕에 쿤밍(昆明)에 들어왔으니 남명(南明)의 마지막 황제인 영력제(永曆帝) 주유랑(朱由榔)이 오삼계(吳三桂)에 의해 쿤밍(昆明)에서 최후를 맞이하게 되고 쿤밍(昆明)이 오삼계(吳三桂)의 무대가 되었던 이야기를 들여다보고 넘어가고자 한다.

영력제(永曆帝) 주유랑(朱由榔)은 만력제(萬曆帝)의 손자이며 명나라 마지막 황제 숭정제(崇禎帝)의 사촌으로 '이자성(李自成)의 난' 때 후난성(湖南省) 형주(衡州)를 다스리고 있던 계왕(桂王)인 부친 주상영(朱常瀛)을 따라 광시(廣西) 지역으로 피난을 나오게 되는데 그 무렵 이자성(李自成)에 의해 베이징(北京)이 함락되고 1644년 4월 숭정제(崇禎帝)가 자진(自盡)을 하면서 명나라가 멸망하게 된다. 그 이후 1644년 6월 난징(南京)에서 만력제(萬曆帝)의 손자이며 숭정제(崇禎帝)의 사촌인 주유숭(朱由崧)이 남명(南明)의 초대 황제 홍광제(弘光帝)로 옹립되지만, 1945년 6월 청군(淸軍)에 의해 붙잡히면서 그 뒤를 이어 1645년 8월 푸저우(福州)에서 명나라 황족의 자격으로 남명의 제2대 황제에 옹립된 융무제(隆武帝) 주율건(朱聿鍵)마저 1946년 10월 청군(淸軍)에 의해 사망하자 융무제(隆武帝)의 동생 주율오(朱

聿鍵)가 1946년 11월 보위에 올라 소무제(紹武帝)가 되는데, 병립하여 주유랑(朱由榔)이 1646년 12월(음력) 광둥(廣東)의 자오칭(肇慶)에서 남명(南明)의 세 번째 황제로 추대되어 보위에 올라 영력제(永曆帝)가 된다. 주유랑(朱由榔)이 보위에 오르게 되면서 소무제(紹武帝) 주율오(朱聿鐭)와 다툼을 벌이는데, 영력제(永曆帝) 주유랑(朱由榔)이 소무제(紹武帝)에게 패하지만 소무제(紹武帝)가 1947년 1월 청군(淸軍)에 의해 사망하면서 영력제(永曆帝) 주유랑(朱由榔)이 보위를 이어가게 된다. 보위를 이어가게 된 영력제(永曆帝) 주유랑(朱由榔)도 청군(淸軍)의 공격을 받게 되는데 후난(湖南), 광시(廣西), 광둥(廣東), 구이저우(貴州)의 각지를 16차례나 도망 다니다가 1655년 농민대서군(農民大西軍) 장군 이정국(李定國)의 보호를 받으며 윈난(雲南)의 쿤밍(昆明)으로 들어가 건도(建都)를 하게 된다.

하지만 청나라 군대에 산하이관(山海關)의 성문을 열어주고 청군(淸軍)에 합세하면서 평서왕(平西王)에 봉해진 평서대장군(平西大將軍) 오삼계(吳三桂)가 남명(南明)을 공격하면서 1658년에는 쿤밍(昆明)을 향해 진격해 들어오자, 영력제(永曆帝)는 쿤밍(昆明)을 떠나 윈난(雲南) 각지로 유망(流亡)하다가 1659년 미얀마로 도피한다. 그런데 쿤밍(昆明)으로 진격해 들어온 오삼계(吳三桂)가 미얀마로 공격해 들어가자 1661년 5월 정변을 일으켜 새로이 집권한 미얀마 정권이 영력제(永曆帝)를 붙들어 1662년 1월 오삼계(吳三桂)에게 바쳐버린다. 쿤밍(昆明)으로 끌려 들어간 영력제(永曆帝)는 1662년 6월 오삼계(吳三桂)에 의해 쿤밍(昆明)에서 죽임을 당하게 되는데, 영력제(永曆帝)가 죽으면서 남명(南明)은 멸망하게 되고, 청나라에 의한 전(全) 중국대륙의 통치 시대가 열리게 된다. 그 이후 쿤밍(昆明)은 막강한 오삼계(吳三桂)의 권력 무대가 되고, 오삼계(吳三桂)는 쿤밍(昆明)을 포함한 윈난(雲南)의 전역과 구이저우(貴州)에 대한 전권(全權)도 장악하게 된다.

남명(南明)이 평정되면서 화남(華南) 지역을 다스리고 있던 번왕(藩王)들의 권력이 막강해지자 불안해진 청나라 황제 강희제(康熙帝)는 번왕(藩王)들을 견제하기 위해 윈난(雲南) 지역의 번왕(藩王)인 평서왕(平西王) 오삼계(吳三桂)를 비롯하여 광둥(廣東)의 평남왕(平南王), 푸젠(福建)의 정남왕(靖南王) 등 번왕(藩王)들에게 철번(撤藩)할 것을 명령하는데, 이에 불만을 품은 오삼계(吳三桂)는 반기를 들고 1673년 쿤밍(昆明)에서 '삼번(三藩)의 난'을 주도하여 세력을 확보한다. 1678년 3월에는 형주(衡州)에서 국호를 '주(周)'라고 정하고 스스로 황제 지위에 올랐지만, 그해 8월에 병사(病死)하면서 오삼계(吳三桂)의 꿈은 수포로 돌아가고 만다.

오삼계(吳三桂)가 막강한 권력과 재력을 거머쥐고 쿤밍(昆明)에서 머무를 때, 쿤밍(昆明)의 오삼계(吳三桂) 궁궐에는 오삼계(吳三桂)의 정신적 지주였던 가기(歌妓) 출신의 애첩(愛妾)인 천하일색의 여인 진원원(陳圓圓)을 비롯하여 후궁비빈(後宮妃嬪)들이 천 명에 달했었다고 하니, 오삼계(吳三桂)야말로 한세상 대단한 권세를 부리다 떠나간 사나이가 아니었는가 한다. 오삼계(吳三桂)의 여인 진원원(陳圓圓)에 대해 좀 더 알아보면, 명말(明末) 요동총병(遼東總兵)이었던 오삼계(吳三桂)가 만리장성의 산하이관(山海關)을 수비하고 있을 때 베이징(北京)으로 공격해 들어온 이자성(李自成)의 부하 유종민(劉宗敏)이 자신의 애첩인 진원원(陳圓圓)을 잡아 갔다는 소식을 듣고 분노하며 "대장부가 한 여인을 지키지 못한다면, 무슨 낯으로 얼굴을 들고 다니겠는가!(大丈夫不能保一女子, 何面目見人耶!)"라고 하면서, 이자성(李自成)의 투항 요구를 거절하고 청나라 군대에 산하이관(山海關)의 관문(關門)을 열어주기로 결심했다고 하는 그 오삼계(吳三桂)의 여인 진원원(陳圓圓)은, 쿤밍(昆明)의 호화로운 오삼계(吳三桂)의 별궁에 머물던 중 오삼계(吳三桂)의 권세가 한창일 때 오삼계(吳三桂)의 허락을 받아 쿤밍(昆明) 주변에 암자를 지어 스스로 오삼계(吳三桂)의 곁을 떠나 그 암자 등에서 머무르다 오삼계(吳三桂)의 권력이 무너진 이후에도 화를 피하고 병사(病死)했다고 한다.

　쿤밍(昆明)이 고도(古都)라고는 하지만, 보존되어 있는 궁성(宮城)의 모습은 보이지 않았다. 영력제(永曆帝)가 쿤밍(昆明)으로 들어오면서 '이자성(李自成)의 난' 때 활약했던 농민대서군(農民大西軍) 장군 손가망(孫可望)이 사용해오던 '진왕궁(秦王宮)'을 '만수궁(萬壽宮)'이라고 개명하여 사용했다고 하는데, 오삼계(吳三桂)가 쿤밍에서 할거할 때는 그 만수궁(萬壽宮)을 호화롭고도 거대한 궁궐로 증개축하여 사용해왔다고 한다. 오삼계(吳三桂) 권력이 무너진 이후에는 그 궁궐의 터에 사찰(寺刹)들과 서원(書院) 등이 들어섰다고 하는데, 중화민국 국민당 시절 이후부터는 그 궁궐의 터에 '윈난성(雲南省)정부 청사'를 지어 사용해왔다고 한다. 당시 필자가 방문했던 쿤밍(昆明)시 중심의 우화산(五華山: 오화산) 자락에 위치해 있는 '윈난성(雲南省)정부 청사'는, 기존의 윈난성(雲南省)정부 청사를 철거하고 그 자리에 새로 지어 1989년부터 사용해오고 있는 건물이라고 한다. 이처럼 옛 궁궐의 터에 현대식 건물이 들어서 있어 역사의 흔적들이 사라지기는 했지만, 쿤밍(昆明)에는 영력제(永曆帝)가 오삼계(吳三桂)에 의해 죽임을 당한 곳인 우화산(五華山)의 서록(西麓)에 위치한 금선사(金蟬寺: 진찬쓰) 경내에 있는 '녹자파(簏子坡: 루쯔포)'라고 하는 비탈진 곳에 '영력제순난처(永曆帝殉難處)'라고 새겨진 석비(石碑)와 비각(碑閣)이 보존되어 있다고 하고, 오삼계(吳三桂)가 별궁으로 사용하기도 했다는 도교 사원인 '금전(金殿: 진뎬)' 내의 '태화궁(太和宮: 타이허궁)'이 보존되어 있는 등 영력제(永曆帝)와 오삼계(吳三桂)의 흔적이 배어 있는 일부 건축물들이 남아 있다고 하니 명말청초 쿤밍(昆明)에서 벌어졌던 역사 이야기들을 뒷받침하고 있지 않나 한다.

42.
화남(華南)의 광저우(廣州)와 선전(深圳)을 들여다보다

광저우(廣州)와 그 주변 지역 이야기

중국의 '화남(華南) 지역'을 구분하는 방식들이 다르기는 하지만 여기서는 중국의 남해와 연해 있는 광둥성(廣東省), 광시좡족(廣西壯族)자치구, 하이난성(海南省), 홍콩과 마카오, 푸젠성(福建省)의 일부 지역 등 중국의 남부 지역을 화남(華南) 지역으로 보기로 하고, 이 단락에서는 광둥성(廣東省)의 성도(省都)인 광저우(廣州)와 선전(深圳)을 들여다보고 푸젠성(福建省)의 샤먼(廈門), 광시좡족(廣西壯族)자치구의 '구이린(桂林)', 하이난성(海南省)의 '싼야(三亞)', '홍콩'의 이야기는 각각 단락을 달리하여 이어가고자 한다.

필자가 베이징(北京)에서 근무하고 있을 당시 동료인 경제협력관과 1994년 12월 12일부터 4박 5일간 샤먼(廈門)과 광저우(廣州)를 방문한 적이 있고, 필자가 아내와 함께 1995년 12월 27일부터 5박 6일간 주하이(珠海)와 마카오, 홍콩을 둘러봤고, 동료인 경제공사와 1996년 2월 26일부터 3박 4일간 홍콩을 거쳐서 선전(深圳)과 광저우(廣州)를 방문한 적이 있고, 필자가 상하이(上海)에서 근무하고 있었을 때 2001년 2월 15일 베트남 호치민에서 개최하는 산업자원부차관 주재의 '무역투자전략회의'에 참석하기 위해 호치민으로 들어가면서 당시는 중국에서 호치민으로 들어가는 항공노선이 광저우(廣州)밖에 없어 광저우(廣州)에서 2001년 2월 13일 1박을 하며 머문 이후로도, 필자가 김·장법률사무소에서 근무하면서도 수차례에 걸쳐서 광저우(廣州)와 선전(深圳)을 드나들었는바 두서없이 이야기를 이어가고자 한다.

광저우(廣州)는 중국대륙의 최(最)남부에 위치한 광둥성(廣東省)의 성도(省都)다. 광둥성(廣東省)의 중남부에 위치한 광저우(廣州)는, 직할시가 아니면서도 2024년 말 기준으로 톈진(天津)직할시보다도 훨씬 많은 1,897만여 명의 상주인구를 보유하고 있는 중국 화남(華南) 지방의 최대 도시다. 주장(珠江)의 하류(下流)에 위치해 있어 해양으로 나가는 관문으로 중국의 남대문(南大門)이라고도 하는 광저우(廣州)는 고대 해상 실크로드의 시발점 중 하나로 당송(唐宋)시대로부터 명청(明淸)시대에 이르기까지 세계를 왕래하는 대외무역항의 항구도시였으며, 아편전쟁 이후 '난징(南京)조약'에 의해 개방되었던 도시다. 개혁개방 초기에는 만약 개혁개방 정책이 실패했을 때 발생할 수도 있는 유사시에 대비하여 선전(深圳), 주하이(珠海) 등 경제특구를 방어하는 진지(陣地)의 역할을 하기도 했다.

필자가 샤먼(廈門)을 거쳐 1994년 12월 14일부터 2박 3일간 광저우(廣州)를 방문했을 때나 홍콩과 선전을 거쳐 1996년 2월 28일부터 1박 2일간 광저우(廣州)를 방문했을 때는, 당시의 베이징(北京)이나 마찬가지로 광저우(廣州) 시가지 중심의 대로변에는 고층빌딩들이 들어서 있었지만 역시 시가지의 안쪽으로는 낙후되어 있었다. 새벽에 일어나 호텔 주변의 골목길을 산책했었는데 공원들도 있었지만 썰렁했고, 광둥성(廣東省)

정부 청사를 찾아가는 길에서 바라보이는 시가지 안쪽의 모습들도 당시 베이징(北京)의 이면도로들보다는 덜하기는 했지만 마찬가지로 낙후되어 있었다. 당시 광둥성(廣東省)정부를 방문하여 류웨이밍(劉維明) 부성장과 광동성(廣東省) 대외경제무역위원회 쉬더즈(徐德志) 주임 등을 면담하기도 하고, 광저우시(廣州市)정부 왕소우추(王守初) 부시장과 광저우시(廣州市) 대외경제무역위원회 탄커청(譚可誠) 주임, 광저우시(廣州市) 계획위원회 궈시링(郭錫齡) 주임 등을 만나기도 했었는데, 산둥성(山東省)이나 중서부 내륙 지역들에 비해 투자 유치의 열기는 덜했지만 적극적이기는 마찬가지였다. 광저우(廣州) 지역에 투자하고 있는 우리 기업 대표들과의 간담회도 개최했는데, 당시 광저우(廣州)에는 제조업들보다는 주로 무역상사나 서비스 업종의 기업들이 많이 진출해 있었다. 1996년 2월 29일 개최한 코트라 광저우(廣州)무역관 개관식에 참석하기도 했는데, 당시 우리 기업들의 진출이 늘어나고 있는 상황으로서 시의적절한 개관이라고 판단했다. 광저우(廣州)시 중심에 우뚝 솟아 있는 바이윈산(白雲山: 백운산)공원에 올라가 광저우시(廣州市)를 내려다보기도 했는데, 바이윈산(白雲山) 자연의 모습은 그대로 변함이 없을 것이지만 내려다보이는 광저우시(廣州市)의 모습은 발전되어 변화되어 있지 않을까 한다.

필자가 동양란(東洋蘭)에 관심이 있어 당시 베이징(北京)의 화원들을 돌아다녀봤지만 보지를 못했는데, 온난(溫暖)한 지역이라서 광저우(廣州)에는 있지 않을까 하여 필자가 처음 광저우(廣州)에 방문했을 때 문의를 하니, '란푸(蘭圃)'라고 하는 특별한 난원(蘭園)이 있다고 하여 안내를 받아 찾아가본 적이 있다. 국민당 정부 시절부터 유지되어오고 있다고 하는 실내식 온실의 정원으로 규모가 작지는 않았는데, 층을 이루고 있는 선반에 올려져 있는 다양한 종류의 동양란(東洋蘭)들과 많은 화초들이 있었지만 제대로 관리되지를 않아 화초들이 죽지 못해 살아 있는 것 같다는 느낌이 들었다. 그나마 당시 중국대륙에서 동양란(東洋蘭)을 볼 수 있는 유일한 곳이 아니었나 한다.

광저우(廣州)의 주변에는 경제특구인 선전(深圳)과 주하이(珠海)를 비롯하여 포산(佛山), 둥관(東莞: 동완), 자오칭(肇慶: 조경), 후이저우(惠州), 중산(中山), 장먼(江門) 등 '주장삼각주(珠江三角洲)' 지역들이 있는데, 광저우(廣州)는 중국의 중요 경제 중심지인 그 주장삼각주(珠江三角洲) 지역의 핵심 도시다. 당시 필자가 광저우(廣州)를 처음 방문하기 이전부터 선전(深圳)경제특구를 비롯하여 주하이(珠海)경제특구, 포산(佛山), 둥관(東莞), 산터우(汕頭) 등 지역들에는 이미 많은 우리 기업들이 진출해 있었다. 당시 필자가 광저우(廣州)를 처음 방문했을 때는 선전(深圳)경제특구와 주하이(珠海)경제특구 지역은 이미 개발이 진전되어 있었고, 남아 있는 부분이 있다 해도 비용 부담이 커서 후발주자로 광둥(廣東) 지역에 진출하려는 우리 기업들은, 상대적으로 비용 부담이 적은 선전(深圳)경제특구 인근의 주장삼각주(珠江三角洲) 지역 등 광저우(廣州)의 주변 지역으로 진출들을 하고 있었다.

필자가 광저우(廣州)를 방문했을 때인 1994년 12월 16일, 광저우(廣州) 인근의 둥관(東莞)에 진출해 있던 전자부품을 생산하는 '삼성(三星)전기 둥관(東莞)공장'을 방문한바 있는데, 주변은 아직 허허벌판인 토지 위에 거대한 공장을 지어 경영하고 있었다. 말끔하게 현대식으로 기숙사를 지어 숙식을 제공하면서 수천 명의 종업원들을 고용하고 있었는데, 우리의 '삼성(三星)'이 중국 경제에 크게 기여하고 있다는 자부감이 들기도 했다. 1995년 12월 28일에는 마카오 인근 지역인 주하이(珠海)경제특구에 진출해 있는, 당시 '선경(鮮京)'이 투자한 카세트테이프공장을 방문하기도 했는데, 넓은 공장에서 수많은 종업원들이 분주하게 작업하는 모습을 보며 역시 우리 기업들이 대단하다는 생각을 했다.

중국 개혁개방의 창구(窓口) 선전(深圳)경제특구

광둥성(廣東省) 남부의 주장(珠江: 주강) 입해구(入海口) 동안(東岸)에서 홍콩과 경계를 이루고 있는 선전(深圳: 심천)은, 중국 개혁개방의 창구 역할을 해온 곳이자 중국 정부가 중국 개혁개방 정책을 추진하면서 모험적으로 개방한 경제특구(經濟特區)다. 덩샤오핑(鄧小平)이 권력 기반을 확보하자마자 1978년 12월 개혁개방 정책을 추진하게 되는데, 그 핵심은 경제특구에 있었다. 1980년 8월 선전(深圳)과 주하이(珠海)를 경제특구로 지정한데 이어 1980년 10월 산터우(汕頭)와 푸젠성(福建省)의 샤먼(廈門)을 경제특구로 지정하는데, 경제특구의 핵심은 선전(深圳)에 있었다. 선전(深圳)은 개혁개방 이전까지만 해도 광둥성(廣東省)의 지급행정구역인 '혜양(惠陽)지구(地區)'가 관할하는 '바오안현(寶安縣)'이라는 변경(邊境) 지역의 작은 현(縣: 읍)이었는데, 중국 정부가 개혁개방 정책을 추진하면서 1979년 3월 광둥성(廣東省)이 관할하는 선전시(深圳市)로 승격시켜 1980년 8월 경제특구로 지정하여, 홍콩을 비롯한 서방 국가들의 자금과 기술을 끌어들여 개발시켜 만들어낸 신흥 도시다.

1996년 2월 27일 홍콩에서 열차편으로 구룽역(九龍驛)을 출발하여 홍콩과 선전(深圳)의 경계를 이루고 있는 '선전허(深圳河: 심천하)'를 지나 선전(深圳)의 뤄후커우안(羅湖口岸)의 입국심사대를 거쳐서 선전(深圳)에 들어서니, '선전(深圳)국제무역중심빌딩'을 비롯하여 수많은 오피스 빌딩들과 호텔들 등 마천루(摩天樓)들이 즐비하게 들어서 있어 겉모습으로는 홍콩이나 다름없었다. 선전(深圳)이 개발되기 이전의 모습을 모르니 상전벽해(桑田碧海)라는 말을 실감할 수는 없었는데, 필자가 처음 선전(深圳)을 방문했을 때는 선전(深圳)이 경제특구로 지정된 지가 이미 15년이 지났는데도 개발이 진행되고 있고, 거리에는 이동하는 사람들이 그리 많지 않아 시가지의 모습은 홍콩과 비교가 되지는 않았다. 선전(深圳)에서 육로를 통해 광저우(廣州)로 이동하는 과정에서 바라보인, 선전(深圳)의 중국대륙 쪽 경계 지역으로는 휴전선의 철책과도 같이 높고도 견고하게 울타리가 설치되어있어, 유사시 선전(深圳)을 봉쇄할 수 있는 만반의 태세를 갖추고 있는 듯했다. 당시 선전(深圳)에서 광저우(廣州)를 오가는 관문인 선전(深圳)경제특구의 출입구에서는 삼엄한 경비를 하고 있어 마치 요새(要塞)와도 같았다. 중국 정부가 개혁개방 정책을 추진하면서 홍콩을 비롯한 마카오와 대만의 자금과 기술을 끌어들이기 위해 그곳들과 가까운 지역들에 경제특구를 지정하여 시험적으로 개방을 하는데, 당시 중국 정부의 입장으로서는 주하이(珠海)와 붙어 있는 마카오는 덩치가 작고, 대만과 마주하고 있는 샤먼(廈門)은 대만과의 거리가 멀리 떨어져 있어 실패했을 경우의 위험 부담이 거의 없을 것으로 판단할 수 있었을 것이지만, 선전(深圳)과 붙어 있는 홍콩은 덩치가 크고 서방세계의 강대국들과 밀착되어 있어, 선전(深圳)을 경제특구로 지정하여 개방한다는 것은 모험이 아닐 수 없었을 것이다. 하지만 경제특구로 지정되어 개방되면서부터 외자 기업들이 들어오기 시작하여 경제특구의 개발이 순조롭게 진행된다. 그런데 그 과정에서 1989년 6·4 톈안먼시위 무력 진압사태가 발생하면서 외자 기업들의 진입이 한동안 멈추기도 했었지만, 덩샤오핑(鄧小平)이 남순강화(南巡講話)를 통해 중단 없는 중국의 개혁개방 정책 추진의지를 재천명한 이후부터는 주춤했던 홍콩 등 서방의 자금이 다시 선전(深圳)경제특구로 밀물처럼 몰려들어와 선전(深圳)경제특구의 개발을 촉진시켜나갈 수 있게 된다.

선전(深圳)경제특구는 세계적인 다국적기업 등 외자 기업들을 유치시켰을 뿐만 아니라 중국 자체 기업들을 양성해내기도 했는데, IT, 전자, 스마트폰, 컴퓨터, 통신장비 등의 기술 업종에서 중국의 최대 기업인 '화웨이(華爲: HUAWEI)'를 비롯하여, 전기전자, 전지, 전동자동차 등 기술 업종에서 세계적인 기업으로 성장한 '비야디(比亞迪: BYD)' 등과 같은 유수한 기업들을 탄생시키기도 했다. 필자가 김·장법률사무소에 근무하면서 2007년 6월 24일부터 1주일간 광저우(廣州)와 선전(深圳)을 출장하는 길에, 6월 27일 동료와 함께 선전(深圳)의 룽강취(龍崗區)에 소재해 있는 '화웨이(華爲)기술유한공사'를 방문하여 법무담당부총재를 면담한 바 있는데, 회사의 규모에 놀라지 않을 수가 없었다. 굴뚝도 없고 말끔한 수많은 건물들이 들어서 있는 대규모의 공장구역이 마치 소(小)도시나 다름없었다. 1987년 창립하여 급속한 성장을 이룬 화웨이(華爲)는 당시 8만여 명이 넘는 임직원들을 고용하고 있다고 했었는데, 2023년 기준으로는 208,000여 명이나 되는 임직원들이 근무하고 있다고 한다. 1995년 창립했다고 하는 비야디(比亞迪)는 22만여 명이나 되는 임직원을 고용하고 있다고 하니 대단하다. 선전(深圳)에는 그와 같은 대규모의 중국 기업들과 외자 기업들을 포함한 하이테크(High-Tech) 기업들이 2022년 기준으로 23,000여 개나 들어 있다고 한다. 2024년 말 기준으로 선전(深圳)시의 상주인구가 1,798만여 명이라고 하는데, 그중 과학기술 인원이 255만 명이라고 하며, 2020년 기준으로 평균연령이 32.5세라고 한다. 그래서 그런지 선전(深圳)을 '젊은 과학기술의 도시'라고 한다고 한다.

선전(深圳)에 대해서는 이 정도로 하고, 광둥(廣東) 지방을 대표하는 광둥(廣東)요리와 광둥(廣東) 지방의 방언(方言)에 대해 잠시 들여다보고 넘어가고자 한다.

광둥(廣東)요리와 광둥(廣東) 지방의 방언(方言)에 대하여

광둥(廣東) 지방에는 중국의 4대 요리 중 하나로 '웨차이(粤菜)'라고 하는 '광둥(廣東)요리'가 있다. '부촌(富村)에서 음식의 맛이 나온다'라고 하여, 광둥(廣東) 지방에서 나는 해산물 등 풍부한 농수산물의 식재료를 바탕으로 하여 음식이 발달했다고 하는데, 질과 맛에서 광둥(廣東)요리가 중국의 최고 요리로 알려져 있다. 명청(明淸)시대에 지금의 광저우(廣州)인 '광주부(廣州府)'에서 만들어 먹었던 '광주부 차이(廣州府 菜)'가 광둥(廣東)요리의 기원 중 하나라고 하는데, 광둥(廣東) 지방의 화교(華僑)들이 세계로 진출하면서 광둥(廣東) 지방의 요리가 널리 알려져 국제적으로도 '광둥(廣東)요리'가 중국요리의 대명사가 되었다고 한다. 중국의 각 대도시 지역들에도 광둥(廣東)요리를 하는 식당들이 많이 있는데, 중국요리를 별로 좋아하지 않는 사람들도, 맵지도 느끼하지도 않고 담백한 광둥(廣東)요리는 맛이 있다고들 한다.

광저우(廣州), 홍콩 등 광둥(廣東) 지방에는 베이징(北京) 등 다른 지방 사람들이 알아들을 수 없는 사투리이며 '웨화(粤話)'라고도 하는 '광둥화(廣東話: Cantonese)' 등의 방언(方言)들이 있다. 광둥(廣東) 지방에서 사용하는 방언(方言) 중에는 광둥(廣東) 사람들이라면 다 알아들을 수 있는 광둥화(廣東話)를 비롯하여 민화(閩話), 커자화(客家話) 등이 있고 각지의 소(小)지역들마다 각기 다른 방언(方言)들이 있다고 하는데, 복잡한 중국의 언어(言語)에 대해 들여다보고 넘어가고자 한다.

중국에는 '푸퉁화(普通話: 보통화)' 또는 '관화(官話)'라고 하는 베이징(北京), 동북3성, 산둥(山東) 지방 등지에서 사용하고 있고 전 중국인의 70% 이상이 일상적으로 사용하는 표준중국어인 '베이팡화(北方話: 북방화)'라고 하는 방언(方言)을 비롯하여, 중국의 각 지방들마다 표준중국어와 병용하고 있으며 타지방 사람들이 알아들을 수 없는 사투리인 방언(方言)들이 있다. 중국의 각 지방에서 사용하는 사투리인 방언(方言)들을 크게 분류하면 상하이(上海), 장쑤(江蘇), 저장(浙江) 등 지방에서 사용하는 '우화(吳話)', 후난(湖南) 지방을 중심으로 사용하는 '샹화(湘話)', 장시(江西) 지방의 '궁화(贛話)', 광둥(廣東) 지방을 중심으로 하여 사용하며 광둥화(廣東話)라고도 하는 '웨화(粵話)', 푸젠(福建) 지방의 '민화(閩話)', 주로 광둥(廣東), 푸젠(福建) 지방에 퍼져 살고 있는 '커자(客家: 객가)인'들이 사용하는 '커자화(客家話)' 등의 방언(方言)들이 있다. 뿐만 아니라 중국의 각 소수민족들이 사용하는 고유 언어들도 있다. 그러니 중국인들이 모여 있는 자리에서, 옆자리에 앉아 있는 같은 지방 사람들이 자기들끼리만 알아들을 수 있는 언어를 사용하는 모습들을 흔히 볼 수가 있다. 알아듣지 못하는 사람들의 기분이 안 좋을 것 같은데도, 중국인들에게 물어보면 관계없다고들 한다. 전(全) 중국인들이 최소한의 9년 의무교육을 통해서 표준중국말인 푸퉁화(普通話)를 배우고 있어 중국인들끼리의 의사소통에는 지장이 없을지니, 방언(方言)으로 인해 발생하게 될 큰 문제는 없다고 본다. 중국 정부로서도 그렇게 판단해오고 있지 않나 한다.

중국의 표준말인 푸퉁화(普通話)와 각 지방에서 사용하는 방언(方言)들이 서로 다른 것과는 달리 글자는 같은 한자(漢字)를 사용해오고 있는데, 쓰기가 어려워 과거에는 문맹률이 높았다고 한다. 문맹률을 해소시키기 위해 마오쩌둥(毛澤東) 시대에 '문자개혁(文字改革)'을 추진하여, 쓰기 어려운 '번체자(繁體字)'들을 가려내어 쓰기 쉬운 '간체자(簡體字)'로 만들어 공포하고 사용하도록 하여 문맹률을 크게 낮추어냈다고 하는데, 큰 업적으로 여기고 그 이후 편리하게 사용해오고 있다. 이에 대해 우리의 일부 학자들과 일본, 대만 학자들이 연합하여 전통한자(傳統漢字)를 훼손했다는 주장을 펴기도 하는데, 현명한 중국인들이 그 과학적인 본래의 한자(漢字)인 정자(正字)를 없애버릴 리가 없으니 우리의 학자들이 걱정할 일은 아니라고 본다. 필자가 업무 수행 과정에서 만난 중국 중앙정부 관리들을 포함한 각급 지방 행정기관의 관리들로부터 받아 지금도 보관하고 있는 수많은 명함들 중 절반 이상의 명함들에도, 기관 명칭이나 성명이 '간체자(簡體字)'가 아니라 '정자(正字)'인 '번체자(繁體字)'로 표기되어 있다. 중국의 각 대학들에도 우리의 국어국문학과처럼 '중문학계(中文學系: 중문학과)'들이 있어, 자기들의 문자인 전통한자(傳統漢字)에 대해 끊임없이 연구를 이어갈 것이라고 본다.

43.
푸젠성(福建省) 샤먼(廈門)과
진먼다오(金門島) 이야기

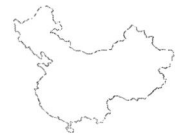

푸젠성(福建省) 샤먼(廈門)을 둘러보다

샤먼(廈門: 하문)은 대만해협(臺灣海峽)을 사이에 두고 대만(臺灣)과 마주하고 있는 푸젠성(福建省)의 남부 연해의 위치에서, 대만 영토인 진먼다오(金門島)와 마주하고 있는 푸젠성(福建省)정부 관할의 지급시(地級市)다. 명(明)나라 때인 1394년 샤먼성(廈門城)이 축성되면서부터 '샤먼(廈門)'이라는 명칭을 사용했다고 하는데, 샤먼(廈門)은 청(淸)나라 초기에 '반청복명(反淸復明)운동'을 이끈 '정성공(鄭成功) 장군'이 거점을 두었던 곳이기도 하다. '난징(南京)조약'에 의해 개항되었던 샤먼(廈門)은 1935년에는 샤먼(廈門)시로 승격되고 1980년 10월 '샤먼(廈門)경제특구'로 지정되면서 급속한 발전을 이룩하게 된다. 대만해협의 서안(西岸)에 위치한 샤먼(廈門)은 중국이 개혁개방 정책을 추진하면서 대만의 자본과 기술을 끌어들이기 위한 목적으로 경제특구로 지정된 개혁개방의 전초기지 중 하나다.

필자가 베이징(北京)에서 근무할 때인 1994년 12월 12일부터 2박 3일간 동료인 경제협력관과 함께 샤먼(廈門)경제특구의 투자 환경도 파악하고 우리 기업들의 실태도 파악하기 위해 샤먼(廈門)을 출장한 일이 있었는데, 샤먼(廈門)이 오래된 도시기는 하지만 당시 한창 개발을 진행하고 있어 중국의 여느 도시나 마찬가지로 어설프기는 마찬가지였다. 당시 많지는 않았지만 우리 기업들도 진출해 있어, 샤먼(廈門)시정부를 방문하여 허리펑(何立峰) 부시장과 외상투자공작위원회 황칭취안(黃淸泉) 주임을 만나 우리 투자 기업들의 지원을 당부하기도 하고, 샤먼(廈門)에 진출해 있는 우리 투자 기업들의 모임인 '샤먼(廈門)한국상회 정기총회'에 참석하여 간담회를 개최하기도 했는데, 당시 샤먼(廈門)은 투자 환경이 비교적 우세한 지역으로, 샤먼(廈門)시정부가 적극적인 지원을 하고 있을 뿐만 아니라 중국 내륙 지역으로부터 많은 우수한 인력들이 들어와 있어 우리 진출 기업들은 별 애로 사항들 없이 생산 활동을 하고 있었다.

당시 샤먼(廈門)에는 캠핑장비 생산업체인 우리의 '진웅기업(進雄企業)'을 비롯하여, 중장비와 편직기 등을 생산하는 '수산기계설비(水山機械設備)', 봉제복장업체인 '태강복장(泰剛服裝)', 스틸파이프를 가공하는 '신기술집성(新技術集成)', '영리전자(寧利電子)' 등 우리 기업들이 진출해 있었는데, 몇 개 기업들을 시찰하기도 했다. 많은 종업원을 고용하고 있는 봉제 기업들의 경우 종업원들의 손놀림이 부드럽고 손재주들이 우수하여 고품질의 제품들을 생산하고 있다고 하며 만족을 하고 있어 다행이라는 생각을 했었다.

당시 샤먼(廈門)이 특구로 지정된 지가 14년이 지났고 많은 대만 기업들이 들어와 있었는데도, 필자가 대만에서 근무하고 있었을 때 대만에는 100여 개의 골프장이 있다고 했는데 당시 샤먼(廈門)에는 정식으로 개업하여 운영되는 골프장이 하나도 없다고 했다. 당시 '로날드 프림(Ronald W. Fream)'이 설계하여 임시 개장했다고 하는 곳으로 샤먼(廈門) 앞바다가 내려다보이는 '동방(東方)오리엔트'라는 골프장이 있다고 하여 1994년 12월 14일 이른 새벽 샤먼(廈門)공항으로 이동하기 전에 동료와 둘이서 번갯불처럼 9홀을 라운딩했는데, 뒤땅만 실컷 찍어대니 동료가 필자한테 "평생 찍었던 뒤땅을 오늘 다 찍은 것 같다"라고 하여 멋쩍은 웃음이 터져 나왔던 기억이 난다. 골프 얘기가 여러 번 나오는데, 기실 필자는 골프를 아주 좋아하지도 잘 치지도 못한다. 하지만 우호적인 동반자들과 함께 걸으면서 체력도 단련하고 좋은 경치도 감상할 수 있으니, 날씨가 좋은 날은 시간과 비용이 아깝지 않다는 생각을 하곤 했었다.

장제스(蔣介石)와 마오쩌둥(毛澤東)에 얽혀 있는 진먼다오(金門島) 이야기

당시 샤먼(廈門)출장 중, 1994년 12월 13일 새벽 동료보다 일찍 일어나, 대만이 점령하고 있는 진먼다오(金門島)가 바라보이는 샤먼(廈門)의 해안을 따라 걸어본 일이 있다. 그 해안에는 철거해낸 진지의 초소 구조물들의 흔적이 남아 있었는데, 바닥에 남아 있는 초소 구조물의 흔적이 일정한 간격으로 이어져 있었다. 마오쩌둥(毛澤東) 통치 시절에는 그 초소들에서 병사들이 긴장을 하며 보초를 서고 있었겠지만, 필자가 걷고 있었을 때의 그 해안은 그저 평온하고 한적한 평화로운 해안일 뿐이었다. 필자가 대만에서 유학하던 시절 그 해안에서 바라보이는 진먼다오(金門島)를 방문한 적이 있었던바 이야기를 이어가고자 한다.

대만의 진먼다오(金門島)는 중국대륙과 대만 사이의 대만해협(臺灣海峽)에 있는 섬으로, 대만 본섬과는 약 200km나 떨어져 있지만 중국대륙의 푸젠성(福建省) 샤먼(廈門)과는 채 6km도 안 되는 거리의 위치에 있는, 비교적 작은 섬이다. 섬의 길이는 동서로 20km, 폭은 남북으로 5~10km 정도 되고, 섬의 면적은 140㎢ 정도 되는, 중국대륙에 바짝 붙어 있는 작은 섬인데, 국공내전(國共內戰)에 패한 장제스(蔣介石)가 어떻게 그 섬을 차지할 수 있었고 어떻게 지켜낼 수 있었는지 필자는 의문을 가지고 있었다. 중국대륙의 전역을 차지한 공산당 마오쩌둥(毛澤東)이 중국대륙에 거의 달라붙어 있는 그 진먼다오(金門島)를 장악하지 못하고, 아니, 장악하지 않고, 국민당 장제스(蔣介石)에게 내어주었는지 쉽게 이해가 되지를 않았다. 대만으로 퇴각(退却)해 온 장제스(蔣介石)는 실현 가능성도 없는 본토수복(本土收復)을 내세우며 대만의 젊은이들을 징병하여 진먼다오(金門島)로 보내 바짝 얼어붙게 만들어, 대만 본성인(本省人: 1945년 이전부터 대만에서 살아온 대만 사람)들의 저항을 막아내면서 대만을 통치했다. 이따금씩 퍼붓는 중공군의 진먼다오(金門島) 폭격은 대만에서의 장제스(蔣介石) 독재 체제를 더욱 굳건하게 했고 장제스(蔣介石)를 안전하게 보호하는 역할을 했다고 보는데, 그런저런 궁금증들이 있어 필자는 진먼다오(金門島)에 대해 관심을 가지고 있었다. 그런 가운데, 필자가 대만에서 유학하던 중 대만정부가 대만에 체류하고 있는 한국 공무원 유학생들을 초청해서 진먼다오(金門島)를 시찰하도록 한다는 연락을 받고 참가한 바 있다.

  1992년 6월 17일 수요일 아침 8시에 타이베이(臺北) 쑹산(松山)비행장에 모여 안내 요원의 안내에 따라 비행기에 탑승하여, 약 1시간을 날아서 진먼다오(金門島)로 들어가 진먼다오(金門島)공항에서 대기하고 있던 버스를 타고 지하 벙커로 이동하여 다소 긴장된 상태에서 지하 벙커를 시찰했다. 일부의 시설이었을진대, 그 지하 벙커는 상상을 초월하는 큰 규모의 시설이었다. 얼핏 보았지만, 그 벙커 내에는 군용차량과 장갑차 등 각종 군사장비들이 들어차 있었다. 해안을 따라 길게 이어진 지하 벙커 끝부분쯤 전방 관찰이 용이한 자리에 방탄유리로 된 전망대가 있어 전방을 관찰할 수가 있었는데, 필자가 그 방탄유리를 통해 전방을 바라보는 순간, '아, 이곳은 이미 더 이상 요새 지역이 아니구나!'라는 느낌이 들었다. 바라보이는 잔잔한 바다 위에, 그 수를 헤아리기조차 어려운 수많은 중국 어선들이 평화롭게 고기잡이를 하고 있었다. 초병이 경계근무를 서고 있었지만 그저 그곳을 바라만 보고 있을 뿐, 긴장된 모습은 엿볼 수가 없었다. 당시만 해도 그곳 진먼다오(金門島)는 계엄령이 해제되지 않은 상태로 군정(軍政)이 실시되고 있었지만, 그 진먼다오(金門島)는 더 이상 긴장의 여지가 없이 아픈 흔적으로만 남아 있는 역사 속의 요새지였으며, 이미 삶의 터전으로 변해버린 평화로운 섬이었다. 진먼다오(金門島)는 그해 11월에 계엄이 해제되었고, 그 얼마 후 중국인들의 자유 왕래가 허용되어 진먼다오(金門島)와 중국대륙의 샤먼(廈門) 간 왕래하는 여객선이 통항되면서 중국대륙 사람들의 관광지로 변했다고 한다. 2018년도부터는 중국대륙의 샤먼(廈門)으로부터 수돗물을 공급받아 사용하고 있다고 하니, 격세지감을 느끼게 하고 있다.

앞에서도 언급한 바와 같이 전쟁에서 승리하여 중국대륙 전역을 장악한 마오쩌둥(毛澤東)이 전쟁에서 패하여 대만으로 쫓겨나간 장제스(蔣介石)에게 중국대륙에 바짝 붙어 있는 진먼다오(金門島)를 내어주었다는 것이 잘 이해가 되지 않았는바 필자 나름대로 그 이유를 더듬어보았다. 패전을 하고 마오쩌둥(毛澤東)에게 쫓겨 대만으로 탈출해야 하는 장제스(蔣介石)의 입장에서는 대만으로 들어간 이후로도 군을 통제해야 하고, 자신에게 저항하는 대만인들도 통제를 해야 하는 과제를 안게 된다. 비록 마오쩌둥(毛澤東)과 대결할 능력은 상실되었지만, 본토수복을 내세워 긴장을 조성하는 수밖에는 없었을 것이다. 그러기 위해서는 반드시 그 교두보를 확보해야만 했다고 보는데, 중국대륙의 푸젠성(福建省) 해안과 약 200㎞나 멀리 떨어져 있는 대만 본섬 내의 어느 지역을 요새화하여 본토 공략의 교두보로 삼는다 한들 그를 믿을 사람은 아무도 없었을 것이라고 본다. 장제스(蔣介石)의 입장으로서는, 대만으로 입성하기 전에 중국대륙에 바짝 붙어 있는 진먼다오(金門島)를 필사적으로 사수(死守)하여 교두보를 마련해두어야만 했을 것이다.

중국대륙을 장악한 마오쩌둥(毛澤東)의 입장에서도, 장제스(蔣介石)와의 전쟁에서 승리는 거뒀지만 정권을 공고(鞏固)하게 안정시켜나가려면 장기간의 전쟁으로 혼란에 빠져 있는 중국대륙의 인민들을 통제해야 했을 것이고, 전쟁에 투입되었던 수많은 군들도 통제해야 했을진대, 강력한 통제력을 행사하기 위해서는 긴장 조성이 필요했을 것이라고 본다. 그것도 진먼다오(金門島) 하나로는 그 강도를 낼 수가 없으니, 대만과 마주하고 있는 푸젠성(福建省)의 약 3,300㎞의 해안선 중 진먼다오(金門島)와 마주하고 있는 샤먼(廈門)의 해안으로부터 북쪽으로 약 280㎞나 멀리 떨어져 있고 푸저우(福州)의 해안과는 불과 9㎞정도의 사이를 두고 달라붙어 있는 작은 섬 마쭈다오(馬祖島)까지 장제스(蔣介石)에게 내어주어, 긴 해안선을 따라 그 두 섬을 경계하도록 하는 대규모의 진지를 구축하여 요새화한 후, 수많은 병력을 배치시켜 중국대륙을 통제하기 위한 긴장을 조성하도록 하면서, 필요할 때 공격하여 더 큰 긴장을 조성할 수 있는 준비를 해놓은 것이 아닌가 한다. 그렇게 당시 그 진먼다오(金門島)와 마쭈다오(馬祖島)는 장제스(蔣介石)가 사수함으로서 얻는 이익과 마오쩌둥(毛澤東)이 포기함으로서 얻는 이익이 서로 맞물려 있는, 마오쩌둥(毛澤東)과 장제스(蔣介石)의 권력 유지를 위한 보루(堡壘)가 아니었는가 하는 생각이 든다.

좀 더 들여다보면, 장제스(蔣介石)는 대만 천도를 준비하면서 1948년 10월 무렵부터 진먼다오(金門島)를 요새화하기 시작하는데, 1949년 10월 17일 공산군에 의해 샤먼(廈門)을 함락당하면서 그 이전에 진먼다오(金門島)에 대규모의 병력을 배치하여 공산군의 공격에 대비한다. 10월 24일 공산군의 진먼다오(金門島) 상륙 공격을 받게 되는데, 56시간의 전투 끝에 공산군 9,086명 전원을 섬멸하여 진먼다오(金門島)를 지켜낸다. 그리고 장제스(蔣介石)는 미국의 보호를 받으면서 1949년 12월 10일 대만으로 입성하여, 대만 국민과 군을 통제하면서 대만 통치 시대를 열어가게 된다. 마오쩌둥(毛澤東)은 1949년 10월 1일 중화인민공화국(中華人民共和國) 정부 수립을 선포하고 나서 10월 15일에는 광저우(廣州)를 함락시키고, 10월 17일에는 샤먼(廈門)을 함락시킨 후, 10월 24일에는 진먼다오(金門島)를 함락시키기 위해 진먼다오(金門島) 상륙 전투를 벌이다가 대패하고도 대대적인 재공격작전을 펼치지는 않았다. 마오쩌둥(毛澤東)은 예상 밖으로 진먼다오(金門島)를 함락시키지도 못했을 뿐만 아니라, 큰 피해만을 당했지만 나름대로 진먼다오(金門島)를 사수(死守)하려는 장제스(蔣介石)의 강력한 의지를 알게 되었고, 진먼다오(金門島)가 마오쩌둥(毛澤東) 자신이 필요로 할 때 폭격을 해도 일부러 함락시키지 않는 한 견뎌낼 수 있을 정도로 견고하게 요새화되어 있다는 중요한 사실은 확인했다고 본다. 마오쩌둥(毛澤東)은 그 이듬해인 1950년 4월에는 대만 다음으로 큰 섬 하이난다오(海南島)를 함락시켰으며, 1950년 5월에는 장제스(蔣介石)가 지키고자 했던 저장성(浙江省)의 '저우산다오(舟山島)'와 광둥성(廣東省)의 '완산다오(萬山島)'는 함락시키면서도 진먼다오(金門島)와 마쭈다오(馬祖島)는 함락을 시도하지도 않고, 진먼다오(金門島)를 대만 섬과 묶어서 함락 작전을 펼쳐나가기로 한다. 대만 섬과 진먼다오(金門島)를 하나의 묶음으로 여기기로 결정한 것이다. 당시 중국의 '대만함락작전계획'은 미국의 전략과도 맞물려 있기는 했지만 마오쩌둥(毛澤東)의 진의(眞意)가 확인되지 않은 계획이었다고 보는데, 바로 그때 한국전쟁이 발발하면서 그 불투명한 대만함락작전계획은 수포로 돌아가고 만다.

마오쩌둥(毛澤東)은 한국전쟁에서 북한의 전세가 불리해지자 기다렸다는 듯 '순망치한(脣亡齒寒)'과 '항미원조(抗美援朝)'를 내세우며 1950년 10월부터 국공내전에 동원되었던 대규모의 중공군을 북한 지원군으로 투입시켜 1953년 7월 27일 휴전(정전)협정을 체결하여 한반도를 재분단시켜놓고, 한국전쟁에 참전했던 중공군의 철수를 시작하여 1958년 9월까지 단계적으로 북한 주둔 중공군의 철군을 완료시킨다. 중국은 한국전쟁이 마무리되면서 북한으로부터 철군된 대규모의 병력들을 통제해야 하는 문제가 발생되고 있는 가운데, 당시 중국 국내적으로는 1957년 6월부터 시작한 '반우파(反右派)투쟁'으로 중공 중앙당의 고위 간부들을 포함한 지식인들 7,000여 명을 숙청하는 등 대혼란이 벌어지고 있었다. 마오쩌둥 주석은 그 위기를 잠재우려는 듯, 1958년 8월 베이다이허(北戴河)에서 중앙정치국확대회의를 개최하여 '대약진인민공사화운동(大躍進人民公社化運動)의 주요 계획을 확정'하는 결책(決策)을 하고, '진먼다오를 포격(金門島砲擊)'한다는 중대한 결정(決定)을 내려 중국대륙을 진동시킨다. 마오쩌둥 주석은 진먼다오(金門島)를 폭격한다는 결정을 하고 나서, '장제스(蔣介石)에게는 직접, 미국에게는 간접(直接對蔣 間接對美)'적으로 통보를 하도록 지시하면서, '진먼다오(金門島)는 공격하되, 대만(臺灣)은 공격하지 않는다(打金門島 而 不打臺灣)'라는 마오쩌둥의 절묘한 '극(極) 중요한 책략(策略)'의 내용을 포함시키도록 하였다고 한다. '진먼다오를 폭격은 하되, 함락시키지는 않겠다'라는 뜻이 함유된 통보였다고 본다. 마오쩌둥(毛澤東)은 1958년 8월 23일부터 10월 5일까지 연속해서 무려 44일간 47만 발이나 되는 폭격을 가하면서도 그 진먼다오(金門島)를 함락시키지는 않았다. 미국이 대만의 장제스(蔣介石)를 지원하고 있었다고는 하지만, 마오쩌둥(毛澤東)은 진먼다오(金門島)는 물론 진먼다오(金門島)보다도 훨씬 작은 섬 마쭈다오(馬祖島)조차도 폭격만 하고 함락시키지는 않았다. 이는 마오쩌둥(毛澤東)이 진먼다오(金門島)와 마쭈다오(馬祖島)를 폭격은 하면서도 점령할 의지가 없었음을 분명하게 드러내 보인 것이라고 본다. 마오쩌둥(毛澤東)이 장제스(蔣介石)의 위협이 거의 없었음에도 불구하고 진먼다오(金門島)를 대규모로 폭격한 것은, 중국공산당 권력 내부에 자극을 주어 결속을 다지고, 중국 인민들에게 긴장을 조성시켜 국내적인 혼란을 막아내기 위한 고도의 통치 수단으로 이용한 것이 아니었는가 한다. 마오쩌둥(毛澤東)은 그 후로도 진먼다오(金門島)에 간헐적으로 계속해서 폭격을 가하여 중국 인민들의 긴장을 조성시키면서 통치를 이어갔고, 장제스(蔣介石)는 마오쩌둥(毛澤東)에 의한 폭격을 방어하면서 대만 국민들의 긴장을 조성시켜 독재 통치를 이어갔다.

진먼다오(金門島)는 장제스(蔣介石)의 입장에서는 사수(死守)할 수밖에 없었던, 장제스(蔣介石) 자신의 안전을 지켜준 존재였으며, 마오쩌둥(毛澤東)의 입장에서는 포기할 수밖에 없었던, 마오쩌둥(毛澤東) 자신의 권력을 지켜준 존재가 아니었나 한다. 두 권력자를 지켜준 요새지 진먼다오(金門島)는 흘러가는 세월 속에 포화에 할퀴어진 흔적만을 남기고 그저 고요하고 평화로운 섬으로 이미 변해 있다. 양안관계의 갈등은 아직도 남아 있기는 하지만, 그렇게 영원히 평화로운 섬으로 남아 있기를 바라는 마음이다. 진먼다오(金門島)에 대한 이야기는 필자의 저서『운흘의 대만 이야기』에도 좀 더 상세하게 수록되어 있다.

44.
구이린(桂林)과
대우(大宇)이야기

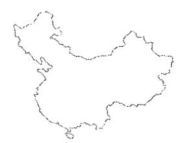

구이린(桂林)의 리장(漓江)

'구이린(桂林: 계림)'을 관할하고 있는 '광시좡족(廣西壯族)자치주'는 중국 대륙 서남지구의 최남단에서 북부만(北部灣)의 바다와 연안을 이루고 있으면서, 동남쪽으로는 길게 광둥성(廣東省)과 경계를 이루고 있고, 동북쪽으로는 후난성(湖南省), 북쪽으로는 구이저우성(貴州省), 서북쪽으로는 윈난성(雲南省)과 경계를 이루고 있으며 서남쪽으로는 베트남과 국경을 이루고 있는, 상주인구 중 좡족(壯族)이 30% 이상을 차지하고 있는 소수민족의 자치주다.

광시좡족자치주(廣西壯族自治州)의 동북부에 위치한 구이린(桂林)은 후난(湖南) 지역에서 광시(廣西) 지역을 왕래하는 통도(通道)의 역할을 했던, 후난성(湖南省)에서 광시좡족자치주(廣西壯族自治州)까지 좁고 길게 이어져 있는 평원인 '샹구이주랑(湘桂走廊)'의 남단에 위치해 있기도 하다. 진시황(秦始皇) 때 그 위치에 '구이린(桂林)군(郡)'을 설치하면서부터 '구이린(桂林)'이라는 지명이 사용되었다고 하는데, '구이린(桂林)'이라는 이름은 그 지역에 '계수(桂樹)나무'가 많다는 데서 유래되었다고 한다. 자연경관이 아름다운 고장이라고 하여 자고이래로 구이린(桂林)을 '계림산수갑천하(桂林山水甲天下: 구이린의 경치가 천하의 제일이다)'라고 한다는데, 구이린(桂林)의 아름다움은 구이린(桂林)을 통과하여 흐르는 '리장(漓江: 이강)'에서 비롯된 것이 아닌가 한다.

리장(漓江)은 샹장(湘江)과 이어진 '하이양허(海洋河: 해양하)'와 연결시키기 위해 팠다고 하며 기원전 214년 진시황(秦始皇)에 의해 완성된 인공운하(運河)인 '링취(靈渠: 영거)'와 연결되어 흐르는 '다룽장(大溶江: 대용강)'단(段)에서부터, 구이린(桂林)과 양쉬(陽朔: 양삭)를 거쳐 주장(珠江) 유역에서 흐르는 '시장(西江: 서강)'의 지류인 '구이장(桂江: 계강)' 상단까지 구간의 강(江)을 말한다고 하는데, '구이장(桂江)의 상류(上流)'라고도 하는 그 '리장(漓江)' 중, '구이린(桂林)에서 양쉬(陽朔)에 이르는 83km의 구간'에서, 그림과도 같은 아름다운 '산수화(山水畵)의 경치'가 펼쳐져 있다. 그 구이린(桂林)의 '리장(漓江)'은 베이징(北京)의 '쯔진청(紫禁城)', 시안(西安)의 '병마용(兵馬俑)', 쿤밍(昆明)의 '스린(石林)'과 더불어 '중국의 4대 여행승지(旅行勝地)'로 꼽고 있다. 필자가 아름다운 구이린(桂林) 리장(漓江)의 경치를 들여다 보고자, 상하이(上海)에서 근무하고 있을 때인 2000년 11월 25일 토요일 아내와 함께 이른 아침 상하이(上海) 홍차오(虹橋)공항을 출발해서 다음 날 늦은 시간에 돌아오는 비행기를 이용하여 1박 2일의 짧은 일정으로 구이린(桂林)을 다녀온 적이 있는바 이야기를 이어가고자 한다.

구이린(桂林)에 도착하자마자 호텔에 여장을 풀고 나서 구이린(桂林) 시내와 그 주변을 둘러봤는데, 둥글둥글하기도 하고 뾰쪽뾰쪽하기도 한 봉우리들이 솟아 있는 산들이 눈에 들어와 특이한 동네임을 느끼게 했다. 지각변동에 의해 융기(隆起)되어 억만년의 풍화 침식작용에 의해 형성된 전형적인 카르스트지형의 독특한 모양을 하고 있는 석회암(石灰岩)의 산(山)들이 아름다운 풍광을 이루고 있었다. 리장(漓江)의 지류인 '타오화장(桃花江: 도화강)'이 '리장(漓江)'과 만나는 지점에 이르니, 강(江)으로 뻗어 있는 석회암으로 이루어진 절벽에 구멍이 나 있고 이것이 강물과 어우러져 마치 코끼리가 코를 박고 물을 마시고 있는 모양을 하고 있다고 하여 '샹비산(象鼻山: 상비산)'이라고 한다는 바위산이 눈에 들어온다. 산상(山上)에는 숲이 우거져 있으면서 바위 절벽을 이루고 있는 아담한 샹비산(象鼻山)이 그 아래로 흐르는 강물과 어우러져 아름다운 경치를 이루고 있어 발걸음을 멈추게 했다. 첫날은 산과 강, 호수가 어우러져 있는 구이린(桂林) 시내를 여유롭게 산책했는데, 당시의 구이린(桂林)도 자연의 풍광들 말고는 중국 여느 지방 도시들이나 마찬가지로 낙후되어 있다는 생각이 들었다.

다음 날인 2000년 11월 26일 일요일, 아름다운 산수화의 경치가 펼쳐져 있다고 하는 리장(漓江)의 유람 길에 올랐다. 가이드의 안내에 따라 호텔을 나서서 리장(漓江)의 유람선이 출발하는 선착장으로 걸어 이동을 하면서 리장(漓江)의 동쪽 강둑에 올라서니, 건너편의 강가에서 어부 한 사람이 목재를 엮어 띄워놓은 부선(艀船) 위에서 까만 '가마우지'라는 새로 낚시를 하는 모습이 바라보인다. 가마우지를 강물에 던지면 가마우지가 잠수하여 물고기를 잡아 수면 위로 올라오는데, 가마우지를 장대 위에 앉혀 당겨 가마우지가 잡아 물고 와 목에 걸려 있는 물고기를 가마우지의 부리를 벌려 끄집어낸다. 가마우지들의 목을 끈으로 묶어 잡은 물고기를 삼키지 못하도록 해놓고 몇 마리의 가마우지들을 이용해서 물고기를 잡고 있었다. 좋은 모습으로만 보이지는 않았는데, 고대로부터 이어져 내려오는 낚시법으로 가마우지를 길들여 생계의 수단으로 물고기를 잡는 낚시법이라고 하니 이해할 수는 있었다.

당시 늦가을이었고 이른 오전이기는 했지만 아열대지방의 날씨인데도 강바람이 있어서 그랬는지 좀 서늘했는데, 맑은 공기를 마시며 리장(漓江)과 어우러져 있는 주변의 풍경을 바라보면서 강둑을 따라 내려가다가 강둑 아래의 강가에 있는 선착장으로 내려갔다. 쾌청한 날씨는 아니었지만 좋은 가을의 계절이었고, 일요일이었는데도 우리 말고는 다른 유람객들은 보이지 않았다. 선착장에는 크고 작은 여러 척의 유람선들이 늘어서 있었는데, 그중에서 작은 배인 10여 명이 탈 수 있는 배에 필자 부부와 안내원, 선원 한 사람 등 4명이 승선하고 출발했다. 안전하게 경치를 감상할 수 있도록 고정되어 있는 의자가 있어 편안하게 앉아서 유람할 수 있었다. 강물이 맑아 강바닥이 내려다보이기도 했는데, 맑은 강물 속에서 물고기들이 노는 모습들도 보여, 당시 리장(漓江)이 오염되지 않은 맑은 강임을 알 수 있었다. 강물이 흐르는 남쪽의 하류 방향으로 유람을 하니 편안한 느낌이 들었는데, 서쪽의 연안으로 평원이 펼쳐져 있는 강폭이 넓은 구간을 지나고 나니 양안으로 가까이에서부터 멀리로 바라보이는 산과 산봉우리들이 눈에 들어오기 시작한다. 강폭이 넓어졌다 좁아졌다 하는 강줄기를 따라 굽이굽이 움직이는 대로 리장(漓江)의 양안으로 여러 형상(形狀)들을 하고 솟아 있는 수많은 산봉우리들이 흐르는 리장(漓江)과 어우러져 변화하면서 바라보이는데, 기이한 모양을 하고 있는 산봉우리가 바라보일 때는 가이드가 장황하게 설명을 하지만, 배가 움직이는 대로, 눈으로 자연스럽게 바라보이는 자연의 그 모습들이 한 폭 한 폭의 산수화일지니 굳이 설명이 필요 없다는 생각이 들기도 했다. 대만의 고궁박물원이나 중국의 박물관들에 전시되어 있는 중국의 산수화들을 감상하면서 '저런 산수(山水)도 있는가?' 하는 의문이 들기도 했는데, 그 그림들 같은 경치가 리장(漓江)에 펼쳐져 있었다.

대만의 고궁박물원에도 전시되어 있고 필자도 그 모조 산수화를 가지고 있는데, 한 폭의 그림으로 가로로 10m가 넘게 연속으로 그려져 이어져 있는 아름다운 산수화의 경치가 그 리장(漓江)에 펼쳐져 있는 듯했다. 리장(漓江)과 어우러져 운무(雲霧)에 걸쳐 있는 겹겹의 산봉우리들을 바라보노라면 스스로 멍청해지는 느낌이 들기도 했는데, 무아지경(無我之境)에 빠지지는 않았지만 그 근방에는 다녀오지 않았나 한다.

산봉우리들이 그림처럼 리장(漓江)과 어우러져 있고 광폭이 넓은 차오핑(草坪: 초평)의 '리장(漓江)풍경구'까지 내려갔다가 뱃머리를 돌려 '관옌(冠岩: 관암)동굴' 부근에서 내려, 거대한 석회암 동굴인 관옌(冠岩)동굴을 관람하고 육로를 통해 구이린(桂林) 시내로 돌아왔다. 차오핑(草坪)의 리장(漓江)풍경구에서 40km를 더 내려가면 '양삭산수갑계림(陽朔山水甲桂林)'이라고 한다는, 구이린(桂林)에서 가장 아름답다고 하는 '양쉬(陽朔)풍경구'가 나온다고 하는데 시간이 부족해서 아쉽게도 뱃머리를 돌렸다. 구이린(桂林) 시내로 돌아와 구이린(桂林)공항으로 이동하기 전에 구이린(桂林) 시내에서 가장 높다고 하는 해발 903m의 야오산(堯山: 요산)을 케이블카(리프트)를 타고 올라가서 구이린(桂林)시와 그 주변을 내려다보고 구이린(桂林)공항으로 이동하여 상하이(上海)로 돌아왔었다.

당시 우리의 '대우(大宇)'가 합작 투자한 '구이린(桂林)쉐라톤호텔'에서 머물렀는데, 우리의 대우가 구이린(桂林)에까지 진출해 있었던 것이다. 대우가 투자한 베이징(北京)의 '캠핀스키호텔'이나 옌볜(延邊)의 '옌지(延吉)대우호텔'을 이용하면서도 도심과 가까운 위치에 있어서 편리함을 느낄 수 있었는데, 대우의 '구이린(桂林)쉐라톤호텔'도 도심에 위치해 있어 편리함을 느낄 수 있었을 뿐만 아니라 도보로 산책할 수 있는 가까운 거리에 경치가 수려한 관광 명소들이 있어 공원 속의 별장과도 같은 편안함도 느낄 수가 있었다. 우리의 대우가 그 먼 오지(奧地) 구이린(桂林)에까지 투자 진출을 하게 된 것은, 리장(漓江) 등의 관광 명승지들이 있는 구이린(桂林)으로 관광객들을 끌어들여 구이린(桂林) 경제를 발전시키기 위해 관광객들이 머물 수 있는 호텔이 절실히 필요했을 구이린(桂林)시정부가 제시한 우대 조건에 의해 대우가 판단하여 투자 진출을 결정했던 것이 아닌가 한다. 대우에 대한 이야기가 나왔으니, 중국에서의 대우(大宇)에 대해 잠시 들여다보고 넘어가고자 한다.

중국에서의 대우(大宇)에 대하여

중국에 진출한 우리의 다른 기업들도 마찬가지였지만, 중국의 여러 지역들에 다양한 분야의 업종들에 투자한 '대우(大宇)'야말로 중국 경제 발전에 지대한 기여를 했다고 본다. 중국 정부가 개혁개방 정책을 적극 추진하면서 외자 유치에 박차를 가하고 있을 때, 대우는 중국에 완성승용차조립공장을 설립하는 것을 주요 목표로 삼고 총수(總帥)인 김우중(金宇中) 회장님께서는 수시로 중국으로 출장하여 대우가 루프탄자와 합작하여 투자한 베이징(北京)캠핀스키호텔의 전용 룸에서 머물기도 하면서 대우의 중국 사업을 진두지휘하셨다. 당시 김우중 회장님께서 베이징(北京)에 출장 오실 때는 우호적이신 '대우(大宇)베이징(北京)사무소'의 소장께서 늘 필자 또는 필자의 동료에게 알려주셨기 때문에 대충의 동정을 알 수 있었다. 대우는 스스로의 투자 진출뿐만 아니라 중국 각 지역 지방정부들의 투자 유치 요구에도 적극적으로 부응(副應)하기도 하면서 1994년 산둥(山東)성의 옌타이(煙臺)에 굴삭기조립공장을 건설한 데 이어, 1995년에는 대우증권 상하이사무소를 열었고, 그 이후 톈진(天津)에 팩스밀리제조공장, 장쑤(江蘇) 우시(武錫)에 광케이블생산공장, 옌타이(煙臺)에 자동차엔진공장, 산둥(山東) 쓰수이(泗水)에 시멘트공장, 경제특구인 하이난다오(海南島) 하이커우(海口)에 석판공장을 건설하였고, 필자가 다롄(大連)을 방문했을 때 대우가 투자한 텐트공장을 시찰하면서 '아… 대우가 이렇게까지 진출을 했구나!'라고 생각하며 혼자서 고개를 끄덕였던 적도 있는데, 심지어는 '보온물병'을 생산하는 공장을 건설하기도 했다. 대우는 그렇게 중국의 각 지역을 대상으로 다양한 업종에 투자하면서 완성승용차조립공장 설립을 위해 공을 들였었다.

하지만 대우가 승용차조립공장의 설립을 추진할 당시 중국 정부가 '3대3소2미(三大三小二微)'라고 하는 산업 정책을 시행하고 있어서 완성승용차조립공장 신규 설립의 길이 막혀 있었다. 당시 한중산업협력위원회 자동차분과위원회의 틀 속에서도 노력을 했지만 중국 정부의 산업 정책에 막혀 어쩔 수가 없었다. 중국 정부가 기존의 '창춘(長春)제1기차(汽車: 자동차)'의 '폭스바겐', '상하이(上海)기차'의 '폭스바겐', '우한(武漢)동풍(東風)기차'의 '시트로엥' 등 대형(大型)승용차를 생산하는 3개사와 '베이징(北京)기차'의 '크라이슬러', '톈진(天津)기차'의 '토요타', '광저우(廣州)기차'의 '푸조' 등 중형(中型) 승용차를 생산하는 3개사, 충칭(重慶)과 구이저우(貴州)에 소재해 있는 소형(小型) 승용차를 생산하는 2개사 외에는 외제승용차조립공장의 추가 설립은 허용하지 않는다는 산업 정책을 시행하고 있었던 것이다. 그런데 1997년 태국으로부터 시작된 동남아시아의 금융 위기가 세계적으로 퍼질 무렵, 중국의 '3대3소2미(三大三小二微)의 산업 정책'이 은근하게 철폐되면서, 1997년 '상하이(上海) GM'을 시작으로 1998년 '광저우(廣州) 혼다', 1999년 '창춘(長春) 토요타', 2002년 우리의 현대가 투자한 '베이징(北京) 현대', 우리의 기아(起亞)가 투자한 '동풍(東風) 기아' 등 외제완성승용차 기업들의 중국 진출 붐이 일게 되지만, 우리의 대우그룹은 IMF 금융 위기의 직격탄을 맞으면서 안타깝게도 대우승용차의 중국 진출이 무산되고 만다. 참으로 안타까운 일이 아닐 수 없었다. 대우의 완성승용차 중국 진출은 무산됐지만, 대우가 중국의 각 지역에 투자한 기업들은 그 지역들의 경제발전에 도움을 주었을 것이니, 대우(大宇)가 합작 투자한 '구이린(桂林)대우(大宇)쉐라톤호텔'도 구이린(桂林)의 경제발전에 기여를 했을 것이라고 본다. 필자도 당시 '구이린(桂林)대우(大宇)쉐라톤호텔'이 있어 편안하게 머물며 구이린(桂林)의 리장(漓江)을 유람할 수 있었는바 감사하게 생각한다.

45.
하이난다오(海南島) 싼야(三亞)를 둘러보다

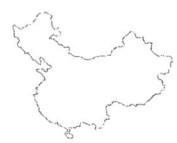

중국대륙 최남단의 위치에서 중국남해(中國南海)의 서북부 해상에 떠 있는 하이난다오(海南島: 해남도)는 '충저우(瓊州: 경주)해협'을 사이에 두고 북쪽으로는 광둥성(廣東省) '레이저우(雷州: 뇌주)반도'와 마주하고 있고, 서쪽으로는 '북부만(北部灣)'을 사이에 두고 베트남과 마주하고 있는, 그 면적이 33,900㎢나 되어 대만 섬(36,000㎢)에 육박하는 거대한 섬이다. 하이난다오(海南島)는 한나라 초기까지는 '남월국(南越國)'에 속해 있다가 한나라 무제(武帝)때인 BC 110년부터 중국이 통치하기 시작했다고 한다. 하이난다오(海南島)는 장제스(蔣介石)가 1949년 12월 10일 대만으로 도주한 후 4개월여 만인 1950년 4월 26일 공산군의 공격을 받기 시작하여, 1950년 5월 1일 국민군이 모두 섬멸되면서 함락되어 공산화된 섬이다.

하이난다오(海南島)는 중국대륙의 육지와는 가깝게는 19.4㎞밖에 안 떨어져 있지만, 아직까지는 중국대륙의 육지와 교량이나 터널로는 연결되어 있지 않은 섬으로, 과거 이래 경제 수준이 낙후되어 있었는데, 중국 정부가 개혁개방 정책을 추진한 지 10년이 지난 1988년 광둥성(廣東省)이 관할하는 섬에서 중앙정부가 관할하는 성(省)으로 승격시켜, 섬 전체를 경제특구로 지정하면서 개발되기 시작하여 발전하고 있는 섬이다. 하이난다오(海南島)는 섬의 사방 연안 둘레로는 평지를 이루고 있고, 중간에는 해발 1,867m의 '우즈산(五指山: 오지산)산맥'과 해발 1,812m의 봉우리가 있는 '잉거링(鸚哥嶺: 앵가령)'이 솟아 있어, 그 산들을 중심으로 고리형의 층을 이루며 점점 낮아지면서 산지(山地)와 구릉지, 대지(臺地), 평원의 구조로 계단식 지형을 이루고 있는 섬이다. 하이난다오(海南島)는 산지(山地)에는 울창한 원시 삼림들이 보존되어 있고 많은 희귀종 동식물들이 서식하고 있다고 하며, 여름은 길고 겨울이 없는 열대해양성 계절풍 기후의 열대우림지대에 속해 있어 '천연대온실(天然大溫室)' 같은 섬이라고 한다. 하이난다오(海南島)의 북단에는 성도(省都)인 하이커우(海口)시가 자리 잡고 있고, 남단에는 싼야(三亞)시가 삼면이 산으로 둘러싸여 남중국해를 향해 바라보고 앉아 있다.

 필자가 김·장법률사무소에 근무하고 있을 때, 중국 해운회사의 초청으로 사무소 내의 해사(海事) 관련 파트의 파트너 변호사인 동료와 함께 2008년 3월 14일 금요일 저녁에 인천공항을 출발하여, 다음 날 새벽에 싼야(三亞) '펑황(鳳凰: 봉황)공항'에 도착하는 비행기를 타고 싼야(三亞)로 들어갔다가, 3월 16일 밤에 싼야(三亞) 펑황(鳳凰)공항을 출발하여 다음 날인 3월 17일 월요일 아침에 인천공항으로 돌아오는 주말 일정으로 싼야(三亞)를 방문한 적이 있는바, 싼야(三亞)에 대한 이야기를 이어가고자 한다.

 싼야(三亞)는 중국의 중앙과 아득히 멀리 떨어져 있는 섬의 끝자락 해안에 위치해 있다고 하여, 자고이래로 '천애해각(天涯海角)'이라고 부르는 독특한 열대 해안의 풍경을 이루고는 있는 외딴 고장이다. 고대에 애주(崖州)라고도 불렀던 싼야(三亞)는 중원(中原)의 조정(朝廷)과 멀리 떨어져 고립되어 있는 외딴섬의 최남단에 위치해 있어, 당송(唐宋)시대에는 명재상(名宰相)이나 명인(名人)들의 유배지(流配地)로 이용되기도 했다는데, 당(唐)나라 무종(武宗)때 재상(宰相)이었던 이덕유(李德裕)가 새로 즉위한 선종(宣宗)에 의해 애주(崖州)로 유배되어 병사(病死)했다고 하며, 북송시대의 소동파(蘇東坡)도 철종(哲宗)시대인 1097년 애주(崖州)로 유배되어 셋째 아들 소과(蘇過)와 함께 약 4년간 열악한 환경에서 곤궁한 귀양살이를 하다가 휘종(徽宗)이 등극하면서 풀려나 돌아오는 도중에 장쑤(江蘇) 창저우(常州)에서 병사(病死)했다고 한다. 당(唐)나라 덕종(德宗)때의 재상(宰相) 양염(楊炎)은 재상(宰相)직을 박탈당하고 '애주(崖州)사마(司馬: 군사행정장관)'로 좌천되어 부임길에 올랐다가, 고대에 중원(中原)에서 애주(崖州)로 들어가려면 반드시 거쳐야 하는 광시(廣西) 동부 지역의 베이류(北流: 북류)에 위치해 있는, 산세가 험하여 당시 한번 들어가면 살아서 돌아오기가 어렵다고 하는 '귀문관(鬼門關: 구이먼관 - 저승으로 들어간다는 의미가 있는 관문)'을 지나면서 불길한 운명을 예감이라도 한 듯 시구(詩句)를 지어 읊었다고 하는데, 그「유애주지귀문관작(流崖州至鬼門關作: 애주로 가다가 귀문관에 이르러 지음)」이라고 하는 시구(詩句)를 번역해서 한번 읊어보고 넘어가고자 한다. '한 번 가면 만 리 길이라니, 천이면 천 돌아오지 못할 줄 다 안다네. 애주(崖州)가 어느 곳에 있기에, 살아서 귀문관(鬼門關)을 지나간단 말인가 (一去一萬里 千知千不還, 崖州何處在 生度鬼門關)'라며 한탄하는 시구(詩句)인데, 당시 애주(崖州)라 불렸던 싼야(三亞)가 얼마나 멀고도 험한 곳인가를 잘 표현하고 있다. 양염(楊炎)은 그 귀문관(鬼門關)은 무사히 지났지만 애주(崖州)에서는 살아보지도 못하고, 애주(崖州)에 도착하기 전에 백 리를 남겨놓고 사사(賜死)를 당했다고 한다. 애주(崖州)가 대륙의 조정(朝廷)과 아득히 멀리 떨어져 있는 섬 속에서도 최남단에 위치해 있는 낙후된 곳이라는 것 말고도, 겨울철 외에는 날씨가 더워 고대에는 생활환경이 더 열악해서 지내기가 어려웠던 곳이 아니었나 한다.

　2008년 3월 15일 토요일 새벽 싼야(三亞)의 호텔에 도착하여 잠자리에 들었다가, 자는 둥 마는 둥하고 일어나 조찬을 마치고 안내하는 대로 골프장으로 이동하기 위해 호텔을 나서니, 필자가 묵은 호텔의 좌우로도 대형의 호텔들이 들어서 있어 관광 명소임을 알 수 있었다. 번화한 거리들은 아니었지만 시가지를 지나 골프장으로 이동하는 길에는 사람들이 별로 보이지 않았다. 푸른 태평양 바다(중국남해)가 내려다보이는 아름다운 골프장이었는데, 앞뒤로는 플레이를 하는 팀이 없었으니 여유로웠다. 초청을 한 회사의 임원과 함께 3명이 라운딩을 했는데, 피곤도 하고 모처럼만에 잡아본 클럽이어서 잘 맞을 리가 없었으니, 바다가 내려다보이는 골프장 경치만 감상하면서 그냥 한 바퀴 돈 것이다. 페어웨이에서의 3번 우드가 그런대로 맞기는 했는데, 잘 맞았을 때 파트너 변호사인 동료께서 "시원하시겠습니다!"라고 한 얘기가 지금도 귓전에 들리는 듯하다. 골프를 마치고 나서 호텔로 돌아와 휴식을 취한 후, 호텔 내의 식당에서 초청 회사가 특별하게 준비한 '하이난다오(海南島)요리'가 곁들어진 진수성찬으로 차려진 만찬 대접을 받았는데, 역시 식당 내에도 손님들이 별로 보이지 않았다. 만찬을 마치고 나서 호텔의 넓은 뜰과 접해 있는, 당시 바람 한 점 없이 고요하고 아늑했던 해안가로 내려가 심성(心性)이 고운 동료와 함께 편안한 마음으로 산책하면서 맑은 밤하늘의 별들을 바라보며 별자리 이야기를 나누었던 아름다운 추억이 남아 있다.

　다음 날은 조찬을 마친 후 공항으로 이동할 차림으로 호텔 체크아웃을 하고 안내에 따라 오전에는 싼야(三亞) 시내의 명승고적이라고 하는 곳들과 공원 등을 시찰했는데, 썰렁했다는 것 말고는 남아 있는 인상(印

象)이 별로 없다. 필자가 관심이 있었던, 싼야(三亞)에서 자생하고 있다는 희귀 수종(樹種)으로 '황단(黃檀)'이라고도 부르는, 목질이 단단하고 색채와 무늬가 아름답고 특수한 향기가 난다는 '단향목(檀香木)'의 일종인 '황화리목(黃花梨木)'으로 만든 공예품들이 있는지를 살펴보고자 했는데, 제대로 찾아보지를 못해서 그랬는지는 몰라도 당시 싼야(三亞)에는 어디에도 그런 공예품들을 팔고 있을 만한 가게는 없는 것 같았다. 필자가 착각을 했던 것이다. 싼야(三亞) 등지에서 원목을 들여다가 저장성(浙江省)의 둥양(東陽) 등지에서 공예품으로 만들어 둥양(東陽)의 현지나 베이징(北京), 상하이(上海) 등 대도시에서 판매하는 것이 아닌가 하는 생각이 들었다. 간밤에는 춥지도 않고 덥지도 않아 편안했었지만, 낮이라 그런지 더구나 재킷을 입고 돌아다니다 보니 좀 더웠다. 오후에는 싼야(三亞) 펑황(鳳凰)공항으로 이동하기 전 마지막 코스로 싼야(三亞)의 서쪽 방향에 위치해 있는 넓고 길게 펼쳐진 백사장으로 안내되어, 모터보트를 타고 바다 쪽에서 해안의 경치를 감상한다고 하여 마음에 내키지는 않았지만 초청한 측에서 정해놓은 일정대로 움직였으니 따를 수밖에 없었다.

　당시 일요일의 오후 시간이었지만, 넓은 백사장에는 우리 일행 말고는 유람객들이 없어 역시 썰렁했는데, 수평선이 바라보이는 광활한 먼 바다에서 간격을 두고 지나다니는 원양선박으로 보이는 큰 배들 말고는 백사장 부근의 해상에서 떠다니는 선박들은 별로 보이지 않았고, 유람을 하는 보트들도 보이지 않았다. 안내자를 포함한 네 명의 일행이 두 명씩 앉도록 되어 있는 소형 보트 두 척에 나뉘어, 필자는 동행한 파트너 변호사와 함께 탑승을 했는데 보트에 올라타자 좌측의 방향으로 굉음을 내며 출발을 한다. 같이 출발한 한 대의 보트는 해안 쪽 가까이로 항행을 하는데, 우리가 탄 보트는 해안과 떨어져 항행을 하다가 점점 더

해안과 멀어져 두 보트 사이가 벌어지니 긴장이 된다. 필자가 보트 기사에게 해안 쪽으로 가자고 하니, 알아들었는지 마는지 굉음과 물살을 내며 넓은 바다로 더 멀리 들어간다. 필자가 "멀리 그만 가자!" 하니, 신나게 가속페달을 밟던 보트 기사가 알아들었는지, 아니면 그 정도면 다 왔다고 판단해서 그랬는지 갑자기 시동을 꺼버리는 바람에, 망망대해에서 둥둥 떠 있는 조그만 모터보트에 갇혀버린 꼴이 되었다. 상식적으로는 시동을 끄지 않고 그냥 돌아서 우리의 목표 지점인 다른 한 대가 떠 있는 해안선 쪽으로 이동을 한 다음 시동을 꺼야 맞을 것 같은데, 해안과 멀리 떨어져 있는 출렁이는 바다 가운데서 시동을 끄고 보트를 세우니 불안한 생각이 들기 시작한 것이다. 당시 주변에는 큰 소리를 질러도 들리지 않을 거리에 있는 우리 일행이 탄 보트 한 척밖에는 없었다. 당시 우리들은 구명조끼도 착용하지 않은 채 정장 차림이나 다름없이 양복바지에 구두를 신고 재킷을 입고 있었는데, 출렁거리는 조그만 보트의 머리에 서서 필자와 옆에 앉아 있는 파트너 변호사를 번갈아 쳐다보는, 심술이 있어 보이는 인상을 지닌 건장한 보트 기사의 움직이는 눈동자의 눈빛을 보는 순간 불안한 생각이 들었다. 동서고금을 막론하고 상식 밖의 사건들이 늘 벌어지고 있으니 말이다. 족탈불급이기는 했지만 마음속으로 방어의 자세를 취하고, 보트 기사를 향해 기합을 넣듯 힘을 주어 "여기에 왜 멈춰 있느냐? 해안 쪽으로 가자!" 하면서 기(氣)를 가해 눈을 응시(凝視)하니, 제압이 되었는지 '단념을 한 듯' 시동을 걸어 다른 한 척의 보트 옆으로 다가갔는바, 일행들과 함께 움직이며 바다에 접해 낮은 절벽을 이루고 있기도 하고 바위들이 솟아 있기도 한, 해안에 펼쳐져 있는 아름다운 천애해각(天涯海角)의 경치를 감상하기는 했는데, 찜찜함이 가시지를 않은 상태로 백사장으로 돌아왔다. 당시 보트 기사가 고객에게 스릴이 넘치는 즐거움을 주려거나 아니면 놀려주려고 그랬는지는 몰라도, 그렇다 해도 당시 보트 기사의 행동이 쉽게 이해가 되지를 않았다. 당시 필자와 동승했던 마음씨 고운 동료도 어리둥절해했는데, 아무 일 없었으니 당시 필자의 걱정은 기우(杞憂)에 불과했지만, 다시금 그런 상황이 벌어진다 해도 마찬가지의 대응을 할 수밖에 없을 것이라는 생각이 든다.

쌴야(三亞)는 필자가 방문했을 때 이미 초특급 호텔들이 들어서 있는 등 관광지로서의 면모를 갖추고는 있었지만, 3월 중순의 계절인데도 필자가 묵었던 호텔을 비롯하여 라운딩을 했던 골프장이나 쌴야(三亞) 시내의 공원, 해안가의 관광지들에도 관광객들이 보이지를 않아 동네가 썰렁했다. 필자가 당시 쌴야(三亞)를 돌아보고 떠나오면서 느낀 바로는, 쌴야(三亞)가 맑은 바다와 어우러져 풍광이 수려한 천혜의 자연경관을 보유하고 있다고는 하지만, 해남도 이외의 지역으로부터는 거리가 멀리 떨어져 있고 겨울철 외에는 날씨가 더우니 '사계절 관광휴양지'로의 획기적인 발전을 이루기는 어려울 것이라는 생각이 들었다. 서울의 7~8월 평균기온이 25℃ 정도 되는데, 쌴야(三亞)는 1~12월 연평균기온이 25.5℃나 된다고 하니 덥기는 더운 동네다. 가장 기온이 낮다고 하는 쌴야(三亞)의 1월 최저 평균기온도 20.9℃나 된다고 한다. 하지만 당시 이래 춘절(春節) 연휴 기간에는 관광휴양객들이 쌴야(三亞)로 몰려 호텔 예약이 어렵다고 하는데, 겨울철 성수기에는 호텔 숙박 비용 등이 당연히 비싸기는 하겠지만 '동방의 하와이'라고 부른다는 쌴야(三亞)가 동절기의 '피한(避寒) 휴양지'로는 적합하기 때문이 아닌가 한다.

46.
중국으로 돌아온
홍콩을 들여다보다

　홍콩은 중국대륙 남부의 위치에서 홍콩 섬, 구룡반도(九龍半島), 신계지(新界地)와 그 부속도서를 차지하고 있는 중국의 특별행정구다. 서울의 두 배 가까이 되는 1,113㎢의 면적과 2024년 말 기준으로 750만여 명의 인구를 보유하고 있는 홍콩은, 빈부격차가 있기는 하지만 2023년 말 기준으로 1인당 GDP 5만 달러가 넘는, 소득수준이 높은 발전된 도시다. 홍콩은 1842년부터는 영국 식민통치를 받아오다가, 진주만을 공격하여 태평양전쟁을 일으킨 일본제국의 공격을 받아 점령을 당하면서 1941년 12월부터 약 3년 반 동안은 일본의 지배를 받기도 했지만 1945년 8월 일본이 패망하면서 다시 영국의 통치를 받아왔는데, 영국이 중국에게 반환하게 되면서 1997년 7월 1일부터는 '일국양제(一國兩制)'의 중국 통치 체제로 돌아온 중국의 특별행정구다. 중국이 영국으로부터 홍콩을 돌려받는 광경의 이야기는 「4. 중국을 융성, 발전시킨 장쩌민(江澤民) 이야기」 편의 '열광의 도가니 속에서 홍콩을 돌려받다'의 이야기로 갈음하고자 한다.
　거슬러 올라가보면 홍콩은 진한(秦漢)시대 이후 청나라시대에 이르기까지 중국 중앙정권의 통치를 받아왔는데, '제1차 아편전쟁'에서 영국군에 패한 청나라가 1842년 8월 영국과 체결한 '난징조약(南京條約)'에 의해 '홍콩 섬'을 영국에게 영구 할양하면서부터 영국의 지배를 받기 시작한다. 그 이후 '제2차 아편전쟁' 후인 1860년에 체결한 '베이징조약(北京條約)'에 의거, 청나라는 홍콩 섬과 거의 붙어 있는 '구룡반도(九龍半島)'를 추가로 영국에 영구 할양하게 되고, 1898년에는 '청일전쟁'을 계기로 영국이 '대일본(對日本)홍콩방위'를 내세워 '신계지(新界地)와 그 부속도서'들을 내어줄 것을 요구한데 따른 '제2차 베이징조약(北京條約)'에 의해 청나라가 그 신계지(新界地)와 부속도서들도 영국에게 1997년 6월 30일까지 99년간 내어주게 되었는바, 그 땅들을 통틀어 홍콩이라 부르게 되면서 영국이 지배하게 된다. 두 차례의 '아편전쟁'에서 패한 청나라가 영국에게 홍콩 섬과 구룡반도를 내어줄 때는 영구 할양을 했었다. 하지만 청나라가 영국이 대(對)일본홍콩방위를 내세워 요구한 신계지(新界地)와 그 부속도서를 내어줄 때는 그 긴 세월이 지난 후의 날짜인 1997년 6월 30일을 정하여 반환하도록 하고 빌려주었는바, 후대가 영국에게 내준 모든 홍콩 땅을 돌려받기 수월하게 만들어놓은 것이다. 먼 앞을 내다보는 중국인들의 지혜로움과 만만디(慢慢的)의 여유로움에 감탄이 절로 나온다. 결과론적인 얘기기는 하지만 당시 힘이 약한 청나라가 어쩔 수 없이 홍콩의 땅을 대영제국(大英帝國)에게 내어주기는 했지만, 중국이 어려울 때 도와줄 수 있도록 백년대계(百年大計)의 홍콩 개발을 영국인들에게 위탁시켜놓은 것이나 다름없었다고 본다. 또한 홍콩은 청나라가 무너지고 중화민국 정부가 들어섰다가 중국공산당에 의해 무너지면서 설 자리를 잃게 된 중국대륙 재력가들의 도피처가 되었다고 하는데, 홍콩으로 들어간 그 중국대륙의 재력가들을 비롯한 화교들이 홍콩을 거점으로 하여 돈을 벌어 많은 자금을 축적하고 있었는바, 그 중국대륙의 재력가들로

하여금 중국이 어려울 때 도울 수 있는 자금을 축적하도록 하는 임무를 부여해놓은 것이나 다름없었다고도 본다. 발전된 홍콩이 있었기에 덩샤오핑(鄧小平)이 홍콩을 발판으로 한 개혁개방 정책을 설계할 수 있었고, 홍콩을 거점으로 하여 연결되어 있는 화교 자본이 있었기에 개혁개방을 성공시킬 수 있었다고 보며, 그렇게 개혁개방을 성공시킬 수 있었기에 중국이 홍콩과 마카오를 돌려받을 수 있지 않았나 한다.

홍콩은 중국어권역(中國語圈域)으로 필자가 유학할 수 있는 대상 지역이어서 관심을 가지고 있기도 했는데, 그 이후로 여러 차례 홍콩을 방문할 기회가 있어 들여다봤다. 영국령 홍콩 때도 들여다봤었고, 중국으로 돌아온 이후 최근에 이르기까지 때로는 여유롭게 홍콩을 들여다볼 기회가 있었는바 이야기를 이어가고자 한다. 홍콩 하면 대만과 싱가포르를 떠올리게 하는데, 이들 세 나라는 우리나라와 함께 아시아의 네 마리 용(龍)으로 불리며 발전했던 나라들로 그중 홍콩이 가장 앞선 나라였다. 이들 세 나라는 동남아의 아열대 내지는 열대 지역에 위치해 있고 모두 바다에 둘러싸여 있는 나라들이며, 중국계의 한족(漢族)이 주류를 이루고 있으며 중국어(中國語)가 통하는 나라들이라는 공통점이 있다. 대만은 천혜의 농업 국가로 먹거리들의 대부분을 자급자족하고 있지만, 싱가포르는 인구 570만여 명의 도시형 국가로 모든 먹거리들을 수입에 의존하는 나라인바 싱가포르에서는 대만과 같이 자체적으로 수확한 싱싱한 과채를 수북수북하게 쌓아놓고 파는 재래시장을 볼 수가 없었다. 물론 대형 마트나 과채 시장에 가면 이웃의 말레이시아나 인도네시아 등지로부터 막 수입한 싱싱한 과채들이 진열되어 있기는 했다. 싱가포르에 가면 택시기사로부터도 들을 수 있는 재미있는 얘기가 있다. '싱가포르는 사람만 빼고 모두 수입에 의존하고 있는 나라'라고 들 얘기한다. 그런데 홍콩은 좀 다르다. 홍콩도 땅이 좁아 대부분의 먹거리들은 수입에 의존하고 있지만, 경작할 수 있는 농토도 있어 일부 농수축산물들은 자체적으로 생산해서 소비하거나 판매하기도 한다. 아침 시간에 단독주택가의 골목에 나가면 대만처럼 싱싱한 과채를 바닥에 수북이 쌓아놓고 판매하는 재래시장들을 볼 수가 있는데, 대부분 중국에서 들어온 것들이지만 홍콩에서 자체적으로 수확한 것들도 있다. 대만의 타이베이는 도심이나 변두리의 뒷골목도 도시의 한 부분으로 특별한 느낌이 없었고, 싱가포르는 도시 전체가 수준이 있는 말끔한 도시지만, 홍콩의 일부 변두리들의 모습은 도심과는 판이하게 다르다는 느낌이 들었다. 홍콩의 비탈진 일부 변두리 지역들에서는 마천루가 밀집해 있는 홍콩 섬의 중심 지역이나 빅토리아파크 주변, 침사추이(尖沙咀)의 번화가와 그 주변 고급 주택들의 모습과는 달리 아직 개발되지 않은 낙후된 모습들을 볼 수가 있었다. 빈부의 격차가 존재하고 있음을 알 수 있었는데, 그러한 두 얼굴의 홍콩 모습은 홍콩이 중국으로 돌아온 이후에 새로이 생긴 모습으로 보이지는 않았는바, 오랜 세월동안 이어져 내려온 그런 모습이 아닌가 하는 생각이 들었다. 문제는 있을지언정, 그렇다고 그간 빈부 간 또는 계층 간의 갈등으로 인해 홍콩에서 발생한 큰 사태는 없었던 것으로 알고 있다. 홍콩에 거주하는 민족분포를 보면 인도네시아나 필리핀계의 사람들도 5% 가까이 되지만 중국계의 한족이 90% 이상을 차지하고 있는바, 역시 홍콩 사람들도 중국인들의 삶의 방식인 현재의 주어진 여건에 순응하며 모든 것을 네 탓이 아닌 내 탓으로 여기고 살아가는 순박한 사람들인 것 같다는 생각이 들었다.

그런데 생존권에 위협을 받거나 자존심이 손상당하는 일에는, 중국인들도 마찬가지지만 홍콩인들도 그들 나름대로 그냥 참아 넘기지 않는 것 같다. 홍콩은 중국으로 반환된 1997년부터 50년간 반환 당시의 체제대로 자치권을 행사하기로 되어 있는바, 홍콩인들은 이에 반하는 중국 중앙정부의 간섭에 대해서는 아주 민감하게 반응하고 있다. 중국공산당의 입장에서는 홍콩의 정치는 물론이고 경제, 사회, 문화 등 모든 분야에서 중국대륙에게 미치는 영향이 적지 않은바 홍콩을 예의주시하며 영향력을 행사하려 들고 있고, 홍콩인들은 이를 용인하려 하지 않으면서 충돌이 발생하곤 한다. 2003년도에는 '홍콩기본법 제23조'를 이행하기 위한 '국가안전법'을 제정하려는 입법을 반대하는 대규모 시위를 벌여 그 입법을 좌절시킨 바 있다. 2014년 9월에는, 중국이 2017년도에 선발하는 홍콩 행정장관 입후보자 자격을 제한하는 조치를 발표하자, 홍콩인들은 중국의 간섭 없는 행정장관직선제를 요구하며 대규모 시위를 벌였다. 이를 홍콩민주화운동이라고도 하고, 최루탄을 우산으로 막으면서 시위를 했다고 하여 우산혁명(Umbrella Revolution)이라고도 하는데 홍콩인들은 이를 관철시키지는 못했다. 2019년 봄에는 홍콩 정부가 홍콩 내에서 죄를 저지른 범죄인을 중국 본토로 인도할 수 있도록 하는 '범죄인 인도 법안'을 홍콩 의회에 상정하자 이를 반대하는 학생들과 시민들의 대규모 시위사태가 발생했는데, 홍콩 자치 정부가 이 법안의 제출을 철회했지만 6개월 이상 격렬한 시위가 이어져 희생자가 발생하기도 했다. 이 소요사태는 홍콩 자치 정부와 중국공산당 정부가 한 발 물러서면서 진정 국면으로 접어들었다. 이러한 마찰의 상황들은 앞으로도 홍콩 자치 행정으로부터 중국공산당 통치로 넘어가는 과도기적 과정에서 계속해서 발생할 가능성이 있다. 하지만 중국공산당 정부가 홍콩의 중요성을 인식하고 있을 것인바, 홍콩 자치 정부와 협조를 이루어 홍콩인들을 존중하며 그때그때마다 슬기롭게 극복해갈 것이라고 본다. 2019년 11월 24일에 실시한 홍콩구의원선거에서 총 452석 중 범(汎)민주후보가 347석이나 당선됐고 친(親)중국후보는 60석밖에 차지하지 못했는바, 중국공산당 정부로서는 홍콩에 대한 간섭에 신중을 기할 수밖에 없을 것이다.

홍콩 시민과 학생들의 민주적인 시위에 중국이 개입하여 사태를 악화시키게 된다면 미국과 영국 등 서방 국가들도 이를 제지하기 위해 나서게 될 것인바 복잡한 양상으로 전개될 수도 있다. 더구나 한 개의 중국을 내세우며 대만을 압박하고 있는 중국의 입장으로서는 일국양제의 홍콩 통치가 양안관계에 미치는 영향도 고려해야 할 것인바, 대만이 바라보고 있는 일국양제의 홍콩 통치를 파국으로 몰아가지는 않을 것이라는 생각이 든다. 큰 통치를 하는 중국이 그간 이어온 수준의 자치 행정을 하는 홍콩을, 아직 약정한 기간이 지나지도 않았는데 무리하게 미리 앞당겨 중국의 통치 체제로 전환시켜낼 것으로는 보지 않는다. 물론 진통은 있겠지만, 오히려 50년 홍콩 자치권 행사 기간이 지난 이후에도 현재의 자치 행정 수준을 크게 벗어나지 않는 선에서 순리적이며 점진적인 방식으로 통치 체제를 전환시켜나갈 것이라고 본다.

중국과 세계를 향해 비치고 있는, 홍콩의 휘황찬란한 불빛이 영원히 꺼지지 않기를 바라는 마음이다.

| 맺음말 |

인생여정(人生旅程)의 이야기

  필자가 인생을 살아오는 과정에서 나름대로 지득(知得)하거나 상상(想像)한 바를 생각나는 대로 정리한, 탄생(誕生)으로부터 삶과 처신(處身)을 하면서 죽음에 이르는 이야기인「인생여정(人生旅程)」이라는 시구(詩句)를 읊으며『운흘(雲屹)의 중국(中國) 이야기』를 마무리하고자 한다.

인생여정(人生旅程)
― **운흘**(雲屹) **신명철**(申明澈)

탄생(誕生)

밤하늘의 별들을 보라
우주(宇宙)의 일부분이거늘
헤아릴 수 없을지어다.

밤하늘에 그 별들에서 바라보일
하나의 별인 지구는
태양이 중심인 태양계의 별들과 어우러져
태양의 주위를 돌며
달과 음양(陰陽)을 이루어
인간이 살 수 있는 환경이 조성된
태양계의 별들 중에서
유일하게 인간이 살고 있는
우주 속 한 개의 촌(村)일지어다.

대자연(大自然)의

조화(造化)에 의해 이루어진

우주 속의 무궁무진(無窮無盡)한

다른 태양계들마다에도

나름대로의 태양과 달이

음양을 이루고 있을

지구처럼 생긴 별이 존재할지니

하느님만이 알 수 있는

상상(想像)일지어만

지구와 똑같이 생겼을

무궁무진한 그 별들마다에도

지구처럼 인간들이

촌을 이루며 살고 있을지어다.

초원의 풀싹들이 저절로 돋아나서

자연의 환경 속에서 자라

아름답고 향기로운 꽃을 피우기도 하고

씨앗을 맺어 떨어트리기도 하면서

새로운 싹을 틔우기를 반복하듯

인간도 자신도 모르게 태어나

태어난 가정의 환경 속에서 자라

삶을 영위(營爲)하면서 짝들을 지어

인간을 탄생시키기를

끊임없이 반복할지어다.

인간은 우주의 법칙에 따라

태어나기 이전의 자신에 대해서는

아무도 모르며

죽은 이후의 세계도

아는 사람 아무도 없으되

잠을 자다가 꿈을 꾸며

현실과 다른 세계를 들여다보기도 하고

돌발적(突發的)인 상황이 발생했을 때

영감(靈感)이 스쳐 지나가기도 하면서

어렴풋이나마 현실과 다른 세계를

느끼기도 할진대

현실과 다른 그 세계들이

인간의 영혼(靈魂)에 잠재되어 있는

인간이 태어나기 전에 영위했던

삶의 조각들이라고 한다면

인간에게는 태어나기 전의 영혼이

존재하고 있음이 분명할지어다.

인간의 탄생은

저절로 돋아나는 풀과는 달리

태어나기 전 영위한 삶에 대한

하느님의 평가와

판단에 의해 이루어질진대

삶의 과정에서의 인간의 평가와 판단은
인륜적으로는 주변의 인간들이 할지어만
인간의 진정(眞正)한 평가와 판단은
하느님만이 할 수 있을지니

하느님은 인간이 사는 평생 동안
모든 인간의 곁에서
투명하게 함께 지내며
선(善)과 악(惡)의 행동 여부뿐만 아니라
마음속까지도 평가하여
모든 인간을
적확(的確)하게 판단할지어다.

하느님은 인간을 평가는 할지언정
인간의 삶에는 간여(干與)하지 아니할지니
인간은 주변의 환경과 더불어
스스로 삶을 영위하다가
들판의 풀들이 자라서 꽃을 피우고
씨앗을 맺어 떨어뜨리고 시들듯
인간도 자연의 섭리(攝理)에 의해
언젠가는 죽을진대

인간의 육체(肉體)는 흙으로 돌아가고
삶의 과정에서

깨달음과 깨우침에 따라

진화(進化)되기도 하고

퇴화(退化)되기도 하는

성정(性情)과 지능(知能)을 지니고 있는

인간의 영혼(靈魂)은

하느님의 평가와 판단에 의해

우주 속 어느 태양계의 지구촌

어느 가정으로 안내되어져

부모를 닮아 태어난

갓난아이의 육신(肉身)으로 들어가

선(善)하거나 악(惡)한 사이의 인간으로

새로이 탄생되기를 영원히 반복할지니

인간의 죽음은 곧

새로운 탄생이나 다름없을지어다.

삶

한 가정에서 축복을 받으며 태어난 인간은

주어진 환경을 바탕으로 하여

나름대로의 사랑을 받으며 성장하면서

행복하고 윤택(潤澤)한 삶을 희구(希求)하며

삶을 영위해나갈지니

유복(裕福)한 가정에서 태어났으면 좋으련만

하느님에 의해 정해졌거늘
누구를 탓할 수 있으리오.

하지만 아무리 좋은 환경에서 태어났다 한들
저절로 찾아오는 행복은 없을지니
모든 인간은 주어진 환경 속에서
감내(堪耐)해야 하는 고생과
불편함의 정도는 다를지언정
나름대로의 노력을 기울이며
삶을 영위해나가야 할진대

인간이 삶을 영위하는 것은
새로운 탄생의 준비나 다름없을지니
하느님의 좋은 평가를 받기 위해서라도
선(善)한 마음으로 바른길을 걸어야 할지어다.

인간이 탄생하면서부터
성정(性情)이 선(善)하기도 하여
선(善)한 마음으로
바른길을 걷는 사람도 있을지어만
대개는 자신이 어떤 사람인지를
잘 모르고 지낼 뿐더러
대개는 자신이 가지고 있는 생각이나
자신이 하고 있는 행동들이

옳다고 여기고 있고

선(善)과 악(惡)의 사이가
경계를 이루고 있기도 하여
바른길로 한 발 내디디면
선(善)이요
그릇된 길로 한 발 잘못 디디면
악(惡)일 수도 있어
자신이 어떤 길을 걷고 있는지를
잘 모를 수도 있을지니
선(善)한 마음으로 걷는
바른길을 판단하기란 쉽지 않을진대.

평범한 인간으로서는
주어진 환경에 순응(順應)하며
타고난 소질을 계발(啓發)하면서
자신의 능력 범위 내에서
부지런히 일하고
과욕(過慾)을 부리지 않고
규율(規律)을 준수(遵守)하며
타인을 존중(尊重)하고
약자를 배려(配慮)하며
삶의 과정에서 자신을 성찰(省察)하면서
양심적(良心的)으로 정직하게 살아간다면

선(善)한 마음으로 걷는 바른 삶의 길일지어다.

그런데 모든 인간은 주어진 환경 속에서
주변의 다양한 계층의 인간들과 어우러져
관계를 맺기도 하며
더불어 살아가기 마련일진대

인간이 살아가는 세상에는
고금(古今)에 이르면서 끊임없이 탄생하는
성인(聖人)들을 비롯하여
훌륭한 지도자들과
선량(善良)한 인간들이 있어
선(善)한 인간들을 만나
도움을 받기도 할지어만

위선(僞善)의 탈을 쓴 지도자들뿐만 아니라
직권(職權)을 남용하는
상대적인 강자(强者)들을 비롯한
악(惡)한 인간들도 있어
살아가는 동안 강자(强者)들의
횡포(橫暴)에 시달리거나
악(惡)한 인간을 만나
위해(危害)를 당할 수도 있을 것이며
불우(不虞)의 재난을 당하거나

경쟁에서 낙오(落伍)되어
헤어나기 어려운 고난(苦難)에
빠질 수도 있을지어다.

하지만 고난은 누구나 겪을 수도 있는
굴곡(屈曲)들이거늘
무모(無謀)하게 맞서며
악(惡)한 길을 걷는다거나
삶을 포기한다면
하느님의 평가에
부정적인 영향이 미치게 되어
현세보다 나은 새로운 탄생을
기대하기 어려울지니
견뎌내기 힘들더라도
좌절(挫折)하지 말고
슬기롭게 극복(克服)하면서
최선을 다하여 삶을
영위해 나가야 할지어다.

인간의 삶이
고생(苦生)의 연속일 수도 있어
삶에 심취(心醉)하다 보면
아름다운 현실의 세계를
잘 느끼지 못하면서

살아갈 수도 있을지어만
인간들이 사는 지구촌(地球村)
대부분의 곳들이
인륜적인 규범이
정립(正立)되어져 있고
사회적인 질서가
유지(維持)되고 있을 뿐만 아니라
날이 갈수록 과학과 문명이 발달되어
인간들이 편리하고
쾌적하게 지낼 수 있는
생활환경이 조성되어지고 있어
살기 좋은 낙원(樂園)을 이루고 있을지니

여유로움이 부족할지라도
주어진 환경 속에서
화목한 가정을 이루어
가족과 사랑을 주고받으며
소박(素朴)하고 즐겁게 생활하고
희로애락(喜怒哀樂)에 빠져들지 않으면서
자신이 이룬 일들에 대해 보람을 느끼며
심신(心身)을 단련(鍛鍊)하고
섭생(攝生)을 유의(留意)하면서
능력껏 취미 활동도 하고
가능한 한 여행도 하면서

고생(苦生)을 즐거움으로
승화(昇華)시켜나간다면
나름대로의 행복한 삶을
누릴 수도 있을지어다.

하지만 인간이
행복한 삶을 누렸다고만 하여
성공적인 삶을
영위했다고 보기는 어려울진대
자신이 살아온 삶에 대해
스스로 만족을 느낀다면
나름대로는 성공적인 삶을
누렸다고 할 수는 있을지어만
인간들마다의 인생관(人生觀)이
각기 다를지니
자신만이 알 수 있는
주관적인 판단일 뿐이며

인간의 권력과 빈부(貧富)는
선악(善惡)과 무관(無關)하여
인간이 권력을 쥐고 살았다거나
부(富)를 누리고 살았다고만 하여
성공적인 삶을 영위했다고
말하기도 어려울지니

나름대로의 행복한 삶을 영위하면서
인간 사회의 발전에 공헌(貢獻)도 하고
인간들에게 기여(寄與)도 하면서
선(善)한 마음으로 바른길을 걸어야만
성공적인 삶을 영위했다고
할 수도 있을지어다.

처신(處身)

인간은 누구나
행복하게 살아갈 권리가 있고
자신이 소중(所重)하듯
인간은 모두가 소중할지니
서로를 존중하며 살아가야 할지어다.

특히 강자(强者)들은,
힘이 있다 하여
약자(弱者)들에게
함부로 대하지 말아야 할지어다.
강자(强者)들의 행동은
인간들에게 미치는 영향이 클지니
하느님의 평가에서 미치는 영향도 클진대
약자(弱者)들에게

위세(威勢)를 부리며 살아가다가
입장(立場) 바뀌어 새로이 태어나면
무슨 낯으로 대할 수 있겠는가

금전(金錢)이나 권력(權力)은 좇아가면
더 멀리 달아나는 습성(習性)이 있을진대
노력한 만큼의 대가가 아닌
일확천금이나 벼락출세를 바라는 것은
허황(虛荒)한 꿈일 뿐이며
설령 정상적으로 이루어졌다 해도
분수(分數)에 넘친다면
재앙(災殃)이 따를 수도 있을지니
금전이라면 기부(寄附)를 하고
권력이라면 봉사(奉仕)를 하면서 살아간다면
무탈(無頉)할 수도 있을지어다.

인간이 생업(生業)에 종사(從事)하여
이익(利益)을 취하는 것은
자연스러운 일일지어만
아무리 생존경쟁(生存競爭)이
치열하다 할지라도
지식(知識)을 팔아
지나친 이익을 챙기거나
어려움에 처해 있는 자들로부터

부당(不當)한 이익을
취하지는 말아야 할 것이며
도움이 필요한 자들을
돕지는 못할지언정
방해하거나 손해를 끼치는 일은
삼가야 할지어다.

태어난 환경이 열악하거나
삶의 과정에서 굴곡이 생겨
처지(處地)가 어렵더라도
가능한 한 남의 도움을
받지 않으면 좋으련만
어쩔 수 없이
조그만 도움이라도 받으면
감사한 마음을 간직하고
갚도록 노력해야 할 것이며
여력(餘力) 있으면
은혜(恩惠)나 도움을 베풀되
베풂에 대해 반대급부를 바라거나
훗날의 기대를 걸면
실망(失望)이 생길 수도 있을지니
베풀면서 바로 잊어버리는 것이
편안할지어다.

인간은 인연(因緣)을 맺으면서

살아가기 마련이거늘

타의(他意)에 의하거나

우연(偶然)히 인연을 맺기도 하지만

인간의 본심(本心)은

잘 보이지 않을지니

인연을 맺으려거든

신중(愼重)을 기해야 할 것이며

한번 맺어진 인연은

가능한 한 끊지 말아야 할지어다.

인간이 살아가는 동안

누구나 실수(失手)는 있을지니

실수를 저지른 자는

스스로 뉘우쳐야 할 것이며

실수를 한 자에게는

가능한 한 용서(容恕)를 하되

실수를 저지른 자가

뉘우치지를 않거나

실수를 반복한다면

각별히 조심해야 할지어다.

공격적인 자는 피해야 할 것이며

가깝게 지내다 위치가 바뀌었다 하여

배신(背信)을 한 자나
도움받을 가치가 없어졌다고 하여
배반(背叛)을 한 자는
돌아온다 해도
더 큰 상처를 입힐 수도 있을지니
거리를 두어야 할지어다.

잘나고 뛰어난 능력이 있다고 하여
나만 못한 자를 깔보면서
잘난 체를 하거나
이루어낸 성과가 있다고 하여
자만(自慢)에 빠져
오만(傲慢)한 태도를 보이는 것은
어리석은 짓이되
칭찬(稱讚)과 자랑은
발전(發展)의 원동력일 수도 있을지니
칭찬은 아끼지 말고
자랑을 시기(猜忌)하지는
말아야 할지어다.

앞만 보지 말고
자신이 걸어온 길을
수시로 뒤돌아보며
자신이 한 말이나 행동, 생각에 대해서

자신과 대화하면서
자신의 모습을 들여다보라

자신의 마음도 들여다보라
인자(仁慈)한 모습이고
선(善)한 마음이어서
자신(自信)이 있고,
당당(堂堂)할 수도 있을지어만
인자하지 못한 모습이고,
선하지 못한 마음이어서
초라하고 부끄러울 수도 있을진대
자신의 참모습이요
자신의 본마음일지니
자신을 얕보지는 말되

자신이 한 언행이나 생각에
잘못이 있다면
반성(反省)도 하면서
바로잡아야 할진대
자신의 잘못을 인지(認知)하기가
쉽지는 않을지니
역지사지(易地思之)하면
대개는 알 수 있을지어다.

평온한 삶과 영원한 미래를 위해
종교를 신앙(信仰)하는 것은
자연스럽고도 자유스러운 일일지어만
삶의 영역을 벗어나거나
주변에 불편을 끼치는 일은
삼가야 할 것이며
신앙의 본질(本質)이나
근본(根本)은 하나일지니
교리(敎理)가 서로 다를지라도
배타적(排他的)이지 아니어야 할지어다.

죽음

인간은 자신도 모르게 태어나서
주어진 환경 속에서 성장하여
주변 인간들의 영향을 받거나
의존하며 살아갈지언정
실질적으로는 자신의 삶일지니
모든 인간은 자신에 의해 만들어진
자신의 삶을 영위(營爲)하다가
현세의 인생여정(人生旅程)을 마치고
풀잎이 시들거나 낙엽이 지듯
언젠가는 죽기 마련일지어다.

인간의 죽음이 자연의 섭리일지언정
불안과 두려움이 있을 수 있으런만
걱정한다고 해결될 리 없을지니
죽음에 대한 생각은 잊어버리고
일상(日常)을 이어가되
죽음에 대비하여 미리 준비해놓으면
마음이 편안해질지어다.

죽음은 고통이 따르기 마련일진대
잠이 들듯 죽으면 좋으런만
마음대로 되지는 않을지니
하느님에게 맡겨두고

자신에 의해 만들어진 주어진 위치에서
마음만 먹으면
실천하기 그리 어렵지 않은
선(善)한 마음으로 바른길을 걸으며
올바르게 처신(處身)하면서
품위(品位)를 지키며
주변을 위해 늘 기도(祈禱)하며
즐겁고 행복하고 평화롭게 살아가다가
죽음을 맞이했다고 한다면
지나고 나면
구름처럼 덧없이 흘러

스쳐 지나가버린

짧은 일생(一生)일지어만

성공(成功)한 인생여정(人生旅程)이

아닌가 하노라.

— 2025년 9월

| 부록 |
중국역사(中國歷史)의 흐름 이야기

중국 역대 왕조(歷代王朝)의 흐름 이야기

- 춘추전국(春秋戰國)시대부터 통일 진(秦)나라시대

중국대륙의 중원(中原) 땅에 기원전 2070년 하(夏)나라가 세워진 이후 기원전 1600년에는 상(商)나라가 그 뒤를 이었고 기원전 1046년에는 주(周)나라로 이어지는데, 주(周)나라의 제후(諸侯)들이 나라를 만들어 분열하면서부터 춘추전국(春秋戰國)시대가 시작된다. 제후국(諸侯國)들이 더 많은 땅을 차지하기 위해 서로 다툼을 벌이던 기원전 770년부터 시작된 춘추전국시대는 아주 복잡한 시기였지만, 그 시기에 공자(孔子), 맹자(孟子), 순자(荀子), 노자(老子), 장자(莊子), 한비자(韓非子), 묵자(墨子)를 비롯한 제자백가(諸子百家)가 태어나서 학문을 발전시키기도 했고, 다양한 사상의 꽃을 피우기도 했다.

제후국들 중 가장 서쪽에 있던 진(秦)나라는 유목민족들의 침입으로부터 주(周)나라를 보호하는 역할을 했는데, 문화적으로는 뒤떨어져 있었지만 진(秦)나라의 영정(嬴政)왕은 엄격한 법을 시행하여 왕권을 강화하고 강력한 통치력을 발휘하면서 강한 군사력을 길러내어, 힘이 약한 한(韓)나라부터 정벌하기 시작하여 위(魏), 조(趙), 연(燕), 제(齊), 초(楚)나라 등 6개의 제후국들을 모두 정벌하고 천하통일을 이루어낸다. 영정(嬴政)왕은 자신을 시황제(始皇帝)라고 하고, 시안(西安) 인근의 함양(咸陽)에 도읍을 정하여, 기원전 221년 중국 최초로 통일된 진(秦)나라를 세우고 통치를 시작한다.

진시황(秦始皇) 영정(嬴政)은 천하를 통일한 이후에도 엄격한 법을 시행하여 강력한 통치를 이어갔으며 '분서갱유(焚書坑儒: 유교 서적들을 불태우고, 유생들을 구덩이에 묻어 죽이는 폭거)'로 사상을 엄격히 통제하기도 했다. 화폐, 도량형, 문자 등을 통일시키는 업적을 쌓기도 했지만, 황릉(皇陵)과 아방궁(阿房宮)의 건설, 장성(長城)의 중개축 등 무리한 대규모 토목 건설 사업의 추진으로 인한 가혹한 노동과 엄한 법치로 인해 수많은 백성들을 희생시켰다. 백성들의 고통이 한계에 이르면서 농민들이 항거하기 시작한다. 그러한 시기에 진시황은 계승할 후계자를 미리 정하지 못한 상태에서 동부 지방으로 순행을 나갔다가 돌아오는 도중에 병을 얻게 되는데, 죽음을 예감하고 수행 중인 승상(丞相) 이사(李斯)를 불러, 큰아들인 부소(扶蘇)에게 연락하여 함양(咸陽)으로 들어와 장례를 준비하도록 하라는 지시를 하고, 허베이(河北) 싱타이(邢臺)의 사구(沙丘)에 이르러 기원전 210년 50살의 나이로 사망하게 된다. 당시 진시황의 큰아들 부소(扶蘇)는 아버지 진시황에게 바른말을 고하다가 쫓겨나 변방 수비에 나가 있었다. 그런데 수행중인 환관 조고(趙高)가 승상 이사(李斯)와 모의를 하는데, 이를 '사구(沙丘)의 음모(陰謀)'라고 한다. 이때 진시황의 작은아들이며 무능하고 우둔한 호해(胡亥)가 함께 수행 중이었는데, 그를 위협하여

'호해(胡亥)에게 황위를 승계하도록 하고, 불효자 부소(扶蘇)를 자살하도록 하라'라는 '거짓 조서(詔書)'를 만들어 공표하여, 명석하고 유능한 부소를 죽게 만든다. 부소(扶蘇)의 죽음을 확인했다는 보고를 받은 조고(趙高)와 이사(李斯)는 진시황의 시신이 부패되어 풍기는 악취를 건어물을 쌓아 위장하면서 진시황의 죽음을 속이고 함양(咸陽)으로 돌아온 후 진시황의 상(喪)을 공포하고 호해(胡亥)를 황제의 자리에 오르도록 한다. 이사(李斯)에게는 그대로 승상(丞相)의 자리를 잇도록 하지만, 모든 실권은 조고(趙高)가 장악한다. 실권을 장악한 환관 조고(趙高)는 구실을 만들어 승상 이사(李斯)를 제거하고 자신이 승상의 자리에 올라앉은 후, 자신의 반대편에 있는 황제 주변의 관리들과 궁녀들을 제거하며 권력을 굳혀나간다. 그 무렵에 조고(趙高)가 자신을 따르지 않고 바른말을 하는 대신들을 제거하기 위해 황제를 농락하며 황당한 수작을 부렸다고 전해져 내려오는 이야기가 있는데, 들여다보면서 이야기를 이어가고자 한다.

　조고(趙高)가 황제 호해(胡亥)의 어전(御殿)에서 조정 대신들을 모아놓고, 사슴 한 마리를 끌고 들어와서 호해(胡亥)를 향해 '귀한 준마(駿馬) 한 필을 진상한다' 하자, 호해(胡亥)가 '어찌, 지록위마(指鹿爲馬: 사슴鹿을 가리켜 말馬이라고 이름) 하느냐?' 하니, 조고(趙高)가 '말(馬)이 맞다' 하는바, 호해(胡亥)는 대신들을 향해 '이게 사슴(鹿)인가? 말(馬)인가?' 묻는다. 대부분의 대신들은 조고(趙高)가 무서워서 '말(馬)이 맞다' 하는데, 일부 충직한 대신들은 '사슴이 맞다'라며 바른말을 고한다. 조고(趙高)는 바른말을 고하는 대신들을 눈여겨뒀다가 제거시켜, 황제 호해(胡亥)를 허수아비로 만들어놓고 전횡(專橫)을 휘두른다. 이러한 황실의 무능과 조고의 폭정에 대해 전국의 군웅(群雄)들이 반기를 들고 반란을 일으키기 시작한다. 조고(趙高)는 위태롭고도 불안한 상황에서도 자신이 황제에 오를 준비를 하며 황제 호해(胡亥)를 제거시키는데, 대신들이 복종하지 않자 어떤 꿍꿍이속이 있었는지, 조고(趙高)는 진시황 큰아들 부소(扶蘇)의 아들인 자영(子嬰)을 옹립시켜 황제가 아닌 진왕(秦王)으로 부르도록 한다. 총명한 자영(子嬰)은 조고(趙高)의 역행을 알고 있기에 조고(趙高)와는 거리를 두는데, 이에 불만을 품은 조고(趙高)가 자영(子嬰)을 제거하려 하자 자영(子嬰)은 먼저 조고(趙高)를 주살(誅殺)하여 제거시켜낸다. 하지만 군웅들의 반란은 더욱 심해진다. 그때 농가 출신의 하급 관리였던 유방(劉邦)도 세력을 키워 반란을 일으키는데, 그에 의해 함양(咸陽)이 함락되면서 진(秦)나라는 통일을 이루어낸 지 15년 만인 기원전 206년 멸망하고 만다.

- **서한(西漢), 신(新)나라, 동한(東漢)시대**

진(秦)나라가 멸망하면서 중국은 재분열되어 유방(劉邦)의 한(漢)나라와 항우(項羽)의 초(楚)나라가 대결하게 된다. 4년간의 격돌 끝에 한나라 유방(劉邦)의 부하인 한신(韓信) 장군에 의해 천하의 장사 초나라 항우(項羽)가 포위를 당하여, 야밤에 한나라 병사들이 부르는 '사면초가(四面楚歌: 사방에서 들려오는 초나라 노랫소리)'에 놀라 도망치다가 막다른 곳에 다다르자 자결하는바, 중국은 기원전 202년 유방(劉邦)의 한(漢)나라에 의해 재통일된다. 한(漢)나라 유방(劉邦)은 지금의 시안(西安)인 장안(長安)에 도읍을 정하고 통일된 중국대륙의 통치를 시작하게 되는데, 제7대 무제(武帝: 기원전 141년부터 기원전 87년까지 재위)를 정점으로 전성기를 구가하며 유교(儒敎)를 바탕으로 한 중국 문화의 기틀을 마련한다.

하지만 제11대 황제 원제(元帝)가 후계자 없이 요절하면서부터 황실의 세력이 약해지기 시작한다. 원제(元帝)가 기원전 33년 7월 요절한 후, 원제(元帝)의 황후인 효원황후(孝元皇后) 왕정군(王政君)과의 사이에서 태어난 맏아들 유오(劉驁)가 제12대 황제 성제(成帝)의 보위에 오르게 되지만 정사를 소홀히 하는데, 그때 왕정군(王政君)의 조카이며 성제(成帝)의 외사촌인 왕망(王莽)이 정사를 돌보기 시작한다. 왕망(王莽)은 일찍 유학(儒學)을 공부하고 그 유학을 실천하는 공손하고 검소한 사람으로 주변으로부터 칭송을 받아왔던 사람이다. 그 이후 제12대 황제 성제(成帝)가 기원전 7년 4월 급사할 때까지와 제13대 애제(哀帝)가 기원전 1년 8월 요절할 때까지 정사를 돌봐온 왕망(王莽)은 효원황후(孝元皇后) 왕정군(王政君)에 의해 옹립된 9살의 제14대 황제 평제(平帝)가 등극한 이후에는 실권을 장악하게 된다. 실권을 장악한 왕망(王莽)은 걸림돌이 되는 평제(平帝)의 외척들을 퇴출시키는데, 평제(平帝)의 보복이 두려워 이를 반대하는 장남 왕우(王宇)를 가두어 죽이고 평제(平帝)의 외척들을 비롯한 정적들을 제거시킨다. 그 이후 왕망(王莽)은 자신의 딸을 평제(平帝)에게 시집보내고 섭정(攝政)을 하게 되는데, 평제(平帝)가 서기 5년 12월(양력 서기 6년 1월) 병사(病死)하자, 왕망은 제10대 황제 선제(宣帝)의 현손(玄孫)인 2살 난 유영(劉嬰)을 황태자로 옹립시킨 후 실질적인 황제 노릇을 하다가, 중국역사상 최초로 '선양(禪讓)'이라는 선례를 만들어내면서 나이 어린 황태자 유영(劉嬰)으로부터 권력을 넘겨받는 형식으로 서기 8년 12월(양력 서기 9년 1월) 황위를 찬탈하여 한(漢)나라의 수도 장안(長安)을 이름만 상안(常安)이라고 바꾸어 도읍을 정하고 신(新)나라를 세워 황제에 등극하게 되는바, 장안(長安)에 수도를 두었던 한(漢)나라는 210년 만에 멸망하게 된다. 여기까지의 한(漢)나라를 전한(前漢) 또는 수도가 서쪽의 장안(長安)에 있었다고 해서 서한(西漢)이라고 한다.

왕망(王莽)이 세운 신(新)나라는 중국정사(中國正史)의 왕조(王朝)로는 인정받지 못했지만, 그의 행실과 그가 실시한 정책들이 현실 정치에 비유되면서 회자(膾炙)되기도 하는바, 그의 통치시말(統治始末)을 잠시 들여다보고 넘어가고자 한다. 왕망(王莽)은 조정 관직에 입문하면서부터 전통적인 유교(儒敎)를 바탕으로 한 이상적인 정치로 태평성대를 이루고자 하는 꿈을 꾸며 많은 인재들을 도와주기도 했고, 자연재해로 인한 기근으로 어려움에 처해 있는 백성들에게 돈과 땅을 나누어주기도 했으며, 노비를 죽인 죄를 물어 둘째 아들을 자살하도록 하는 등의 정의를 내세워 명성을 높이고 백성들의 신임을 얻으며 천하를 얻었지만, 권력을 장악하는 과정에서 큰아들을 죽이는 등 살생을 하고, 권력을 유지하는 과정에서 복종하지 않는 충신들을 제거하는 등 폭정을 자행했다. 신(新)나라를 건국한 이후 왕망(王莽)은 호족들의 대토지소유를 제한하고, 토지매매와 노비매매를 금지시키고, 화폐를 개혁하는 등의 개혁 정책을 실시하는데 이는 현실을 무시한 정책으로 지방 호족들의 반발에 부딪치게 되어 사회적인 불안을 조성하게 된다. 또한 가난한 농민들을 보호하기 위한 정책을 추진했지만 오히려 대다수 농민들의 생활이 더 어려워졌는바, 농민들의 호응을 얻지 못하고 실패하고 만다. 대외적으로도 흉노(匈奴)와 서역 국가들과 외교적인 마찰을 일으켜 이반(離反)을 야기시켰고, 고구려에 대해서도 국명을 하구려(下句麗)로, 왕(王)을 후(侯)로 격하시키는 조치를 취하였는바 고구려의 반발을 유발시키기도 했다. 정책의 실패와 더불어 설상가상으로 잦은 자연재해까지 겹쳐 재정이 파탄나면서 농민들은 과중한 세금과 고물가에 시달리게 되고, 전쟁에 동원되는 등 고통을 당하게 되면서 각지에서 반란을 일으키기 시작한다. 서기 18년에는 '적미(赤眉)의 난'이 일어나는데, 진압은 시키지만 왕망(王莽)은 큰 타격을 입게 된다.

신(新)나라 말기에 이르면서 적미군(赤眉軍)을 비롯하여 녹림군(綠林軍) 등의 세력들이 봉기(蜂起)를 일으키고 각지의 호족(豪族)들도 봉기에 참가하는데, 한(漢)나라의 황족인 유현(劉玄)과 유연(劉縯), 유수(劉秀) 형제도 반(反)왕망(王莽)의 봉기에 참가한다. 왕망(王莽)은 많은 병력을 보유하고 있었지만 속수무책이었고, 뤄양(洛陽)까지 함락당하는 걷잡을 수 없는 상황에 이르자 통곡(痛哭)으로 하늘에 구원을 요청하기도 했지만 아무런 소용이 없었다. 왕망(王莽)은 서기 23년 9월 장안(長安)으로 진격해 들어오는 녹림군(綠林軍)에 의해 후계자도 정해놓지 않은 상태에서 69세의 나이로 살해되는바, 신(新)나라는 15년 만에 멸망하고 만다.

신(新)나라가 멸망에 이를 즈음인 서기 23년 2월, 봉기에 참가한 경시장군(更始將軍) 유현(劉玄)이 녹림군(綠林軍)의 추대에 의해 황제 경시제(更始帝)가 된다. 중국정사(中國正史)의 왕조(王朝)는 아니지만 이를 '현한(玄漢)'이라고 부른다. 경시제(更始帝) 유현(劉玄)은 유연(劉縯)과 유수(劉秀) 형제도 제후에 봉작(封爵)을 하는데, 그 이후 유연(劉縯)은 완성(宛城)을 함락시키는 전과(戰果)를 올리고, 유수(劉秀)는 서기 23년 6월 곤양성(昆陽城) 전투에서 왕망(王莽)의 기세를 꺾어 승리를 이끌어냈지만, 경시제(更始帝)는 유연(劉縯)은 제거시키고 유수(劉秀)에게는 험지인 허베이(河北) 지역으로 나가서 군벌(軍閥)들을 평정하라는 명령을 내린다. 경시제(更始帝)에게 복종하여 죽을 고비를 넘기고 허베이(河北)의 위험 지역으로 내려간 유수(劉秀)는 세력을 확장할 수 있는 기회를 얻게 된다. 유수(劉秀)는 허베이(河北) 지역에 난립해 있던 군벌들을 평정하여 허베이(河北) 지역을 장악하고 뤄양(洛陽)으로 진격해 들어간다. 유수(劉秀)의 군대가 뤄양(洛陽)을 점령했다는 소식을 듣게 되면서 유수(劉秀)는 경시제(更始帝)와 결별하고,

서기 25년 6월 군신들의 추대에 의해 황제에 등극하여 한(漢)나라를 재건한다. 한(漢)나라를 재건한 광무제(光武帝) 유수(劉秀)는 서기 25년 10월 뤄양(洛陽)으로 들어가 뤄양(洛陽)을 도읍으로 정하는바, 뤄양(洛陽)이 장안(長安)의 동쪽에 위치해 있다고 하여 동한(東漢)이라고 한다.

경시제(更始帝) 유현(劉玄)은 서기 23년 6월 곤양(昆陽)을 임시 도성으로 정했다가 서기 23년 9월 신(新)나라가 멸망하자 서기 24년 2월에는 도읍을 장안(長安: 서안)으로 옮기는데, 그때부터 녹림군(綠林軍)의 우두머리들과 갈등을 빚는 등 지도자로서의 능력을 발휘하지 못하고 무능함을 드러낸다. 경시제(更始帝)에 대한 원성(怨聲)이 일기 시작하는 상황에서, 적미군(赤眉軍)의 우두머리들은 한나라 황손인 유분자(劉盆子)를 허수아비 황제로 옹립하고 서기 25년 9월 적미군(赤眉軍)을 장안(長安)으로 몰고 들어가 경시제(更始帝)를 폐위시키고 장안(長安)을 장악한다. 경시제(更始帝)는 항복을 하지만 그해 12월 살해되는바, 현한(玄漢)은 2년 만에 멸망하게 된다.

현한(玄漢) 멸망 이후 광무제(光武帝) 유수(劉秀)는 적미군(赤眉軍)이 점령하고 있는 장안(長安)으로 진격해 들어가 장안(長安) 일대에서 약탈과 전횡을 일삼고 있던 적미군(赤眉軍)들을 물리치는데, 유분자(劉盆子)가 항복하는바 복속시킨다. 허베이(河北) 지역과 뤄양(洛陽)에 이어 장안(長安)까지 점령하여 세력을 장악한 광무제(光武帝)는 적대 세력들을 포용하며 황권을 구축하고 각 지방에서 할거하는 군벌들을 평정하여 서기 36년 전국을 통일시킨다.

광무제(光武帝)는 서한(西漢)시대의 제도를 계승하고 유화적인 통치로 선정을 베풀면서 학문을 장려하고 유교를 존중하는 예교주의(禮敎主義)의 기초를 다져놓았는바, 그 이후 동한(東漢)은 안정적인 통치를 이어가게 된다. 동한(東漢)시대에 들어서서 경제와 문화, 과학기술 등 분야에서 서한(西

漢)시대의 수준을 능가하는 발전을 이룬다. 하지만 동한(東漢) 말기 환제(桓帝)와 영제(靈帝) 시기에 이르러 정치 부패가 만연되고 역병(疫病: 전염병)이 빈번하게 발생하는 가운데, 환관(宦官: 내시)들이 조정을 장악하여 황실이 무력해지자 사대부(士大夫)들과 귀족들의 불만이 폭발하기 시작한다. 서기 184년에는 태평도(太平道)라는 종교를 중심으로 번진 '황건(黃巾)봉기'가 일어나는데 중앙정권이 진압시킬 능력이 없었는바 각 지방의 제후(諸侯) 세력들이 진압을 하게 되는데, 그때부터 호족(豪族) 세력인 지방 군벌(軍閥)들이 할거(割據)하기 시작한다. 그러한 상황하에서 영제(靈帝)가 서기 189년 5월 34세의 젊은 나이로 병사(病死)하게 되는데, 그 뒤를 이어 영제(靈帝)와 하(何)황후와의 사이에서 태어난 적장자(嫡長子) 유변(劉辯)이 황제로 즉위하면서 하(何)황후의 오빠인 하진(何進)이 권력을 장악하게 된다. 권력을 장악한 대장군 하진(何進)이 자신이 임명한 군벌의 우두머리인 조정의 감찰관 원소(袁紹)와 밀모(密謀)하여, 당시 병주목(幷州牧: 중원의 서북 지역 지사) 동탁(董卓)의 도움으로 환관들을 제거시키려다가 그 비밀이 누설되어 환관들에 의해 서기 189년 9월 하진(何進)이 피살되고, 원소(袁紹)가 병력을 동원하여 환관들을 피살시키는 '십상시(十常侍)의 난'이 일어난다.

그때 동탁(董卓)이 나타나서 소제(少帝) 유변(劉辯)을 볼모로 잡고 북망산(北邙山)으로 도주하는 십상시(十常侍) 중 한 사람인 장양(張讓)의 뒤를 쫓아 소제(少帝)를 구출하여 황궁으로 데려온 후, 군대를 이끌고 들어와 황실을 제압하여 소제(少帝)를 폐위시키고, 소제(少帝)의 이복동생인 9살된 유협(劉協)을 황제로 옹립시킨다. 동탁(董卓)은 서기 190년 소제(少帝)와 하(何)황후를 살해하고 조정의 권력을 장악한다. 동탁(東卓)의 전횡(專橫)에 반기를 든 중원제후(中原諸侯)들이 연합하여 동탁(東卓)을 제거시키려 들자, 동탁(東卓)은 190년 강제로 헌제(獻帝) 유협(劉協)을 데리고 장안

(長安)으로 퇴각하여 수도를 장안(長安)으로 옮기고 반대 세력을 무자비하게 제거시키는 등 공포의 폭정을 휘두르는데, 대신(大臣) 왕윤(王允)의 사주(使嗾)를 받은 동탁(東卓)의 부하인 여포(呂布)에 의해 192년 살해되면서 '동탁(東卓)의 난'은 끝난다.

헌제(獻帝)는 군벌(軍閥)들의 혼전이 벌어지고 있는 가운데 서기 195년 장안(長安)을 탈출하여 뤄양(洛陽)으로 들어가게 되는데, 뤄양(洛陽)으로 들어간 헌제(獻帝)는 그때부터 동탁(東卓)의 제거작전을 펼쳤던 군벌 조조(曹操)의 보호를 받게 된다. 조조(曹操)는 서기 196년 자신의 근거지인 지금의 허난성 쉬창(許昌)인 허현(許縣)에 궁궐을 지어 헌제(獻帝)를 그곳으로 옮겨 보호와 감시를 하며 권력을 장악한다. 황실의 조정을 장악한 조조(曹操)는 세력을 확대하여 허베이(河北)지방을 평정하고, 서기 216년에는 위(魏)왕에 올라 황제 권력을 행사하면서도 황제 자리에는 오르지 않고 있다가 서기 220년 3월 뤄양(洛陽)에서 병사(病死)하게 된다. 그 뒤를 이은 아들 조비(曹丕)가 헌제(獻帝)로부터 선양(禪讓)을 받아내게 되는바, 195년간 중국을 통치해온 동한(東漢)은 멸망하게 되고 조비(曹丕)의 위(魏)나라와 유비(劉備)의 촉(蜀: 蜀漢)나라, 손권(孫權)의 오(吳)나라로 분열되어 삼국시대로 이어지게 된다.

405년 동안 중국을 통치한 한(漢)나라는 중국의 문학과 예술을 눈부시게 발전시켜 중국 문화의 기틀을 마련했다. 오늘날의 한자(漢字)의 모양과 뜻으로 문자를 통일시켜냈으며, 종이를 발명하기도 했고, 그 시기에 사마천(司馬遷)이 사기(史記)를 편찬했다. 실크로드를 통해 동서 간의 문물교류가 활발하게 이루어졌는바 그때 인도로부터 불교가 전래되고, 도교가 탄생되기도 했다. '한자(漢字)'나 '한족(漢族)'이라는 단어도 한(漢)나라로부터 유래된 말이다.

■ 삼국(三國)시대부터 위진·남북조(魏晉·南北朝)시대

동한(東漢)이 멸망하면서 조조(曹操)가 세운 '위(魏)나라'와 유비(劉備)의 '촉(蜀: 蜀漢)나라', 손권(孫權)의 '오(吳)나라'로 분열된 '삼국(三國)시대'로 이어지게 되는데, 촉(蜀)나라가 263년 위(魏)나라에 항복하여 멸망하게 되고, 위(魏)나라를 점령하여 265년 나라 이름을 '진(晉)나라'로 바꾸어 황제 자리에 오른 진(晉)나라의 사마염(司馬炎)이 280년 오(吳)나라를 멸망시키면서 60년간 이어온 삼국(三國)시대는 끝이 나고, 진(晉: 西晉)나라에 의해 통일된다.

진(晉)나라는 280년 삼국을 통일한 이후 북방 지역의 호족(胡族)인 흉노(匈奴)의 침입을 받아 316년 멸망하게 되는데, 진(晉)나라 황족 사마예(司馬睿)에 의해 317년 진(晉)나라가 재건되면서 '동진(東晉)'이라는 이름으로 남방 지역을 통치한다. 그 이후 동진(東晉)은 유송(劉宋: 420~479년)과 남제(南齊: 479~502년)로 이어지다가 양(梁: 502~557년)에서 진(陳: 557~589년)으로 이어지는데, 유송(劉宋)으로부터 진(陳)에 이르는 건강(建康: 난징)에 도읍을 둔 남방 지역의 통치 시대를 '남조(南朝)시대'라고 한다.

북방 지역은 316년 진(晉)나라가 멸망한 이후 317년부터 이민족인 흉노(匈奴), 갈(羯), 저(氐), 강(羌), 선비(鮮卑)의 5호족(胡族) 등이 세운 16국이 흥망을 하면서 이어지다가 439년 선비족(鮮卑族) 탁발부(拓跋部)의 '북위(北魏: 386~535년)'에 의해 통일이 되는데, 그 이후 동위(東魏: 535~550년)와 서위(西魏: 535~557년)로 분열되었다가 북제(北齊: 550~577년)와 북주(北周: 557~581년)로 이어지면서 '북조(北朝)시대'를 이어간다.

북조(北朝)시대의 마지막 왕조 북주(北周)의 제5대 황제인 7살 난 정제(靜帝)의 외할아버지 양견(楊堅)이 대승상(大丞相)의 자리에서 섭정(攝政)을 하다가 정제(靜帝)로부터 선양(禪讓)을 받는 형식으로 황제의 제위를 물려받으면서 나라 이름을 수(隋)로 바꾸고, 도읍을 장안(長安) 인근인 대흥(大興)으로 정하여 581년에 즉위하여 문제(文帝)가 된다. 수(隋) 문제(文帝) 양견(楊堅)은, 589년에는 '남조(南朝)'의 진(陳)나라를 평정하여 천하통일을 이루어내는바 '위진·남북조(魏晉·南北朝)시대'는 끝나게 된다.

위진·남북조(魏晉·南北朝)시대에는 정치적으로는 혼란스러웠지만 남방의 호족 세력과 북방의 호족 세력이 융합하면서 사상이나 문화예술 분야에서는 눈부신 발전을 이룬다. 지식인들이 위험하고 부패한 정치권력으로부터 멀리 떠나는 현실도피 현상이 나타나기도 했는데, 세속의 명리(名利)를 떠나 죽림(竹林)에 모여 풍류를 즐기며 청담(淸談)으로 세월을 보냈던 '죽림칠현(竹林七賢)'도 그 시대의 사람들이며, '오두미절요(五斗米折腰)'를 거절하고 관직을 떠나 낙향하여 안빈낙도(安貧樂道)하며 무릉도원(武陵桃源)을 꿈꾼 도연명(陶淵明)시인, 서예의 대가 왕희지(王羲之), 왕헌지(王獻之) 부자(父子), 역대 최고의 화가 중 한 사람인 고개지(顧愷之) 등도 그 시대의 사람들이다. 위진·남북조(魏晉·南北朝)시대에는 유학(儒學)이 강조되었던 한(漢)나라시대와는 달리 도교(道敎)와 불교를 신봉(信奉)하였고, 특히 불교가 융성, 발전하였다.

- 수(隋), 당(唐), 오대십국(五代十國)시대

수(隋)나라에 의해 위진·남북조(魏晉·南北朝)시대가 끝나고 589년 재통일을 이루는데, 수(隋) 문제(文帝) 양견(楊堅)의 뒤를 이어 604년 보위에 오른 양견(楊堅)의 둘째 아들 수(隋) 양제(煬帝) 양광(楊廣)은 뤄양(洛陽)에 호화로운 궁궐을 지어 605년에 수도를 대흥(大興: 시안)에서 뤄양(洛陽)으로 옮기고, 남북대운하(南北大運河)를 건설하고 돌궐(突厥)의 침입을 막아내기 위해 장성(長城)을 축조하는 등 대규모의 토목 건설 사업을 추진하면서 백성들을 힘들고 고통스럽게 했다. 또한 세 차례나 고구려(高句麗) 정벌을 위한 원정에 나서는 등 무리한 전쟁을 벌여, 국가 재정을 탕진하여 가렴주구(苛斂誅求)로 백성들을 도탄에 빠지게 했는바 농민반란이 일어나기 시작한다.

농민반란이 한창일 때, 양제(煬帝)의 이종사촌이며 산시성(山西省)의 타이위안(太原)에서 돌궐(突厥)의 침입을 방어하는 임무를 수행하고 있던 타이위안유수(太原留守) 이연(李淵)이 617년 그의 아들 이세민(李世民)과 함께 군사를 일으켜 대흥(大興: 시안)으로 밀고 들어와 점령을 하는데, 그때 이연(李淵)은 농민들의 반란을 피해 도피해 있는 황제 양제(煬帝)의 보위를 대신해 이어갈 황제의 자리에 양제(煬帝)의 손자 양유(楊侑)를 공제(恭帝)로 추대하고 이연(李淵) 자신은 당왕(唐王)이라는 자리에 오른다. 도피해 있던 양제(煬帝)가 반란 세력에 의해 618년 시해(弑害)되자 이연(李淵)은 양유(楊侑)로부터 선양(禪讓)을 받아 수도를 장안(長安)으로 정하여 당(唐)나라를 세우게 되는바, 수(隋)나라는 37년 만에 멸망하고 만다.

당(唐)나라의 고조(高祖)가 된 이연(李淵)은 그의 아들 이세민(李世民)으로 하여금 중원(中原)의 군웅(君雄)들을 제압하도록 하여 나라의 기틀을 다진다. 이세민(李世民)은 그 후 626년 황태자인 형 이건성(李建成)을 살해하는 '현무문의 변(玄武門之變)'을 일으키고 권력을 장악하여 당 태종(太宗)

이 된다. 당 태종(太宗) 이세민(李世民)은 남아 있는 반군들을 모두 정벌하고, 628년 전국을 평정하여 통일을 이루어낸다. 그는 재위 기간 중 국태민안(國泰民安)의 태평성대를 구가하였는바 중국역사상 가장 뛰어난 군주로 평가받고 있는 인물이다. 그는 수차례 고구려를 침공하기도 했다. 당 태종(太宗)에 이어 649년 보위를 이어받은 당 고종(高宗)이 683년 죽고 난 후, 실권을 장악하고 있던 황후인 무측천(武則天)에 의해 690년 '무주(武周)'로 국호가 바뀌기도 했지만 신용혁명(神龍革命)으로 705년 당 중종(中宗)이 복위되면서 당(唐)나라로 이어가게 된다. 당 고종(高宗)은 신라와 연합하여 백제와 고구려를 멸망시킨 인물이다. 무측천(武則天)에 대하여는 「24. 천년고도(千年古都) 뤄양(洛陽)을 둘러보다」의 이야기로 갈음하고자 한다.

당나라 전반기에는 나라를 융성, 발전시켜 중국 문화의 황금기를 이뤘다. 그런데 제6대 황제 현종(玄宗)대에 들어서 수십 년간 안정적인 통치로 태평천하(太平天下)를 구가해오던 그가 말기에 들어서면서 도교(道敎)에 심취하고 양귀비(楊貴妃)에 빠져들어 정사(政事)를 소홀히 하면서부터 권부 내외에서 모순들이 드러나게 되는데, 그때 절도사(節度使) 안녹산(安祿山)과 사사명(史思明)이 755년 군사를 이끌고 반란을 일으킨다. '안사(安史)의 난'은 신장(新疆) 위구르(維吾爾)의 도움으로 763년에 진압되는데, 당나라를 뒤흔든 '안사의 난' 이후 당나라는 쇠퇴의 조짐을 보이기 시작한다. 874년에는 대기근이 내습하여 민심이 흉흉한 가운데 또다시 농민반란이 일어나는데, 그 무렵인 875년에는 소금 장수 황소(黃巢)가 농민반란에 호응하여 세력을 키워 '황소(黃巢)의 난'을 일으켜 뤄양(洛陽)과 장안(長安)을 점령한다. 그 '황소의 난'은 황소(黃巢)의 곁을 이탈한 주온(朱溫)에 의해 거의 10년 만인 884년에 진압되지만, 그 이후 당나라는 중앙집권적 지배 체제가 무너지고 쇠락의 길로 접어들면서 907년 주온(朱溫)에 의해 중국의 황금기를 이루어온 당(唐)나라의 통치 시대는 290년 만에 막을 내리게 된다.

당나라의 발달된 문물과 정비된 제도는 신라(新羅), 일본, 발해(渤海), 남조(南詔: 당시 윈난 지방의 변방 국가) 등 주변국들의 발전에도 도움을 주었다. 이백(李白), 두보(杜甫)와 같은 시성(詩聖)을 탄생시켰고, 시문(詩文)과 서화(書畵), 조각(雕刻) 등 미술과 음악도 현저한 발전을 이룩하였다.

당(唐)나라가 멸망한 이후 주온(朱溫)이 세운 후량(後梁) 등 오대십국(五代十國)이 흥망을 거듭하면서, 각 나라가 부국강병(富國强兵)을 다투며 54년간 분열과 혼란의 통치 시대가 이어진다. 그 시대에는 당(唐)나라 문화를 그대로 전승(傳承)하여 이어갔고, 각 나라들마다 주변국들과의 특산품 교역도 활발하게 이루었다.

중원(中原)을 중심으로 북방 지역의 대부분을 차지했던 정권인 오대(五代)는 907년 주온(朱溫)이 세운 후량(後梁)의 통치 17년 만에 후당(後唐)으로, 후당(後唐)의 통치 14년 만에 후진(後晉)으로, 후진(後晉)의 통치 11년 만에 후한(後漢)으로 이어지다가 후한(後漢)의 통치 4년 만에 후한(後漢)의 추밀사(樞密使) 곽위(郭威)가 병변을 일으켜 세운 후주(後周)까지의 통치 시대를 말한다. 960년까지 이어진 오대(五代)는 군권을 장악한 군벌 절도사(節度使)가 힘을 얻자마자 재위를 찬탈하는 양상을 보였다.

십국(十國)은 오대(五代)가 차지한 지역을 제외한 화남(華南) 지역과 기타 주변 지방에서 할거한 오(吳), 초(楚), 민(閩), 전촉(前蜀), 형남(荊南), 후촉(後蜀), 남한(南漢), 남당(南唐), 오월(吳越), 북한(北漢)을 말하며, 960년 송나라가 설립된 이후 979년까지 이어진다.

곽위(郭威)가 병변을 일으켜서 세운 후주(後周)는 주변국들을 공격하여 정벌하는 등 통일을 추진하지만, 태조(太祖) 곽위(郭威)가 죽고 그 뒤를 이은 그의 양자(養子) 세종(世宗) 시영(柴榮)마저도 6년 만에 죽게 되면서 7살의 시종훈(柴宗訓) 공제(恭帝)가 보위에 오르지만, 곽위(郭威)에 의해 기용된 절도사(節度使) 조광윤(趙匡胤)이 병란(兵亂)을 일으켜 변경(汴京: 카이펑)의 황궁을 점령하고 어린 공제(恭帝)로부터 선양(禪讓)을 받아내는데, 960년에 일어난 그 병변을 '진교역(陳橋驛)'이라는 곳에서 발동했다고 하여 '진교병변(陳橋兵變)'이라고 한다.

- ## 송(宋), 요(遼), 금(金), 원(元)나라시대

진교병변(陳橋兵變)으로 황제의 보위를 물려받은 조광윤(趙匡胤)은 960년 나라 이름을 '송(宋)'으로 바꾸고 수도를 '동경개봉부(東京開封府: 카이펑)'로 정하여 건국한다. 당시 동경(東京)을 변경(汴京)이라고도 불렀다. 태조(太祖) 조광윤(趙匡胤)은 군 통수권을 장악하여 황권(皇權)을 강화해나간다. 절도사(節度使) 출신인 태조(太祖) 조광윤(趙匡胤)은 지방 군벌들의 위협이 존재하고 있음을 자신을 비추어 잘 알고 있었는바, 가장 먼저 군벌 제거에 나선다. 조광윤(趙匡胤)이 술자리를 만들어 병권을 가진 군벌과 공신, 절도사(節度使)들을 불러 설득으로 병권을 넘겨받아 군 통수권을 장악했다고 하는 '배주석병권(杯酒釋兵權)'은 바로 그의 지략을 엿볼 수 있는 대목이다. 그는 과거제도를 실시하여 문치주의(文治主義) 전통을 확립시켰지만 천하통일을 이루어내지는 못하고 976년 50세의 나이로 갑자기 죽음을 맞이한다. 그 뒤를 이어 '촉영부성(燭影斧聲: 조광윤의 죽음에 의심이 가는 그림자와 도끼 소리)'의 의혹을 남기고 보위에 오른 그의 동생 태

종(太宗) 조광의(趙匡義)는 국가 체제를 정비하고 군주의 독재권을 강화하였으며, 십국(十國) 중 남아 있던 오월(吳越)과 북한(北漢)을 정벌하고 979년 천하통일을 완성한다.

　송(北宋)나라는 경제발전을 이룩하고 학문과 문화의 꽃을 피우게 된다. 그런데 송나라의 과도한 문관(文官) 우대 정책은 군사력의 쇠퇴를 불러들여 북방 유목민족들의 침입을 제대로 막아내지 못했다. 1004년 요(遼)나라와 동맹관계를 맺었지만, 1044년에는 요(遼)나라로부터 침입을 받기도 한다. 신종(神宗: 1067~1085년)시기에 이르러 서하(西夏: 당시 서북 지역의 유목민족)와의 전쟁, 행정 효율의 저하 등의 요인으로 재정 위기의 발생, 과중한 과세로 견디지 못한 농민들이 봉기를 하는 등 내우외환(內憂外患)의 위기에 처하게 되면서 한림학사(翰林學士) 왕안석(王安石)을 참지정사(參知政事: 재상직급)로 등용시키고 변법(變法)의 시행으로 개혁을 이루어 부국강병(富國強兵)의 성과를 올리지만, 보수 세력의 저항에 부딪친다. 휘종(徽宗: 1100~1126년) 시기에 이르러 휘종의 실정(失政)으로 인해 민중봉기가 일어나는 가운데, 1120년 여진족(女眞族)이 세운 금(金)나라와 동맹을 맺고, 금(金)나라와 연합하여 요(遼)나라를 멸망시키지만 1125년 그 금(金)나라가 침공해 들어온다. 휘종(徽宗)은 금(金)나라 군대가 공격해 들어오자 당황하여, 1125년 12월(양력 1126년 1월) 아들 조환(趙桓)에게 황위를 전위(傳位)하여 방위하도록 한다. 하지만 수도 동경개봉부(東京開封府)를 함락당하게 되고, 1127년 상황(上皇) 휘종(徽宗)과 흠종(欽宗) 조환(趙桓)을 비롯하여 후비, 종친, 조관(朝官) 등 3천여 명이 포로로 잡혀 금(金)나라로 끌려가면서 북송(北宋)은 167년 만에 멸망하게 되는데, 그 사건을 당시의 연호인 '정강(靖康) 2년'에 일어난 사건이라고 하여 '정강의 변(靖康之變)'이라고 한다. 휘종(徽宗)은 시문(詩文)과 서화(書畫) 등에 뛰어난 능력을 가진 다재다능한 예술가다. 하지만 그는 정치에는 무능했을 뿐만 아니라, 국정을 등한시하고 사치와 호화로운 생활로 국가 재정을 탕진하여 나라를 어려움에 빠트렸으며, 각 지역에서 일어난 민중봉기를 무리하게 진압하여 위기에 대처할 수 있는 능력을 상실시켜 북송(北宋)을 멸망하게 만든 장본인이다.

'정강의 변(靖康之變)'이 일어난 때 허베이(河北)의 병마대원수(兵馬大元帥)로 나가 있던 휘종(徽宗)의 아홉 번째 아들이며 흠종(欽宗)의 이복동생인 강왕(康王) 조구(趙構)가 금군(金軍)을 피해 떠돌다가, 1127년 6월 지금의 허난(河南) 상추(商丘) 지역인 응천부(應天府)로 피신하여 송(宋)나라를 재건시켜 황제로 즉위하게 되는데, 그때부터 남송(南宋)시대가 시작된다. 고종(高宗) 조구(趙構)는 응천부(應天府)에서 황제에 즉위한 후, 금군(金軍)의 추격을 피해 양저우(揚州), 쑤저우(蘇州), 지금의 난징(南京)인 건강부(建康府), 항저우(杭州), 지금의 사오싱(紹興)인 월주(越州) 등지로 도망 다니다가 1129년 7월 항저우(杭州)를 임안부(臨安府)로 승격시키고 1132년 정월 임안부(臨安府)로 들어가 1138년 그 임안부(臨安府)을 수도로 정하여 정착하게 된다. 그 이후 남송(南宋)은 금(金)나라와 전쟁을 벌이다가 화의를 하는바 안정을 찾아 경제를 부흥시키게 되고, 학문과 문화의 꽃을 피우게 된다. 그런데 금(金)나라의 내부 정변으로 인해 그간 유지해온 화평(和平)이 깨지게 되는바, 남송(南宋)은 금(金)나라의 침입을 막아내기 위해 몽골과 연합하여 1234년 금(金)나라를 멸망시킨다. 금(金)나라를 멸망시킨 후 몽골은 배반을 하고 남송(南宋)을 공격하여, 남송(南宋)이 되찾은 땅 변경(卞京: 카이펑)과 뤄양(洛陽)을 빼앗아갔으며, 그 후로도 남송(南宋)을 공격하였는바 남송(南宋)은 황제의 통제력을 상실하게 되고 경제적으로도 점점 더 어려워지게 된다. 몽골은 몽골제국을 구축한 칭기즈칸의 손자인 쿠빌라이(忽必烈)에 의해 금(金)나라가 차지하고 있던 땅인 연경(燕

京: 베이징)을 수도로 정하여 대도(大都)라고 하고 성(城)을 축조하여 1271년 국호를 '대원(大元)'이라고 하는 원(元)나라를 설립한다. 그리고 원(元)나라는 본격적으로 남송(南宋)을 공격하기 시작하는데, 1276년에는 수도 임안(臨安: 항저우)을 함락시키고 1279년에는 남송(南宋)전역을 점령하는바 '연몽멸금(聯蒙滅金)' 정책을 이어온 송(宋)나라는 몽골과 연합하여 금(金)나라는 멸망시켰지만 결국은 배반을 한 몽골의 원(元)나라에 의해 정복을 당하여 152년간 중국을 통치한 남송(南宋)이 멸망하게 되는바, 319년간 중국을 통치한 송(宋)나라시대는 그 막을 내리게 된다.

남송(南宋)을 평정한 원(元)나라는, 중국역사상 소수민족으로는 최초로 통일된 전 중국을 통치하게 된다. 하지만 얼마 되지 않아 민족적인 차별 대우에 불만을 가진 한족(漢族)들이 늘어나기 시작하고 1344년에는 대기근이 발생하여 농민들의 생활이 점점 더 어려워지는데, 설상가상으로 1351년에는 범람하는 황허(黃河)의 피해를 막아내기 위해 수많은 농민들을 강제로 동원하는바 민심의 동요를 일으킨다. 그 무렵에 민간 종교인 백련교(白蓮敎) 등의 발동으로 조직된 홍건군(紅巾軍)을 중심으로 농민반란이 일어나기 시작하는데, 생활고에 시달려 탁발승(托鉢僧)이 되어 있던 주원장(朱元璋)도 홍건군(紅巾軍) 원수(元帥) 곽자홍(郭子興)의 도움으로 홍건군(紅巾軍)에 가담하게 된다. 그 후 주원장(朱元璋)은 곽자홍(郭子興)의 밑에서 두각을 나타내며 2인자역할을 하게 된다. 곽자홍(郭子興)이 죽은 뒤 주원장(朱元璋)은 원(元)나라에 대한 적대적인 민심에 힘을 얻어, 지지하는 세력들을 규합하여 중국 남부 지역을 통일시키고, 그 여세를 몰아 1368년 대도(大都: 베이징)를 차지하게 되는바 원(元)나라는 97년 만에 무너지고 소수민족 원(元)나라에 의한 전 중국 통치 시대는 89년 만에 끝이 난다.

▪ 명(明), 청(淸)나라시대

　원(元)나라를 물리친 주원장(朱元璋)은 난징(南京)에 수도를 정하여 1368년 명(明)나라를 세운다. 태조(太祖) 홍무제(洪武帝)가 된 주원장(朱元璋)은 큰아들 주표(朱標)를 황태자로 책봉했으나 38세의 나이로 병사(病死)하게 되는바 주표(朱標)의 아들인 주윤문(朱允炆)을 황태손(皇太孫)에 책봉한다. 주원장(朱元璋)이 죽고 난 후 주윤문(朱允炆)은 22세의 나이로 황제에 올라 건문제(建文帝)가 된다. 그런데 연경(燕京: 베이징)의 연왕(燕王)으로 나가 있던 주원장(朱元璋)의 넷째 아들 주체(朱棣)가 건문제(建文帝)의 공격에 대한 두려움으로 정란(靖難)을 일으켜 1402년 건문제(建文帝)를 물리치고 제위에 오르는바 영락제(永樂帝)가 된다. 영락제(永樂帝)는 베이징(北京) 천도(遷都)를 결정하고, 1406년부터 14년간 베이징(北京)에 쯔진청(紫禁城)을 축성하여 1421년 수도를 난징(南京)에서 베이징(北京)으로 옮겨 통치하게 된다. 명(明)나라는 초기 이후부터 황권을 강화하여 안정적인 통치를 했고, 과거제도를 실시하여 인재를 고르게 등용하였고, 국자감(國子監)을 설립하여 인재를 양성하였다. 농공상업(農工商業)을 번성하도록 하여 경제를 발전시켰다. 전통적인 유교 문화를 회복시켰고, 전통적인 중국 문화와 예술을 부흥, 발전시켰다. 그런데 제13대 만력제(萬曆帝)에 이르러서 통치에 문제가 발생하게 된다. 만력제(萬曆帝) 등극 후 10년간은 재상(宰相) 장거정(張居正)에 의해 경제와 사회가 발전되고 문화의 전성기를 이루기도 했는데, 1582년 명(名)재상 장거정(張居正)이 죽고 만력제(萬曆帝)가 친정을 하면서부터 통치에 혼란이 발생하게 된다. 만력제(萬曆帝)는 황태자 책봉 문제로 내각과 갈등을 빚으면서 1586년부터 정사를 게을리하는 태정(怠政)을 시작하는데, 1589년부터 30년간은 아예 조정(朝

庭)에 나오지도 않았는바 정국이 혼란에 빠지게 된다.

설상가상으로 1592년에는 일본이 조선을 침입하여 임진왜란을 일으키는바 명나라는 긴밀한 관계를 유지하고 있는 조선을 지원하면서 재정에 어려움을 겪게 되는데, 명나라는 그때부터 쇠락의 길로 접어들게 된다. 명나라는 그 이후로 환관 득세, 부패 만연 등으로 황실의 기강이 무너지기 시작했고, 토지가 부호들에게 집중되면서 농민들은 더욱 가난하게 되어 불만이 쌓이게 된다. 밖으로는 몽골족과 후금(後金: 이후 청나라)의 침입 등으로 국력이 점점 더 쇠약해지는데, 1640년부터 발생한 가뭄과 하절기 이상저온현상 등 3년에 걸친 자연재해로 인해 대기근이 발생하여 농민들은 도탄에 빠지게 된다. 그때 농민폭동과 농민반란이 이어지면서 1643년에는 '이자성(李自成)의 난'이 일어난다. 이자성(李自成)은 그 이듬해인 1644년 베이징(北京)을 점령하고 쯔진청(紫禁城)에 진입하는데, 속수무책으로 당한 명(明)나라의 마지막 황제 숭정제(崇禎帝)는 1944년 4월 자결하고 만다. 그렇게 하여 명(明)나라는 277년 만에 허망하게 멸망한다.

이자성(李自成)은 1944년 4월 쯔진청(紫禁城)에서 황제에 즉위하지만, 만리장성 산하이관(山海關)에서 청(淸)나라의 공격을 방어하던 명(明)나라 무장 오삼계(吳三桂)가 청(淸)나라 군의 지원을 받아 베이징(北京)으로 진격하게 되는바 이자성(李自成)은 베이징(北京) 입성 40여 일 만에 퇴각당하고 만다.

청(淸)나라는 이자성(李自成)이 일으킨 농민반란에 의해 망한 명(明)나라를, 명(明)나라의 무장 오삼계(吳三桂)의 도움으로 손쉽게 점령하게 된다. '청(淸)나라'라는 이름은, 말갈(靺鞨)의 후손이며 여진족(女眞族)인 누르하치(努爾哈赤)가 만주(滿洲)를 통일하고 여진족이 세웠던 금(金)나라를 복원시킨다는 의지로 1616년 금(金: 후금)이라는 이름으로 나라를 세운 후 1625년 지금의 선양(瀋陽)인 성경(盛京)으로 도읍을 옮기고 그 이듬해에 죽게 되는데 그 누르하치(努爾哈赤)의 보위를 이어받은 그의 아들 홍타이지(皇太極)가 몽골을 항복시키고 나서 1636년 '금(金)'이라는 나라 이름을 '대청(大淸)'으로 바꾸면서 정해진 이름이다. 베이징(北京)을 점령한 청(淸)나라는 베이징(北京)을 수도로 정하고, 당시 6살 된 순치제(順治帝)를 호위하며 1644년 5월 성경(盛京)을 떠나 산하이관(山海關)을 넘어 베이징(北京)에 입성하여 중국대륙의 지배를 시작하게 된다. 순치제(順治帝)는 황권을 강화하고 명(明)나라의 지배 체제를 계승하여 안정적인 통치 기반을 마련한다. 순치제(順治帝)의 뒤를 이은 강희제(康熙帝)는 명(明)나라가 멸망하면서 잔재 세력들이 화중(華中), 화남(華南) 지방에 세운 남명(南明)을 평정하고, 청(淸)나라의 중국 지배를 도운 오삼계(吳三桂), 상가희(尙可喜), 경정충(耿精忠) 등 3명의 번왕(藩王)들이 1673년 난을 일으켜 청(淸)나라를 위기로 몰아간 '삼번(三藩)의 난'을 약 8년 만인 1682년에 물리친다. 1683년에는 푸젠(福建)에서 '반청복명(反淸復明)'운동을 하다가 대만(臺灣)으로 들어가 대만에 세운 '정성공(鄭成功) 왕조(王朝)'를 평정하는바, 중국 내의 명나라 잔재 세력들을 모두 물리치게 되어 청나라의 완전한 중국 지배 체제의 기초를 확립하게 된다.

청(淸)나라는 그 이후 강희제(康熙帝)에서 옹정제(雍正帝)를 거쳐 건륭제(乾隆帝)에 이르는 150여 년 동안 태평성대를 이루며 중국의 전성기를 구가한다. 청(淸)나라는 몽고(蒙古), 신장(新疆: 위구르), 시짱(西藏: 티베트)등으로 영토를 확장하여 국경을 공고히 하였으며, 제도를 정비하고 중국 전통문화를 담은 사고전서(四庫全書)를 편찬하는 등 대규모 편찬 사업을 추진하였다. 변발(辮髮)과 호복(胡服)을 강요하고, '문자(文字)의 옥(獄)' 등 탄압 정책도 추진했지만, 중국 전통문화를 존중하고 중앙 요직에 한족(漢族) 관리들을 등용하는 '만한병용(滿漢倂用) 정책'을 추진하는 등 유화적인 정책을 추진하여 중국을 융성, 발전시켰다. 그러나 건륭제(乾隆帝) 말기부터 부패한 탐관오리들이 늘어나면서 농민들은 세금에 시달리게 되고, 이에 불만을 가진 세력들이 나타나기 시작한다. 1796년에는 '백련교도(白蓮敎徒)의 난'이 일어나고, 1840년에는 아편전쟁이 일어나면서 그 여파로 1851년에 일어난 '태평천국운동(太平天國運動)'을 진압하기도 전에 1856년에 제2차 아편전쟁이 일어나는바 청나라는 점점 더 어려움에 빠져들게 된다. 그 이후 청나라는 황제 친권 통치가 아닌 자희태후(慈禧太后: 서태후)에 의한 섭정(攝政)이 1861년부터 1908년까지 48년간이나 이어지면서 사치와 부패가 만연되어 국내 정치적으로 안정되지 못했고, 대외적으로도 제대로 된 대처를 하지 못했다. 1894년에는 조선의 지배권을 놓고 벌인 청일전쟁(淸日戰爭)에서 패하여 랴오둥(遼東)반도와 대만을 일본에게 넘겨주게 되고, 러시아와 프랑스, 독일 등의 침입을 받기 시작한다. 1900년에는 '반청복명(反淸復明)'의 구호로 시작하여 '부청멸양(扶淸滅洋)'을 주장하며 벌인 반외세운동인 '의화단(義和團)사건'이 일어나 외세를 향해 선전포고를 하지만, 청나라는 서구 열강들의 침입을 막아내지 못하고, 8개 연합국에게 베이징(北京)점령을 당하게 되는바 청나라는 반식민지로 전락(轉落)하게 된다.

청나라 황실은 부국강병(富國强兵)을 목표로 근대화를 추진하지만 실효를 거두지 못한 상태에서 자희태후(慈禧太后)에 의해 옹립된 광서제(光緒帝)가 1908년 11월 14일 사망하자마자 자희태후(慈禧太后)는 광서제(光

緖帝)의 동생 순친왕(醇親王) 재풍(載灃)의 3살 된 아들 부의(溥儀)를 후사(後嗣)로 지목하고, 광서제(光緖帝)가 죽은 다음 날인 1908년 11월 15일 세상을 떠난다. 새로운 황제가 된 어린 선통제(宣統帝) 부의(溥儀)는 그해 12월 12일 즉위하게 되지만 청나라 황실은 권위가 실추되고, 무력(無力)의 나락(奈落)으로 빠져들게 된다.

그 무렵을 전후로 하여 생활고에 시달리던 민중들이 무능한 황실에 대해 불만을 품고 전국의 각지에서 폭동을 일으키는데, 혁명운동을 하다 도피하여 일본에 망명 중이던 쑨원(孫文)이 우여곡절을 겪으면서 1905년 도쿄에서 통일된 혁명단체인 '중국혁명동맹회(中國革命同盟會)'를 결성한다. 중국혁명동맹회는 상하이(上海)에 중부총회를 결성하고 각 지역에 분회를 조직하였으며, 후베이성(湖北省)의 우창(武昌) 지역에서도 혁명단체와 연합하여 비밀리에 활동을 한다. 당시 중국 각지에서는 철도국유화 반대운동이 거세게 일고 있었는데, 쓰촨(四川) 지역에서 벌어진 철도국유화 반대운동의 진압 과정에서 폭동이 일어나 반청(反淸)운동으로 확산되자 우창(武昌)의 주둔군(駐屯軍)을 차출하여 투입하게 된다. 중국혁명동맹회와 혁명단체는 그때를 기회로 하여 1911년 10월 10일 우창(武昌)에 남아 있던 군(軍)과 학생들이 참여하는 대규모 '반청(反淸)봉기'를 일으키는데, 우창(武昌)에서 봉기(蜂起)가 일어나자마자 인근의 한양(漢陽)과 한커우(漢口)에서도 군(軍)이 혁명군에 합류하여 봉기를 이어간다. 봉기는 순식간에 전국으로 확산되어 각 지역의 동맹 회원들이 봉기에 참여하는바 '신해혁명(辛亥革命)'의 도화선이 된다.

다급해진 청나라 황실은 순친왕(醇親王)의 압력으로 권력에서 물러나 있던, 영향력이 있는 위안스카이(袁世凱: 원세개)를 내각총리대신으로 임명하여 혁명군을 진압하도록 명령한다. 위안스카이(袁世凱)의 신군(新軍)

에 의해 혁명의 진원지인 한양(漢陽)과 한커우(漢口)가 함락당하게 되는데, 수세에 몰려 있던 혁명군은 난징(南京)을 점령하면서 안정을 찾게 된다. 이때 혁명군의 진압을 총지휘하던 위안스카이(袁世凱)는 혁명군에게 화의(和議)를 제안한다. 혁명군은 난징(南京)을 점령한 후 1911년 12월 귀국한 쑨원(孫文)을 임시대총통(臨時大總統)으로 선출시키고 1912년 1월 1일 중화민국(中華民國)을 발족시키는데, 중화민국 임시대총통에 취임한 쑨원(孫文)은 화의를 제안한 실권자 위안스카이(袁世凱)를 향해 '청조(淸朝)를 물러나게 하고, 공화정(共和政)을 선포하면 대총통 자리를 물려주겠다'라고 제의를 한다. 이에 실권자 위안스카이(袁世凱)는 황실에 압력을 가하여 황제를 퇴위시키기로 하고, 황실로부터 '황제 퇴위 조건 협의'의 전권을 부여받는다.

황제 퇴위의 전권을 넘겨받은 위안스카이(袁世凱)는 쑨원(孫文)과 협의하여 황제 퇴위 후의 우대 조건을 확정하게 되는바 황실의 융유황후(隆裕皇后)는 1912년 2월 12일 선통제(宣統帝)의 퇴위조서(退位詔書)를 반포한다. 이렇게 하여 1616년에 나라를 세우고, 1644년부터 전 중국을 통치해온 청(淸)나라는 나라를 세운 지 296년 만에 멸망하게 된다.

중국 근현대사(近現代史)의 흐름 이야기

- 청(淸)나라 멸망 이후의 군벌(軍閥)시대

청(淸)나라 마지막 황제 선통제(宣統帝) 부의(溥儀)가 물러난 다음 날인 1912년 2월 13일 쑨원(孫文)은 위안스카이(袁世凱)와 약정한 대로 임시대

총통의 자리에서 물러난다. 위안스카이(袁世凱)는 쑨원(孫文)의 뒤를 이어 1912년 3월 제2대 중화민국 임시대총통에 취임하여 중화민국을 정식으로 조직한다. 혁명파들은 1912년 8월 국민당(國民黨)을 설립하여 1913년 2월 실시한 선거에서 위안스카이(袁世凱)의 어용 공화당(共和黨)을 누르고 제1당이 되는데, 위협을 느낀 위안스카이(袁世凱)는 1913년 3월 상하이(上海)역에서 연설을 하던, 국민당을 조직한 쑹자오런(宋敎仁) 신임 총리를 암살한다. 이에 쑨원(孫文)을 비롯한 혁명파들이 반발하자 위안스카이(袁世凱)는 이를 진압시키고 박해를 가하는바, 쑨원(孫文)은 1913년 7월 일본으로 도피한다. 위안스카이(袁世凱)는 그해 10월 10일 정식으로 중화민국 초대 총통에 선출되고 나서 1913년 11월 국회와 국민당을 해산시켜버린다.

모든 권력을 거머쥔 위안스카이(袁世凱)는 중화민국을 해체하고 '중화제국(中華帝國)'을 만들어 1915년 12월에는 황제(皇帝) 보위에 오르게 되는데, 전국 각계의 반발에 부딪쳐 굴복하고 만다. 결국은 1916년 3월 22일 퇴위를 선언하고 중화제국을 취소한다. 위안스카이(袁世凱)는 자신이 키워낸 북양군벌(北洋軍閥)들까지도 등을 돌리고 대총통의 직위마저도 사퇴하라는 압력 속에서 졸도하여, 1916년 6월 58세의 나이로 생을 마감하게 된다. 북양대신(北洋大臣) 이홍장(李鴻章)의 부하였던 위안스카이(袁世凱)는 1882년 6월 임오군란 때는 흥선대원군을 납치하여 청나라로 데리고 갔고, 1884년 12월 갑신정변 때는 고종을 구출하기도 했고, 1885년에는 납치했던 흥선대원군을 데리고 조선으로 들어왔던 바로 그 인물이다.

중국은 1912년 청나라가 멸망하고 중화민국이 설립된 이후부터는 중국 전역을 통제할 수 있는 중앙 권력이 없는 상태(狀態)에 놓여 있었는바, 각 지역에서 군사력을 보유하고 있던 군벌(軍閥)들이 그 지역을 통치하는 군웅할거(群雄割據)시대가 시작된다. 당시 중국의 군벌은 크게 '북양(北洋)군벌'과 '서남(西南)군벌'로 구분할 수 있는데, 베이징(北京)을 장악한 군벌이 중화민국 총통이 되는바, 베이징(北京)을 둘러싸고 있는 북양(北洋)군벌이 베이징(北京)의 중앙정부를 차지하여 중화민국의 통제권과 외교권을 행사했다. 북양(北洋)군벌은 위안스카이(袁世凱)가 만든 신군(新軍)을 모체로 하여 위안스카이(袁世凱)의 부하들이 장악한 북부 지방의 군벌로 신해혁명 때 반란 진압의 명분으로 베이징(北京)을 점령하여 청나라의 군권을 장악한 군벌인데, 위안스카이(袁世凱)가 죽고 나서 직례(直隸: 지금의 허베이), 안후이(安徽), 봉천(奉天)군벌로 분열되어 베이징(北京)의 중앙정부를 차지하기 위해 서로 다툼을 벌이기도 하고 상호 협력하기도 하면서 외세 열강의 등에 업히거나 외세 열강을 끌어안기도 하는 치열한 혼란의 경쟁을 하게 된다. 이처럼 군웅들이 할거하는 '군벌(軍閥)의 시대'는 국민당의 장제스(蔣介石)가 1928년 12월 북벌을 완성할 때까지 이어지게 된다.

위안스카이(袁世凱)에게 쫓겨 일본으로 피신해 있던 쑨원(孫文)은 망명지 일본에서 1914년 7월 중화혁명당(中華革命黨)을 조직한다. 그 후 위안스카이(袁世凱)가 사망하자 쑨원(孫文)은 1917년 광둥(廣東)의 광저우(廣州)로 들어와 군정부(軍政府)를 수립한다. 도쿄에서 조직한 중국혁명당은 상하이(上海)로 옮기고 나서 1919년 10월 10일 중국국민당(中國國民黨)으로 개칭하여, 그 본부를 상하이(上海)에 두고 활동을 개시한다. 쑨원(孫文)은 1922년 6월에는 광둥(廣東)군벌을 장악하려다가 역공을 당해 위기에 처하게 되는데 장제스(蔣介石)에 의해 구조된다. 쑨원(孫文)은 1924년 1월 혁명통일전선을 구축하여 중국을 하나로 통일하기 위해 중국공산당원이 중국국민당에 가입하는 것을 허용하는 제1차 국공합작(國共合作)을 이룬다. 1924년 6월에는 군벌 세력들을 몰아내기 위한 국공연합(國共聯合)의 국민혁명군(國民革命軍)을 조직하기 위해 황포군관학교(黃埔軍官學校)를 세워 소련 군사 전문가의 도움 등으로 군관을 양성하기 시작한다.

쑨원(孫文)은, 황포군관학교의 초대 교장에 일본육군사관학교를 졸업하고 1923년 모스크바를 방문하여 소비에트군(軍)을 연구하고 돌아온 장제스(蔣介石)를 임명한다. 황포군관학교는 국공합작의 상태에서 설립된 학교로 3년의 짧은 존속 기간 동안 중국국민당과 중국공산당의 많은 지도자를 배출하게 된다. 당시 상당수의 한인(韓人) 청년들도 황포군관학교를 졸업했다고 한다. 황포군관학교는 1927년 4월 12일 장제스(蔣介石)의 상하이(上海) 반공쿠데타 이후 국공합작이 결렬되면서 문을 닫게 된다. 쑨원(孫文)은 황포군관학교에서 양성한 군관을 근간(根幹)으로 하는 국민혁명군(國民革命軍)을 설립하고 나서, 봉천(奉天)군벌 장쭤린(張作霖)과 협상을 벌이기 위해 베이징(北京)으로 올라갔다가 간암으로 쓰러져 1925년 3월, 60세의 나이로 파란만장한 생을 마감한다.

- 장제스(蔣介石)의 실권(實權) 장악과 군벌(軍閥)의 평정

쑨원(孫文)이 서거한 후 중국국민당은 1925년 7월 광둥(廣東)에서 새로운 국민정부를 조직하여 집단지도 체제를 구축하게 되는데, 국민혁명군 총사령이 된 장제스(蔣介石)는 국공합작의 상태에서 1926년 7월부터 제1차 북벌(北伐)을 시작한다. 1927년 3월에는 난징(南京)과 상하이(上海)를 포함한 창장(長江) 이남 지역을 모두 점령하는 성과를 올리게 되는데, 그 무렵 공산당이 국민당 좌파와 연합하여 우한(武漢)에 별도의 정부를 수

립하는바 장제스(蔣介石)는 이를 막아내기 위해 1927년 4월 12일 상하이 (上海) 반공쿠데타를 일으켜 국민당 내의 공산당원들을 제거하고 상하이 임시시정부(上海臨時市政府)를 장악하고 있던 공산당 조직을 비롯한 상하이(上海)의 모든 공산당 조직들을 소탕한다. 그 후 1927년 7월, 국민당 내의 좌파가 세운 우한(武漢) 정부가 반공(反共) 노선을 선언하고 난징(南京) 정부에 합류하는바 국공합작은 무너지게 되고, 국민당 난징(南京) 정부 시대가 열리게 된다.

국민당 정부의 실권(實權)을 장악한 장제스(蔣介石)는 1928년 4월 제2차 북벌(北伐)에 나서는데, 대부분의 군벌(軍閥)들이 타협에 의해 국민당을 따를 것을 선언하는바 북벌이 순조롭게 진행된다. 지난(濟南)을 점령하는 과정에서는, 일본군이 북벌을 제지하려 하자 장제스(蔣介石)는 일본과의 충돌을 피하도록 하고 베이징(北京)과 톈진(天津)으로 진격하도록 한다. 1926년부터 베이징(北京)을 장악하고 있던 봉천(奉天)군벌 장줘린(張作霖)이 북벌군의 진격을 피해 만리장성 산하이관(山海關) 밖의 동북(東北) 본거지로 떠나기 위해 봉천(奉天: 선양)행 열차편으로 이동하다가 1928년 6월 일본관동군(關東軍)에 의해 폭사를 당하게 되는바 북벌군은 전투 없이 1928년 6월 베이징(北京)을 점령하게 된다. 북벌군이 베이징(北京)을 점령하게 되면서, 마지막 남은 군벌은 베이징(北京)을 장악했다가 본거지인 동북3성으로 밀려난 봉천(奉天)군벌만 남게 된 것이다. 그런데 폭사를 당한 장줘린(張作霖)의 뒤를 이어 1928년 7월 동북군사령관에 취임한 장줘린(張作霖)의 장남 장쉐량(張學良)이 동북3성의 독립을 포기하고 국민당 난징(南京) 정부에 귀순할 의사가 있음을 밝힌다. 동북(東北)군벌 장쉐량(張學良)은 1928년 12월 29일에는 동북 지역의 모든 관공서에 지시하여 북양(北洋) 정부(政府)의 오색기(五色旗)를 내리도록 하고,

국민정부의 청천백일만지홍기(靑天白日滿地紅旗)를 게양하도록 하여 북벌군에 항복한다. 이를 '동북역치(東北易幟)'라고 하는데, 장제스(蔣介石)는 그 후 이틀 만에 장쉐량(張學良)을 동북변방군(東北邊方軍)사령관에 임명한다. 국민당 난징(南京) 정부의 북벌군이 북양(北洋)군벌의 마지막 세력인 동북(東北)군벌이 관할하던 동북3성(東北三省) 지역을 평화적으로 점령하게 되는바, 군웅들이 할거하던 혼란의 군벌시대와 중화민국 북양(北洋) 정부 시대는 그 막을 내리게 되고 장제스(蔣介石) 국민당 난징(南京) 정부에 의해, 중국은 하나의 중화민국으로 재통일이 이루어지게 된다.

장제스(蔣介石) 국민당의 중화민국 정부는 수도를 난징(南京)에 두고, 베이징(北京)을 베이핑(北平)으로, 직례성(直隸省)을 허베이성(河北省)으로 개명한다. 북벌(北伐)을 완성한 장제스(蔣介石)는 막강한 군사적인 역량을 바탕으로 하여 공산당 토벌에 나선다.

- **중국공산당(中國共産黨)의 창립과 마오쩌둥(毛澤東)의 등장**

먼저, 중국공산당(中國共産黨)의 창립 과정부터 들여다보고자 한다. 제1차 세계대전 이후, 전패국(戰敗國)인 독일이 점유하고 있던 산둥(山東) 지역의 지배권을 일본에게 넘긴 데 대한 중국인들의 반발이 발단이 되어 1919년 5월 4일 베이징(北京)에서 대규모 시위가 일어나기 시작하여 전 중국으로 확산되는데, 그 '5·4운동(五四運動)' 이후 마르크스주의가 중국에 전파되면서 1920년 중국 각지에 공산주의소조(共産主義小組)가 건립된다. 1921년 7월에는 코민테른(Communist International: 국제공산주의운동조직)의 지원 아래 상하이(上海)에서 중국공산당 창당 발기인들이 모여 비밀리에

회의를 개최하게 되는데, 회의를 개최하다가 여의치 않자 상하이(上海)를 피해 회의 장소를 저장성(浙江省) 자싱(嘉興)으로 옮겨 1921년 8월 남호(南湖)의 선상(船上)에서 중국공산당 제1차 대표대회를 개최하고 '중국공산당 창립'을 선포하여 중국공산당을 탄생시킨다. 마오쩌둥(毛澤東)도 중국공산당 제1차 대표대회 13명의 대표 중 한 사람으로 참여했다.

중국공산당은 1924년 제1차 국공합작에 의해 1926년 7월 국민당과 공동으로 제1차 북벌(北伐)전쟁에 참여하지만, 1927년 4월 장제스(蔣介石)의 상하이(上海) 반공쿠데타에 의해 1927년 7월 국민당으로부터 축출된 이후 무장투쟁을 선언하고 장시성(江西省) 난창(南昌)을 시작으로 무장봉기에 나서는데, 중국공산당은 그때 중국공농홍군(中國工農紅軍: 홍군)을 창립하였고 그때부터 10년간의 국공내전(國共內戰)이 벌어지게 된다. 1927년 8월 공산당 임시회의에서는 마오쩌둥(毛澤東)이 전면에 드러나게 되는데, 마오쩌둥(毛澤東)이 그때 발언하는 과정에서 '총구에서 권력이 나온다'라는 주장을 한 것으로 알려져 있다.

중국국민당의 국민혁명군(國民革命軍)은 1930년 12월과 1931년 4월에 초공작전(剿共作戰: 공산당 토벌작전)을 펼치지만 실패한다. 그 후로 1931년 6월 포위 공격을 재개시하지만 9월에 일본군이 만주사변(滿洲事變)을 일으키는 바람에 작전을 중단하게 되는데, 중국공산당은 그때를 틈타서 1931년 11월 장시성(江西省) 루이진(瑞金)에 '중화소비에트공화국임시정부'를 수립시킨다. 장제스(蔣介石) 국민당은 1932년 6월부터 재공격을 시도하지만, 1933년 2월 일본 관동군(關東軍)이 일으킨 열하(熱河)사변으로 인해 또다시 작전을 중단한다. 1933년 10월에는 대대적인 제5차 초공작전에 돌입하는데, 위기에 몰린 중국공산당 홍군은 루이진(瑞金)의 중화소비에트공화국을 버리고 1934년 10월 16일부터 국민당의 포위망을 뚫고 목적지

없는 탈출에 들어간다. 1935년 1월 구이저우성(貴州省)의 쭌이(遵義)에 도착했을 때 공산당정치국확대회의를 개최하는데, 그때 마오쩌둥(毛澤東)은 공산당 지도권을 획득하게 된다. 그 이후 이어지는 험난한 장정(長征) 과정을 통해 마오쩌둥(毛澤東)은 중국공산당의 유일한 핵심 지도자로 확고히 부상하게 된다. 중국공산당 홍군의 장정(長征)은 정해진 목적지 없이 소련의 도움의 손길이 닿을 수 있는, 소련과 경계를 이루고 있는 국경지대(蘇聯邊境)를 향하고 있었다. 그런데 뜻밖에도 산간(陝甘)변계 지역을 지나면서 다른 토착 공산주의자가 소비에트를 건설하여 국민혁명군과 대치하고 있는 산간변(陝甘邊) 소비에트와 산베이(陝北) 소비에트의 본거지를 만나게 된 것이다. 구세주를 만난 것이다. 황투고원(黃土高原)지대의 험준한 산간 오지인 산간(陝甘)변계 지역과 산베이(陝北) 지역을, 황포군관학교(黃浦軍官學校)를 나온 산베이(陝北) 출신의 류즈단(劉志丹)과 셰쯔창(謝子長), 산시성(陝西省) 푸핑(富平)출신인 시중쉰(習仲勳: 시진핑의 부친) 등이 장악을 하고 국민혁명군과 대치하고 있었던 것이다. 중국공산당 홍군은 국민혁명군의 포위 공격에 쫓기면서, 걸어서 만년설로 뒤덮인 험한 산들을 넘고, 위험을 무릅쓰고 절벽 아래로 흐르는 강들을 건너기도 하며, 367일간 추위와 더위와 굶주림을 이겨내며 1935년 10월 산시성(陝西省) 산베이(陝北)의 우치진(吳旗鎭)에 도착하게 된다. 산베이(陝北) 우치진(吳旗鎭)으로 들어간 마오쩌둥(毛澤東)은, 산베이(陝北) 바오안현(保安縣)에 중화(中華)소비에트인민공화국의 새로운 수도를 정하고 홍군(紅軍) 확대운동을 전개한다.

- **만주사변(滿洲事變), 시안사변(西安事變), 중일전쟁(中日戰爭)**

이야기를 이어가기 위해 거슬러 올라가, 중국공산당 홍군이 장정(長

征)에 들어가기 이전인 만주사변(滿洲事變)의 사건에서부터 들여다보고자 한다. 일본은 국민혁명군이 중국공산당을 토벌하기 위한 초공작전(剿共作戰)을 벌이고 있는 와중에 봉천(奉川: 선양) 외곽 지역에 있는 류탸오후(柳條湖: 류조호)에서 철도 폭파사건을 만들어 그를 구실삼아 1931년 9월 18일 만주사변을 일으켜 만주 전역을 점령한다. 그리고 그 이듬해 3월 1일, 수도를 신경(新京: 창춘)으로 정하고 폐위된 청나라의 마지막 황제 선통제(宣統帝) 부의(溥儀)를 집정(執政)으로 내세워 '만주국(滿洲國)'을 세운다. 선통제(宣統帝) 부의(溥儀)는 1912년 폐위된 이후 퇴위(退位) 우대 조건에 의해 황실의 가족들과 함께 쯔진청(紫禁城) 내에서 생활하고 있었는데, 1924년 봉천(奉天)군벌 장쭤린(張作霖)과 합세하여 베이징(北京)을 점령한 펑위샹(馮玉祥)에 의해 1924년 11월 쯔진청(紫禁城)에서 내쫓겨 톈진(天津) 일본 조계지에서 지내고 있던 중이었다. 펑위샹(馮玉祥)은 1926년 9월 북양(北洋)군벌을 탈퇴하고 국민혁명군에 합류하여 북벌전쟁에 참가했지만 1928년 장제스(蔣介石)에게 불만을 품고 1930년 장제스(蔣介石)와의 전쟁에 참여했다가 1930년 5월 장제스(蔣介石) 국민혁명군의 공격에 의해 사망하게 된다.

일본은 또다시 구실을 만들어 1933년 3월에는 열하(熱河)사변을 일으켜 열하성(熱河省) 전역을 점령하여 1934년에는 만주제국(滿洲帝國)을 선포하고, 부의(溥儀)를 형식적인 황제(皇帝)로 옹립하여 만주(滿洲)의 실질적인 지배권을 행사한다. 열하성(熱河省)은 지금의 허베이성(河北省), 랴오닝성(遼寧省), 네이멍구(內蒙古)의 경계 지점에 위치한 옛 행정구역이며, 그 중심 지역은 열하(熱河), 즉 지금의 청더(承德)다. 일본은 만주사변에 이어 1932년 1월에는 '상하이(上海)사변'을 일으켜 만주국 수립일인 1932

년 3월 1일 상하이(上海)를 점령하고, 일왕의 생일인 천장절(天長節)을 기해 4월 29일 상하이(上海) 홍구(虹口)공원에서 '상하이(上海)점령전승기념행사'를 벌이는데, 그때 매헌(梅軒) 윤봉길(尹奉吉) 의사가 일본 상하이(上海) 파견군이 주관하는 상하이(上海)점령전승기념행사장의 단상을 향해 폭탄을 투척하는 의거를 단행한다. 일본은 1935년 5월에는 일본군을 만리장성 산하이관(山海關) 안으로 이동시키고 화북(華北) 통치권을 내놓으라고 요구하는데, 국민당 정부는 받아들일 수밖에 없었다. 일본이 중국을 향한 압력과 영향력을 확대하고 있는 와중에, 국민당 장제스(蔣介石)는 일본과의 충돌을 피하면서 중국공산당의 토벌에 나선다.

국민당 정부는 유럽으로 외유를 떠났다가 돌아온 장쉐량(張學良)을 동북군(東北軍) 총사령관에 임명하여 일선에서 공산당 토벌전쟁을 지휘하도록 한다. 장쉐량(張學良)은 국민당 정부가 만주(滿洲)사변과 열하(熱河)사변에서 패배하면서 동북3성과 열하성(熱河省)까지 일본에게 내어주게 되어, 그 근거지와 설 자리를 잃게 되면서 장제스(蔣介石)의 권유에 의해 1933년 유럽으로 외유를 떠났다가 1935년 귀국을 했다. 국민당 정부는 1935년 10월에는 공산당의 본거지인 산베이(陝北) 바오안현(保安縣)을 포위하고 공격하여 마오쩌둥(毛澤東) 홍군을 섬멸하기 위해 산시성(陝西省) 시안(西安)에 '서북초비총사령부(西北剿匪總司令部)'를 설치하는데, 장제스(蔣介石)를 총사령관으로, 장쉐량(張學良)을 부사령관으로 임명하여 대대적인 제6차 초공작전(剿共作戰)을 펼치기로 한다. 당시 열세에 몰려 있는 마오쩌둥(毛澤東)의 홍군은 국민혁명군의 공격을 피하기 위해 항일민족통일전선의 결성을 주장하며 내전을 중지하고 일본 침략자를 물리치자는 공작을 적극 벌인다. 날이 갈수록 일본의 침략이 심화되는바 당시 중국 내의 전반적인 사회 분위기도 내전을 중지하고 항일을 해야 한다는 주장이 우세한 상황이었다. 홍군을 포위하고 작전을 벌이고 있던 국민혁명군의 동북군 총사령관 장쉐량(張學良)도 이에 편승하여, 공산당 저우언라이(周恩來) 등과도 비밀 접촉을 하면서 장제스(蔣介石)를 향해 내전을 정지하고 공산당과 '일치항일(一致抗日)'을 할 것을 건의했지만 장제스(蔣介石)가 이를 거절하는바, 시안(西安)에서 홍군과 대치하고 있던 국민혁명군의 서북군 총사령 양후청(楊虎城)과 합세하여 장제스(蔣介石)에게 내전을 정지하고 거국적으로 항일을 할 것을 간청하기로 한다.

장제스(蔣介石)는 1936년 10월 시안(西安)을 방문하여 독전(督戰)하고 난징(南京)으로 돌아갔다가, 뤄양(洛陽)에서 생일(10월 31일)을 맞이하면서 한 달여간 휴식을 취하고 1936년 12월 4일에는 작전을 직접 지휘하기 위해 다시 시안(西安)을 방문하게 되는데, 이때 장쉐량(張學良)은 장제스(蔣介石)에게 '정지내전(停止內戰), 일치항일(一致抗日)'을 간곡히 건의(곡간: 哭諫)하지만 거절당하게 되는바, 양후청(楊虎城)과 군사작전을 하여 무력으로 건의(병간: 兵諫)하기로 하고 1936년 12월 12일 새벽 장제스(蔣介石)가 머물고 있는 시안(西安)의 화청지(華淸池)에서 장제스(蔣介石)를 체포하여 감금한다. 이를 '시안사건(西安事件)' 또는 '시안사변(西安事變)'이라고 한다. 장쉐량(張學良)은 이 사실을 공산당에도 알리고 협의를 진행한다.

감금된 장제스(蔣介石)는 함께 감금된 천청(陳誠) 등과 장쉐량(張學良)의 요구를 계속해서 거절하는바 부인 쑹메이링(宋美齡)이 시안(西安)으로 들어와서 설득을 하고, 중국공산당이 나서게 된다. 중국공산당은 황포군관학교 교관으로 근무했던 장제스(蔣介石)와 친분이 있는 저우언라이(周恩來)와 예젠잉(葉劍英) 등을 대표로 구성하여 1936년 12월 17일 시안(西安)으로 내려보내 장제스(蔣介石)와 담판을 벌이도록 한다. 결국 1936년 12월 25일 '정지내전(停止內戰: 내전을 중지하고), 연공항일(聯共抗日: 공산당과 연합하여 항일)'하기로 하는 등 구두로나마 합의를 이루어내는바, 시안사건(西安事件)은 평화적으로 해결되고 제2차 국공합작이 이루어지게 된다.

당시 중국국민당에 비해 군사력이 월등하게 열세에 있던 중국공산당은 멸망의 위기를 모면하게 된 것이다. 당시 중국공산당은 소련의 지원을 받고 있었는바 감금된 장제스(蔣介石)에 대한 처리와 관련하여 소련 스탈린의 권고 지침을 받은 것으로 알려지고 있다. 당시 소련 스탈린의 입장에서는 장제스(蔣介石)가 감금되기 직전인 1936년 11월 25일 일본과 독일이 방공협정(防共協定)을 체결하여 소련을 견제하고 있었는바, 장제스(蔣介石)를 제거할 경우 국민당 내에서 장제스(蔣介石)와 경쟁 관계에 있는 친일파 왕징웨이(汪精衛)가 권력을 장악하게 되면 더욱 어려운 상황에 처할 수도 있기 때문에 일본과 적대 관계에 있는 장제스(蔣介石)와 화해하는 것이 유리하다고 판단했을 것으로 보고 있다. 중국공산당의 입장에서도 각지의 군벌들을 가까스로 토벌하여 장제스(蔣介石)가 겨우 통일을 이루어냈는데, 실권을 장악한 장제스(蔣介石)를 제거시킬 경우 걷잡을 수 없는 후폭풍이 일어날 수도 있고, 국민당 내에서 더 강력한 새로운 지도 세력이 나타날 수도 있는 등의 우려를 감안한 손익계산을 하고, 얻어낼 수 있는 것을 다 얻어내면서 손아귀에 들어온 장제스(蔣介石)를 살려 놓아준 것이다. 감금에서 풀려난 장제스(蔣介石)는 장쉐량(張學良)의 호위를 받으며 난징(南京)으로 돌아가는데, 장제스(蔣介石)는 난징(南京)에 도착하자마자 장쉐량(張學良)과 양후청(楊虎城)을 잡아 가둔다. 그 이후 양후청(楊虎城)은 구미(歐美)로 외유를 떠났다가 중일전쟁이 발발하자 들어왔지만 감금을 당하게 되는데, 그 후 감금당한 채로 각지를 전전하다가 1949년 9월 충칭(重慶)에서 장제스(蔣介石)에 의해 살해된다. 장쉐량(張學良)은 10년 금고형을 받았지만 장제스(蔣介石)에 의해 사면되면서 가택연금에 들어갔고,

국공내전 기간에는 이리저리 끌려다니다가 1949년 국민정부와 함께 대만으로 끌려가 타이베이(臺北) 인근의 '신주(新竹: 신죽)'라는 곳에서 가택연금이 되는데, 1954년부터는 외출은 허용했지만 외부와의 접촉은 금지시켰다고 한다. 그 이후 장징궈(蔣經國) 총통 집권 시기까지도 계속해서 가택연금 상태로 지내다가 리덩후이(李登輝) 총통 시절인 1990년에 가택연금이 해제되었고, 1993년 동생과 조카가 살고 있는 미국 하와이로 떠나 104세까지 그곳 하와이에서 살다가 2001년 10월 생을 마감하게 된다.

시안사건(西安事件)으로 제2차 국공합작이 이루어질 수 있게 되어 중국공산당이 합법화되었는바, 중국공산당은 국민당 정부와 협의를 진행할 수 있게 되었다. 이로서 황투고원(黃土高原)의 오지 산베이(陝北)에 정착해 있던 중국공산당은, 국민당 정부와의 협의에 의해 1937년 1월 그 근거지를 옌안(延安)으로 옮길 수 있게 된다. 중국공산당은 그 옌안(延安)을 거점으로 하여 중국대륙의 공산화를 이루어낸다. 옌안(延安)으로 근거지를 옮긴 중국공산당의 홍군과, 국민정부의 국민혁명군은 각각 일본군을 물리치기 위한 훈련에 돌입한다. 일본군은 베이징(北京)의 턱밑인 허베이(河北)까지 침입해 들어와 베이징(北京) 교외에 있는 노구교(蘆溝橋) 남쪽에서 진을 치고 훈련을 하던 중, 1937년 7월 7일 노구교(蘆溝橋) 북쪽에서 수비하고 있는 중국군에게 일본군이 행방불명되었다고 하며 시비를 걸어 발포(發砲)하는 사건이 발생하게 되는데, 일본이 이를 구실삼아 중일전쟁을 일으킨다. 일본이 공격해 들어오는바 국민당 정부와 공산당은 1937년 9월 22일 '제2차 국공합작'을 선언하고 항일민족통일전선을 형성한다. 옌안(延安)의 중화소비에트인민공화국은 해체되어 국민정부의 한 지방정부로 편입되고, 옌안(延安)의 홍군은 국민혁명군 산하의 팔로군(八路軍)과 신사군(新四軍)으로 개편하여 항전 태세를 갖춘다. 팔로군과 신사군이 국민혁명군 산하로 들어오게 되지만, 지휘권과 작전권 등 군사 활동은 공산당이 독자적으로 수행한다.

중국을 공격하기 시작한 일본군은 삽시간에 베이징(北京)과 톈진(天津)을 점령하고, 1937년 8월에는 전선을 상하이(上海)로 확대하는바, 국민당 정부는 수도 난징(南京)을 버리고 충칭(重慶)으로 옮겨 간다. 일본군은 1937년 12월 국민당 정부의 수도인 난징(南京)을 점령하여, 약 2개월간 10만 명이 넘는 무고한 난징(南京) 시민을 잔악무도(殘惡無道)하게 살육하는 난징대학살(南京大虐殺)을 자행한다. 일본군은 상하이(上海)를 비롯한 항저우(杭州), 우시(無錫), 양저우(揚州) 등 주요 도시들에서도 학살과 약탈을 자행했다. 일본군은 그 이후 본격적인 침공으로 중국 전역의 주요 도시들을 점거했으며, 그 과정에서 수많은 인명 피해를 일으켰다. 일본군이 1938년 10월 후베이(湖北)의 우한(武漢)을 점령한 이후 중일전쟁은 고착 상태에 빠지게 되는데, 그때부터 국민당과 공산당 사이에서는 긴장 상태가 진행된다. 일본과의 전쟁 과정에서 마오쩌둥(毛澤東)이 세력을 확장시켜 나가는데 대해 위협을 느낀 장제스(蔣介石)는 1940년 10월 팔로군과 신사군을 황허(黃河) 이북으로 이동하라는 명령을 하는데, 이에 따르지 않자 1940년 12월에는 재차 명령을 하는바, 공산당은 완난(皖南: 안후이성 남부 지역)의 신사군을 창장(長江: 양자강) 이북으로 이동시키기로 하고, 1941년 1월 이동을 하는 과정에서 국민혁명군과 충돌이 발생하여 많은 희생자를 낸다. 장제스(蔣介石)는 이 사건을 '신사군(新四軍)의 반란'이라고 선포하고 신사군을 취소한다. 이를 '신사군사건(新四軍事件)' 또는 '완난사변(皖南事變)'이라고 한다. 하지만 마오쩌둥(毛澤東)은 국민혁명군의 신사군 취소 명령을 받아들이지 않고 신사군을 재조직하는바, 국민정부와 공산당은 대립이 격화되어 제2차 국공합작은 분열의 위기에 직면하게 된다.

중일전쟁이 지구전(持久戰)으로 전환되면서, 일본은 전쟁 등에 필요한 물자를 확보하기 위해 자원이 풍부한 인도차이나반도를 공격하여 식민지화를 추진하려 든다. 그런데 그들 지역에 식민지를 두고 있는 미국, 영국, 네덜란드, 프랑스 등 국가들의 반발에 부딪치게 된다. 이에 일본은 그들 나라들과 반대편에 있는 독일, 이탈리아와 1940년 9월 동맹을 맺고 1941년 12월에는 미국의 하와이에 있는 진주만을 폭격하는바 태평양전쟁으로 확전되는데, 일본은 진주만 공격 이후 동남아 지역을 점령하기 시작한다. 일본의 진주만 공격을 계기로 미국 내의 반전 여론이 수그러드는 틈을 타서, 미국 루스벨트 대통령은 제2차 세계대전에 참전하기로 결정을 한다. 그 이후 미국은 연합국과 더불어 일본, 독일, 이탈리아 등 국가들을 공격하는 전투에 참여하게 되는데, 1945년에는 태평양의 일본군을 격퇴시켜 동남아시아를 회복시키고 일본 본토에 대한 공격을 개시하는데, 일본이 투항을 하지 않자 1945년 8월에는 히로시마와 나가사키에 원자폭탄을 투하한다. 결국 일본은 1945년 8월 15일 무조건 항복을 선언하고 패망을 하게 된다. 일본이 패망하게 되는 바 우리나라를 비롯한 동남아 국가들과 중국의 만주(滿洲), 대만 등 지역들도 일본의 식민 지배로부터 해방되고, 중일전쟁도 수많은 피해를 남기고 중국의 승리로 끝나게 된다.

국민정부와 공산당 간 대립이 표면화되고 있는 가운데 일본의 패망으로 중일전쟁이 끝나게 되는바 미국은 국민당과 공산당 간의 내전을 막아내기 위해 회담을 주선하는데, 이에 따라 국민당 정부의 장제스(蔣介

石)와 공산당 마오쩌둥(毛澤東) 간의 담판이 1945년 8월 29일부터 충칭(重慶)에서 시작된다. 회담이 진행되는 동안 일본군의 무장해제와 점령지 정리 등을 둘러싸고 긴장이 고조되고 있었고 각지에서는 국민혁명군과 공산당군 간 전투가 벌어지기도 했지만, 43일간 진행된 장제스(蔣介石)와 마오쩌둥(毛澤東) 간의 담판은 순조롭게 이루어져 평화 건국의 기본 방침, 즉 정치민주화, 국민대회, 인민자유(人民自由), 당파합법화(黨派合法化) 등 12개 항목에 대한 합의를 이루고 중화민국 건국기념일인 10월 10일 합의 내용을 발표한다. 1945년 10월 10일에 발표한 그 협정을 '쌍십협정(雙十協定)'이라고 한다. 1946년 1월에는 미국의 중재로 충칭(重慶)에서 공동정부 구성을 위한 정치협상회의를 개최하게 된다. 협상이 진전되어 합의 단계에 이르게 되는데 국민정부가 합의안을 번복하고, 공산당이 국민정부의 번복에 대해 항의하면서, 국민정부의 장제스(蔣介石)와 공산당 마오쩌둥(毛澤東) 간 합의한 충칭(重慶) 쌍십협정(雙十協定)은 국민정부의 장제스(蔣介石)에 의해 파기되고 만다. 장제스(蔣介石) 국민당 정부는 쌍십협정을 파기한 이후 1946년 근거지를 수도 난징(南京)으로 이전하고, 만주(滿洲)도 소련으로부터 반환을 받아낸다. 만주국(滿洲國)은 1945년 8월 8일 소련의 공격으로 무너져 부의(溥儀)가 체포되면서 멸망하게 되는데, 그 이후 만주(滿洲)는 소련군에 의한 군정이 실시되다가 1946년 5월 국민당 정부에 반환을 하게 된다.

- **국공내전(國共內戰)과 중화인민공화국(中華人民共和國)의 탄생**

국민혁명군은 1946년 6월부터 본격적으로 중국공산당의 각 지구를 침공하기 시작하여 전면적인 전쟁을 일으키는바, 중일전쟁이 끝난 후

잠깐 이어진 평화는 1년도 채 안 되어 무너져버리고 만다. 국민정부는 미국의 지원을 받고 있었고, 국민혁명군은 공산당 홍군에 비해 우세한 군사력을 보유하고 있었는바, 전쟁 초기에는 홍군을 압도하여 공산당의 근거지인 옌안(延安)을 점령하기도 한다. 하지만 국민혁명군은 일본과의 전쟁 과정에서 세력이 약해져 있었고, 국민정부의 관리들은 부패해지고, 국민들은 오랜 전쟁의 시달림으로 피폐해진 상태에서 인플레까지 겹쳐 생활이 점점 더 어려워지게 되는바, 민심마저도 국민당을 떠나게 되어 국민당 정부는 통제력이 점점 약화되기 시작한다. 반면에 공산당은 일본과의 전쟁 과정에서 홍군의 세력을 확대시켜 재기의 발판을 마련해놓았고, 소련과도 연대하고 있었고, 점령지의 토지개혁과 선전선동(宣傳煽動) 등을 통해 농민들의 지지를 얻게 되는바 기세가 점점 상승하게 된다. 1947년 3월에는 홍군(紅軍)을 인민해방군(人民解放軍)으로 개칭하고 새롭게 조직하여 중국을 대표하는 군의 면모를 갖추면서, 1947년 하반기부터는 유격전술 등 고도로 훈련된 인민해방군이 국민혁명군을 밀어내기 시작하는바 전세(戰勢)가 역전되기 시작한다. 1948년 가을부터는 전 전선에서 반격을 개시하여 만주를 점령하고, 국민정부의 지배 지역을 공격하기 시작한다. 1949년 1월에는 톈진(天津)을 점령하고 베이징(北京)에 입성하게 되며, 4월에는 국민당의 근거지인 난징(南京)을 함락시키고 5월에는 상하이(上海)를 점령한다.

대세를 장악한 중국공산당 마오쩌둥(毛澤東)은 베이핑(北平)을 베이징(北京)으로 바꾸어 베이징(北京)을 수도로 정하여 중화인민공화국(中華人民共和國)을 수립하고, 1949년 10월 1일 톈안먼(天安門)의 성루(城樓)에 서서 톈안먼광장(天安門廣場)을 향해 중화인민공화국의 성립을 선포한다. 중화인민공화국을 수립한 이후 인민해방군은 1949년 10월 광둥(廣東)의 광저우(廣州)를 점령하고 11월에는 충칭(重慶)을 함락시키면서 청두(成都)를 향해 진격하는바, 공산군에 쫓겨 청두(成都)에 머물고 있던 장제스(蔣介石)는 1949년 12월 청두(成都)를 떠나 대만(臺灣)으로 탈출하고 만다. 국민당 정부가 중국대륙을 떠나게 되면서, 1928년 장제스(蔣介石)에 의해 통일된 중국대륙의 국민당 중화민국시대는 21년 만에 그 막을 내리게 되고, 중국대륙에는 중국공산당의 중화인민공화국(中華人民共和國)시대가 열리게 된다.